【新修訂本】

周易譯注

黃壽祺　張善文　撰

上海古籍出版社

圖書在版編目（CIP）數據

周易譯注：新修訂本／黃壽祺，張善文撰. —上海：上海古籍出版社，2018.6（2023.6重印）
ISBN 978－7－5325－8790－2

Ⅰ.①周… Ⅱ.①黃…②張… Ⅲ.①《周易》—譯文②《周易》—注釋 Ⅳ.①B221

中國版本圖書館 CIP 數據核字（2018）第 067683 號

周易譯注〔新修訂本〕

黃壽祺　張善文　撰

上海古籍出版社出版發行

（上海號景路159弄A座5层　郵政編碼 201101）

（1）網址：www.guji.com.cn
（2）E-mail：guji1@guji.com.cn
（3）易文網網址：www.ewen.co

常熟市人民印刷有限公司印刷

開本 890×1240　1/32　印張 26.5　插頁 2　字數 620,000
2018 年 6 月第 1 版　2023 年 6 月第 9 次印刷
ISBN 978－7－5325－8790－2
B·1051　定價：69.00 元
如有質量問題，請與承印公司聯繫

目　錄

周易譯注卷首

前　言

　　冠居"羣經"之首的《周易》，是我國古代現存最早的一部奇特的哲學專著。這部奇書的思想光華，是通過神秘的"占筮"外衣，煥發出恍惚窈冥的象徵色彩：它那蘊蓄豐富的變化哲理出現之際，人們對之既嚮往又"陌生"，乃至"仁者見之謂之仁，智者見之謂之智，百姓日用而不知"（《繫辭上傳》）。隨著歷史的推進，自孔子"讀《易》韋編三絕"（《史記·孔子世家》）之後，學人對《周易》的認識逐代加深，易學著述層出不窮，然而，同時產生的種種撲朔迷離的猜測、附會之說卻也多得令人眼花繚亂，遂使本屬"玄學"的《周易》思想被塗上一重又一重"幻想和奇想"的"附加色"。尚秉和先生有感於這一情狀，慨而歎曰："最多者《易》解，最難者《易》解，苟非真知灼見之士，爲揚搉其是非，釐訂其得失，後學將胡所適從哉？"[1]

　　處在今天的時代，我們有必要在辨析舊說的基礎上，科學地發掘這部古老的哲學著作的真正價值，品評、確立其在中國哲學史、世界文化史上應有的地位。當然，進行這項工作的首要步驟，是先須正確地理解易學研究中一系列不可迴避的問題，如《周易》的創作過程、時代背景、命名之義、經傳大旨，以及歷代易學的源流派別、今天應當採用的研究方法等。這些問題雖有種種成說，卻多數未臻一致。筆者固不敢輒論前賢是非，謹就見識所及，採撫可取的說法，在簡述《周易》經傳基本內容的同時，結合上述問題略作分

析，以期有助於讀《易》、研《易》者探索打開易學大門的最初
途徑。

一、《周易》"經"部分的創作過程經歷三大階段：
陰陽概念的產生、八卦創立、重卦並撰成卦爻
辭，三者均是遵循"觀物取象"的創作原則。

翻開《周易》，首先看到的是八卦、六十四卦符號，以及與這
些符號緊密關聯的卦辭、爻辭。這就是《周易》的"經"文。

《周易》"經"部分的創作過程，大致經歷了三個階段：陰陽概
念的產生，八卦創立，重卦並撰成卦爻辭。

十分明顯，无論是八卦還是六十四卦，都是由陰陽符號
（ ▬▬、▬ ）組合成的，所以，敘及《周易》的創作，我們不得
不從這兩種基本符號談起。"陰"、"陽"概念的形成，是古代人們
通過對宇宙萬物矛盾現象的直接觀察得出的。朱子云："盈乎天地
之間，無非一陰一陽之理"（《朱子大全·易綱領》），在古人心目
中，天地、男女、晝夜、炎涼、上下、勝負等，幾乎生活環境中的
一切現象都體現著普遍的、相互對立的矛盾。根據這種直感的、樸
素的觀察，前人把宇宙間變化萬端、紛紜複雜的事物分爲陰、陽兩
大類，用兩種符號表示：陰物爲" ▬▬ "，陽物爲" ▬ "。爲什麼
用這兩種符號（而不是別的符號）來象徵陰陽呢？人們曾作過各種
猜測，或以爲是男女生殖器的象徵，或以爲是龜卜兆紋所演化，或
以爲是古代用於占筮的兩種竹節的象形，或以爲是取用上古"結
繩"時代"有結"、"无結"的形態等[2]，見仁見智，皆可並存。
但有一點是人所公認的：陰陽喻象的形成，本於古人對自然萬物的
直接觀察，象徵著廣泛的相互對立的種種事物、現象。

在這基礎上，古人以陰、陽符號爲"畫"，每三畫疊成一卦，

出現了"八卦"（《周禮》稱爲"經卦"）。八卦各有不同的名稱、形式，分別是：乾（☰）、坤（☷）、震（☳）、巽（☴）、坎（☵）、離（☲）、艮（☶）、兌（☱）。八卦的取象，已經從陰陽二畫對事物的廣泛象徵，發展到對自然界八種基本物質的具體象徵。這八種基本物質是：天、地、雷、風、水、火、山、澤。在後來的《易》理演繹和《易》筮運用的過程中，八卦的卦象又不斷擴展增益，可以分別象徵八種類型的諸多物象，《說卦傳》所舉象例，即可見其概略。以八卦與陰陽二畫相比較，兩者的創立，有一個共同點：均是古人通過觀察自然物象所得，然後又作爲喻示種種物情、事理的象徵符號。《繫辭上傳》對八卦創製作了較爲明白的說明：

> 古者包犧氏之王天下也，仰則觀象於天，俯則觀法於地，觀鳥獸之文，與地之宜，近取諸身，遠取諸物，於是始作八卦，以通神明之德，以類萬物之情。

這是闡述古人從觀察萬物到製成八卦的整個思維過程，即"觀物取象"的創作特徵。其中所"觀"之"物"，乃是自然、生活中的具體事物；所"取"之"象"，則是模擬這些事物成爲有象徵意義的卦象。如乾爲天、坤爲地等即是。此後，八卦兩兩相重，出現了六十四卦(《周禮》稱爲"別卦")，卦各六爻（重卦中的陰陽畫即稱爻），並產生了解說六十四卦所寓哲理的卦爻辭。此時，《周易》"經"文全部創成，其獨具體系的哲學思想已趨成熟。

就卦形看，六十四卦及每卦中的六爻，也同樣都是作《易》者遵循"觀物取象"思維方式的產物。例如，☷☲爲《晉》卦（"晉"意爲"進長"），卦形是坤下離上（地在下，火在上），擬取太陽從東方大地升起這一物象，說明事物處於上進、成長之時的發展規律；與之相對的，☲☷爲《明夷》卦（"明夷"意爲"光明殞滅"），卦形是離下坤上（火在下，地在上），擬取太陽從西方大地落下這一物象，說明事物處於光明轉向黑暗之時的變化情狀。很明顯，它們都以擬取物象來喻示事理。至於六十四卦中的每一爻，也各具其象。如☰爲《乾》卦，卦形是由完全相同的六個陽爻“━”組成，但每爻各自象徵著不同的義理。以上下兩爻爲例：下爻（初九）“━”，爻辭曰“潛龍勿用”，喻示此爻猶如一條潛伏水底、養精蓄銳的“龍”的形象，說明事物以剛健氣勢崛起之初，必須積蓄力量，創造條件，不可輕易盲動；上爻（上九）“━”，爻辭曰“亢龍有悔”，喻示此爻猶如一條激昂飛騰而飛得太高太猛的“龍”的形象，說明事物剛健過甚、發展超過一定限度，必將走向反面，出現挫折。顯然，這些“爻”都是某種特定的象徵形態，暗示著各不相同的哲理意義。

就卦爻辭看，六十四卦的卦辭及每爻的爻辭，均是配合卦形闡明象旨。卦爻辭的出現有兩大意義：（一）使《周易》成爲卦形符號與語言文字有機結合的一部特殊的哲學著作，（二）使“《易》象”從隱晦的符號暗示發展爲用文字表述的帶有一定文學性的形象。卦爻辭的表現形式是“假象喻意”，即擬取人們生活中習見常聞的物象，通過文字的具體表述，使卦形、爻形內涵的象徵旨趣更爲鮮明、生動。如上文所引《乾》卦的兩爻，由於“潛龍勿用”、“亢龍有悔”這些具體文辭的形象表達，使這兩爻的象徵意義突出地顯示出來了。而每卦的卦辭與六則爻辭，在相互聯繫中，披露了該卦所蘊涵的事物運動、變化、發展的哲理。六十四卦相承相受，從六十四種角度分別展示不同的環境條件下的事理特徵及變化規律——《周易》哲學於是形成了獨特的系統，並深刻地影響著後世的文化、思想而流傳不衰。

二、《易傳》七種十篇，又稱《十翼》，原皆單行，漢以後被合入經文並行。

宋人林光世《水村易鏡·自序》云：

> 　　古之君子，天地、日月、星辰、陰陽造化、鳥獸草木無所
> 不知，不必讀卦辭、爻辭，眼前皆自然之《易》也。世道衰
> 微，《易》象幾廢，孔聖懼焉，於是作《大象》、《小象》，又
> 作《繫辭》，……令天下後世皆知此象自仰觀俯察而得也。[3]

水村所謂"古之君子"，殆即指當時的卜筮者或學者們，其言或不
免流於浮誇，但指出《易傳》作者欲令人知《易》象均從仰觀俯
察而得，遂撰諸篇以明《易》旨，似不違情實。

　　從現存《易傳》的內容看，共有《文言》、《彖傳》上下、《象
傳》上下、《繫辭傳》上下、《說卦傳》、《序卦傳》、《雜卦傳》七
種，凡十篇。這十篇的創作宗旨均在解釋《周易》六十四卦經文大
義，猶如經之"羽翼"，故又稱《十翼》(《乾坤鑿度》稱孔子
"五十究《易》作《十翼》"是也)。

　　《易傳》解經，各有一定的側重點或特定角度，茲分敍如下。

　　《文言》，分前後兩節，分別解說《乾》、《坤》兩卦的象徵意
旨，故前節稱《乾文言》，後節稱《坤文言》。"文言"兩字之義，
即謂"文飾《乾》、《坤》兩卦之言"。孔穎達引莊氏曰："以
《乾》、《坤》德大，故特文飾以爲《文言》。"(《周易正義》)李鼎
祚亦引姚信曰："《乾》、《坤》爲門戶，文說《乾》、《坤》，六十
二卦皆放焉。"(《周易集解》)這兩說似已點明《文言》的名義
所在。

　　《彖傳》，隨上下經分爲上下兩篇，共六十四節，分釋六十四卦
卦名、卦辭及一卦大旨。"彖"字之義，李鼎祚引劉瓛曰："彖者，
斷也"(《集解》)，孔穎達引褚氏、莊氏曰："彖，斷也，斷定一卦
之義，所以名爲'彖'也"(《正義》)。但作爲經傳之名，其義有
二：一指卦辭，即《釋文》引馬融所謂"彖辭，卦辭也"，《左傳》
襄公九年孔疏從之，稱"《周易》卦下之辭謂之爲《彖》"；二指
《易傳》中的《彖傳》，即王弼《周易略例》所謂"統論一卦之體，
明其所由之主者也"，《正義》亦曰："夫子所作《彖辭》，統論一

卦之義。"《彖傳》闡釋卦名、卦辭、卦義的體例，往往取卦象、爻象爲說，多能指明每卦中的爲主之爻，而以簡約明瞭的文字論斷該卦主旨。

《象傳》，隨上下經分爲上下兩篇，闡釋各卦的卦象及各爻的爻象。其中釋卦象者六十四則，稱《大象傳》；釋爻象者三百八十六則[4]，稱《小象傳》。象字之義，猶言形象、象徵，即《繫辭下傳》所謂："象也者，像此者也。"但作爲經傳之名，則有兩義：一指《周易》的卦形和卦爻辭，《繫辭下傳》："《易》者，象也"，《左傳》昭公二年敍韓宣子適魯"見《易象》"即指此；二指《易傳》中的《象傳》，旨在分析卦、爻的象徵意義。《大象傳》的體例，是先釋每卦上下象相重之旨，然後從重卦的卦象中推衍出切近人事的象徵意義，文辭多取"君子"的言行、道德爲喻。如《乾》卦《大象傳》稱："天行健，君子以自強不息"，即表明該卦上下象均爲"天"，君子當效法"天"的健行氣質，奮發圖強；又如《損》卦《大象傳》稱："山下有澤，損，君子以懲忿窒欲"，即表明該卦上"山"下"澤"，有損下益上之象，君子當效法此象，時時自損不善。其他諸卦的義例，无不如此。《小象傳》的體例，是根據每爻的性質、處位特點，分析爻義吉凶利弊之所以然。如《乾》卦初九爻的《小象傳》曰"潛龍勿用，陽在下也"，指明此爻微陽初萌，不可急於施用；又如《明夷》卦六二爻《小象傳》曰："六二之吉，順以則也"，指明此爻柔順中正、不違法則，故獲吉祥。其他諸爻亦均類此。《象傳》以言簡意明的文辭，逐卦逐爻地解說六十四卦、三百八十四爻的立象所在，使《周易》經文的象徵意趣有了比較整齊劃一的闡說。

《繫辭傳》，因其篇幅較長，分爲上下兩篇。"繫辭"二字的名義，有兩方面：一指卦爻辭，即《正義》所謂"聖人繫屬此辭於爻卦之下"，"上下二篇經辭是也"；二指《易傳》中的《繫辭傳》，亦即《正義》所云"夫子本作《十翼》，申說上下二篇經文繫辭，條貫義理，別自爲卷，總曰《繫辭》。"《繫辭傳》可視爲早期的《易》義通論，文中對《周易》"經"文的各方面內容作了較爲全面、可取的辨析、闡發，有助於後人理解八卦、六十四卦及卦爻辭的大義。其中有對《周易》作者、成書年代的推測，有對《周易》"觀物取象"創作方法的追述；或辨陰陽之理，或釋八卦之象，或疏解乾坤要旨，或展示《易》筮略例；並穿插解說了十九則爻辭的象徵意旨（集中見於《繫辭上傳》者七則，集中見於《繫辭下傳》者十一則，散見於《繫辭上傳》者一則，共一十九則，詳見黃壽祺所撰《從易傳看孔子的教育思想》，載《齊魯學刊》一九八四年第六期）。當然，《繫辭傳》在通說《易》義的過程中，也充分地表露了作者的哲學觀點；但就其創作宗旨分析，這些哲學觀點又无不歸趨於《易》理範疇。簡言之，《繫辭傳》的要領，在於發《易》義之深微，示讀《易》之範例。

《說卦傳》，是闡說八卦象例的專論。全文先追述作《易》者用"蓍"衍卦的歷史；再申言八卦的兩種方位（宋人稱爲"先天"、"後天"方位）；然後集中說明八卦的取象特點，並廣引衆多象例，是今天理解、探討《易》象的產生及推展的重要資料。其中言及八卦的最基本象例：乾爲天，坤爲地，震爲雷，巽爲風（爲木），坎爲水，離爲火，艮爲山，兌爲澤；以及與之相對應的八種大體不變的象徵意義：乾健，坤順，震動，巽入，坎陷，離麗，艮止，兌說（悅）——這在《周易》六十四卦象徵義理中幾乎是每卦必用的象喻條例，對於明確《周易》卦形符號的構成原理尤有不可忽視的參考價值。

《序卦傳》，旨在解說《周易》六十四卦的編排次序，揭示諸卦相承的意義。全文分兩段：前段敍上經《乾》至《離》三十卦次序，後段敍下經《咸》至《未濟》三十四卦次序。這種卦序，當是相沿已久的[5]。其所敍上下經六十四卦之序，凡相鄰兩卦之間的卦形或"錯"（亦稱"旁通"，六爻相互交變）或"綜"（亦稱

“反對”，卦體相互倒置），這是《周易》卦次至見奇趣的形式規律。而文中所明各卦依次相承的意義，則含有事物向正面發展或向反面轉化的辯證觀點。可以說，《序卦傳》是一篇頗具哲理深度的六十四卦推衍綱要。

《雜卦傳》，其取名爲“雜”之義，韓康伯云“雜糅衆卦，錯綜其義”（《韓注》），即打散《序卦傳》所揭明的卦序，把六十四卦重新分成三十二組兩兩對舉，以精要的語言概括卦旨。文中對舉的兩卦之間，其卦形亦或“錯”或“綜”，其卦義多兩兩相反。這種“錯”、“綜”現象，在《序卦傳》和《雜卦傳》的卦次相承及對舉的描述中表現得最爲突出，是六十四卦符號形式的重要特徵，從中可以窺探出作者對《周易》卦形結構的認識，其哲學意義在於表明事物的發展往往在正反相對的因素中體現其變化規律。

綜上所述，我們在大體揭明了《易傳》七種的內容要點的同時，可以得出這樣一種論斷：《易傳》的創作，儘管其抒論角度各不相同，或敍述重點各有所主，但其基本宗旨无不就《周易》經文而發。那麼，作爲《周易》經文出現之後而產生的，並成爲自古以來衆所公認、无與倫匹的解經專著的《易傳》，不但是今天研究《周易》經文的最重要的“津梁”，而且其本身的哲學內涵也值得深入探討。

應當指出，《易傳》七種原皆單行，後來被合入經文並行，自有一段爲學者所認識、接受的過程。關於援傳連經始於何人的問題，舊有兩說。《三國志·魏志·高貴鄉公傳》記載曹髦與《易》博士淳于俊的一節對話云：

> 帝又問曰：“孔子作《彖》、《象》，鄭玄作注，雖聖賢不同，其所釋經義一也。今《彖》、《象》不與經文相連，而注連之，何也？”俊對曰：“鄭玄合《彖》、《象》於經者，欲使學者尋省易了也。”帝曰：“若鄭玄合之，於學誠便，則孔子曷爲不合以了學者乎？”俊對曰：“孔子恐其與文王相亂，是以不

合，此聖人以不合爲謙。"

這段資料說明淳于俊認爲，東漢的鄭玄合《彖傳》、《象傳》於經文。《崇文總目》云："凡以《彖》、《象》、《文言》雜入卦中者，自費氏始。"晁公武《郡齋讀書志》亦曰：

> 凡以《彖》、《象》、《文言》等參入卦中，皆祖費氏。東京荀、劉、馬、鄭皆傳其學。王弼最後出，或用鄭說，則弼亦本費氏也。

這是主張西漢的費直連傳於經。兩說孰是，尙无定論。但漢代學者出於便利誦習的目的，編成經傳參合本，當是較爲可信的說法。

經傳合編本《周易》出現於漢代，是當時崇尙經學的社會背景的一方面反映。後代學者多依此本研讀，影響至爲廣大，遂使《易傳》的學術價值提高到與"經"並駕齊驅的地位，乃至人們在傳述研究舊學時論及《周易》一書，事實上往往兼指"經"、"傳"兩部分。

三、對《周易》經傳作者及創作時代的考察："經"作於商末周初，"傳"作於春秋、戰國之間，經傳並是"人更多手，時歷多世"的集體撰成的作品。

《周易》的作者、創作時代，是易學史上爭論已久的重要問題。今天探討這一問題，當分別就"經"、"傳"的內容作具體辨析。

八卦的作者，《繫辭下傳》以爲是伏羲，似屬較早的傳說，前人多信而不疑。

重卦始於何人，唐以前有四種主要說法：王弼以爲伏羲重卦，鄭玄之徒以爲神農重卦，孫盛以爲夏禹重卦，司馬遷以爲文王重卦（見《周易正義·序》）。

　　卦爻辭的作者，唐以前有兩種主要說法：一說以爲卦辭、爻辭並是周文王所作，鄭學之徒並依此說；二以爲驗爻辭多是文王後事，以爲卦辭文王所作，爻辭周公所作（見《周易正義·序》）。

　　《易傳》的作者，孔穎達云："其《彖》、《象》等《十翼》之辭，以爲孔子所作，先儒更无異論。"（《周易正義·序》）直至宋歐陽修撰《易童子問》，才第一次對孔子作《十翼》提出疑問。

　　可見，從先秦到北宋初的易學研究歷史中，關於《周易》經傳作者的爭端，主要集中在重卦與卦爻辭的創作究竟歸屬何人的問題上。但在漢代學術界，較爲通行的權威性觀點，當推司馬遷的論斷，其說如下：

　　　　西伯……囚羑里，蓋益《易》之八卦爲六十四卦。（《史記·周本紀》）

　　　　自伏羲作八卦，周文王演三百八十四爻，而天下治。（《史記·日者列傳》）

　　　　文王拘而演《周易》。（《報任少卿書》）

　　　　孔子晚而喜《易》，序彖、繫象，說卦、文言。（《史記·孔子世家》）

　　班固撰《漢書》，承司馬遷說，對《周易》的作者問題作了簡要的總結，其《藝文志》先引述《繫辭下傳》伏羲"始作八卦"諸語，又曰：

　　　　至於殷、周之際，紂在上位，逆天暴物，文王以諸侯順命而行道，天人之占可得而効。於是重《易》六爻，作上下篇。孔氏爲之《彖》、《象》、《繫辭》、《文言》之屬十篇。故曰《易》道深矣，人更三聖，世歷三古。

其中"三聖"、"三古"之義，顏師古注云："伏羲爲上古，文王爲中古，孔子爲下古。"這種說法，在漢代最爲學者所接受，《周易乾鑿度》亦謂"垂黃策者羲，益卦演德者文，成命者孔也"，故可視爲漢儒之通誼。

　　北宋歐陽修以勇於疑古的精神，考辨了《易傳》七種的内容，指出《文言》、《繫辭傳》、《說卦傳》有相互牴牾之處，而《繫辭傳》前後文又有相矛盾之處，認爲《繫辭傳》、《文言》、《說卦傳》、《序卦傳》、《雜卦傳》非出自一人之手，不可視爲孔子所作。其說略云：“昔之學《易》者雜取以資其講說，而說非一家，是以或同或異，或是或非。”“余所以知《繫辭》而下非聖人之作者，以其言繁衍叢脞而乖戾也。”“至於‘何謂’、‘子曰’者，講師之言也；《說卦》、《雜卦》者，筮人之占書也：此又不待言而可以知者。”（《易童子問》）歐陽修所疑，只是《易傳》中的五種；而《彖傳》、《象傳》兩種，似仍以爲撰於孔子。

　　自歐陽修之後，疑古學風漸啓。以至清人姚際恒《易傳通論》、康有爲《新學僞經考》等，均認爲《易傳》非孔子所作。康有爲曰：

　　　　史遷《太史公自序》，稱《繫辭》爲《易大傳》，蓋《繫辭》有“子曰”，則非出自孔子手筆，但爲孔門弟子所作，商瞿之徒所傳授，故太史談不以爲經而爲傳也。至《說卦》、《序卦》、《雜卦》三篇，《隋志》以爲後得，蓋本《論衡·正說篇》“河内後得《逸易》”之事，《法言·問神篇》“《易》損其一也，雖蠢知闕焉”，則西漢前《易》無《說卦》可知。揚雄、王充嘗見西漢博士舊本，故知之。《說卦》與孟、京“卦氣圖”合，其出漢時僞託無疑。《序卦》膚淺，《雜卦》則言訓詁，此則歆（引者案，指劉歆）所僞竄，並非河内所出，宋葉適嘗攻《序卦》、《雜卦》爲後人僞作矣（《習學記言》）。歆既僞《序卦》《雜卦》二篇，爲西漢人所未見。又於《儒林傳》云：“費直徒以《彖》、《象》、《繫辭》十篇文言解說上下經”；此云：“孔氏爲之《彖》、《象》、《繫辭》、《文言》、《序卦》之屬十篇”；又敍《易經》十二篇而託之爲施、孟、

> 梁丘三家；又於《史記·孔子世家》竄入"孔子晚而喜
> 《易》，序象、繫象，說卦、文言"，顛倒眩亂。學者傳習，熟
> 於心目，無人明其僞竄矣。(《新學僞經考·漢書藝文志
> 辨僞》)

上述議論完全推翻了孔子作《易傳》的舊說，並斷言《說卦傳》、
《序卦傳》、《雜卦傳》三篇爲漢人僞作。此說帶有不少主觀臆測成
分，但對後來學術界疑古風氣的盛行則產生了頗爲重要的影響。

　　二十世紀二三十年代間，學術界關於《周易》的作者和時代問
題的討論出現了一次熱潮，主要傾向是否定漢儒的說法。其基本觀
點約可歸納如下：《周易》"經"部的作者，顧頡剛、余永梁等人認
爲非伏羲、文王所作，而是周初作品；李鏡池等人認爲《周易》編
定於西周晚期，與《詩經》時代略同，作者亦非一人；郭沫若認爲
《周易》之作決不能在春秋中葉以前，當在春秋以後，作者是孔子
的再傳弟子馯臂子弓。至於《易傳》，說者多承歐陽修以來"非孔
子所作"的觀點，郭沫若則進一步推測《易傳》中的大部分是荀
子的門徒們楚國人所著，著書時代當在秦始皇三十四年（前213
年）以後；錢玄同認爲西漢初田何傳《易》時，只有上下經和
《彖》、《象》、《繫辭》、《文言》諸傳，西漢中葉後加入漢人僞作
的《說卦傳》、《序卦傳》、《雜卦傳》三篇；李鏡池又對諸篇作具
體推測，以爲《彖傳》、《象傳》作於秦漢間，《繫辭傳》、《文言》
作於漢昭、宣間，《說卦傳》、《序卦傳》、《雜卦傳》作於昭、
宣後[6]。

　　此後四十餘年來，人們又陸續對《周易》經傳的作者進行了不
同角度的探討[7]，所得結論亦未臻一致，而較有影響的看法是卦
爻辭作於周初，《易傳》作於春秋戰國間，經傳作者均非一人，當
是經過多人多時加工編纂而成的[8]。

　　值得注意的一個問題是，近年來，中國大陸考古學界對商周甲
骨文、陶文、金文中的一些原先未解的"奇字"進行了探研，指出

這些"奇字"即是商周時期以數字形式刻寫下來的八卦、六十四卦符號,因而認爲《易》筮時代至少應上推至商代,而周文王重八卦爲六十四卦的說法也應予以糾正[9]。

當然,"數字卦"問題目前尚在探討,能否成爲確論,有待學術界的進一步研究。但據《周禮》云:"太卜掌《三易》之法,一曰《連山》,二曰《歸藏》,三曰《周易》。其經卦皆八,其別皆六十有四。"鄭玄注引杜子春云:"《連山》,宓羲;《歸藏》,黃帝。"《周易正義序》引鄭玄《易贊》及《易論》云:"夏曰《連山》,殷曰《歸藏》,周曰《周易》。"《玉海》引《山海經》云:"伏羲氏得河圖,夏后因之,曰《連山》;黃帝得河圖,商人因之,曰《歸藏》;列山氏得河圖,周人因之,曰《周易》。"這些文獻記載,說明周代以前即有與《周易》相類似的筮書《連山》、《歸藏》[10],其卦形符號均爲八卦重成的六十四卦。清人顧炎武依據《周禮》之說及《左傳》所載春秋筮例,認爲重卦應在周以前,"不始於文王",而周初的卦爻辭寫定以後,《周易》才被取名爲《易》[11]。此說似頗可取。

在上引諸多研究成果的基礎上,我們可以說,八卦的出現和六十四卦的創成,當在西周以前的頗爲遠古的年代;古人稱其作者爲伏羲、神農、夏禹之類的"聖人",自然是一種帶有崇古、崇聖心理的傳說,但此中所涉及的時代範圍卻是可以參考的。那麼,既然遠在西周以前就產生了以六十四卦符號爲基礎的筮書,與之相應的筮辭也很可能同時出現了(至少在口頭上流傳)[12]。沿此進展,西周初年產生了一部新編的卦形、卦爻辭井然有序的《周易》,則是於理頗順的。《繫辭下傳》說:"《易》之興也,其當殷之末世,周之盛德邪?當文王與紂之事邪?"又說:"《易》之興也,其於中古乎?作《易》者,其有憂患乎?"正是對《周易》卦爻辭創作時代較爲審慎而且可取的推測。因此,我們不妨對《周易》卦形和卦爻辭的創作歷程作出初步的擬議——西周以前的漫長歲月中,古人就已經運用以八卦重成的、類同《周易》六十四卦的符號進行占筮活動，甚或還附有簡單的筮辭；到了殷末周初，當時的學者（或筮人）對舊筮書進行了革故鼎新的改編工作，改編的大致內容可能是：其一，使卦形符號規範化；其二，確定六十四卦卦序；其三，充實卦爻辭文句；其四，又經過多時、多人的潤色、增删，最後編定成卦形體系完整、卦爻辭文句富有形象性的《周易》，時當爲商朝滅亡、周朝鼎盛之際，約公元前十一世紀。此後，隨著治《易》者的不斷增多，尤其是孔子設教授徒亦涉及易學，遂陸續出現了從各種角度闡釋《周易》大義的作品，並被學者編爲專書傳習，這就是漢儒稱爲《十翼》的《易傳》。從《易傳》中保留的不少“子曰”云云的言論，以及大部分内容所反映的濃厚的儒家思想，似可說明其作者當屬孔門弟子們，而創作時代當在春秋、戰國之間。總之，應該認爲，《周易》經傳的創作經歷了遠古時代至春秋戰國之間的漫長過程，是“人更多手，時歷多世”的集體撰成的作品。

四、《周易》的命名之義，“周”指周代，“易”謂變易。

　　古人凡著一書，必重於立其名義。那麼，《周易》的命名意義何在呢？

　　先敍“周”字。

　　“周”字之義，自來有兩說：一曰“周”指周代。《周易正義·序》云：“案《世譜》等羣書，神農一曰連山氏，亦曰列山氏；黄帝一曰歸藏氏。既《連山》、《歸藏》並是代號，則《周易》稱‘周’取岐陽地名。《毛詩》云：‘周原膴膴’是也。又文王作《易》之時，正在羑里，周德未興，猶是殷世也，故題‘周’別於殷。以此文王所演，故謂之《周易》。其猶《周書》、《周禮》，題周以別餘代。故《易緯》云‘因代以題周’是也。”二曰“周”字義取"周普"。《周易正義·序》又引鄭玄釋《周禮》"三易"之義曰:"《連山》者,象山之出雲,連連不絕;《歸藏》者,萬物莫不歸藏於其中;《周易》者,言易道周普,无所不備。"陸德明《經典釋文》認爲:"周,代名也;周,至也,徧也,備也,今名書義取周普。"是陸氏雖兼采兩說,而實主"周普"之義。孔穎達指出:"先儒又兼取鄭說,云既指周代之名,亦是普徧之義,雖欲无所遐棄,亦恐未可盡通。其《易》題'周',因代以稱周,是先儒更不別解。"(《周易正義·序》)自孔穎達以來,注《易》之家專主"周"爲代名者至爲衆多,今當從之。

再敍"易"字。

"易"字之義,古今說者尤多。考其本義,當爲"蜥易"。《說文》云:"易,蜥易、蝘蜓、守宫也。象形。"其字篆文作"易",正象蜥易之形;蜥易即壁虎類動物,以其能十二時變色,故假借爲"變易"之"易"。孔穎達指出:"夫易者,變化之總名,改換之殊稱。自天地開闢,陰陽運行,寒暑迭來,日月更出,孚萌庶類,亭毒羣品,新新不停,生生相續,莫非資變化之力、換代之功。然變化運行,在陰陽二氣,故聖人初畫八卦,設剛柔兩畫,象二氣也;布以三位,象三才也。謂之爲《易》,取變化之義。"(《周易正義·序》)其它不同說法,擇其要者約有六種:其一,《周易乾鑿度》云:"《易》一名而含三義:所謂易也,變易也,不易也。"即謂"易"含有"簡易"、"變易"、"不變"三層意義。其書又詳釋曰:"易者,其德也。光明四通,簡易立節,天以爛明,日月星辰,布設張列,通精無門,藏神無穴,不煩不擾,澹泊不失,此其易也。變易者,其氣也。天地不變,不能通氣,五行迭終,四時更廢,君臣取象,變節相移,能消者息,必專者敗,此其變易也。不易者,其位也。天在上,地在下,君南面,臣北面,父坐子伏,此其不易也。"其二,《說文》又引"祕書說:日月爲易,象陰陽也。一曰從勿。"考虞翻《易注》引《參同契》云:"字從日下月",取日月更迭、交相變易爲說，意義與《說文》引正相同。清儒治《虞氏易》者，多遵其說。唯"从勿"之義，則頗難通。其三，清初毛奇齡撰《仲氏易》，略總前儒之說，謂"易"兼有"變易"、"交易"、"反易"、"對易"、"移易"五義。其謂"反易"實即虞翻之"反對"，"移易"即荀爽之"升降"，"對易"亦同虞翻之"旁通"：此多取漢魏說《易》條例以釋"易"名，義雖未爲詳備，要不爲冥心臆測，用力亦勤。其四，桐城吳摯甫先生撰《易說》，又別爲一解，云"易者占卜之名，因以名其官"。行唐尚節之先生宗其說，謂《史記·禮書》"能慮勿易"，即言能慮者則不占，故堅主"易"字本詁謂"占卜"。其五，近人余永梁著《易卦爻辭的時代及其作者》一文（載中央研究院《歷史語言研究所集刊》第一本第一分，1931 年出版），認爲筮法乃周人所創，以替代或輔助卜法，較龜卜爲簡易，故名書曰《易》。此說與《乾鑿度》"易簡"之義，名同而實異。其六，近人黃振華著《論日出爲易》一文（載《哲學年刊》第五輯，1968 年 11 月臺灣商務印書館印行），據殷代甲骨文"易"字作"𤕨"，認爲字形象徵"日出"，上半部尖頂表示初出的太陽，中間弧綫表示海的水平面或山的輪廓綫，下方三斜劈綫表示太陽的光彩。並謂"日出"象徵陰陽變化，大義亦主於"變易"。綜觀衆說，立言紛紜。筆者以爲，其義當就本義與後起義分別觀之。《繫辭上傳》云"聖人設卦觀象，繫辭焉而明吉凶，剛柔相推而生變化。"《下傳》云"八卦成列，象在其中矣；因而重之，爻在其中矣；剛柔相推，變在其中矣；繫辭焉而命之，動在其中矣。"於此可見"易"之名書本義爲"變易"，《說文》所釋可從；易簡、不易等義，當爲後起之說。而所謂"易兼有變易、交易、反易、對易、移易五義"，實皆不出"變易"一義之範圍，舉"變易"而五義可盡賅。至如以"日月"、"日出"釋字形者，其旨不離"變易"，亦並可備爲參考[13]。視《周易》書名的西語意譯，多作《變化的書》（*The Book of Changes*），即立足於"易"字本義，頗見確切。

　　要言之，《周易》命名之義，"周"爲代名，"易"主變易。古代典籍多簡稱爲《易》，即強調其書所言之"變化"大旨。而"六經"之名，起於孔門弟子（本章學誠《文史通義》說）；西漢初，《周易》被列爲學官的"經"書之一，學者遂尊稱爲《易經》。又因《易傳》被合入經內並行，後來廣義上的《周易》則兼指"經"、"傳"。此即《周易》名義及其前後流變的大略情狀。

五、《周易》一書的性質，就經傳大旨分析，應當視爲我國古代一部特殊的哲學專著。

　　《周易》的性質，歷來頗有爭論。主要的分歧是：或以爲是筮書，或以爲是哲學著作。這一問題牽涉到對《周易》經傳大義的認識，因此這裏亦分經傳兩部分試作探討。

　　顯然，《周易》的卦形、卦爻辭創成之後，其最突出的效用是占筮。无論《周禮》謂"太卜掌《三易》之法"，還是《左傳》、《國語》所載諸多《易》筮史例，都足以印證這一事實。但古代的占筮往往與政治大事密切相關，天子、諸侯的政治、軍事措施，有時必須取決於卜官的占筮結果。那麼，在占筮過程中，事實上影響人們思想，左右人們行動的關鍵因素，是筮書所表露的哲學內涵。換言之，要是抽掉了《周易》內在的哲學意義，則其書必不可能成爲古代"太卜"所執掌的上層統治階級奉爲"聖典"的重要書籍。因此，朱熹雖極力強調"《易》本爲卜筮而作"，卻也不曾抹煞其哲學意蘊，認爲"孔子恐義理一向沒卜筮中，故明其義"（《朱子語類》）。清人皮錫瑞指出：

　　　　伏羲畫卦，雖有占而無文，而亦寓有義理在內。……左氏雜采占書，其占不稱《周易》者，當是夏、殷之《易》，而亦未嘗不具義理；若無義理，但有占法，何能使人信用？觀夏、殷之《易》如是，可知伏羲、文王之《易》亦如是矣。周衰而卜筮失官，蓋失其義，專言禍福，流爲巫史。左氏所載，焦循嘗一一辨其得失，曰：《易》至春秋，淆亂於術士之口，謬悠荒誕，不足以解聖經，孔子所以韋編三絕而翼贊之也。……孔子見當時之人，惑於吉凶禍福，而卜筮之史加以穿鑿傅會，故演《易》繫辭，明義理，切人事，借卜筮以教後人，所謂以神道設教。其所發明者，實即羲、文之義理，而非別有義理；亦非羲、文並無義理，至孔子始言義理也。（《經學通論》）

皮氏的基本觀點，是不同意把《周易》看成簡單的"筮書"，認爲八卦、六十四卦符號及卦爻辭均寓含"義理"，而《易傳》作者只是把這些義理作了更加鮮明、更加切近人事的闡發。這種認識應當是較爲客觀、可取的。其實，儻若《周易》的卦形、卦爻辭沒有內在的哲學性質，无論哪一位"聖人"，都无法憑空闡發出其中的"義理"來。所以，我們必須認識到，儘管《周易》的出現是以卜筮爲用，但其內容實質卻含藏著深邃的哲學意義。

只要認真剖析《周易》六十四卦的大義，我們不難發現，自從代表陰陽觀念的 ＝＝、＝ 兩畫誕生之日開始，《周易》哲學就奠下了符號象徵的基礎，或者說出現了最初的萌芽因素；而當八卦重成的獨具體系的六十四卦及卦爻辭撰成編定之後，《周易》的象徵哲學就完全顯示出奇異的思想光華。這一點，前文敍《周易》創作過程時已略有提及，下面再舉一些例子從四方面試爲印證。

一是，從整體角度看，六十四卦是六十四種事物、現象的組合，一一喻示著特定環境、條件下的處事方法、人生哲理、自然規律等。如《乾》卦象徵"天"，喻示"剛健"氣質的發展規律；《坤》卦象徵"地"，喻示"柔順"氣質的客觀功用；《屯》卦象徵"初生"，喻示事物"草創"之際排除艱難而發展的情狀；《蒙》卦象徵"蒙昧"，喻示事物蒙稚之時"啓蒙發智"的道理。其餘諸卦无不如是，均喻示某種具體的事理。而六十四卦的旨趣，又共同貫串會通而成作者對自然、社會、人生在運動變化中發展規律的基本認識，並反映著頗爲豐富的哲學意義。

二是，分別諸卦來看，各卦六爻之間在“義理”上的聯繫，是十分明顯的。而這種聯繫，正是某種事物、現象的變動、發展規律的象徵性表露，也是一卦哲學內容的具體反映。舉《師》卦爲例，全卦象徵“兵衆”，闡明用兵的規律：初六陰爻處下，爲“用兵”初始之象，爻辭說兵衆出發要用法律號令來約束，軍紀不良必有凶險（“師出以律，否臧凶”），極言嚴明軍紀的必要性；九二陽剛處中，上應六五，爲率兵主帥之象，爻辭說統率兵衆，持中不偏可獲吉祥，无所咎害，君王多次獎賞、委以重任（“在師，中吉，无咎，王三錫命”），揭明主帥出師成功的條件；六三處下卦之上，陰柔失正，爲力微任重、貪功冒進之象，爻辭說兵衆時而載運尸體歸來，有凶險（“師或輿尸，凶”），陳述出師失利敗績的教訓；六四處上卦之下，柔順得正，爲謹慎用兵之象，爻辭說兵衆撤退暫守，不致咎害（“師左次，无咎”），指出用兵有時必須退守的情狀；六五柔中居尊，爲有德君主、慎於用兵之象，爻辭先說田中有禽獸，利於捕取，必无咎害（“田有禽，利執言，无咎”），又說委任剛正長者可以統率兵衆，委任无德小子必將載尸敗歸，守持正固以防凶險（“長子帥師，弟子輿尸，貞凶”），這是模擬君主的身份、地位，申言用兵適時及謹慎擇將的道理；上六柔居卦終，爲班師歸來之象，爻辭說天子頒發命令，封賞功臣爲諸侯、大夫，小人不可重用（“大君有命，開國承家，小人勿用”），體現出師終了、論功行賞的法則。總歸六爻大義，從兵衆初出到收兵歸來，分別展示了用兵的各方面要旨。其中貫穿一體，相互聯繫的本質意義，則是強調“師”以“正”爲本。這就是卦辭所概括的：師卦象徵兵衆，應當守持正固，賢明長者統兵可獲吉祥，必无咎害（“師，貞，丈人吉，无咎”）。若進一步分析六爻的哲學內涵，我們可以從爻中反映的勝敗、進退、利弊、得失的種種喻象，領會出作《易》者所流露的早期軍事思想的辯證因素。可見，卦辭提綱挈領的概括，與六爻爻辭互爲聯繫的分述，揭示出該卦卦象、爻象的象徵本旨：卦爻的義理因之而顯，全卦的哲學內容也由此得以體現。縱觀《周易》六十四卦，均同此例。

三是，將有關卦義兩相比較，又可以發現六十四卦的哲理十分突出地反映著事物對立面矛盾轉化的變動規律。如《乾》、《坤》兩卦，象徵"剛健"與"柔順"的對立轉化；《泰》、《否》兩卦，象徵"通泰"與"否閉"的對立轉化；《損》、《益》兩卦，象徵"減損"與"增益"的對立轉化，等等。不僅卦與卦之間如此，在一卦的具體爻象中，也往往喻示這一哲理：各卦的上爻多喻物極必反的意旨，即是最顯著的例證。

四是，用綜合分析的方法考察，《周易》六十四卦的內容又涉及作者對所處時代的思想意識形態各領域的多方面認識。其中有反映作者政治思想的，如《同人》卦流露的對"天下和同"理想的追求，《革》卦含藏的"革除弊政"的願望等；有反映作者倫理思想的，如《家人》、《歸妹》卦表述的對家庭結構、男婚女嫁問題的看法等；有反映作者經濟思想的，如《節》卦喻示的"節制"觀念，《賁》卦闡明的"質樸"主張等；有反映作者法制思想的，如《訟》、《夬》卦關於爭訟和決除邪惡問題的闡述，等等。總之，一部《周易》的思想內容是十分豐富的，而无論哪一方面思想的反映，都建立在變化哲學的基礎上。具體說，六十四卦紛繁複雜的內容，儘管涉及面十分廣泛，卻集中體現著統一的哲學原理：陰陽變化的規律。程頤指出："六十四卦、三百八十四爻，皆所以順性命之理，盡變化之道也。散之在理，則有萬殊；統之在道，則无二致。"（《河南程氏遺書·易序》）造裏所說的"變化之道"，事實上就是《周易》哲學思想的核心。

應當指出，六十四卦的哲理，是通過"象徵"形式表現出來的。《繫辭下傳》曰“《易》者，象也”；《左傳》昭公二年載：“晉侯使韓宣子來聘，見《易象》與《魯春秋》。”這是現存文獻中最早視《周易》爲“象”的例證。六十四卦的卦形、爻形，以及相應的卦辭、爻辭，均是特定形式的“象徵”：前者依賴卦爻符號的暗示，後者借助卦爻辭文字的描述——兩者相互依存，融會貫通，共同喻示諸卦諸爻的象徵義理。王弼曰：“觸類可爲其象，合意可爲其徵。”（《周易略例·明象》）項安世云：“凡卦辭皆曰象，凡卦畫皆曰象；未畫則其象隱，已畫則其象著。”（《周易玩辭》）這兩說分別指出《易》象觸類旁通，以及文辭與卦形相輔而明《易》象的特點。那麼，我們在研究《周易》六十四卦的過程中，必須細緻把握這種象徵規律，才能透過卦形、卦爻辭的外在喻象，領悟其內在的哲學涵義。

根據上文對六十四卦哲學意義的簡要分析，我們認爲《周易》的占筮，僅僅是古人對六十四卦義理的一方面運用[14]；《周易》的象徵，是其書哲學內容的基本表現形式；而貫穿全書的反映事物對立、運動、變化規律的思想，則是六十四卦哲理的根本核心。因此，《周易》的“經”部分，雖以占筮爲表，實以哲學爲裏，應當視爲一部獨具體系的哲學著作。

關於《易傳》的性質，人們比較一致認爲是一組頗有深度的哲學著述。對《易傳》思想的歸納，近人作過一些嘗試，如張立文將其歸爲六點，曰：政治思想、唯物主義的自然觀、樸素辯證法思想、唯物主義認識論、道德倫理思想、社會進化的歷史觀等（《周易思想研究》，1980 年 8 月湖北人民出版社出版）；張岱年將其歸爲三點，曰：本體論學說、辯證法思想、人生理想與政治觀點等（《論易大傳的著作年代與哲學思想》，載《中國哲學》第一輯，1981 年北京三聯書店出版）。其他論著尚多，茲不贅引。諸說歸納分析的角度、方法雖不盡同，但其基本認識均在於肯定《易傳》作爲一組古代哲學著作的豐富的思想價值。

　　然而，《易傳》哲學思想的一個重要特色，是建立在對《周易》經義的闡釋、發揮的基點上。因此，其中有相當一部分思想內容，如關於陰陽矛盾、運動變化的辯證觀點，關於以乾坤爲本的宇宙生成說，乃至關於政治、倫理、道德各方面的理念，常常是六十四卦大義的直接引申，與"經"的本旨是无法割裂的。當然，也有不少內容是《易傳》作者的獨特見解，但也是在闡"經"過程中得出的。朱熹論《繫辭傳》云："或言造化以及《易》，或言《易》以及造化，不出此理。"（《朱子語類》）意謂作者在言《易》的同時，泛及自然界的發展規律，以體現其哲學觀點。這一看法用來說明整個《易傳》，似也大略適合。可以說，沒有"經"的哲學基礎，就沒有"傳"的思想體系；有了"傳"的推闡發揮，"經"的哲學就更加顯明昭著。所以，我們認爲，《易傳》七種的性質，應當視爲一組以闡解《周易》經義爲宗旨的富有鮮明思想觀點的哲學著作。

　　當然，六十四卦義理和《易傳》思想是不同時代的產物，其內容與價值必須結合特定的歷史背景進行具體深入的考察，才能得出全面、科學的結論。但通過以上的簡單分析，我們可以對《周易》的性質作出如下認識：包涵經傳在內的《周易》一書，由於其早期部分內容誕生之古遠，及其核心思想意義之深邃，不能不視爲我國古代一部特殊的哲學專著。

六、易學史的流派至爲繁雜，要以
"象數"、"義理"兩派爲主。

　　易學研究的歷史，其源流派別至爲紛繁複雜。先秦時期，《左傳》、《國語》及諸子哲學著作載有不少易說，當屬易學史的濫觴階段。

　　孔子開創儒學，並以"六經"傳授門徒，《周易》即爲一項重要課程。《易傳》屢引孔子闡《易》言論；《史記‧孔子世家》稱其“讀《易》韋編三絕，曰‘假我數年，若是，我於《易》則彬彬矣’”；舊題《子夏易傳》一書[15]，相傳即孔子學生卜商（字子夏）所作。由此可以推知，孔子對易學作過十分深刻的探討，堪稱先秦易學史上一位極有影響的研《易》大師。至於《易傳》七種十篇，以其解經精辟，亦可看作集先秦研《易》成果之大成的第一部易學論著。

秦政焚書，《易》獨以卜筮幸存，較羣經爲最无闕。漢置“五經博士”，學人又以《易傳》連經並行，易學研究至見昌盛[16]。但此時經說之最複雜者，亦莫如《易》。西漢的易學派別，大抵可分爲四派：一曰訓故舉大誼，周王孫、服光、王同、丁寬、楊何、蔡公、韓嬰七家是也；二曰陰陽候災變，孟喜、京房、五鹿充宗、段嘉四家是也；三曰章句守師說，施讎、孟喜、梁丘賀、京房學官博士所立以教授者是也[17]；四曰《十翼》解經意，費直无章句，專以《易傳》解說，民間所用以傳授者是也。東漢的易學派別，亦可分爲四派：一曰馬融、劉表、宋衷、王肅、董遇，皆爲《費氏易》作章句(《費氏易》无章句，諸家各爲立注)；二曰鄭玄、荀爽，先治《京氏易》，後參治《費氏易》（鄭玄從第五元先通《京氏易》，荀爽從陳實受樊英句，亦京氏學）；三曰虞翻，本治《孟氏易》，雜用《參同契》納甲之術；四曰陸績，專治《京氏易》。明確了上述綫索，則“漢易”的主要流派，約略可知[18]。

自魏王弼《易注》盛行之後，漢易漸衰，這是易學變化的一大關鍵。陸德明《經典釋文‧序錄》指出：

> 永嘉之亂，施氏、梁氏之《易》亡，孟、京、費之《易》人無傳者。惟鄭康成、王輔嗣所注行於世，而王氏爲世所重[19]。

《隋書‧經籍志》云：

梁丘、施氏、高氏[20]亡於西晉，孟氏、京氏有書無師。梁、陳，鄭玄、王弼二注列於國學；齊代唯傳鄭義。至隋，王注盛行，鄭學浸微，今殆絕矣。

孔穎達《周易正義·序》亦曰：

> 傳《易》者，西都則有丁、孟、京、田，東都則有荀、劉、馬、鄭，大體更相祖述，非有絕倫。唯魏世王輔嗣之注，獨冠古今，所以江左諸儒並傳其學，河北學者罕能及之。

觀此諸文，可知王弼《易注》的勢力，籠罩於魏晉南北朝之間，雖鄭玄之注也莫能抗行，足徵“象數易學”見絀於“玄理易學”。

唐初修撰《五經正義》，《周易》採用王弼、韓康伯注[21]，孔穎達爲之作疏。於是王弼易學，在唐代廣爲學者傳習，幾定於一尊。惟李鼎祚撰《周易集解》，採摭漢儒以訖唐代象數家之說，得三十五家[22]，崇象數，黜玄言，漢易餘緒，賴以僅存。

及宋，陳摶、劉牧、邵雍之徒出，而後遂有“先天圖”、“後天圖”、“河圖”、“洛書”諸圖說。易學之途，又爲之一變[23]。朱熹、蔡元定等取用諸圖，引申其說，並參以義理，而後遂有“宋易”之名與“漢易”相對峙[24]。而胡瑗、程頤專闡儒理，李光、楊萬里參證史事，兩者各爲宗派[25]，易學派別之分歧，日益繁多。

元代諸儒，大抵篤守程、朱遺說。如吳澄《易纂言》、胡震《周易衍義》等即是。明初猶然。如胡廣《周易大全》、蔡清《易經蒙引》等書影響較著。明中葉以後，有以“狂禪”解經者，如方時化《學易述談》四卷，總以禪機爲主；徐世淳《易就》六卷，語多似禪家機鋒；蘇濬《周易冥冥篇》，觀其書名，即可知援禪入《易》；至釋智旭著《周易禪解》十卷，更明言以禪解《易》。這又是當時易學流派的一個旁支。

至清儒輩出，務求徵實，如惠棟《易漢學》即屬重要代表作。此時“宋易”遂備受攻擊而逐漸消沉，風氣又爲之一變。

　　清乾隆間，四庫館臣綜觀易學歷史的源流變遷，概括爲"兩派六宗"之說。其言曰：

　　　　《左傳》所記諸占，蓋猶太卜之遺法。漢儒言象數，去古未遠也；一變而爲京、焦，入於禨祥；再變而爲陳、邵，務窮造化，《易》遂不切於民用。王弼盡黜象數，說以老、莊；一變而爲胡瑗、程子，始闡明儒理；再變而爲李光、楊萬里，又參證史事，《易》遂日啓其論端。此兩派六宗，已互相攻駁。（《四庫全書總目·經部易類小序》）

此說歸納了易學史上最有影響的流派。總其大端，即爲"象數"、"義理"兩派。"象數派"的正宗學說，見於漢儒以易象（八卦的衆多卦象）、易數（陰陽奇耦之數）爲解《易》途徑，既切占筮之用，又發易理深蘊；"義理派"主於闡明《周易》的哲學大義，王弼以老、莊思想解《易》已開其風氣，至胡瑗、程頤則蔚爲大觀。平心而論，漢儒以象數解《易》，有時執泥卦象，並雜入種種術數之說，每使《易》義支離破碎；王弼一掃舊習，獨樹新幟，援玄理爲說固屬一弊，但亦非盡棄象數，其宗旨實在於探尋完整的易象，把握易理內蘊，使六十四卦經義條貫不紊[26]。故此兩派立說互有可取之處，吳承仕先生云"名物爲象數所依，象數爲義理而設"[27]，即言"象數"、"義理"當相互參用，才能明辨《周易》大旨。

　　但"兩派六宗"僅就易學主要派系而言，尚未足以盡賅《周易》研究的廣闊領域。故《四庫全書總目·易類小序》又曰：

　　　　又易道廣大，無所不包，旁及天文、地理、樂律、兵法、韻學、算術，以逮方外之爐火，皆可援《易》以爲說，而好異者又援以入《易》，故易說愈繁[28]。

可見，在歷代易學研究中，所涉及的學術領域至爲寬廣。

　　辛亥革命以後，易學研究的趨勢出現了一個重大變化。即除了繼承前人的成果，在象數、義理兩方面進行深入探討之外，更多的學者注重於接受現當代科學理論，從各種新的角度研究《周易》。其中有從史學角度探討《周易》的史料價值，有從循環論和辯證法的角度探討《周易》的哲學意義，有從文學的角度探討《周易》的文藝學價值，有從自然科學（包括數學、物理學、化學、天文學、曆學、醫學、量子力學、生物遺傳學等）角度探討《周易》與諸學科原理的相通之處，有運用不同的方法探討《周易》經傳的名義、作者、創作年代、發源地域諸問題，等等。這期間出現的較有影響的易學兩大家：一是杭辛齋，著有《易數偶得》、《學易筆談初集》、《學易筆談二集》、《易楔》、《讀易雜識》、《愚一齋易說訂》、《改正揲蓍法》等七種，主於貫通舊學新知，蔚爲一家之言；二是行唐尚秉和先生，著有《周易古筮考》、《焦氏易詁》、《焦氏易林注》、《周易尚氏學》、《易說評議》等書，專研象數之學，創爲新說，"解決了舊所不解的不可勝數的易象問題"（于省吾《周易尚氏學序》），甚爲學術界所推重。

近年來，湖南長沙馬王堆漢墓出土的《帛書周易》，引起人們的研究興趣。《帛書周易》的內容包括三部分：六十四卦經文；《繫辭傳》殘卷；《卷後佚書》等（詳于豪亮著《帛書周易》，載《文物》1984 年第三期）。由於《帛書周易》與通行本不盡相同，故學術界對之研究大致圍繞四個方面：其一，關於六十四卦卦序問題；其二，卦爻辭文字與各本的異同問題；其三，《卷後佚書》的考證問題；其四，《繫辭傳》殘卷的辨析問題。儘管目前諸問題尚未取得定論，但隨著研究的深入，必將有新的成果出現。

總之，從先秦兩漢至現當代的兩千多年中，《周易》研究的歷史是漫長的，易學流派及著述是繁雜衆多的。皮錫瑞云："說《易》之書最多，可取者少"（《經學通論》），此說或有一定依據；但作爲一項學術研究的課題，我們應當認真考辨歷史上的種種既有成果，揚摧是非，釐訂得失，才能在前人努力的基礎上進一步使這門學問的研究向前推展。

七、研究《周易》必須把握一定的方法，
今天尤宜運用科學理論品評此書在
學術史上的各方面價值。

《周易》研究的方法論，曾經是二十世紀六十年代初學術界引起討論的一個問題。討論的中心集中於兩點：一是，研究《周易》哲學是否應當以"傳"解"經"；二是，在研究中如何劃分現代觀念與古人思想的界限。當時的討論似僅涉及局部範圍，尚未深入展開，故也未能得出全面的結論[29]。

事實上，易學史中的不同流別，往往都採用過各具特色的研究方法。如《左傳》、《國語》所載易說重在"本卦"、"之卦"的交變，漢儒解《易》常用"互體"、"卦變"、"卦氣"、"納甲"、"爻辰"、"升降"、"消息"、"之正"等法，王弼《易注》參以老莊哲理，程頤《易傳》貫注著儒家思想，李光、楊萬里援史證《易》，等等，均在一定程度上反映前人對易學研究方法的不同理解及運用。

那麼，今天我們必須採用怎樣的方法研究《周易》呢？筆者以爲，應當把握以下幾個方面要點。

第一，從源溯流。易學研究的根本對象是《周易》經傳，故研究者首須熟習經傳本文，考明《左傳》、《國語》所載古筮例；其次，研讀漢魏古注（李鼎祚《周易集解》所存最多）；再次，觀六朝、隋、唐諸家義疏（孔穎達《周易正義》多本六朝義疏）；最後，參考宋、元以來各家之經說（宋、元人經說多存於《通志堂經解》中，清儒經說以《清經解》、《續清經解》中所收的爲最多）。不從古注入手者，是爲迷不知本源。

第二，强幹弱枝。《周易》源本象數，發爲義理，故當以象數、義理爲主幹；外此而旁及者，如涉及天文、地理、樂律、兵法、韻學、算術乃至現當代科學之說，皆其枝附。不由主幹而尋枝附，是爲渾不辨主客。

第三，在明確經傳既相區別，又相聯繫的基礎上，應當以《易傳》爲解經的首要依據。經、傳的創作時代不同，故兩者反映的思想也互有差異。但《易傳》的創作宗旨本在闡經，又屬現存最早的論《易》專著，則不可不視爲今天探討《周易》經義的最重要參考資料。《重定周易費氏學》引秦澍澧曰："以經解畫，以傳解經；合則是，而離則非。"此說可取。

第四，應當掌握六十四卦表現哲理的特殊方式：象徵。《易》之用雖在占筮，《易》的本質内蘊則爲哲學。前人講象數不離義理，敍義理不廢象數，即可知兩者本不能截然割裂。而"象"與"理"的結合，正是《周易》卦形、卦爻辭"象徵"特色的體現。朱熹曰："《易》難看，不比他書。《易》說一個物，非真是一個物，如說龍非真龍。"（《朱子語類》）此所謂"龍"，即《乾》卦六爻爻辭所取之象，正是用來象徵事物的"剛健"氣質。掌握了"象徵"規律，有利於熔象數、義理於一爐而冶之，可以較完整地挖掘《周易》的内在思想。

第五，應當掌握前人總結出來的切實可用的易學條例。如六爻居位特徵、承乘比應關係，及卦時、卦主、中正等規律。明確了這些義例，有利於闡發卦形符號象徵中所包含的"時間"、"空間"觀念，以及導致事物變化、發展的條件等特點。

第六，應當結合考古學界發現的有關《周易》資料，細密辨析《周易》經傳的本來面目及易學史研究中的各方面問題。如近年出土的《帛書周易》、目前學術界正在討論的"數字卦"等，即是值得注意的材料。

第七，應當重視多學科、多課題相互貫通的比較研究。《周易》

作爲一部早期的哲學著作，其所旁及的内容至爲豐富。如經傳的文學價值、史學價值、美學價值、文字音韻學價值，以及在古代科技史研究中的價值等，都有認真發掘的必要。至於《周易》與西方古代哲學的比較，也是頗有意義的一個研究方向。

第八，應當注意國外漢學者研究《周易》的成果，吸收其可取的因素，以增進中外文化學術的交流。二十世紀以來，國外研究《周易》較有影響的學者不乏其人，如日本的鈴木由次郎、戶田豐三郎、高田真治，德國的衛禮賢（Richard Wilhelm）、衛德明（Hellmut Wilhelm），蘇聯的舒茨基（ю. к. щуцкцй）等人，其治《易》成就顯著，在漢學界享有盛名[30]，並值得我們取資參考。

以上所敘，只是我們對《周易》研究方法中具體問題的大略認識。歷史在前進，科學在發展，隨着人們認識的不斷提高，研究方法的不斷更新、完善，《周易》研究必定能夠出現嶄新的面貌。

同時，我們還應看到，《周易》一書不但是中國古代文化的珍貴遺產，也是全人類文化寶庫中的一顆奇異的明珠——它的各方面價值，需要今天的學術界作出新的、科學的認識，以評定其在社會科學、自然科學諸領域中的歷史意義和現實意義——我們相信，經過人們的深入研究、努力闡揚，《周易》豐富的思想内容必將在世界學術之林煥發出更加絢麗奪目的光彩。

著　者

一九八六年七月寫於福州

【附注】

〔1〕見《易學羣書平議》卷首載尚秉和先生《序》。該書黃壽祺著，張善文點校，北京師範大學出版社 1988 年出版。

〔2〕郭沫若《周易時代的社會生活》（見郭著《中國古代社會研究》，1954 年人民出版社出版）謂陽（▬）和陰（▬▬）符號分

別是男、女生殖器象徵；高亨《周易雜論》（1962年山東人民出版社出版）認爲陽（ — ）和陰（ -- ）分別是古代占筮時所用的一節和兩節的“竹梶”（猶如“蓍草”）的象形；陳道生《重論八卦的起源》（載《孔孟學報》第12期，臺灣1966年9月出版）認爲陰陽（ -- 、 — ）符號源於“結繩”時代繩子上“有結”、“无結”的形態。　　〔3〕林光世《水村易鏡》一卷，見《通志堂經解》。《四庫全書總目·易類存目》載其書提要。　　〔4〕六十四卦共三百八十四爻，其《小象傳》亦三百八十四則；加上《乾》、《坤》兩卦的“用九”、“用六”文辭亦各有一則《小象傳》，故總計三百八十六則文句。　　〔5〕長沙馬王堆出土的《帛書周易》卦序與通行本不同，卦名亦多相異。其六十四卦編次規律，是以上卦爲綱，分爲八組（第一組上卦均爲乾☰，第二組上卦均爲艮☶，第三組上卦均爲坎☵，第四組上卦均爲震☳，第五組上卦均爲坤☷，第六組上卦均爲兌☱，第七組上卦均爲離☲，第八組上卦均爲巽☴）；各組又以下卦爲目（每組下卦的次序依乾☰、坤☷、艮☶、兌☱、坎☵、離☲、震☳、巽☴編排，唯各組純卦均居首）。八組名次詳見《文物》1984年第三期所載《馬王堆帛書六十四卦釋文》。這種排列方式至便檢索，似是當時人爲了占筮實用而作的改編，其卦序已不含哲學意義。　　〔6〕此處所敍觀點，分別見於：顧頡剛《周易卦爻辭中的故事》，余永梁《易卦爻辭的時代及其作者》，李鏡池《周易筮辭考》、《周易筮辭續考》、《易傳探源》，郭沫若《周易之製作時代》，錢玄同《讀漢石經周易殘字而論及今文易的篇數問題》等文。其中余氏文載中央研究院《歷史語言研究所集刊》第一本第一分冊（1931年出版），李鏡池《周易筮辭續考》載《嶺南學報》8卷1期，郭氏文見其所著《青銅時代》（1945年3月文治出版社出版）；餘文均收入顧頡剛主編的《古史辨》第三冊上編（1931年出版）。案，郭沫若1927年的作品《周易時代的社會生活》，認爲孔子研究過《周易》，《易傳》出於孔門弟子的筆錄，作於春秋戰國期間。但此觀點已爲其後來的論著《周易之製作時代》所否定。　　〔7〕這期間有關《周易》經傳作者及時代的主要論著有：李漢三《周易卦爻辭時代考》（載《建設》3 卷 11 期，臺灣 1955 年 5 月出版）、《周易說卦傳著成的時代》（載《大陸雜誌》32 卷 10 期，臺灣 1966 年 5 月出版），平心《關於周易的性質歷史內容和製作年代》（載《學術月刊》1963 年第 7 期），嚴靈峰《易經小象成立的年代及其內容》（載《哲學年刊》第四輯，1967 年 6 月臺灣商務印書館印行），蒙傳銘《周易成書年代考》（載《中文大學學報》，香港 1975 年 12 月出版），張岱年《論易大傳的著作年代與哲學思想》（載《中國哲學》第一輯，1981 年北京三聯書店出版），林炯陽《周易卦爻辭之作者》，詹秀惠《周易卦爻辭之著成年代》，王開府《周易經傳著作問題初探》（以上三篇均載《易經研究論集》，臺灣黎明文化事業公司 1981 年 1 月出版），王世舜、韓慕君《試論周易產生的年代》（載《齊魯學刊》1981 年 2 期），劉大鈞《周易大傳我見》（載《中國哲學史研究》1982 年 2 期）等。這些文章觀點不一，可資研究者參考。　　〔8〕張立文著《周易思想研究》一書（1980 年 8 月湖北人民出版社出版），對前人有關《周易》的時代、作者的研究成果作了扼要綜述，並提出自己的看法，較爲可取，宜備參考。　　〔9〕見張政烺《試釋周初青銅器銘文中的易卦》（載《考古學報》1980 年第 4 期），張亞初、劉雨《從商周八卦數字符號談筮法的幾個問題》（載《考古》1981 年第 2 期）。　　〔10〕《連山》、《歸藏》亡佚已久，清儒馬國翰《玉函山房輯佚書》輯有逸文，可以推見兩書梗概。近人劉師培、高明並撰《連山歸藏考》（劉文載《中國學報》第二册，1915 年 2 月出版；高文載《制言》第 49 期，1939 年 2 月出版），二文考辨兩書散佚過程及後人僞作諸事頗詳，可備省覽。　　〔11〕見顧炎武《日知錄》卷一《三易》、《重卦不始於文王》兩篇。〔12〕《三國志·魏志·高貴鄉公傳》載《易》博士淳于俊曰："包羲因燧皇之圖而制八卦，神農演之爲六十四，黃帝、堯、舜通其變，三代隨時質文，各繇其事，故《易》者‘變易’也。”其說提及“三代隨時質文，各繇其事”，即是認爲夏、商之《連山》、《歸藏》也各有筮辭。　　〔13〕《周易》名義問題，詳見黃壽祺《周易名義考》一文，載《福建師範大學學報》1979年第二期（後收入《中國古代史論叢》第一輯，福建人民出版社1981年出版）。〔14〕《繫辭上傳》云：“《易》有聖人之道四焉：以言者尙其辭，以動者尙其變，以制器者尙其象，以卜筮者尙其占。”可見，《繫辭傳》作者認爲，“卜筮”只是《周易》的四大主要效用之一。〔15〕《四庫全書》著錄《子夏易傳》十一卷，《提要》辨此書不但非子夏作，亦非晁說之所謂唐張弧僞撰之本，蓋“僞中生僞”，“流傳既久，姑存以備一家說”。清人孫堂、張澍、黃奭、孫馮翼、馬國翰等據陸德明《經典釋文》、孔穎達《周易正義》、李鼎祚《周易集解》等書所引，分別輯有《子夏易傳》（孫輯本見《漢魏二十一家易注》，張輯本見《二西堂叢書》，黃輯本見《漢學堂叢書》，孫輯本〔臧庸述〕見《問經堂叢書》，馬輯本見《玉函山房輯佚書》），並可參考。《子夏易傳》的作者，或謂韓嬰，或謂丁寬，或謂軒臂子弓，莫衷一是；臧庸以“子夏”爲韓嬰之字，宋翔鳳以“子夏”爲韓嬰之孫韓商之字，近人柯劭忞指爲“望文生義，等於說經者之附會”（《續修四庫全書提要·易類》，1971年臺灣商務印書館印行）。要之，子夏之書今雖莫考真僞，但其人曾有說《易》專著宜屬可信。　　〔16〕皮錫瑞《經學歷史》謂經學至漢武爲“昌明時代”，自漢元帝、成帝至後漢爲“極盛時代”。今略依其說，以西漢、東漢爲易學研究之昌盛階段。　　〔17〕此據《漢書·藝文志》將孟喜、京房分爲兩類，章句之學爲正宗，災變占驗則獨成一家。案，京房受《易》於焦贛，焦氏无章句，故《漢書·藝文志》不著錄。又案，西漢有兩京房：一爲焦贛弟子，字君明，著有《京氏易傳》，稱“前京房”；一爲楊何弟子，梁丘賀嘗從問《易》，稱“後京房”。此指前京房。　　〔18〕以上略本吳翊寅《易漢學考》之說。　　〔19〕《序錄》謂《費氏易》“人無傳者”，但學者多以王弼《易注》即承費氏家法。案吳承仕先生云：“《隋志》首述陳元、鄭衆，次言馬、鄭，次言二王作注而費氏大興，似謂輔嗣之學遠宗費氏，近接馬、鄭。自爾以訖近世，皆謂《王易》即《費易》矣。愚意王氏注經不注《繫辭》以下，蓋用費氏家法。”（《經典釋文序錄疏證》）吳先生之說，似甚可從。又案，王弼，字輔嗣，山陽高平人，魏尙書郎，年二十四卒。〔20〕高氏指西漢時沛人高相。《經典釋文·序錄》約《漢書·儒林傳》文曰：“沛人高相治《易》，與費直同時，其《易》亦無章句，專說陰陽災異，自言出丁將軍，傳至相。相授子康及蘭陵毋將永，爲高氏學。”　　〔21〕自元嘉以來，王弼所注六十四卦及《象傳》，《象傳》之義盛行，獨闕《繫辭傳》以下不注。謝萬、韓伯、袁悅之、桓玄、卞伯玉、荀柔之、徐爰、顧歡、明僧紹、劉瓛等十人並注《繫辭》，自韓注專行，而各家皆廢。又按，韓伯，字康伯，潁川人，東晉太常卿。　　〔22〕《周易集解》所采各家爲：子夏、孟喜、焦延壽、京房、馬融、鄭玄、荀爽、劉表、宋衷、王肅、王弼、何晏、虞翻、陸績、姚信、翟玄、韓康伯、向秀、王廙、張璠、干寶、蜀才、劉瓛、沈麟士、伏曼容、姚規、崔覲、盧氏、何妥、王凱沖、侯果、朱仰之、蔡景君、孔穎達、崔憬等三十五家。又引有《九家易》一書，據陸德明《經典釋文·序錄》云：“《荀爽九家集注》十卷，不知何人所集。稱荀爽者，以爲主故也。其序有荀爽、京房、馬融、鄭玄、宋衷、虞翻、陸績、姚信、翟子玄。子玄不詳何人，爲《易義》。注內又有張氏、朱氏，並不知何人。”又云：“（蜀才）姓范，名長生，一名賢，隱居青城山，自號蜀才，李雄以爲丞相。”吳承仕先生《經典釋文序錄疏證》指出：“魏晉以後儒者每有集解之作，雜取衆說，合爲一編”，“時代各不相接，撰錄者又無主名，斯類甚衆。此之《集注》，亦昔人隱栝京、

馬、鄭、虞等九家說，而以荀義爲依。”此說可從。　　〔23〕劉
牧、邵雍之學，均傳自陳摶。劉著《易數鈎隱圖》三卷，邵著
《皇極經世書》十二卷。　　〔24〕朱熹著《周易本義》十二卷。
又著《易學啓蒙》三卷，則屬稿於弟子蔡元定。　　〔25〕胡瑗，
泰州如皋人，宋仁宗皇祐、至和間國子直講，嘗在太學講《易》，
講授之餘欲著述而未逮，其門人倪天隱遂述師說作《周易口義》十
二卷，即《宋史·藝文志》所載之胡瑗《易解》十二卷。胡著嘗
爲程頤所崇。程頤著《易傳》四卷，李光著《周易詳說》十卷，
楊萬里著《誠齋易傳》二十卷。　　〔26〕王弼《易注》不廢八
卦卦象及諸爻爻象，並每闡說陰陽爻位，亦間有採用互體、卦變
者，故吳承仕先生謂其“本不廢絕漢法”（見吳先生所撰清彭申甫
《周易解注傳義辨正》提要，刊於《續修四庫全書提要·經部易
類》）。又王弼《周易略例》更詳言用象主張，章太炎先生云：“讀
王注者，當先取《略例》觀之，其言閎廓，亦不牽及玄言。”（《答
吳綱齋論易書》，載《國學論衡》第五卷下，1936 年 6 月）。
〔27〕見吳先生所撰清彭申甫《周易解注傳義辨正》提要，刊於
《續修四庫全書提要·經部易類》。　　〔28〕天文涉及方位，地理
涉及分野，樂律、韻學均涉及陰陽之變，故皆與《易》有關。又兵
法之書，涉及奇門、遁甲、太乙、六壬諸術數，亦附會於《易》，
故近人鹽城韋汝霖著有《奇門闡易》之書。《周易》有象有數，故
涉及數學，如《周易折中》後所附《易學啓蒙附論》，及近人邵武
丁超五所著《易理新詮》等即是。方外之爐火，則指《周易參同
契》之類。　　〔29〕當時關於《周易》研究方法的討論，主要
是針對李景春《周易哲學及其辯證法因素》（1961 年山東人民出版
社出版）一書存在的問題而發。參加討論的主要論文有：方黌《研
究周易不能援傳於經》（載《光明日報》1962 年 3 月 16 日），東方
明《哲學史工作中的一種極有害的方法》（載《哲學研究》1963 年
第 1 期），李景春《研究周易哲學應當以傳解經》（載《光明日報》

1962 年 9 月 14 日)、《從研究周易哲學看哲學史方法論的問題》
(載《哲學研究》1963 年第 3 期),馮友蘭《從周易研究談到哲學
史方法論的問題》(載《哲學研究》1963 年第 3 期),王明《以乾
卦的解釋爲例看李景春同志的周易哲學方法論問題》(載《光明日
報》1963 年 8 月 30 日),林杰《不要把現代思想掛到古人名下》
(載《文匯報》1963 年 4 月 4 日)等。　　〔30〕鈴木由次郎著有
《漢易研究》(1963 年東京明德社出版)等,戶田豐三郎著有《易
經注譯史綱》(1968 年 12 月東京風間書房出版)等,高田真治著
有日譯本《易經》(1959 年東京岩波書店出版)等;衛禮賢著有德
譯本《易經》(*I Ging, das Buch der Wandlungen, aus dem chinesichen
verdeutscht und erlautert*),1924 年出版於德國耶拿(Jena);衛德明
係衛禮賢之子,著有《變化——周易八論》(*Die Wandlung, acht
Uotrage Zum I-Ching*)、《易經中的天地人》(*Heaven, earth and
man in the Book of Changes*)等;舒茨基著有《周易研究》(*Kaura
ΠepeMeH*)等。

讀 易 要 例

陰　陽

　　在《周易》的卦形符號體系中，"陽"用"—"表示，"陰"用"--"表示：八卦、六十四卦就是以這兩種一連一斷的陰陽符號重疊組合而成的。"陽"與"陰"的象徵範圍至爲廣泛，兩者可以分別喻示自然界或人類社會中的一切對立的物象，如天地、男女、晝夜、炎涼、上下、勝負、君臣、夫妻，等等，乃至現代科學中的陽電陰電、正數負數之類的概念亦可與之相通。《繫辭上傳》以"一陰一陽之謂道"精煉地概括易理本質，《莊子·天下篇》也稱"《易》以道陰陽"。可以說，《周易》一書的"陰陽"大義，是關於事物對立統一的運動、變化、發展這一哲學原理，在特殊的象徵形式中的反映。朱熹說："天地之間無往而非陰陽，一動一靜，一語一默皆是陰陽之理"（《朱子語類·讀易綱領》），正可作爲《周易》"陰陽"喻象貫穿全書的注語。

八　卦

　　以陰（--）陽（—）符號三疊而成的八種三畫卦形，稱爲"八卦"（《周禮》稱"經卦"）。八卦各有一定的卦形、卦名、象徵物，其對應關係如下：

卦　名	卦　形	象徵物
乾	☰	天
坤	☷	地
震	☳	雷
巽	☴	風
坎	☵	水
離	☲	火
艮	☶	山
兌	☱	澤

　　八卦又各具特定的象徵意義，分別爲：健、順、動、入、陷、麗（附著）、止、說（悅）。八種象徵意義大體不變，但八種象徵物象則可依類博取。如乾既象天，又可象君、龍、金、玉、良馬等，均與"剛健"之義相符。其他諸卦亦如此例。

　　八卦取象問題，《說卦傳》敍之甚詳（參閱該篇譯注）。其中有些卦象與《周易》經義未合，當是後來因占筮需要而擴展的，宜作具體分析。

　　八卦的象徵旨趣，在六十四卦大義中得到反覆印證，因此，理解、熟悉其構成形式與名義，是探討《周易》這部特殊的哲學著作的最初階梯。朱熹《周易本義》卷首載《八卦取象歌》曰：

　　☰乾三連，☷坤六斷；

　　☳震仰盂，☶艮覆碗；

　　☲離中虛，☵坎中滿；

　　☱兌上缺，☴巽下斷。

此歌可資熟記卦形之助。

六 十 四 卦

將八卦兩兩相重，即成六十四組各不相同的六畫卦形，是爲"六十四卦"（《周禮》稱"別卦"）。

六十四卦除八卦各以自我重疊而成的八種形態，仍取《乾》、《坤》等爲名外，其餘五十六卦均有別名。如下震（☳）上坎（☵）相重爲《屯》（䷂）卦，下坎（☵）上艮（☶）相重爲《蒙》（䷃）卦等均是。

六十四卦卦形，以特殊的象徵形象，分別喻示六十四種事物、現象的特定情態，反映了作者對自然界、人類社會的種種認識。如《泰》（䷊）卦天在下、地在上，猶如上下心志交通，象徵社會"通泰"興盛；《既濟》（䷾）卦火在下、水在上，猶如火燃水沸、煮成食物，象徵萬事皆成。他卦均倣此。而卦中六爻之間陰陽交互變化，又顯示出各種事理的發展規律。於是，六十四卦的出現，形成了《周易》以陰陽爻象爲核心，以八卦物象爲基礎的完整的符號象徵體系。

六十四卦的排列，體現著一定的次序。其中有兩項重要規律可尋：

一、從相承相鄰的兩卦看，多以卦象互爲倒置爲次序。如《屯》（䷂）、《蒙》（䷃）相次，其象顛倒；《需》（䷄）、《訟》（䷅）相次，其象亦顛倒。餘可類推。這是以"反對卦"（孔穎達謂爲"覆卦"、來知德謂爲"綜卦"）兩兩相次，六十四卦中五十六卦皆如此例。唯《乾》（䷀）、《坤》（䷁）、《頤》（䷚）、《大過》（䷛）、《坎》（䷜）、《離》（䷝）、《中孚》（䷼）、《小過》（䷽）八卦，卦體顛倒而形不變，遂以六爻互爲交變（指位置並排之爻的陰陽互變）爲兩卦相承之序。如《乾》（䷀）、《坤》（䷁）相承，六爻交變；《頤》（䷚）、《大過》（䷛）相承，六爻亦交變。餘四卦可類推。這是以"正對卦"（虞翻謂爲"旁通"、孔穎達謂爲"變卦"、來知德謂爲"錯卦"、端木國瑚與尚先生謂爲"伏象"即"伏卦"）兩兩相次，六十四卦中僅上述八卦作此例。

二、從六十四卦的整體排列看，始於《乾》、《坤》，終於《既濟》、《未濟》，又體現出相承相受的全過程中，所表露的事物産生發展的諸階段的遞進、轉化程式。此中大義，《序卦傳》所敍甚明（參閱該篇譯注），足可揭示作《易》者編排卦序之哲學用心。

六十四卦編次既有一定，則熟悉其序也是讀《易》的一項必要步驟。朱熹《周易本義》卷首載《卦名次序歌》曰：

> 乾坤屯蒙需訟師，比小畜兮履泰否。
> 同人大有謙豫隨，蠱臨觀兮噬嗑賁。
> 剝復无妄大畜頤，大過坎離三十備。
> 咸恒遯兮及大壯，晉與明夷家人暌。
> 蹇解損益夬姤萃，升困井革鼎震繼。
> 艮漸歸妹豐旅巽，兑渙節兮中孚至。
> 小過既濟兼未濟，是爲下經三十四。

此歌以七言韻文的形式，分上下經綜括六十四卦名次，實便學《易》者熟記卦序。

卦 爻 辭

在六十四卦符號下撰繫文辭，分別表明各卦各爻的寓意，即爲"卦爻辭"。

卦辭每卦一則，喻示全卦總義；爻辭每爻一則，喻示該爻大旨。《周易》共有六十四卦三百八十四爻，故相應地繫有六十四則卦辭、三白八十四則爻辭（唯《乾》、《坤》兩卦於六爻之後分別多出"用九"、"用六"文辭，揭示用陽、用陰之理，因其意義重大，後人將之視同爻辭。）。

卦爻辭敍說哲理，多用"假象寓意"的譬喻方式，使隱含在"卦形"背後的《周易》義理較爲具體、生動地顯示出來。如果說六十四卦卦形的暗示，是《周易》的符號象徵；那麼卦爻辭的描述，則是《周易》的語言文字象徵：兩者相互依存，融會貫通，共同表達《周易》的內在意義。於是，當卦爻辭撰成之後，一部兼具卦形和文辭兩大要素的獨特的古代哲學專著——《周易》，終於以完整的面目、嚴密的體系出現於世，流傳不衰，並產生了深遠、廣泛的影響。

上　下　經

《周易》的"經"部分包括六十四卦卦形及卦爻辭，分上下兩篇：自《乾》至《離》三十卦，稱"上經"；《咸》至《未濟》三十四卦，稱"下經"。

上下篇的區分，由來已久。《序卦傳》前後兩段，即是分敍上下經卦次。《漢書·藝文志》屢稱漢人注《易》"二篇"，蓋以上下經分篇。

十　翼

《十翼》即《易傳》，其創作宗旨是闡釋《周易》經文，包括《文言》，《彖傳》上下，《象傳》上下，《繫辭傳》上下，《說卦傳》，《序卦傳》，《雜卦傳》等，凡七種十篇，以羽翼經義，故稱"十翼"。

舊說孔子作《易傳》，或未之信；但《易傳》中採納了孔子的言論及觀點，則是不爭的事實。《易傳》諸篇原皆單行，不與經文相雜。漢代學者將《文言》分列於《乾》、《坤》兩卦，將《彖傳》、《象傳》分列於六十四卦相應的卦爻，《繫辭傳》、《說卦傳》、《序卦傳》、《雜卦傳》仍獨立列於經後。這種經傳合編本《周易》便於學者以經文對照傳文閱讀，漢以後兩千多年來，學人研習既久，遂成通行文本。

《易傳》七種十篇的出現，使《周易》經文的義旨得到比較全面、可取的解說，是後人閱讀《周易》六十四卦、探研經義不可或缺的早期易學專論。至於《易傳》本身所反映的哲學思想，也是值得認真研究、挖掘的一項內容。

卦　　時

《周易》六十四卦，每卦各自象徵某一事物、現象在特定背景中的產生、變化、發展的規律。伴隨著卦義而存在的這種"特定背景"，易例稱"時"。

六十四卦表示六十四"時"，即塑造出六十四種特定背景，從不同角度喻示自然界、人類社會中某些具有典型意義的事理。如《泰》卦象徵"通泰"之時的事理，《訟》卦象徵"爭訟"之時的事理，《未濟》卦象徵"事未成"之時的事理，餘可類推。每卦六爻的變化情狀，均規限在特定的"時"中反映事物發展到某一階段的規律。因此，閱讀六十四卦，不能不把握"卦時"這一概念。

爻　　位

六十四卦每卦各有六爻，分處六級高低不同的等次，象徵事物發展過程中所處的或上或下、或貴或賤的地位、條件、身份等。六爻分處的六級等次，稱"爻位"。

六級爻位由下至上依次遞進，名曰：初、二、三、四、五、上。這種自下而上的排列，《周易乾鑿度》釋云："易氣從下生。"即表明事物的生長變化規律，往往體現著從低級向高級的漸次進展。

六級爻位的基本特點，約可概括爲：初位象徵事物發端萌芽，主於潛藏勿用；二位象徵事物嶄露頭角，主於劬力進取；三位象徵事物功業小成，主於慎行防凶；四位象徵事物新進高層，主於警懼審時；五位象徵事物圓滿成功，主於處盛戒盈；上位象徵事物發展終盡，主於亢極必反。當然，這只是括其大要，在各卦各爻的具體環境中，由於種種因素的作用，諸爻又有錯綜複雜的變化。舊說或取人的社會地位譬喻爻位者，如謂初爲士民，二爲卿大夫，三爲諸侯，四爲三公、近臣，五爲天子，上爲太上皇。此亦略見爻位的等次特點，可備參考。

三　才

把六爻位序兩兩並列，則體現三級層次，故前人認爲初、二象徵"地"位，三、四象徵"人"位，五、上象徵"天"位。合天地人而言，謂之"三才"。這是從另一種角度觀察爻位，亦可表明六爻的高低等級區別。《繫辭下傳》"六者非他也，三才之道也"，《說卦傳》"兼三才而兩之，故《易》六畫而成卦"，即明此例。

當位不當位

六爻位次，有奇耦之分：初、三、五爲奇，屬陽位；二、四、上爲耦，屬陰位。六十四卦三百八十四爻，凡陽爻居陽位，陰爻居陰位，均稱"當位"（亦稱得正、得位）；凡陽爻居陰位，或陰爻居陽位，均稱"不當位"（亦稱失正、失位）。

　　當位之爻，象徵事物的發展遵循正道、符合規律；不當位之爻，象徵背逆正道、違反規律。但當位、不當位亦非諸爻吉凶利弊的絕對標準，在各卦各爻所處的複雜條件、因素的影響下，得正之爻有轉向不正的可能，不正之爻也有轉化成正的可能。故爻辭常有警醒當位者守正防凶之例，以及誡勉不當位者趨正求吉之例。虞翻易學創立"之正"說，令諸卦不正之爻皆變正，蓋因爻辭每含此類寓意而發。

　　王弼以爲，初、上兩爻"无陰陽定位"，即不論陰陽爻處此兩位，均象徵"事之終始"，不存在當位、不當位的意義（《周易略例·辯位》）。王氏闡發此例，是強調初爻位卑勢微，陽陰處之皆當深藏勿進；而上爻位極勢窮，剛柔居之皆宜慎防衰危。其例於理有徵，雖未盡被諸家采納，亦頗可備爲一說。

中

　　六爻所居位次，第二爻當下卦中位，第五爻當上卦中位，兩者象徵事物守持中道、行爲不偏，易例稱"中"。

　　凡陽爻居中位，象徵"剛中"之德；陰爻居中位，象徵"柔中"之德。若陰爻處二位，陽爻處五位，則是既"中"且"正"，稱爲"中正"，在《易》爻中尤具美善的象徵。

　　以"中"爻與"正"爻相比較，"中"德又優於"正"。《周易折中》指出："程子曰：正未必中，中則無不正也。六爻當位者未必皆吉，而二、五之中，則吉者獨多，以此故爾。"《周易》強調"中"的思想，與先秦儒家所極力崇尙的"中庸"之道，正相吻合。

乘 承 比 應

　　在六爻的相互關係中，由於諸爻的位次、性質、遠近距離等因素，常常反映出乘、承、比、應的複雜現象。茲爲分敍如下：

凡上爻乘淩下爻謂之"乘"。易例以陰爻乘陽爻爲"乘剛"，象徵弱者乘淩強者、小人乘淩君子，爻義多不吉善。但陽爻居陰爻之上則不言"乘"，認爲是理之所常。由此可以看出《周易》"扶陽抑陰"的思想。

凡下爻緊承上爻謂之"承"。易例側重揭示陰爻上承陽爻的意義，象徵卑微、柔弱者順承尊高、剛強者，求獲援助。此時爻義須視具體情狀而定，大略以陰陽當位的相承爲吉，不當位的相承多凶。

凡逐爻相連並列者謂"比"。如初與二比，二與三比，三與四比，四與五比，五與上比即是。兩爻互比之際，也體現著"乘"、"承"現象。例如九二與六三相比，則三以柔乘剛；初六與九二相比，則初以陰承陽。爻位互比的關係，象徵事物處在相鄰環境時的作用與反作用，往往在其他因素的交互配合下影響爻義的吉凶。

凡處下卦三爻與處上卦三爻皆兩兩交感對應，即初與四交應，二與五交應，三與上交應，易例稱爲"應爻"。對應之爻爲一陰一陽則可交感，謂"有應"；若俱爲陰爻，或俱爲陽爻，必不能交感，謂"无應"。爻位對應的關係，象徵事物矛盾、對立面存在著諧和、統一的運動規律。

簡言之，六爻位次之間的乘、承、比、應，是《周易》爻象變動過程的四方面因素，亦即從四種角度象徵事物在複雜的環境中變化發展的或利或弊的外在條件，以及在一定條件制約下的某些規律。

陽遇陰則通

吳汝綸先生《易說》認爲，《易》中凡陽爻之行，遇陰爻則通，遇陽爻則阻。故《大畜》初、二兩陽皆不進，因前臨陽爻受阻；九三利往，以前方遇陰路通。尚秉和先生稟承師說，特爲揭明此例，指出這是"全《易》之精髓"（《周易尚氏學》）。驗之諸卦，頗能切合，今當立爲一例。

二　體

六十四卦既由八卦兩兩相重而成，故每卦中均含兩個八卦符號。凡居下者稱"下卦"（又稱"內卦"，《左傳》謂爲"貞"卦），凡居上者稱"上卦"（又稱"外卦"，《左傳》謂爲"悔"卦）。

上下體可以象徵事物發展的兩個階段，下卦爲"小成"階段，上卦爲"大成"階段；又可象徵事物所處地位的高低，或所居地域的內外、遠近等。

互　卦

每卦六爻之間，除初、上兩爻外，中四爻又有相連互合之卦包涵其間，稱"互卦"（亦稱"互體"）。其中二、三、四爻合成下卦，謂之"下互"；三、四、五爻合成上卦，謂之"上互"。如《屯》（䷂）卦，內震，外坎，二、三、四爻爲下互"坤"，三、四、五爻爲上互"艮"。《左傳》、《國語》所載易說，常用"互卦"，漢人解《易》多承此例。魏王弼注《易》，亦不廢"互體"。

卦　主

每卦六爻中，有爲主之爻，稱"卦主"。卦主有兩種類型：一曰"成卦之主"，謂卦之所由以成者。此不論爻位高下，其德善否，只要卦義因之而起，則皆得爲卦主。如《夬》（䷪）卦一陰極於上被決，即爲成卦之主。二曰"主卦之主"。此必爻德美善，得位得時者當之，故取五位者爲多，他爻亦間有所取。如《乾》（䷀）卦九五陽剛盛美，即爲主卦之主。諸卦《象傳》之義，往往反映出卦主所在。

由於各卦情狀不一，故對"卦主"的認識當作具體分析。《周易折中》揭出四種情況，可備參考："若其卦成卦之主，即主卦之主，則是一主也；若其卦有成卦之主，又有主卦之主，則兩爻皆爲卦主矣；或其成卦者兼取兩爻，則兩爻又皆爲卦主矣；或其成卦者兼取兩象，則兩象之兩爻，又皆爲卦主矣。亦當逐卦分別觀之。"

九六七八與筮法

易例以"九"代表可變之"老陽"，"六"代表可變之"老陰"，"七"代表不變之"少陽"，"八"代表不變之"少陰"。《周易》占動不占靜，故三百八十四爻凡陽爻皆稱"九"，凡陰爻皆稱"六"；《乾》、《坤》兩卦特設"用九"、"用六"文辭，即表明用"九六"不用"七八"的意旨。

九六七八之數，與《周易》筮法有關。《繫辭上傳》"大衍之數"章，概述了用五十根蓍策通過"四營"、"十八變"成一卦的筮法簡例。前賢特撰《筮儀》一文（見《周易本義》卷首所載），專敍易筮。今簡括其文及原注（置括號內）如下，以備參考：

> 擇地潔處爲著室，南戶，置牀于室中央。著五十莖納櫝中，置于牀北。設木格于櫝南，居牀二分之北。出著于櫝，合五十策，以右手取其一策反于櫝中，而以左右手中分四十九策置格之左右兩大刻。（此第一營，所謂"分而爲二以象兩"者也。）次以左手取左大刻之策執之，而以右手取右大刻之一策

掛于左手之小指間。（此第二營，所謂"掛一以象三"者也。）
次以右手四揲左手之策。（此第三營之半，所謂"揲之以四以
象四時"者也。）次歸其所餘之策，或一、或二、或三、或四，
而扐之左手无名指間。（此第四營之半，所謂"歸奇于扐以象
閏"者也。）次以右手反過揲之策于左大刻，遂取右大刻之策
執之，而以左手四揲之。（此第三營之半。）次歸其所餘之策如
前，而扐之左手中指之間。（此第四營之半，所謂"再扐以象
再閏"者也。一變所餘之策，左一則右必三，左二則右亦二，
左三則右必一，左四則右亦四。通掛一之策，不五則九。五以
一其四而爲奇，九以兩其四而爲耦。奇者三而耦者一也。）次
以右手反過揲之策于右大刻，而合左手一掛二扐之策置于格上
第一小刻。（以東爲上，後放此。）是爲一變。

　　再以兩手取左右大刻之蓍合之。（或四十四策，或四十
策。）復四營如第一變之儀，而置其掛、扐之策于格上第二小
刻。是爲二變。（二變所餘之策，左一則右必二，左二則右必
一，左三則右必四，左四則右必三。通掛一之策，不四則八。
四以一其四而爲奇。八以兩其四而爲耦。奇耦各得四之二焉。）

　　又再取左右大刻之蓍合之。（或四十策，或三十六策，或
三十二策。）復四營如第二變之儀，而置其掛、扐之策于格上
第三小刻。是爲三變。（三變餘策，與二變同。）

　　三變既畢，乃視其三變所得掛扐、過揲之策，而畫其爻于
版。（掛扐之數，五、四爲奇，九、八爲耦。掛扐三奇合十三
策，則過揲三十六策而爲"老陽"，其畫爲"□"，所謂"重"
也。掛扐兩奇一耦合十七策，則過揲三十二策而爲"少陰"，
其畫爲"━━"，所謂"拆"也。掛扐兩耦一奇合二十一策，
則過揲二十八策而爲"少陽"，其畫爲"━━"，所謂"單"
也。掛扐三耦合二十五策，則過揲二十四策而爲"老陰"，其
畫爲"╳"，所謂"交"也。）

如是三變而成爻。（第一、第四、第七、第十、第十三、第十六，凡六變並同。但第三變以下仍用四十九蓍。第二、第五、第八、第十一、第十四、第十七，凡六變亦同。第三、第六、第九、第十二、第十五、第十八，凡六變亦同。）凡十有八變而成卦。乃考其卦之變，而占其事之吉凶。

從以上敘述可知，易筮程序是"三變"成一爻、"十八變"成一卦。而每"三變"所成之爻的陰陽性質，視四種"過揲"策數而定：三十六策爲"老陽"、三十二策爲"少陰"、二十八策爲"少陽"、二十四策爲"老陰"；將諸數分別除以四（筮例四策一揲），適得"九"、"八"、"七"、"六"。足見此四數與易筮頗有關聯。

至於"十八變"得出一卦之後，據以占斷之例，大略依卦中變動情狀而定：凡遇"老陽"、"老陰"者，其爻无論多寡，均當使陽變陰、陰變陽；此時所得卦形稱"本卦"，所變卦形稱"之卦"，占斷時則分別依據本卦、之卦產生變動的爻辭辨其義理。若六爻均變，則取兩卦的卦辭爲占；若六爻均爲當變之"老陽"、"老陰"，則取《乾》、《坤》的"用九"、"用六"爲占；若六爻均不變，則以本卦的卦辭爲占。此類占例，於《左傳》、《國語》所載筮辭可見一斑。朱子《易學啟蒙》對筮法述之甚詳，頗可取閱省覽。

易 圖 述 略

【說明】

宋以前的說《易》之書，未嘗有圖。自周敦頤傳"太極圖"並爲之說之後，漸開易圖之例。朱熹撰《周易本義》，取邵雍"河圖"、"洛書"、"先天八卦"、"後天八卦"、"伏羲六十四卦"諸圖與其改訂之"卦變圖"等弁於卷首，歷代宗之，圖說之風於是盛行不衰。清儒王懋竑嘗考定《本義》卷首九圖，乃後人依放《易學啓蒙》爲之，非《本義》所舊有，此所宜知。今以流傳既久，遂姑仍之。清代漢學家雖力攻宋學，其據漢易條例創爲圖說者亦層出不窮。平心而論，有些易圖把繁瑣複雜的易學內容用簡明扼要的圖式展示出來，甚便學者。杭辛齋云："學者先辨圖書，識其陰陽生化之原，奇偶交變之義，而後觀象玩辭，有所準的，不致眩惑歧誤而靡所適從，亦事半功倍之一道焉。"（《易楔》）今選較爲重要的易圖數例並略述之，以備讀者參考。

太 極 圖

"太極圖"舊傳約有三種，爲"周子太極圖"、"先天太極圖"、"來氏太極圖"。第一種爲周敦頤傳自陳摶，第三種爲來知德據"先天太極圖"改造而成。惟第二種"先天太極圖"流傳最廣，幾與八卦並列而家喻戶曉。其圖如下：

此圖明人趙撝謙稱爲"天地自然之圖"，謂"虙戲時龍馬負而出於滎河，八卦所由以畫者也"。並云此圖世傳蔡元定得於蜀之隱者，秘而不傳；趙氏自謂得之於陳伯敷氏，"熟玩之有太極函陰陽，陰陽函八卦自然之妙"（《六書本義》）。清人胡渭廣採舊說，詳釋"先天太極圖"的寓意，大略云：

其環中爲太極，兩邊黑白回互，白爲陽，黑爲陰。陰盛於北，而陽起而薄之：震東北，白一分，黑二分，是爲一奇二偶；兌東南，白二分，黑一分，是爲二奇一偶；乾正南全白，是爲三奇純陽；離正東，取西之白中黑點，爲二奇含一偶，故云對過陰在中也。陽盛於南，而陰來迎之：巽西南，黑一分，白二分，是爲一偶二奇；艮西北，黑二分，白一分，是爲二偶一奇；坤正北全黑，是爲三偶純陰；坎正西，取東之黑中白點，爲二偶含一奇，故云對過陽在中也。坎離爲日月，升降於乾坤之間，而無定位，故東西交易，與六卦異也。（《易圖明辨》）

據此，圖中黑白表示陰陽二氣的運行情狀。既備陰陽之用，已非"太極"本相，似不當名爲"太極圖"。杭辛齋指出："可謂之'兩儀生四象，四象生八卦'之圖。但流傳既久且遠，世俗已無人不認此爲太極圖者，所謂習非勝是，辨不勝辨。惟學者宜詳究其義理，因名責實，而求真諦。"又曰："此圖流傳甚古，蘊畜宏深，決非後人所能臆造"，"要爲三代以上之故物。"（《易楔》）此種推測，亦可備一說。

河 圖 洛 書

《周易本義》卷首載"河圖"爲：

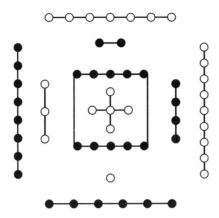

又載"洛書"爲：

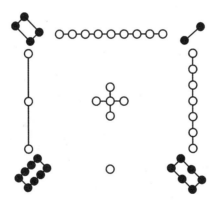

　　這兩圖《本義》謂取自邵雍所傳，旨在解釋《繫辭上傳》第
十一章"河出圖，洛出書，聖人則之"諸語。其中"河圖"即以
該章所明"天地數"一至十，排成"一六居下，二七居上，三八
居左，四九居右，五十居中"的方位；"洛書"以一至九數，排成
"戴九履一，左三右七，二四爲肩，六八爲足，五居中央"的"龜
形"方位，所謂"蓋取龜象"（《周易本義》）。圖中白點表示奇數
（陽），即"天數"；黑點表示偶數（陰），即"地數"。事實上，
"河圖"方位以"五行數"（見揚雄《太玄經》）當之，"洛書"方
位以"九宮數"（見《大戴禮·明堂》）當之。後代學者未明宋人取

此兩數作圖究出何因，故多以爲不足信。

朱熹《易學啓蒙》析"圖"、"書"之義甚詳，今節其要者數則以備參考：

　　河圖之位，一與六共宗而居乎北，二與七爲朋而居乎南，三與八同道而居乎東，四與九爲友而居乎西，五與十相守而居乎中。蓋其所以爲數者，不過一陰一陽，以兩其五行而已。所謂"天"者，陽之輕清而位乎上者也；所謂"地"者，陰之重濁而位乎下者也。陽數奇，故一三五七九皆屬乎天，所謂"天數五"也；陰數偶，故二四六八十皆屬乎地，所謂"地數五"也。天數、地數各以類而相求，所謂五位之相得者然也。天以一生水，而地以六成之；地以二生火，而天以七成之；天以三生木，而地以八成之；地以四生金，而天以九成之；天以五生土，而地以十成之：此又其所謂"各有合"焉者也。積五奇而爲二十五，積五耦而爲三十，合是二者，而爲五十有五。此河圖之全數，皆夫子之意，而諸儒之說也。

　　河圖以五生數統五成數，而同處其方。蓋揭其全以示人，而道其常，數之體也。洛書以五奇數統四耦數，而各居其所。蓋主於陽以統陰，而肇其變，數之用也。

　　河圖之一二三四，各居其五象本方之外；而六七八九十者，又各因五而得數，以附於其生數之外。洛書之一三七九，亦各居其五象本方之外；而二四六八者，又各因其類，以附於奇數之側。蓋中者爲主，而外者爲客；正者爲君，而側者爲臣：亦各有條而不紊也。

　　河圖以生出之次言之，則始下、次上、次左、次右以復於中，而又始於下也。以運行之次言之，則始東、次南、次中、次西、次北、左旋一周，而又始於東也。其生數之在內者，則陽居下左，而陰居上右也；其成數之在外者，則陰居下左，而陽居上右也。洛書之次，其陽數，則首北、次東、次中、次西、次南；其陰數，則首西南、次東南、次西北、次東北也。合而言之，則首北、次西南、次東、次東南、次中、次西北、次西、次東北而究於南也。其運行，則水克火、火克金、金克木、木克土，右旋一周，而土復克水也。是亦各有說矣。

　　河圖六七八九，既附於生數之外矣，此陰陽老少、進退饒乏之正也。其九者，生數一三五之積也，故自北而東，自東而西，以成於四之外。其六者，生數二四之積也，故自南而西，自西而北，以成於一之外。七，則九之自西而南者也。八，則六之自北而東者也。此又陰陽老少，互藏其宅之變也。洛書之縱橫十五，而七八九六，迭爲消長；虛五分十，而一含九，二含八，三含七，四含六，則參伍錯綜，無適而不遇其合焉。此變化無窮之所以爲妙也。

　　聖人則河圖者虛其中，則洛書者總其實也。河圖之虛五與十者，太極也；奇數二十、耦數二十者，兩儀也；以一二三四爲六七八九者，四象也；析四方之合以爲乾、坤、離、坎，補四隅之空以爲兌、震、巽、艮者，八卦也。洛書之實，其一爲五行，其二爲五事，其三爲八政，其四爲五紀，其五爲皇極，其六爲三德，其七爲稽疑，其八爲庶徵，其九爲福極：其位與數尤曉然矣。

以上敍及“圖”、“書”的數序、方位、陰陽運行消長之理、七八九六成數之旨，並落實到聖人效法“河圖”作八卦，效法“洛書”制《洪範》九疇之所以然。其中言及“洛書”九位數縱橫相加均爲十五，可以列表示如：

四	九	二
三	五	七
八	一	六

此即徐岳《術數記遺》所載古算法"九宮數",循環交叉之和均得
十五。

關於"圖書之學",繼朱熹《易學啟蒙》後,探索推演者甚衆,
兹不備述。惟舊說以爲伏羲得"河圖"而畫八卦,夏禹受"洛書"
而演《洪範》,當屬流傳已久的推測,遂至宋人創立兩圖以符合其
說。杭辛齋指出:"是言其取用之方,伏羲則圖畫卦,以圖爲主;禹
受書演《範》,以書爲主。非伏羲時未嘗有書,大禹未嘗有圖也。"
(《易楔》)此類分析,似可備一說。但縱使上古原無所謂"圖"、
"書"之物,而"圖"、"書"所寓陰陽數理,諒非後人虛創,蓋爲古
代文明時期所產生的數學、哲理觀念,此又不可不細加辨識。

先天八卦方位圖

《周易本義》卷首載此圖爲:

　　這是宋人取自邵雍所傳，旨在解釋《說卦傳》“天地定位，山澤通氣，雷風相薄，水火不相射：八卦相錯，數往者順，知來者逆”諸語，並揭明其中所含的八種方位。《本義》卷首云：“邵子曰：乾南、坤北，離東、坎西，震東北、兌東南，巽西南、艮西北。自震至乾爲順，自巽至坤爲逆。”

　　此圖方位，宋人以爲創自伏羲，故又稱“伏羲八卦方位”。因《易傳》未有明文闡述此類方位，漢學家遂多不信。但其淵源亦甚古，蓋出於道家。

　　圖中東西南北的標示，與常例相反，朱熹認爲這說明“天”是運轉的(《朱子語類》)，似即認識到大自然萬物的“方位”總是處在運動、交易的狀態中。此可作爲易圖方位標示體例的較可取的解說。

　　尚秉和先生云：“先天方位，乾南坤北，離東坎西，一陰一陽，相偶相對，乃天地自然之法象。”又云此方位“在兩漢皆未失傳，至魏管輅，謂乾必宜在南生，以乾位西北而不合，而疑聖人矣，則以先天位已失傳，輅但見其尾，不見其首也。歷魏晉迄唐，无有知者。至宋邵子揭出，《易》本始大明。而黃梨洲、毛西河等，以邵氏所傳，本於道士，肆力掊擊。”並引據《左傳》所載《易》占，指出：“艮與乾同位西北，巽與坤同位西南，坎兌同位西，震離同位東（譯注者謹案，即言先後天方位並用），左氏已備言之。故荀爽、鄭玄資以註經。他若《乾鑿度》，言先天義尤多也。”(《周易尚氏學》)今雖不敢質言先天方位必出自左氏，要非宋人杜撰則可知。

後天八卦方位圖

　　《周易本義》卷首載此圖爲：

　　這是宋人取自邵雍所傳，旨在解釋《說卦傳》“帝出乎震”一

節，並指示文中所表明的八卦方位。《本義》卷首云："邵子曰：此文王八卦，乃入用之位，後天之學也。"（《本義》）故又謂之"文王八卦方位"。

漢學家採用此圖，但不取"後天"、"文王"之名，稱爲"帝出乎震圖"，似更切當。

圖中震、兌、離、坎分別表示正東、正西、正南、正北，又稱"四正卦"；餘四卦稱"四隅卦"。

尚秉和先生認爲"後天方位"是由"先天方位"變來。其說云："八卦圓布四方，各有其位，而先後不同。蓋《易》之道一動一靜，互爲其根。先天方位，乾南坤北，離東坎西，一陰一陽，相偶相對，乃天地自然之法象，靜而无爲。惟陰陽相對必相交，坤南交乾，則南方成離；乾北交坤，則北方成坎，先天方位遂變爲後天，由靜而動矣。《周易》所用者是也。然《周易》雖用後天，後天實由先天禪代而來，不能相離。故《說卦》首以天地定位，山澤通氣，演先天卦位之義，再明指後天。誠以經中如《坤》卦、《蹇》卦，以坤爲西南，從後天位；而《既濟》九五，則以離爲東，坎爲西，從先天位，《說卦》不得不兼釋也。乃後天方位，以《說卦》明指，人知之。先天方位，至魏晉而失傳。以余所考得，西漢焦延壽於先天方位无不知，《易林》皆用之（詳焦氏易詁）。"（《周易尚氏學》卷首）此說宜備參考。

十二辟卦方圖

十二辟卦是取六十四卦中的十二個特殊卦形，配合一年十二月的月候，指示自然界萬物陰陽消息的意義，故又名"月卦"、"候卦"、"消息卦"。其圖如下：

十二辟卦的來源甚古，其說首見於《歸藏》云："子復，丑臨，寅泰，卯大壯，辰夬，巳乾，午姤，未遯，申否，酉觀，戌剝，亥坤。"（馬國翰《玉函山房輯佚書》）"辟"字之義，猶言"君"、言"主"，謂此十二卦分別爲十二月之主。

圖中陽盈爲息，陰虛爲消。自《復》至《乾》爲息卦，首

《復》一陽生，次《臨》二陽生，次《泰》三陽生，次《大壯》四陽生，次《夬》五陽生，至《乾》則六陽生。自《姤》至《坤》爲消卦，首《姤》一陰消，次《遯》二陰消，次《否》三陰消，次《觀》四陰消，次《剝》五陰消，至《坤》則六陰消。而《乾》、《坤》兩卦又爲消息之母。

十二辟卦的意義，自西漢孟喜、京房，東漢馬融、鄭玄、荀爽、虞翻，以迄清代漢學家，莫不採用，影響較大。尚秉和先生指出：十二辟卦"爲全《易》之本根"，"後漢人注《易》，往往用月卦而不明言，以月卦人人皆知，不必揭出。其重要可知矣。"（《周易尚氏學》）

二十四方位圖

李道平《周易集解纂疏》載此圖爲：

　　所謂二十四方位，歷來術數學領域從事堪輿者屢用不鮮，即古代指南針標示的二十四個方向。亦稱"二十四山"。就中國古代科技言之，這是造福人類的偉大發明之一。而這樣的發明，乃與《周易》的陰陽卦象有著息息相關的不解之緣。故研《易》者實亦不可不知。

　　清思賢書局本《周易集解纂疏》卷首《諸家說易凡例》陳寶彝識語，謂此圖出於《宅經》。圖中之義，以八卦配干支，表示二十四方位。李道平曰："二十四方位，即陰陽家二十四山也。其實漢人言《易》多用此法，其義最古，故錄之以備參考。八卦惟用四隅，而不用四正者，以四正卦正當地支子、午、卯、酉之位，故不用卦而用支，用支即用卦也。八卦既定四正，則以八干輔之，甲乙夾震，丙丁夾離，庚辛夾兌，壬癸夾坎；四隅則以八支輔之，戊亥夾乾，丑寅夾艮，辰巳夾巽，未申夾坤。合四維、八干、十二支，共二十四。天干不用戊己者，戊己爲中央土，無定位也。"（《周易集解纂疏》）此說頗有助於理解二十四方位圖。

卦　氣　圖

　　西漢孟喜易學，以氣爲本。其卦氣圖以《坎》、《離》、《震》、《兌》爲四正卦，餘六十卦，卦主六日七分，合周天之數。內辟卦十二，謂之消息卦，《乾》盈爲息，《坤》虛爲消，其實《乾》、《坤》十二畫也。四卦主四時，爻主二十四氣；十二卦主十二辰，爻主七十二候；六十卦主六日七分，爻主三百六十五日四分日之一。（每卦當六日七分，六十卦當三百六十日又四百二十分，八十分爲一日，合五日四分日之一，故六十卦共當三百六十五日四分日之一，合周天之數。）辟卦爲君，雜卦爲臣，四正爲方伯。二至二分，寒溫風雨，總以應卦爲節。此說《易緯·乾

鑿度》、《稽覽圖》、《乾元序制記》、《是類謀》等已言及，鄭玄
注辨之頗明。後代諸家所作圖表甚多，繁簡不一，今選兩種於下
以資參考。

其一，朱震《漢上易傳》載李溉作"卦氣七十二候圖"爲：

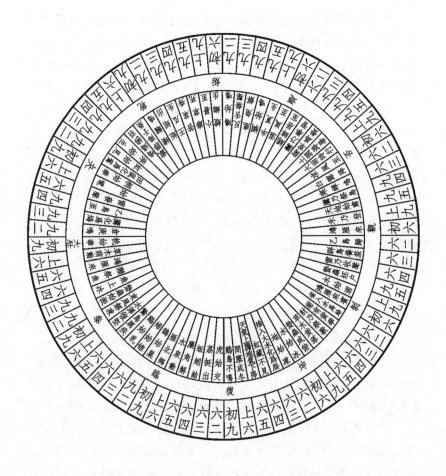

其二，惠棟《易漢學》既錄李氏圖，又自製"卦氣六日七分
圖"爲：

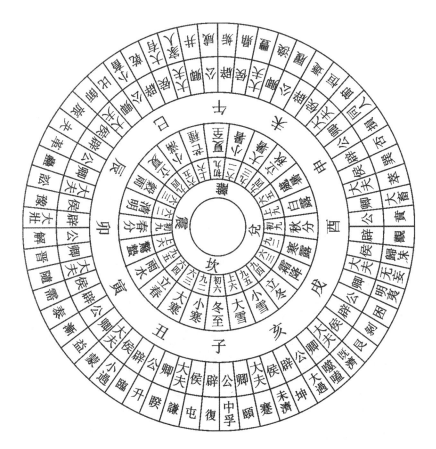

　　惠氏此圖，須與李氏圖相參閱。内《坎》、《離》、《震》、《兑》分居四正，所謂四卦主四時，爻主二十四氣也；外六十卦分屬十二月，所謂六十卦主六日七分，爻主三百六十五日四分日之一也。至於十二卦主十二辰，爻主七十二候，則詳具上引李溉圖。

　　卦氣學說，與易筮占驗相關，又常常用於古代曆學，此中所含古代歷法、氣候等方面的知識，是我國科技史研究中可資參考的重要材料。至若前人取爲解經之用者亦多，如《復》卦“七日來復”，諸家或以卦氣爲釋即是。因此，這一學說今天不可徒目爲術數之學而完全忽視棄置。

六十四卦方位圖

《周易本義》卷首載此圖爲：

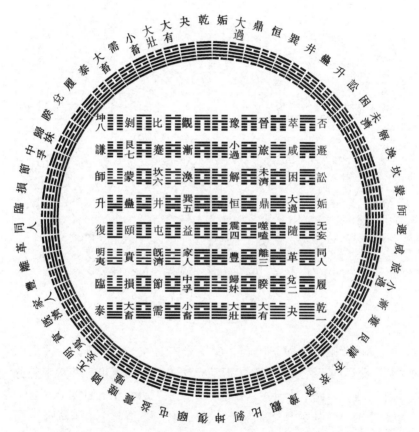

　　此圖內方外圓，內外皆含六十四卦卦形，宋人認爲可用以解釋伏羲重卦的方位、次序，故又稱“伏羲六十四卦方位”，與前引“伏羲八卦方位”並屬“先天之學”，其說與宋儒邵雍關係至大。《本義》卷首云：“蓋邵氏得之李之才挺之，挺之得之穆修伯長，伯長得之華山希夷先生陳摶圖南者，所謂‘先天之學’也。此圖圓布者，乾盡午中，坤盡子中，離盡卯中，坎盡酉中；陽生於子中，極於午中，陰生於午中，極於子中；其陽在南，其陰在北。方布者，乾始於西北，坤盡於東南；其陽在北，其陰在南。此二者，陰陽對待之數，圓於外者爲陽，方於中者爲陰；圓者動而爲天，方者靜而爲地者也。"

圖的蘊義，是把六十四卦排成圓、方兩種形式，指示天地陰陽的生成發展規律。朱熹《易學啓蒙》引邵雍語闡釋頗詳，茲節錄數則以備參考：

天以始生言之，故陰上而陽下，交泰之義也。地以既成言之，故陽上而陰下，尊卑之位也。乾坤定上下之位，坎離列左右之門，天地之所闔辟，日月之所出入，春夏秋冬，晦朔弦望，畫夜長短，行度盈縮，莫不由乎此矣。

陽在陰中，陽逆行；陰在陽中，陰逆行；陽在陽中，陰在陰中，皆順行。此真至之理，按圖可見之矣。

《復》至《乾》，凡百一十有二陽，《姤》至《坤》，凡八十陽；《姤》至《坤》，凡百一十有二陰，《復》至《乾》，凡八十陰。

先天學，心法也。故圖皆自中起，萬化萬事生於心也。

根據圖中所示，外圓、內方各分六十四卦爲陰陽兩類，《復》至《乾》爲陽，三十二卦；《姤》至《坤》爲陰，亦三十二卦。六十四卦陰陽爻各一百九十二，列居兩類而運行。方圓圖陰陽之行皆始於中，即陽卦始於《復》，極於《乾》；陰卦始於《姤》，極於《坤》：陰陽循環消長，生息不已。其中陽卦運行可象徵春夏，陰卦運行可象徵秋冬，卦中的陰陽爻又可象徵畫夜，故《折中》引邵雍曰：“陽爻，晝數也；陰爻，夜數也。天地相銜，陰陽相交，故晝夜相離，剛柔相錯。春夏陽也，故晝數多，夜數少；秋冬陰也，故晝數少，夜數多。”

約言之，先天之學本於道家以易理闡發宇宙萬物的生成規律。宋以來，經朱熹《周易本義》卷首採錄、解說邵氏所傳諸圖，此學遂顯明於世。後人雖有持異論者，但終不能阻其流傳。

十七世紀歐洲的萊布尼茲（G. W. Leibniz）看到方圓圖後，認爲圖中六十四卦的排列，一陰一陽的遞進程序，與其所創“二進位制”數學原理相合（五來欣造著，劉百閔譯《萊布尼茲的周易學》，載《學藝》第 14 卷第 3 期，1935 年 4 月）。這一點雖未必是邵氏傳此圖的本意，但不妨視爲對方圓圖的一種別致的理解。

八 宮 卦 圖

八宮卦，是按照特定的規律編排六十四卦次序。其要例是取《乾》、《坎》、《艮》、《震》、《巽》、《離》、《坤》、《兌》八純卦爲綱，每卦沿初爻至五爻依“一世”至“五世”及“遊魂”、“歸魂”的變化原則演繹八卦，組建“八宮”。八純卦各主一宮，合“八宮”則六十四卦俱備，故稱“八宮卦”。

《周易本義》卷首曰：“《乾》、《坎》、《艮》、《震》爲陽四宮，《巽》、《離》、《坤》、《兌》爲陰四宮，每宮陰陽八卦。”舉“乾宮”爲例，先是本宮卦《乾》，初九變陰成“一世”卦天風《姤》，九二變陰成“二世”卦天山《遯》，九三變陰成“三世”卦天地《否》，九四變陰成“四世”卦風地《觀》，九五變陰成“五世”卦山地《剝》，再退下一爻六四變陽成“遊魂”卦火地《晉》，最後將下三爻全變成“歸魂”卦火天《大有》，是爲首宮八卦。餘七宮依此類推。

八宮卦之序，於西漢京房（君明）易學即已採用（惠棟《易漢學》辨之頗詳）。足見“八宮”之說，起源甚早。杭辛齋以爲此序非京氏所始創，指出“三易之卦，爻象皆同，不同者其序耳。八宮之序，或謂出於《連山》，非無所見也。”（《易楔》）此說似可參考。

李道平引舊說稱一世、二世卦爲“地易”，三世、四世卦爲“人易”，五世、八純卦爲“天易”，遊魂、歸魂卦爲“鬼易”（《周易集解纂疏》）。天、地、人之稱，當主於六爻應合“三才”之例；遊魂、歸魂稱“鬼易”者，似以第四爻遊變於外卦、內三爻歸復於本宮爲說。

《周易本義》卷首所載八宮卦圖，將上下象標於諸卦名之前，編成《分宮卦象次序》歌訣，不錄“一世”至“五世”及“游”、“歸”之稱，大意似取其便於記誦六十四卦卦象。今參合諸家說，重編《八宮卦次序圖表》於下，以備省覽：

宮次	本宮卦	一世卦	二世卦	三世卦	四世卦	五世卦	遊魂卦	歸魂卦
乾宮	乾爲天	天風姤	天山遯	天地否	風地觀	山地剝	火地晉	火天大有
坎宮	坎爲水	水澤節	水雷屯	水火既濟	澤火革	雷火豐	地火明夷	地水師
艮宮	艮爲山	山火賁	山天大畜	山澤損	火澤睽	天澤履	風澤中孚	風山漸
震宮	震爲雷	雷地豫	雷水解	雷風恒	地風升	水風井	澤風大過	澤雷隨
巽宮	巽爲風	風天小畜	風火家人	風雷益	天雷无妄	火雷噬嗑	山雷頤	山風蠱
離宮	離爲火	火山旅	火風鼎	火水未濟	山水蒙	風水渙	天水訟	天火同人
坤宮	坤爲地	地雷復	地澤臨	地天泰	雷天大壯	澤天夬	水天需	水地比
兌宮	兌爲澤	澤水困	澤地萃	澤山咸	水山蹇	地山謙	雷山小過	雷澤歸妹

譯 注 簡 說

一、《周易》版本頗多，本書以阮刻《十三經注疏》本《周易正義》爲底本，偶有校改處則注明依據。

二、本書主要内容包括：原文、譯文、注釋、說明、總論。

三、譯文部分，以現代漢語寫成，在儘可能切合原著意義、接近原文風格的同時，力求通暢明白。

四、注釋部分，重在分析較有疑難的字音、詞義、文理。

五、《易》之爲書，以象數爲本，這是《周易》不同於其它典籍的重要特點。而《易》“象”與“數”的本質又在於明“理”，即說明《周易》的象徵哲理。易學史中的“象數”、“義理”兩派，既各有可取之說，也互有偏頗之處。本書的注釋，對前賢舊說擇善而從，不敢先存門戶之見。間有發表撰者個人看法者，亦本著“持之有故，言之成理”的精神，竭力探尋《周易》經傳的本義，避免穿鑿附會。

六、說明部分，根據對《周易》經傳各卦、爻、章、節的理解需要而作，隨文附敍，詳略不拘，旨在補充“譯文”、“注釋”之所未及。

七、總論部分，有概說六十四卦大義者凡六十四篇，分附各卦之末；另有簡論《繫辭上傳》、《繫辭下傳》、《說卦傳》、《序卦傳》、《雜卦傳》諸文者凡五篇，則分附各傳之後。

八、西漢以降，易學著述繁多，有些卦爻、文句的訓釋往往衆說紛紜，莫衷一是。本書所采古今學者的闡解，一般限取一說；唯個別重要之處，亦或兩三說並存，以備參考。

九、本書所引舊注，或有涉及《周易》經傳的作者、成書年代等問題，立說未必悉當，著者的看法則以書首《前言》所論爲準，不一一駁正；或有反映舊時代學者的思想局限處，更希望讀者作深入的分析批判。

十、《周易折中》、《重定周易費氏學》、《周易學說》等書所引前人易說，有時屬於節引，往往反映出引用者的思想見解。此類現象，本書轉引時一仍其舊。

十一、書首《讀易要例》及《易圖述略》各一篇，簡說較爲重要的易例和易圖，供讀者閱讀本書時參考。

十二、本書所引文獻資料，詳書末附錄《主要引用書目》。一些常用書名或作簡略，如王弼《周易注》簡爲《王注》，孔穎達《周易正義》簡爲《正義》，李鼎祚《周易集解》簡爲《集解》，等等。此類書名，在《引用書目》中均以"※"號標明，以示區別。

十三、《周易》是以筮書面目出現的我國古代最早的哲學著作，有豐富的辯證法和唯物論的思想，對研究古代哲學史具有重要價值；同時，又含有可資研究古代歷史、文學史、科技史、文字音韻學史等方面的資料。但書中也雜糅著較爲濃厚的占筮色彩。這就要求讀者以批判的眼光閱讀，博學守約，古爲今用。

十四、著者是在前人研究成果的基礎上撰寫《周易譯注》，基本宗旨是：努力幫助一般讀者比較容易地讀懂《周易》，在運用新的觀點研究《周易》、繼承古代文化遺産的學術領域中，奉獻一塊引玉之磚。然而，學術的是非有待於歷史檢驗，"非一人所得私"，"非偏執所能改"（《周易尚氏學·自序》），本書中不成熟的見解及不自覺的謬誤，期待著讀者的批評指正。

十五、華東師範大學古籍研究所潘雨廷教授對本書的譯注提出不少中肯的意見，福建師範大學易學研究室王筱婧、郭天沅同志在本書修改過程中給予許多幫助，鄭伯輝、李金健先生協助抄寫部分書稿，在此一並致謝。

著　者
一九八六年七月於福州

周易譯注卷首終

周易譯注卷一

上經　乾坤屯蒙

乾 卦 第 一

☰ 乾[1]：元，亨，利，貞[2]。

【譯文】

《乾》卦象徵天：元始，亨通，和諧有利，貞正堅固。

【注釋】

〔1〕乾——卦名，下卦、上卦皆乾（☰），象徵“天”。《說卦傳》“乾，天也”，“乾，健也”，即言乾之象爲“天”，其義爲“健”。《正義》：“此《乾》卦本以象天，天乃積諸陽氣而成。”

〔2〕元，亨，利，貞——《正義》：“《子夏傳》云：‘元，始也；亨，通也；利，和也；貞，正也。’言此卦之德，有純陽之性，自然能以陽氣始生萬物，而得元始、亨通，能使物性和諧各有其利，又能使物堅固貞正得終。”案，對這四字的解釋，舊注頗多異議，以《子夏傳》“四德”說較爲通行，故《正義》、《集解》均取其說。又，《象傳》及《文言》發揮“四德”之義最爲詳盡，觀後文可知。

【說明】

《周易》作者通過對大自然的直感的觀察，認爲“天”體現著元始、亨通、和諧有利、貞正堅固這四種德性。之所以如此，在於“天”的本質元素是沛然剛健的陽氣，這種陽氣“運行不息，變化无窮”，沿春、夏、秋、冬四季而循環往復，制約、主宰著整個大自然。（《尚氏學》據《太玄經》說，以“四季”配《乾》“四德”，極見陽氣運行規律。詳《象傳》“說明”。）因此，《周易》讚美“天”，事實上即是讚美陽剛之德。

初九[1]，潛龍勿用[2]。

【譯文】

初九，巨龍潛伏水中，暫不施展才用。

【注釋】

〔1〕初九——《周易》六十四卦各由六爻組成，其位自下而上，名曰：初、二、三、四、五、上。本爻居卦下第一位，所以稱“初”。《周易》占筮用“九”、“六”之數，“九”代表陽，“六”代表陰，本爻爲陽，所以稱“九”。《正義》云：“居第一之位，故稱初；以其陽爻，故稱九”是也。案，六爻由下至上的排列，古人又以爲象徵事物的發展是由低漸高、由微而著。故《周易乾鑿度》云“《易》氣從下生”，鄭玄注：“《易》本無形，自微及著，故氣從下生，以下爻爲始也。”　　〔2〕潛龍勿用——潛，潛伏。“初九”一陽在下，故謂“潛”。龍，古代神話中神奇剛健的動物，《周易》取爲《乾》卦六爻的象徵物。《集解》引沈驎士曰：“稱龍者，假象也。天地之氣有升降，君子之道有行藏，龍之爲物，能飛能潛，故借龍比君子之德也。初九既尚潛伏，故言勿用。”

【說明】

第一爻是事物的發端，位卑力微，須養精蓄銳，其目的在於進一步發展。因此《乾》初九誡以“勿用”，實爲時機未到，暫行潛藏而已；一旦形勢許可，就要步步進展，以達“飛龍在天”的境界。

九二，見龍在田[1]，利見大人[2]。

【譯文】

九二，巨龍出現田間，利於出現大人。

【注釋】

〔1〕見龍在田——見，音現 xiàn，出現，下文“利見”之“見”同；田，地也。《集解》引鄭玄曰：“二于三才爲地道，地上即田。故稱田也。”《王注》：“出潛離隱，故曰見龍；處於地上，故曰在田。” 〔2〕大人——一般有兩種含義：其一，指有道德有作爲的人；其二，指有道德並居於高位的人。這裏指第一義。

【說明】

九二陽剛漸增，頭角初露，邁開了重要的一步，雖距最後成功尚遠，但居中不偏，已具備成功的素質，故有“大人”之譽。

九三，君子終日乾乾[1]，夕惕若[2]，厲无咎[3]。

【譯文】

九三，君子整天健强振作不已，直到夜間還時時警惕慎行，這樣，即使面臨危險也免遭咎害。

【注釋】

〔1〕君子終日乾乾——君子，與“大人”義相近，指有道德者，往往也兼指居於尊位者；終日，《正義》：“終竟此日”，因九三居下卦之終，故稱；乾乾，猶言“健而又健”。 〔2〕惕若——惕，警惕；若，語助詞。 〔3〕厲无咎——厲，《廣雅·釋詁一》“危也”；咎，《爾雅·釋詁》“病也”，《說文》“災也，從人各，‘各’者相違也”，《廣雅·釋詁三》“惡也”，《詩·小雅·伐木》“微我有咎”《毛傳》“咎，過也”，《詩·小雅·北山》“或慘慘畏咎”《鄭箋》“咎，猶罪過也”，又《廣韻》“咎，愆也，過也”，據此諸說，《易》中“咎”字含有“災病”、“罪過”、“咎害”之義。案，《繫辭上傳》云，“无咎者，善補過也”，即謂彌補過失、免遭咎害。此爻處《乾》上下卦之際，其時多危，故須“朝乾夕惕”，修省不懈，才可“无咎”。《集解》引干寶曰：“君子以之憂深思遠，朝夕匪懈，仰憂嘉會之不序，俯懼義和之不逮，反

復天道，謀始反終，故曰‘終日乾乾’。”又曰：“凡‘无咎’者，憂中之喜，善補過者也。”

【說明】

《乾》卦諸爻均稱“龍”，唯九三爻稱“君子”，《集解》引鄭玄說：“三于三才爲人道，有乾德而在人道，君子之象。”然而，《周易》是“隨其事義而取象”，即靈活地運用各種象徵物表示特定的象徵意義。在《乾》卦的爻辭中，“龍”爲陽剛之物，“君子”爲健強之人：從象徵的角度看，兩者都寓意於剛強不息的氣質。王弼指出：“餘爻皆說龍，至於九三獨以君子爲目，何也？夫《易》者，象也；象之所生，生於義也。有斯義，然後明之以其物。”“統而舉之，《乾》體皆龍；別而敍之，各隨其義。”（《王注》）

九四，或[1]躍在淵，无咎。

【譯文】

九四，或者騰躍上進，或者退處在淵，必无咎害。

【注釋】

〔1〕或——這裏用作副詞，表示不確定之義。《乾文言》：“或之者，疑之也。”《正義》：“言九四陽氣漸進，似若龍體，欲飛猶疑或也。”但這種“疑”並非猶疑不決，而是審時度勢，待機奮進。案，本句省略主語“龍”。

【說明】

《周易》的第三、四爻，均表示比較難處的地位：三雖居於下卦之上，但未升至上卦；四雖已進入上卦，卻又居於上卦之下。這兩種位置若處之不妥，往往導致下受抵、上遭壓，所以《繫辭下傳》指出“三多凶”、“四多懼”。而《乾》九三所謂“終日乾乾，夕惕若”，九四所謂“或躍在淵”，都是針對其艱難地位而發的。這是《周易》爻位的一個重要特點。

九五，飛龍在天，利見大人[1]。

【譯文】

九五，巨龍高飛上天，利於出現大人。

【注釋】

〔1〕大人——見前注第二義，指有道德並居高位者，與"九二"所稱"大人"有別。《集解》引鄭玄曰："五於三才爲天道，天者清明无形而龍在焉，飛之象也。"《正義》："言九五陽氣盛至於天，故云飛龍在天，此自然之象，猶若聖人有龍德，飛騰而居天位，德備天下，爲萬物所瞻覩，故天下利見此居王位之大人。"

【說明】

第五爻居上卦之中，往往是每卦最吉之爻，舊說稱此爻爲"君位"，事實上多是象徵事物發展到最完美階段的情景。

上九，亢[1]龍有悔[2]。

【譯文】

上九，巨龍高飛窮極，終將有所悔恨。

【注釋】

〔1〕亢——音抗 kàng，過甚，極度，《集解》引王肅曰："窮高曰亢。"此處形容龍飛到極高的程度。 〔2〕悔——悔恨。案，《繫辭上傳》"悔吝者，憂虞之象也"，《正義》："悔者，其事已過，有所追悔之也。"上九居《乾》卦之終，陽進亢極，將致災害，故"有悔"。《集解》引王肅曰："知進忘退，故悔也。"

【說明】

事物的發展，盛極必衰。《周易》第六爻多寓這一哲理。《乾》上九"亢龍"高飛窮極，勢必遭受挫折。朱熹曰："當極盛之時，便須慮其亢，如這般處，最是。《易》之大義，大抵於盛滿時致戒。"(《朱子語類》)

用九[1]，見羣龍无首，吉[2]。

【譯文】

用陽剛之數九，猶如出現一羣巨龍，都不以首領自居，吉祥。

【注釋】

〔1〕用九——這是指明《周易》哲學以"變"爲主的一方面特點。易筮過程中，凡筮得陽爻，其數或"七"，或"九"，"九"可變，"七"不變，故《周易》筮法原則是陽爻用"九"不用"七"，意即占其"變爻"；若筮得六爻均"九"時，即以"用九"辭爲占。《本義》："用九，言凡筮得陽爻者，皆用九，而不用七。蓋諸卦百九十二陽爻之通例也。以此卦純陽居首，故於此發之。而聖人因繫之辭，使遇此卦而六爻皆變者即此占之。" 〔2〕見羣龍无首，吉——羣龍，指六爻均爲陽爻；而六陽皆變，皆由陽剛變爲陰柔，所以取羣龍都不以首領自居之象。《尚氏學》："'見羣龍无首，吉'者，申遇'九'則變之義也。九何以必變？陽之數九爲極多，故曰'羣'。陽極反陰，乃天地自然之理。乾爲首，以陽剛居物首，易招物忌；變坤則无首，无首則能以柔濟剛，故吉。"

【說明】

《周易》作者強調"謙"，認爲越是剛健，越有地位，越要不爲物先。"見羣龍无首"，正體現這種思想。王弼釋"用九"，指出"以剛健而居人之首，則物之所不與"（《王注》），是直接應用《老子》"後其身而身先"及"貴以賤爲本"的觀點。有合《易》理，並與《象傳》"天德不可爲首"的說法相符。

《彖》[1]曰：大哉乾元[2]；萬物資始，乃統天[3]。雲行雨施，品物流形[4]。大明終始[5]，六位時成[6]，時乘六龍[7]以御天。乾道[8]變化，各正性命[9]，保合太和[10]，乃利貞[11]。首出庶物[12]，萬國咸寧[13]。

【譯文】

《彖傳》說：偉大啊，開創萬物的（春天）陽氣！萬物依靠它開始產生，它統領著大自然。（夏天）雲朵飄行、霖雨降落，各類事物流布成形。光輝燦爛的太陽反覆運轉（帶來秋天），《乾》卦六爻按不同的時位組合而有所成，就像陽氣按時乘著六條巨龍駕御大自然。大自然的運行變化（迎來冬天），萬物各自靜定精神，保全太和元氣，以利於守持正固（等待來年生長）。陽氣周流不息，又開始重新萌生萬物，天下萬方都和美順昌。

【注釋】

〔1〕彖——音團去聲 tuàn，《正義》引褚氏、莊氏釋曰："彖，斷也。斷定一卦之義，所以名爲'彖'也。"但作爲經傳之名，其義有二：一、指卦辭，即《釋文》引馬融所謂"彖辭，卦辭也。"《左傳》襄公九年孔疏從之，稱"《周易》卦下之辭謂之爲彖"；二、指《十翼》中的《彖傳》，即王弼《周易略例》所謂"統論一卦之體"者也，《正義》亦曰："夫子所作《彖辭》，統論一卦之義。"這裏指第二義，凡六十四卦所附"彖曰"之辭，均屬此例。《彖傳》又稱《彖辭傳》。 〔2〕乾元——"天"的元始之德，即充沛宇宙間、開創萬物的陽氣。以季節爲喻，猶如春天景象。《尚氏學》："乾元者，乾之元氣也，於時配春。" 〔3〕統天——統，統領；天，猶言"大自然"。《正義》："至健而爲物始，以此乃能統領於天。"以上一節釋卦辭"元"。 〔4〕品物流形——品，《說文》："衆庶也"，"品物"即各類事物；流形，流布成形。這是指萬物因雨水的滋潤而不斷變化發展、壯大成形。此猶夏天的景象。《正義》："言《乾》能用天之德，使雲氣流行，雨澤施布，故品類之物流布成形，各得亨通，无所壅蔽：是其'亨'也。"《尚氏學》："於時配夏"。以上一節釋卦辭"亨"。

〔5〕大明——即太陽，因屬天上最光明之物，故稱"大明"。

〔6〕六位時成——六位，指《乾》卦六爻；時，作副詞，即按時。

此句舉卦中六爻按不同的"時位"組成，說明陽氣的發展順沿一定的規律。　　〔7〕六龍——亦喻《乾》卦六爻。此句緊承前句之義，說明六爻的變動如六龍按時御天，恰似自然界沿四季程序發展至秋，萬物盡趨成熟。前文"時成"二字，正寓含秋天景象。《尚氏學》："於時配秋。"以上一節釋卦辭"利"。　　〔8〕乾道——猶言天道，即大自然運行規律。　　〔9〕各正性命——正，猶"定"，《周禮·天官》宰夫"令羣吏正歲會"，鄭玄注"正"爲"定"，此處指靜定；性命，《正義》："性者天生之質，若剛柔遲速之別；命者人所稟受，若貴賤夭壽之屬。"《尚氏學》釋爲"精神"，可從。這一句的主語是"萬物"，文中省略。　　〔10〕太和——《本義》釋爲"陰陽會合、沖和之氣"，即萬物的"太和元氣"。這兩句說明自然界的變化，導致萬物各自靜定精神、眠伏潛息，保全其"太和元氣"。此猶冬天景象。《尚氏學》："於時配冬。"　　〔11〕乃利貞——以上一節釋卦辭"貞"。案，《正義》認爲"保合太和，乃利貞"二句，釋卦辭"利貞"，意指萬物"能保安合會"，"得利而貞正"。可備一說。　　〔12〕首出庶物——此句說明陽氣的變化循環不已，猶如冬盡春來，新的陽氣又開始萌生萬物；就"四德"言，即復返"元"德，故亦稱"貞下起元"。《重定費氏學》："貞下起元，萬物又於是乎資始矣。"〔13〕萬國咸寧——萬國，《纂疏》："地有九州，故曰萬國"，即天下萬方之意。《集解》引劉瓛曰："陽氣爲萬物之所始，故曰'首出庶物'；立君而天下皆寧，故曰'萬國咸寧'也。"這是以陽氣"首出庶物"比擬擁立君主以使"萬國咸寧"，亦可備一說。

【說明】

　　卦辭"元，亨，利，貞"之義，《彖傳》闡發甚詳。揚雄《太玄·文》"罔、直、蒙、酋、冥"，范望注云："此五者爲《太玄》之德，猶《易》'元，亨，利，貞'也。"《太玄》並說明：直，東方，春；蒙，南方，夏；酋，西方，秋；罔、冥，北方，冬。今案，"直"之言殖也，直爲繁殖，故以爲春；"蒙"爲蒙覆，草木修長，故以爲夏；"酋"爲蓄聚，萬物成就，故以爲秋；"罔"、"冥"爲閉藏、无形，故以爲冬也。行唐尚節之先生撰《周易尚氏學》，極力肯定《太玄》之說，指出："其所謂直、蒙、酋，即震春、離夏、兌秋，即元、亨、利也；其所謂罔、冥，即坎冬，即貞也。"又云："蓋天之體，以健爲用；而天之德，莫大於四時。元亨利貞，即春夏秋冬，即東南西北。震元、離亨、兌利、坎貞，往來循環，不忒不窮，《周易》之名，即以此也。後儒釋此者，莫過於《太玄》。"尚先生此說，既使《乾》卦"四德"寓義了然，又使《象傳》大旨益增明確，實甚可取。

《象》[1]曰：天行健[2]；君子以自强不息[3]。

【譯文】

《象傳》說：天的運行剛强勁健；君子因此不停地自我憤發圖强。

【注釋】

〔1〕象——《周易》中的"象"字，即"形象"、"象徵"之意，亦《繫辭下傳》所謂"象也者，像此者也"。但作爲經傳之名，則有兩義：一、指《周易》的卦形和卦爻辭，《繫辭下傳》："《易》者，象也"，《左傳》昭公二年敍韓宣子適魯"見《易象》與《魯春秋》"均指此，宋人項安世《周易玩辭》亦謂"凡卦辭皆曰象，凡卦畫皆曰象"，故卦爻辭又稱象辭；二、指《十翼》中的《象傳》，旨在闡釋卦象、爻象的象徵意義。這裏指第二義。凡六十四卦所附"象曰"云云，均屬此例。《象傳》又有《大象傳》、《小象傳》之分：前者每卦一則，釋上下卦象，《正義》謂"總象一卦，故謂之《大象》"；後者每卦六則，釋六爻爻象(《乾》、《坤》兩卦分別多一則釋"用九"、"用六")，《正義》謂"釋六爻之象辭，謂之《小象》"。本則即屬《乾》卦的《大象傳》。

〔2〕天行健——此釋《乾》卦上下"乾"均爲"天"之象，說明"天"健行周流，永不衰竭。《集解》引宋衷曰："晝夜不懈，以健詳其名。"《正義》："行者，運動之稱；健者，強壯之名。"

〔3〕以——介詞，其後省略一"之"字，可釋爲"因此"、"象這樣"，以引出下文推闡性的結果。（餘六十三卦《大象傳》"以"字之義均倣此。）　　〔4〕自強不息——指君子效法《乾》卦"健行"之象，立身、行事始終奮發不止。《正義》："此以人事法天所行，言君子之人用此卦象自彊勉力，不有止息。"

【說明】

《大象傳》基本體例是：先釋上下卦的卦象，然後從卦象推衍出切近人事的象徵意義。即《折中》所謂："專取兩象以立義。"

潛龍勿用，陽在下[1]也；見龍在田，德施普[2]也；終日乾乾，反復道[3]也；或躍在淵，進无咎也；飛龍在天，大人造[4]也；亢龍有悔，盈不可久也；用九，天德[5]不可爲首也。

【譯文】

巨龍潛伏水中暫不施展才用，說明陽氣初生居位低下；巨龍出現田間，說明美德昭著廣施无涯；整天健強振作，說明反復行道不使偏差；或騰躍上進或退處在淵，說明審時前進必无咎害；巨龍高飛上天，說明大人奮起大展雄才；巨龍高飛窮極終將有所悔恨，說明剛進過甚不久必衰；用陽剛之數九，說明天的美德不自居首（剛去柔來）。

【注釋】

〔1〕陽在下——指初九陽氣初生而居下。《集解》引荀爽曰："氣微位卑，雖有陽德，潛藏在下，故曰'勿用'也。"案，自此以下至"不可爲首也"，是《乾》卦的《小象傳》，每兩句釋一爻象，末兩句釋"用九"。　　〔2〕德施普——指九二陽氣出現於地

面，其生養之德普及萬物。《正義》："此以人事言之，用龍德在田，似聖人已出在世，道德恩施能普徧也。"　　〔3〕反復道——反復，《本義》："重復踐行之意"，《周易玩辭》："三以自修，故曰反復"；道，合理的行爲。　　〔4〕造——《釋文》引鄭注："爲也"，《本義》："猶作也"，即興起而大有作爲之意。　　〔5〕天德——指陽剛之德。《正義》："天德剛健，當以柔和接待於下，不可更懷尊剛爲物之首，故云'天德不可爲首'也。"

【說明】

《小象傳》是根據卦象、爻位等分別闡釋卦中六則爻辭的象徵意義。《乾》卦附有"用九"辭，所以《小象傳》也相應多了"用九，天德不可爲首也"一則。

《文言》[1]曰：元者，善之長[2]也；亨者，嘉之會[3]也；利者，義之和[4]也；貞者，事之幹[5]也。君子體仁[6]足以長人，嘉會足以合禮[7]，利物足以和義[8]，貞固[9]足以幹事。君子行此四德者，故曰乾，元亨利貞。

【譯文】

《文言》說：元始，是衆善的尊長；亨通，是美好的會合；有利，是事義的和諧；正固，是辦事的根本。君子以仁心爲本體可以當人們的尊長，尋求美好的會合就符合禮，施利於他物就符合義，堅持正固的節操就可以辦好事務。君子是施行這四種美德的人，所以說《乾》卦象徵天，元始，亨通，和諧有利，貞正堅固。

【注釋】

〔1〕《文言》——文，飾也；《文言》即文飾《乾》、《坤》兩卦之言，爲《十翼》之一，又稱《文言傳》。《正義》引莊氏曰："以《乾》、《坤》德大，故特文飾以爲《文言》。"《集解》引姚信曰："《乾》、《坤》爲門戶，文說《乾》、《坤》，六十二卦皆放焉。"　　〔2〕善之長——《本義》："元者，生物之始，天地之德

莫先於此，故於時爲春，於人則爲仁，而衆善之長也。"
〔3〕嘉之會——《本義》："亨者，生物之通，物至於此，莫不嘉
美，故於時爲夏，於人則爲禮，而衆美之會也。"　　〔4〕義之
和——義，宜也。《本義》："利者，生物之遂，物各得宜，不相妨
害，故於時爲秋，於人則爲義，而得其分之和。"　　〔5〕事之
幹——幹，樹木的主幹，猶言根本。《本義》："貞者，生物之成，
實理具備，隨在各足，故於時爲冬，於人則爲智，而爲衆事之幹。
幹，木之身，而枝葉所依以立者也。"　　〔6〕體仁——以仁爲體。
《纂疏》："《禮運》曰'仁者，義之本也，順之體也，得之者尊。'
故曰'體仁足以長人'也。"　　〔7〕合禮——《集解》引何妥
曰："禮，是交接會通之道，故以通配，'五禮'有吉、凶、賓、
軍、嘉，故以'嘉'合（符合）於'禮'也。"　　〔8〕和義——
和，合也。《集解》引何妥曰："利者，裁成也，君子體此利以利
物，足以合於五常之義。"　　〔9〕貞固——《本義》："貞固者，
知正之所在，而固守之，所謂知而弗去者也，故足以爲事之幹。"

【說明】

　　本節釋《乾》卦卦辭。開首四句《左傳》襄公九年穆姜所敍
略同："元者，體之長也；亨者，嘉之會也；利者，義之和也；貞
者，事之幹也。"（"體"字《文言》作"善"）可見，《文言》的某
些內容產生年代頗早。

初九曰"潛龍勿用"，何謂也〔1〕？子曰〔2〕："龍德而隱者〔3〕
也。不易乎世，不成乎名；遯世无悶〔4〕，不見是而无
悶〔5〕；樂則行之，憂則違之〔6〕：確乎其不可拔〔7〕，潛
龍也。"

【譯文】

　　初九爻辭說"巨龍潛伏水中暫不施展才用"，講什麼意思呢？
孔子指出："這是譬喻有龍一樣品德而隱居的人。他不被污濁的世

俗改變節操，不迷戀於成就功名；逃離這個世俗不感到苦悶，不爲
世人稱許也不苦悶；稱心的事付諸實施，不稱心的事決不實行：具
有堅定不可動搖的意志，這就是潛伏的巨龍。”

【注釋】

〔1〕何謂也——此《文言》作者設問之辭，後五節同。案，此
句以下至終，依次闡釋《乾》卦六則爻辭及“用九”辭。
〔2〕子曰——子，孔子。舊說《文言》爲孔子所作，固未必然，但
其中採用了孔子的某些言論或觀點卻是可信的。 〔3〕龍德而隱
者——《正義》認爲這是“以人事釋‘潛龍’之義”。 〔4〕遯
世无悶——《正義》：“謂逃遯避世，雖逢无道，心无所悶。”《集
解》引崔憬曰：“道雖不行，達理无悶也。” 〔5〕不見是而无
悶——是，贊許。《集解》引崔憬曰：“世人雖不己是，而己知不
違道，故无悶。” 〔6〕樂則行之，憂則違之——指對某事該不
該施行有獨自的主張。《正義》：“心以爲樂，己則行之；心以爲
憂，己則違之。” 〔7〕確乎其不可拔——《正義》：“身雖逐物
推移，隱潛避世；心志守道，確乎堅實其不可拔。”

【說明】

本節釋《乾》初九爻辭。

九二曰“見龍在田，利見大人”，何謂也？子曰：“龍德而
正中[1]者也。庸言之信，庸行之謹[2]；閑邪存其誠[3]，善
世而不伐[4]，德博而化[5]。《易》曰：‘見龍在田，利見大
人’，君德[6]也。”

【譯文】

九二爻辭說“巨龍出現田間，利於出現大人”，講什麼意思呢？
孔子指出：“這是譬喻有龍一樣品德而立身中正的人。他的平凡言
論說到做到，他的日常舉動謹慎有節；防止邪惡的言行而保持誠
摯，美好的行爲偉大而不自誇，道德廣博而能感化天下。《周易》

說：‘巨龍出現田間，利於出現大人’，正是說明出現具備君主品德的賢人。”

【注釋】

〔1〕正中——指九二居下卦之中。《正義》：“九二居中不偏，然不如九五居尊得位，故但云‘龍德而正中者也’。” 〔2〕庸言之信，庸行之謹——庸，平常。《正義》：“從始至末，常言之信實，常行之謹慎。” 〔3〕閑邪存其誠——閑，猶言“防止”；“閑邪”與“存其誠”爲對文。《程傳》：“既處无過之地，則唯在閑邪；邪既閑，則誠存矣。” 〔4〕善世而不伐——善，名詞，指美好的行爲；世，猶言“大”，如“世子”、“世父”之“世”，均作“大”解（善世，與下文“德博”對舉）。案，舊說多以“善”爲動詞，解“世”爲“時代”，如《正義》：“爲善於世而不自伐其功。”於義亦通。 〔5〕德博而化——《正義》：“德能廣博，而變化於世俗。” 〔6〕君德——指九二雖未登君位，卻有君主的品德。

【說明】

本節釋《乾》九二爻辭。

九三曰“君子終日乾乾，夕惕若，厲无咎”，何謂也？子曰：“君子進德脩業[1]。忠信[2]，所以進德也；脩辭立其誠[3]，所以居業[4]也。知至至之[5]，可與言幾[6]也；知終終之[7]，可與存義[8]也。是故居上位而不驕，在下位而不憂[9]。故乾乾因其時[10]而惕，雖危无咎矣。”

【譯文】

九三爻辭說“君子整天健強振作，直到夜間還時時警惕慎行，這樣即使面臨危險也免遭咎害”，講什麼意思呢？孔子指出：“這是譬喻君子要增進美德、營修功業。忠誠信實，就可以增進美德；修

飾言辭出於誠摯的感情，就可以積蓄功業。知道進取的目標而努力
實現它，這種人可以跟他商討事物發展的徵兆；知道終止的時刻而
及時終止，這種人可以跟他共同保全事物發展的適宜狀態。像這樣
就能居上位而不驕傲，處下位而不憂愁。所以能夠恒久保持健強振
作，隨時警惕慎行，即使面臨危險也就免遭咎害了。」

【注釋】

〔1〕進德脩業——脩，即修字。《正義》：「九三所以終日乾乾
者，欲進益道德，修營功業，故終日乾乾匪懈也。」　〔2〕忠
信——《正義》：「推忠於人，以信待物，人則親而尊之，其德日
進，是進德也。」　〔3〕脩辭立其誠——《折中》引程子曰：
「修辭立其誠，不可不子細理會，言能修省言辭，便是要立誠，若
只是修飾言辭爲心，只是爲僞也。修辭立其誠，正爲立己之誠意。」
〔4〕居業——《尚氏學》：「居者，蓄也，積也，業以積而高大
也。」　〔5〕知至至之——至，達到。前一「至」爲名詞，指要
達到的目標；後一「至」爲動詞，指努力達到這一目標。此謂九三
居下卦之極，有「知幾」進取、審慎「无咎」之象。《正義》：「知
時節將至，知理欲到，可與共營幾也。」　〔6〕言幾——阮刻本
無言字，茲依古本、足利本。《繫辭傳》：「幾者，動之微，吉凶之
先見者也。」《說文》：「幾，微也。」　〔7〕知終終之——前一
「終」爲名詞，指事物的終了；後一「終」爲動詞，指結束。此謂
九三爲下卦最後一爻，有事物發展到一個階段而暫告終結之象。
《王注》：「居一卦之盡，是終也。」　〔8〕存義——存，保留；
義，適宜。《正義》：「或使之欲進知幾也，或使之欲退存義也。一
進一退，其意不同。以九三處進退之時，若可進則進，可退則退，
兩意並行。」　〔9〕居上位而不驕，在下位而不憂——上位，指
九三居下卦之上；下位，指九三居上卦之下；不驕不憂，因「知
至」、「知終」而然。《正義》：「以其知終，故不敢懷驕慢」；「以
其知事將至，務幾欲進，故不可憂也」。　〔10〕因其時——因，

沿也；時，一天中的各個時辰。《尚氏學》："'君子終日乾乾，夕惕若'，是自朝及夕，无不乾惕也，故曰'因時'。"

【說明】

本節釋《乾》九三爻辭。

九四曰"或躍在淵，无咎"，何謂也？子曰："上下无常[1]，非爲邪[2]也；進退无恒，非離羣也。君子進德修業，欲及時也，故无咎。"

【譯文】

九四爻辭說"或騰躍上進，或退處在淵，必无咎害"，講什麼意思呢？孔子指出："這是譬喻賢人的上升、下降是不一定的，並非出於邪念；他的進取、引退也是不一定的，並非脫離衆人。君子增益道德、營修功業，是想抓住時機進取，所以必无咎害。"

【注釋】

〔1〕上下无常——與下句"進退无恒"爲互文，指第四爻處於可上可下之位，必須根據不同情況決定上下進退。張惠言《周易虞氏義》引虞翻曰："上謂承五，下謂應初"；《集解》引荀爽曰："進謂居五，退謂居初"。案，《正義》以爲"進者，棄位欲躍，是進德之謂也；退者，仍退在淵，是修業之謂也，其意與九三同"，可備一說。　〔2〕非爲邪——此句與下句"非離羣"爲互文，指九三的上下進退，是順從形勢，既非私自欲望，亦非脫離衆人。《正義》："上而欲躍，下而欲退，是无常也；意在於公，非是爲邪也。"又引何氏云："所以進退无恒者，時使之然也，非苟欲離羣也。"

【說明】

本節釋《乾》九四爻辭。

九五曰"飛龍在天，利見大人"，何謂也？子曰："同聲相應，同氣相求[1]；水流濕，火就燥；雲從龍，風從虎；聖人作而萬物覩[2]：本乎天者親上，本乎地者親下，則各從其類也[3]。"

【譯文】

九五爻辭說"巨龍高飛上天，利於出現大人"，講什麽意思呢？孔子指出："這是譬喻同類的聲音互相感應，同樣的氣息互相求合；水向濕處流，火向乾處燒；景雲隨著龍吟而出，谷風隨著虎嘯而生；聖人奮起治世而萬物顯明可見：依存於天的親近於上，依存於地的親近於下，各以類相從而發揮作用。"

【注釋】

〔1〕同聲相應，同氣相求——氣，與"聲"相對；求，與"應"之意相近。以下諸句均舉各種現象說明事物的互相感應作用。《正義》："因大人與衆物感應，故廣陳衆物相感應，以明聖人之作而萬物瞻覩以結之也。" 〔2〕聖人作而萬物覩——作，猶"起"；覩，見也。指"聖人"興起，天下光明，萬物呈現本色，各盡其用。《正義》："是有識感有識也，此亦同類相感。聖人有生養之德，萬物有生養之情，故相感應也。" 〔3〕本乎天者親上，本乎地者親下，則各從其類也——天、地，即"陽剛"、"陰柔"之謂。此三句上承前文之義，說明"聖人"興起、治世清明，故陰陽判然區分，萬物各從其類。《尚氏學》："天地者，陰陽。本乎天者親上，謂陽性上升順行"，"本乎地者親下，謂陰性下降逆行。"案，《正義》引莊氏曰："天地絪縕，和合二氣，共生萬物。然萬物之體，有感於天氣偏多者，有感於地氣偏多者，故《周禮·大宗伯》有天產、地產，《大司徒》云動物、植物。本受氣於天者，是動物含靈之屬；天體運動，含靈之物亦運動，是親附於上也。本受氣於地者，是植物无識之屬；地體凝滯，植物亦不移動，是親附於下也。則各從其類者，言天地之間，共相感應，各從其氣類。"《本義》謂"本乎天者謂動物，本乎地者謂植物"，即取莊氏之義。此

說可備參考。

【說明】

　　本節釋《乾》九五爻辭。

上九曰“亢龍有悔”，何謂也？子曰：“貴而无位，高而无民[1]，賢人在下位而无輔[2]，是以動而有悔也。”

【譯文】

　　上九爻辭說“巨龍高飛窮極，終將有所悔恨”，講什麼意思呢？孔子指出：“尊貴而沒有實位，崇高而管不到百姓，賢明的人在下位而不輔助他，所以輕舉妄動必將有所悔恨。”

【注釋】

　　[1] 貴而无位，高而无民——《集解》引荀爽曰：“在上故貴，失正故无位。”又引何妥曰：“既不處九五帝王之位，故无民也。”此謂上九處於有名無實的高位，即《集解》於《小象》注引《九家易》所謂“若太上皇者也”。　　[2] 賢人在下位而无輔——賢人，指下卦的九三。此以三、上兩陽不應，喻上九不得“賢人”輔助。《集解》引荀爽曰：“兩陽无應，故无輔。”

【說明】

　　本節釋《乾》上九爻辭。

潛龍勿用，下[1]也；見龍在田，時舍[2]也；終日乾乾，行事[3]也；或躍在淵，自試也；飛龍在天，上治[4]也；亢龍有悔，窮之災也；乾元用九，天下治也[5]。

【譯文】

　　巨龍潛伏水中暫不施展才用，說明地位低下微賤；巨龍出現田間，說明時勢開始舒展；整天健強振作，說明事業付諸實踐；或騰躍上進或退處在淵，說明正在自我檢驗；巨龍高飛上天，說明形成最好的政治局面；巨龍高飛窮極終將有所悔恨，說明窮極帶來的災難；天有元始之德而用陽剛之數九，說明天下大治是勢所必然。

【注釋】

〔1〕下——指初九居於下位，猶如人的地位低下。 〔2〕時舍——舍，通“舒”。案，《王注》：“見而在田，必以時之通舍也。”《正義》謂王弼“以通解舍，舍是通義”，即訓爲舒通之意，指形勢已經舒展好轉。此說是也。 〔3〕行事——指九三正勤勉地從事某項事業。 〔4〕上治——上，通“尚”。指九五之時出現了最好的政治局面。案，《正義》釋此句爲“言聖人居上位而治理”，於義亦通。 〔5〕乾元用九，天下治也——《正義》：“用九之文，總是乾德；又乾字不可獨言，故舉元德以配乾也。言此乾元用九德而天下治。”案，這是歸結《乾》卦“用九”的意義，謂陽剛之德以能化柔爲美。李鼎祚引史證曰：“此當三皇五帝禮讓之時，垂拱无爲而天下治矣”（《集解》），有合辭旨。

【說明】

本節再釋《乾》卦六則爻辭及“用九”辭，文中泛引人們的各種社會活動爲說。王弼謂：“此一章全以人事明之”（《王注》）。

潛龍勿用，陽氣潛藏[1]；見龍在田，天下文明[2]；終日乾乾，與時偕行[3]；或躍在淵，乾道乃革[4]；飛龍在天，乃位乎天德[5]；亢龍有悔，與時偕極[6]；乾元用九，乃見天則[7]。

【譯文】

巨龍潛伏水中暫不施展才用，說明陽氣潛藏未現；巨龍出現田間，說明天下文彩燦爛；整天健強振作，說明追隨時光向前發展；或騰躍上進或退處在淵，說明天道轉化出現變革；巨龍高飛上天，說明陽氣旺盛正當天位而具備天的美德；巨龍高飛窮極終將有所悔恨，說明隨著時節推展而窮盡衰落；天有元始之德而用陽剛之數九，這是體現大自然的法則。

【注釋】

〔1〕陽氣潛藏——指初九如陽氣潛伏，藏而未發。 〔2〕天下文明——指九二如陽氣發出地面，萬物初煥光彩。 〔3〕與時偕行——行，發展。指九三如陽氣發展到一定階段，萬物將趨繁盛。 〔4〕乾道乃革——乾道，天道，即大自然的運行規律；革，變革。指九四如陽氣發展至一個新階段，萬物正臨轉化。〔5〕乃位乎天德——位，此言尊居“天位”；天德，指九五如陽氣發展到最旺盛階段，萬物已至繁茂。 〔6〕與時偕極——指上九如陽氣由盛轉衰，萬物消亡窮盡。 〔7〕乃見天則——天則，謂大自然運行的法則。如陽氣轉化爲陰氣，即是自然規律。《集解》引何妥曰：“陽消，天氣之常。天象法則，自然可見。”

【說明】

本節亦釋《乾》卦六則爻辭及“用九”文辭，文中泛引自然氣候爲說。王弼謂：“此一章全說天氣以明之。”（《王注》）

乾元者[1]，始而亨者也；利貞者，性情[2]也。乾始能以美利利天下[3]，不言所利，大矣哉[4]！大哉乾乎！剛健中正[5]，純粹精也[6]。六爻發揮，旁通[7]情也。時乘六龍[8]，以御天也。雲行雨施，天下平也。

【譯文】

《乾》卦象徵天的元始之德，說明天的美德在於首創萬物並使之亨通；和諧有利貞正堅固，是天所蘊含的本性和內情。天一開始就能用美好的利益來施利天下，卻不說出它所施予的利惠，這是極大的利惠啊！偉大的天啊！剛強勁健居中守正，通體不雜純粹至精。《乾》卦六爻的運動變化，曲盡萬物的發展恆情。猶如順著不同時節套上六條巨龍，駕御著大自然奮力馳騁。行祥雲而布時雨，帶來天下太平。

【注釋】

〔1〕乾元者——這是回頭重釋《乾》卦的卦辭。王念孫《讀書雜志》以爲"元"下脫一"亨"字，原本當作"乾元亨者"，纔與下文"利貞者"相應。似可從。 〔2〕性情——《集解》引干寶曰："以施化利萬物之性，以純一正萬物之情。"案，前句"始而亨"釋卦辭"元亨"，此句釋"利貞"。以下又廣讚"四德"之美。 〔3〕以美利利天下——前一"利"爲名詞，後一"利"爲動詞。《集解》引虞翻說："美利，謂'雲行雨施，品物流形'，故利天下也。" 〔4〕不言所利，大矣哉——指天的利惠之大，難以言喻。《集解》引虞翻曰："天何言哉，四時行焉，百物生焉，故利者大也。"案，虞氏援《論語》文以釋之，義頗可取。〔5〕剛健中正——《正義》："謂純陽剛健，其性剛强，其行勁健：中謂二與五也，正謂五與二也。故云'剛健中正'。" 〔6〕純粹精也——指六爻均爲陽爻。《集解》引崔憬曰："不雜曰純，不變曰粹，言《乾》是純粹之精。" 〔7〕旁通——旁，《玉篇》："非一方也"，"旁通"即廣泛會通。《本義》："猶言曲盡"。〔8〕六龍——見本卦《象傳》注〔7〕。

【說明】

從這一段至終，《文言》又用七節的篇幅再次闡發《乾》卦辭及六則爻辭的意義。本節釋卦辭。

君子以成德爲行[1]，日[2]可見之行也。潛之爲言也，隱而未見，行而未成[3]，是以君子弗用也。

【譯文】

君子把成就道德作爲行動的目的，是每天都可以體現出來的行爲。初九爻辭所講的潛伏，意思是隱藏而不露面，行動尚未顯現，所以君子暫時不施展才用。

【注釋】

〔1〕以成德爲行——成，完成。《集解》引干寶曰："君子之行，動靜可觀，進退可度，動以成德，无所苟行也。"
〔2〕日——俞樾《羣經平議》以爲"日"是"曰"之訛，可備一說。　〔3〕行而未成——《程傳》："未成，未著也。"《尚氏學》："此言潛龍仍志在行道，與甘心隱遯鳴高者異。然而勿用者，時未可也。"

【說明】

本節釋《乾》初九爻辭。

君子學以聚之，問以辯之[1]，寬以居之，仁以行之[2]。《易》曰"見龍在田，利見大人"，君德也。

【譯文】

君子靠學習來積累知識，靠發問來辨決疑難，胸懷寬闊而居於適當之位，心存仁愛而施諸一切行爲。《周易》說"巨龍出現田間，利於出現大人"，這種大人具備了擔任國君的品德。

【注釋】

〔1〕學以聚之，問以辯之——辯，通"辨"。此謂九二雖已"見龍在田"，但仍要勤於學問，增長知識。《正義》："君子學以聚之者，九二從微而進，未在君位，故且習學以畜其德；問以辯之者，學有未了，更詳問其事，以辯決於疑也。"　〔2〕寬以居之，仁以行之——《正義》："寬以居之者，當用寬裕之道居處其位也；仁以行之者，以仁恩之心行之被物。"

【說明】

本節釋《乾》九二爻辭。

九三重剛而不中[1]，上不在天，下不在田[2]，故乾乾因其時而惕，雖危无咎矣。

【譯文】

九三是多重陽剛疊成的，居位不正中，上不達於高天，下不立於地面，所以要不斷健强振作而隨時保持警惕，這樣即使面臨危險也免遭咎害。

【注釋】

〔1〕重剛而不中——初九、九二均爲陽剛之爻，九三仍爲陽爻，故稱「重剛」；六十四卦的每卦只有二、五兩爻居中，故九三「不中」。 〔2〕上不在天，下不在田——九五「飛龍在天」，九二「見龍在田」，九三則介乎「天」、「田」之間。《正義》：「上不在天，謂非五位；下不在田，謂非二位也。」

【說明】

本節釋《乾》九三爻辭。

九四重剛而不中，上不在天，下不在田，中不在人〔1〕，故或〔2〕之。或之者，疑之也，故无咎。

【譯文】

九四是多重陽剛疊成的，居位不正中，上不達於高天，下不立於地面，中不處於人境，所以强調「或」。强調「或」的意思，就是說明要有所疑慮而多方審度，這樣就能不遭咎害。

【注釋】

〔1〕中不在人——九四和九三的相同之處是「重剛而不中，上不在天，下不在田」；不同之處是九四更有「中不在人」一層。《繫辭下傳》：「《易》有天道，有地道，有人道，兼三才而兩之」，即指《易》卦六爻，上、五爲「天」，四、三爲「人」，二、初爲「地」。《正義》：「三之與四，俱爲人道，但人道之中，人下近於地，上遠於天。九三近二，是下近於地，正是人道，故九三不云『中不在人』；九四則上近於天，下遠於地，非人所處，故特云『中不在人』。」 〔2〕或——見九四爻辭注。

【說明】

本節釋《乾》九四爻辭。

夫大人者，與天地合其德，與日月合其明，與四時合其序，與鬼神合其吉凶[1]。先天[2]而天弗違，後天[3]而奉天時[4]。天且弗違，而況於人乎？況於鬼神乎？

【譯文】

九五爻辭所說的大人，他的道德像天地一樣覆載萬物，他的聖明像日月一樣普照大地，他的施政像四時一樣井然有序，他示人吉凶像鬼神一樣奧妙莫測。他先於天象而行動，天不違背他；後於天象而處事，也能遵循天的變化規律。天尚且不違背他，何況人呢？何況鬼神呢？

【注釋】

〔1〕"與天地合其德" 四句——合，猶言符合、相同。這四句是通過多種比擬來讚揚九五的 "大人"。《正義》："此論大人之德无所不合，廣言所合之事。與天地合其德者，莊氏云，謂覆載也；與日月合其明者，謂照臨也；與四時合其序者，若賞以春夏、刑以秋冬之類也；與鬼神合其吉凶者，若福善禍淫也。" 〔2〕先天——先於天象，這裏指自然界尚未出現變化時，就預先採取必要的措施。 〔3〕後天——後於天象，這裏指自然界出現變化之後，及時採用適當的行動。 〔4〕天時——指大自然的陰晴寒暑等變化規律。

【說明】

本節釋《乾》九五爻辭。

亢之爲言也，知進而不知退，知存而不知亡，知得而不知喪。其唯聖人乎[1]！知進退存亡，而不失其正者，其唯聖人乎！

【譯文】

上九爻辭所說的亢強，是說明某種人只曉得進取而不知及時引退，只曉得生存而不知終將衰亡，只曉得獲利而不知所得必失。大概只有聖人纔是明智的吧！深知進取、引退、生存、滅亡的道理，行爲不偏失正確途徑的，大概只有聖人吧！

【注釋】

〔1〕其唯聖人乎——這是《文言》作者的慨嘆語，與末句相同而復用，旨在渲染慨嘆語氣。案，《釋文》引王肅本上句"聖"字作"愚"字，於義亦通。

【說明】

本節釋《乾》上九爻辭。李鼎祚以爲"其唯聖人乎"至終四句釋"用九"辭，含"乾元用九而天下治"之義(《集解》)。可備一說。

【總論】

《乾》卦作爲《周易》六十四卦之首，以"天"爲象徵形象，揭示了"陽剛"元素、"强健"氣質的本質作用及其發展變化規律。孔穎達設問曰："此既象天，何不謂之'天'，而謂之'乾'？"他自答說：天是"定體之名"，乾是"體用之稱"，"天以健爲用者，運行不息，應化无窮，此天自然之理。"(《正義》)事實上這是論及"象"與"意"的關係。從"象徵"的角度分析，《乾》卦的喻旨，正是勉勵人效法天的剛健精神，奮發向上；這也是《大象傳》所極力推讚的："君子以自强不息。"卦辭以"元，亨，利，貞"四言，高度概括"天"具有開創萬物、並使之亨通、富利、正固這四方面"美德"，意在表明陽氣是宇宙萬物"資始"之本。但陽剛之氣的自身發展，又有一定的規律。於是，六爻擬取"龍"作爲"陽"的象徵，從"潛龍"到"亢龍"，層層推進，形象地展示了陽氣萌生、進長、盛壯乃至窮衰消亡的變化過程。其中九五"飛龍在天"，體現陽氣至盛至美的情狀；上九"亢龍有悔"，則披露物極必反、陽極生陰的哲理。《周易》的辯證哲學體系，在此鋪下了第一塊基石。要是進一步從"《易》者，象也"（《繫辭下傳》）這一特徵細加考究，還可以發現，本卦的卦體取"天"爲象，固是比喻；六爻的爻辭取"龍"爲象，也是比喻：大旨无非揭明"陽剛"的內在氣質。朱熹說："《易》難看，不比他書。《易》說一箇物，非真是一箇物，如說龍非真龍。"（《朱子語類》）這種假象寓意，廣見於《周易》全書，是這部現存最古老的哲學著作所具備的重要特色。

坤 卦 第 二

☷　坤[1]：元，亨[2]，利牝馬之貞[3]。君子有攸往，先迷；後得主，利[4]。西南得朋，東北喪朋[5]。安貞吉[6]。

【譯文】

　　《坤》卦象徵地：元始，亨通，利於像雌馬一樣守持正固。君子有所前往，要是搶先居首必然迷入歧途；要是隨從人後就會有人作主，必有利益。往西南將得到友朋，往東北將喪失友朋。安順守持正固可獲吉祥。

【注釋】

　　〔1〕坤——卦名，下卦、上卦皆坤（☷），象徵“地”。《說卦傳》“坤，地也”，“坤，順也”，即言“坤”以地爲象，以順爲義。　〔2〕元，亨——詞義與乾卦略同，此處特指“地”配合“天”，也能開創化生萬物，並使之亨通。《正義》：“蓋乾、坤合體之物，故《乾》後次《坤》。言地之爲體，亦能始生萬物，各得亨通，故云‘元，亨’，與《乾》同也。”案，《本義》“元亨”連讀，訓爲“大亨”，可備一說。　〔3〕利牝馬之貞——貞，正也，指守持正固。“牝馬”柔順而能行地，故取爲“坤”德之象。《集解》引干寶曰：“行天者莫若龍，行地者莫若馬。故《乾》以龍辯，《坤》以馬象也。坤陰類，故稱‘利牝馬之貞’矣。”案，尚先生承王樹柟《周易釋貞》之說，釋此“貞”爲“卜問”；但於它處出現的“貞”，或依此例，或仍訓“正”，惟視具體的卦、爻象

而定（見《尚氏學》）。其義可通，宜備參考。　　〔4〕君子有攸往，先迷，後得主，利——攸，《爾雅·釋言》：「所也。」這幾句說明坤德在於柔順、居後，搶先必「迷」，隨後則「利」。《集解》引盧氏曰：「坤，臣道也，妻道也，後而不先。先，則迷失道矣，故曰『先迷』；陰以陽爲主，當後而順之則利，故曰『後得主，利』。」案，「先迷，後得主，利」三句，《本義》讀作：「先迷後得，主利」；朱駿聲《六十四卦經解》以「利」屬下文，讀爲「先迷後得主，利西南」云云。兩說並可參考。　　〔5〕西南得朋，東北喪朋——尚先生取《十二辟卦圖》（見書首《讀易要例》）爲說，指出《坤》居西北亥位，陰氣逆行，沿西南方向前行遇「陽」漸盛，若沿東北方向前行則失「陽」漸盡；而「陰得陽爲朋」，故西南行「得朋」，東北行「喪朋」（《尚氏學》）。此說分析「得朋」、「喪朋」至爲可取，其中闡明「陰陽爲朋」之理尤爲精當，今從之。案，這兩句舊解頗歧，茲舉兩說以備參考：一、王肅曰：「西南陰類，故得朋；東北陽類，故喪朋。」（孫堂輯《漢魏二十一家易注》）這是主張陰與陰爲「朋類」。二、王弼亦主「同性爲朋」說，但認爲「陰之爲物，必離其黨，之於反類，而後獲安貞吉」（《王注》），則指出「陰」者必須「喪朋」趨附於「陽」才能獲「吉」，並以「喪朋」句連下文「安貞吉」爲義。又案「朋」，一說爲「朋貝」之朋。　　〔6〕安貞吉——這是歸結「得朋」、「喪朋」之義，說明「坤」德以安順守正爲吉。

【說明】

　　《乾》卦有「元，亨，利，貞」四德，《坤》卦也具此「四德」，這是兩者共同之處。但《乾》德以「統天」爲本，《坤》德以「順承天」爲前提；故乾剛坤柔、乾健坤順，《乾》之「四德」无所限制，《坤》之「四德」則限於「牝馬」、「後得主」、「安貞吉」等義：這是兩者不同之處。

《彖》曰：至哉坤元[1]！萬物資生，乃順承天。坤厚載物，德合无疆[2]；含弘光大，品物咸亨[3]。牝馬地類，行地无疆，柔順利貞[4]。君子攸行，先迷失道，後順得常[5]。西南得朋，乃與類行；東北喪朋，乃終有慶[6]。安貞之吉，應地无疆[7]。

【譯文】

《彖傳》說：美德至極啊，配合天開創萬物的大地！萬物依靠它成長，它順從稟承天的志向。地體深厚而能普載萬物，德性廣合而能久遠无疆；它含育一切使之發揚光大，萬物亨通暢達徧受滋養。雌馬是地面動物，永久馳騁在无邊的大地上，它柔和溫順利於守持正固。君子有所前往，要是搶先居首必然迷入歧途偏失正道，要是隨從人後溫和柔順就能使福慶久長。往西南將得到友朋，可以和朋類共赴前方；往東北將喪失友朋，但最終也仍有喜慶福祥。安順守持正固的吉祥，正應合大地的美德永保无疆。

【注釋】

〔1〕至哉坤元——至，形容詞，指大地生養萬物之德美善至極。《正義》：“至，謂至極也。言地能生養至極，與天同也。但天亦至極，包籠於地；非但至極，又大於地：故《乾》言‘大哉’，《坤》言‘至哉’。”此句至“乃順承天”，釋卦辭“元”。〔2〕无疆——兼含地域无涯和時間无限之義。《正義》：“凡言无疆者，其有二義：一是廣博无疆，二是長久无疆。”　〔3〕含弘光大，品物咸亨——弘，《爾雅·釋詁》“大也”，邢昺疏：“含容之大也。”《集解》引崔憬曰：“含育萬物爲‘弘’，光華萬物爲‘大’。動植各遂其性，故曰‘品物咸亨’也。”以上四句釋卦辭“亨”。　〔4〕柔順利貞——此句連上文“牝馬地類，行地无疆”，釋卦辭“利牝馬之貞”。　〔5〕君子攸行，先迷失道，後順得常——得常，謂“坤德”能順則福慶常保。這三句釋卦辭

“君子有攸往，先迷，後得主，利”。《集解》引何妥曰：“陰道惡先，故‘先’致迷失；‘後’順于主，則保其常慶也。”案，《正義》、《集解》、《本義》，皆以“君子攸往”連上文“柔順利貞”；何楷《古周易訂詁》曰：“‘君子攸行’，雖趁上韻，然意連下文，釋卦辭‘君子有攸往’也。”今從何說。 〔6〕東北喪朋，乃終有慶——終，至終、終極。此謂往東北方向雖喪陽失朋（參見卦辭譯注），但行至終極，必將旋轉爲“西南”向（閱《十二辟卦圖》可知），則也出現“得朋”之慶，故曰“乃終有慶”。這是揭示陰陽循環消長之理，表明只要安順守持“坤”德，即使“喪朋”，也將出現“得朋”之時。《折中》引喬中和曰：“坤惟合乾，故得主。得主，故‘西南’、‘東北’皆利方，‘得朋’、‘喪朋’皆吉事。”此說似與卦理有合。以上四句釋卦辭“西南得朋，東北喪朋”。案，尚先生既取《十二辟卦圖》釋“得朋”、“喪朋”，指出“喪朋”之“終”在亥位；又取《後天八卦方位圖》（見書首《讀易要例》）與之對照，指出辟卦“亥”下，正是“後天”乾位（又稱“亥下伏乾”），乾爲陽，故終至得朋“有慶”（《尚氏學》）。此說宜資參考。 〔7〕應地无疆——此釋卦辭“安貞吉”。馬其昶云：“君子有‘安貞’之吉，所以應地德也。”（《重定費氏學》）

【說明】

《易傳》原各自爲篇，後人以《彖傳》、《象傳》分附於經文之下，蓋始於東漢鄭玄（參閱《三國志·魏志·高貴鄉公傳》）。今本《周易》的通例是：自《坤》以下六十三卦，《彖》、《象》皆散附卦辭、爻辭後；唯《乾》卦先卦爻辭，後《彖》、《象》、《文言》，經傳不混，似是傳《易》者有意留此一例，讓讀者據以明瞭《周易》經傳各自分別的本來面目。

《象》曰：地勢坤[1]；君子以厚德載物[2]。

【譯文】

《象傳》說：大地的氣勢厚實和順；君子因此增厚美德而容載萬物。

【注釋】

〔1〕地勢坤——此釋《坤》卦上下“坤”皆爲“地”之象。《說卦傳》謂坤象取地、其義爲順（見卦辭譯注），《大象傳》即依此爲說。《集解》引宋衷曰：“地有上下九等之差，故以形勢言其性也。”《王注》：“地形不順，其勢順。”案，尚先生據宋衷、王弼注，以爲兩家均未引《說卦傳》“坤，順”爲詁，可證“宋、王本之皆作‘地勢順’”；又云：“蓋‘坤’古文作‘巛’，而‘巛’爲‘順’之假字，故宋、王皆讀‘巛’爲‘順’。自《正義》改作‘坤’，而‘順’字遂无由識。”（《尚氏學》）此說可備參考。〔2〕厚德載物——厚，用如動詞，猶言“增厚”。這是說明君子效法大地厚實和順之象，增厚其德以載萬物。林希元《易經存疑》曰：“惟其厚，故能无不持載。故君子以之厚德，以承載天下之物多矣。”

【說明】

從“乾健”，引申出“自強不息”的意義；從“坤順”，引伸出“厚德載物”的意義：這正是《大象傳》對卦象的推闡發揮，其功效在於使隱存含藏於“象”之中的象徵哲理得以昭彰顯著。六十四卦的《大象傳》均具這一基本特徵。

初六[1]，履霜，堅冰至[2]。

【譯文】

初六，踩上微霜，將要迎來堅冰。

【注釋】

〔1〕初六——居卦下第一位，故稱“初”；以其陰爻，故稱“六”（參閱《乾》初九譯注）。　〔2〕履霜，堅冰至——履，猶

言踐、踩。此言陰氣初起，必增積漸盛，猶如微霜預示著堅冰將至。《正義》："初六陰氣之微，似若初寒之始，但履踐其霜；微而積漸，故堅冰乃至。"

《象》曰：履霜堅冰[1]，陰始凝也；馴致其道[2]，至堅冰也。

【譯文】

《象傳》說：踩上微霜將迎來堅冰，說明陰氣已經開始凝積；順沿其中的規律，堅冰必將來到。

【注釋】

〔1〕履霜堅冰——"堅冰"二字與下文重，郭京以爲衍文（《舉正》）。朱熹據《三國志·魏志·文帝丕》注引作"初六履霜"，認爲當從補"初六"刪"堅冰"（《本義》）。兩說並通，可備參考。　〔2〕馴致其道——《正義》："馴，猶狎順也，若鳥獸順狎然。言順其陰柔之道，習而不已，乃至堅冰也。"

【說明】

初六爲陰氣始生之象，朱熹曰："其端甚微，而其勢必盛。"（《本義》）諺云："冰凍三尺，非一日之寒"，似合此理。

六二，直方大[1]，不習无不利[2]。

【譯文】

六二，正直、端方、宏大，不學習也未必不獲利。

【注釋】

〔1〕直方大——這是從六二的位、體、用三方面說明爻義之美。《正義》："生物不邪謂之'直'也，地體安靜是其'方'也，无物不載是其'大'也。"《尚氏學》："方者地之體，大者地之用，而二又居中直之位：故曰'直方大'。"　〔2〕不習无不利——習，猶言"學習"。《王注》："不假營修而功自成，故不習焉而无不利。"

《象》曰：六二之動^[1]，直以方也；不習无不利，地道^[2]光也。

【譯文】

《象傳》說：六二的變動，趨向正直端方；不學習未必不獲利，是大地的柔順之道發出光芒。

【注釋】

〔1〕六二之動——《正義》：“言六二之體，所有興動，任其自然之性，故云‘直以方也’。”　〔2〕地道——指地的柔順之道。

【說明】

六二陰居陰位，柔順中正，所稟坤德至厚。《楚辭·遠游》王逸章句謂：“屈原履方直之行，不容於世”，即以“直方”之德贊屈原臣道忠正。朱熹指出：“《坤》卦中惟這一爻最純粹。蓋五雖尊位，卻是陽爻（引者注：指陽位），破了體了；四重陰而不中；三又不正。惟此爻得中正，所以就這說箇‘直方大’。”（《折中》引《朱子語類》）

六三，含章可貞^[1]；或從王事，无成有終^[2]。

【譯文】

六三，蘊含陽剛的章美可以守持正固；或輔助君王的事業，成功不歸己有而謹守臣職至終。

【注釋】

〔1〕含章可貞——章，指剛美章彩。此謂六三陰居陽位，猶內含剛美而不輕易發露，故可守“貞”。《集解》引虞翻曰：“以陰包陽，故‘含章’。”　〔2〕或從王事，无成有終——或，不定之辭，含抉擇時機之義（見《乾》九四譯注）；成，成功，“无成”猶言“不以成功自居”；有終，即盡“臣職”至終。此二句承前文義，展示“含章可貞”的具體情狀。《程傳》：“爲臣之道，當含晦

其章美，有善則歸之於君"，"或從上之事，不敢當其成功，惟奉事
以守其終耳。"

《象》曰：含章可貞，以時發也；或從王事，知光大[1]也。

【譯文】

　　《象傳》說：蘊含陽剛的章美可以守持正固，說明六三應當
根據時機發揮作用；或輔助君王的事業，說明六三智慧光大
恢弘。

【注釋】

　　〔1〕知光大——知，即"智"。此言六三不自擅章美，唯盡職
"王事"，故稱"智光大"。《正義》："知慮光大，不自擅其美，唯
奉於上。"

【說明】

　　六三居下卦之上，有爲"臣"頗多艱難之象，故須"知光大"
纔能擺正位置，慎行免咎。《折中》引呂祖謙曰："《傳》云，唯其
知之光大，故能含晦，此極有意味。尋常人欲含晦者，多只去鋤治
驕矜，深匿名迹。然逾鋤逾生，逾匿逾露者，蓋不曾去根本上理會
自己，知未光大，胸中淺狹，纔有一功一善，便無安著處，雖强欲
抑遏，終制不住。譬如瓶小水多，雖抑遏固閉，終必泛溢；若瓶大
則自不泛溢，都不須閒費力。"此說多所發揮，頗有助於理解《象
傳》意旨。

六四，括囊，无咎无譽[1]。

【譯文】

　　六四，束緊囊口，免遭咎害不求讚譽。

【注釋】

　　〔1〕括囊，无咎无譽——括，《廣雅·釋詁四》"結也"，《方
言·十二》"閉也"，猶言束緊。此謂六四處位不中，其時不利施
用，故以"括囊"喻緘口不言、隱居不出；這樣雖不致惹害，但也

不獲贊譽，故曰"无咎无譽"。《王注》："處陰之卦，以陰居陰；履非中位，无直方之質；不造陽事，无含章之美。括結否閉，賢人乃隱；施慎則可，非泰之道。"

《象》曰：括囊无咎，慎不害也。

【譯文】

　　《象傳》說：束緊囊口免遭咎害，說明六四必須謹慎小心才能不惹禍患。

【說明】

　　六四以陰居陰，有謙退自守、慎而又慎之象，這是處位不利能獲"无咎"的重要條件。故爻辭以"括囊"爲喻，《象傳》以"慎不害"設戒。

六五，黃裳，元吉[1]。

【譯文】

　　六五，黃色裙裳，至爲吉祥。

【注釋】

　　〔1〕黃裳，元吉——黃，居"五色"之"中"，象徵"中道"；裳，音常 cháng，古代服裝是上衣下裳，故"裳"象徵謙下；元，大也，猶言"至大"。此謂六五以柔居上卦之中，其德謙下，故獲"元吉"。《正義》："黃是中之色，裳是下之飾。坤是臣道，五居君位，是臣之極貴者也。能以中和通於物理，居於臣職，故云'黃裳，元吉'。元，大也。以其德能如此，故得大吉也。"

《象》曰：黃裳元吉，文在中[1]也。

【譯文】

　　《象傳》說：黃色裙裳至爲吉祥，說明六五以溫文之德守持中道。

【注釋】

　　〔1〕文在中——文，謂"溫文"，與"威武"相對，亦喻坤

德。《正義》：“既有中和，又奉臣職，通達文理，故云文在其中。言不用威武也。”

【說明】

六五獲“元吉”，在於居尊而能柔和謙下，與《乾》九五陽剛向上正好相反。朱熹說：“這是那居中處下之道。《乾》之九五，自是剛健底道理；《坤》之六五，自是柔順底道理：各隨他陰陽，自有一箇道理。”（《朱子語類》）

上六，龍戰于野[1]，其血玄黃[2]。

【譯文】

上六，巨龍在原野上交合，流出青黃相雜的鮮血。

【注釋】

〔1〕龍戰于野——龍，喻陽剛之氣；戰，猶言“接”，“龍戰”指陰陽交合。此句說明上六陰氣至盛，陰極陽來，二氣交互和合，故有“龍戰”之象。案，《說文》“壬”下云：“《易》曰‘龍戰于野’，戰者接也。”惠士奇《易說》據此爲訓。朱駿聲《六十四卦經解》承之，謂：“戰之爲言接也，陰陽交接和會，大生廣生。”尚先生並從惠、朱之說，又引《乾鑿度》、《九家易》、《易林》諸說進一步證明“戰”訓“接”，“接”有陰陽“和合”、“交接”之義（《尚氏學》），今從之。又案，此句舊解多歧。《王注》認爲“龍戰”謂陰極導致陽忌，兩者爭戰，指出：“陰之爲道，卑順不盈，乃全其美；盛而不已，固陽之地，陽所不堪，故戰于野。”此說可備參攷。　〔2〕其血玄黃——此句承上句意，謂陰陽二氣交合，流出青黃交雜之血。《尚氏學》：“萬物出生之本，由于血；血者，天地所遺氤氳之氣。天玄地黃，‘其血玄黃’者，言此血爲天地所和合，故能生萬物也。”

《象》曰：龍戰于野，其道窮也。

【譯文】

　　《象傳》說：巨龍在原野上交合，說明上六的純陰之道已經發展窮盡。

【說明】

　　本爻"龍戰"的喻意，含兩方面：一、陰氣至盛，終究要導致陽來；二、坤道窮盡，則轉入陰陽交合：所謂"天地生生之德"，就在兩者矛盾統一中體現出來。可見，此爻明顯反映了《周易》陰陽相推、變易不窮的思想。

用六[1]，利永貞[2]。

【譯文】

　　用陰柔之數六，利於永久守持正固。

【注釋】

　　〔1〕用六——義與《乾》卦"用九"相對（參閱該卦譯注），也是指明《周易》哲學以變爲主的一方面特色。但"用六"是就陰爻而言。《易》筮過程中，凡筮得陰爻，其數或"八"、或"六"，"六"可變、"八"不變，而筮法原則是用"六"不用"八"，亦即占"變爻"之意；若筮得六爻均"六"時，即以"用六"辭爲占。《本義》："用六，言凡筮得陰爻者，皆用六而不用八，亦通例也。以此卦純陰而居首，故發之。遇此卦而六爻俱變者，其占如此辭。"　　〔2〕利永貞——永，永久，含"健"義，謂能永久守正，即見陽剛氣質。此言柔極能濟之以剛則利。《正義》："六是柔順，不可純柔，故利在'永貞'。永，長也；貞，正也，言長能貞正也。"《尚氏學》："六爲老陰，陰極不返則太柔矣。《文言》曰'貞固足以幹事'，'永貞'則健而陽矣。"

《象》曰：用六永貞，以大終[1]也。

【譯文】

　　《象傳》說：用陰柔之數六而永久守持正固，說明陰終究以返回剛大爲歸宿。

【注釋】

〔1〕以大終——陽大陰小，"以大終"猶言"以陽爲歸宿"。《尚氏學》："言陰極必返陽。"

【說明】

《乾》卦"用九"稱"无首"，是剛而能柔；《坤》卦"用六"稱"永貞"，是柔而能剛：《老子》提倡剛柔相濟之旨，正與此義契合。可見，"用九"、"用六"在指示《易》筮通例的同時，也表露了《周易》的辯證哲理。

《文言》曰：坤至柔而動也剛[1]，至靜而德方[2]。後得主而有常[3]，含萬物而化光[4]。坤道其順乎！承天而時行[5]。

【譯文】

《文言》說：大地極爲柔順但變動時卻顯示出剛强，極爲安靜但柔美的品德卻流布四方。隨從人後有人作主遂能保持福慶久長，包容一切普載萬物於是煥發无限光芒。大地體現的規律多麼柔順啊！它稟承天的意志沿著四時運行得當。

【注釋】

〔1〕至柔而動也剛——《尚氏學》："坤柔動剛，義與'用六'、'大終'同。言坤雖至柔，遇六則變陽矣。" 〔2〕至靜而德方——方，古人以爲"天圓地方"，此處含"流布四方"之意。《集解》引荀爽曰："坤性至靜，得陽而動，布於四方也。"《易纂言》："坤體隤然不動，故曰'至靜'；然其生物之德，普徧四周，无處欠缺，故曰'方'。" 〔3〕後得主而有常——《正義》："陰主卑退，若在事之後，不爲物先，即'得主'也。此陰之恒理，故云'有常'。" 〔4〕含萬物而化光——此句與《象傳》"含弘光大，品物咸亨"之義同。《本義》："復明'亨'義。"

〔5〕承天而時行——《集解》引荀爽曰："承天之施，因四時而行之也。"

【說明】

《坤》卦的《文言》共七節。本節總釋卦辭大義，以下六節分釋六爻喻旨。

積善之家，必有餘慶；積不善之家，必有餘殃。臣弒其君，子弒其父，非一朝一夕之故，其所由來者漸矣！由辯[1]之不早辯也。《易》曰："履霜，堅冰至"，蓋言順[2]也。

【譯文】

修積善行的家族，必然留下許多慶祥；累積惡行的家族，必然留下許多禍殃。臣子弒殺君主，兒子弒殺父親，並非一朝一夕的緣故，作惡的由來是漸萌漸長！是由於君父不曾早日辨清真相。《周易》說："踩上微霜，將要迎來堅冰"，大概是譬喻陰惡事物的發展往往順沿一定的趨向。

【注釋】

〔1〕辯——通"辨"。《釋文》引馬融曰："別也。"

〔2〕順——《釋名·釋言語》："循也，循其理也。"《正義》："言順習陰惡之道，積微而不已，乃至此弒害。"案，《本義》謂"古字'順'、'慎'通用"，認爲"此當作'慎'，言當辨之於微"。於義可通。

【說明】

本節釋《坤》初六爻辭。文中闡發防微杜漸的意義。《折中》引呂祖謙曰："'蓋言順也'，此一句尤可警。非心邪念，不可順養將去。若順將去，何所不至？懲治遏絕，正要人著力。"

直其正也，方其義也[1]。君子敬以直內，義以方外[2]。敬

義立而德不孤[3]。直方大，不習无不利，則不疑其所
行也[4]。

【譯文】

　　正直說明品性純正，端方說明行爲適宜。君子恭敬不苟於是促
使內心正直，行爲適宜於是促使外形端方。做到恭敬不苟行爲適
宜，就能使美德廣布而不孤立。六二正直端方宏大，不學習也未必
不獲利，說明美德充沛而一切行爲都无須疑慮。

【注釋】

　　〔1〕直其正也，方其義也——義，宜也。這是闡釋爻辭“直
方”的深意。《周易蒙引》：“此‘正’、‘義’二字，皆以見成之
德言。然直不自直，必由於敬；方不自方，必由於義。直，即‘主
忠信’；方，即‘徙義’。直，即心無私；方，即事當理。”

　　〔2〕敬以直內，義以方外——這兩句復申“直”、“方”之義，猶
言“以敬使內心正直，以義使外形端方”。《正義》：“內，謂心也。
用此恭敬以直內理”，“用此義事以方正外物。”《程傳》：“君子主
敬以直其內，守義以方其外。敬立而內直，義形而外方。”

　　〔3〕德不孤——謂美德廣布，人所響應。《正義》：“身有敬義以接
於人，則人亦敬義以應之，是‘德不孤’也。”　　〔4〕不疑其所
行——指美德充沛，所行必暢達无礙，故不須疑慮。《正義》：“直
則不邪，正則謙恭；義則與物无競，方則凝重不躁。既‘不習无不
利’，故所行不須疑慮。”

【說明】

　　本節釋《坤》六二爻辭。“敬義立而德不孤”一語，是其中心
意旨。程頤申發此義曰：“敬義既立，其德盛矣；不期大而大矣，
德不孤也。”（《程傳》）

陰雖有美，含之以從王事，弗敢成[1]也。地道也，妻道也，
臣道也。地道无成而代有終[2]也。

【譯文】

陰柔在下者縱然有美德，只是含藏不露而用來輔助君王的事業，不敢把成功歸屬己有。這是地順天的道理，妻從夫的道理，臣忠君的道理。地順天之道表明成功不歸己有而替天效勞奉事至終。

【注釋】

〔1〕弗敢成——即六三爻辭“无成”之義（見該爻注）。

〔2〕代有終——代，《說文》“更也”，此處猶言“代替”。《正義》：“地道卑柔，无敢先唱成物；必待陽始先唱，而後代陽有終也。”

【說明】

本節釋《坤》六三爻辭。文中闡發“妻道”、“臣道”、“地道”之旨，至見“扶陽抑陰”的思想。《集解》引宋衷曰：“臣子雖有才美，含藏以從其上，不敢有所成名也。地得終天功，臣得終君事，婦得終夫業，故曰‘而代有終’也。”

天地變化，草木蕃；天地閉，賢人隱[1]。《易》曰：“括囊，无咎无譽。”蓋言謹也。

【譯文】

天地運轉變化，草木繁衍旺盛；天地閉塞昏闇，賢人隱退匿迹。《周易》說：“束緊囊口，免遭咎害不求讚譽。”大概是譬喻謹慎處世的道理吧。

【注釋】

〔1〕天地閉，賢人隱——此以“天地”閉塞喻社會昏闇，故使“賢人”隱遯。《正義》：“天地變化，謂二氣交通，生養萬物，故草木蕃滋；天地閉，賢人隱者，謂二氣不相交通，天地否閉，賢人潛隱。”案，尚先生認爲“蕃”與“藩”通，謂“藩閉”，指“草木黃落”；並引《乾》卦《象傳》“乾道變化，各正性命，保合太和”與此“天地變化”比較，指出：“此變化與彼變化同也。變化之徵，在物則草木黃落，在天則陽氣閉藏，在人則賢哲隱遯。”

（《尚氏學》）可備一說。

【說明】

本節釋《坤》六四爻辭。末句"猶言謹也"與《象傳》"慎不害"之義同。孔穎達分析曰："囊所以貯物，以譬心藏智也；閉其智而不用，故曰'括囊'。不與物忤，故'无咎'。功名不顯，故'无譽'。"（《集解》引）

君子黃中通理^[1]，正位居體^[2]，美在其中，而暢於四支^[3]，發於事業：美之至也！

【譯文】

君子的美質好比黃色中和而通達文理，身居正確的位置，才美蘊存在內心，暢流於四肢，發揮於事業：這是最美的美質啊！

【注釋】

〔1〕黃中通理——黃，中之色，六五柔居上卦中位，故稱"黃中"（見爻辭譯注）；理，文理。《尚氏學》："《玉篇》'理，文也'；坤爲文，故曰'理'。'黃中通理'者，言由中發外，有文理可見也。" 〔2〕正位居體——猶言"體居正位"，即正確居處己位。《本義》："雖在尊位，而居下體。釋'裳'字之義也。"案，《折中》："《孟子》曰：'立天下之正位'，正位即'禮'也。此言'正位居體'者，猶言以禮居身爾。禮以物躬，則自卑而尊人，故爲釋'裳'字之義。"此說引申《本義》之注，有合爻旨。〔3〕支——通"肢"。

【說明】

本節釋《坤》六五爻辭。《折中》指出："《乾》爻之言學者二，於九二則曰'言信行謹'、'閑邪存誠'也，於九三則曰'忠信以進德'，'修辭立誠以居業'也。《坤》爻之言學者二，於六二則曰'敬以直內，義以方外'也，於六五則曰'黃中通理，正位居體'也。"又指出："在《乾》之兩爻，'誠'之意多，實心以體

物，是乾之德也；《坤》之兩爻，‘敬’之意多，虛心以順理，是
坤之德也。而要之，未有誠而不敬，未有敬而不誠者：乾坤一德
也，誠敬一心也。”這是申說《乾》、《坤》兩卦《文言》中切合於
“治學”之理的言論，頗爲可取。

陰疑於陽必戰[1]。爲其嫌於无陽也，故稱龍焉[2]；猶未離
其類也，故稱血焉[3]。夫玄黃者，天地之雜也：天玄而
地黃[4]。

【譯文】

　　陰氣凝情於陽氣必然相互交合。作《易》者是怕讀者疑惑於
《坤》卦沒有陽爻，所以在爻辭中稱龍代表陽；又因爲陰不曾離失
其配偶陽，所以在爻辭中稱血代表陰陽交合。至於血的顏色爲青黃
相雜，這是說明天地陰陽的血交互混和：天爲青色而地爲黃色啊。

【注釋】

　　〔1〕陰疑於陽必戰——疑，通“凝”，猶言“凝情”，《釋文》：
“荀、虞、姚信、蜀才本作‘凝’”。此謂上六處《坤》之極，陰
極返陽，猶“凝情”於陽，故必致交合。《尚氏學》：“‘疑’即
‘凝’字。《莊子·達生篇》‘用志不分，乃疑于神’，即‘凝于
神’也；《詩·大雅》‘靡所止疑’，《傳》‘疑，定也’，《正義》
‘音凝’。可見疑、凝本通。”又曰：“陰凝陽，即陰牝陽。”

　　〔2〕爲其嫌於无陽也，故稱“龍”焉——嫌，《說文》：“不平於心
也，從女兼聲，一曰疑也。”此言爻辭取“龍”喻陽，是慮及讀者
或疑卦中无陽，不明爻義。《尚氏學》：“稱龍，所以明有陽也。”

　　〔3〕猶未離其類也，故稱“血”焉——類，朋類，指陽性“配
偶”。此謂上六既陰極返陽，陰陽必合，故爻辭稱“血”以明交
合。　　〔4〕夫玄黃者，天地之雜也：天玄而地黃——雜，《說文》
“五彩相會”，此處指血色相混。這三句說明爻辭“其血玄黃”，是
譬喻天地交合之血混和。《尚氏學》：“言此血非陰非陽，亦陰亦

陽，爲天地所和合，故能生萬物。”又曰：“陰陽合爲‘類’，離則爲獨陰獨陽。獨陰獨陽不能生，即不成爲‘血’；既曰‘血’，即陰陽類也，天地雜也。”案，此節文句，舊解不一。如《本義》：“疑，謂鈞敵而无小大之差也。《坤》雖无陽，然陽未嘗无也。血，陰屬，蓋氣陽而血陰也。玄黃，天地之正色，言陰陽皆傷也。”此可備一說。

【說明】

本節釋《坤》上六爻辭。文中主要揭明爻辭取“龍”、“血”、“玄黃”等象的喻意，闡發上六所蘊含的陰極陽生，陰陽在矛盾衝突中變化發展的哲理。

【總論】

《周易》以《坤》卦繼《乾》卦之後，寓有“天尊地卑”、“地以承天”的意旨。全卦大義，在於揭示“陰”與“陽”既相對立、又相依存的關係。在這對矛盾中，“陰”處於附從的、次要的地位，依順於“陽”而存在、發展。就卦象看，《坤》以“地”爲象徵形象，其義主“順”。卦辭強調：利於“雌馬”之“貞”，“後得主”以隨人，獲吉於“安貞”，均已明示“柔順”之義。六爻進一步抒發“陰”在附從“陽”的前提下的發展變化規律：二處下守中，五居尊謙下，三、四或“奉君”或“退處”，皆呈“坤，順”之德，而以二、五最爲美善。至於初六“履霜”與上六“龍戰”，兩相對照，又深刻體現了陰氣積微必著、盛極返陽的辯證思想。《繫辭上傳》曰：“一陰一陽之謂道。”《周易》一書發端於《乾》、《坤》兩卦，正反映了作者對陰陽辯證關係的具有一定深度的認識。換言之，作者似乎流露出這樣一種觀點：陰陽兩種力量的相互作用，是宇宙間事物運動、變化、發展的源泉。

屯 卦 第 三

䷂ 屯[1]：元亨，利貞[2]。勿用有攸往，利建侯[3]。

【譯文】

《屯》卦象徵初生：至爲亨通，利於守持正固。不宜有所前往，利於建立諸侯。

【注釋】

〔1〕屯——音諄 zhūn，卦名，下震（☳）上坎（☵），象徵"初生"。案，"屯"，甲金文作"𡳾"（見羅振玉《殷墟書契後編》）、"𡳾"（頌壺文，見羅振玉《三代吉金文存》）、"𡳾"（頌鼎文，同上），均象植物種子萌生、破土而出之形。《說文》曰："屯，難也，象艸木之初生，屯然而難，从屮貫一，一地也，尾曲。"可見，"象艸木之初生"是造字本義；又因物初生而多艱難，遂引申有"難"義。故《序卦傳》謂"屯者，物之始生也"，《彖傳》云"剛柔始交而難生"，並合"屯"義。（卦形以"下震上坎"相重喻"屯"，已具《彖傳》、《大象傳》所釋，見下文注。以後各卦均倣此。） 〔2〕元亨，利貞——元，至大（見《坤》六五譯注）。元亨，猶言至爲亨通；利貞，利於守正。此謂事物初生之時正待成長，故其勢至爲亨通；但初生之物應當正其根本、固其體質，故又利於守正。案，《正義》："《屯》之四德，劣於《乾》之四德，故'屯'乃'元亨'，亨乃'利貞'。《乾》之四德无所不包，此即'勿用有攸往'，又別言'利建侯'，不如《乾》之无

所不利。"此說以爲《乾》"四德"不受限定,《屯》則有所限制,於義頗通。以下《隨》、《臨》、《无妄》諸卦言"四德"者可藉此參考。 〔3〕勿用有攸往,利建侯——此謂事物初生,艱難當前,故不可輕動"有往",應當廣資輔助,故以"利建侯"爲喻。《正義》:"世道初創,其物未寧,故宜利建侯以寧之。"《程傳》:"天下之屯,豈獨力能濟? 必廣資輔助,故利建侯也。"案,《周易》卦爻辭中出現的"用"字,一般有兩種含義:一、作動詞,猶言"施用"。如《乾》"潛龍勿用",《漸》"其羽可用爲儀"等。二、作副詞,猶"宜",裴學海《古書虛字集釋》訓爲"應"、"宜"可從。如本卦"勿用有攸往",《升》"用見大人",《謙》"用涉大川"等均是。

《彖》曰:屯,剛柔始交而難生[1];動乎險中,大亨貞[2]。雷雨之動滿盈[3],天造草昧[4]。宜建侯而不寧[5]。

【譯文】

　　《彖傳》說:初生,譬如陽剛陰柔開始相交而艱難隨著萌生;這是在危險中變動發展,前景儘管大爲亨通卻要守持正固。每當雷雨將作而烏雲雷聲充盈宇間,恰似大自然製造萬物於草創之際、冥昧之時的情狀。這種時候王者應當廣建諸侯治理天下而不可安居无事。

【注釋】

　　〔1〕剛柔始交而難生——剛柔指陰陽。此句釋卦名"屯",說明事物"初生"之際,正是陰陽始交之時,此時必多艱難。《正義》:"以剛柔二氣始欲相交,未相通感,情意未得,故'難生'也。若剛柔已交之後,物皆通泰,非復難也。"案,《漢上易傳》:"震者,乾交於坤,一索得之,'剛柔始交'也";"坎,險難,'剛柔始交而難生'也。"此以內外卦象爲說,於義可通。 〔2〕動乎險中,大亨貞——動,指下震;險,指上坎。此以上下象釋卦辭

"元亨，利貞"，説明物"初生"猶如動於"險"中，故雖"大亨"亦須守"貞"。《正義》："大亨，即元亨也；不言'利'者，利屬於貞，故直言'大亨貞'。" 〔3〕雷雨之動滿盈——雷，指下震；雨，指上坎。此句謂上下卦有雷雨將作、雷聲烏雲充盈之象，譬喻剛柔始交、物將萌生時的"氤氳"情狀。王注："雷雨之動，乃得滿盈，皆剛柔始交之所爲。" 〔4〕天造草昧——草，草創；昧，冥昧。此句緊承前句之意，又舉"天造草昧"的情形，進一層譬喻初生之物將萌的狀態。《正義》："言天造萬物於草創之始，如在冥昧之時也。" 〔5〕不寧——謂不可安寧无事。此句合前文"雷雨之動"、"天造草昧"，釋卦辭"勿用有攸往，利建侯。"《正義》："于此草昧之時，王者當法此《屯》卦，宜建立諸侯，以撫恤萬方之物，而不得安居于事。"

《象》曰：雲雷，屯[1]；君子以經綸[2]。

【譯文】

《象傳》説：烏雲雷聲交動，象徵初生；君子因此在時局初創之際努力經略天下大事。

【注釋】

〔1〕雲雷，屯——釋《屯》卦上坎爲雲、下震爲雷之象。案，雲在雷上，將雨未成，故上坎下震爲《屯》；若水在雷下，則雨已降，故上震下坎爲《解》：兩卦象義均相反。《折中》引李舜臣曰："坎在震上爲《屯》，以雲方上升，畜而未散也；坎在震下爲《解》，以雨澤既沛，无所不被也。故雷雨作者，乃所以散屯；而雲雷方興，則屯難之始也。" 〔2〕君子以經綸——經綸，用如動詞；段注本《説文》"經，織從絲也"，"綸，青絲綬也"，兩字連用，即以治絲喻治國。這是説明君子觀《屯》象，悟知當局勢初創多艱之時，須奮發治理天下。《本義》："屯難之世，君子有爲之時也。"

【說明】

愈是"初生"之物、"草創"之事,愈迫切期待著扶持、治理。《大象傳》從卦象引申出"君子經綸"的意義,至見貼切。

初九,磐桓,利居貞,利建侯[1]。

【譯文】

初九,徘徊流連,利於靜居守持正固,利於建立諸侯。

【注釋】

〔1〕磐桓,利居貞,利建侯——磐桓,即盤桓。此言初九處"屯"之始,宜守正謹慎不進,多獲資助,故云"利居貞,利建侯"。《王注》:"處《屯》之初,動則難生,不可以進,故磐桓也。處此時也,其利安在?不唯居貞、建侯乎?"

【說明】

《周易》中的"貞"字,前儒多以"正"為訓,即《師》卦《彖傳》所謂"貞,正也"(《子夏傳》、《爾雅·釋詁》並同,參閱《乾》卦譯注)。用"人事"譬喻,猶言行為守正,心志堅固,事必有成。故《文言》云"貞者,事之幹也"、"貞固足以幹事"。但就各卦爻辭中出現的"貞"具體分析,其義又因該爻居位"得正"與否而略有差別:其一,若陽爻居初、三、五,陰爻居二、四、上,均得"正位";此時爻辭稱"貞",意猶"繼續保持正固"。其二,反之,若陽爻居二、四、上,陰爻居初、三、五,均為"失正";此時爻辭稱"貞",意猶"努力趨正自守"。第一義如本卦初九"利居貞",第二義如《訟》九四"貞吉"。餘可類推。這種意義上的微異,須讀者根據爻位、辭旨細加玩味。《左傳》襄公七年穆子曰:"正直為正,正曲為直",不論曲、直皆規範於"正",似與上述"貞"之兩義相契合。又,虞翻易學有"之正"說,旨在"失正"之爻均令其"變正",在義理上似亦與"貞"第二義可通。

《象》曰：雖磐桓，志行正也[1]；以貴下賤[2]，大得民也。

【譯文】

《象傳》說：儘管徘徊流連，但心志行爲能保持端正；身份尊貴卻下居卑位，說明初九可以大得民心。

【注釋】

〔1〕志行正——《正義》：“初九雖磐桓不進，非苟求宴安，志欲以靜息亂，故居處貞也。非是苟貪逸樂，唯志行守正也。”〔2〕以貴下賤——陽貴陰賤，初九陽爻處羣陰之下，故有是說。《正義》：“言初九之陽在三陰之下。”

【說明】

本爻辭“磐桓”，即卦辭“勿用有攸往”之義；“居貞”、“建侯”，亦與卦辭同：旨在強調“屯”之初必須謹慎守正，廣資輔助。《小象傳》所謂“志行正”、“大得民”，亦述此意。《折中》引楊萬里曰：“磐桓不進，豈真不爲哉？居正有待，而其志未嘗不欲行其正也。故周公言‘居貞’，孔子言‘行正’。”

六二，屯如，邅如[1]，乘馬班如[2]，匪[3]寇婚媾。女子貞不字[4]，十年乃字[5]。

【譯文】

六二，初創之時多麼艱難，迴復彷徨不前，乘馬的人紛擁前來，他們不是強寇而是帶來求婚的嘉耦。女子守持正固不急於出嫁，久待十年才締結良緣。

【注釋】

〔1〕屯如，邅如——如，語氣詞；邅，音詹 zhān，《釋文》引馬融曰：“難行不進之貌”，《玉篇》：“轉也”、“移也”。這兩句說明六二當“屯難”之時，柔順中正，能審慎忖度，不急於進，故有“邅如”之象。　　〔2〕班如——《尚氏學》謂“馬多”之狀，並引吳汝綸先生《易說》云：《漢書》“車班班，往河間”，義同此。

〔3〕匪——通"非"。　　〔4〕字——謂女子許嫁。《禮記·曲禮上》:"女子許嫁笄而字。"　　〔5〕十年乃字——十年,言時間之久,又含時極轉通之義。《正義》"十者,數之極,數極則復,故云'十年'也。"案,以上四句,"乘馬"、"匪寇"指九五,"女子"指六二。謂二與五陰陽相應,故五乘馬而來,欲求婚媾;但當"屯難"之時,二前有三、四兩陰"阻格"(見《尚氏學》),不宜輕動,故守正待時,至"十年"難消時通"乃字"。爻辭取象兼喻二、五兩爻,義主於卦辭所云"利貞,勿用有攸往"。

【說明】

《折中》指出,《周易》中提到"匪寇婚媾"的有三處:《屯》二、《賁》四、《睽》上。並就其句法、意義分析說:"《賁》之爲卦,非有《屯》難、《睽》隔之象,則爻義有所難通者。詳玩辭意,'屯如,邅如,乘馬班如',與'賁如,皤如,白馬翰如',文體正相似,其下文皆接之曰'匪寇婚媾'。然則,'屯如,邅如',及'賁如,皤如',皆當讀斷:蓋兩爻之自處者如是也。'乘馬班如'及'白馬翰如',皆當連下'匪寇婚媾'讀:言彼乘馬者非寇,乃吾之婚媾也。此之'乘馬班如'謂五,《賁》之'白馬翰如'謂初;言'匪寇婚媾',不過指明其爲正應而可從耳。"又對《屯》上下卦取象特點分析說:"此卦下雷上雲:雷聲盤回,故言'盤桓'、'邅如'者下卦也;雲物班布,故言'班如'者上卦也。四與上皆言'乘馬班如',五之爲'乘馬班如'則於六二言之。此亦可備一說也。"

《象》曰:六二之難,乘剛[1]也;十年乃字,反常[2]也。

【譯文】

《象傳》說:六二難行不進,是由於陰柔乘淩陽剛之上;久待十年才許嫁,說明難極至通而事理又恢復正常。

【注釋】

〔1〕乘剛——指六二乘淩初陽之上。《集解》引崔憬曰:"下

乘初九。” 〔2〕反常——反，即“返”。此言六二“貞不字”，
有背常理；“十年乃字”，則難消而事理復常。《正義》：“反歸
於常。”

【說明】

　　本爻之象擬“女子”守貞待字，其義歸於事物初創時，發展宜
緩不宜速。孔穎達曰：“是知萬物皆象於此，非唯男女而已。諸爻
所云陰陽男女之象，義皆傲於此。”（《正義》）張浚指出：“以二抱
節守志於艱難之世，而不失其貞也。若太公在海濱，伊尹在莘野，
孔明在南陽，義不苟合，是謂‘女貞’。”（《紫巖易傳》）此說即泛
引史例，以明爻象的喻意。

六三，即鹿无虞，惟入于林中[1]。君子幾，不如舍，往吝[2]。

【譯文】

　　六三，追逐山鹿沒有虞人引導，只是空入茫茫林海中。君子應
當見機行事，此時不如捨棄不逐，要是一意前往必有憾惜。

【注釋】

　　〔1〕即鹿无虞，惟入于林中——即，《集解》引虞翻曰：“就
也”，謂追逐；虞，虞人，《尚書·舜典》“汝作朕虞”，《孔傳》：
“虞，掌山澤之官。”這兩句說明六三處《屯》下卦之上，失正不
中，躁於進取，猶无虞人相助而“逐鹿”，徒入林中，必无所獲。
案，《尚氏學》訓“虞”爲“備虞”，謂《王注》“雖見其禽而无
其虞，徒入于林中”亦釋作“備虞”。此說於義可通。 〔2〕往
吝——此句承前兩句意，說明六二當“屯難”失正之時，應該
“知幾”退處，舍“鹿”不逐；若執意逐之不已，必徒勞无益而致
“吝”。案，尚先生云：“‘吝’字初見。《說文》‘口’部引作
‘吝’，云‘恨惜也’；‘辵’部引又作‘遴’，云‘行難’。”並曰：
“凡言‘往吝’者，宜從‘行難’義；祇言‘吝’者，宜從‘恨

惜'義。"(《尚氏學》)所謂"行難",亦必因"難"而生"恨惜",故尚先生依《說文》釋"吝"爲兩義,於辭旨可通。

《象》曰:即鹿无虞,以從禽[1]也;君子舍之,往吝窮也。

【譯文】

《象傳》說:追逐山鹿沒有虞人引導,說明貪於追捕禽獸;君子捨棄不逐,說明一意往前追逐必有憾惜而將致窮困。

【注釋】

〔1〕從禽——從,猶言"追捕",《尚氏學》:"'從禽'意與'即鹿'同";禽,泛指禽獸,李鼎祚曰:"《白虎通》云:'禽者何?鳥獸之總名,爲人所禽制也。'即《比》卦九五爻辭'王用三驅,失前禽'是其義也。"(《集解》)

【說明】

三於"屯難"時,有冒進之象,故爻辭強調知"幾",並指出其行動應借助外力,須"有虞"才能"即鹿"。《三國志·魏志·陳琳傳》:"《易》稱'即鹿无虞',諺有'掩目捕雀'。"掩目,適可作"无虞"的注腳。

六四,乘馬班如,求婚媾[1]。往吉,无不利。

【譯文】

六四,乘馬紛擁前去,欲求婚配。往前必獲吉祥,無所不利。

【注釋】

〔1〕乘馬班如,求婚媾——此謂六四下應初九,陰陽相合,故乘馬往求婚配,必可濟"屯"獲"吉"。《尚氏學》:"四與初本爲正應,婚媾而已;然必求者,以二、三爲阻也。知其阻而求之,故往吉也。"

《象》曰:求而往[1],明也。

【譯文】

《象傳》說:有求於下而前往,說明六四是明智的。

【注釋】

〔1〕求而往——四陰求初陽，含有上者禮求下賢的喻意。《程傳》：“知己不足，求賢自輔，可謂明矣。”

【說明】

四居上卦，柔正得位，尊如“公卿”。能以上求下，取剛濟柔，必然有利於打通“屯難”局面。程頤指出：“居公卿之位，己之才雖不足以濟時之屯，若能求在下之賢，親而用之，何所不濟哉？”（《程傳》）

九五，屯其膏[1]。小，貞吉；大，貞凶[2]。

【譯文】

九五，克服初創艱難而將廣施膏澤。柔小者，守持正固可獲吉祥；剛大者，守持正固以防凶險。

【注釋】

〔1〕屯其膏——屯，此處有“克服屯難”之意；其，助詞，含推測性語氣，猶“將”；膏，用如動詞，謂“施膏澤”，《集解》引虞翻曰：“坎雨稱‘膏’，《詩》云‘陰雨膏之’是其義也。”《纂疏》：“《詩·曹風》文，‘膏’去聲，與‘潤’同義。”此句說明九五陽剛中正，居《屯》尊位，爲善處“屯難”、努力打通初創局面之象。又能下應六二，猶將克服“屯難”，下施膏澤，故曰“屯其膏”。《集解》引崔憬曰：“得‘屯難’之宜，有‘膏澤’之惠。”案，五既應二，則上坎之“雲”將化雨下降，正見“膏”象。又，《王注》：“屯難其膏，非能廣其施者”，認爲此“膏”爲畜積不施之象，可備一說。　〔2〕小，貞吉；大，貞凶——此承前句意，說明九五之時“屯難”正在克服，“膏澤”行將廣施，柔小處下者守正待時必獲吉祥；但剛大居上者尚須敬慎行事，不可疏忽大意，功敗垂成，故特誡其“貞”而防“凶”。

【說明】

"貞"訓"正",前注已詳。但此字與不吉之辭連用時,如"貞凶"、"貞厲"、"貞吝"、"貞疾"等,易家多釋爲"雖正而不免於凶(厲、吝)",似於義未安。今案,《豫》六五"貞疾,恒不死",王宗傳《童溪易傳》引孟子"生於憂患"爲說,則"貞疾"之義當爲:守正防疾,可保長久不滅亡(詳該爻譯注)。又,《履》九五"夬履,貞厲",《集解》引干寶曰:"恐夬失正,恒懼危厲",《折中》引《尚書·君牙》"心之憂危,若蹈虎尾"爲說,認爲此爻"有中正之德,故能常存危厲之心",則此"貞厲"意猶:守正以防危厲(詳該爻譯注)。又,《巽》上九"喪其資斧,貞凶",《象傳》曰:"正乎凶也",猶言"正於凶",其義當指:守正避凶(詳該爻譯注)。依此諸例,則《易》中凡言"貞凶"、"貞厲"、"貞吝"、"貞疾"者,似均當作"守正防凶"、"守正防危"、"守正防吝"、"守正防疾"解,乃與"貞"義相切。《繫辭下傳》曰:"作《易》者其有憂患乎?"張載《正蒙》云:"《易》爲君子謀。"卦爻辭每設"貞凶"之類的占語,其義蓋戒人常守正固、防備凶吝,適與"憂患"之作、"爲君子謀"的特色契合。

《象》曰:屯其膏,施未光也。

【譯文】

《象傳》說:克服初創艱難而將廣施膏澤,說明九五所施德澤尚未及光大。

【說明】

《象傳》說:"天造草昧,宜建侯而不寧。"可知"草創"之時,事有緩急。以"治天下"爲喻,此時當先"建侯"安定大局,然後逐步疏通,全面施治。《白虎通·封公侯篇》曰:"王者即位,先封賢者,憂民之急也","《易》曰'利建侯',此言因所利故立之。"以此推之,《象傳》"施未光",正是說明先施其急,尚未光大。

上六，乘馬班如，泣血漣如[1]。

【譯文】

　　上六，乘馬紛擁欲求婚配，卻泣血傷心垂淚漣漣。

【注釋】

　　〔1〕乘馬班如，泣血漣如——漣如，形容淚流汪汪之狀。此謂上六居《屯》卦之極，初創艱難的局面已經打通，正轉向新的發展階段；但上六質稟陰柔，仍持"屯難"的舊觀念，欲效前爻"乘馬"求賢，无奈六三同性不應，故"泣血漣如"，徒自傷悲。《周易參義》："《屯》之極，乃亨之時也；而上六處屯極，則陰柔无應，不離於險，是安有亨之時哉?"

《象》曰：泣血漣如，何可長也[1]？

【譯文】

　　《象傳》說：泣血傷心垂淚漣漣，上六又怎會長久如此呢?

【注釋】

　　〔1〕何可長也——指上六雖因不明時變、徒致傷悲，但隨著大局進一步亨通，必將恍然自悟、釋然无憂。《折中》引楊簡曰："何可長者，言何可長如此也。非惟深憫之，亦覬其變也，變則庶乎通矣。"

【說明】

　　上六"屯"極終通，"泣血"之憂必不致久長。這一點，正是特定的時、位所導致的結局。

【總論】

　　《屯》卦喻示事物初生之際的情狀，義在闡明"初創艱難"。卦辭既言此時可致亨通，又謂利於守正、宜"建侯"廣資輔助，表露了作者濃厚的哲理觀念：認爲創物雖艱難，若能把握正確的規律，前景必將充滿光明。卦中六爻，通過不同的物象，揭示處"屯"之道：初"盤桓"，以居正不出爲利；二"屯邅"，似女子

"守貞待字"則宜；三"即鹿"，當退不當進；四"求婚"，親下獲吉；五"草創"局面將通，但不可疎忽，須守正防凶；上雖"泣血"，但大勢已通，必將化憂爲喜。綜言之，六爻均圍繞物之"初生"、時之"草創"，明其吉凶利咎，大旨无不强調居正慎行。從哲學內涵分析，全卦所明"初生"、"艱難"的本旨，是勉勵人們沿著"草創"之時的發展趨勢，不斷開拓、進取，以求得"元亨"爲最終目的。《大象傳》申言"君子以經綸"，即體現奮發圖治、處屯求通的精神。《宋書·謝靈運傳》所謂"國屯難而思撫"，正與此義合。可見，《屯》卦的積極意義，是以辯證的哲學觀點，指出"初生"事物的發展前景，展示"君子有爲之時"而開"屯"致"通"的途徑。

蒙 卦 第 四

☲　蒙[1]：亨[2]。匪我求童蒙，童蒙求我[3]。初筮告，再三瀆，瀆則不告[4]。利貞[5]。

【譯文】

　　《蒙》卦象徵蒙穉：亨通。並非我有求於幼童來啓發蒙穉，而是幼童需要啓發蒙穉有求於我。初次祈問施以教誨，接二連三地濫問是瀆亂學務，瀆亂就不予施教。利於守持正固。

【注釋】

　　〔1〕蒙——卦名，下坎（☵）上艮（☶），象徵“蒙穉”。《序卦傳》：“物生必蒙”，“蒙者，蒙也，物之穉也”。　　〔2〕亨——指事物“蒙穉”之時，若合理啓發，必致亨通。《集解》引干寶曰：“蒙，爲物之穉也。施之於人，則童蒙也，苟得其運，雖蒙必亨，故曰‘蒙，亨’。”　　〔3〕匪我求童蒙，童蒙求我——我，指“啓蒙之師”，喻九二；童蒙，喻六五，此處“求童蒙”猶言“求童啓蒙”（“童蒙求我”即反此義）。這兩句說明啓蒙之事，是“學子”有求於“師”，並非“師”求“學子”。卦中六五下應九二，正合“童蒙求我”之象。《集解》引虞翻曰：“童蒙謂五”，“我謂二”。　　〔4〕初筮告，再三瀆，瀆則不告——筮，音讀 shì，原指以蓍草演卦占問，《禮記·曲禮上》：“龜爲卜，筴爲筮”，此處特指“學子”向“蒙師”問疑求決；瀆，《釋文》“亂也”。這三句說明“治蒙”的規律，“蒙穉”者應當虔心循序求問，不可

"再三"瀆問、瀆亂學務;而"蒙師"也必須教之有方,故初告、瀆不告。《王注》:"筮,筮者決疑之物也;童蒙之來求我,欲決所惑也。決之不一,不知所從,則復惑也。故'初筮'則告,'再三'則瀆,瀆蒙也。"　〔5〕利貞——此句總結卦辭,說明"治蒙"之道,利於守正。《正義》:"貞,正也。言《蒙》之爲義,利於養正。"

《彖》曰:蒙,山下有險,險而止,蒙[1]。蒙亨,以亨行時中也[2]。匪我求童蒙,童蒙求我,志應[3]也。初筮告,以剛中[4]也;再三瀆,瀆則不告,瀆蒙[5]也。蒙以養正,聖功也[6]。

【譯文】

《彖傳》說:蒙稺,譬如高山下有險阻,遇險止步而徬徨不前,正如蒙稺的情狀。蒙稺而亨通,說明可以順沿亨通之道施行啓蒙而把握適中的時機。並非我有求於幼童來啓發蒙稺,而是幼童需要啓蒙有求於我,這樣雙方的志趣就能相應。初次祈問施以教誨,說明蒙師有陽剛氣質而行爲適中;接二連三地濫問是瀆亂學務,瀆亂就不予施教,因爲瀆亂了蒙稺啓迪的正常程序。蒙稺之年就應當培養純正的品質,這是造就聖人的成功之路。

【注釋】

〔1〕山下有險,險而止,蒙——山,指上艮;險,指下坎。此以上下卦象釋卦名"蒙"。《集解》引侯果曰:"艮爲山,坎爲險,是山下有險;險被山止,止則未通,蒙昧之象也。"　〔2〕以亨行時中也——此謂九二處下卦之中,猶沿亨通之道"治蒙"而能把握適中的時機,以釋卦辭"蒙亨"之義。《王注》:"時之所願,惟願亨也;以亨行之,得時中也。"　〔3〕志應——指卦中二、五陰陽相應,猶"蒙師"、"學子"志趣投合。此釋卦辭"匪我求童蒙,童蒙求我"。《集解》引荀爽曰:"二與五志相應也。"

〔4〕剛中——指九二陽剛居中，喻"蒙師"剛嚴有方，"初筮"必告。此釋卦辭"初筮告"。《集解》引崔憬曰："以二剛中，能發於蒙也。"　　〔5〕瀆蒙——謂瀆亂蒙穉的啓迪程序，此釋卦辭"再三瀆，瀆則不告"。《正義》："所以再三不告，恐瀆亂蒙者。"〔6〕蒙以養正，聖功也——聖功，猶言"致聖之功"。此釋卦辭"利貞"。《程傳》："以純一未發之蒙而養其正，乃作聖之功也。"

《象》曰：山下出泉，蒙[1]；君子以果行育德[2]。
【譯文】
　　《象傳》說：高山下流出泉水，象徵漸啓蒙穉；君子因此果斷決定自己的行動來培育美德。
【注釋】
　　〔1〕山下出泉，蒙——釋《蒙》卦上艮爲山、下坎爲水之象。泉流出山必漸匯成江河，正如"蒙穉"漸啓。《本義》："泉，水之始出者，必行而有漸也。"　　〔2〕果行育德——果，用如動詞；"果行"猶言果決其行，含"百折不撓"之意。這是說明君子效法《蒙》卦"山下出泉"之象，"果行"不止、"育德"不懈。《周易會通》引真德秀曰："泉之始出也，涓涓之微，壅於沙石，豈能遽達哉？惟其果決必行，雖險不避，故終能流而成川。"又曰："君子觀《蒙》之象，果其行如水之必行，育其德如水之有本。"
【說明】
　　《蒙》卦的指趣，主於啓迪"蒙穉"。《大象傳》從"山下有泉"引申出"果行育德"的意義，正說明"啓蒙發智"需要堅毅的心志和長期的過程。

初六，發蒙，利用刑人，用說桎梏[1]。以往吝[2]。
【譯文】
　　初六，啓發蒙穉，利於樹立典型教育人，使人免犯罪惡。要是急於前往必有遺憾惋惜。

【注釋】

〔1〕發蒙，利用刑人，用說桎梏——刑，即"型"，用如動詞，指以典型、法式教人；說，通"脫"；桎梏，音制固 zhì gù，木製刑具，《說文》："桎，足械也"，"梏，手械也"。這三句說明初六處"蒙"之始，宜受啓蒙教育，才能端正品質，免犯罪惡，不至於身罹桎梏。《尚氏學》："《詩·大雅·思齊》篇曰'刑于寡妻'，《左傳》襄十三年'一人刑善，數世賴之'，注皆訓'刑'爲'法'，是'刑'與'型'同。'利用刑人'者，言宜樹之模型，使童蒙有所法式，得爲成人永免罪辟也。"案，《正義》釋"刑人"爲"刑戮于人"，可備一說。　〔2〕以往吝——以，猶"而"，楊樹達《詞詮》謂"承連詞"，此處微含轉折義。這句說明初六若不專心受教"發蒙"，急於求進，必將往而有吝。

《象》曰：利用刑人，以正法〔1〕也。

【譯文】

《象傳》說：利於樹立典型教育人，是爲了讓人就範於正確的法則。

【注釋】

〔1〕正法——以法爲正。《尚氏學》："言以法則示人，俾童蒙有所則效，即釋'刑人'之義。"

【說明】

初六陰爻最處卦下，蒙穉至甚，故亟待啓發。《周易學說》引李士鉁曰："物生必蒙，故果木有甲孚蔽之；人蒙无知，亦若有蔽之者。木之甲不自解，待雷雨解之；人之蒙不自說，待人說之。"

九二，包蒙，吉〔1〕。納婦，吉〔2〕。子克家〔3〕。

【譯文】

九二，被蒙穉者所環繞，吉祥。像迎娶賢淑美麗的妻室一樣，吉祥。又像兒輩能夠治家。

【注釋】

〔1〕包蒙，吉——這是譬喻九二陽剛居下卦中位，被初、三、四、五諸陰所“包”，猶如“蒙師”居於衆“學子”中，正施教誨，故吉。《王注》：“以剛居中，童蒙所歸，包而不距，則遠近咸至，故‘包蒙，吉’也。” 〔2〕納婦，吉——此喻九二與六五應合，五居尊，下求於二，則二有“納婦”之象。婦能配己成德，故再稱“吉”。《王注》：“婦者，配己而成德者也，體陽而能包蒙，以剛而能居中，以此納配，物莫不應，故‘納婦吉’也。” 〔3〕子克家——此句又喻九二處下而能爲六五尊者之師，猶如子輩卻能治家。《程傳》：“以家言之，五，父也；二，子也。二能主《蒙》之功，乃人子克治其家也。”

《象》曰：子克家，剛柔接[1]也。

【譯文】

《象傳》說：兒輩能夠治家，說明九二陽剛應合於六五陰柔。

【注釋】

〔1〕剛柔接——九二陽剛，有子能治家，下者爲尊者師之象；六五陰柔，有尊者下求賢師、虛心受教之象：二五應合，故稱“剛柔接”。

【說明】

本爻分別取“包蒙”、“納婦”、“子克家”爲象，爻義統歸於陽剛居中、啓迪蒙穉這一象徵本旨。楊萬里曰：“乃謂‘子克家’，何也？臣之事君，如子之事父。責難納誨，陳善閉邪，正使致君以堯，格君於天。如伊尹、周公，亦臣子分內事耳，亦如子之幹蠱克家耳。”（《誠齋易傳》）此將“子克家”的象外之意申說得甚爲透徹。韓愈在他的名作《師說》中寫道：“生乎吾前，其聞道也固先乎吾，吾從而師之；生乎吾後，其聞道也亦先乎吾，吾從而師之。吾師道也，夫庸知其年之先後生於吾乎？是故无貴无賤，无長无少，道之所存，師之所存也。”儘管他並非在解《易》，但其意怡卻與“子克家”的喻義頗有默契。

六三，勿用取女，見金夫[1]，不有躬，无攸利[2]。
【譯文】
　　六三，不宜娶這女子，她眼中所見只是美貌郎君，不顧自身體統，娶她无所利益。
【注釋】
　　〔1〕金夫——《尚氏學》：“金夫者，美稱。《詩》‘有匪君子，如金如錫，如圭如璧’，《左傳》‘思我王度，式如玉，式如金’：皆以金喻人之美。”　〔2〕不有躬，无攸利——躬，自身。此上四句，“女”喻六三，“金夫”喻上九。說明三與上相應，但三處《蒙》下卦之終，陰柔失正，乘凌九二陽剛，有既處“蒙穉”又急於求進之象，猶如女子見美男亟欲求之，不顧“禮節”。故爻辭戒上九“勿取”此女，取之必“无攸利”。《王注》：“女之爲體，正行以待命者也；見剛夫而求之，故曰‘不有躬’也。”《正義》：“爲女不能自保其躬，固守貞信，乃‘非禮而動’；行既不順，若欲取之，无所利益。”案，王弼釋“金夫”爲“剛夫”，是以“剛”訓“金”，正指上九，於義亦通。

《象》曰：勿用取女，行不順[1]也。
【譯文】
　　《象傳》說：不宜娶這女子，說明六三行爲不順合禮節。
【注釋】
　　〔1〕行不順——指六三陰居陽位，下乘九二。《集解》引虞翻曰：“失位乘剛，故行不順也。”
【說明】
　　本爻既貶六三“見金夫，不有躬”，又戒上九“勿用取女”、“无攸利”。丁晏指出：“臣道、妻道，皆當誠此。士大夫立身必先以廉恥爲本。"（《重定費氏學》引）這是從古代禮教的角度引申爻義，不无可取。惟細玩此爻微旨，實爲譬喻"蒙稺"之時，不可置"啓蒙"教育於不顧，而盲目躁進。

六四，困蒙，吝[1]。

【譯文】

六四，困陷於蒙稺，有所憾惜。

【注釋】

〔1〕困蒙，吝——此謂六四當"蒙"之時，以陰處上下兩陰之間，猶如遠離"蒙師"、獨困蒙稺，故有"吝"。《王注》："獨遠於陽，處兩陰之中，闇莫之發，故曰'困蒙'也。"

《象》曰：困蒙之吝，獨遠實[1]也。

【譯文】

《象傳》說：困陷於蒙稺的憾惜，說明六四獨自遠離剛健篤實的蒙師。

【注釋】

〔1〕獨遠實——陽實陰虛，四獨遠九二，故稱。《尚氏學》："實爲陽，初、三、五皆近陽，四獨否，故曰'獨遠實'。"

【說明】

《荀子·勸學》云："學莫便乎近其人。"六四困蒙有吝，正是不近其人所致。

六五，童蒙，吉[1]。

【譯文】

六五，幼童蒙稺正受啓發，吉祥。

【注釋】

〔1〕童蒙，吉——此謂六五陰柔居尊，謙下應二，猶"童蒙"虛心柔順，承教於師，故吉。《本義》："柔中居尊，下應九二，純

一未發，以聽於人，故其象爲‘童蒙’。"

《象》曰：童蒙之吉，順以巽[1]也。

【譯文】

《象傳》說：幼童蒙穉正受啓發的吉祥，說明六五對蒙師恭順謙遜。

【注釋】

〔1〕順以巽——以，連詞，猶"而"；巽，音遜 xùn，猶言"謙遜"。《說文通訓定聲》："巽，叚借爲愻"，"愻"即"遜"。

【說明】

馬其昶認爲："'蒙以養正'，爲五言也。六五非正，應二以養其正。"（《重定費氏學》）可備一說。

上九，擊蒙[1]。不利爲寇，利禦寇[2]。

【譯文】

上九，猛擊以啓發蒙穉。不利於施用暴寇般酷烈過甚的方式，宜於採用抵禦強寇的方式。

【注釋】

〔1〕擊蒙——擊，《釋文》引王肅曰："治也"，即以猛擊治"蒙"。此句說明上九陽居《蒙》終，猶如"蒙師"高居上位，以嚴屬措施教治蒙穉者，故曰"擊蒙"。　　〔2〕不利爲寇，利禦寇——爲寇，喻暴烈過甚的方式；禦寇，喻適當的嚴屬。此因上九陽剛極盛，戒其治蒙可嚴不可暴，故謂嚴則"利"，暴則"不利"。《程傳》："九居《蒙》之終，是當蒙極之時；人之愚蒙既極，如苗民之不率，爲寇爲亂者，當擊伐之。然九居上，剛極而不中，故戒'不利爲寇'。治人之蒙，乃'禦寇'也；肆爲剛暴，乃'爲寇'也。若舜之征有苗，周公之誅三監，'禦寇'也；秦皇漢武窮兵誅伐，'爲寇'也。"

《象》曰：利用禦寇，上下順[1]也。

【譯文】

《象傳》說：利於採用抵禦强寇的方式治蒙，這樣可以使上下的意志順合和諧。

【注釋】

〔1〕上下順——《程傳》：“上不爲過暴，下得擊去其蒙，‘禦寇’之義也。”

【說明】

由於“蒙師”氣質有異，“蒙穉者”的程度不一，故“治蒙”的方式往往不同。這一點，在二、上兩爻中有所體現。吳澄曰：“九二剛而得其中，其於蒙也，能‘包’之，治之以寬者也；上九剛極不中，其於蒙也，乃‘擊’之，治之以猛者也。”（《易纂言》）

【總論】

事物發展的初期階段，必多蒙昧。《尚書・太甲》敍伊尹語曰：“先王昧爽丕顯，坐以待旦；旁求俊彥，啓迪後人。”《禮記・學記》云：“玉不琢，不成器；人不學，不知道。是故古之王者，建國君民，教學爲先。”可見，我國古代對傳道授業、啓蒙育智是十分重視的。《蒙》卦取名“蒙穉”，其義在於揭示“啓發蒙穉”的道理。卦辭稱“匪我求童蒙，童蒙求我”，體現“尊師敬學”的思想，與《禮記・曲禮上》所謂“禮聞來學，不聞往教”之義相同；又稱“童蒙”初問“告”，再三瀆問“不告”，展示了啓發引導式的教學原則，與《論語・述而》所謂“舉一隅不以三隅反，則不復也”之義略通。六爻大旨，二陽爻喻師，四陰爻喻蒙童，即程頤云：“二陽爲治蒙者，四陰皆處蒙者也。”（《程傳》）其中九二陽剛處下，啓迪羣蒙，爲有道“師表”之象；上九剛健居終，以嚴施教則利，以暴施教則不利：這是從“教”的角度揭明啓蒙規律。六五居尊謙下，“蒙以養正”，爲好學“君子”之象；初六陰弱蒙穉，潛心“發蒙”則可，急於求進必“吝”；六三、六四兩爻，或不循學經、盲目躁動，或遠離其師、困陷蒙昧，均不能去蒙發智：這是從"學"的角度揭明治蒙規律。綜觀全卦，無非緊扣教、學兩端，抒發作《易》者頗具辯證因素的教育思想。蔡清曰："在蒙者便當求明者，在明者便當發蒙者，而各有其道"（《易經蒙引》），正是本卦大義的概括。若聯係我國古代教育史，進一步攷究《蒙》卦的思想內容，似乎又有利於追溯、挖掘先秦時期以孔子爲代表的某些教育理論的哲學淵源：這是本卦值得重視的一方面價值。

周易譯注卷一終

周易譯注卷二

需 卦 第 五

䷄　需[1]：有孚，光亨，貞吉[2]，利涉大川[3]。

【譯文】

《需》卦象徵需待：心懷誠信，光明亨通，守持正固可獲吉祥，利於涉越大河巨流。

【注釋】

〔1〕需——卦名，下乾（☰）上坎（☵），象徵“需待”。《正義》：“需者，待也，物初蒙稚，待養而成。”　〔2〕有孚，光亨，貞吉——孚，《說文》“一曰，‘信也’”，《周易》中出現的“孚”字，一般均指“心懷誠信”；光，猶言光明磊落。這三句說明有所“需待”之時，能誠信、光明、守正，則可獲“亨”、“吉”。卦中九五爻陽剛中正，與此象有合。《程傳》：“五居君位，爲需之主，有剛健中正之德，而誠信充實於中。中實，有孚也；有孚則光明而能亨通，得貞正而吉也。”　〔3〕利涉大川——大川，即大河流，喻艱難險阻。《集解》引何妥曰：“大川者，大難也。須之待時，本欲涉難，既能以信而待，故可以‘利涉大川’矣。”

【說明】

馬其昶曰：“舟楫之利，最是天地大用。凡言涉川，其象皆取諸乾、坤、坎、巽四卦，其義則所謂致遠以利天下者是已，非爲涉險之喻。惟不利涉大川，乃取險象爾，皆在坎體。所謂水能載舟，水能覆舟，坎險故也。"（《重定費氏學》）此說可備參攷。

《彖》曰：需，須也[1]；險在前也，剛健而不陷，其義不困窮矣[2]。需，有孚，光亨，貞吉，位乎天位，以正中也[3]。利涉大川，往有功也[4]。

【譯文】

《彖傳》說：需，意思是有所期待；譬如艱難險阻正在前方，剛強健實而不陷入厄境，因爲期待適宜便不致路困途窮。需待之時，心懷誠信，光明亨通，守持正固可獲吉祥，說明九五居於天的位置，而且處位正中。利於涉越大河巨流，說明一往直前必獲成功。

【注釋】

〔1〕需，須也——需，有"需求"和"期待"二義，故《序卦傳》謂"需者，飲食之道也"，指"需求"；《雜卦傳》謂"需，不進也"，指"期待"。本句釋"需"爲"須"，主於"期待"之義。　〔2〕險在前也，剛健而不陷，其義不困窮矣——險、陷，指上卦坎；剛健，指下卦乾；義，猶言"宜"。這三句舉上下卦坎和乾的象徵喻義，配合前文解釋卦名"需"。《集解》引何妥曰："此明得名由於坎也，坎爲險也，有險在前，不可妄涉，故須待時然後動也。"又引侯果曰："乾體剛健，遇險能通，險不能險，義不窮也。"　〔3〕位乎天位，以正中也——此釋卦辭"有孚，光亨，貞吉"，指九五居於"天"位（見《乾》卦《文言傳》"上不在天"譯注），得正而持中。《正義》："以九五居乎天子之位，又以陽居陽，正而得中，故能有信、光明、亨通而貞吉也。"〔4〕往有功也——此句釋卦辭"利涉大川"。《正義》："以乾剛健，故行險有功也。"

【說明】

孔穎達針對本卦《彖傳》分析如下："'剛健而不陷'，只由二象之德；‘位乎天位以正中’，是九五之德也。凡卦之爲體，或直取象而爲卦德者；或直取爻而爲卦德者；或以兼象兼爻而爲卦德者，此卦之例是也。”（《正義》）此說指出《彖傳》的三種體例，值得參攷。

《象》曰：雲上於天，需[1]；君子以飲食宴樂[2]。

【譯文】

《象傳》說：雲氣上集於天待時降雨，象徵需待；君子因此需待其時飲用食物、舉宴作樂。

【注釋】

〔1〕雲上於天，需——釋《需》卦上坎爲雲（水）、下乾爲天之象。《集解》引宋衷曰：“雲上於天，須時而降也。”《正義》：“不言‘天上有雲’，而言‘雲上於天’者，若是天上有雲，无以見欲雨之義，故云‘雲上於天’。”　　〔2〕君子以飲食宴樂——這是說明君子觀《需》卦之象，悟知“飲食宴樂”也應當“需時”之理。《本義》：“雲上於天，无所復爲，待其陰陽之和而自雨爾。事之當‘需’者，亦不容更有所爲；但飲食宴樂，俟其自至而已，一有所爲，則非需也。”

【說明】

《大象傳》舉“飲食宴樂”來闡發“需”的意義，旨在揭明：事物的“需待”，既是求其所需，又要待其適時。李光地曰：“需之義不止處險，凡事皆當順其理而待其成，不可妄有爲作，故需有‘養’義。又爲飲食之道焉，飲食養人也以漸，如物稺而至長，待之而已。”（《周易觀彖》）

初九，需于郊，利用恒，无咎[1]。

【譯文】

初九，在郊外需待，利於保持恒心，必无咎害。

【注釋】

〔1〕需于郊，利用恒，无咎——郊，指城邑之外的周圍地區，《爾雅·釋地》"邑外謂之郊"。這是說明初九處《需》卦之始，遠離坎險，猶如在邑郊"需待"其時；但此時當以恒心久待，不可妄動，故曰"利用恒，无咎"。《正義》："難在於坎，初九去難既遠，故待時在於郊。郊者，是境上之地，亦去水遠也。恒，常也。遠難待時，以避其害，故宜保守其常，所以无咎。"

《象》曰：需于郊，不犯難行也；利用恒无咎，未失常〔1〕也。

【譯文】

《象傳》說：在郊外需待，說明初九不朝著險難前行；利於保持恒心必无咎害，說明初九未曾離失常理。

【注釋】

〔1〕未失常——常，指恒常之理。《程傳》："君子之需時也，安靜自守，志雖有須，而恬然若將終身焉，乃能用常也。"

【說明】

梁寅曰："《需》下三爻，以去險遠近爲吉凶。"（《周易參義》）初九雖最遠於險，因其位卑體剛，所以又誡以用恒需待，纔能无咎。

九二，需于沙，小有言，終吉〔1〕。

【譯文】

九二，在沙灘需待，略受言語中傷，堅持需待至終必獲吉祥。

【注釋】

〔1〕需于沙，小有言，終吉——沙，沙灘，喻離險不遠。這兩句說明九二處下卦之中，離上卦坎險不遠，猶如在近水的沙灘需待，又如稍受言語中傷：兩層比喻都體現九二雖未及"難"，卻正在向危難靠近。但由於陽剛居中，有靜待不躁之象，故獲"終吉"。

《本義》："沙，則近於險矣；言語之傷，亦災害之小者。漸進近坎，故有此象；剛中能需，故得終吉。"

《象》曰：需于沙，衍在中[1]也；雖小有言，以終吉也[2]。

【譯文】

《象傳》說：在沙灘需待，說明九二中心寬綽不躁；儘管略受言語中傷，但能堅持需待至終必獲吉祥。

【注釋】

〔1〕衍在中——衍，音演 yǎn，猶言"寬綽"。此句說明九二陽剛居中，能寬綽需待。《正義》："衍，謂寬衍。去難雖近，猶未逼于難，而寬衍在其中也。" 〔2〕以終吉也——阮元《校勘記》以爲本句"終"字與前文"中"叶韻，故應從石經、岳本、監、毛本作"以吉終也"。似當據改。

【說明】

胡炳文曰："初最遠坎，利用恒，乃无咎；九二漸近坎，小有言矣。而曰'終吉'者，初九以剛居剛，恐其躁急，故雖遠險，猶有戒辭；九二以剛居柔，性寬而得中，故雖近險而不害其爲吉。"（《周易本義通釋》）此就初、二兩爻比較分析其義，頗爲可取。

九三，需于泥，致寇至[1]。

【譯文】

九三，在泥灘需待，招致強寇到來。

【注釋】

〔1〕需于泥，致寇至——泥，猶言"泥灘"，喻瀕臨於險，《正義》："泥者，水傍之地，泥溺之處，逼近於難"；寇，喻危害。這兩句說明九三處《需》下卦之上，瀕臨坎險，猶如在"泥灘"需待，將陷水中；又以陽居陽位，有剛亢躁進之象，故將致寇害。《本義》："泥，將陷於險矣；寇，則害之大者：九三去險愈近而過剛不中，故其象如此。"

《象》曰：需于泥，災在外[1]也；自我致寇，敬慎不敗[2]也。

【譯文】

《象傳》說：在泥灘需待，說明九三災禍尚在身外；自我招致強寇，說明九三要敬謹審慎纔能避免危敗。

【注釋】

〔1〕災在外——指九三雖"需于泥"，但坎險尚在身外。《正義》："泥猶居水之外，即災在身外之義。"文中寓有不自招則无險的意思。　〔2〕敬慎不敗——這是《象傳》作者的誠語，謂九三須審慎纔不致危敗。《程傳》："需之時，須而後進也。其義在相時而動，非戒其不得進也。直使敬慎，毋失其宜耳。"

【說明】

《需》下卦以乾爲體、性稟陽剛，而外卦爲坎險，故下三爻的爻辭均針對上坎取象。《折中》引龔煥曰："郊、沙、泥之象，視坎水遠近而爲言者也，《易》之取象如此。"

六四，需于血，出自穴[1]。

【譯文】

六四，在血泊中需待，從陷穴裏脫出。

【注釋】

〔1〕需于血，出自穴——血，喻傷之重；穴，喻險之深。此謂六四居上卦坎下，猶如罹險遭傷，而需待於"血泊"之中；但因陰柔得正，在危難時冷靜需待，故又能從"深穴"中脫出。爻義主於"需待"有方，則雖險也能化夷。《本義》："血者，殺傷之地；穴者，險陷之所。四交坎體，入乎險矣，故爲'需于血'之象；然柔得其正，需而不進，故又爲'出自穴'之象。占者如是，則雖在傷地而終得出也。"案，《尚氏學》攷"血"爲"洫"之省字，即"溝洫"，認爲"四之所處，前臨溝洫，故曰'需于洫'"。於義

可通。

《象》曰：需于血，順以聽[1]也。

【譯文】

　　《象傳》說：在血泊中需待，說明六四應當冷靜等待而順從聽命於時勢。

【注釋】

　　〔1〕順以聽——“順”、“聽”義近爲互文。《楊氏易傳》：“六四入險而傷，然不言吉凶何也？能需而退聽‘出自穴’故也。”

【說明】

　　四居坎陷之下，爻辭以“穴”爲喻，似甚貼切。程頤訓“穴”爲“物之所安”（《程傳》），朱熹曾有不同看法，說：“穴是陷處，喚作‘所安’，不得。分明有箇‘坎，陷也’一句。柔得正了，需而不進，故能出於坎陷。”（《朱子語類》）

九五，需于酒食，貞吉[1]。

【譯文】

　　九五，需待于酒醴食肴，守持正固可獲吉祥。

【注釋】

　　〔1〕需于酒食，貞吉——酒食，食物之豐美者，喻“德澤”。此謂九五居《需》卦“君位”，陽剛中正，猶如需待豐美的食物以施惠於民，故“貞”而獲“吉”。《周易學說》引王逢曰：“酒食，德澤之謂也；九五之君，當天中正，以澤乎民。”

《象》曰：酒食貞吉，以中正也。

【譯文】

　　《象傳》說：需待于酒醴食肴而能守持正固可獲吉祥，說明九五居中得正。

【說明】

　　《折中》曰：“需之爲義最廣，其大者莫如王道之以久而成化，而不急於淺近之功。"又曰："卦惟九五剛健中正以居尊位,是能盡需之道者。故《彖傳》特舉此爻,以當彖辭之意;而《大象傳》又特取此爻爻辭以蔽需義之全。"可見九五作爲一卦之主,其所需待,實已至臻完美。

上六,入于穴[1],有不速之客三人來[2],敬之終吉[3]。

【譯文】

上六,落入陷穴,不召而至的三位客人來訪,恭敬相待終將獲得吉祥。

【注釋】

〔1〕入于穴——穴,喻險之極。此謂上六以陰居卦終,"需"極轉躁,不復需待,故陷入坎穴,未能自脫。《本義》:"陰居險極,无復有需,有陷而入穴之象。" 〔2〕有不速之客三人來——三人,喻下卦三陽。此句說明上六下應九三,而當"需"極之時,九三能偕同二陽共同越過坎險,猶如"不速之客三人"同來應援上六,則上六的"入穴"之難終將可脫。《本義》:"下應九三,九三與下二陽需極並進,爲'不速客三人'之象。"〔3〕敬之終吉——敬之,喻上六敬待下三陽。此謂上六當"需"極"入穴"之時,若能以柔順之道敬待越險而上的"三陽",則可脫險"終吉"。全爻大義主於:"需待"至極,雖有險難,也將有衆物相助而獲吉。《本義》:"柔不能禦而能順之,有'敬之'之象","敬而待之,則得'終吉'也。"

《象》曰:不速之客來,敬之終吉;雖不當位[1],未大失也。

【譯文】

《象傳》說:不召而至的客人來訪,恭敬相待終將獲得吉祥;上六儘管處位不妥當,但還不至於遭受重大損失。

【注釋】

〔1〕不當位——王弼以爲"上"爲"虛位"，故曰："處无位之地，不當位者也。"（《王注》）似可從。

【説明】

《象傳》"不當位"之義，除王弼以"處无位"爲説外，易家尚有不同看法。如：一、朱熹指出："以陰居上，是爲當位。言'不當位'，未詳。"（《本義》）這是"闕疑"態度。二、蔡清認爲："雖不當位，謂其陰居險極，正與《困》上六'困于葛藟，未當也'一般。"（《易經蒙引》）這是理解爲"處於不穩當的環境"，於義亦通。

【總論】

《需》卦發"需待"之義，闡明事物在發展過程中當耐心待時的道理。卦辭所謂"亨"、"吉"、"利涉大川"，即是守正需待所致。卦中六爻，不論剛柔，各能容忍守靜、敬慎待時，故或吉、或无咎、或化險爲夷，皆不呈"凶"象。《折中》引吕祖謙曰："《需》初九、九五二爻之吉，固不待言。至於餘四爻，如二則'小有言，終吉'，如三之《象》則曰'敬慎不敗'，四之《象》則曰'順以聽也'，上則曰'有不速之客三人來，敬之終吉'。大抵天下之事，若能款曲停待，終是少錯。"案《論語·子罕》有一段記載："子貢曰：'有美玉於斯，韞匵而藏諸，求善賈而沽諸？'子曰：'沽之哉，沽之哉，我待賈者也。'"劉寶楠《正義》曰："君子於玉比德。時夫子抱道不仕，故子貢借玉以觀夫子藏用之意。'善賈'喻賢君也，雖有賢君，亦待聘乃仕，不能枉道以事人也。"孔子所言"待賈"，意謂"藏德待用"。就"待"這一意義看，實與《需》卦"守正待時"之旨相切。

訟 卦 第 六

☰☵ 訟[1]：有孚窒惕，中吉[2]。終凶，利見大人，不利涉大川[3]。

【譯文】

《訟》卦象徵爭訟：這是誠信被窒塞而心有惕懼所致，持中不偏可獲吉祥。始終爭訟不息則有凶險，利於出現大人，不利於涉越大河巨流。

【注釋】

〔1〕訟——卦名，下坎（☵）上乾（☰），象徵“爭訟”。案，《說文》：“訟，爭也，從言公聲”，《釋文》：“爭也，言之於公也”，《本義》釋爲“爭辯”。　　〔2〕有孚窒惕，中吉——這是說明“爭訟”必有誠信被“窒”、心有惕懼而致；但訟不可過甚，應當持“中”才有“吉”。《正義》：“窒，塞也；惕，懼也。凡訟者，物有不和，情相乖爭，而致其訟。凡訟之體，不可妄興，必有信實被物止塞，而能惕懼，中道而止，乃得吉也。”　　〔3〕終凶，利見大人，不利涉大川——此謂“爭訟”不可終極不止，利於出現“大人”決訟，但不利於“爭訟”時涉險。《正義》：“‘終凶’者，訟不可長”；“‘利見大人’者，物既有訟，須大人決之”；“‘不利涉大川’者，以訟不可長，若以訟而往涉危難，必有禍患。”案，從卦辭所對應的卦象看，以上五句又皆有所指：如“有孚窒惕，中吉”，指九二剛中處險；“終凶”，指上九極訟致凶；“利見大人”，

指九五中正居尊；“不利涉大川”，則指上下卦有以剛乘險之象（詳《象傳》譯注）。

《彖》曰：訟，上剛下險，險而健[1]，訟。訟有孚窒惕，中吉，剛來而得中[2]也。終凶，訟不可成[3]也。利見大人，尚中正[4]也。不利涉大川，入于淵[5]也。

【譯文】

《彖傳》說：爭訟，譬如陽剛居上而險陷在下，臨險而強健，遂能爭訟。爭訟是誠信被窒塞而心有惕懼所致，持中不偏可獲吉祥，說明陽剛前來處險而保持適中。始終爭訟不息則有凶險，說明窮極爭訟不能成功。利於出現大人，說明決訟崇尚守正持中。不利於涉越大河巨流，說明恃剛乘險將陷入深淵。

【注釋】

〔1〕上剛下險，險而健——“剛”、“健”指上卦乾，“險”指下卦坎。這是舉上下卦象譬喻臨險剛健則能爭訟，釋卦名“訟”之義。《程傳》：“若健而不險，不生訟也；險而不健，不能訟也；險而又健，是以訟也。”　〔2〕剛來而得中——此舉九二陽剛得中之象，釋卦辭“訟，有孚窒惕，中吉”。意指九二以剛來居下卦兩陰之間。《正義》：“凡上下二象，在於下象者則稱‘來’，故《賁》卦云‘柔來而文剛’，是離下艮上而稱‘柔來’；今此云‘剛來而得中’，故知九二也。且凡云‘來’者，皆據異類而來，九二在二陰之中，故稱‘來’。”案，孔氏釋“剛來”之義，頗可參攷。〔3〕訟不可成——此句以上九“爭訟”窮極難成，釋卦辭“終凶”。　〔4〕尚中正——此以九五中正決訟而被崇尚，釋卦辭“利見大人”。　〔5〕入于淵——此句又舉上下卦乾剛乘坎險之象，說明恃剛犯難，將有陷於深淵之危，以釋卦辭“不利涉大川”。案，《折中》引王安石曰：“彖言乎其才也。‘訟，有孚窒惕，中吉’，此言九二之才也；‘終凶’，此言上九之才也；‘利見大人’，

言九五之才也；‘不利涉大川’，言一卦之才也。”可見本卦的卦辭，均合於爻象、卦象。朱熹認爲這是“卦辭取義不一”之例，並說：“然亦有不必如此取者，此特其一例也。”（《朱子語類》）

【說明】

《折中》曰：“《彖傳》中有言剛柔往來上下者，皆虛象也，先儒因此而卦變之說紛然。然觀《泰》、《否》卦下‘小往大來’、‘大往小來’云者，文王之辭也，果從何卦而往、何卦而來乎？亦云有其象而已耳。故依王、孔注疏作虛象者近是。”此說涉及“剛來”之義，可與上注引孔穎達語相對照參攷。

《象》曰：天與水違行，訟[1]；君子以作事謀始[2]。

【譯文】

《象傳》說：天西轉與水東流相違背而行，象徵不和睦而爭訟；君子因此辦事先攷慮其初以杜絕爭訟的本源。

【注釋】

〔1〕天與水違行，訟——釋《訟》卦上乾爲天、下坎爲水之象。《正義》：“天道西轉，水流東注，是天與水相違而行”，“象人彼此兩相乖戾，故致訟也”。又曰：“不云‘水與天違行’者，凡訟之所起，必剛健在先，以爲訟始，故云‘天與水違行’也。”案，《程傳》：“天上水下，相違而行”，於義亦通。 〔2〕作事謀始——這是說明君子觀《訟》卦之象，悟知作事之初，當先謀其始，如宣明章紀、判明職分，以杜絕“爭訟”於未萌之前。案，《王注》謂“訟”之所由生，始於“作制契之不明”（“制契”猶言制度、契約），故《正義》疏曰：“凡鬭訟之起，只由初時契要之過”，此即“作事”當“謀始”之義。

【說明】

“作事謀始”，是從《訟》卦的意義中悟出萬事須慎初、治本的道理。《程傳》謂：“謀始之義廣矣”，即言此卦《大象傳》之義在於衍發象外之旨。

初六，不永所事[1]。小有言，終吉[2]。

【譯文】

初六，不久纏於爭訟事端。儘管略受言語中傷，終將獲得吉祥。

【注釋】

〔1〕不永所事——初六以陰居《訟》之初，有退而不爭之象，故能不永於訟事。《正義》：“永，長也。不可長久為鬬訟之事，以訟不可終也。” 〔2〕小有言，終吉——這是說明初六與九四有應，四陽剛好訟，故以“言語”犯初；但初能退，則終能辨明是非而獲“吉”。《正義》：“初六應于九四，然九四剛陽，先來非理犯己；初六陰柔，見犯乃訟，雖不能不訟，是不獲已而訟也，故‘小有言’。以處《訟》之始，不為訟先，故‘終吉’。”

《象》曰：不永所事，訟不可長也；雖小有言，其辯明也。

【譯文】

《象傳》說：不久纏於爭訟事端，說明爭訟不可長久不停；儘管略受言語中傷，說明初六通過辯析終將分明。

【說明】

胡炳文曰：“初不曰‘不永訟’，而曰‘不永所事’，事之初，猶冀其不成訟也。”（《周易本義通譯》）此說品玩“事”字微義，宜有可取。

九二，不克訟[1]，歸而逋[2]，其邑人三百戶，无眚[3]。

【譯文】

九二，爭訟失利，逃竄速歸，那是三百戶人家的小邑，居此不遭禍患。

【注釋】

〔1〕不克訟——克，猶言“勝”。此謂二與五兩剛无應致訟，二處下失利，故“不克訟”。《王注》：“以剛處訟，不能下物；自下訟上，宜其不克。”　　〔2〕逋——音補平聲 bū，逃亡。〔3〕三百戶，无眚——三百戶，猶言小邑，《正義》：“三百戶者，鄭注《禮記》云‘小國，下大夫之制’”；眚，音省 shěng，《釋文》引馬融曰“災也”，猶言“禍患”。這句是說明九二陽剛居中，能適宜權衡訟事，於失利時及早逃歸三百戶小邑，故可免災。《王注》：“若能以懼歸竄其邑，乃可以免災；邑過三百，非爲竄也，竄而據強，災未免也。”案，爻辭句讀依《王注》。但《集解》引荀爽曰：“君不爭則百姓无害也”，則“无眚”宜連“三百戶”爲句，義亦可通。

《象》曰：不克訟，歸逋竄也；自下訟上〔1〕，患至掇也〔2〕。

【譯文】

《象傳》說：爭訟失利，便可逃竄速歸；九二居下與尊上爭訟，災患臨頭但能及時躲避而又中止。

【注釋】

〔1〕自下訟上——指九二與九五不相應而爭訟。《程傳》：“二、五相應之地，而兩剛不相與，相訟者也。”　　〔2〕患至掇也——掇，音多 duō，中止。此謂九二“患至”而又中止，正釋及時躲避之義。吳汝綸《易說》：“掇，借爲‘輟’（引者注：音啜 chuò）。輟，止也。患至而止，仍釋‘不克’而‘逋’之義。”案，《集解》引荀爽注，訓“掇”爲“拾”，曰：“下與上爭，即取患害，如拾掇小物而不失也。”《纂疏》：“取患害如拾掇小物，言至易也。”可備一說。

【說明】

“爭訟”義在適可而止，因此卦辭强調“中吉”、“終凶”。九二之所以獲“无眚”，正在於陽剛能守“中”道。

六三，食舊德，貞厲，終吉[1]。或從王事，无成[2]。

【譯文】

六三，安享舊日的德業，守持正固以防危險，終將獲得吉祥。或輔助君王的事業，成功不歸己有。

【注釋】

〔1〕食舊德，貞厲，終吉——舊德，指舊有俸祿；貞厲，猶言"守正防危"（參見《屯》九五譯注）。這三句說明六三以柔居《訟》下卦之上，有不能爭訟、唯"食舊德"之象；但三位不正，故又誡以守正防危，可獲"終吉"。《本義》："食，猶'食邑'之食，言所享也。六三陰柔，非能訟者，故守舊居正，則雖危而終吉。"案，朱子謂能"居正"則"雖危而吉"，亦含"守正防危"之意；但其句讀作"貞，厲終吉"，於義亦可通。　〔2〕或從王事，无成——即《坤》六三"或從王事，无成有終"之義（見該卦譯注）。這裏指居"訟"之時，六三當以從剛爲本，不主"訟事"；事有成，也不以成功自居。《折中》引胡瑗曰："无成者，不敢居其成；但從王事，守其本位、本祿而已。"

《象》曰：食舊德，從上[1]吉也。

【譯文】

《象傳》說：安享舊日的德業，是說六三順從陽剛尊上可獲吉祥。

【注釋】

〔1〕從上——《尚氏學》："即承乾"，指六三以陰柔上承陽剛。案，《本義》："從上吉，謂隨人則吉，明自主事則无成功也。"也是揭明陰從陽之義。

【說明】

六三"食舊德"，是安分守己，不與人爭的意思；如此則可保祿不失，雖危亦吉。《折中》引徐幾曰："聖人於初、三兩柔爻，皆繫之以'終吉'之辭，所以勉人之无訟也。"

九四，不克訟[1]，復即命，渝，安貞吉[2]。

【譯文】

九四，爭訟失利，回心歸就正理，改變爭訟的念頭，安順守持正固可獲吉祥。

【注釋】

〔1〕不克訟——此句說明九四下應初六，先有相犯而爭訟，初能辨明，四則敗訟，故"不克"。《正義》："九四既非理陵犯於初，初能分辯道理，故九四訟不勝也。" 〔2〕復即命，渝，安貞吉——復，回頭；即，就也；命，理也，猶言"正理"；渝，變也；安貞吉，安守正固則吉（見《坤》卦辭譯注）。這三句說明九四陽居陰位，剛則能柔，故於"不克訟"之後，能歸就正理，改變初衷，安順守貞而獲吉祥。《王注》："處上訟下，可以改變者也，故其咎不久。若能反從本理，變前之命，安貞不犯，不失其道，爲仁由己，故吉從之。"

《象》曰：復即命渝，安貞不失也。

【譯文】

《象傳》說：回心歸就正理改變爭訟的念頭，說明九四安順守持正固必无損失。

【說明】

九四陽剛，性健能訟；但居陰位，又爲能退之象。爻辭"渝"字，正是變剛爲柔，化"訟"爲和的意思。楊簡曰："九剛四柔，有始訟終退之象。人惟不安於命，故欲以人力爭訟；今不訟而即於命，變而安於貞，吉之道也。"（《楊氏易傳》）

九五，訟，元吉[1]。

【譯文】

九五，明決爭訟，至爲吉祥。

【注釋】

〔1〕訟，元吉——訟，猶言"決訟"。此謂九五陽剛中正，爲

君子聽訟、明斷曲直之象，故稱"元吉"。《集解》引王肅曰："以中正之德，齊乖爭之俗，'元吉'者也。"《王注》："處得尊位，爲訟之主，用其中正，以斷枉直；中則不過，正則不邪，剛則无所溺，公則无所偏：故'訟，元吉'。"

《象》曰：訟元吉，以中正也。

【譯文】

《象傳》說：明決爭訟至爲吉祥，說明九五居中持正。

【說明】

九五爲"大人君主"之象，其德"中正"，適與卦辭"利見大人"、《象傳》"尚中正"之義切合。趙汝楳曰："大人在上，平諸侯萬民之訟，至於見遜畔遜路而息爭，吉孰大焉！"(《周易輯聞》)

上九，或錫[1]之鞶帶[2]，終朝三褫之[3]。

【譯文】

上九，偶或憑藉勝訟獲賜顯貴官服，但在一天之內卻多次被剝奪。

【注釋】

〔1〕錫——即"賜"。　〔2〕鞶帶——鞶，音盤 pán，《說文》："大帶也"；《本義》："命服之飾。"這是以顯貴的服飾喻指高官厚祿。　〔3〕終朝三褫之——終朝，《尚氏學》："與《乾》三'終日'同義"；三，喻多次；褫，音齒 chǐ，《尚氏學》："褫，奪也"，又曰："《釋文》'褫，鄭本作拕'，惠氏棟據《淮南子·人間訓》'盜拕其衣服'高誘注云'拕，奪也'，是仍與'褫'同。"以上三句說明上九以陽剛居《訟》之極，强訟不止，儘管因取勝而受賜厚祿，也將"終朝"之間多次被奪。《王注》："處《訟》之極，以剛居上，訟而得勝者也。以訟受錫，榮何可保？故終朝之間，褫帶者三也。"

《象》曰：以訟受服，亦不足敬也。

【譯文】

《象傳》說：由於爭訟而受賞官祿，這也不值得尊敬。

【說明】

六三不爭，可以保有舊祿並獲吉祥；上九強爭，儘管受賜也將被奪回。兩爻正從相反的角度，說明訟不可極、祿不可爭的義理。

【總論】

《訟》卦並非教人如何爭訟，而是誡人止訟免爭。卦辭一方面指出：必須在“信實”被止塞的情狀下才能“起訟”；另一方面深誡訟事應當持“中”，若訟極不止必凶。卦中九五喻“聽訟”尊主，以中正明決獲“元吉”；餘五爻皆身係訟事，其中初六不與人爭而獲“終吉”、九二敗訟速退而獲“无眚”、六三安分不訟亦獲“終吉”、九四敗訟悔悟而獲“安貞吉”，惟上九窮爭強訟，自取“奪賜”之辱。可見，全卦大旨是始終申言訟不宜窮爭、應及早平息的道理。當然，若要杜絕爭訟，務須治其本源。《大象傳》稱“君子作事謀始”，提出“作事”之初先防“訟”於未萌的觀點，即是強調凡事先明確章約、判定職分，使訟无從生，爭無由起。王弼《周易注》引孔子曰：“聽訟，吾猶人也，必也使无訟。”（語見《論語·顏淵》，又見《禮記·大學》）此語正合《大象傳》的精蘊：既揭出《訟》卦的象外之旨，又反映了古人追求息訟免爭、人人平和的社會理想。

師　卦　第　七

䷆　師[1]：貞[2]，丈人吉，无咎[3]。

【譯文】

《師》卦象徵兵衆：守持正固，賢明長者統兵可獲吉祥，這樣就无所咎害。

【注釋】

〔1〕師——卦名，下坎（☵）上坤（☷），象徵“兵衆”。《集解》引何晏曰：“師者，軍旅之名，故《周禮》云‘二千五百人爲師’也。”《本義》：“師，兵衆也。”　〔2〕貞——指“兵衆”應當以“正”爲本，即《彖傳》所謂“能以衆正，可以王矣”。〔3〕丈人吉，无咎——丈人，猶言“賢明長者”，兼具“德”與“長”的素質。《釋文》：“丈人，嚴莊之稱，鄭云：‘能以法度長於人’。”這兩句說明“兵衆”必須以“丈人”爲統帥，才能“无咎”。《正義》：“若不得丈人監臨之，衆不畏懼，不能齊衆，必有咎害。”案，“丈人”，《集解》引崔憬曰：“《子夏傳》作‘大人’”，於義亦通。

《彖》曰：師，衆也；貞，正也。能以衆正，可以王矣[1]。剛中而應，行險而順[2]，以此毒天下[3]，而民從之，吉又何咎矣！

【譯文】

《彖傳》說：師，是部屬眾多的意思；貞，是守持正固的意思。能使眾多部屬堅守正道，就可以作君王了。譬如剛健居中者在下相應於尊者，履行危險之事而順合正理，憑借這些來攻伐天下，百姓紛紛服從，勢必獲得吉祥，又哪有咎害呢！

【注釋】

〔1〕能以眾正，可以王矣——以，介詞，猶"使"，《戰國策·齊策》泠向謂秦王"向欲以齊事王"，高誘注："以，猶'使'也。"這兩句配合前文"師，眾也；貞，正也"，並釋卦辭"師，貞"之義。 〔2〕剛中而應，行險而順——剛中，指九二；應，指上應六五；險，指下卦坎；順，指上卦坤。這兩句取二、五爻象及上下卦象，譬喻"行兵"之際，賢臣上應其君，行險而不違順，必能獲吉，正見"丈人吉"之義。《正義》："'剛中'謂九二，'而應'謂六五。"又曰："'行險'謂下體坎也，'而順'謂上體坤也。" 〔3〕毒天下——毒，《說文》："厚也，害人之艸，往往而生，從屮毒聲。"《段注》："製字本義，因害人之艸，往往而生"，"引伸爲凡厚之義"。可見，"毒"本義爲"害人艸"，《集解》引干寶曰："荼苦也"，又曰："六軍之鋒，殘破城邑，皆所荼毒奸凶之人使服王法者也"，《釋文》引馬融云："毒，治也"，故此處"毒"字用如動詞，猶言"攻伐"。這句至末，配合上文"剛中而應，行險而順"，釋卦辭"丈人吉，无咎"，說明具備這些條件的"丈人"統兵，必可獲吉而无所咎害。《正義》："'剛中'以下，釋'丈人吉，无咎'也。言'丈人'能備此諸德也。"案《王注》訓"毒"爲"役"，則"毒天下"猶言"役使天下"，義亦通。

【說明】

胡炳文曰："'毒'之一字，見得王者之師，不得已而用之。如毒藥之攻病，非有沈痾堅癥，不輕用也。其指深矣。"（《周易本

義通釋》）此說實亦含有釋“毒”爲“攻治”之意，不襲《程傳》
及《本義》“毒害”之舊解，頗有可取。

《象》曰：地中有水，師[1]；君子以容民畜衆[2]。
【譯文】
　　《象傳》說：地中藏聚著水源，象徵兵衆；君子因此廣容百姓
而聚養衆人。
【注釋】
　　〔1〕地中有水，師——釋《師》卦上坤爲地、下坎爲水之象。
《集解》引陸績曰：“坎在坤內，故曰‘地中有水’；師，衆也，坤
中衆者，莫過於水。”　　〔2〕容民畜衆——《本義》：“水不外於
地，兵不外於民，故能養民則可以得衆矣。”案，《正義》指出
《大象傳》不說“地在水上”、“上地下水”、“水上有地”，必說
“地中有水”，“蓋取‘容畜’之義也”。此論可取。
【說明】
　　《師》卦欲明“王者”用兵之道，因此卦辭言“貞”、“丈人
吉”。《大象傳》所闡發的意義，則主於兵衆來源一事，即所謂民
爲兵之本。朱熹認爲此言“古者寓兵於農”（《本義》），似頗有理。

初六，師出以律，否臧凶[1]。
【譯文】
　　初六，兵衆出發要用法律號令來約束，軍紀不良必有凶險。
【注釋】
　　〔1〕否臧凶——否，不也；臧，音髒 zāng，善也。以上兩句
說明初六處《師》之始，爲“兵衆”初出之象，故誡其嚴明軍紀，
反之必凶。《本義》：“律，法也；否臧，謂不善也。”“在卦之初，
爲師之始。出師之道，當謹其始。以律則吉，不臧則凶。”
《象》曰：師出以律，失律凶也。

【譯文】

《象傳》說：兵衆出發要用法律號令來約束，說明喪失紀律必有凶險。

【說明】

"慎始"之理，在《周易》六十四卦的初爻中屢屢言及。《師》初謂"否臧凶"，設誡尤爲深切。

九二，在師，中吉，无咎[1]。王三錫命[2]。

【譯文】

九二，統率兵衆，持中不偏可獲吉祥，必无咎害。君王多次給予獎賞委以重任。

【注釋】

〔1〕在師，中吉，无咎——在師，猶言"率師"，《重定費氏學》："在，讀'在視'之'在'，'在師'者，'視師'也"，"視師"義同"率師"。這是說明九二陽剛居下卦之中，上應六五之"君"，猶如統帥兵衆能持中不偏，故吉而无咎。《王注》："以剛居中，而應於五（引者案，五，阮刻作上，據《校勘記》改），在師而得其中者也。承上之寵，爲師之主，任大役重，无功則凶，故吉乃无咎也。"案，《師》卦唯九二一陽，剛中有應，正是卦辭所謂"丈人"之象。胡炳文曰："卦辭'師，貞，丈人吉，无咎'，爻'在師，中吉，无咎'即卦辭意也。"（《周易本義通釋》）
〔2〕王三錫命——三，泛指多次；錫，即"賜"。此謂二爲五所應，猶如率師有功多次受賞。《正義》："以其有功，故王三加錫命。"

《象》曰：在師中吉，承天寵[1]也；王三錫命，懷萬邦[2]也。

【譯文】

《象傳》說：統率兵衆持中不偏可獲吉祥，說明九二承獲天子的寵愛；君王多次獎賞委任，說明懷有平定天下萬方的志向。

【注釋】

〔1〕天寵——喻九二與六五有應。《正義》："正謂承受五之恩寵。"　　〔2〕懷萬邦——《程傳》"王三錫以恩命，褒其成功，所以懷萬邦也。"

【說明】

統軍將帥的成功或失敗，同君主的信任與否關係至大。九二獲"吉"，顯然有很大的因素是得益於"王三錫命"。項安世曰："二所以勝，非己之功；以與五相應，得君寵也。"(《周易玩辭》)

六三，師或輿尸，凶[1]。

【譯文】

六三，兵衆時而載運尸體歸來，有凶險。

【注釋】

〔1〕師或輿尸，凶——或，有時或然之辭；輿尸，以車載尸，喻兵敗，《重定費氏學》引梁錫璵曰："古者兵雖敗，不忍棄死者，故'載尸'。"這是說明六三處《師》下卦之上，陰柔失正，上无陽應，下又乘剛，有力微任重、貪功冒進之象，因而取敗。《王注》："以陰處陽，以柔乘剛，進則无應，退无所守；以此用師，宜獲'輿尸'之凶。"

《象》曰：師或輿尸，大无功也。

【譯文】

《象傳》說：兵衆時而載運尸體歸來，說明六三太不獲戰功了。

【說明】

用兵之道，貴知己知彼。六三取敗，正是不自量力所致。

六四，師左次，无咎[1]。

【譯文】

六四，兵衆撤退暫守，免遭咎害。

【注釋】

〔1〕師左次，无咎——左次，猶言"撤退"，《程傳》："左次，退舍也"，《尚氏學》："古人尚右，左次則退也。"此謂六四居《師》上卦之始，雖無下應，但柔順得正，當不利時能撤退暫處，待時再進，故獲"无咎"。《王注》："得位而无應。无應，不可以行；得位，則可以處。故左次之而'无咎'也。"

《象》曰：左次无咎，未失常也。

【譯文】

《象傳》說：撤退暫守免遭咎害，說明六四用兵不失通常之法。

【說明】

六四審時度勢，當退則退，正是等待下一步進取。劉沅指出，四"於行師爲知難而退之象"，並揭明《象傳》"未失常"的微旨曰："師以慎重爲常，恐人以退爲怯，故曰'未失常'。"（《周易學說》引）

六五，田有禽，利執言，无咎〔1〕。長子帥師，弟子輿尸，貞凶〔2〕。

【譯文】

六五，田中有禽獸，利於捕取，无所咎害。委任剛正長者可以統率兵衆，委任无德小子必將載運尸體大敗而歸，守持正固以防凶險。

【注釋】

〔1〕田有禽，利執言，无咎——禽，泛指禽獸（見《屯》六三《象傳》注）；言，語氣助詞。這是說明六五居《師》"君"位，但體柔處中，不窮兵黷武，只在被侵犯時予以反擊；猶如"田"中有禽獸犯苗，則利於捕取，无所咎害。《王注》"處師之時，柔得尊位。陰不先唱，柔不犯物；犯而後應，往必得直，故'田有禽'也。物先犯己，故可以'執言'而'无咎'也。"案，"言"字舊

解多釋爲"言說"，如虞翻謂"震爲言，艮爲執，故'利執言'"，荀爽謂"執行其言"（以上均見《集解》），至《程傳》猶釋爲"奉辭"；惟朱熹釋爲"語辭"（見《本義》），今從之。

〔2〕長子帥師，弟子輿尸，貞凶——長子，猶言剛正長者，指九二，義同卦辭所謂"丈人"，胡炳文曰："自衆尊之則曰'丈人'，自君稱之則曰'長子'，皆長老之稱"（《周易本義通釋》）；弟子，猶言无德小子，與"長子"義相對；貞凶，即守正防凶（見《屯》九五譯注）。這三句承接上文，說明六五既以柔居尊，則不能自行統兵，必委任於人。若任剛正"長子"可以取勝，若任无德"弟子"將致敗績。故誡其守"正"防"凶"，即申任人須正之義。《王注》："柔非軍帥，陰非剛武，故不躬行，必以授也。授不得正（引者案，正，阮刻作王，據《校勘記》改），則衆不從，故'長子帥師'可也，'弟子'之凶，故其宜也。"

【說明】

"長子"、"弟子"之象，《集解》引虞翻曰："長子謂二"，"弟子謂三"；又引荀爽曰："長子謂九二也"，引宋衷曰"弟子謂六三也。"《正義》亦引莊氏曰："長子謂九二，德長於人；弟子謂六三，德劣於物。"凡此諸說以九二爲"長子"，後人多无異議；惟以六三爲"弟子"，易家多有不同說法。如：一、《程傳》謂"弟子，凡非長者也"，似以初、三、四爻爲"弟子"；二、《本義》謂"弟子，三、四也"，並云"若使君子任事，而又使小人參之，則是使之'輿尸'而歸"；三、《尚氏學》以爲"長子"、"弟子"均針對九二而發，曰："五應二，二震（指互震）主爻，震長子，居師中爲主，故曰'長子帥師'；二亦坎（指下坎）主爻，坎爲震弟、爲尸，故曰'弟子輿尸'。"諸說所釋角度雖歧，但於"弟子"與"長子"相對立之義則一致。

《象》曰：長子帥師，以中行也；弟子輿尸，使不當也。

【譯文】

《象傳》說：委任剛正長者可以統率兵衆，說明六五的行爲居中不偏；委任无德小子必將載運尸體大敗而歸，這是用人不當的結果。

【說明】

作爲君主，於用兵行師之際，擇將選帥是決定勝敗存亡的大事。故爻辭以"長子"、"弟子"爲喻，從正反兩方面設誡，强調六五必須任人以正，才能吉而免凶。

上六，大君有命，開國承家，小人勿用[1]。

【譯文】

上六，天子頒發命令，封賞功臣爲諸侯大夫，小人不可重用。

【注釋】

〔1〕大君有命，開國承家，小人勿用——這三句說明上六處《師》之終，時當班師告捷，故有"開國承家"之賞；但若爲小人，則不被重用。《正義》："上六處《師》之極，是師之終竟也。大君謂天子也，言天子爵命此上六，若其功大，使之開國爲諸侯；若其功小，使之承家爲卿大夫。'小人勿用'者，言開國承家須用君子，勿用小人也。"案，趙汝楳謂"大君"指六五(《周易輯聞》)，義可通。

《象》曰：大君有命，以正[1]功也；小人勿用，必亂邦也。

【譯文】

《象傳》說：天子頒發命令，是爲了定功封賞；小人不可重用，說明若用小人必將危亂邦國。

【注釋】

〔1〕正——作動詞，猶言"評定"。

【說明】

"小人勿用"的涵義，朱熹有一段辨析，曰："'開國承家，小人勿用'，舊時說只作論功行賞之時，不可及小人。今思量看理，

去不得他。既一例有功，如何不及他得？看來'開國承家'一句，
是公共得底，未分別君子、小人在。'小人勿用'，則是勿更用他與
之謀議經畫耳。漢光武能用此義，自定天下之後，一例論功行封，
其所以用之在左右者，則鄧禹、耿弇、賈復數人，他不與焉。"又
曰："此義方思量得如此，未曾改入《本義》，且記取。"（《朱子語
類》）此說甚見理致，可資參攷。

【總論】

　　《師》卦以"兵衆"爲名，闡發用兵的規律。卦辭強調兩項原
則：一、用兵的前提在"正"，即認爲"能以衆正"的"仁義之
師"，可以"毒天下而民從之"（《彖傳》）；二、出師勝負的關鍵，
係於擇將得當與否，故必用賢明"丈人"才能獲"吉"。六爻分別
展示用兵的各方面要旨：初六極言嚴明軍紀的必要，九二揭明主帥
成功的條件，六三陳述失利敗績的教訓，六四指出撤兵退守的情
狀，六五申言君主擇將的標準，上六體現論功行賞的法則。胡炳文
曰："六爻中，出師駐師、將兵將將、伐罪賞功，靡所不載。其終
始節次嚴矣。"（《周易本義通釋》）從卦中所揭示的用兵要旨看，
《師》卦堪稱爲一部古代兵法的總綱；若從全卦所反映的用兵須
"正"的原則看，又可視爲作《易》者戰爭思想的提要。荀子曰：
"彼兵者，所以禁暴除害也，非爭奪也"，"此四帝、二王皆以仁義
之兵行於天下也"（《荀子·議兵》）。馬振彪論此卦曰："天下歸德
謂之王，王者之師有征無戰。'東征西怨，南征北怨'，民望之如雲
霓，從之如歸市，所謂'能以衆正'，乃可王也。"（《周易學說》）
此論似已道出《師》卦蘊含的早期軍事思想的核心所在。

比 卦 第 八

䷇ 比[1]：吉[2]。原筮，元永貞，无咎[3]。不寧方來，後
夫凶[4]。

【譯文】

《比》卦象徵親密比輔：吉祥。原窮眞情、筮決摯意，（相互親
密比輔於）有德君長而永久不渝地守持正固，必无咎害。不獲安寧
者多方前來比輔，緩緩來遲者有凶險。

【注釋】

〔1〕比——卦名，下坤（☷）上坎（☵）。案，“比”字之義，
《象傳》曰：“輔也”；《說文》：“比，密也，二人爲从，反从爲
比。”《正義》、《本義》承此，分別釋爲“相親比”、“親輔”。又
案，《釋文》“比，毗志反”，則“比”字舊音當讀去聲（音必
bì）。 〔2〕吉——物能互相親密比輔，故獲吉祥。《正義》：“謂
能相親比而得其吉。” 〔3〕原筮，元永貞，无咎——原筮，《正
義》：“原窮其情，筮決其意”，《本義》釋爲“再筮”，《尚氏學》
釋爲“野筮”，今從《正義》說；元，善之長（見《乾》卦《文
言》譯注），指所比者有尊長之德；永，久也；貞，正也。這三句
說明“比輔”之前，須愼重考慮，在“原情筮意”的基礎上決定
“親比”的對象；而所親比者又必須有尊長之德，永久不變、守持
正固，則可獲“无咎”。《程傳》：“人相親比，必有其道；苟非其
道，則有悔咎。故必推原占決其可比者而比之。筮，謂占決卜度，

非謂以蓍龜也。所比得‘元、永、貞’則无咎。元，謂有君長之道；永，謂可以常久；貞，謂得正道。上之比下，必有此三者；下之從上，必求此三者，則‘无咎’也。”案，“元永貞”，爲親比至爲完善之稱，似指卦中九五，即《象傳》所謂“以剛中也”。故《王注》曰：“使‘永貞’而‘无咎’者，其唯九五乎？”當從之。

〔4〕不寧方來，後夫凶——寧，安樂；方，猶言“多方”；來，指前來比輔；後，遲也；夫，語氣詞。這兩句是就下者、遠者對上者、尊者的“比輔”而言，說明時當“親比”，四方“不寧”者紛紛來歸；來者又以速爲宜，遲緩則“比”之難成、必有凶險。《正義》：“此是寧樂之時，若能與人親比，則不寧之方皆悉歸來。”又曰：“親比貴速，若及早而來，人皆親己，故在先者吉；若在後而至者，人或疎己，親比不成，故‘後夫凶’。”案，《正義》又引或說：“以‘夫’爲‘丈夫’，謂後來之人也”，義亦通。

【說明】

朱熹曰：“九五以陽剛居上之中，而得其正，上下五陰比而從之：以一人而撫萬邦，以四海而仰一人之象。”（《本義》）此說喻示六爻關係至爲簡明，有助於領會卦辭含義。

《象》曰：比，吉也。比，輔也，下順從也〔1〕。原筮，元永貞，无咎，以剛中也〔2〕。不寧方來，上下應也〔3〕；後夫凶，其道窮也〔4〕。

【譯文】

《象傳》說：親密比輔，必有吉祥。比，是親輔的意思，譬如在下者都能順從親輔於上。原窮真情、筮決摯意，（相互親密比輔於）有德君長而永久不渝地守持正固，必无咎害，說明有德君長剛健居中。不得安寧者多方前來比輔，說明上者與下者相互應合；緩緩來遲者有凶險，說明遲緩必使親密比輔之道窮盡。

【注釋】

〔1〕下順從也——指在下羣陰順從於九五，此句合前文並釋卦名及卦辭"比，吉"。《集解》引崔憬曰："下比於上，是下順也。"〔2〕以剛中也——此句以九五剛健居中，成"比"道之至美，釋卦辭"原筮，元永貞，无咎"。《正義》："以九五剛而處中，故使比者皆得'原筮，元永貞，无咎'也。"　〔3〕上下應也——上，指九五；下，指初、二、三、四諸爻。此句以九五與下四陰相比應，釋卦辭"不寧方來"。《重定費氏學》引王申子曰："四陰順從乎五，五下比四陰，故曰'上下應'。"案，《王注》、《本義》均釋"上下應"爲"上下五陰應於九五"，可備參攷。　〔4〕其道窮也——此句以上六處卦終而"親比"道窮，釋卦辭"後夫凶"。《正義》："他悉親比，己獨後來，比道窮困，无人與親，故其凶也：此謂上六也。"

《象》曰：地上有水，比[1]；先王以建萬國，親諸侯[2]。

【譯文】

《象傳》說：地上布滿水（水和地相親无間），象徵親密比輔；先代君王因此封建萬國，親近諸侯。

【注釋】

〔1〕地上有水，比——釋《比》卦上坎爲水、下坤爲地之象。《集解》引何晏曰："水性潤下，今在地上，更相浸潤，'比'之義也。"《程傳》："夫物相親比而无間者，莫如水在地上，所以爲'比'也。"　〔2〕建萬國，親諸侯——這是說明"先王"效法《比》象，建國封侯以相親比。《程傳》："建立萬國，所以比民也；親撫諸侯，所以比天下也。"

【說明】

《象傳》偏重從"下比上"的角度解釋卦義，《大象傳》則專從"上親下"的角度闡發其旨：兩相對照，《比》卦的義理因之顯明。朱熹曰：“《彖》意人來比我，此取我往比人”（《本義》）是也。

初六，有孚比之，无咎[1]。有孚盈缶，終來有它，吉[2]。

【譯文】

初六，心懷誠信親密比輔於君主，免遭咎害。君主的誠信如美酒充盈酒缸，終於使遠者來歸而廣應親撫於他方，吉祥。

【注釋】

〔1〕有孚比之，无咎——比之，指初比五。此謂初六當“親比”之時，本有失位之咎，但能以誠信上比九五，故獲“无咎”；而初最遠五，本在九五所應範圍之外，但此時五下比之德廣施，故“荒外”亦能“比之”。《集解》引荀爽曰：“初在應外，以喻殊俗；聖王之信，光被四表，絕域殊俗，皆來親比，故‘无咎’也。”《尚氏學》：“五爲卦主，故亦孚於初而比之；初失位，本有咎，比五故无咎。”　〔2〕有孚盈缶，終來有它，吉——缶，音否 fǒu，大肚小口的瓦器，《說文》“缶，瓦器，所以盛酒漿”，“盈缶”喻九五信德充盈天下；來，使動用法，猶言“使來歸”，指初歸五；有它，指五應及他爻，《尚氏學》“有它，謂有應於他方也”。這三句說明九五信德如“盈缶”廣施，使“荒遠”似初者也終來歸附，五也下應親撫他方，上下親比，故獲吉祥。《重定費氏學》引潘相曰：“‘來’，即‘不寧方來’之來。二、四比五不難，難在《比》之初六，至下極遠，梯航以來，上必親之。”

《象》曰：比之初六，有它吉也。

【譯文】

《象傳》說：比之時的初六爻誠心親比，此刻九五正廣應於他方必獲吉祥。

【說明】

本爻的大義是：地位低微、遙居“荒外”者，欲“親比”於

"至尊"，實有重重困難，因此，初六能"比之"，其前提是九五"有孚盈缶"；正由於遠者"終來"，此時"上下親比"之道才能切實體現。

六二，比之自內，貞吉[1]。

【譯文】

六二，從內部親密比輔於君主，守持正固可獲吉祥。

【注釋】

〔1〕比之自內，貞吉——內，內部。此指六二居內卦，上應外卦的九五，柔順中正，故獲吉祥。《本義》："柔順中正，上應九五；自內比外，而得其正：吉之道也。"

《象》曰：比之自內，不自失[1]也。

【譯文】

《象傳》說：從內部親密比輔於君主，說明六二不曾自失正道。

【注釋】

〔1〕不自失——《本義》："得正則不自失矣。"案，《尚氏學》謂"失"通"佚"，"言自內比五，不敢安逸也"。亦可備一說。

【說明】

六二"比之自內"，親比"尊主"不難；但若不守正，也將有失。《象傳》所謂"不自失"，言外之意是說明"失正"將致凶，《程傳》歎曰："《易》之為戒嚴密。"

六三，比之匪人[1]。

【譯文】

六三，親密比輔於行為不正當的人。

【注釋】

〔1〕比之匪人——匪，通"非"；《集解》引虞翻曰："匪，非也，失位无應，三又多凶，體《剝》，傷象，弒父弒君，故曰'匪

人’。”六三失位盲動，上无所應，所比者爲二、四之陰，未得陽剛之主，故有“比之匪人”之象。《本義》：“陰柔不中正，承乘皆陰，所比皆非其人之象。其占大凶，不言可知。”案，《折中》引趙彥肅曰：“初比於五，先也；二，應也；四，承也。六三无是三者之義，將不能比五矣。”此說可取。

《象》曰：比之匪人，不亦傷乎？

【譯文】

《象傳》說：親密比輔於行爲不正當的人，豈不是可悲的事？

【說明】

《周易學說》引劉沅曰：“凡居者之鄰，學者之友，仕者之同僚，皆當戒‘匪人’之傷焉。”此說把六三的鑑戒內涵揭示得頗爲明澈。

六四，外比之，貞吉[1]。

【譯文】

六四，在外親密比輔於君主，守持正固可獲吉祥。

【注釋】

〔1〕外比之，貞吉——指六四居外卦上承九五，柔順得正，親比“尊主”，故獲“貞吉”。《集解》引虞翻曰：“在外體，故稱‘外’；得位比賢，故曰‘貞吉’。”

《象》曰：外比於賢，以從上也。

【譯文】

《象傳》說：在外親密比輔於賢君，說明六四順從於尊上。

【說明】

與六二相較，四能“親比”於五的一個重要因素是“近承”。李光地曰：“凡六四承九五者皆吉，況‘比’時乎？”（《周易觀象》）

九五，顯比[1]。王用三驅，失前禽，邑人不誠，吉[2]。

【譯文】

九五，光明无私而廣獲親比。君王田獵時三方驅圍網張一面，聽任前方的禽獸走失，屬下邑人也不相警備，吉祥。

【注釋】

〔1〕顯比——顯，明也，此處含"光明无私"之義，《說文》"頭明飾也，从頁㬎聲"，《段注》"引申爲凡明之稱"。這句說明九五處《比》尊位，陽剛中正，羣陰皆來比輔，有光明无私地與衆親比之象。《本義》："一陽居尊，剛健中正，卦之羣陰，皆來比己，顯其比而无私。"《周易學說》引劉沅曰："顯，光明之意。上下相比，至公无私，故曰'顯比'。"　　〔2〕王用三驅，失前禽，邑人不誠，吉——三驅，三方驅圍，指田獵；禽，泛稱禽獸；邑人，此處猶言九五的"屬下"。前兩句是用古代天子田獵，三方驅圍，僅張一面之網，讓願者入網、不願者走離，比喻九五與人親比能順其自然而无私，再申上文"顯比"之義；邑人不誠，則說明九五的"屬下"也喻知"失前禽"之義，不相警備，進一步映襯九五"比"道至美，故爲吉祥。《本義》："如天子不合圍，開一面之網，來者不拒，去者不追，故爲'用三驅，失前禽'；而'邑人不誠'之象，蓋雖私屬亦喻上意，不相警備以求必得也。"

【說明】

《史記・殷本紀》曰："湯出，見野張網四面，祝曰：'自天下四方皆入吾網。'湯曰：'嘻，盡之矣！'乃去其三面，祝曰：'欲左，左；欲右，右。不用命，乃入吾網。'諸侯聞之，曰：'湯德至矣，及禽獸。'"此典似與"三驅失前禽"之義有合，可備參攷。

《象》曰：顯比之吉，位正中也；舍逆取順，失前禽也；邑人不誠，上使中也。

【譯文】

《象傳》說：光明无私而廣獲親比的吉祥，說明九五居位剛正適中；捨棄違逆取其順從，正如聽任前方的禽獸走失；屬下邑人也不相警備，這是君上使下屬保持中道。

【說明】

　　九五的"顯比"之德，《象傳》用"舍逆取順"作了精約的概括。程頤又作更深一層的推闡，說："非惟人君比天下之道如此，大率人之相比莫不然。以臣於君言之，竭其忠誠，致其才力，乃顯其比君之道也；用之與否，在君而已，不可阿諛逢迎，求其比己也。在朋友亦然，修身誠意以待之；親己與否，在人而已，不可巧言令色，曲從苟合，以求人之比己也。於鄉黨親戚，於眾人，莫不皆然。"（《程傳》）

上六，比之无首，凶[1]。

【譯文】

　　上六，親密比輔於人卻不領先居首，有凶險。

【注釋】

　　[1] 比之无首，凶——无首，即不領先。上六柔居卦終，欲比於人卻遲遲後來，比道遂窮，故有凶險。此即卦辭"後夫凶"之義。《王注》："无首，後也（引者案，也，阮刻作己，據《校勘記》改）；處卦之終，是'後夫'也。親道已成，无所與終，爲時所棄，宜其凶也。"

《象》曰：比之无首，无所終也。

【譯文】

　　《象傳》說：親密比輔於人卻不領先居首，說明上六終將无所歸附。

【說明】

　　陽極當濟以陰，故"无首"謙退則吉；陰極當濟以陽，故"終"能剛"大"亦吉。上六爲陰極之象，卻"无首"居後，自然有凶。《集解》引荀爽曰："陽欲无首，陰以大終。陰而无首，不以大終，故凶也。"此說可與《乾》、《坤》的"用九"、"用六"之義相對照。

【總論】

《比》卦的要義，主於上下、彼此之間"親密比輔"的道理。卦辭先總稱能"比"必"吉"，又分敍"比道"的三大要素：一、選擇比輔的對象必須慎重，即原情筮意而後比；二、應當比輔於有德長者，永守正道；三、親比之時，宜速不宜緩。卦中六爻，九五陽剛居尊，爲被人比輔之象；餘五爻陰柔分居上下卦，均爲比輔於人之象。其中初六、六二、六四不失比道，各能獲吉；六三親比不得其人，上六居後无所比附，並失比道，或不利或凶。就六爻間的聯係看，其大旨在於：不論比於人，還是被人比，均當正而不邪、順而不逆、明而不晦。事實上這是涉及人與人關係的一個具有普遍意義的問題，其中尤爲重要的是主從關係的處理。九五所以能爲一卦"尊主"，正是基於大公无私、以信親下的原因，遂獲衆人爭相比輔。程頤稱其"衆所親附，而上亦親下"（《程傳》）：實是體現著"尊卑"關係至爲融洽的象徵。當然，作《易》者設立《比》卦的思想宗旨，或是偏向於爲維護、穩固上層統治著想，《象傳》所謂"比，輔也，下順從也"，已揭出這一微旨。荀子云："六馬不和，則造父不能以致遠；士民不親附，則湯、武不能以必勝也。"（《荀子·議兵》）亦與下順從之義相合。

小畜卦第九

䷈　小畜[1]：亨[2]。密雲不雨，自我西郊[3]。

【譯文】

《小畜》卦象徵小有畜聚：亨通。濃雲密布卻不降雨，雲氣的升起來自我方西邑郊外。

【注釋】

〔1〕小畜——卦名，下乾（☰）上巽（☴），象徵“小有畜聚”。案，“畜”字，兼有“畜聚”、“畜養”、“畜止”諸義。聚物既可以養物，又可以止物，則卦名之義當以“聚”爲本，以“養”、“止”爲引申。故《釋文》訓“畜”爲“積也，聚也”，又引鄭玄曰：“養也”；《程傳》曰：“畜，止也，止則聚矣。”“小”字，象徵陰，又指程度大小，卦中“六四”一陰居五陽之間，正是小者畜大、所畜甚微之象，故稱“小畜”。《程傳》以爲六四“能畜羣陽之志”，“謂以小畜大，所畜聚者小”。　〔2〕亨——物能以小畜大，以下濟上，則有益於剛大者之行，故可亨通。就卦象看，指六四所畜唯小，又能以柔濟剛，故“剛中而志行，乃亨”（見《彖傳》譯注）。　〔3〕密雲不雨，自我西郊——西，古人以爲象徵“陰方”；我，卦中以陰爲主，故稱我。這兩句說明以陰畜陽，所畜不能盛大；猶如陰氣先從陰方升起，聚陽甚微，未足以和陽成雨，故有“密雲不雨”象。《集解》引崔憬曰：“雲如不雨，積我西邑之郊，施澤未通，以明‘小畜’之義。”又，《程傳》：

"雲，陰陽之氣。二氣交而和，則相畜固而成雨。陽倡而陰和，順也，故和；若陰先陽倡，不順也，故不和，不和則不能成雨。雲之畜聚雖密，而不成雨者，自西郊故也。東、北陽方，西、南陰方。自陰倡，故不和而不能成雨。以人觀之，雲氣之興，皆自四遠，故云'郊'；據四而言，故云'自我'：畜陽者'四'，畜之主也。"

【說明】

朱熹曰："西郊，陰方；我者，文王自我也。文王演《易》於羑里，視岐周爲西方，正《小畜》之時也。"（《本義》）此可備一說。

《彖》曰：小畜，柔得位而上下應之[1]，曰小畜。健而巽，剛中而志行[2]，乃亨。密雲不雨，尚往[3]也；自我西郊，施未行[4]也。

【譯文】

《彖傳》說：小有畜聚，譬如柔順者得其位而上下陽剛與之相應，所以稱小有畜聚。又如上下健強而又遜順，陽剛居中而志向可以施行，因此獲得亨通。濃雲密布卻不降雨，說明陽氣畜聚未足猶上行離去；雲氣的升起來自我方西邑郊外，說明陰陽交和之功方施卻未暢行。

【注釋】

〔1〕柔得位而上下應之——柔指六四；上下，指卦中五陽。此句以六四陰柔得位、有應於上下諸陽，釋卦名"小畜"。《程傳》："以陰居四，又處上位，柔得位也；上下五陽皆應之，爲所畜也。以一陰而畜五陽，能係而不能固，是以爲'小畜'也。"

〔2〕健而巽，剛中而志行——健，指下卦乾；巽，遜順，指上卦巽；剛中，指九二、九五。這兩句舉上下卦象及二、五爻象，說明"小畜"之時，上下強健遜順，陽剛居中、其志能行，故得亨通。此釋卦辭"亨"義。《程傳》："內健而外巽，健而能巽也；二、五

居中，剛中也；陽性上進，下復乾體，志在於行也。剛居中，爲剛
而得中，又爲中剛。言畜陽則以柔巽，言能亨則由剛中。以成卦之
義言，則爲陰畜陽；以卦才言，則陽爲剛中：才如是，故畜雖小而
能亨也。” 〔3〕尚往——指陽氣猶在上行，猶言陰氣畜陽不足，
故未成雨。此釋卦辭“密雲不雨”。 〔4〕施未行——指陰陽交
和之功方施而未暢行，猶言“小畜”不能成大。此釋卦辭“自我
西郊”。《程傳》：“二氣不和，陽尚往而上，故不成雨。蓋自我陰
方之氣先倡，故不和而不能成雨，其功‘施未行’也。‘小畜’之
不能成大，猶西郊之雲不能成雨也。”

【說明】

　　“小畜”義爲“小畜大”、“陰畜陽”，用人事來比喻，可視爲
“臣畜君”。譬如“臣”既能畜聚“君”之美德，又能抑止“君”
之過誤，即可導致卦辭所謂“亨”。但由於所畜只能微小，不得越
軌，猶言不可制約其君，所以“小畜”之德，體現於“密雲不
雨”；若“既雨”，則道必窮厄。

《象》曰：風行天上，小畜[1]；君子以懿文德[2]。

【譯文】

　　《象傳》說：和風飄行天上（微畜未發），象徵小有畜聚；君子
因此修美文章道德以待時。

【注釋】

　　〔1〕風行天上，小畜——釋《小畜》卦上巽爲風、下乾爲天之
象；風飄行天上，微畜而未下行，故爲“小畜”之象。《集解》引
《九家易》曰：“風者，天之命令也。今風行天上，則是令未下行：
畜而未下，‘小畜’之義也。” 〔2〕懿文德——懿，音逸 yì，指
德行美好，《說文》“懿，嫥久而美也”，此處用如動詞，猶言“修
美”。這是說明君子效法“小畜”之義，以修美文章道德。《正
義》：“以於其時施未得行，喻君子之人，但修美文德，待時

而發。”

【說明】

本卦《大象傳》直接從卦名“小畜”，闡發“君子以懿文德”的意義。孔穎達指出，“凡《大象》‘君子’所取之義，或取二卦之象而法之者”，“或直取卦名，因其卦義所有，君子法之，須合卦義行事者”；並認爲此處“懿文德”不取“風行天上”之象，屬於後一例。(《正義》)可備參考。

初九，復自道，何其咎？吉[1]。

【譯文】

初九，復返自身陽剛之道，哪有什麼咎害呢？可獲吉祥。

【注釋】

〔1〕復自道，何其咎——復自道，猶言“自復其道”。此謂初九以陽居《小畜》之始，上應六四，有“被畜”之象；但初質尚弱，被畜必危，遂知幾自復陽道，故无咎獲吉。《折中》引冀煥曰：“初九以陽剛之才，位居最下，爲陰所畜，知幾不進，而自復其道焉，何咎之有？九二‘牽復’，亦謂與初牽連而內復也。”案，《程傳》及《本義》均釋“復”爲“上進”，《折中》謂其“沿王弼舊說”，並錄以備參考。

《象》曰：復自道，其義吉[1]也。

【譯文】

《象傳》說：復返自身陽剛之道，說明初九行爲合宜可獲吉祥。

【注釋】

〔1〕其義吉——義，猶“宜”，即不悖理。《折中》引張浚曰：“能反身以歸道，其行己必不悖於理，是能自畜者也，故曰‘其義吉’。”

【說明】

初九獲“吉”，在於及時覺悟反正；能“復自道”，正可以

"自畜"陽德。

九二，牽復，吉[1]。

【譯文】

　　九二，被牽連復返陽剛之道，吉祥。

【注釋】

　　[1] 牽復，吉——牽，牽連。此言九二以陽居《小畜》下卦之中，本欲上行以畜於六四，因初九所"牽"亦"復"，故與之並"吉"。《折中》引何楷曰："與初相牽連而復居於下，故吉。"

《象》曰：牽復在中，亦不自失[1]也。

【譯文】

　　《象傳》說：被牽連復返陽剛之道而居守中位，說明九二也能不自失陽德。

【注釋】

　　[1] 不自失——指九二不失陽德。《折中》引楊萬里曰："初安於復，故爲自復；二勉於復，故爲牽復。能勉於復，故亦許其'不自失'。"

【說明】

　　初位正，二得中。兩者當"小畜"之時，均能復陽獲吉。可見，中、正是這兩爻獲吉的要素。

九三，輿說輻，夫妻反目[1]。

【譯文】

　　九三，車輪輻條散脫解體，結發夫妻反目離異。

【注釋】

　　[1] 輿說輻，夫妻反目——說，通"脫"；輻，車輪中直木，《說文》"輪轑也"，《老子》"三十輻共一轂"，又《釋文》云"輻，本亦作'輹'"，馬云：'車下縛也'，鄭云'伏菟'"，《說

文》又釋"輹"爲"車軸縛"。"脫輻"與"脫輹",皆謂車不能行。此言九三居《小畜》下卦之終,剛元躁動,比近六四,受其所畜,兩者遂成"輿輻"、"夫妻"的關係;但四乘三,三受其制,終致沖突而"說輻"、"反目"。馬其昶云:"三之畜以迫近於陰,爲其所制,曰'不能正室'者,罪三之不自斂而受制於陰也。"(《重定費氏學》)

《象》曰:夫妻反目,不能正室[1]也。

【譯文】

《象傳》說:夫妻反目離異,說明九三不能規正妻室。

【注釋】

〔1〕正室——正,作動詞,猶言"規正";室,妻室,《禮記·曲禮上》"三十曰壯,有室",鄭玄注:"有室,有妻也,妻稱室。"

【說明】

下三陽居六四之下,有受"畜"之象;但均不宜被"畜",應當自畜陽德。原因是陽在下剛質未盛,被畜必危。因此,初、二能"復"獲"吉";三獨進被畜,終致"說輻"、"反目",其凶難免。

六四,有孚[1],血去惕出,无咎[2]。

【譯文】

六四,陽剛施予誠信,於是離去憂恤而脫出惕懼,必无咎害。

【注釋】

〔1〕有孚——指九五剛健孚信於四,而四爲《小畜》卦主,上承五陽,因此小有畜聚。《集解》引虞翻曰:"孚謂五。"《尚氏學》:"四卦主,五陽孚之,故曰'有孚'。" 〔2〕血去惕出,无咎——血,《釋文》引馬融曰:"當作恤,憂也。"這兩句緊承前文,說明九五既下施孚信,六四柔正相承,"畜陽"有道,因此脫離憂懼,无所危害。《折中》引項安世曰:"以陰畜陽,以小包大,

能無憂乎？獨恃與五有孚，故能離其血惕，去而出之，以免於咎。臣之畜君，必信而後濟，非與上合志，不可爲也。"案，項氏讀"血"如字，蓋承荀爽、王弼義（見《集解》、《王注》），可備一說。

《象》曰：有孚惕出，上合志〔1〕也。

【譯文】

《象傳》說：陽剛施予誠信於是脫出惕懼，說明六四與陽剛尊上意志相合。

【注釋】

〔1〕上合志——指四上承九五。《集解》引荀爽曰："從五，故曰'上合志也'。"案，尚先生以爲"上"謂五、上兩爻，曰："五、上皆陽，四承之，陰遇陽得類，故曰'合志'。"（《尚氏學》）於義亦通。

【說明】

六四柔正承上，九五剛中有信：兩者相得，爲"小畜"至美的象徵。

九五，有孚攣如〔1〕，富以其鄰〔2〕。

【譯文】

九五，心懷誠信而牽係羣陽共信一陰，用陽剛充實豐富近鄰。

【注釋】

〔1〕有孚攣如——攣，音巒 luán，牽係、連接，《說文》："攣，係也，从手䜌聲"，《釋文》："馬云'連也'"；如，語氣助詞。此句說明九五以誠信之德牽係下三陽共信六四，蔚成"柔得正而上下應之"（《象傳》）的"小畜"盛況。《尚氏學》："孚，謂孚於四；四卦主，陽喜陰，故下三陽亦孚於四。攣，引也，牽也，言陽皆孚四，有若牽引連接也。"　〔2〕富以其鄰——富，陽稱富，此處作動詞，猶言"增富"；鄰，指六四。此句承上句意，說明九

五不但牽係諸陽共信於四，且以陽剛之美增富之，即《象傳》所謂
"不獨富"之義。

《象》曰：有孚攣如，不獨富也。

【譯文】

《象傳》說：心懷誠信而牽係羣陽共信一陰，說明九五不獨享
自身的陽剛富實。

【說明】

《折中》曰："此爻之義，從來未明。今以卦意推之，則六四
者近君之位也，所謂'小畜'者也；九五者君位也，能畜其德以受
臣下之畜者也。"又曰："四與五相近，故曰鄰。又鄰即臣也，
《書》曰'臣哉鄰哉'是也。富者，積誠之滿也；積誠之滿，至於
能用其鄰，則其鄰亦以誠應之矣。"此說可通，宜備參考。

上九，既雨既處，尚德載[1]。婦貞厲，月幾望[2]。君子
征凶[3]。

【譯文】

上九，密雲已經降雨而陽剛已被畜止，至高極上的陽德被陰氣
積載。此時婦人必須守持正固以防危險，要像月亮將圓而不過盈。
君子若往前進發必遭凶險。

【注釋】

〔1〕既雨既處，尚德載——尚，即"上"，"尚德"指"陽
德"；載，積載。這兩句說明上九陽居《小畜》之終，"小畜"窮
極，化"不雨"爲"既雨"，上之陽剛盡爲六四之陰所畜，故有
"已降雨"、"被畜止"、"陽德被積載"諸象。《程傳》："九以巽順
之極，居卦之上，處'畜'之終，從畜而止者也，爲四所止也。既
雨，和也；既處，止也。陰之畜陽，不和則不能止；既和而止，畜
之道成矣。"又曰："四用柔巽之德，積滿而至於成也。陰柔之畜
剛，非一朝一夕能成，由積累而至，可不戒乎？載，積滿也。"案，

"小畜"義在"密雲不雨"，上九"既雨"已見物極致窮；故《程傳》"畜之道成"，應當理解爲"小畜之道窮盡"。 〔2〕婦貞厲，月幾望——婦，喻陰；貞厲，猶言"守正防危"（參見《屯》九五譯注）；幾，接近，"幾望"即"月將圓"。這兩句戒"陰"不可滿盛，說明"小畜"之道宜"密雲"、不宜"既雨"，故取婦人守正防危、當如月將圓不過盈爲喻。案，"月幾望"，義同《歸妹》六五（見該爻譯注）。 〔3〕君子征凶——君子，喻陽；征，進也。這句戒"陽"不可沿著"小畜"窮極之道向前發展，若讓陰氣盡載陽德，必致危亡，故取君子進則遭凶爲喻。案，《折中》引楊時曰："月，遡日以爲明者也。望，則與日敵。故'幾望'則不可過。君子至此而猶征焉，則凶之道也。《小畜》以陰畜陽爲主，其極必疑陽，故戒之如此。"此說承《王注》"婦制其夫，臣制其君"，"陰疑於陽，必見戰伐"之義，認爲"小畜"至極必反。可資參攷。

《象》曰：既雨既處，德積載也；君子征凶，有所疑[1]也。

【譯文】

《象傳》說：密雲已經降雨而陽剛已被畜止，說明此時陽德被陰氣積聚滿載；君子若往前進發必遭凶險，說明前行將使陽質被陰氣凝聚統化。

【注釋】

〔1〕疑——通"凝"（見《坤》卦《文言》譯注）。此指"小畜"至極，陰氣盛盈，上九若順此以往，其陽必被陰氣所凝聚統化，故"征凶"。

【說明】

本爻辭可分三層理解：一、"既雨既處，尚德載"，總說《小畜》至極必反的道理；二、"婦貞厲，月幾望"，戒"陰"不可盛滿；三、"君子征凶"，戒"陽"不可被"陰"盡畜。全爻大義是強調"小畜"只能守持"所畜者微小"之道，反之必致凶厲。

【總論】

《小畜》卦旨，揭示事物發展過程中"小畜大"、"陰畜陽"的道理。就畜聚的主體看，是小者、陰者；就畜聚的程度看，是微小、不過甚。卦辭以"密雲不雨"爲喻，正是從這兩方面指明卦義，強調"陰"只能在適宜的限度內畜聚"陽"，以略施濟助爲己任，形成濃雲而不降雨的情狀：這是"小有畜聚"的至美之道。換言之，陰聚陽而不制陽，猶如臣畜君而不損君，於是"小畜"可致"亨通"。李士鉁曰："《孟子》曰：'畜君何尤？畜君者，好君也。'臣能畜君，君能從臣，所以亨也。"（《周易學說》引）卦中五陽爻爲被畜的對象，六四陰爻爲畜陽的主體。下卦三陽不宜被六四所畜，在於陽質尚弱，被"畜"必被制，故初、二能返復、自畜陽剛獲"吉"，三躁進被畜遂致"脫輻"、"反目"之災；上九居"小畜"窮極之際，被"畜"必被損，故以凶設戒；唯九五陽剛中正，與六四如君臣相得，誠信相推，成爲"畜"與"被畜"之間最完美的象徵。可見，本卦雖以陰爲主爻，其大旨還是以"扶陽"爲根本歸宿，體現了《周易》崇尚陽剛之德的思想。

履 卦 第 十

☰　〔履〕：履虎尾，不咥人，亨[1]。

【譯文】

〔《履》卦象徵小心行走〕：猶如行走在虎尾之後，猛虎也不咬人，亨通。

【注釋】

〔1〕〔履〕：履虎尾，不咥人，亨——履，卦名，下兌（☱）上乾（☰），象徵"小心行走"；咥，音迭 dié，猶"咬"。這三句是借行走虎尾之後而不被傷，比喻人能"小心行走"，則雖危无害，可致亨通。從卦象看，下兌和悅，上乾剛健，六三以柔行於乾下，正有履危不見害而獲亨之象。《正義》："《履》卦之義，以六三爲主"，"以六三在兌體，兌爲和說，以應乾剛，雖履其危而不見害，故得亨通；猶若履虎尾不見咥齧于人。此假物之象以喻人事。"案，南宋馮椅謂《履》、《否》、《同人》、《艮》諸卦舊脫卦名。其《厚齊易學》卷一云：此卦原本當有卦名"履"字，"緣下有履字，後遂脫"；又云：據《象傳》"先釋卦，而複出履虎尾可見，今補之。後（《否》、）《同人》、《艮》並放此。"清儒劉沅蓋承其說，曰："'履'字上當有'履'字，蓋傳寫脫誤，觀《象傳》可知。"（《周易恒解》）今人高亨亦謂："履字當重。上履字乃卦名，下履字乃卦辭也。"（《周易古經今注》及《周易大傳今注》）此說可取，故在卦辭中增一"履"字爲卦名，並加括號以別之。

【說明】

卦名"履"字之義，《序卦傳》謂"物畜然後有禮，故受之以《履》"，《爾雅·釋言》："履，禮也"，含有踐履不可違禮之意，尚先生云："《太玄》即擬爲'禮'，禮莫大於辯上下，定尊卑"，"人之行履，莫大於是"（《尚氏學》）；又，《本義》曰："履，有所躡而進之義也"，則兼有小心循禮而行的意思。據此，今釋"履"爲"小心行走"。

《彖》曰：履，柔履剛[1]也，說而應乎乾[2]，是以履虎尾，不咥人，亨。剛中正，履帝位而不疚，光明也[3]。

【譯文】

《彖傳》說：小心行走，猶如陰柔者行走在陽剛者之後，以和悅應合強健，所以恰似小心行走在虎尾之後，猛虎也不咬人，可致亨通。又如陽剛居中守正者，小心踐行天子之位而行爲无所疵病，於是煥發出的美德光明燦爛。

【注釋】

〔1〕柔履剛——柔，指六三；剛，指上乾剛健。這是用六三行於乾剛之後，說明《履》卦之義主於柔者履危，即卦辭所謂"履虎尾"。《王注》："成卦之體，在六三也；履虎尾者，言其危也。三爲履主，以柔履剛，履危者也。"　〔2〕說而應乎乾——說，即"悅"，指下卦兌爲悅；乾，健也，指上卦乾爲健。這是說明六三居兌體之上，所應者爲乾健，有以和悅應合強健之象；乾德剛正，六三應之，又有以和悅應正德之象，因此履虎尾不見咥而亨。《王注》："履虎尾有不見咥者，以其說而應乎乾也。乾，剛正之德者也。不以說行乎佞邪，而以說應乎乾，宜其履虎尾不見咥而亨。"案，以上三句釋卦辭"履虎尾，不咥人，亨"。　〔3〕剛中正，履帝位而不疚，光明也——剛中正，指九五；帝位，亦指九五居"君位"；疚，疵病。這三句舉九五中正之象，讚履德之美。《正

義》：“以剛處中，得其正位，居九五之尊，是‘剛中正履帝位’也”，“以剛中而居帝位，不有疚病，由德之光明故也。”

《象》曰：上天下澤，履[1]；君子以辯上下，定民志[2]。

【譯文】

《象傳》說：上爲天下爲澤（尊卑有別），象徵循禮小心行走；君子因此辨別上下名分，端正百姓循禮的意志。

【注釋】

〔1〕上天下澤，履——釋《履》卦上乾爲天、下兌爲澤之象。《程傳》：“天在上，澤居下，上下之正理也。人之所履當如是，故取其象而爲‘履’。” 〔2〕辯上下，定民志——辯，通“辨”；定，定正，即規定端正之意。這是說明君子效法《履》象，辨定上下尊卑之禮，使人遵循踐行。《正義》：“君子法此《履》卦之象，以分辯上下尊卑，以定正民之志意，使尊卑有序也。”

【說明】

“履”與“禮”的關係，《大象傳》闡發甚明。惠棟又加以引證說：“《荀子·大略》曰：‘禮者，人之所履也。’失所履，則顛蹶陷溺。所失微而其爲亂大者禮，是以取義於虎尾也。”（《周易述》）

初九，素履，往无咎[1]。

【譯文】

初九，樸素无華而小心行走，有所前往必无咎害。

【注釋】

〔1〕素履，往无咎——素，樸素。此謂初九處《履》之始，安守卑下樸素之禮；以此爲“履”，所往必无咎。《王注》：“處《履》之初，爲履之始，履道惡華，故素乃无咎。”

《象》曰：素履之往，獨行願[1]也。

【譯文】

《象傳》說：樸素无華而小心行走於前路，說明初九專心奉行循禮的意願。

【注釋】

〔1〕獨行願——獨，猶言“專心”。指初九无所雜念，專心循禮。《程傳》：“獨，專也。若欲貴之心與行道之心交戰於中，豈能安履其素也?”

【說明】

胡炳文曰：“《履》初言‘素’，禮以質爲本也。‘賁’，文也，《賁》上言‘白’，文之極反而質也。‘白賁无咎’，其即‘素履往无咎’與?”（《周易本義通釋》）此說把《履》初爻與《賁》上爻的意義相互比較，頗可取。

九二，履道坦坦，幽人貞吉[1]。

【譯文】

九二，小心行走在平易坦坦的大道上，幽靜安恬的人守持正固可獲吉祥。

【注釋】

〔1〕履道坦坦，幽人貞吉——幽人，幽靜安恬者。此言九二以剛處《履》下卦之中，猶如小心行走於平坦大道；而平路易於令人忘忽謹慎，故爻辭又誡以“幽人”守正可獲吉祥。《程傳》：“九二居柔，寬裕得中，所履坦坦然平易之道也；雖所履得坦易之道，亦必幽靜安恬之人處之則能貞固而吉也。”

《象》曰：幽人貞吉，中不自亂也。

【譯文】

《象傳》說：幽靜安恬的人守持正固可獲吉祥，說明九二不自我淆亂心中的循禮信念。

【說明】

九二陽剛謙居陰位，得中不偏，故能守正獲吉，而《象傳》亦稱其“中不自亂”。梁寅曰：“夫行於道路者，由中則平坦，從旁則崎險。九二以剛居中，是履道而得其平坦者也。持身如是，乃君子不輕自售而安靜恬淡者，故爲‘幽人貞吉’。”（《周易參義》）

六三，眇能視，跛能履，履虎尾咥人，凶[1]。武人爲于大君[2]。

【譯文】

六三，眼盲而强看，脚跛而强行，行走在虎尾之後被猛虎咬嚙，必有凶險。勇武的人應當效力於大人君主。

【注釋】

〔1〕眇能視，跛能履，履虎尾咥人，凶——眇，《說文》“一目小也”，此處言目盲；能，連詞，猶“而”，含轉折意。案，《屯》卦《象傳》“宜建侯而不寧”，《釋文》云：“而，辭也，鄭讀曰‘能’。”是“而”、“能”古聲近通用。《集解》於此爻兩“能”字均作“而”，所引虞翻注亦同。這幾句比喻六三陰居陽位，不能“小心行走”卻盲動妄爲，故爲“凶”象。《王注》：“居履之時，以陽處陽，猶曰不謙，而况以陰居陽，以柔乘剛者乎？故以此爲明，眇目者也；以此爲行，跛足者也；以此履危，見咥者也。”

〔2〕武人爲于大君——武人，即勇武之人，喻六三；爲，有“效力”之義；大君，猶言“大人君主”，當指上九。此句從正面示誡，言六三倘能履歸正道，將剛武之志效用於上九，則上下相應，无凶有吉。《誠齋易傳》：“聖人所以恨其才而惜其居位之不當也，若夫其志，則可憐矣。甚武，而欲有爲於吾君；甚剛，而欲有立於當世：夫何罪哉？故前言其‘凶’，而後止言‘志剛’而已，亦不深咎之也。”案，《正義》：“以六三之微，欲行九五之志，頑愚之甚”，意指九五爲“大君”。李道平《纂疏》云：“三應在上，故曰

'武人爲于大君'。"是李意以上九爲"大君"。今從李說。

《象》曰：眇能視，不足以有明也；跛能履，不足以與行也：咥人之凶，位不當也；武人爲於大君，志剛也。

【譯文】

　　《象傳》說：眼盲而強看，不足以辨物分明；腳跛而強行，不足以踏上征程；猛虎咬人的凶險，說明六三居位不適當；勇武的人應當效力於大人君主，說明六三志向剛強。

【說明】

　　六三爻辭連取四象爲喻，前三象"眇"、"跛"、"虎咥人"均反面示警，後一象"武人"獨從正面設誡：三反一正，把該爻大旨，及作《易》者的深刻用心，展示得至爲明暢。

　　九四，履虎尾，愬愬，終吉[1]。

【譯文】

　　九四，小心行走在虎尾之後，保持恐懼謹慎，終將獲得吉祥。

【注釋】

　　[1] 履虎尾，愬愬，終吉——愬，音色 sè，"愬愬"，《釋文》引《子夏傳》曰："恐懼貌"，又謂"馬本作'虩虩'，音許逆反，云恐懼也，《說文》同"。文中兼含恐懼與謹慎之義。這是比喻九四居《履》上卦之始，不當位而近君，有"履虎尾"之危；但以陽居陰，又有謙謹之象，故能恐懼獲吉。《本義》："九四亦以不中不正，履九五之剛。然以剛居柔，故能戒懼而得終吉。"

《象》曰：愬愬終吉，志行也。

【譯文】

　　《象傳》說：保持恐懼謹慎終將獲得吉祥，說明九四小心循禮的志向正在身體力行。

【說明】

　　"履虎尾"在本卦中凡三見：卦辭首見，取上下卦"和說以履

剛強"之象，故"不咥人，亨"；六三又見，指該爻乘剛妄動，違
背履道，故"咥人，凶"；九四復見，謂本爻雖處危卻能以剛居柔，
故"終吉"。這三者的不同，說明卦辭示一卦之義，爻辭明一爻之
旨，應當區別看待。王弼所謂："凡《彖》者，統論一卦之體者
也；《象》者，各辯一爻之義者也。"（《周易略例·略例下》）其說
就《彖傳》、《象傳》的條例而言，也體現出卦辭、爻辭的不同
特點。

九五，夬履，貞厲[1]。

【譯文】

九五，剛斷果決地小心行走，守持正固以防危險。

【注釋】

〔1〕夬履，貞厲——夬，音怪 guài，通"決"。（詳《夬》卦
譯注）此謂九五陽剛中正，尊居"君位"，當"履"之時，有剛斷
果決、小心行走之象；但以剛居剛，若剛決過甚，必違正道，故爻
辭又誡其"守正防危"。《集解》引干寶曰："夬，決也。居中履
正，爲履貴主；萬方所履，一決于前。恐夬失正，恒懼危厲。"案，
干氏謂恐"失正"故"懼危"，意猶"守正防危"。

《象》曰：夬履貞厲，位正當也。

【譯文】

《象傳》說：剛斷果決地小心行走而要守持正固以防危險，說
明九五居位正當。

【說明】

《折中》曰："凡《象傳》中所贊美，則其爻辭無凶厲者。何
獨此爻不然？蓋履道貴柔，九五以剛居剛，是決於履也；然以其有
中正之德，故能常存危厲之心，則雖決於履，而動可無過舉矣。
《書》云'心之憂危，若蹈虎尾'，此其所以'履帝位而不疚'也
與？凡《易》中'貞厲'、'有厲'，有以'常存危厲之心'爲義

者，如《噬嗑》之‘貞厲，无咎’，《夬》之‘其危乃光’是也。然則此之‘貞厲’、《兌》五之‘有厲’當從此例也。”此說釋“貞厲”亦猶“守正防危”，略同干寶之義（見上注引）。所引《尚書·周書·君牙》“心之憂危，若蹈虎尾”，與“貞厲”辭旨尤切。

上九，視履考祥[1]，其旋元吉[2]。

【譯文】

上九，回顧小心行走的過程以考察禍福得失的徵祥，轉身下應陰柔至爲吉祥。

【注釋】

〔1〕視履考祥——祥，徵祥，即吉凶禍福的體現。此句說明上九處《履》卦之終，陽居陰位，能冷靜總結履道得失之徵。《王注》：“禍福之祥，生乎所履。處履之極，履道成矣，故可‘視履’而‘考祥’也。” 〔2〕其旋元吉——旋，轉也，猶言“轉身”。此句承前句意，說明上九尊居乾極，能轉身下應兌三，爲剛能返柔、履能守謹之象，故獲吉至大。《王注》：“居極應說，高而不危，是其旋也；履道大成，故元吉也。”

《象》曰：元吉在上，大有慶[1]也。

【譯文】

《象傳》說：至爲吉祥且高居上位，說明上九大有福慶。

【注釋】

〔1〕大有慶——指上九之時“履道”大成，故上下皆有“福慶”。《集解》引盧氏曰：“王者履禮於上，則萬方有慶於下。”

【說明】

《周易》上爻，多寓物極必反的哲理，常有凶象。此爻卻稱“元吉”，可知作者認爲，“小心行走”之道，隨時均須奉行。

【總論】

　　《履》卦取名於“小心行走”，譬喻處事必須循禮而行的道理。卦辭“履虎尾，不咥人”，即形象地揭示出小心行走，雖危无害的寓意。卦中六爻，根據不同的地位、性質，分別陳述處“履”的情狀。初九居下守素而往，九二持中不亂，九四恐懼謹慎，九五循禮果決，上九履道大成，這五爻均以陽剛善處其身，行不違禮，故多“无咎”、“吉”、“元吉”；其中九五雖誡“危厲”，能“貞”則无害。唯六三陰柔躁進，有“履虎尾咥人”之“凶”，但也勉其改過歸正，以避凶危。縱觀全卦，多從正反兩方面示警，尤以“危辭”設誡最深。胡炳文曰：“大抵人之涉世，多是危機，不爲所傷，乃見所履。《大傳》曰：‘《易》之興也，其當文王與紂之事邪？是故其辭危。’危莫危於‘履虎尾’之辭矣！九卦處憂患，以《履》爲首。”（《周易本義通釋》）若就《象傳》“剛中正，履帝位而不疚”之語分析，本卦的象徵意義，又含有對統治者規勸警誡之旨。《新序·雜事四》載孔子謂魯哀公曰：“丘聞之：君者舟也，庶人者水也。水則載舟，水則覆舟。君以此思危，則危將安，不至矣！夫執國之柄，履民之上，懍乎如以腐索御奔馬。《易》曰‘履虎尾’，《詩》曰‘如履薄冰’：不亦危乎！”可見，《履》卦所包涵的象徵旨趣，其意義十分廣泛。這一點，事實上也是《周易》六十四卦的共同特徵。

泰卦第十一

䷊　泰[1]：小往大來，吉，亨[2]。

【譯文】

《泰》卦象徵通泰：柔小者往外而剛大者來內，吉祥，亨通。

【注釋】

〔1〕泰——卦名，下乾（☰）上坤（☷），象徵“通泰”。《序卦傳》：“泰者，通也。”　〔2〕小往大來，吉，亨——小往，指陰爻居外卦；大來，指陽爻居內卦。這是就上下卦內乾外坤而言，謂“通泰”之時陽者盛而來，陰者衰而往，即《彖傳》“君子道長，小人道消”之義，故“吉，亨”。《正義》：“陰去故‘小往’，陽長故‘大來’，以此吉而通。”

《彖》曰：泰小往大來，吉亨，則是天地交而萬物通[1]也，上下交而其志同[2]也。內陽而外陰，內健而外順，內君子而外小人[3]：君子道長，小人道消[4]也。

【譯文】

《彖傳》說：通泰之時柔小者往外而剛大者來內，吉祥亨通，這是表明天地陰陽交合而萬物的生養之道暢通，君臣上下交合而人們的思想意識協同。此時陽者居內陰者居外，剛健者居內柔弱者居外，君子居內小人居外：於是君子之道盛昌，小人之道消亡。

【注釋】

〔1〕天地交而萬物通——天，指下乾；地，指上坤。此據上下卦象，說明天地陰陽交和、萬物生養暢通之理。《集解》引何妥曰："此明天道泰也。夫泰之爲道，本以'通'生萬物。若天氣上騰，地氣下降，各自閉塞，不能相交，則萬物无由得生。明萬物生由天地交也。"案，自然現象中，如地氣受熱上升爲雲，雲氣冷卻下降爲雨，在古人心目中正屬"天地交"之理。　〔2〕上下交而其志同——上，喻君；下，喻臣。此句合前句釋卦名"泰"。《集解》引何妥曰："此明人事泰也。上之與下，猶君之與臣，君臣相交感，乃可以濟養萬民也。"　〔3〕內陽而外陰，內健而外順，內君子而外小人——內、外，指內卦和外卦；陽、健、君子，指三陽爻；陰、順、小人，指三陰爻。此三句以陰陽爻的居位特點，釋卦辭"小往大來"。《集解》引何妥曰："順而陰居外，故曰'小往'；健而陽在內，故曰'大來'。"又引崔憬曰："陽爲君子，在內健於行事；陰爲小人，在外順以聽命。"　〔4〕君子道長，小人道消——此總結前三句的喻意，並釋卦辭"吉，亨"，說明"泰"之時陽息陰消，利於"君子"不利於"小人"。《集解》引《九家易》曰："謂陽息而升，陰消而降也。"

《象》曰：天地交，泰[1]；后以財成天地之道[2]，輔相天地之宜[3]，以左右民[4]。

【譯文】

《象傳》說：天地交合，象徵通泰；君主因此裁節促成天地交通之道，輔助贊勉天地化生之宜，以此保祐天下百姓。

【注釋】

〔1〕天地交，泰——釋《泰》卦下乾爲天、上坤爲地之象。《集解》引荀爽曰："坤氣上升，以成天道；乾氣下降，以成地道。天地二氣若時不交，則爲閉塞；今既相交，乃通泰。"　〔2〕后

以財成天地之道——后，《爾雅‧釋詁》：“君也”；財，《釋文》引荀爽本作“裁”，《集解》引鄭玄曰“節也”，《本義》“財，裁同”，猶言裁節調理；天地之道，即天地相交之道。此謂“通泰”之時，必須善爲裁節調理，不使濫“通”失節，才能成就“天地相交”之道。案，《集解》引虞翻注，主張“財”即謂“財用”，指出：“守位以人，聚人以財，故曰成天地之道”；惠棟《周易述》發揮虞義曰：“言后資財用以成教，贊天地之化育”；近人黃元炳《易學探源經傳解》也認爲：“人以財交通，即以成天地交應之道。”此均可備參攷。　　〔3〕輔相天地之宜——相，讀去聲xiàng，“輔相”猶言輔助贊勉，與前句“財成”對文；天地之宜，即天地化生之宜。此謂“通泰”之時，必須多加扶持，不斷贊勉促進天地化生之宜。辭意含有不可因“泰”自逸的微旨。　　〔4〕以左右民——左右，即“佐佑”，猶言“保祐”。此句合前兩句，說明“君主”觀《泰》卦之象，悟知處“泰”不可安逸无事，應當調節成就“天地之道”，輔助贊勉“天地之宜”，使上下交通、治國保民，才能長獲“通泰”。《王注》：“泰者，物大通之時也。上下大通，則物失其節，故‘財成’而‘輔相’，以左右民也。”

【說明】

《泰》卦的卦形爲天在下、地居上，似乎把天地位置顛倒了，但這正說明本卦強調“交”而後“泰”的義理。《折中》引邱富國曰：“天地之形不可交而以氣交，氣交而物通者，天地之泰也；上下之分不可交而以心交，心交而志同者，人事之泰也。”然而，當事物通泰昌盛之時，又須妥善處之，才不致轉“泰”成“否”。《大象傳》所謂“財成”、“輔相”、“左右民”，正是闡發保泰之義。

初九，拔茅茹，以其彙。征吉[1]。

【譯文】

初九，拔起茅草而根系相牽，這是同質彙聚所致。往前進發可獲吉祥。

【注釋】

〔1〕拔茅茹，以其彙——茅，茅草，《說文》："菅也"；茹，根相牽引之狀，《釋文》："茹，牽引也"；彙，《釋文》"類也"，謂同質彙聚。此以拔茅草其根相牽爲喻，說明初九當"泰"之時，陽剛處下，與二、三兩陽俱有外應而志在上行，故一陽動則三陽並動；以此進取，必能通達，故下文稱"征吉"。《王注》："茅之爲物，拔其根而相牽引者也。茹，相牽引之貌也。三陽同志，俱志在外；初爲類首，己舉則從，若'茅茹'也。上順而應，不爲違距，進皆得志，故以其類征吉。"

《象》曰：拔茅征吉，志在外[1]也。

【譯文】

《象傳》說：拔起茅草（同類並進）而往前進發獲吉，說明初九的心志是向外進取。

【注釋】

〔1〕志在外——謂陽剛志在上進。《誠齋易傳》："君子之志在天下，不在一身，故曰'志在外'也。"

【說明】

"通泰"之時，陽剛盛長；當其初始，一陽泰則諸陽皆泰。初九擬"拔茅"之象，表明此時宜於進取，征必獲吉。

九二，包荒[1]，用馮河，不遐遺[2]；朋亡[3]，得尚于中行[4]。

【譯文】

九二，有籠括大川似的胸懷，可以涉越長河，遠方的賢者也无所遺棄。此時不結黨營私，能夠佑助行爲持中的君主。

【注釋】

〔1〕包荒——包，猶言"籠括"；荒，《釋文》："本亦作'亢'"，《集解》引虞翻曰："大川也"。此以籠括大川，喻九二陽剛居中，胸懷廣闊而能包容一切。案，《王注》釋"包荒"爲"包含荒穢"，可備一說。　〔2〕用馮河，不遐遺——馮，音憑 píng，通"淜"，猶言涉越，《說文》："淜，無舟渡河也"，《段注》："'淜'正字，'馮'假借字。"《爾雅·釋訓》："馮河，徒涉也"，即涉水過河。不遐遺，"不遺遐"的倒裝。此承前句義，說明九二既有"包荒"之德，則可涉越長河，廣納遠方賢者。《王注》："用心弘大，无所遐棄，故曰'不遐遺'也。"　〔3〕朋亡——朋，朋黨；亡，即"无"。此謂九二道德光明，不結黨營私。《王注》："无私无偏，存乎光大，故曰'朋亡'也。"　〔4〕得尚于中行——尚，《王注》釋爲"配"，即配合，《經義述聞》以爲古訓无徵，遂據《爾雅·釋詁》"尚，右也"釋爲"佑助"，今從之；中行，指六五居尊、行爲持中，《王注》："中行謂五"。此句合前文諸句，說明九二以陽剛處《泰》下卦之中，有"包荒"、"馮河"、"不遐遺"、"朋亡"之象，上應六五柔中，猶如能用廣闊无私的胸懷佑助行爲持中的"君主"，治世以成"通泰"。《程傳》："二雖居臣位，主治泰者也"，正合爻旨。

《象》曰：包荒得尚于中行，以光大也[1]。

【譯文】

《象傳》說：有籠括大川似的胸懷且能佑助行爲持中的君主，說明九二的道德光明正大。

【注釋】

〔1〕以光大也——《折中》："《傳》只舉'包荒'，非省文以包下，蓋'包荒'是治道之本。然'包荒'而得乎中道者，以其光明正大，明斷无私。"

【說明】

九二爻辭認爲，世道通泰，往往體現於"治世"之臣胸襟廣闊，秉公无私，即朱熹所謂"不遺遐遠，而不泥朋比"（《本義》）。

九三，无平不陂，无往不復[1]。艱貞无咎[2]，勿恤其孚，于食有福[3]。

【譯文】

九三，平地无不化險陂，去者无不重回復。能夠牢記艱難而守持正固就可免遭咎害，不怕不取信於人，食享俸祿自有福慶。

【注釋】

〔1〕无平不陂，无往不復——陂，音壁 bì，猶言傾陡，《說文》："阪也，一曰池也"，《段注》："陂得訓'池'者，陂言其外之障。"這兩句以"平"變"陂"，"去"轉"復"爲喻，說明九三處內卦之終，爲上下卦轉折點，當防"通泰"轉爲"否閉"。《本義》："將過於中，泰將極而否欲來之時也。"　　〔2〕艱貞无咎——此謂九三不可處泰忘憂，宜多戒惕。《程傳》："方泰之時，不敢安逸，常艱危其思慮，正固其施爲，如是則可以无咎。"〔3〕勿恤其孚，于食有福——恤，《集解》引虞翻曰"憂也"；孚，信也，文中含"取信於人"之義；食，謂食享俸祿，《禮記·坊記》"食浮于人"鄭玄注："食，謂祿也。"這兩句承前句之義而發，說明九三當此"通泰"可能轉化之時，若知艱守正，不但无咎，而且可以孚信於人，長保俸祿。《正義》："信義先以誠著，故不須憂其孚信也；信義自明，故於食祿之道自有福慶也。"

《象》曰：无往不復，天地際[1]也。

【譯文】

《象傳》說：去者无不重回復，說明九三處在天地交接的邊際。

【注釋】

〔1〕天地際——際，《廣韻》"邊也，畔也"。《集解》引宋衷

曰："位在乾極，應在坤極"，即言九三處下乾終極，所應上六居上坤終極：兩極各爲天地之際，寓有"泰"將轉"否"的危險。

【說明】

事物的發展往往正反互爲轉化。處泰若能憂否，則足以避害：這是九三"艱貞无咎"之旨。

六四，翩翩[1]，不富[2]，以其鄰不戒以孚[3]。

【譯文】

六四，連翩下降，虛懷不有富實，與近鄰未相告誡都心存誠信。

【注釋】

〔1〕翩翩——《說文》："翩，疾飛也"，《詩經·小雅·巷伯》"緝緝翩翩"《毛傳》謂"往來貌"，此處指相從下降之狀。這句說明六四以陰居上卦之初，當"上下交泰"之時，與五、上兩陰連翩下降求應於陽。　〔2〕不富——《周易集說》："《易》以陰虛爲不富。六四陰爻，故曰'不富'。"此處又喻六四能虛懷下應初陽，即元儒李簡《學易記》所謂"上以謙虛接乎下"之意。
〔3〕以其鄰不戒以孚——前一"以"字，《尚氏學》訓與（《廣雅·釋詁三》"以，與也"）；後一"以"字爲連詞，猶"而"；鄰，指五、上兩陰。此句申發前兩句之義，說明六四與近鄰諸陰未曾誠告而均有下應陽剛的誠信心懷，故能不約而同、連翩並降。《古周易訂詁》："此正陰陽交泰之爻也"，"鄰指五、上，四雖'不富'而能挾其並居之鄰相從而下者，以三陰皆欲求陽，故不待教戒而能以之下孚乎陽也。"案，本爻辭舊讀多作"翩翩，不富以其鄰，不戒以孚"。茲用《尚氏學》句讀。

《象》曰：翩翩不富，皆失實[1]也；不戒以孚，中心願[2]也。

【譯文】

《象傳》說：連翩下降而虛懷不有富實，說明上卦陰爻都損去了陽剛殷實；未相告誠都心存誠信，說明陰柔者內心均有下應陽剛的意願。

【注釋】

〔1〕失實——即爻辭“不富”之義。《古周易訂詁》：“‘不富’而其鄰肯從之旨，以三爻皆不富而欲資富實於陽故也。”

〔2〕中心願——《折中》引俞琰曰：“願者，上下交而其志同也。泰之時，上下不相疑忌，蓋出自本心，故曰‘中心願’也。”

【說明】

本卦義主“交泰”，故陽能稟實應上，陰能虛己應下：陰陽上下交濟，遂呈通泰景象。六四“翩翩”與初九“拔茅”兩象正相呼應。

六五，帝乙歸妹[1]，以祉元吉[2]。

【譯文】

六五，帝乙嫁出少女，以此獲得福澤至爲吉祥。

【注釋】

〔1〕帝乙歸妹——帝乙，商代帝王，《子夏傳》、京房、荀爽以爲即商湯，虞翻以爲商紂王之父；歸，女子出嫁之稱；妹，《說文》“女弟也”，《段注》引《毛傳》謂“女子後生曰‘妹’”。此句取古代帝女出嫁的故事爲喻，說明六五陰居尊位，下應九二，猶如“帝乙”下嫁貴女以配賢者，正見上下交通之理。《周易義海撮要》引陸希聲曰：“五以柔在上，帝女之象；下配於二，下嫁之象。”案，《歸妹》六五亦取此象，可參閱。　〔2〕以祉元吉——祉，福也，文中用如動詞。此句說明五應二爲“交泰”至美之象，故稱“元吉”。《尚氏學》：“‘以祉元吉’者，言二升五，五來二（原注：來二即歸），各當其位，永爲儷耦，故‘元吉’也。”

《象》曰：以祉元吉，中以行願[1]也。

【譯文】

《象傳》說：以此獲得福澤至爲吉祥，說明六五居中不偏以施行交應於下的心願。

【注釋】

〔1〕行願——《尚氏學》：“謂五願歸二也。”

【說明】

居尊下交，尤見可貴。此爻稱“元吉”，正含“通泰”大成的象徵。程頤曰：“元吉，大吉而盡善者也。謂成治泰之功也。”（《程傳》）

上六，城復于隍[1]。勿用師，自邑告命[2]，貞吝[3]。

【譯文】

上六，城牆傾覆到乾涸的城溝裏。不可出兵征戰，自行減損典誥政令，守持正固以防憾惜。

【注釋】

〔1〕城復于隍——復，通“覆”，《說文》引作“覆”；隍，《集解》引虞翻曰：“城下溝，无水稱‘隍’，有水稱‘池’。”此句以城牆塌入城溝喻泰極否來。《王注》：“居《泰》上極，各反所應；泰道將滅，上下不交；卑不上承，尊不下施。是故‘城復于隍’，卑道崩也。”　〔2〕勿用師，自邑告命——邑，通“挹”，猶言“減損”；告命，即“誥命”，指訓誥政令。這兩句說明上六當“泰”道轉壞之時，居位尊高，不可興師妄動，而要自我精減繁文、改革弊政，以求渡過危難時期。《尚氏學》承吳汝綸先生《易說》指出：“邑，挹之省文，挹損也。言自挹損其告命，如後世之下詔罪己也。”此即揭明處《泰》上六之時，應當守正退處。案，《正義》釋“自邑告命”曰：“於自己之邑而施告命”，可備一說。〔3〕貞吝——猶言“守正防吝”（參閱《屯》九五譯注）。此謂上六將臨“否閉”之世，實因“時窮”所致，故希冀其自守正固，

或可避凶免咎；所謂"貞"者，即前文"勿用師，自邑告命"
之旨。

《象》曰：城復于隍，其命亂[1]也。

【譯文】

《象傳》說：城牆傾覆到乾涸的城溝裏，說明上六的發展趨向
已經錯亂轉化。

【注釋】

〔1〕其命亂——命，命運，猶言"發展趨向"。《尚氏學》：
"言泰極返否，爲天地自然之命運，无可避免。此'命'字與'告
命'異。"

【說明】

上居卦終，泰極必反。朱熹曰："此亦事勢之必然，治久必亂，
亂久必治，天下無久而不變之理。"（《朱子語類》）

【總論】

事物對立面的交合、統一，往往是走向亨通的先決條件。《泰》
卦，正是以上下交通、陰陽應合，闡明事物"通泰"之理。卦象天
在下、地居上，《象傳》謂"上下交而其志同"，已明確喻示其義。
曹丕論曰："夫陰陽交，萬物成；君臣交，邦國治；士庶交，德行
光。同憂樂，共富貴，而友道備矣。《易》曰：'上下交而其志
同。'由是觀之，交乃人倫之本務，王道之大義，非特士友之志
也。"（《初學記》引《魏文帝集》）此說將物"交"而"泰"的道
理，又作了進一步的推闡。《泰》卦六爻所示，无不見"交通"之
旨。劉定之指出："六爻之中，相交之義重：初與四相交，泰之始
也，故初言以其彙、如茅之連茹，四言以其鄰、如鳥之連翩；二與
五相交，泰之中也，故五言人君降其尊貴以任夫臣，二言大臣盡其
職以答夫君；三與上交，泰之終也，故三言平變而爲陂，上言城復
而于隍。"（《折中》引）然而，六爻中誠意最深的，當屬三、上兩

爻所體現"泰極否來"的哲理:九三是轉化的苗頭,以"无平不陂,无往不復"示警;上六是轉化的終極,以"城復于隍"見義。《詩經‧小雅‧十月之交》曰:"高岸爲谷,深谷爲陵",《論語‧子路》謂:"君子泰而不驕",似均可藉以印證《泰》卦寓涵的"處泰慮否"的鑑誡意義。

否卦第十二

☰☷　〔否〕：否之匪人[1]，不利，君子貞[2]。大往小來[3]。

【譯文】

〔《否》卦象徵否閉〕：否閉之世人道不通，天下无利，君子必當守持正固。此時剛大者往外而柔小者來內。

【注釋】

〔1〕〔否〕否之匪人——否，音痞 pǐ，卦名，下坤（☷）上乾（☰），象徵“否閉”；匪人，《正義》：“否閉之世，非是人道交通之時。”案，《本義》：“或疑‘之匪人’三字衍文，由《比》六三而誤也。《傳》不特解其義，亦可見。”可備一說。又案，南宋馮椅以爲，“否之”之前當有一“否”字爲卦名，應據例補之(《厚齋易學》卷一)。今人高亨亦云：“‘否’字當重。‘否，否之匪人’者，上‘否’字乃卦名，下‘否’字乃卦辭，此全書之通例也。”(《周易古經今注》及《周易大傳今注》)此說可取，故在卦辭中增一“否”字爲卦名，並加括號以別之。　　〔2〕不利，君子貞——言天下不得其利，君子獨能守正不苟合於“否”道。《誠齋易傳》：“不曰‘利’而必曰‘不利’，曷爲‘不利’也？用匪其人，小人之利，天下之不利也。曰‘貞’而必曰‘君子貞’，曷爲君子獨貞也？君子之貞天下之不貞也。”又曰：“《否》之君子，以天下之正正一身，非不欲正天下也，時不可也，故曰‘君子貞’，言貞固自守而已。”案，這兩句舊注多合讀作“不利君子貞”，指“不利君

子爲正"(《正義》)，於義亦通。　〔3〕大往小來——即陽往陰來（參閱《泰》卦辭"小往大來"譯注），此處指上乾居外，猶"陽往"；下坤居內，猶"陰來"。《正義》："陽氣往而陰氣來，故云'大往小來'。陽主生息，故稱大；陰主消耗，故稱小。"

《彖》曰：否之匪人，不利，君子貞，大往小來，則是天地不交而萬物不通[1]也，上下不交而天下无邦[2]也。內陰而外陽，內柔而外剛，內小人而外君子[3]：小人道長，君子道消也[4]。

【譯文】

　　《彖傳》說：否閉之世人道不通，天下无利，君子必當守持正固，應對剛大者往外而柔小者來內的局勢，這是表明天地陰陽互不交合而萬物的生養之道不得通暢，君臣上下互不交合而天下離異不成家邦。此時陰者居內陽者居外，柔順者居內剛健者居外，小人居內君子居外：於是小人之道盛長，君子之道消亡。

【注釋】

　　〔1〕天地不交而萬物不通——此據上下卦象言，猶如天在上地在下互不交合，故萬物的生養不得暢通。《集解》引何妥曰："此明天道否也。"　　〔2〕上下不交而天下无邦——《集解》引何妥曰："此明人事否也。《泰》中言'志同'，《否》中云'无邦'，言人志不同必致離散而亂邦國。"又引崔憬曰："君臣乖阻，取亂之道，故言'无邦'。"　　〔3〕內陰而外陽，內柔而外剛，內小人而外君子——陰、柔、小人，指內卦坤；陽、剛、君子，指外卦乾。這三句說明"否閉"之時，"小人"塞於內，"君子"遠於外，義與《泰》相反（參閱《泰》卦《象傳》譯注）。　　〔4〕小人道長，君子道消也——這兩句歸結《彖傳》大旨，說明卦辭之義主於"小人"之道漸長，"君子"之道漸消。其中又隱含"君子"當戒防"小人"的意思。案，馬振彪云："君子道消，蓋處'否'之

時，道不得行，不若小人之盛長；其實君子之道自在，並未嘗消。使其道果消，則‘否’運何由而‘泰’？此不過對‘小人道長’而言也。"(《周易學說》)此說釋理甚切，與崔憬所謂"君子在野，小人在位之義"(《集解》引)有合。

【說明】

李過曰："《否》，《泰》之反，《彖辭》皆與《泰》反。"(《西谿易說》)因此，將《否》、《泰》的卦辭、《象傳》互爲參照閱讀，有利於對這兩卦的理解。

《象》曰：天地不交，否[1]；君子以儉德辟難，不可榮以祿[2]。

【譯文】

《象傳》說：天地不相交合，象徵否閉；君子因此以節儉爲德避開危難，不可追求榮華而謀取祿位。

【注釋】

[1] 天地不交，否——釋《否》卦上乾爲天、下坤爲地之象。《集解》引宋衷曰："天地不交，猶君臣不接；天氣上升而不下降，地氣沈下又不上升，二氣特隔，故云‘否’也。"　　[2] 儉德辟難，不可榮以祿——儉德，猶言"以儉爲德"；辟，通"避"。這是用君子如何處身於"否"時，來抒發本卦的象徵意義。《集解》引孔穎達曰："言君子於此‘否’時，以節儉爲德，辟其危難，不可榮華其身以居祿位。此若據諸侯公卿言之，辟其羣小之難，不可重受官爵；若據王者言之，謂節儉爲德，辟陰陽厄運之難，不可自重榮貴而驕逸也。"

【說明】

《否》卦的卦形是天在上、地在下，在人們眼中看來似乎是正常、合理的，但在《周易》作者眼中卻是反常、悖理的，故謂之"否閉"。由此可以窺見《易》理中"交易"、"變易"觀念之一斑。

初六，拔茅茹，以其彙[1]。貞吉，亨。

【譯文】

初六，拔起茅草而根系相牽，由於同質彙聚所致。守持正固可獲吉祥，亨通。

【注釋】

〔1〕拔茅茹，以其彙——這兩句取象與《泰》初九相同（參閱該爻譯注）。但兩爻喻義大殊：前者處“泰”之始，三陽在下同質相連並動，與上卦之陰應合，故稱“征吉”；此爻處“否”之初，三陰在下同質相連而退，與上卦之陽本應而不應，故下文誡以“貞吉，亨”，即守持正固然後有吉而亨。簡言之，《泰》初之“彙”旨在上進，《否》初之“彙”意在退處，《王注》：“居否之時，動則入邪，三陰同道，皆不可進。故‘拔茅茹’以類，貞而不諂則吉、亨。”案，《誠齋易傳》謂“拔茅”是小人類進之象，“貞吉亨”是君子守正之誡，可備一說。

《象》曰：拔茅貞吉，志在君[1]也。

【譯文】

《象傳》說：拔起茅草根系相牽而守持正固可獲吉祥，說明初六守正不進的意志是爲君主著想。

【注釋】

〔1〕志在君——《正義》：“所以居而守正者，以其志意在君，不敢懷諂苟進，故得吉亨也。”

【說明】

王宗傳曰：“《否》之初六雖有其應，然當此之時，上下隔絕而不通，故初六无上應之義；惟其以彙守吾正而已。”（《童溪易傳》）此說謂初本有應於上卦，當“否”之時則不應，頗可取。

六二，包承[1]，小人吉，大人否亨[2]。

【譯文】

六二，被包容並順承尊者，小人獲得吉祥，大人否定此道可獲亨通。

【注釋】

〔1〕包承，小人吉——包，包容，指二包容於五；承，順承，指二承五。這是說明六二居《否》下卦之中，猶如以柔順之道包容於九五，而奉承之，故有"小人吉"之象。《王注》："居'否'之世，而得其位，用其至順包承於上，小人路通。"　　〔2〕大人否亨——大人，喻九五，《集解》引荀爽曰："大人謂五"；否，猶言"否定"，《集解》引虞翻曰："否，不也。"這是從正面告誡"大人"，說明應當否定小人之道，不與相包承，則可致亨。《王注》："大人否之，其道乃亨。"又，《經義述聞》："六二包承於五，小人之道也；九五之大人若與二相包承，則以君子而入小人之羣，是'亂羣'也。故必不與相包承，而其道乃亨。"

《象》曰：大人否亨，不亂羣[1]也。

【譯文】

《象傳》說：大人否定小人之道可獲亨通，說明不能被小人的羣黨所亂。

【注釋】

〔1〕不亂羣——羣，猶言"羣小"。指九五不可應二，否則入小人之羣，必致正邪淆亂。《尚氏學》："不亂羣，言五不能下施應二。"

【說明】

六二爻辭兼取"小人"、"大人"之象，體現處"否"的方式正邪判然不同。爻中強調大人必須以"治否"爲任，故不可見亂於"羣小"。

六三，包羞[1]。

【譯文】

六三，被包容爲非終致羞辱。

【注釋】

〔1〕包羞——包，指三包容於上九；羞，羞辱。此言六三處《否》下卦之終，不中不正，但恃上所包容，懷諂奉承，妄作非爲，終致羞辱。《王注》："俱用小道，以承其上，而位不當，所以包羞也。"

《象》曰：包羞，位不當也。

【譯文】

《象傳》說：被包容爲非終致羞辱，說明六三居位不正當。

【說明】

爻辭不言凶、咎，只說羞，似表明小人之勢正盛。但從君子的角度看，終爲可羞。馬其昶曰："當'小人道長'之時，三之所爲，或无凶咎，然而君子恥之。"（《重定費氏學》）

九四，有命无咎[1]，疇離祉[2]。

【譯文】

九四，奉行扭轉否道的天命必无咎害，衆類相依均獲福祉。

【注釋】

〔1〕有命无咎——命，此處指扭轉否道的"天命"，又兼含九五"君命"之意。此言九四處下卦進入上卦之初，"否"道將有扭轉，奉"命"濟"否"，故獲"无咎"。《周易玩辭》："《泰》雖極治，以命亂而成蠱；《否》雖極亂，以有命而成益。命者，天之所令，君之所造也。道之廢興，豈非天耶？世之治亂，豈非君耶？"

〔2〕疇離祉——疇，音儔 chóu，通"儔"，猶言"衆類"，此處指下卦諸陰；離，附依；祉，福也。此句承前句之義，說明"否"道將轉之時，羣陰亦依附於"濟否君子"而獲福。馬振彪云："否之

世，小人得志，然君子之志未嘗不各行其是，不與小人爲緣。此志常行，即轉‘否’爲‘泰’之基也。此即天命所寄，爲天下造福利，小人亦引同類而附離焉。九四之志，扶危濟傾，故不疑其所行也。”（《周易學說》）案，《象傳》謂九四“志行”，《集解》引荀爽曰：“謂志行於羣陰也”，則爻辭“疇”當指下三陰，今從之。但《正義》認爲“疇”指初六，可備一說。

《象》曰：有命无咎，志行也。

【譯文】

《象傳》說：奉行扭轉否道的天命必无咎害，說明九四濟否的志向正在施行。

【說明】

《泰》九三“无往不復”是將轉否之象；《否》九四“有命无咎”是將轉泰之徵。胡炳文曰：“否泰之變，皆天也。然泰變爲否易，故於內卦即言之；否變爲泰難，故於外卦始言之。”（《周易本義通釋》）

九五，休否，大人吉[1]。其亡其亡，繫于苞桑[2]。

【譯文】

九五，休止否閉局面，大人可獲吉祥。心中自警：將要滅亡將要滅亡，就能像繫結于叢生的桑樹一樣安然无恙。

【注釋】

[1] 休否，大人吉——休，作動詞，猶言“休止”。此謂九五居尊爲“君”，陽剛中正，當否世轉泰之時，以休止天下否閉爲己任，故稱“大人吉”。《程傳》：“五以陽剛中正之德居尊位，故能休息天下之否，大人之吉也。”　　[2] 其亡其亡，繫于苞桑——苞，音包 bāo，此處指“草木叢生”，《尚書·禹貢》“草木漸苞”《孔傳》“苞，叢生”。此句誡九五之“君主”要“心存將危乃得固”（《王注》）。《朱子語類》：“有戒懼危亡之心，則便有苞桑繫

固之象。蓋能戒懼危亡，則如繫于苞桑，堅固不拔矣。」

《象》曰：大人之吉，位正當也。

【譯文】

　　《象傳》說：大人的吉祥，說明九五居位中正得當。

【說明】

　　「懼危則安」，是本則爻辭的核心思想。《繫辭下傳》引孔子語曰：「危者安其位者也，亡者保其身者也，亂者有其治者也。是故君子安而不忘危，存而不忘亡，治而不忘亂，是以身安而國家可保也。《易》曰：其亡其亡，繫于苞桑。」

上九，傾否[1]，先否後喜[2]。

【譯文】

　　上九，傾覆否閉局勢，起先猶存否閉而後通泰欣喜。

【注釋】

　　〔1〕傾否——此謂上九居「否」道窮極之時，剛健勇猛，故能一舉傾覆否閉局勢。《集解》引侯果曰：「傾爲覆也，否窮則傾矣。」　　〔2〕先否後喜——此謂「傾否」之際，雖仍有「否」，但最後必能徹底傾覆，天下通泰，故「先否後喜」。《集解》引侯果曰：「傾，猶否，故『先否』也；傾畢則通，故『後喜』也。」

《象》曰：否終則傾，何可長也！

【譯文】

　　《象傳》說：否閉終極必致傾覆，怎能保持久長呢！

【說明】

　　「否極泰來」的哲理，上九喻之至明。但要徹底「傾否」，沒有剛健勇猛的勢力是不可能的。上九乾健至盛，實是「濟否」功成的重要因素。程頤曰：「否終則必傾，豈有長否之理？極而必反，理之常也。然反危爲安，易亂爲治，必有剛陽之才而後能也。故《否》之上九則能傾否，《屯》之上六則不能變屯也。」（《程傳》）

【總論】

物有"泰"，必有"否"，《雜卦傳》曰："否泰反其類"，即表明兩卦之義相互反對。《否》卦所明"否閉"之理，體現於事物對立面之間不相應和，即上下不交，陰陽不合。卦象天在上、地在下，《象傳》謂"上下不交而天下无邦"，已明確揭示其義。卦中六爻，下三爻就陰柔者"處否"而言，初六知時能退獲"貞吉"，六二被包容順承一時得"吉"、但爲"大人"所不取，六三被包容爲非、徒獲羞辱，此主於警戒羣陰守正勿進；上三爻就陽剛者"濟否"而言，九四奉命扭轉否道"无咎"，九五休止否道獲"吉"，上六傾覆否道有"喜"，此主於嘉勉羣陽用力行志。可見，"否"時雖萬物閉塞不通，但"否極泰來"是事物發展的必然規律。因此，本卦的核心思想是教人當"否"之時，要有轉"否"成"泰"的毅力與信念，並給人帶來在"否閉"中走向"通泰"的期望。《周書·蕭詧傳》載後梁宣帝蕭詧《愍時賦》曰："望否極而反泰，何查查而無津"，正表露了處"否"求"泰"的焦慮心情。至於九五爻辭"其亡其亡，繫于苞桑"所蘊含的"懼危能安"的哲理，又對後人產生過頗爲深刻的影響。《潛夫論·思賢篇》曾就此發出一番議論："老子曰：'夫唯病病，是以不病。'《易》稱：'其亡其亡，繫于苞桑。'是故養壽之士，先病服藥；養世之君，先亂任賢。是以身常安而國脈永也。"

周易譯注卷二終

周易譯注卷三

上經 同人 大有 謙 豫 隨 蠱 臨 觀 噬嗑 賁

同人卦第十三

☲☰ 〔同人〕：同人于野，亨[1]，利涉大川，利君子貞[2]。

【譯文】

〔《同人》卦象徵和同於人〕：在寬闊的原野和同於人，亨通，利於涉越大河巨流，利於君子守持正固。

【注釋】

〔1〕〔同人：〕同人于野，亨——同人，卦名，下離（☲）上乾（☰），象徵“和同於人”；野，原野。此謂與人和同必須處於廣闊无私、光明磊落的境界，故特取“原野”喻“同人”之所；以此“同人”，前景必能暢通，故曰“亨”。《正義》：“同人，謂和同於人；野，是廣遠之處。借其‘野’名，喻其廣遠；言和同於人必須寬廣无所不同，用心无私，處非近狹，遠至于野，乃得亨通。”案，南宋馮椅以爲，卦辭“同人”之前當有“同人”二字爲卦名，應據例補之(《厚齋易學》卷二)。今人高亨亦云：“‘同人’二字當重。‘同人：同人于野’者，上‘同人’二字乃卦名，下‘同人’二字乃卦辭，此全書之通例也。”(《周易古經今注》及《周易大傳今注》)此說可取，故在卦辭前增補“同人”二字爲卦名，並加括號以別之。 〔2〕利涉大川，利君子貞——這是進一步表明，能廣泛和同於人，可以涉越險難；但“同人”不得爲邪，故又強調利於“君子”守正。《正義》：“與人同心，足以涉難，故曰‘利涉大

川'也；與人和同，易涉邪僻，故'利君子貞'也。"

《彖》曰：同人，柔得位得中而應乎乾[1]，曰同人。同人曰同人于野亨，利涉大川，乾行[2]也。文明以健，中正而應，君子正也[3]。唯君子爲能通天下之志[4]。

【譯文】

　　《彖傳》說：和同於人，譬如柔順者處得正位而守持中道又能上應剛健者，所以能夠和同於人。同人之時強調在寬闊的原野與人和同可獲亨通，利於涉越大河巨流，這是表明剛健者的求同心志在施行。禀性文明而又強健，行爲中正而又互相應和，這是君子和同於人的純正美德。只有君子才能會通統一天下民眾的意志。

【注釋】

　　〔1〕柔得位得中而應乎乾——柔，指六二；乾，健也，指九五。此句以六二得位居中與九五志同相應，釋卦名"同人"之義。《正義》："柔得位得中者，謂六二也；上應九五，是應於乾也。"〔2〕乾行——此釋卦辭"同人于野，亨，利涉大川"，指六二儘管能以柔順上應剛健，但九五剛健能下應陰柔則是"同人"的關鍵所在，故特稱"乾行"。《王注》："所以乃能'同人于野，亨，利涉大川'，非二之所能也，是乾之所行。"案，前句"同人曰"三字，宋馮椅謂爲衍文（詳《厚齋易學》卷二）。其說可備參考。〔3〕文明以健，中正而應，君子正也——文明，指下離爲火，如文德光明；健，指上乾；中正，指二、五位正居中。這三句以上下卦象及二、五爻象說明卦辭"利君子貞"的涵義。《正義》："此以二象明之，故云'文明以健'；'中正而應'，謂六二、九五皆居中得正而又相應：是君子之正道也，故云'君子正也'。若以威武而爲健，邪僻而相應，則非君子之正也。"　　〔4〕唯君子爲能通天下之志——此句歸結全《彖》，進一步贊明卦辭"利君子貞"之義。《正義》："唯君子之人，於'同人'之時能以正道通達天下之志，

故利君子之貞。"
【說明】

《折中》曰："上專以'乾行'釋'于野'、'涉川'者，但取剛健無私之義也；下釋'利貞'，則兼取明健中正之義。蓋健德但主於無私而已，必也有文明在於先，而所知無不明；有中正在於後，而所與無不當：然後可以盡無私之義，而爲君子之貞也。"此說剖析《象傳》之義甚見明確。

《象》曰：天與火，同人[1]；君子以類族辨物[2]。
【譯文】

《象傳》說：天火相互親和，象徵和同於人；君子因此分析人類羣體而辨別各種事物以審異求同。
【注釋】

〔1〕天與火，同人——與，作動詞，猶"親"，《管子·霸言》"諸侯之所與也"注謂："與，親也"，此處猶言"親和"。這兩句以天體在上、火性亦炎上，兩相親和，釋《同人》上乾爲天、下離爲火之象。《正義》："天體在上，火又炎上，取其性同，故云'天與火，同人。'"案，《集解》引《九家易》曰："謂乾舍于離，同而爲日，天日同明、以照於下，君子則之，上下同心，故曰同人。"又引荀爽曰："乾舍於離，相與同居，故曰同人也。"兩說各從不同的角度分析卦象，並可存備參考。　〔2〕類族辨物——類，用如動詞，猶言"類析"，與"辨"字義近互文；族，《正義》"聚也"，意指人類"羣體"。這是說明君子觀《同人》天、火雖異，其性有同之象，悟知通過辨析人類、衆物的異同特徵，可以存其異而謀求"和同"。《本義》："類族辨物，所以審異而致同也。"《朱子語類》："類族，是就人上說；辨物，是就物上說。天下有不可皆同之理，故隨他頭項去分別。"

【說明】

《睽》卦《大象傳》曰："君子以同而異"，此卦言"類族辨物"：兩者在求"同"方面有相近之義。但《睽》卦是在事物"乖睽"的前提下揭示"合睽"之理，而《同人》卦卻是展示廣泛"和同於人"的過程中存異求同之道，這是兩卦本質意義的區別（可參閱《睽》卦《大象傳》譯注）。李光地指出："雖大同之中，各從其類，自有區別。故上下有等，親疏有殺，人之知愚善惡有分，物之貴賤精粗有品：類而辨之，各得其分，乃所以爲'大同'也。"（《周易觀彖》）此說已揭明本卦《大象傳》的大恉。

初九，同人于門，无咎[1]。

【譯文】

初九，剛出門口就能和同於人，必无咎害。

【注釋】

〔1〕同人于門，无咎——指初九以陽居初，處"同人"之始，不係應於上，有出門便廣泛與人和同之象，故獲"无咎"。《王注》："居《同人》之始，爲'同人'之首者也。无應於上，心无繫吝，通夫大同，出門皆同，故曰'同人于門'也。出門同人，誰與爲咎？"

《象》曰：出門同人，又誰咎也！

【譯文】

《象傳》說：剛出門口就能和同於人，又有誰會施加咎害呢！

【說明】

《小象傳》發爻辭之義，此爻所釋至見精切。何楷曰："爻言'同人于門'，《傳》以'出門同人'釋之，加一'出'字，而意愈明。"（《古周易訂詁》）

六二，同人于宗，吝[1]。

【譯文】

六二，在宗族內部和同於人，有所憾惜。

【注釋】

〔1〕同人于宗，吝——宗，猶言“宗族”。此謂六二與九五相應，猶如僅與親近者和同，有“同人”偏狹之象，未免憾惜，故稱“吝”。《正義》：“係應在五，而和同於人在於宗族，不能弘闊。”《尚氏學》：“卦五陽皆同于二，今二獨親五，則三、四忌之，致吝之道。”

《象》曰：同人于宗，吝道也。

【譯文】

《象傳》說：在宗族內部和同於人，這是導致憾惜之道。

【說明】

《象傳》稱六二“柔得位得中而應乎乾”，從卦象整體取義；爻辭言“吝”，是就爻象一端抒旨。《周易會通》引馮當可曰：“以卦體言之，則有大同之義；以爻義言之，則示阿黨之戒。”

九三，伏戎于莽[1]，升其高陵，三歲不興[2]。

【譯文】

九三，潛伏兵戎在草莽間，登上高陵頻頻察看，三年也不敢興兵交戰。

【注釋】

〔1〕伏戎于莽——戎，兵戎；莽，密生的草，猶言“草莽”。此句指九三以陽剛居下卦高位，比二不應於五，有據二強“同”、與九五相爭之象，故“伏戎于莽”，俟機而作。《正義》：“九三處下卦之極，不能包弘上下、通夫大同，欲下據六二，上與九五相爭也。但九五剛健，九三力不能敵，故伏潛兵戎於草莽之中。”

〔2〕升其高陵，三歲不興——這兩句緊承前文，說明九三雖頻頻窺視九五，卻因力弱終不敢交爭。《正義》：“唯升高陵，以望前敵，

量斯勢也。縱令更經三歲，亦不能興起也。"

《象》曰：伏戎于莽，敵剛也；三歲不興，安行[1]也？

【譯文】

　　《象傳》說：潛伏兵戎在草莽間，說明九三前敵剛強；三年也不敢興兵交戰，如此怎敢冒然行進呢？

【注釋】

　　〔1〕安行——安，《王注》："辭也"，謂疑問語氣詞；"安行"猶言"安可行"。

【說明】

　　"同人"應當順合，不可強爭。九三剛元用強，有違正道，故儘管"伏戎"、"升陵"，也難以達到願望。

九四，乘其墉，弗克攻，吉[1]。

【譯文】

　　九四，高據城牆之上，又自退不能進攻，吉祥。

【注釋】

　　〔1〕乘其墉，弗克攻，吉——墉，音庸 yōng，城牆；克，能也。此謂九四失位无應，本欲與九三爭"同"於六二；但陽居陰位有能退之象，故以"不克攻"獲"吉"。《本義》："剛不中正，又无應與，亦欲同於六二，而爲三所隔，故爲乘墉以攻之象。然以剛居柔，故有自反而不克攻之象。占者如是，則是能改過而得吉也。"

《象》曰：乘其墉，義弗克也；其吉，則困而反則也。

【譯文】

　　《象傳》說：高據城牆之上，說明九四在同人的意義上不能發動進攻；獲得吉祥，是由於困陷時能夠回頭遵循正確的法則。

【說明】

　　九三不中，九四不正，兩者以剛強爭"同"於六二，並失"同人"之道。胡炳文曰："卦惟三、四不言'同人'"，"三、四有爭奪之象，非同者也。"(《周易本義通釋》)但九四居柔能退，又許其改過獲吉。

九五，同人，先號咷，而後笑，大師克相遇[1]。

【譯文】

九五，和同於人，起先痛哭號咷，後來欣喜歡笑，大軍出戰告捷而志同者相遇會合。

【注釋】

〔1〕先號咷，而後笑，大師克相遇——號咷，音豪陶 háo táo，疊韻聯綿詞，形容大聲痛哭，又作"號啕"、"嚎啕"、"嚎咷"等；大師，大軍；克，戰勝。這三句說明九五陽剛中正，尊居"君位"，與六二同心相應，但因三、四爲敵欲爭，開初不能會合而"號咷"悲痛，直至克敵制勝之後纔與六二"相遇"而"笑"。《王注》："近隔乎二剛，未獲厥志，是以先號咷也；居中處尊，戰必克勝，故後笑也。不能使物自歸，而用其強直，故必須大師克之，然後相遇也。"

《象》曰：同人之先[1]，以中直也；大師相遇，言相克也。

【譯文】

《象傳》說：和同於人起先痛哭號咷，說明九五中正誠直；大軍出戰纔與志同者相遇會合，說明九五與敵對者交戰獲勝。

【注釋】

〔1〕同人之先——先，是"先號咷"的省略。《正義》："《象》略'號咷'之字，故直云'同人之先'。"

【說明】

胡炳文曰："《同人》九五，剛中正而有應於六二，故'先號咷，而後笑'；《旅》上九，剛不中正而无應於九三，故'先笑，後號咷。'"(《周易本義通釋》)此以兩卦"先笑"、"後笑"之異辨析象旨，義有可取。

上九，同人于郊，无悔[1]。

【譯文】

上九，在荒遠的郊外和同於人，未獲同志也不覺悔恨。

【注釋】

〔1〕同人于郊，无悔——此謂上九居卦終極，"同人"道窮，遂有處於荒外、難覓同志之象。但遠避內爭，超然自樂，也不覺悔恨。《王注》："郊者，外之極也。處'同人'之時，最在於外，不獲同志，而遠於內爭，故雖无悔吝，亦未得其志。"

《象》曰：同人于郊，志未得也。

【譯文】

《象傳》說：在荒遠的郊外和同於人，說明上九與人和同的志向未能實現。

【說明】

欲與人"同"，自然要接近現實生活；上九獨居荒遠，"同人"之道不能不窮。程頤曰："雖无悔，非善處也。"（《程傳》）

【總論】

《禮記·禮運》曰："大道之行也，天下爲公"，"故人不獨親其親，不獨子其子"，"是謂大同"。這顯然是古人的一種美好理想。《同人》卦所發"和同於人"的意義，與這一理想的旨趣頗可相通。卦辭"同人于野"，就顯露著"光明无私"的同人之道。然而，要實現"同人"願望，卻不是輕而易舉的。卦中六爻展示了"同人"之時的各種曲折情狀：初九剛出門即與人和同，僅獲"无咎"；六二"同人"於宗族，所同偏狹，未免憾惜；九三、九四爭相強"同"於人，違"中"失"正"，故前者徒勞无益，後者改過則吉；九五先遭危厄，後以剛正執中得遂"同人"之志；上九孤身遠避荒外，"同人"道窮。可見，《周易》作者畢竟正視現實，沒有停留在抽象的理想境界，而是在"同"與"爭"的尖銳矛盾中極力揭示出"同人"艱難的本質規律。尤其是三、四、五爻,以"兵戎"、"攻戰"設喻,更見"同人"過程中矛盾激化的程度。王弼於此卦嘆曰:"凡處同人而不泰焉,則必用師矣。"(《王注》)換言之,今日"和同",往往是在昔日"爭戰"的"廢墟"上建立起來的。不過,從正面的宗旨分析,本卦所追求的廣泛"和同於人"的理想,在我國古代思想史上无疑具有一定的進步意義。

大有卦第十四

☲　大有^[1]：元亨^[2]。

【譯文】

《大有》卦象徵大獲所有：至爲亨通。

【注釋】

〔1〕大有——卦名，下乾（☰）上離（☲），象徵"大獲所有"。案，"大有"之義，《集解》引虞翻注，釋爲"大富有"。本卦一陰居尊，獲五陽之應，正具此象。《正義》："柔處尊位，羣陽並應，能大所有，故稱'大有。'"　〔2〕元亨——物獲"大有"，必然至爲亨通，故稱"元亨"。《王注》："大有，則必元亨矣。"

《彖》曰：大有，柔得尊位，大中而上下應之^[1]，曰大有。其德剛健而文明，應乎天而時行^[2]，是以元亨。

【譯文】

《彖傳》說：大有，譬如陰柔者得居尊位，高大守中而上下陽剛紛紛相應，所以能大獲所有。此時秉持剛健而文明的美德，順應天的規律而萬事按時施行，所以前景至爲亨通。

【注釋】

〔1〕柔得尊位，大中而上下應之——柔，指六五；上下，指上下五陽爻。此以卦中一陰獲五陽之應，釋卦名"大有"之義。《王

注》："處尊以柔，居中以大，體无二陰，以分其應，上下應之，靡所不納，大有之義也。"《正義》："柔處尊位，是其大也；居上卦之內，是其中也。"　〔2〕其德剛健而文明，應乎天而時行——剛健，指下乾爲健；文明，指上離爲火。此以上下卦象釋卦辭"元亨"之義。《王注》："德應於天，則行不失時矣。剛健不滯，文明不犯，應天則大，時行无違，是以元亨。"

《象》曰：火在天上，大有[1]；君子以遏惡揚善，順天休命[2]。

【譯文】

《象傳》說：火焰高懸天上无處不照，象徵大獲所有；君子因此在所獲衆多時遏止邪惡而倡揚善行，順從天的意志而休美萬物性命。

【注釋】

〔1〕火在天上，大有——釋《大有》卦上離爲火，下乾爲天之象。《程傳》："火高在天上，照見萬物之衆多，故爲'大有'。"〔2〕遏惡揚善，順天休命——休，用如動詞，猶言"休美"，《正義》釋"休命"爲"休美物之性命"。這是說明君子觀《大有》之象，悟知在所獲衆多之時，應當不忘止惡揚善，順從"天意"、休美"物命"。《程傳》："萬物衆多，則有善惡之殊。君子享大有之盛，當代天工，治養庶類。治衆之道，在遏惡揚善而已。惡懲善勸，所以順天命而安羣生也。"

【說明】

《穀梁傳》宣公十六年謂"五穀大熟爲大有年"，正見"大獲所有"之義。《大象傳》"遏惡揚善，順天休命"，則是衍發"火天"明照之象，指出大有之時當守正行善。司馬光曰："火在天上，明之至也。至明則善惡无所遺矣。善則舉之，惡則抑之，上之職也。明而能健，慶賞刑威得其當，然後能保有四方，所以順天美命

也。"(《溫公易說》)

初九，无交害，匪咎[1]，艱則无咎[2]。

【譯文】

　　初九，不交往不惹禍，自然不致咎害，但必須牢記艱難才能免遭咎害。

【注釋】

　　[1] 无交害，匪咎——交，猶言"交往"、"交接"。此謂初九處"大有"之始，以陽居下，與四无應，有與人不相交往之象，因此不惹禍患，不致咎害。《重定費氏學》引黃淳耀曰："以九居初，是初心未變，无交故无害也。"　　[2] 艱則无咎——義與《泰》九三"艱貞无咎"略同（見該爻譯注）。此處指初九當"大有"之時，雖"无交害，匪咎"，但還須牢記艱難，才能長保"无咎"。《尚氏學》："无交故无害，然須艱貞自守，方无咎也。"

《象》曰：大有初九，无交害也。

【譯文】

　　《象傳》說：大有之時而居初九之位，說明此時不交往也就不惹禍害。

【說明】

　　初九爻義體現於兩方面：一是身雖處"大有"，但能慎守靜居，不濫與物交，遂能"无害"、"匪咎"。二是當此之時，又不可因"大有"而忘艱難，故爻辭特稱"艱則无咎"。就警戒意義言，後一點尤為深切。程頤曰："若能享富有而知難處，則自无咎也；處富有而不能思艱兢畏，則驕侈之心生矣，所以有咎也。"(《程傳》)

九二，大車以載，有攸往，无咎[1]。

【譯文】

　　九二，用大車運載財富，有所前往，必无咎害。

【注釋】

〔1〕大車以載，有攸往，无咎——這是比喻九二以陽剛處“大有”，居中應五，有見信於“君”、任重道遠之象，故所往必无咎。《王注》：“健不違中，爲五所任；任重不危，致遠不泥，故可以往而无咎也。”《正義》：“能堪受其任，不有傾危，猶若大車以載物也。此假外象以喻人事。”

《象》曰：大車以載，積中不敗也。

【譯文】

《象傳》說：用大車運載財富，說明要裝積在正中不偏之處纔不致危敗。

【說明】

九二身負重任，前景光明，其“富有”猶如用車載斗量。但能獲“无咎”，則關鍵在於居位適中，行爲不偏，因此《象傳》發“積中不敗”之義。

九三，公用亨于天子〔1〕，小人弗克〔2〕。

【譯文】

九三，王公向天子獻禮致敬，小人不能擔當大任。

【注釋】

〔1〕公用亨于天子——公，王公，喻九三；亨，通“享”，《左傳》僖公二十五年引作“享”，猶言“朝獻”，指古代諸侯向天子獻禮致敬的儀式；天子，喻六五。此句說明九三處下卦之上，剛健居正，猶如“大有”之世的“王公”，故以“亨于天子”設喻。《本義》：“亨，《春秋傳》作‘享’，謂‘朝獻’也。古者亨通之‘亨’，享獻之‘享’，烹飪之‘烹’，皆作‘亨’字。九三居下之上，公侯之象；剛而得正，上有六五之君，虛中下賢，故爲‘享于天子’之象。”案，《王注》釋“亨”爲“通”，可備一說。

〔2〕小人弗克——此句從反面設戒，言“小人”不能當此大任，意

指九三必須修德守正，不可稍懈。《正義》：“小人德劣，不能勝其位，必致禍害。”

《象》曰：公用亨于天子，小人害也。

【譯文】

《象傳》說：王公向天子獻禮致敬，要是小人當此大任必致禍害。

【說明】

時當大有，物阜民豐，王公大臣必歸此功於“君上”：既致敬意，又藉以歌頌昇平。程頤曰：“‘率土之濱，莫非王臣’，在下者何敢專其有？凡土地之富，人民之衆，皆王者之有也。”（《程傳》）這是本爻“王用亨于天子”的時代背景。

九四，匪其彭，无咎[1]。

【譯文】

九四，富有不過盛，則无咎害。

【注釋】

〔1〕匪其彭，无咎——彭，盛多之狀。此謂九四以陽剛居上卦，“大有”漸盛；且陽處陰位，有不爲過盛、謙恭順承六五之象，故獲“无咎”。《程傳》：“九四居‘大有’之時，已過中矣，是‘大有’之盛者也。過盛則凶咎所由生也，故處之之道，‘匪其彭’則得‘无咎’。謂能謙損，不處其太盛，則得无咎也。四近君之高位，苟處太盛，則致凶咎。彭，盛多之貌，《詩·載驅》云‘汶水湯湯，行人彭彭’，行人盛多之狀；《雅·大明》云‘駟騵彭彭’，言武王戎馬之盛也。”案，《釋文》引《子夏傳》訓“彭”爲“旁”，《王注》：“三雖至盛，五不可舍，能辯斯數，專心承五，常匪其旁，則无咎矣。旁謂三也。”於義亦通。

《象》曰：匪其彭无咎，明辩晢[1]也。

【譯文】

《象傳》說：富有不過盛則无咎害，說明九四具有明辨事理以權衡自身處境的智慧。

【注釋】

〔1〕明辯哲——辯，通"辨"；哲，音哲 zhé，明智，《說文》："哲，昭哲，明也，从日折聲，《禮》曰'哲明行事'。"此句釋九四"无咎"的原因。《正義》："由九四才性辯而哲知，能斟酌事宜。"

【說明】

九四近"君"處危，"知幾"自抑，是獲得"无咎"的重要因素。爻旨頗含明哲才能保身的誠意。《折中》引沈該曰："以剛處柔，謙以自居；而懼以戒其盛，得明哲保身之義。"

六五，厥孚交如[1]，威如，吉[2]。

【譯文】

六五，用誠信交接上下，威嚴自顯，吉祥。

【注釋】

〔1〕厥孚交如——厥，其也；如，語氣助詞（下句"如"同）。此謂六五柔居"君位"，以信交接上下衆陽，爲大獲人心、富有至盛之象。《王注》："居尊以柔，處大以中，无私於物，上下應之，信以發志，故'其孚交如'也。" 〔2〕威如，吉——此承前句之義，指六五以"誠"待物，其"威"自顯，故獲吉祥。《王注》："夫不私於物，物亦公焉；不疑於物，物亦誠焉。既公且信，何難何備？不言而教行，何爲而不'威如'？爲'大有'之主，而不以此道，吉可得乎？"

《象》曰：厥孚交如，信以發志也[1]；威如之吉，易而无備[2]也。

【譯文】

《象傳》說：用誠信交接上下，說明六五以己信啓發他人的忠信之志；威嚴自顯的吉祥，說明六五行爲簡易不設誠防而人自敬畏。

【注釋】

〔1〕信以發志——《程傳》："由上有孚信，以發其下孚信之志。" 〔2〕易而无備——《正義》："以己不私於物，惟行簡易，无所防備，物自畏之。"案，《程傳》釋"易"作"易慢"，以爲指六五"若无威嚴，則下易慢而无戒備也"。可備一說。

【說明】

六五以柔居尊，有"謙虛"之象；又處中位，即《象傳》所謂"大中"之義。《周易學說》引劉沅曰："惟五居尊而虛中，孚於无形。不嚴而威，故'威如'；剛柔兼濟，故'吉'。誠能動物，人自信之，此所以'大中而上下應之'也。"

上九，自天祐之，吉无不利[1]。

【譯文】

上九，從上天降下祐助，吉祥而无所不利。

【注釋】

〔1〕自天祐之，吉无不利——此謂上九以陽剛之德居《大有》卦終，超然安處於"无位"之地，猶如獲"天祐"長保富有，故"吉无不利"。《繫辭上傳》引孔子語釋曰："祐者，助也。天之所助者，順也；人之所助者，信也。履信思乎順，又以尚賢也，是以'自天祐之，吉无不利'。"《王注》依此爲說，指出："五爲信德，而己履焉，'履信'之謂也；雖不能體柔，而以剛乘柔，'思順'之義也；居豐有之世，而不以物累其心，高尚其志，'尚賢'者也。爻有三德，盡夫助道，故《繫辭》具焉。"根據王弼的理解。上九陽剛在上、下比六五的居位特點，含有履信事君、以剛順柔、崇尚

賢者("君"、"柔"、"賢"均指六五)這三項美德，故終獲"天祐"之吉。孔穎達所謂"天尚祐之，則无物不祐"（《正義》），即明此意。此說宜甚可取。案，郭雍認爲上九"天祐"、"无不利"，是"終六五之義"，指出："六五之君實盡此，而言于上九者，非上九之才能得此也，蓋言《大有》之吉以此終也。"（《郭氏傳家易說》）可備一說。

《象》曰：大有上吉，自天祐也。

【譯文】

　　《象傳》說：大有之時極居上位而獲吉祥，是從上天降下的祐助。

【說明】

　　物獲"大有"至盛之時，欲長保不衰，唯須守順謙下、誠信接物、見賢思齊。這三者又以"順"爲首要前提。《大象傳》發"順天休命"之義，正與上九所言"天祐"有合。

【總論】

　　傳說上古的舜帝曾造《南風》歌，發出"南風之時兮，可以阜吾民之財兮"的贊語（《孔子家語·辯樂解》引）；又撰《祠田》辭："荷此長耜，耕彼南畝，四海俱有"（《文心雕龍·祝盟》引）；戰國時"道旁禳田者"也有"五穀蕃熟，穰穰滿家"（《史記·滑稽列傳》引）的祝詞。可見，天下昌盛富有，是古人的一種普徧心願。《大有》卦辭稱"大有，元亨"，正含盛贊"富有"之義。六爻所示，則是當"大獲所有"之時，如何善處"大有"的道理。視諸爻情狀：初"富庶"之始，不濫交則"无咎"；二有"車載斗量"之富，慎行中道乃獲"无咎"；三富若"王公"，恭敬獻享於"天子"則有利；四雖富而能自抑，不爲過盛必"无咎"；五居"大有"之尊，誠信徧施上下獲"吉"；上謙順安處，得"天祐"長保富有。顯然，各爻情狀雖不一致，但均主於妥善安保"富庶"。

當然，卦旨並非僅僅示人居處"大有"之道。從上下象取"火在天上"及卦中六五喻"明君"、羣陽喻"賢臣"的蘊義看，似又表露著"大有"之世的出現，與"政治昌明"的必然聯繫。楊萬里指出："六爻亨一、吉二、无咎三。明主在上，羣賢畢集：无一敗治之小人，无一害治之匪德。"(《誠齋易傳》)此說把"大有"視爲"盛世明治"的直接體現：這一點，實爲本卦象徵大義的一個重要側面。

謙 卦 第 十 五

䷎　謙[1]：亨[2]，君子有終[3]。

【譯文】

《謙》卦象徵謙虛：亨通，君子能夠保持謙德至終。

【注釋】

〔1〕謙——卦名，下艮（☶）上坤（☷），象徵“謙虛”。《釋文》：“謙，卑退爲義，屈己下物也。”　〔2〕亨——指謙虛待物，必致亨通。《正義》：“謙者，屈躬下物，先人後己；以此待物，則所在皆通，故曰‘亨’也。”　〔3〕君子有終——《正義》：“小人行謙，則不能長久，唯君子有終也。”

《彖》曰：謙，亨。天道下濟而光明[1]，地道卑而上行[2]。天道虧盈而益謙[3]，地道變盈而流謙[4]，鬼神害盈而福謙[5]，人道惡盈而好謙[6]。謙尊而光，卑而不可踰[7]：君子之終[8]也。

【譯文】

《彖傳》說：謙虛，亨通。譬如天的規律是下降濟物而天體愈顯光明，地的規律是低處卑微而地氣源源上升。天道是虧損盈滿而補益謙虛，地道是變易盈滿而充裕謙虛，鬼神之道是危害盈滿而施福謙虛，人道是憎惡盈滿而愛好謙虛。謙虛的人高居尊位而道德更加光明，下處卑位而人們也難以超越：只有君子能夠保持謙德至終啊。

【注釋】

〔1〕天道下濟而光明——《正義》：“下濟者，謂降下濟生萬物也；而光明者，謂三光垂耀而顯明也。”　〔2〕地道卑而上行——此句合前句，以天地之道均謙下而致“光明”和“上行”，釋卦辭“謙，亨”之義。《正義》：“地體卑柔而氣上行，交通於天以生萬物也。”　〔3〕天道虧盈而益謙——《集解》引崔憬曰：“若日中則昃，月滿則虧，損有餘以補不足，天之道也。”〔4〕地道變盈而流謙——流，《正義》釋爲“流布”，即流散盈滿以廣布於虛處，含“充實”之義。《集解》引崔憬曰：“高岸爲谷，深谷爲陵，是爲變盈而流謙，地之道也。”　〔5〕鬼神害盈而福謙——此謂驕盈者爲鬼神所害，謙恭者爲鬼神所祐。《集解》引崔憬曰：“朱門之家，鬼闞其室；黍稷非馨，明德惟馨：是其義也。”〔6〕人道惡盈而好謙——《集解》引崔憬曰：“滿招損，謙受益，人之道也。”以上四句，泛舉“天道”、“地道”、“鬼神”、“人道”爲例，說明宇宙間的事理无不抑盈揚謙，進一步申明卦辭“謙亨”之義。　〔7〕謙尊而光，卑而不可踰——此謂謙虛者无論地位高低，均可受益。《集解》引孔穎達曰：“尊者有謙而更光明盛大，卑者有謙而不踰越。”　〔8〕君子之終——此句歸結前兩句之義，說明只有“君子”才能處尊卑均不改其謙，並釋卦辭“君子有終”。《集解》引孔穎達曰：“言君子能終其謙之善，而又獲謙之福。”案，此“終”字兼含兩義：一、君子始終守謙，二、君子終獲謙福。

《象》曰：地中有山，謙[1]；君子以哀多益寡，稱物平施[2]。

【譯文】

《象傳》說：高山低藏在地中，象徵謙虛；君子因此引取過多以補充不足，權衡各種事物而公平地施予。

【注釋】

〔1〕地中有山，謙——釋《謙》卦上坤爲地、下艮爲山之象。《集解》引鄭玄曰：“艮爲山，坤爲地。山體高，今在地下；其於人道，高能下下：謙之象。”　〔2〕裒多益寡，稱物平施——裒，音抔 póu，《釋文》“鄭、荀、董、蜀才作‘抔’（音抔 póu），云‘取也’”，《說文》：“抔，引取也”（案，《說文》无“裒”字，據其引《詩經·小雅·常棣》“原隰裒矣”作“抔”，可知兩字音同互假）；稱，讀去聲 chèng，猶言“權衡”。這是說明君子觀《謙》卦之象，悟知事物不可盈滿，故取多益寡、均平施物。《程傳》：“山而在地下，是高者下之、卑者上之，見抑高舉下、損過益不及之義。以施於事，則裒取多者，增益寡者，稱物之多寡以均其施與，使得其平也。”

【說明】

《大象傳》謂“地中有山”，似又含有外雖謙卑而內實高大之意。程頤指出：“不云‘山在地中’，而曰‘地中有山’，言卑下之中，蘊其崇高也。”（《程傳》）

初六，謙謙君子，用涉大川，吉[1]。

【譯文】

初六，謙而又謙的君子，可以涉越大河巨流，吉祥。

【注釋】

〔1〕謙謙君子，用涉大川，吉——謙謙，猶言“謙而又謙”。此謂初六陰柔謙遜，低處下卦之下，有“謙謙”之象；以此涉難，所往必吉。《王注》：“處謙之下，謙之謙者也。能體‘謙謙’，其唯君子。用涉大難，物无害也。”

《象》曰：謙謙君子，卑以自牧[1]也。

【譯文】

　　《象傳》說：謙而又謙的君子，表明其能用謙卑來制約自己。

【注釋】

　　〔1〕卑以自牧——《羣經平議》："《荀子·成相篇》'請牧基，賢者思'，楊倞注曰'牧，治也'。然則'卑以自牧'者，卑以自治也。《方言》曰'牧，治也'，又曰'牧，察也'，司、察二義與'治'義相近。"據此，"牧"猶今語"制約"。案，王注訓"牧"爲"養"，於義亦通。

【說明】

　　此爻處《謙》之始，其位最下。能以"謙謙"獲"吉"，即《象傳》"卑而不可踰"之義。但若沒有厚實的"道德"基礎和必要的"克己"精神，是難以作到的。爻辭稱"君子"、《象傳》謂"自牧"，正寓此理。

六二，鳴謙，貞吉[1]。

【譯文】

　　六二，謙虛名聲外聞，守持正固可獲吉祥。

【注釋】

　　〔1〕鳴謙，貞吉——鳴，指名聲外聞。此謂六二柔順居中，謙聲外播，乃以守正獲吉，《王注》："鳴者，聲名聞之謂也。得位居中，謙而正焉。"

《象》曰：鳴謙貞吉，中心得[1]也。

【譯文】

　　《象傳》說：謙虛名聲外聞而守持正固可獲吉祥，說明六二靠中心純正贏得美名。

【注釋】

　　〔1〕中心得——《周易口義》："言君子所作所爲，皆得諸心，然後發之於外，則无不中于道也。故此謙謙皆由中心得之，以至于

聲聞流傳于人，而獲正之吉也。"

【說明】

謙虛的美德，因純誠積於中心所致。越享有名聲，越須保持"中正"的內質。故爻辭强調"貞"則能"吉"。

九三，勞謙，君子有終，吉[1]。

【譯文】

九三，勤勞謙虛，君子保持謙德至終，吉祥。

【注釋】

〔1〕勞謙，君子有終，吉——此謂九三爲卦中唯一的陽爻，居下卦之終，以剛健承應於上，猶勤勞而又謙虛，故以"有終"獲"吉"。《王注》："居謙之世，何可安尊？上承下接，勞謙匪解，是以吉也。"

《象》曰：勞謙君子，萬民服[1]也。

【譯文】

《象傳》說，勤勞謙虛的君子，廣大百姓都服從他。

【注釋】

〔1〕萬民服——指九三居下卦高位，以"勞謙"服衆。此即爻辭"有終，吉"之義。《易纂言》："萬民服，謂有終而吉也。"

【說明】

九三位處上下卦之際，行事頗多艱難。故既要守謙不驕，又要勤勞不息。胡炳文曰："所謂'勞'者，即《乾》之'終日乾乾'。"（《周易本義通釋》）

六四，无不利，撝謙[1]。

【譯文】

六四，无所不利，發揮擴散謙虛的美德。

【注釋】

〔1〕无不利，撝謙——撝，音揮 huī，《說文》"裂也"，《段注》："撝謙者，溥散其謙，无所往而不用謙，'裂'義之引申也"，此與《本義》所謂"發揮其謙"同。這兩句說明六四處三之上、五之下，柔順得正，无論對上對下，均能發揮謙德，故"无不利"。《王注》："處三之上而用謙焉，則是'自上下下'之義也；承五而用謙順，則是'上行'之道也。"

《象》曰：无不利撝謙，不違則^{〔1〕}也。

【譯文】

《象傳》說：既无所不獲其利又能發揮擴散謙虛的美德，說明六四不違背謙虛的法則。

【注釋】

〔1〕不違則——《程傳》："凡人之謙，有所宜施，不可過其宜也。""惟四以處近君之地，據勞臣之上，故凡所動作，靡不利於施謙，如是然後中於法則。故曰'不違則'，謂得其宜也。"

【說明】

六四處"多懼"之位，乘三承五，其"利"在於敬慎自修、努力"撝謙"。朱熹云"示不敢自安之意"（《本義》）是也。

六五，不富^{〔1〕}，以其鄰利用侵伐，无不利^{〔2〕}。

【譯文】

六五，虛懷不有富實，與近鄰一起都利於出征討伐，无所不利。

【注釋】

〔1〕不富——謂六五陰虛失實（參閱《泰》六四注），此處喻"虛懷謙遜"之義。　〔2〕以其鄰利用侵伐，无不利——以，猶"與"；鄰，指四、上兩爻（"以"、"鄰"之義可參閱《泰》六四注）。這兩句說明六五柔中居尊，既能廣泛施謙於下，又能協同居

上者共伐驕逆，使"天下"盡歸"謙"道。故爻辭先言"不富"，再稱"以其鄰利用侵伐"，如此則"无不利"。案，《王注》以"不富以其鄰"連讀爲句，訓"以"字爲"用"，認爲六五"居於尊位，用謙與順，故能不富而用其鄰也，以謙順而侵伐，所伐皆驕逆也"。此說於義亦通。

《象》曰：利用侵伐，征不服[1]也。

【譯文】

《象傳》說：利於出征討伐，說明六五是征伐驕橫不順者。

【注釋】

〔1〕征不服——《古周易訂詁》："侵伐非黷武。以其不服，不得已而征之，正以釋征伐用謙之義。"

【說明】

有謙必有驕，有順必有逆。六五以"謙"德居尊位，對順從者自然施之以謙，但對驕逆者卻不可一味用謙姑息，而要以"侵伐"制服。此與《大象傳》"裒多益寡，稱物平施"之義正合。

上六，鳴謙，利用行師，征邑國[1]。

【譯文】

上六，謙虛名聲遠聞，利於帶兵作戰，征討相鄰四方小國都邑。

【注釋】

〔1〕鳴謙，利用行師，征邑國——邑，《說文》"國也"；"邑國"《正義》釋爲"外旁國邑"，指較近之處。這兩句說明上六居《謙》卦極位，有謙極而名聲遠聞之象；以此"行師"討逆，所征僅限於"邑國"，故其行必利。《折中》引何楷曰："所征止於邑國，毋敢侵伐，亦謙之象。"案，二、上均言"鳴謙"，上居高"鳴"於下，二處內"鳴"於外，兩者特點不同。

《象》曰：鳴謙，志未得[1]也；可用行師，征邑國也。

【譯文】

《象傳》說：謙虛的名聲遠聞，表明推廣謙德的心志尚未完全實現；可以帶兵作戰，此時只是征討四旁都邑的驕逆不謙者。

【注釋】

〔1〕志未得——上六位高謙極，足以感化眾人；但畢竟還有驕逆不順者，故其安定"天下"之志尚未完全實現。《折中》："其志未得者，乃未能遂其大同之心。"

【說明】

上六有"鳴謙"之德，順從者必眾，背逆者必寡，這是利於行師、征邑國的重要條件。朱熹曰："謙極有聞，人之所與，故可用行師。"（《本義》）

【總論】

《尚書·大禹謨》稱："滿招損，謙受益"，自古以來被人奉爲至理名言。《謙》卦大義，即主於贊揚"謙虛"美德。卦辭指出："謙，亨，君子有終"，正表明"謙"道美善可行。周公旦曾經藉此告誡伯禽曰："《易》有一道，大足以守天下，中足以守其國家，小足以守其身：謙之謂也。"（《韓詩外傳》卷三引）全卦六爻，一一揭示行謙必益的道理：初六卑下謙謙，无往不吉；六二謙德廣聞，中正獲吉；九三勤勞謙虛，有終致吉；六四發揮其謙，无所不利；六五居尊行謙，亦无不利；上六謙極有聞，利於行師。胡一桂曰："《謙》一卦六爻，下三爻皆吉而无凶，上三爻皆利而无害。《易》中吉利，罕有若是純全者：謙之效故如此也。"（《周易本義附錄纂疏》）然而，"謙"與"驕"又是相對立而並存的現象，欲使"天下歸謙"，必當平"驕"去"逆"。五、上兩爻有"侵伐"、"行師"之象，正見此義；《大象傳》謂"裒多益寡，稱物平施"，亦寓斯旨。馬振彪云："君子以德服人，然有時亦不得不用兵"，"周公東征，四國是皇"；"其用行師，志雖未得，所以濟謙德而妙其用，平天下之不平者一歸於平，故五、上兩爻言'征伐'也。"(《周易學說》)可見，《周易》作者在强調"謙"的思想的同時，還注意到排除"驕逆"的一面：這又是本卦辯證觀念的體現。

豫卦第十六

䷏　豫[1]：利建侯行師[2]。

【譯文】

《豫》卦象徵歡樂：利於建立諸侯及出師征戰。

【注釋】

〔1〕豫——卦名，下坤（☷）上震（☳），象徵“歡樂”。案，“豫”字，《爾雅·釋詁》“樂也”；此卦下坤上震，有順性以動、物皆歡樂之義。《集解》引鄭玄曰：“坤，順也；震，動也。順其性而動者，莫不得其所，故謂之‘豫’。豫，喜豫、說樂之貌也。”

〔2〕利建侯行師——此謂衆物歡樂之時，宜於“建侯”廣施治理、“行師”討逆安民。《正義》：“動而衆說，故可利建侯也；以順而動，不加无罪，故可以行師也。”

《彖》曰：豫，剛應而志行[1]，順以動[2]，豫。豫，順以動，故天地如之[3]，而況建侯行師乎？天地以順動，故日月不過，而四時不忒[4]；聖人以順動，則刑罰清而民服。豫之時義大矣哉[5]！

【譯文】

《彖傳》說：歡樂，譬如陽剛者與陰柔相應而心志暢行，又能順沿物性而動，遂可導致歡樂。歡樂，既然是順沿物性而動，那麼，連天地的運行都能如此，何況建立諸侯及出師征戰這些事呢？

天地順沿物性而動，所以日月周轉不致過失，四季更替不出差錯；聖人順沿民情而動，於是運用刑罰清明而百姓紛紛服從。歡樂之時包涵的意義多麼弘大啊！

【注釋】

〔1〕剛應而志行——指卦中九四陽剛，與羣陰相應而志行。《集解》引侯果曰：“四爲卦主，五陰應之，剛志大行，故曰‘剛應而志行’。”　〔2〕順以動——順，指下坤；動，指上震。此謂上下卦象含順動致豫之義。本句合前句並釋卦名“豫”。《集解》引崔憬曰：“坤下震上，順以動也。”　〔3〕天地如之——此句以下，廣舉“天地之動”、“聖人之動”爲例，說明萬事萬物均須“順而動”才能成“豫”，進一步闡釋卦名“豫”及卦辭“利建侯行師”義。《集解》引虞翻曰：“如之者，謂天地亦動以成四時。”　〔4〕忒——音特 tè，《集解》引虞翻曰：“差迭也”，猶言“差錯”。　〔5〕豫之時義大矣哉——這是《彖傳》作者對本卦含義深廣的歡美之辭。《正義》：“歡美爲豫之善，言於逸豫之時，其義大矣，此歡卦也。”案，《彖傳》凡歡“大矣哉”者，共有十二卦，《正義》綜論曰：“凡言不盡意者，不可煩文其說，且歡之以示情，使後生思其餘蘊，得意而忘言也。然歡卦有三體：一直歡‘時’，如‘大過之時大矣哉’之例是也；二歡‘時’並‘用’，如‘險之時用大矣哉’之例是也；三歡‘時’並‘義’，‘豫之時義大矣哉’之例是也。”《周易玩辭》亦曰“《豫》、《隨》、《遯》、《姤》、《旅》，皆若淺事而有深意，故曰‘時義大矣哉’，欲人之思之也；《坎》、《暌》、《蹇》，皆非美事，而聖人有時而用之，故曰‘時用大矣哉’，欲人之別之者；《頤》、《大過》、《解》、《革》，皆大事大變也，故曰‘時大矣哉’，欲人之謹之也。”上說分析《彖傳》歡卦的特點，頗可參攷。

【說明】

《豫》卦《彖傳》先言卦“體”爲“剛應而志行”，然後反覆强調卦“德”爲“順而動”，揭示“順動”才能致“豫”的道理。《折中》曰：“《象傳》中凡稱卦德，皆先內而後外，而其文義又各不同。其曰‘而’者，兩字並重，如《訟》之‘險而健’，既‘險’又‘健’也；《小畜》之‘健而巽’，既‘健’又‘巽’也；《大有》‘剛健而文明’，既‘剛健’而又‘文明’也。其曰‘以’者，則重在上一字，如《同人》‘文明以健’，重在‘文明’字；此卦‘順以動’，重在‘順’字。其或以下一字爲重者，則又變其文法，如《復》卦‘動而以順行’之類。”此說分析《象傳》運用虛詞“而”、“以”的三種不同情況，甚有見地。

《象》曰：雷出地奮，豫[1]；先王以作樂崇德，殷薦之上帝，以配祖考[2]。

【譯文】

《象傳》說：雷聲發出而大地振奮，象徵歡樂；先代君王因此制作音樂用來贊美功德，通過隆盛的典禮奉獻給天帝，並讓祖先的神靈配合共享。

【注釋】

〔1〕雷出地奮，豫——釋《豫》卦上震爲雷、下坤爲地之象。《集解》引鄭玄曰：“奮，動也。雷動於地上，萬物乃豫也。”

〔2〕先王以作樂崇德，殷薦之上帝，以配祖考——崇，推崇、褒揚；殷，盛也，《說文》“作樂之盛偁殷”；薦，獻也；之，介詞，猶“之于”；上帝，猶言“天帝”，古人視爲主宰萬物的至高无上之神；配，古代祭祀中的“配饗”禮，此謂以祖先配饗上帝；祖考，即祖先。這三句說明“先王”觀《豫》卦之象，悟知通過音樂的鼓動，來歌功頌德、獻祀“上帝”、“祖考”。《集解》引鄭玄曰：“以者，取其喜佚動搖，猶人至樂則手欲鼓之，足欲舞之也；崇，充也；殷，盛也；薦，進也；上帝，天帝也。王者功成作樂，以文得之者作‘籥舞’，以武得之者作‘萬舞’，各充其德而爲制。

祀天帝以配祖考者，使與天同饗其功也。故《孝經》云‘郊祀后
稷以配天，宗祀文王於明堂以配上帝’也。”案，“崇”字，鄭氏
訓“充”，本於《爾雅·釋詁》，於義亦通。

【說明】

音樂的鼓動作用，《禮記·樂記》說：“發以聲音，而交以琴
瑟，從以簫管，奮至德之光，動四氣之和。”本卦《大象傳》所言
“先王作樂”之義，似表明古代統治者創造音樂的一方面重要目的：
當功成頌德之時，以及獻享“天帝”、“祖考”之際，用來渲染、
鼓舞特定的“政治”氣氛，以尋求人神共相歡樂的效果。由此可以
推見古代“樂”禮之一斑。

初六，鳴豫，凶[1]。

【譯文】

初六，沈溺於歡樂自鳴得意，有凶險。

【注釋】

〔1〕鳴豫，凶——指初六陰居陽位，以失正之體上應九四，有
沈溺於歡樂、自鳴得意之象，故“凶”。《王注》：“處豫之初，而
特得志於上，樂過則淫，志窮則凶。豫何可鳴！”

《象》曰：初六鳴豫，志窮凶也。

【譯文】

《象傳》說：初六之時歡樂過甚自鳴得意，說明歡樂之志窮極
導致凶險。

【說明】

《謙》上六“鳴謙”有“利”，《豫》初六“鳴豫”致“凶”：
可見謙虛之德不妨有聞於外，歡樂之初切不可得意忘形。《折中》
引龔煥曰：“《豫》之初六，即《謙》上六之反對”，“謙而鳴則吉，
豫而鳴則凶。”

六二，介于石，不終日，貞吉[1]。

【譯文】

六二，耿介如石，不等候一天終竟就悟知歡樂宜適中之理，守持正固可獲吉祥。

【注釋】

〔1〕介于石，不終日，貞吉——介，耿介正直之狀；于，介詞，猶"如"。這兩句比喻六二柔順中正、耿介如石，當"豫"之時，能不苟且求豫，"不終日"即"知幾"速悟豫理；如此守正必吉，故稱"貞吉"。《王注》："處豫之時，得位履中，安夫貞正，不求苟豫者也。順不苟從，豫不違中，是以上交不諂，下交不瀆。明禍福之所生，故不苟說；辯必然之理，故不改其操：介如石焉，不終日明矣。"

《象》曰：不終日貞吉，以中正也。

【譯文】

《象傳》說：不等候一天終竟就悟知歡樂宜適中而守持正固獲得吉祥，是由於居中持正所致。

【說明】

六二歡樂得體，以"中正"獲吉。《繫辭下傳》引孔子語，稱其"上交不諂，下交不瀆"，有"知幾"之德。《宋書·謝靈運傳》謂"時來之機，悟先于介石"，即屬此義。

六三，盱豫悔[1]，遲有悔[2]。

【譯文】

六三，媚眼悅上尋求歡樂必致悔恨，要是悔悟太遲必將又生悔恨。

【注釋】

〔1〕盱豫悔——盱，音需 xū，《說文》謂"張目"，《王注》釋爲"睢盱"，《集解》引向秀曰："睢盱，小人喜悅佞媚之貌也。"

此句說明六三陰柔失正，上承九四，有媚上求樂之象，故將致"悔"。《王注》："居下體之極，處兩卦之際，履非其位，承動豫之主，若其眈盱而豫，悔亦生焉。"　〔2〕遲有悔——此句承前句義，謂六三若悔悟太遲必生新"悔"。《本義》："當速悔，若悔之遲則必有悔也。"案，此句《王注》釋爲："遲而不從，豫之所疾。"《正義》曰："居豫之時，若遲停不求於豫，亦有悔也。"可備一說。

《象》曰：盱豫有悔，位不當也。

【譯文】

《象傳》說：媚眼悅上尋求歡樂必有悔恨，說明六三居位不正當。

【說明】

六二知幾疾速，以"貞"獲吉；六三若悔悟太遲，將悔上加悔。兩爻之義適可對照。《折中》引胡炳文曰："'盱豫'與'介石'相反，'遲'與'不終日'相反：'中正'與'不中正'故也。六三雖柔，其位則陽，猶有能悔之意；然悔之速可也，悔之遲則又必有悔矣。"

九四，由豫，大有得[1]。勿疑，朋盍簪[2]。

【譯文】

九四，人們依賴他獲到歡樂，大有所得。剛直不疑，友朋像頭髮括束於簪子一樣聚合相從。

【注釋】

〔1〕由豫，大有得——由，自、從也，"由豫"猶言"由之以豫"，構詞法與《頤》上九"由頤"同（參閱該爻譯注）。此謂卦中羣陰由九四之陽剛而獲"豫"，故稱"大有得"，即《象傳》"剛應而志行"之義。《集解》引侯果曰："爲豫之主，衆陰所宗，莫不由之以得其逸。"　〔2〕勿疑，朋盍簪——朋，友朋，指卦中

諸陰，《尚氏學》："陽以陰爲朋"；盍，通"合"；簪，音贊平聲
zān，古代用以括束頭髮的首飾。這兩句說明九四剛直不疑，與羣
陰相應，友朋猶如"盍簪"一樣合聚。即前句"大有得"涵義的
進一步申說。《集解》引侯果曰："體剛心直，志不懷疑，故得羣
物依歸，朋從大合，若以簪笒之固括也。"案，侯氏注中"笒"
字，謂以簪括聚頭髮。

《象》曰：由豫大有得，志大行也。

【譯文】

　　《象傳》說：人們依賴他獲到歡樂而大有所得，說明九四的陽
剛志向大爲施行。

【說明】

　　九四是全卦唯一的陽爻，羣陰因之獲"豫"。卦辭謂"建侯、
行師"，正俟此爻施行。但因居於陰位、"臣"位、"多懼"之位，
恐其疑慮，故爻辭特勉以"勿疑"。馬其昶曰："一陽，化則无陽；
九四疑位，曰'勿疑'，懼其以失位爲疑而化也。"(《重定費氏
學》)馬振彪又取《乾》四相比較，指出："《乾》九四'或'之
者，疑之也。是審情而行，不敢以輕心掉之也。《豫》九四'大有
得，勿疑'，是直道而行，不敢以'貳心'失之也。"(《周易
學說》)

六五，貞疾，恒不死[1]。

【譯文】

　　六五，守持正固防備疾病，必將長久康健不致滅亡。

【注釋】

　　〔1〕貞疾，恒不死——貞疾，猶言"守正防疾"（參閱《屯》
九五譯注）。此喻六五處"歡樂"之世，柔居"君位"，下恃九四
"強臣"，有耽樂忘憂之危，故誡其守正防疾，才能"恒不死"。
《折中》引何楷曰："六五以柔居尊，當豫之時，易於沈溺，必戰

兢畏惕，常如疾病在身，乃得恒而不死，所謂‘生於憂患’者也。”

《象》曰：六五貞疾，乘剛也；恒不死，中未亡也。

【譯文】

　　《象傳》說：六五守持正固防備疾病，說明陰柔乘淩陽剛難免危患；必將長久康健不致滅亡，說明居中不偏就未必敗亡。

【說明】

　　六五慮“疾”而“不死”，正是懼危則安之義。王宗傳曰：“《孟子》曰：‘入則無法家拂士，出則無敵國外患者，國恒亡。然後知生於憂患，而死於安樂也。’則六五之得九四，所得‘法家拂士’也。故雖當豫之時，不得以縱其所樂。夫惟不得以縱其所樂，則‘恒不死’，宜也。”又曰：“夫當豫之時，而不爲豫者，以正自守也，六二是也；當豫之時，而不得豫者，見正於人也，六五是也。此《豫》之六爻，惟六二、六五所以不言‘豫’焉。”（《童溪易傳》）此說頗爲可取。

上六，冥豫成，有渝无咎[1]。

【譯文】

　　上六，已形成昏冥縱樂的惡果，及早改正則无危害。

【注釋】

　　〔1〕冥豫成，有渝无咎——冥豫，猶言“昏冥縱樂”；渝，變也。此謂上六陰處《豫》極，爲“冥豫”已“成”之象，故須速“渝”方可“无咎”。《王注》：“處動豫之極，極豫盡樂，故至于‘冥豫成’也。過豫不已，何可長乎？故必渝變，然後无咎。”

《象》曰：冥豫在上，何可長也？

【譯文】

　　《象傳》說：昏冥縱樂高居上位，這種歡樂怎能保持長久呢？

【説明】

上六爻義主於誡勉盲目縱樂者改過從善。王應麟舉《升》上六"冥升"與此爻比較，指出："冥於豫而勉其'有渝'，開遷善之門也；冥於升而勉其不息，回進善之機也。"（《困學紀聞》）

【總論】

《豫》卦揭示"歡樂"所寓含的意義，強調處"樂"的兩個要點：一、應當順性而樂、適可而止，即《象傳》"以順動"之義；二、必須與物同樂、廣樂天下，即《象傳》"剛應而志行"之義。卦辭取"利建侯行師"爲喻，其旨在於：順天下之勢而動，使天下同歸安樂。《左傳》襄公二十七年敍趙文子語曰："樂而不荒，樂以安民"，正與《豫》卦大義有合。卦中六爻，九四一陽主於施樂，故全卦的"歡樂"由之而得。五陰主於處樂，故吉凶得失不同：初過樂自鳴得意致"凶"，三諂媚尋求歡樂"有悔"，五居尊不可耽樂忘憂、須守正防"疾"，上昏冥縱樂、不改必有"咎"，唯六二"中正"不苟豫獲"吉"。可見，《豫》卦雖以"歡樂"爲義，但處處戒人不得窮歡極樂。《禮記・曲禮上》謂"志不可滿，樂不可極"；《孟子・告子下》稱"生於憂患，死於安樂"；漢武帝《秋風辭》曰"歡樂極兮哀情多"（《樂府詩集》引《漢武帝故事》）：均含同類誡意。若進一層從事物矛盾的規律分析，"憂"、"樂"兩端又是互爲依存的：九四以廣施歡樂爲己任而"大有得"，實屬作《易》者所表露的使萬物去"憂"存"樂"的一種良好願望。范仲淹抒發"先天下之憂而憂，後天下之樂而樂"（《岳陽樓記》）的情懷，近似於九四爻義，但反映的思想境界顯然已遠遠高出前者。

隨卦第十七

䷐ 隨[1]：元亨，利貞，无咎[2]。

【譯文】

《隨》卦象徵隨從：至爲亨通，利於守持正固，這樣必无咎害。

【注釋】

〔1〕隨——卦名，下震（☳）上兌（☱）。案，“隨”字，《說文》：“從也”；此卦下震上兌，含有內動外悅，人願隨從之義。《集解》引鄭玄曰：“震，動也；兌，說也。內動之以德，外說之以言，則天下之人咸慕其行而隨從之，故謂之‘隨’也。”

〔2〕元亨，利貞，无咎——此謂物相隨從之時，必至爲亨通、利於守正（“元亨，利貞”義參見《屯》卦辭譯注），故无所咎害。《正義》：“‘元亨’者，於相隨之世，必大得亨通，若其不大亨通，則无以相隨，逆於時也；‘利貞’者，相隨之體，須利在得正，隨而不正，則邪僻之道，必須利貞也；‘无咎’者，有此四德乃无咎。以苟相從，涉於朋黨，故必須四德乃无咎也。”

【說明】

程頤分析卦名“隨”之義有三端：一是“君子之道，爲衆所隨”；二是“己隨於人”；三是“臨事擇所隨”。並指出：“凡人君之從善，臣下之奉命，學者之徙義，臨事而從長，皆‘隨’也。”（《程傳》）《折中》以爲卦中上下象及諸爻居位，均反映剛下於柔之義，猶如“以貴下賤，以多問寡”，故名爲“隨”，並曰：“然則卦義所主，在以己隨人；至於物來隨己，則其效也。若以爲物之所隨爲卦名之本義，則非矣。"此兩說並可參玫。

《彖》曰：隨，剛來而下柔，動而說[1]。隨，大亨，貞无咎，而天下隨時[2]。隨時之義大矣哉！

【譯文】

《彖傳》說：隨從，譬如陽剛者前來謙居於陰柔之下，有所行動必然使人欣悅而物相隨從。隨從，大爲亨通，守持正固必无咎害，於是天下萬物都相互隨從於適宜的時機。隨從於適宜時機的意義多麽弘大啊！

【注釋】

〔1〕剛來而下柔，動而說——剛、動，指下震；柔、說，指上兌。此以上下卦象釋卦名"隨"之義。《正義》："剛謂震也，柔謂兌也。震處兌下，是'剛來下柔'；震動而兌說，既能下人，動則喜說，所以物皆隨從也。"　〔2〕天下隨時——此句舉天下萬物隨從於合宜的時機之例，釋卦辭"元亨，利貞，无咎"，並引起下文"隨時之義大"的歎美。《正義》："特云'隨時'者，謂隨其時節之義，謂此時宜行元亨利貞，故云'隨時'也。"又曰："可隨則隨，逐時而用，所利則大，故云'隨時之義大矣哉'。"

【說明】

《折中》引王逢曰："上能下下，下之所以隨上；貴能下賤，賤之所以隨貴：隨之義，剛下柔也。"此說釋《彖》旨簡明可取。

《象》曰：澤中有雷，隨[1]；君子以嚮晦入宴息[2]。

【譯文】

《象傳》說：大澤中響著雷聲（澤隨雷動），象徵隨從；君子因此隨著作息規律在向晚時入室休息。

【注釋】

〔1〕澤中有雷，隨——釋《隨》卦上兑爲澤、下震爲雷之象。
《程傳》：“雷震於澤中，澤隨震而動，爲‘隨’之象。”

〔2〕嚮晦入宴息——嚮，通“向”，“嚮晦”猶言“向晚”；宴，安
也，“宴息”即“休息”之意。這是說明君子觀《隨》卦之象，悟
知凡事“隨時”的道理，故早出晚入、於向晚按時休息。《程傳》：
“君子晝則自强不息，及嚮昏晦，則入居於內，宴息以安其身，起
居隨時，適其宜也。《禮》：‘君子晝不居內，夜不居外’，隨時之
道也。”

【說明】

《大象傳》以“向晚入室休息”衍發《隨》卦意義，即《彖
傳》所謂“天下隨時”之理。程頤謂：“取其最明且近者言之”
（《程傳》）。

初九，官有渝，貞吉，出門交有功[1]。

【譯文】

初九，思想觀念隨時改善，守持正固可獲吉祥，出門與人交往
必能成功。

【注釋】

〔1〕官有渝，貞吉，出門交有功——官，《正義》：“謂執掌之
職，人心執掌與‘官’同稱，故人心所主謂之‘官’”，故《程
傳》釋“官”爲“主守”，猶今言“思想觀念”；渝，變也，此處
有改善之義。這三句說明初九當“隨”之時，剛居柔下，无所係
應，爲能變渝其心、隨時從正之象，故“貞”而獲“吉”，出門交
有功。《正義》：“初九既无其應，无所偏係，可隨則隨，是所執之
志有能變渝也。唯正是從，故‘貞吉’也。‘出門交有功’者，所
隨不以私欲，故見善則往隨之，以此出門，交獲其功。”

《象》曰：官有渝，從正吉也；出門交有功，不失也。

【譯文】

　　《象傳》說：思想觀念隨時改善，說明初九隨從正道可獲吉祥；出門與人交往必能成功，說明初九行爲沒有過失。

【說明】

　　《象傳》所謂"從正"，即指明初九"官有渝"的方向。時當"隨從"，一陽居初，倘若失"正"，必將誤入歧途。故爻義又含"愼始"之誡。

六二，係小子，失丈夫[1]。

【譯文】

　　六二，傾心附從小子，失去陽剛丈夫。

【注釋】

　　[1] 係小子，失丈夫——係，係屬，猶言"傾心附從"；小子，喻初九；丈夫，喻九五。此謂六二柔居下卦，本與九五相應，卻就近附從初九，故有從正不專、"係"小"失"大之象。《正義》："六二既是陰柔，不能獨立所處，必近係屬初九，故云'係小子'；既屬初九，則不能往應於五，故云'失丈夫'也。"

《象》曰：係小子，弗兼與也。

【譯文】

　　《象傳》說：傾心附從小子，說明六二不能同時多方獲取親好。

【說明】

　　"隨從"之際，若優柔寡斷，必將顧此失彼、因小失大。程頤指出：本爻"戒人從正當專一"。（《程傳》）

六三，係丈夫，失小子[1]。隨有求得，利居貞[2]。

【譯文】

　　六三，傾心附從陽剛丈夫，失去在下小子。隨從於人有求必得，利於安居守持正固。

【注釋】

〔1〕係丈夫，失小子——丈夫，喻九四；小子，喻初九。此謂六三近承九四，因往隨從，故失去初九。《王注》："雖體下卦，二已據初，將何所附？故舍初係四，志在丈夫。" 〔2〕隨有求得，利居貞——此承前文義，說明三、四兩爻均无正應，互比相親，故三隨四、有求必得。但又告誡六三不可貪得妄求，宜於安居守正。《王注》："四俱无應，亦欲於己，隨之則得其所求矣，故曰'隨有求得'也。應非其正，以係於人，何可以妄？故利居貞也。"

《象》曰：係丈夫，志舍下也。

【譯文】

《象傳》說：傾心附從陽剛丈夫，說明六三的意志是舍棄在下小子。

【說明】

下者隨從尊上，且當備受親寵、有求必得之時，自當廣修美德、守正慎求。不然，必有"邪媚之嫌"（《本義》）。

九四，隨有獲[1]，貞凶[2]。有孚在道，以明，何咎[3]！

【譯文】

九四，被人隨從而多有所獲，守持正固以防凶險。只要心懷誠信合乎正道，立身光明磊落，又有什麼咎害呢！

【注釋】

〔1〕隨有獲——指九四被六三隨從而"有獲"。《王注》："處說之初，下據二陰，三求係己，不距則獲，故曰'隨有獲'也。" 〔2〕貞凶——猶言"守正防凶"（參見《屯》九五譯注）。此謂九四陽居陰位，近"君"而擅獲人從，有"違正"之象，應當趨正常守，謹防凶險，故戒以"貞凶"。 〔3〕有孚在道，以明，何咎——明，用如動詞，猶言"顯明美德"。這三句從正面勉勵九四以誠信體現正道，顯明美德，必將无所咎害。《王注》："體剛居

說，而得民心，能幹其事，而成其功者也；雖違常義，志在濟物，心有公誠，著信在道，以明其功，何咎之有！"

《象》曰：隨有獲，其義凶也；有孚在道，明功也。

【譯文】

　　《象傳》說：被人隨從而多有所獲，從九四所處地位這一意義看是有凶險；心懷誠信合乎正道，這是九四光明磊落品德的功效。

【說明】

　　爲人所從，必須具備"君子"之德。四位"多凶"，又兼"失正"，故爻辭先從反面警戒其謹防凶險，然後從正面激勵其發揚美德，遂可化"凶"爲"无咎"。《周易會通》引袁樞曰："其義凶者，有凶之理而未必凶也。處得其道，如下所云，則无咎矣。"

九五，孚于嘉，吉[1]。

【譯文】

　　九五，廣施誠信給美善者，吉祥。

【注釋】

　　[1] 孚于嘉，吉——嘉，美善。此謂九五陽剛居尊，中正誠信，有從善如流之象，故能孚信善者而獲"吉"。《程傳》："九五居尊，得正而中實，是其中誠在於隨善，其吉可知。嘉，善也，自人君至於庶人，隨道之吉惟在隨善而已。下應二之正中，爲隨善之義。"

《象》曰：孚于嘉吉，位正中也。

【譯文】

　　《象傳》說：廣施誠信給美善者而獲吉祥，說明九五的位置正中不偏。

【說明】

　　九五的象徵意旨是：居尊而能以誠從善，善者也將紛紛相隨。

王弼稱此爻"盡隨時之宜"(《王注》)。楊萬里以爲:"此聖君至誠,樂從天下之善者也。"(《誠齋易傳》)

上六,拘係之,乃從,維之[1]。王用亨于西山[2]。

【譯文】

上六,拘禁强令附從,這纔順服相隨,再用繩索拴緊。君王興師討逆而在西山設祭。

【注釋】

〔1〕拘係之,乃從,維之——拘,拘禁;係,義與二、三爻"係小子"、"係丈夫"之"係"同,此處謂强迫使之"附從";維,以繩捆綁。這是說明上六以陰居"隨"之極,極則反,有不願隨從、被九五拘禁乃從之象。《王注》:"隨之爲體,陰順陽者也。最處上極,不從者也。隨道已成,而特不從,故拘繫之乃從也。'率土之濱,莫非王臣',而爲不從,王之所討也,故'維之'。"

〔2〕王用亨于西山——王,喻九五;亨,通"享",《釋文》引陸績曰:"祭也",指古代出師設祭之禮;西山,王弼以爲"西"爲上兌之方、"山"喻險阻。此句承前文之義,取"王者"設祭西山、興師討逆爲象,比喻九五强令上六順服、隨從。《王注》:"兌爲西方;山者,途之險隔也。處西方而爲不從,故王用通于西山。"案,王弼釋"亨"爲"通",亦合爻義。

【說明】

本爻的意義,諸家說法不一。今引兩例以備參攷。一、朱熹謂"拘係"、"維",爲"隨之固結而不可解"之象,即指上六極獲"隨從"之義;並認爲"西山"指西周"岐山"(《本義》)。二、尚先生引《西谿易說》,駁"遇'西山'、'西郊',皆曰'文王事'"之說。並謂"亨"爲"宴享","西山"喻上六"隱居之所",認爲:"六窮于上,五恐其去,拘係之,從維之,或即其隱居之處而宴享之。言六无所隨,而五必隨之也。"(《尚氏學》)

《象》曰：拘係之，上窮也。

【譯文】

《象傳》說：拘禁强令附從，說明上六居位極上而隨從之道窮盡。

【說明】

"隨"與"不隨"，相對立而存在。舉世"從善"之際，必有逆其道而行者，則不得不强令歸正。因此本爻有"拘"、"維"、"王用亨于西山"諸象。

【總論】

孔子說："三人行，必有我師焉。擇其善者而從之，其不善者而改之。"（《論語・述而》）斯語極見精切，充分反映這位古代偉大思想家、教育家虛心向善的美德。《隨》卦所發"隨從"之義，正是集中體現"從善"的宗旨。卦辭"元亨，利貞"，高度讚美"隨從"之道；"无咎"，又强調以"正"相隨則无害的觀點。六爻喻義，以初、五最爲美好：初九處下守正，遷善不已；九五居尊中正，竭誠向善——因此這兩爻展示了本卦以"善"爲"隨"的象徵主體，均獲吉祥。至於二、三、四、上諸爻，或有失有得，或守正而化"凶"爲"无咎"，或受制才勉强從正：各見不同的處"隨"情狀，但所發誠意，皆不離"正"字。可見，《隨》卦義理中蘊含著一項鮮明而意義廣泛的"相隨"原則：不論是人與人關係中的上隨下、下隨上，己隨人、人隨己，還是日常生活中的朝作晚息、遇事隨時，均當不違正道，誠心從善。此中明顯表露《周易》作者處世、修身的哲學觀念。《孟子・公孫丑下》盛讚"七十子之服孔子"，正與本卦大旨相合，成爲古人極力肯定的"從善"典範。

蠱卦第十八

☶ 蠱[1]：元亨，利涉大川[2]。先甲三日，後甲三日[3]。

【譯文】

《蠱》卦象徵拯弊治亂：至爲亨通，利於涉越大河巨流。預先思慮喻示"終始轉化"的甲日前三天的事狀，然後推求甲日後三天的治理措施。

【注釋】

〔1〕蠱——音古 gǔ，卦名，下巽（☴）上艮（☶），象徵"拯弊治亂"。案，"蠱"字，《說文》謂"腹中蟲也"，可引申爲蠱害、蠱亂、蠱惑等意，爻辭"幹父之蠱"即言"幹父之害"；卦名之義，主於"拯弊治亂"。《序卦傳》云："蠱者，事也"，《正義》引褚氏曰："蠱者，惑也，物既惑亂，終致損壞，當須有事也，有爲治理也。" 〔2〕元亨，利涉大川——此謂事物弊亂之時，能努力合理拯治必致"元亨"，故利於涉險濟難。《正義》："蠱者，事也。有事營爲，則大得亨通；有爲之時，利在拯難，故‘利涉大川’。" 〔3〕先甲三日，後甲三日——甲，"天干"數之首，其序爲甲、乙、丙、丁、戊、己、庚、辛、壬、癸；在此十數中，"甲"寓有"終而復始"的涵義，故取"甲日"作爲"轉化"弊亂、重爲治理的象徵，即《彖傳》"終則有始"之旨。這兩句言先後"甲"三日，語多省略，大意指預先深慮"治蠱"前的事狀，詳爲辨析，引爲鑑戒；再推求"治蠱"後必將出現的事態，制定措

施，謹慎治理：這樣，才能根治蠱亂，獲得"元亨"的前景。《程傳》曰："甲，數之首，事之始也"，"治蠱之道，當思慮其先後三日，蓋推原先後，爲救弊可久之道。先甲，謂先於此，究其所以然也；後甲，謂後於此，慮其將然也。一日、二日至於三日，言慮之深，推之遠也。"

【說明】

"甲"字之義，舊說未臻一致。如：一、鄭玄以爲指"造作新令之日"（《正義》引）；二、王弼以爲指"創制之令"（《王注》）。說法雖歧，但諸家均本於"數之始"這一寓意。細求卦辭的象徵內涵，"先甲"、"後甲"實又流露著"前車覆後車戒"、"殷鑒不遠"的意味。

《彖》曰：蠱，剛上而柔下，巽而止蠱[1]。蠱，元亨而天下治[2]也。利涉大川，往有事[3]也。先甲三日，後甲三日，終則有始，天行也[4]。

【譯文】

《彖傳》說：拯弊治亂，譬如陽剛居上而陰柔處下，當物情馴順之時就能抑止弊亂。拯弊治亂，至爲亨通，於是復見天下大治。利於涉越大河巨流，說明努力往前可以大有作爲。預先思慮喻示終始轉化的甲日前三天的事狀，然後推求甲日後三天的治理措施，說明事物總是終結前事之後又開始新的發展，這是大自然的運行規律。

【注釋】

〔1〕剛上而柔下，巽而止蠱——剛、止，指上艮陽卦、義爲止；柔、巽，指下巽陰卦、義爲馴順；蠱，蠱害，猶言"弊亂"（與前句首字"蠱"指"治亂"義不盡同）。此舉上下象釋卦名"蠱"，謂剛柔兼濟、巽入止邪，則可以治蠱。《王注》："上剛可以斷制，下柔可以施令。既巽又止，不競爭也；有事而无競爭之患，

故可以有爲也。"〔2〕天下治——此釋卦辭"元亨"之義。《王注》:"有爲而大亨,非天下治而何也?"〔3〕往有事——此釋卦辭"利涉大川"。《正義》:"蠱者,有爲之時。拔拯危難,往當有事,故利涉大川。"〔4〕終則有始,天行也——天,猶言"大自然"。此以自然界事物的發展,體現終始往復的規律,釋卦辭"先甲三日,後甲三日",謂拯治弊亂當鑑前戒後。《程傳》:"夫有始則必有終,既終則必有始,天之道也。聖人知終始之道,故能原始而究其所以然,要終而備其將然,'先甲'、'後甲'而爲之慮,所以能治蠱而致'元亨'也。"

《象》曰:山下有風,蠱[1];君子以振民育德[2]。
【譯文】
　　《象傳》說:山下吹來大風(物壞待治),象徵拯弊治亂;君子因此振濟百姓而培育道德。
【注釋】
　　〔1〕山下有風,蠱——釋《蠱》卦上艮爲山、下巽爲風之象。《程傳》:"山下有風,風遇山而回,則物皆散亂,故爲有事之象。"
〔2〕振民育德——振,《說文》:"舉救之也",《釋文》"濟也"。這是說明君子觀《蠱》卦之象,悟知當"蠱"之時,必須濟民育德,努力救弊。《王注》:"蠱者,有事而待能之時也,故君子以濟民養德也。"
【說明】
　　"振民育德",是用世道敗壞爲例,闡發治"蠱"之義。馬振彪指出:"《康誥》言'作新民',即治其國民之蠱也。"(《周易學說》)似與《大象傳》旨有合。

初六,幹父之蠱[1],有子考[2],无咎,厲終吉[3]。

【譯文】

初六，匡正父輩的弊亂，兒子能夠成就先業，必无咎害，即使危險但最終必獲吉祥。

【注釋】

〔1〕幹父之蠱——幹，《廣雅·釋詁一》“正也”，《集解》引虞翻注同，猶言“匡正”；蠱，蠱害，指“弊亂”（諸爻“蠱”字並同）。此句說明初六當治“蠱”有事之時，柔處卑位，上承二、三之陽，有子正父弊之象。　〔2〕有子考——考，《廣韻》“成也”，用如動詞，猶言“成就”。《尚氏學》又引《逸周書》及《左傳》孔疏，證“考”訓“成”，並指出：初六“能正父蠱，故曰‘有子考’”，“即謂有子能成就先業也。”　〔3〕无咎，屬終吉——此總結前文意，謂初以卑下匡正尊上之弊，意在成就先輩德業，故“无咎”，雖“屬”亦獲“終吉”。

《象》曰：幹父之蠱，意承考[1]也。

【譯文】

《象傳》說：匡正父輩的弊亂，說明初六的意願在於繼承前輩的成就。

【注釋】

〔1〕意承考——考，與爻辭“考”之義同，此處作名詞用。《尚氏學》：“謂初上承重陽，能承繼先德也。”案，爻辭及《小象》“考”字之義，今取《尚氏學》之說。但漢魏及唐宋以來諸儒之舊說，多釋“考”爲“父”，義亦得通，可以並存。

【說明】

《周易學說》引李光曰：“天下蠱壞，非得善繼之子，不足以振起之。宣王承屬王，修車馬，備器械，復會諸侯於東都，可謂‘有子’矣。”此以東周史事參證《易》理，甚切本爻大義。

九二，幹母之蠱，不可貞[1]。

【譯文】

九二，匡正母輩的弊亂，情勢難行時不可强行而要守持正固以待時。

【注釋】

〔1〕不可貞——猶言"時不可則守正以待"，其語境構成與《否》卦辭"不利，君子貞"相似（參閱該卦辭譯注）。此謂九二陽處陰位，有剛而能柔之象；猶如匡正"母"弊，當其性陰辟不從之時，不能强行"幹蠱"，而應守正待時。此即《象傳》"得中道"之義。案，《王注》："居於內中，宜幹母事，故曰'幹母之蠱'也；婦人之性難可全正，宜屈己剛，既幹且順，故曰'不可貞'也。"其釋"不可貞"爲"不可全正"，即《周易淺述》所謂"不可固執以爲正"。可備一說。

《象》曰：幹母之蠱，得中道也。

【譯文】

《象傳》說：匡正母輩的弊亂，說明九二應當掌握剛柔適中的方法。

【說明】

同樣是"幹蠱"，於父、母則有別。可知治蠱之事應當順從不同的性格，採用合宜的方法，因勢利導，才能收效。

九三，幹父之蠱，小有悔，无大咎[1]。

【譯文】

九三，匡正父輩的弊亂，稍有悔恨，但沒有重大咎害。

【注釋】

〔1〕小有悔，无大咎——此謂九三當"蠱"之時，匡正父弊而無上應，故"小有悔"；但陽剛居正，直道遽行，故"无大咎"。《王注》："以剛幹事而无其應，故有悔也；履得其位，以正幹父，雖小有悔，終无大咎。"

《象》曰：幹父之蠱，終无咎也。

【譯文】

　　《象傳》說：匡正父輩的弊亂，說明九三最終不會有咎害。

【說明】

　　在封建君主制時代，下者剛正不阿以拯治尊者之弊，有時必須不顧"小悔"，犯難而行。韓愈所謂："一封朝奏九重天，夕貶潮陽路八千。本爲聖朝除弊政，肯將衰朽惜殘年！"（《左遷至藍關示姪孫湘》）似可作爲本爻喻象的寫照。

六四，裕父之蠱，往見吝[1]。

【譯文】

　　六四，寬裕不急地緩治父輩的弊亂，長此以往必然出現憾惜。

【注釋】

　　[1] 裕父之蠱，往見吝——裕，寬裕，指"治蠱"寬緩不急，即《集解》引虞翻曰："不能爭也。"此謂六四陰柔懦弱，又居陰位，對"父"弊不能速治，寬延順容，故長此以往必"見吝"。《本義》："以陰居陰，不能有爲，寬裕以治蠱之象也。如是則蠱將日深，故往則見吝。"

《象》曰：裕父之蠱，往未得也。

【譯文】

　　《象傳》說：寬裕不急地緩治父輩的弊亂，說明六四長此以往難以獲得治弊之道。

【說明】

　　治蠱寬裕不急，實是容惡養弊之道。故爻辭言"往見吝"，《象傳》云"往未得"。

六五，幹父之蠱，用譽[1]。

【譯文】

六五，匡正父輩的弊亂，備受稱譽。

【注釋】

〔1〕用譽——譽，受人稱譽。此謂六五柔居尊位，應二承上，猶如匡正"父"弊有道，故獲稱譽。《集解》引荀爽曰："體和應中，承陽有實，用斯幹事，榮譽之道也。"

《象》曰：幹父用譽，承以德[1]也。

【譯文】

《象傳》說：匡正父輩的弊亂而受稱譽，說明六五用美德來繼承先業。

【注釋】

〔1〕承以德——即"以德承"的倒裝。

【說明】

六五居尊位而能上承下應，既是治時之"蠱"，又是樹己之德。熊良輔謂："不特幹其事之已壞"，更在於"立身揚名"（《折中》引）。此見卦辭"元亨"之旨，亦《彖傳》所發"終則有始"、"天下治也"之義。

上九，不事王侯，高尚其事[1]。

【譯文】

上九，不從事王侯的事業，把自己逍遙物外的行爲看得至高无上。

【注釋】

〔1〕不事王侯，高尚其事——前一"事"爲動詞，猶言"從事"；後一"事"爲名詞，猶言"行爲"。此謂上九居《蠱》卦之終，"治蠱"道窮，故不累於"王侯"之事，超然物外，以高潔自守。《尚氏學》："不事王侯，言不事王侯之事也"，"若共伯和、吳季札之流是也"。案，"不事王侯"一句，《正義》釋曰："不承事

王侯"，訓"事"爲"奉事"之意。亦可備一說。

《象》曰：不事王侯，志可則也。

【譯文】

《象傳》說：不從事王侯的事業，說明上九的高潔志向值得效法。

【說明】

儒家"窮則獨善其身"的思想，實出於"時"不可爲而暫作遯避，其宗旨主於抱道守志，以待來日復興振起。楊萬里認爲此爻"不事王侯"，正處於"不必爲"、"不得爲"、"不可爲"之時，非事之"高尚"，而是"人高尚其事"；並謂上九猶如"畎畝不忘君，江湖存魏闕"者的形象（《誠齋易傳》），此亦可備參攷。

【總論】

《蠱》卦的大義，主於除弊治亂。卦辭既指明此時利於涉難、至爲亨通的前景，又用"先甲"、"後甲"喻示鑑前戒後、謹始慎終的"治蠱"之道。卦中六爻，初、三、四、五諸爻均以匡正父弊設喻：初六志承"先業"，雖危"終吉"；九三剛直遽行，終"无大咎"；六四柔弱不爭，久必"見吝"；六五柔中寓剛，備受稱譽。唯九二以匡正母弊爲喻，戒其因勢利導，慎守"中道"；而上九獨居"治蠱"窮厄之時，則以遠避在外，"不事王侯"爲宜。若細加探尋諸爻取象於子輩匡正父母之"蠱"的蘊義，似又可看出作者意識到"弊亂"往往是積久而成的，甚或延續一代、兩代人，終至釀成大患。蘇軾曾經就這一問題分析說："器久不用而蟲生之，謂之'蠱'；人久宴溺而疾生之，謂之'蠱'；天下久安無爲而弊生之，謂之'蠱'。""蠱之災非一日之故也，必世而後見，故爻皆以'父子'言之。"（《東坡易傳》）當然，各爻所示，均是提出在特定條件下治蠱的可行之道；至於拯治弊亂的根本措施，《大象傳》從"救世"的角度闡發"振民育德"之義，似屬古人汲取歷史和現實的教訓而總結出的一條"政治理論"。

臨卦第十九

☷ 臨^[1]：元亨，利貞^[2]。至于八月有凶^[3]。

【譯文】

《臨》卦象徵監臨：至爲亨通，利於守持正固。到了喻示陽氣日衰的八月將有凶險。

【注釋】

〔1〕臨——卦名，下兌（☱）上坤（☷），象徵“監臨”。案，“臨”字，《說文》：“監也”，《爾雅·釋詁》：“視也”，《穀梁傳》哀公七年“有臨天下之言焉”范寧注“臨，撫有之也”：此三說，實均明“臨”字含有“由上視下”、“以尊臨卑”之義。至於《序卦傳》所謂“臨，大也”，亦是就“臨人”者必須崇高、尊大而言。本卦初、二兩爻陽剛浸長，從全卦之象看，正寓以德臨人的意義。《正義》曰：“以陽之浸長，其德壯大，可以監臨於下，故曰‘臨’也。”　〔2〕元亨，利貞——此謂以德臨人必然至爲亨通，利於守正。《正義》：“剛既浸長，說而且順；又以剛居中，有應於外，大得亨通而利正也。”　〔3〕至于八月有凶——此句以時令爲喻，說明“監臨”盛極必有衰落的危險。《禮記·月令》仲秋之月云：“是月也，殺氣浸盛，陽氣日衰。”故謂“八月有凶”。《程傳》：“聖人豫爲之戒曰：陽雖方長，至于八月，則其道消，是有凶也。”

《彖》曰：臨，剛浸而長，說而順，剛中而應[1]。大亨以正，天之道也[2]。至于八月有凶，消不久也[3]。

【譯文】

《彖傳》說：監臨，說明此時陽剛正氣日漸增長，臨人者和悅溫順，剛健者居中而上下相應。獲得至大亨通又要守持正固，這纔順合大自然的規律；到了喻示陽氣日衰的八月將有凶險，說明一旦陽剛正氣消亡則監臨的好景不能久長。

【注釋】

〔1〕剛浸而長，說而順，剛中而應——前句“剛”指初、二兩爻，後句“剛中”指九二；浸，漸也；說，即“悅”，指下兌；順，指上坤；應，謂二應五。這是列舉初、二爻象及上下卦象釋卦名“臨”之義，說明以“德”臨人之時的盛美情狀。《折中》：“(此三句) 皆釋卦名也。蓋剛浸而長，則陽道方亨；有說順之德，則人心和附；剛中得應，則上下交而志同。此其所以德澤及於天下，而足以有臨也。”　〔2〕大亨以正，天之道也——此釋卦辭“元亨，利貞”，謂“監臨”之時前景大通而又需長守正固，則乃順合“天道”。《程傳》：“化育之功所以不息者，剛正和順而已。以此臨人，臨事，臨天下，莫不大亨而得正也。”　〔3〕消不久也——此釋卦辭“至于八月有凶”，謂“臨”道盛極必窮，即明“陰陽消長”的必然規律。《程傳》：“在陰陽之氣言之，則消長如循環，不可易也。以人事言之，則陽爲君子，陰爲小人，方君子道長之時，聖人爲之誡，使知極則有凶之理而虞備之，常不至於滿極，則无凶也。”

《象》曰：澤上有地，臨[1]；君子以教思无窮，容保民无疆[2]。

【譯文】

《象傳》說：水澤上有大地，象徵監臨；君子因此費无窮思慮教導百姓而修无盡美德容養民衆。

【注釋】

〔1〕澤上有地，臨——釋《臨》卦下兌爲澤、上坤爲地之象。《集解》引荀爽曰：“澤卑地高，高下相臨之象也。” 〔2〕教思无窮，容保民无疆——教、思，均作動詞，猶言“施行教導”、“費盡思慮”。這是說明君子觀《臨》卦之象，悟知臨民之時，應當花費无窮之思教導百姓，並以无疆之德容民保民。《程傳》：“君子觀親臨之象，則教思无窮，親臨於民，則有教導之意思也”；“觀含容之象，則有容保民之心”。

【說明】

胡炳文說“不徒曰‘教’，而曰‘教思’，其意思如兌澤之深；不徒曰‘保民’，而曰‘容民’，其度量如坤土之大。”（《周易本義通釋》）此從“教思”、“容保民”的措辭蘊義，分析《大象傳》的論象特色，頗爲可取。

初九，咸臨，貞吉[1]。

【譯文】

初九，與尊者感應以施監臨，守持正固可獲吉祥。

【注釋】

〔1〕咸臨，貞吉——咸，通“感”，猶言“感應”（參閱《咸》卦譯注）。此謂初九當“臨”之始，陽剛處下，上應六四，猶如下者感應於尊者而施監臨，故以守正獲吉。《集解》引虞翻曰：“咸，感也。得正應四，故貞吉也。”《程傳》：“四，近君之位。初得正位，與四感應，是以正道爲當位所信任，得行其志。獲乎上而得行其正道，是以吉也。”

《象》曰：咸臨貞吉，志行正也。

【譯文】

《象傳》說：與尊者感應以施監臨且守持正固獲吉，說明初九的心志行爲端正不阿。

【說明】

上能感下，下則應上。初九處位雖卑，其德已足以臨人、臨事。但此時爲“臨”之始，儘管見信於上，尚不宜大用，故須謹守貞正，可獲吉祥。

九二，咸臨，吉无不利[1]。

【譯文】

九二，與尊者感應以施監臨，吉祥无所不利。

【注釋】

〔1〕咸臨，吉无不利——此謂九二處《臨》下卦之中，上應六五，也具“咸臨”之象。由於又含“中”德，較初九之陽更見盛美，故“吉无不利”。《程傳》：“二方陽長而漸盛，感動於六五中順之君，其交之親，故見信任，得行其志，所臨吉而无不利也。吉者，已然，如是故吉也；无不利者，將然，於所施爲无所不利也。”

《象》曰：咸臨吉无不利，未順命[1]也。

【譯文】

《象傳》說：與尊者感應以施監臨而獲吉无所不利，說明九二之美並非僅僅順從君命。

【注釋】

〔1〕未順命——未，似含“並非由於”之意。此謂二與六五相感以臨人，並非僅僅由於順承君命。《程傳》：“未者，非遽之辭”，“九二與五感應以臨下，蓋以剛德之長，而又得中，至誠相感，非由順上之命也，是以吉而无不利。”

【說明】

《象傳》“未順命”之義，前人有不同看法。如：其一，孔穎達釋爲：“未可盡順五命，須斟酌事宜，有從有否，故得‘无不利’也。”（《正義》）其二，朱熹曰“未詳”（《本義》），主於闕疑待攷。

其三，馬其昶本李光地之說，釋爲"不委順於命"（《重定費氏學》）。諸說並可參攷。

六三，甘臨，无攸利[1]。既憂之，无咎[2]。

【譯文】

六三，靠巧言佞語監臨於衆，无所利益。要是憂懼自己的過失而改正，就不致咎害。

【注釋】

〔1〕甘臨，无攸利——甘，《王注》："佞邪說媚，不正之名"，指甜美巧佞的言辭。此謂六三居《臨》下兌之上，陰柔失正，猶以言辭巧佞臨人，故"无攸利"。《程傳》："三居下之上，臨人者也。陰柔而說體，又處不中正，以甘說臨人者也。在上而以甘說臨下，失德之甚，无所利也。" 〔2〕既憂之，无咎——此從正面設誡，謂六三若能自知不正，心有憂懼而改過，則可"无咎"。《程傳》："既知危懼而憂之，若能持謙守正，至誠以自處，則无咎也。"

《象》曰：甘臨，位不當也；既憂之，咎不長也。

【譯文】

《象傳》說：靠巧言佞語監臨於衆，說明六三居位不正當；憂懼自己的過失而改正，說明咎害不會久長。

【說明】

衆不可欺，"臨"不可"甘"。六三以"甘"臨人，正是譁衆取寵之象。爻辭又設"憂之"之誡，則體現《周易》作者的勸勉深意。

六四，至臨，无咎[1]。

【譯文】

六四，極爲親近地監臨衆人，必无咎害。

【注釋】

〔1〕至臨，无咎——至，極也，文中猶言"十分親近"。此言六四居上卦之始，柔正應初，切近下體，猶親近於所臨之衆，故獲"无咎"。《程傳》："四居上之下，與下體相比，是切臨於下，臨之至也。臨道尚近，故以比爲至。"

《象》曰：至臨无咎，位當也。

【譯文】

《象傳》說：極爲親近地監臨衆人而无咎害，說明六四居位正當。

【說明】

上者親近下者，自能有益於"監臨"。《折中》引王宗傳曰："四以上臨下，其與下體最相親，故曰'至臨'。以言上下二體，莫親於此也。"

六五，知臨，大君之宜，吉[1]。

【譯文】

六五，聰慧明智地監臨衆人，大人君主應當這樣，吉祥。

【注釋】

〔1〕知臨，大君之宜，吉——知，即"智"。此謂六五居《臨》尊位，以柔處中，下應九二，猶如任用剛健大臣輔己"君臨"天下，正見明智，故稱"大君之宜，吉"。《本義》："以柔居中，下應九二，不自用而任人，乃知之事，而大君之宜，吉之道也。"

《象》曰：大君之宜，行中之謂也。

【譯文】

《象傳》說：大人君主宜於以智臨人，說明六五應當奉行中道。

【說明】

《禮記·中庸》曰："唯天下之至聖，爲能聰明睿知，足以有臨也。"此義既合本爻"知臨"的大旨，又與《象傳》"行中"之語相切。

上六，敦臨，吉，无咎[1]。

【譯文】

上六，溫柔敦厚地監臨衆人，吉祥，必无咎害。

【注釋】

〔1〕敦臨，吉，无咎——敦，敦厚。此謂上六居《臨》之極，以陰處"无位"之地，不爲剛猛，猶如以敦厚仁惠之德臨人，故獲吉而无咎。《本義》："居卦之上，處臨之終，敦厚於臨，吉而无咎之道也。"

《象》曰：敦臨之吉，志在內[1]也。

【譯文】

《象傳》說：溫柔敦厚地監臨於衆乃獲吉祥，說明上六的心志係於邦國天下。

【注釋】

〔1〕志在內——猶言"志在邦國"，謂上六並非苟處太上之位，不理"內事"者。《折中》引張振淵曰："志在內，即萬物一體之意，所以能'敦'；若將天下國家置在度外，雖有些小德澤，終是淺薄。"

【說明】

卦辭"至于八月有凶"，誡"監臨"盛極必危。上六處"臨"極之時，其性柔和，其德敦厚，故能臨物有道，免凶獲吉。

【總論】

"臨"字的特定意義，可視爲"統治"的代名詞。《臨》卦所謂"監臨"，正是側重揭示上統治下、尊統治卑、君主統治臣民的道理。卦辭以"至爲亨通，利於守正"讚美"監臨"之道；又以

"至於八月有凶"爲喻，發盛極必衰之誡，以期"臨人"者預防盈滿，長久臨衆。六爻之中，兩陽處下而剛健之德浸長，能"感應"於尊者以施監臨，故或"貞吉"，或"吉，无不利"；四陰皆居上臨下，情狀各異：三以巧佞臨人"无攸利"，四以親近臨人"无咎"，五以"大君"之"明智"臨人獲"吉"，上以溫柔敦厚臨人獲"吉，无咎"。綜觀諸爻義理，可以看出本卦的兩方面旨趣：其一，"臨人"除了必須根據不同的地位、條件採取不同的方式外，還要求在下者當以剛美感應於上，居上者當以柔美施惠於下，此與《尚書·洪範》"沈潛剛克，高明柔克"之義略可相通。其二，凡處"臨人"之時，只要善居其位，必將多吉，故諸爻均不言"凶"；其中六三雖"无攸利"，但若能自懼改過，也獲"无咎"。可見，本卦的核心思想是爲"臨人"、"治人"者著想。至於《大象傳》所發"教思无窮，容保民无疆"的意義，似又流露出統治者在"治人"的同時重視"教育"的作用：從歷史的角度考察，這一點實可藉以印證古代教育與政治的密切聯繫。

觀卦第二十

䷓ 觀[1]：盥而不薦[2]，有孚顒若[3]。

【譯文】

《觀》卦象徵觀仰：觀仰了祭祀開始時傾酒灌地的降神儀式就可以不觀後面的獻饗細節，此時心中已經充滿了誠敬肅穆的情緒。

【注釋】

〔1〕觀——卦名，下坤（☷）上巽（☴），象徵“顧仰”。《正義》：“觀者，王者道德之美而可觀者也。”《本義》：“觀者，有以示人，而爲人所仰者也。”案，此二說雖訓釋角度微別，其大本實相同，均明“觀”爲“觀仰”之義。 〔2〕盥而不薦——盥，音灌 guàn，古代祭祀宗廟時用香酒澆灌地面以降神之禮，《集解》引馬融曰：“進爵灌地以降神也，此是祭祀盛時”；薦，獻也，祭祀中向神獻饗之禮。此句“盥”、“薦”之前均省略一“觀”字，意即“觀盥不觀薦”。文辭取祭祀典禮爲喻，說明“觀仰”之旨應取最莊嚴可觀；故當祭祀宗廟之時，須觀初始盛美的降神禮，其後的獻饗禮則可略而不觀。《王注》：“王道之可觀者，莫盛乎宗廟；宗廟之可觀者，莫盛於‘盥’也。至‘薦’，簡略不足復觀。故觀‘盥’而不觀‘薦’也。”《正義》：“觀盥禮盛則休而止，是觀其大不觀其細。”案，《本義》謂：“盥”爲“將祭而潔手”之禮，取其“潔清”以見“孚信”。於義亦通。 〔3〕有孚顒若——顒，音永陽平 yóng，敬也，《正義》：“嚴正之貌”；若，語氣助詞。此

句承前句之義，說明觀仰“盥”禮，可以使人産生誠信而肅敬之心，即言觀仰過程中的感化作用。《集解》引馬融曰：“以下觀上，見其至盛之禮，萬民信敬，故云‘有孚顒若’。”

【説明】

孔子説：“禘自既灌而往者，吾不欲觀之矣。”（《論語·八佾》）此語正指觀仰祭禮之事，與本卦“盥而不薦”的義旨相同，均明“觀仰”止於“盛大”的道理。

《彖》曰：大觀在上，順而巽，中正以觀天下[1]。觀，盥而不薦，有孚顒若，下觀而化[2]也。觀天之神道[3]，而四時不忒；聖人以神道設教，而天下服矣。

【譯文】

《彖傳》説：宏大壯觀的氣象總是呈現在崇高之處，譬如具備溫順和巽的美德，又具中和剛正之質就可以讓天下人觀仰。觀仰了祭祀開始時傾酒灌地的降神儀式就可以不觀後面的獻饗細節，此時心中已經充滿了誠敬肅穆的情緒，這是説明在下者通過觀仰能夠領受美好的教化。觀仰大自然運行的神妙規律，就能理解四季交轉毫不差錯的道理；聖人效法大自然的神妙規律設教於天下，天下萬民於是紛紛順服。

【注釋】

〔1〕大觀在上，順而巽，中正以觀天下——大觀、中正，指九五陽剛居中得正；順，指下坤；巽，指上巽。這是舉九五爻象及上下卦象釋卦名“觀”之義，說明美盛的道德足以讓“天下”觀仰。《程傳》：“五居尊位，以剛陽中正之德，爲下所觀，其德甚大，故曰‘大觀在上’；下坤而上巽，是能順而巽也；五居中正，以巽順中正之德，爲觀於天下也。”　〔2〕下觀而化——此句釋卦辭“觀，盥而不薦，有孚顒若”，說明“觀仰”的目的是爲了使“天下”順從美好的教化。《集解》引虞翻曰：“下觀其德而順其化。”

〔3〕觀天之神道——神道，猶言“神妙的自然規律”。此下四句又舉大自然神妙規律之可觀，及“聖人”效法自然規律設教之可觀，極言“觀仰”之道的深刻意義。《本義》：“極言觀之道也。‘四時不忒’，天之所以爲觀也；‘神道設教’，聖人之所以爲觀也。”

《象》曰：風行地上，觀[1]；先王以省方觀民設教[2]。

【譯文】

《象傳》說：和風吹行地上（萬物廣受感化），象徵觀仰；先代君王因此省巡萬方觀察民風而設布教化。

【注釋】

〔1〕風行地上，觀——釋《觀》卦上巽爲風、下坤爲地之象。《誠齋易傳》：“風行地上而无不周，故萬物日見。” 〔2〕省方觀民設教——這是說明“先王”效法《觀》卦“風行地上”之象，省視萬方，示民以教，使百姓有所“觀仰”而順從教化。《誠齋易傳》：“天王省天下而无不至，故天下日見；聖人隨其地觀其俗，因其情設其教，此省方之本意也。”

【說明】

《大象傳》所闡發的“觀民設教”之義，已經把下觀上與上觀下融合爲一體，表明居上者先須廣泛省察下情，纔能正確地設教於民，讓“天下”觀仰。由此似可推考《詩經·國風》的采輯宗旨。劉牧指出：“風行地上，无所不至。散采萬國之聲詩，省察其俗，有不同者，教之使同。”（《周易義海撮要》引）

初六，童觀，小人无咎，君子吝[1]。

【譯文】

初六，像幼童一樣觀仰景物，小人无所危害，君子必有憾惜。

【注釋】

〔1〕童觀，小人无咎，君子吝——此以“幼童”淺見爲喻，說

明初六處“觀”之始，陰柔在下，遠離九五剛正之“君”，所觀甚淺；故於不負重任的“小人”爲“无咎”，於有所作爲的“君子”則難免“憾惜”。《集解》引王弼曰：“失位處下，最遠朝美，无所鑒見，故曰‘童觀’。處大觀之時而童觀，趣順而已。小人爲之，无可咎責；君子爲之，鄙吝之道。”案，王弼訓“吝”爲“鄙吝”，於義亦通。

《象》曰：初六童觀，小人道也。

【譯文】

《象傳》說：初六像幼童一樣觀仰景物，這是小人的淺見之道。

【說明】

“童觀”之吝，在於遠離“大觀”，實受具體條件所制約。王弼指出：“觀之爲義，以所見爲美者也。故近尊爲尚，遠之爲吝。”（《周易略例·卦略》）

六二，闚觀，利女貞[1]。

【譯文】

六二，暗中偷偷地觀仰美盛景物，利於女子守持正固。

【注釋】

〔1〕闚觀，利女貞——闚，音虧 kuī，通“窺”，指暗中竊看。此謂六二雖得正上應九五，但陰柔處下守中，不能盡見大觀之美，猶如身居戶內，暗中“闚觀”門外景物，故僅利於女子守正。爻辭的言外之意，謂男子如此則不利。《集解》引侯果曰：“得位居中，上應於五，闚觀朝美，不能大觀。處大觀之時而爲闚觀，女正則利，君子則醜也。”

《象》曰：闚觀女貞，亦可醜也[1]。

【譯文】

《象傳》說：暗中偷偷地觀仰美盛景物而女子不妨以此守正，對男子來說是可羞醜的。

【注釋】

〔1〕亦可醜也——《本義》："在丈夫則爲醜也。"

【說明】

深居戶內而竊窺外物，自然不能盡觀美景。爻辭以"女貞"爲喻，至見擬象貼切。但由此又可看出古代禮制對女子視野的不合理約束。

六三，觀我生，進退[1]。

【譯文】

六三，觀仰陽剛美德並對照省察自身行爲，謹慎抉擇進退。

【注釋】

〔1〕觀我生，進退——觀，此處含有既觀仰於外又自觀於內之意；我生，《正義》釋爲"我身所動出"，《程傳》謂"動作施爲出於己者"，猶言"自我行爲"；進退，指慎擇進退。這兩句說明六三處"觀"之時，雖與上九有應，漸近九五之"君"，但陰柔失正，其位"多懼"，故當觀於外而修於內，相機審時，慎其進退。《正義》："三居下體之極，是有可進之時；又居上體之下，復是可退之地。遠則不爲'童觀'，近則未爲'觀國'，居在進退之處，可以自觀我之動出也。故時可則進，時不可則退。觀風相機，未失其道，故曰'觀我生，進退'也。"案，《王注》謂六三爲"觀風者"，《正義》："觀風相機"即承此而言。視此爻的居位特點，所謂"自觀"，實須先外觀美盛風化，然後內自修省，纔能妥爲進退，免犯咎害。

《象》曰：觀我生進退，未失道也。

【譯文】

《象傳》說：觀仰陽剛美德並對照省察自身行爲而謹慎抉擇進退，說明六三沒有喪失正確的觀仰之道。

【說明】

與初、二兩爻的"童觀"、"闚觀"比較，六三已漸向九五的陽剛中正之德靠近，鑒見已有所深入、親切，故雖不當位，卻能善處其觀，修美己德。《象傳》稱"未失道"，似含此意。

六四，觀國之光，利用賓于王[1]。

【譯文】

六四，觀仰王朝的光輝盛治，利於成爲君王的貴賓。

【注釋】

〔1〕觀國之光，利用賓于王——光，指國家大治而呈現的光輝景象；賓，用如動詞，猶言"作賓"。此謂六四柔順得正，親比九五，猶如賢者觀光於盛治之國，故稱利於成爲君王的座上賓，即言可以效用於賢君，其吉可知。《程傳》："四既觀見人君之德，國家之治，光華盛美，所宜賓于王朝，效其智力，上輔於君，以施澤天下，故云'利用賓于王'也。古者有賢德之人，則人君賓禮之，故士之仕進於王朝則謂之'賓'。"

《象》曰：觀國之光，尚賓[1]也。

【譯文】

《象傳》說：觀仰王朝的光輝盛治，說明此時其國正禮尚賓賢。

【注釋】

〔1〕尚賓——《楊氏易傳》："明其國貴尚賓賢，可以進也。"案，"尚賓"之義，《正義》謂"慕尚爲王賓"；《尚氏學》以爲"言賓於上也"。兩說於義並通。

【說明】

古代統治者重視"觀光"禮儀，從其政治目的看，一方面似在於顯示國力強盛，另一方面又可藉此吸引人才。《尚書·周書·微子》所謂"修其禮物，作賓于王家"，曹植《七啓》稱"是以俊乂來仕，觀國之光"（《曹子建集》)），並可藉以參見本爻之義。

九五，觀我生，君子无咎[1]。

【譯文】

九五，受人觀仰並自我省察自身行爲，君子必无咎害。

【注釋】

〔1〕觀我生，君子无咎——觀我生，指既受人觀仰又自觀其道，義與六三有別（參見該爻譯注）。這兩句說明九五陽剛中正，爲《觀》卦之主，猶如"賢君"以盛德爲天下人所觀仰，同時又能常常自我省察，不斷美善其行，故稱"君子无咎"。《集解》引王弼曰："觀我生，自觀其道也。爲衆觀之主，當宣文化光于四表。上之化下，猶風之靡草；百姓有過，在予一人。君子風著，己乃无咎；欲察己道，當觀民也。"

《象》曰：觀我生，觀民[1]也。

【譯文】

《象傳》說：受人觀仰並自我省察自身行爲，說明九五應當通過觀察民風來修身審己。

【注釋】

〔1〕觀民——《程傳》："我生，出於己者；人君欲觀己之施爲善否，當觀於民。民俗善，則政化善也。王弼云'觀民以察己之道'是也。"

【說明】

九五既爲"人君"之象，其所"自觀"、"觀民"，目的正爲著改過揚善，美善治道，使其盛德常足以讓"天下"觀仰。《論語·子張》說："子貢曰：君子之過也，如日月之食焉：過也，人皆見之；更也，人皆仰之。"此義似與爻辭"君子无咎"之旨有合。

上九，觀其生，君子无咎[1]。

【譯文】

上九，人們都觀仰他的行爲，君子必无咎害。

【注釋】

〔1〕觀其生，君子无咎——此謂上九陽剛居《觀》之終，雖屬虛高之位，但下者均在觀仰其施爲，故須有“君子”之德纔能“无咎”，其誠與九五同。《本義》：“上九陽剛居尊位之上，雖不當事任，而亦爲下所觀，故其戒辭略與五同，但以‘我’爲‘其’，小有主賓之異耳。”

《象》曰：觀其生，志未平[1]也。

【譯文】

《象傳》說：人們都觀仰他的行爲，說明上九修美道德的心志未可安逸鬆懈。

【注釋】

〔1〕志未平——平，猶言“安寧无爲”。此言上九雖居不任事的“虛位”，也得時時修美德行，不可安逸其志。《程傳》：“不可以不在於位故，安然放意无所事也。”《本義》：“言雖不得位，未可忘戒懼也。”

【說明】

居“大觀”之極，猶發“志未平”之義，可見上九的喻旨在於：欲以美盛可觀的道德化育“天下”，實非輕而易舉之事。馬其昶曰：“聖人之志，必使下觀而化，天下皆爲君子，大舜之善與人同是也。志未平，即堯舜猶病，鄒魯悲憫之心。”（《重定費氏學》）此說甚合本爻旨趣。

【總論】

春秋時吳國季札觀樂於魯，欣賞到《韶箾》舞蹈，深受感染，認爲這是周朝“盛德”的高度體現，於是極力讚歎說：“觀止矣！若有他樂，吾不敢請已！”（《左傳》襄公二十九年）《觀》卦大義，正是闡發“觀仰”美盛事物可以感化人心的道理。卦辭取觀仰祭祀爲喻，說明觀畢初始的盛禮，即使不觀其後的細節，心中的“信敬"之情已經油然萌生。此中的喻義，實與季札"觀止"之歎至相切合。卦中六爻，四陰主於自下觀上：初、二離九五陽剛最遠，或如幼童淺見，或如隔戶窺觀，均不能盡獲"大觀"之美；六三接近上卦，能觀仰美德以自省察，未失其道；六四親比九五，猶如親臨觀光於"王朝"的盛治，獲"作賓于王"之利，爲盡見"大觀"的象徵。而五、上兩陽，主於自上觀下，既具陽剛美德讓人觀仰，又須自觀其道、修美德行，故兩者均發"君子无咎"的意旨。可見，本卦陰陽上下所寓涵的意義頗有區別。朱熹的學生曾經問道："《觀》六爻，一爻勝似一爻，豈所據之位愈高，則所見愈大耶?"朱子答云："上二爻意自別，下四爻是所據之位愈近，則所見愈親切底意思。"(《朱子語類》)當然，《觀》卦揭示的"觀仰"作用，除了強調"上"者以美德感化於"下"之外，還體現了觀"民風"可以正"君道"的思想，這從五、上兩爻"觀民"自省、其志"未平"的義理中不難看出。《毛詩大序》說道："上以風化下，下以風刺上，主文而譎諫，言之者無罪，聞之者足以戒，故曰'風'。"此論雖是針對《詩經·國風》而發，但與《觀》卦的象徵意義甚有相通之處。

噬嗑卦第二十一

☲　噬嗑[1]：亨，利用獄[2]。

【譯文】

《噬嗑》卦象徵齧合：亨通，利於施用刑法。

【注釋】

〔1〕噬嗑——音是合 shì hé，卦名，下震（☳）上離（☲），象徵“齧合”。案，此二字以口中齧（音聶 niè）物使合爲喻，說明施用刑法之義。《正義》：“物在於口，則隔其上下；若齧去其物，上下乃合而得亨也。此卦之名，假借口象以爲義，以喻刑法也。”　〔2〕亨，利用獄——獄，猶言“刑法”。此謂事物當相間相隔之時，若能“齧合”則可亨通；猶如“刑法”可以除去間隔之物，故曰“利用獄”。《王注》：“凡物之不親，由有間也；物之不齊，由有過也。有間與過，齧而合之，所以通也。刑克以通，獄之利也。”《尚氏學》：“上下之不能相合者，中必有物間之；齧而去其間，則合而通矣。國家之有刑獄，亦復如是。民有梗化者，以刑克之，則頑梗去，而上下通矣，故曰‘利用獄’。”

【說明】

朱熹分析本卦的卦形說：“爲卦上下兩陽而中虛，頤口之象；九四一陽間於其中，必齧之而後合，故爲‘噬嗑’。”（《本義》）李士鉁也認爲：“上、初象輔頰，二、三、五象上下齒，九四在中象物。四不中正，故須齧而去之。”（《周易學說》引）此二說可備參攷。

《彖》曰：頤中有物[1]，曰噬嗑。噬嗑而亨，剛柔分，動而明，雷電合而章[2]。柔得中而上行，雖不當位，利用獄也[3]。

【譯文】

　　《彖傳》說：口腔中有食物，可以齧合。齧合然後亨通，譬如剛柔上下先各分開，然後交相運動而齧合之義顯明，就像震雷閃電交擊互合而齧合之理昭彰。此時柔和者處得中道並能向上奮行，儘管不當純柔之位（但正好剛柔兼濟），所以利於施用刑法。

【注釋】

　　[1] 頤中有物——頤，上下顎之間的總稱，猶言“口腔”。此以口中有物，正可齧合，釋卦名“噬嗑”之義。《王注》：“頤中有物，齧而合之，‘噬嗑’之義也。”案，“頤”字，《說文》曰：“古文‘㗊’”，《段注》：“此文當橫視之，橫視之則口上、口下、口中之形俱見矣。”段氏謂橫視，即作“㗊”，適爲口中有物之象。今檢東周金文“㗊”或作“㖠”（異伯盤文，高明《古文字類編》引王獻唐《黃縣異器》），此字正象上下齒齧物而合之形（“頤”又有“養”義，參見《頤》卦譯注）。　　[2] 剛柔分，動而明，雷電合而章——剛、動、雷，均指下震；柔、明、電，均指上離。此舉上下卦象，揭示剛柔上下交動而呈“噬嗑”之義，雷電興作交合而喻“噬嗑”之理。文旨釋卦辭“噬嗑，亨”，兼明“利用獄”之旨。《王注》：“剛柔分動不溷乃明，雷電並合不亂乃章。”《正義》：“剛柔分，謂震剛在下，離柔在上。剛柔云‘分’，雷電云‘合’者，欲見明之與動各是一事，故剛柔云分也；明動雖各一事，相須而用，故雷電云合。但《易》之爲體，取象既多，若取分義，則云震下離上；若取合義，則云離震合體，共成一卦也。”
[3] 柔得中而上行，雖不當位，利用獄也——柔，指六五。此謂六

五柔中居尊，雖不當純柔正位，卻能剛柔相濟，以釋卦辭"利用獄"。《程傳》："六五以柔居中，爲用柔得中之義。上行，謂居尊位；雖不當位，謂以柔居五爲不當。而利於用獄者，治獄之道，全剛則傷於嚴暴，過柔則失於寬縱，五爲用獄之主，以柔處剛而得中，得用獄之宜也。"《尚氏學》："五不當位，然文明以中，斷制枉直，不失情理，故利用獄也。"

《象》曰：雷電，噬嗑[1]；先王以明罰勑法[2]。

【譯文】

　　《象傳》說：雷電交擊，象徵齧合；先代君王因此嚴明刑罰而肅正法令。

【注釋】

　　〔1〕雷電，噬嗑——釋《噬嗑》卦下震爲雷、上離爲電之象，義與《象傳》"雷電合而章"同。《程傳》："雷電相須並見之物，亦有嗑象，電明而雷威。"案，"雷電"二字，《程傳》以爲"象无倒置者，疑此文互也"，《本義》亦曰"當作'電雷'"。《周易玩辭》指出："石經作'電雷'，晁公武氏曰六十四卦大象无倒置者，當從石經。"此諸說並可參攷。　　〔2〕明罰勑法——明，用如動詞；勑，音赤 chì，通"勅"，猶言"正"，《釋文》："鄭云：'勑，猶理也'，一云'整也'。"這是說明"先王"效法《噬嗑》之象，明其刑罰、正其法令，使天下合一。《集解》引侯果曰："雷所以動物，電所以照物，雷電震照則萬物不能懷邪。故先王則之，明罰勑法，以示萬物，欲萬方一心也。"

【說明】

　　本卦立義"噬嗑"，是擬象於"頤中齧物使合"，其旨則重在"用獄"。故《大象傳》以"明罰勑法"闡述卦理。宋衷指出："雷動而威，電動而明，二者合而其道章也。用刑之道，威明相兼。若威而不明，恐致淫濫；明而无威，不能伏物：故須雷電竝合而噬嗑備。"（《集解》引）此說釋《大象傳》的寓理甚明。

初九，屨校滅趾，无咎[1]。

【譯文】

初九，足著刑具而傷滅腳趾，不致咎害。

【注釋】

〔1〕屨校滅趾，无咎——屨，音具 jù，用如動詞，猶言"足著"；校，木制刑具，此處指"腳桎"之類的木械；滅，《正義》釋爲"滅沒"，猶言"傷滅"。此謂初九處"噬嗑"之始，猶如初觸刑法，其過尚微，故僅受著足械、傷腳趾的小懲；因其質本陽剛，有受"小懲"而能"大誡"之象，不致重犯大過，故"无咎"。《王注》："凡過之所始，必始於微，而後至於著；罰之所始，必始於薄，而後至於誅。過輕戮薄，故'屨校滅趾'，桎其行也，足懲而已，故不重也。"

《象》曰：屨校滅趾，不行也。

【譯文】

《象傳》說：足著刑具而傷滅腳趾，說明初九不至於再前行重犯過失。

【說明】

《繫辭下傳》引孔子曰："小人不恥不仁，不畏不義，不見利不勸，不威不懲。小懲而大誡，此小人之福也。《易》曰：'屨校滅趾，无咎'，此之謂也。"此說深闡本爻的象外之旨，至見義理。

六二，噬膚[1]，滅鼻，无咎[2]。

【譯文】

六二，像咬齧柔脆的皮膚一樣施刑順利，即使傷滅犯人的鼻梁，也不致咎害。

【注釋】

〔1〕噬膚——噬，喻施用刑法；膚，《王注》：“柔脆之物也”，喻用刑順利无礙。此言六二柔順中正，當“噬嗑”之時，有施刑於人、順當无阻之象。《王注》：“噬，齧也；齧者，刑克之謂也。處中得位，所刑者當，故曰‘噬膚’也。”　　〔2〕滅鼻，无咎——此謂六二以柔乘剛，用刑稍過，猶如對服罪者施用“滅鼻”的嚴刑；但所刑中其要害，故“无咎”。《王注》：“乘剛而刑，未盡順道，噬過其分，故‘滅鼻’也；刑得所疾，故雖‘滅鼻’而‘无咎’也。”

《象》曰：噬膚滅鼻，乘剛[1]也。

【譯文】

《象傳》說：像咬齧柔脆的皮膚一樣施刑順利而傷滅犯人的鼻梁，說明六二乘淩於剛強者之上（必須用嚴刑服衆）。

【注釋】

〔1〕乘剛——《正義》：“釋‘噬膚，滅鼻’之義。以其乘剛，故用刑深也。”

【說明】

六二愈是乘淩剛強之上，愈不可用純柔；唯須以剛嚴濟其柔中，纔能行“噬嗑”之義。程頤謂“刑剛強之人，必須深痛”（《程傳》）是也。

六三，噬腊肉，遇毒[1]。小吝，无咎[2]。

【譯文】

六三，像咬齧堅硬的腊肉，肉中又遇到毒物一樣施刑不順利；這樣做只是稍有小小憾惜，卻不致咎害。

【注釋】

〔1〕噬腊肉，遇毒——腊肉，乾肉，《正義》：“堅剛之肉”，喻施刑於不服者；毒，原指害草，此處如《正義》所云“苦惡之

物”，以腊肉含有毒物，喻受刑者生怨。此謂六三居《噬嗑》下卦之上，爲施刑於人之象，但陰柔失位，受刑者不服生怨，猶如咬齧腊肉而遇毒物。《王注》：“處下體之極，而履非其位，以斯食物，其物必堅。豈唯堅乎？將遇其毒！噬，以喻刑人；腊，以喻不服；毒，以喻怨生。” 〔2〕小吝，无咎——指六三順承九四之陽，下不乘剛，其刑不施於正順者，故雖失位“遇毒”，唯小有憾惜而已，不致咎害。《王注》：“然承於四，而不乘剛，雖失其正，刑不侵順，故雖‘遇毒’，小吝无咎。”

《象》曰：遇毒，位不當也。

【譯文】

《象傳》說：（咬齧腊肉時）遇到毒物，說明六三居位不妥當（以致受刑者生怨）。

【說明】

治理刑獄，必先正位，纔能服衆。六三“遇毒”、“小吝”，實由於其位未正而匆匆施用刑法，故《象傳》特發“位不當”之義。

九四，噬乾胏[1]，得金矢，利艱貞，吉[2]。

【譯文】

九四，像咬齧乾硬帶骨的肉一樣施刑不順利，但具備金質箭矢似的剛直氣魄，利於在艱難中守持正固，吉祥。

【注釋】

〔1〕噬乾胏——胏，音子zǐ，帶骨的肉脯，《釋文》引馬融曰：“有骨謂之胏”。此謂九四陽剛失正不中，當“噬嗑”之時以此施刑於人亦難獲順利，故有咬齧“乾胏”、觸之遇骨之象。《王注》：“雖體陽爻，爲陰之主，履不獲中，而居非其位；以斯噬物，物亦不服，故曰‘噬乾胏’也。” 〔2〕得金矢，利艱貞，吉——金矢，喻剛直。此言九四雖“噬乾胏”而施刑不順，但其稟性陽剛純直，故利於在艱難中守正，則可獲吉祥。《王注》：“金，剛也；

矢，直也。'噬乾胏'而得剛直，可以利於艱貞之吉。"

《象》曰：利艱貞吉，未光也。

【譯文】

《象傳》說：利於在艱難中守持正固可獲吉祥，說明九四的治獄之道尚未發揚光大。

【說明】

九四不中失正，與六三同，故施刑於人，亦難順暢。唯其剛直不阿，則能在艱難中趨正自守，求獲吉祥。但就"用獄"之道而言，此時實未能光大，故《象傳》言"未光"，王弼曰："未足以盡通理之道也。"

六五，噬乾肉[1]，得黃金，貞厲，无咎[2]。

【譯文】

六五，像咬嚙乾硬的肉脯一樣施刑不甚順利，但具備黃金似的剛堅中和的氣魄，守持正固以防危險，可免咎害。

【注釋】

〔1〕噬乾肉——乾肉，乾硬的肉脯，亦喻施刑於不服者。此謂六五處《噬嗑》尊位，但以陰居陽，施刑於人亦未能盡順，故有"噬乾肉"之象。《王注》："乾肉，堅也"，"以陰處陽，以柔乘剛，以噬於物，物亦不服，故曰'噬乾肉'也。"　　〔2〕得黃金，貞厲，无咎——黃，中色；金，喻剛堅；貞厲，猶言"守正防危"（參閱《屯》九五譯注）。此言六五雖失正，但既居陽剛尊高之位，又處中和不偏之所，則已具"剛中"氣質，故以"得黃金"爲喻；以此趨正長守，謹防危厲，必得"用獄"之道，故"无咎"。《王注》"處得尊位，以柔乘剛，而居於中，能行其戮者也。履不正而能行其戮，剛勝者也；噬雖不服，得中而勝，故曰'噬乾肉，得黃金'也。己雖不正，而刑戮得當，故雖貞厲而无咎也。"案，王弼以"刑戮得當"釋"貞厲，无咎"，即取《象傳》之義，其旨亦謂

"得正防危"故无咎。

《象》曰：貞厲无咎，得當[1]也。

【譯文】

《象傳》說：守持正固以防危險必可免遭咎害，這是讚美行爲符合正當的治獄之道。

【注釋】

〔1〕得當——當，猶"正"。謂得"用獄"之正。《周易輯聞》："釋象言'不當位'，此言'得當'者，釋象以位言，此以事言。六五以柔用獄，行以貞厲，其无咎者，得用獄之當者也。"

【說明】

六五以陰處陽位，遂有"得黃金"之正，故《小象傳》謂"得當"，與《象傳》"雖不當位，利用獄也"之理實相一致。又，李過認爲："九四以剛噬，六五以柔噬。以剛噬者，有司執法之公；以柔噬者，人君不忍之仁也。"(《西谿易說》)此說亦頗成理，可備參攷。

上九，何校滅耳，凶[1]。

【譯文】

上九，肩荷刑具而遭受傷滅耳朵的重罰，有凶險。

【注釋】

〔1〕何校滅耳，凶——何，通"荷"；校，此處指"木枷"之類的項械。這是說明上九以窮亢之陽居《噬嗑》之極，猶積惡不改，觸犯刑法，被套上枷鎖、傷滅耳朵，其凶至甚。《王注》："處罰之極，惡積不改者也。罪非所懲，故刑及其首，至于'滅耳'。及首非誡，滅耳非懲，凶莫甚焉。"

《象》曰：何校滅耳，聰不明也。

【譯文】

《象傳》說：肩荷刑具而遭受傷滅耳朵的重罰，說明上九積惡不改太不聰明了。

【說明】

初九“屨校滅趾”，與上九“何校滅耳”，一爲小懲大誡，一爲積惡遭滅，其義適可相互對照。《繫辭下傳》引孔子曰：“善不積不足以成名，惡不積不足以滅身。小人以小善爲无益而弗爲也，以小惡爲无傷而弗去也，故惡積而不可掩，罪大而不可解。《易》曰：‘何校滅耳，凶。’”此說把本爻的深刻戒意披露得至爲明切。

【總論】

《噬嗑》卦以口中“齧合”食物爲喻，闡發“施用刑法”之義。卦辭謂“亨，利用獄”，已經明示順從正確的規律“治獄”可致亨通的卦旨。六爻之象，以初、上兩陽喻觸刑受罰，前者初犯能改獲“无咎”，後者積罪深重致“凶”，均含深戒；二至五爻，喻施刑於人，其中六二以柔乘剛，六三、六五陰處陽位，九四陽處陰位，均流露著剛柔相濟的“治獄”之道。《折中》引李過曰：“五，君位也，爲治獄之主；四，大臣位也，爲治獄之卿；三、二，又其下也，爲治獄之吏。”然而，四爻之位雖有高低之別，其“治獄”過程卻普遍存在著“咎”、“吝”、“艱”、“厲”的情狀，此中似乎表明《周易》作者深知“治獄”之艱難。朱熹指出：“大抵纔是治人，彼必爲敵，不是易事”，“須以艱難正固處之。”（《朱子語類》）至於最能體現全卦大義的，當屬柔中居尊的六五：其德本於文明，猶如用刑期於无刑；其用立於剛嚴，猶如雷震奮發聲威。《大象傳》“明罰勅法”的義理，正見於此。馬振彪認爲：“聖世彰善癉惡，明威並用，道在雷厲風行。水懦弱，民狎而玩之，故多死焉；火猛烈，民望而畏之，故鮮死焉。制刑之法，取火雷爲象，蓋有道矣。然以柔中爲主，仍不失辟以止辟，刑期无刑之意。老子善用柔，經言：‘民不畏死，奈何以死懼之？’蓋得柔中之道矣。”（《周易學說》）此論深推“柔中”的寓意，頗能發顯本卦哲理。

賁卦第二十二

☶ 賁^[1]：亨^[2]，小利有攸往^[3]。

【譯文】

《賁》卦象徵文飾：亨通，柔小者利於有所前往。

【注釋】

〔1〕賁——音必 bì，卦名，下離（☲）上艮（☶），象徵"文飾"。《說文》："賁，飾也，從貝卉聲"，《釋文》："傅氏云：'賁，古斑字，文章皃。'鄭云：'變也，文飾之皃。'" 〔2〕亨——此謂事物加以必要的文飾，可致亨通。《程傳》："物有飾而後能亨，故曰'无本不立，无文不行'。有實而加飾，則可以亨矣。"〔3〕小利有攸往——小，陰稱小，謂"柔小"。此言"文飾"之時，柔小者尤須加飾，可顯其美，故"利有攸往"。卦中六五以上九爲賁，則利於發展，正見此象。《集解》引虞翻曰："小謂五。"《尚氏學》："五得中承陽，故曰'小利有攸往'。"

【說明】

"小利有攸往"之義，舊說不一。今舉兩例以備參攷。一、程頤曰："文飾之道，可增其光彩，故能小利於進也。"（《程傳》）二、王申子曰："文盛則實必衰，苟專尚文，以往則流，故曰'小利有攸往'。小者，謂不可太過以滅其質也。"（《大易緝說》）

《彖》曰：賁，亨，柔來而文剛^[1]，故亨；分剛上而文柔[2]，故小利有攸往。〔剛柔交錯，〕天文也[3]；文明以止，人文也[4]。觀乎天文，以察時變[5]；觀乎人文，以化成天下[6]。

【譯文】

《彖傳》說：文飾，亨通，譬如陰柔前來文飾陽剛，陰陽交飾於是亨通；又分出陽剛居上文飾陰柔，所以柔小者利於有所前往。〔剛美和柔美交相錯雜，〕這是天的文彩；文章燦明止於禮義，這是人類的文彩。觀察天的文彩，可以知曉四季轉變的規律；觀察人類的文彩，可以推行教化促成天下昌明。

【注釋】

〔1〕柔來而文剛——柔，指六二；剛，指九三。此釋卦辭"亨"之義，謂六二來居下卦之中，以文飾九三，陰陽交賁故獲亨通。　〔2〕分剛上而文柔——剛，指上九；柔，指六五。此釋卦辭"小利有攸往"之義，謂上九高居卦終，六五因之獲飾，故利有所往。案，《集解》引荀爽曰："此本《泰》卦，謂陰從上來，居乾之中，文飾剛道，交於中和，故'亨'也；分乾之二居坤之上，上飾柔道，兼據二陰，故'小利有攸往'矣。"此以"卦變"爲說，謂《賁》卦自《泰》變二、上兩爻而來，以釋"柔來文剛"、"剛上文柔"之旨，可備參攷。　〔3〕天文也——天文，天的文彩，指日月星辰、陰陽變化等。《周易舉正》："'天文'上脱'剛柔交錯'一句。"今查《王注》："剛柔交錯而成文焉，天之文也"，《正義》："剛柔交錯成文，是'天文'也"，似王、孔本原有此四字。兹從之，增四字並加括號以別之。　〔4〕文明以止，人文也——文明，指下離爲火，爲日；止，指上艮爲止；人文，人的文彩，指文章、禮義等。此舉上下卦象，說明人類的文飾表現在"文明"而能止於禮義。義與前句"天文"相對。《集解》引虞翻曰："文明，離；止，艮也。"《程傳》："有上則有下，有此則有彼，有質則有文。一不獨立，二則爲文。非知道者，孰能識之？天文，天

之理也；人文，人之道也。”　　〔5〕觀乎天文，以察時變——此謂觀察大自然的文飾情狀，可知四季變遷規律。《程傳》：“天文謂日月星辰之錯列，寒暑陰陽之代變。觀其運行，以察四時之遷改也。”　　〔6〕觀乎人文，以化成天下——此謂觀察人類的文飾情狀，可以教化天下、促成大治。《集解》引干寶曰：“四時之變，縣乎日月；聖人之化，成乎文章。觀日月而要其會通，觀文明而化成天下。”《程傳》：“觀人文以教化天下，天下成其禮俗，乃聖人用‘賁’之道也。”

《象》曰：山下有火，賁[1]；君子以明庶政，无敢折獄[2]。

【譯文】

《象傳》說：山下燃耀著火焰（山形煥彩），象徵文飾；君子因此修美顯明眾多的政務，但不敢靠文飾處理訟獄。

【注釋】

〔1〕山下有火，賁——釋《賁》卦上艮爲山、下離爲火之象。《程傳》：“山者，草木百物之所聚生也；火在其下而上照，庶類皆被其光明，爲賁飾之象也。”　　〔2〕明庶政，无敢折獄——這是說明君子觀《賁》卦之象，悟知當以“文明”理政，但不可以“文飾”斷獄。《程傳》：“君子觀山下有火，明照之象，以修明其庶政，成文明之治”；“折獄者，專用情實，有文飾則沒其情矣，故无敢用文以折獄也。”

【說明】

治理“庶政”，當求“文明”景象，唯需燦美斯世；居尊“折獄”，則以“秉正”爲本，不可文飾其事。《大象傳》強調“无敢折獄”，正是指出“文飾”不宜濫施的道理。程頤稱此語“乃聖人之用心也，爲戒深矣！”（《程傳》）

初九，賁其趾，舍車而徒[1]。

【譯文】

初九，文飾自身的足趾，舍棄大車而甘於徒步行走。

【注釋】

〔1〕賁其趾，舍車而徒——徒，徒步行走。此言初九當"賁"之始，位卑處下，不敢貪求華飾，故自賁其趾，喻飾所當飾；而舍車安步，則喻棄所不當飾。此即"賁不失禮"之義。《王注》："在賁之始，以剛處下，居於无位，棄於不義，安夫徒步，以從其志者也。故飾其趾，舍車而徒，'義弗乘'之謂也。"《周易學說》引李士鉁曰："初以禮自飾，自賁其趾，不越禮以求賁，此其所以可行與？世以奢僭爲榮，君子以爲辱，謂其飾禮而反蔑禮也。"

《象》曰：舍車而徒，義弗乘也。

【譯文】

《象傳》說：舍棄大車而甘於徒步行走，說明初九就所處地位這一意義來說是不應該乘坐大車。

【說明】

馬振彪指出："賢者安步當車，終身不辱；揆之於義，弗背乘車，雖徒行亦爲之生色，即'賁其趾'之義也。"（《周易學說》）此將"賁"當合"義"的道理闡析得至爲明白。就初九有應於六四這一情狀而言，其"義"似體現於安步緩行、靜待四應，故不乘非"義"之車。《禮記·坊記》云："君子苟無禮，雖美不食焉。"亦可與此爻之義相發明。

六二，賁其須[1]。

【譯文】

六二，文飾尊者的美須。

【注釋】

〔1〕賁其須——須，面上的須毛，喻六二所上承的九三。此謂六二處下卦之中，與九三均得位无應而兩相親比，故二專意承三，

猶文飾三之美須，於是陰陽互賁、相得益彰。此即"賁得其所"之義。《王注》："得其位而无應，三亦无應，俱无應而比焉，近而相得者也。須之爲物，上附者也。循其所履，以附於上，故曰'賁其須'。"案，《尙氏學》謂艮爲須，認爲"賁其須"之"其"指上卦，言六二往上成艮，賁於上九。此亦可備一說。

《象》曰：賁其須，與上興[1]也。

【譯文】

《象傳》說：文飾尊者的美須，說明六二與九三同心而興起互爲文飾。

【注釋】

〔1〕與上興——上，指九三；興，起也。《周易口義》："上與九三合志，同心而興起也。"

【說明】

二賁三，正是《象傳》"柔來文剛"之意。劉沅曰："陰隨陽而動，文附質而行"，"剛爲質，柔爲文，文不附質，焉得爲文？"（《周易恒解》）其說是也。

九三，賁如，濡如，永貞吉[1]。

【譯文】

九三，文飾得那樣俊美，與人頻頻相施惠澤，永久守持正固可獲吉祥。

【注釋】

〔1〕賁如，濡如，永貞吉——如，語氣詞；濡，潤澤，用如動詞，喻三與二互施潤澤、相親相賁。此謂九三下比六二，兩者既相賁飾，又相施潤，故有"賁如，濡如"之象；但此時不可因賁忘憂，故又誡其"永貞"則吉。《王注》："處下體之極，居得其位，與二相比，俱履其正，和合相潤以成其文者也。既得其飾，又得其潤，故曰'賁如，濡如'也；永保其貞，物莫之陵，故曰'永貞

吉’也。”

《象》曰：永貞之吉，終莫之陵也。

【譯文】

《象傳》說：永久守持正固可獲吉祥，說明九三能作到這樣就始終不會受人陵侮。

【說明】

三、二以剛柔之正親比互賁，惠澤相施，所謂文飾適到其美之象。但九三又有“永貞”之誡，可見下卦終極的地位“多凶”難處。

六四，賁如，皤如，白馬翰如[1]，匪寇，婚媾[2]。

【譯文】

六四，文飾得那樣淡美，全身是那樣素白，坐下白馬又是那樣純潔无雜，前方並非強寇，而是聘求婚配的佳偶。

【注釋】

〔1〕賁如，皤如，白馬翰如——皤，音婆 pó，《集解》：“亦白，素之貌也”；翰，《釋文》引鄭玄曰：“白也”。此謂六四居上卦之初，“賁”道已變，其飾尚素，故取“皤”、“白”、“翰”爲喻；而柔正得位，下應初九，宜於速往相應互賁，故有“白馬”奔馳之象。《周易參義》：“六四在離明之外，爲艮止之始，乃賁之盛極而當反質素之時也，故云‘賁如，皤如’。夫初之舍車，爲在下而无所乘故也；四在九三之上，則有所乘矣，故云‘白馬翰如’。人既質素，則馬亦白也。” 〔2〕匪寇，婚媾——指初九雖體陽剛，卻非強寇，實爲六四相應之配偶。“匪寇”之辭，正因四處“多懼”之位而發，意在勉其勿疑，速往應初。案，《王注》以三爲寇，謂四應初有閡於三。可備一說。

《象》曰：六四當位，疑也[1]；匪寇婚媾，終无尤也。

【譯文】

《象傳》說：六四當位得正，但心中仍懷疑懼；前方並非強寇而是聘求婚配的佳偶，說明六四儘管前往終將无所怨尤。

【注釋】

〔1〕六四當位，疑也——謂六四雖當位得正，但心仍疑懼，不敢速往應初，故特以“匪寇婚媾”勉之。案，《正義》認爲四當位有應，因礙於三故“疑”；若不當位、不應初，則无所謂欲往而致遲疑。可備一說。

【說明】

《屯》六二上應九五，曰：“屯如，邅如，乘馬班如，匪寇，婚媾”，文辭與本爻相似。但彼爲艱難緩行之象，此發去疑速往之旨，寓義頗不相同。胡炳文指出：“《屯》二應五，下求上也，不可以急；《賁》四應初，上求下也，不可以緩。”（《周易本義通釋》）再從本爻與初九相應的情狀看：四“白馬”尚素，初“舍車”棄華，可見兩者志趣互合，故六四不須疑慮，往必有得。

六五，賁于丘園，束帛戔戔[1]。吝，終吉[2]。

【譯文】

六五，以渾樸的山丘園圃爲飾，持一束微薄的絲帛（禮聘賢士）。儘管下者无應而有憾惜，但上者相應終獲吉祥。

【注釋】

〔1〕賁于丘園，束帛戔戔——丘園，山丘園圃，喻樸素自然，指上九遠處卦極；束帛，一束絲帛，喻微薄无華之物，《本義》：“薄物”；戔戔，形容物少，《本義》：“淺小之意”。此謂六五居《賁》尊位，柔中无華，飾尚樸素，雖无下應卻能親比於遠處卦終的陽剛，故有賁飾於“丘園”之象，猶如持微薄的“束帛”禮聘“賢士”，共相輔治，以成“賁”道之至美。《周易恒解》：“五艮體得中，文明以止。柔中而密比于上九之賢，賁于丘園之中以求賢

士。"又曰:"禮薄意厚,不過乎文","是能求賢自輔,以成賁之治者也"。　〔2〕吝,終吉——這是指六五"賁"道雖美,下无應與,故不免含"吝";但能持中行事,上與"白賁"之陽相互合志,終獲吉祥。《尚氏學》:"下无應故'吝',上承陽故'終吉'。象謂'小利往',以此。"

《象》曰:六五之吉,有喜[1]也。

【譯文】

　　《象傳》說:六五的吉祥,說明必有喜慶。

【注釋】

　　〔1〕有喜——《尚氏學》:"五承陽,故有喜。"

【說明】

　　六五"丘園"的喻象,與上九"白賁"正相切合。當此"賁"道大成之時,質樸柔美與自然剛美密相賁飾,故《象傳》盛稱"有喜"。卦辭"小利有攸往"的意旨,即就六五而發,在此也得以明顯的體現。

上九,白賁,无咎[1]。

【譯文】

　　上九,素白无華的文飾,无所咎害。

【注釋】

　　〔1〕白賁,无咎——白,素也。此言上九居《賁》之極,"賁"道反歸於素;事物以"白"爲飾,則見其自然真趣,爲純美至極的象徵,故"无咎"。《王注》:"處飾之終,飾終反素,故任其質素,不勞文飾,而无咎也。"

《象》曰:白賁无咎,上得志[1]也。

【譯文】

　　《象傳》說:素白无華的文飾必无咎害,說明上九大遂文飾之道尚質的心志。

【注釋】

〔1〕上得志——指上九與六五親比，大得"白賁"之志。《尚氏學》："言陽得陰而通也。《大畜》上九曰'道大行也'，《損》上九曰'大得志'，《益》九五曰'大得志'，《頤》上九曰'大有慶'，與此義皆同。"

【說明】

《周禮·考工記》謂："畫繪之事，後素功"；《論語·八佾》曰："繪事後素"。兩者或言繪畫程序，或以"素"喻"禮"，與本爻"飾終反質"的意旨自有區別，但就"素"在"文飾"中爲"本真"之色這一點看，上兩說與本爻"白賁"的擬象基礎又有可通之處。故劉牧云："繪事後素，居上者而能正五彩也。"（《周易義海撮要》引）惠棟也認爲："上者，賁之成。《考工記》云：'畫繪之事，後素功。'《論語》'繪事後素'，鄭彼注云：'素，白采也，後布之，爲其易漬污，是功成於素之事也。'"（《周易述》）

【總論】

《左傳》襄公二十五年引孔子曰："《志》有之：'言以足志，文以足言。'不言，誰知其志？言之無文，行而不遠。"《禮記·禮器》曰："先王之立禮也，有本有文。忠信，禮之本也；義理，禮之文也。無本不立，無文不行。"這兩則記載表明，古人在言"志"，立"本"的前提下，對"文飾"的功用頗爲重視。《賁》卦，即是集中闡發"文飾"的意義。卦辭稱事物獲飾，可致亨通；並特別指出，柔小者一經適當的文飾，必有利於增顯其美。卦中六爻，在陰陽交錯相雜中呈現互賁之象，其中初與四相應相賁；二與三，五與上，則相比相賁。《折中》引邱富國曰："陰陽二物，有應者以應而相賁，无應者以比而相賁。"正道出本卦剛爻柔爻之間的交飾特點。然而，諸爻實非无條件地泛言文飾，而是主張適如其分的賁飾，並崇尚樸素自然的至美境界。試觀爻義，初九"舍車"

不尚華飾，六四“白馬”嚮往淡美，兩者分處上下卦之始，已見
“賁”道端倪；六二“賁須”志在承陽，九三“濡如”永守正固，
兩者並在內卦，以順合禮義爲美；六五飾於“丘園”但求簡樸，上
九飾終返“白”歸趣本真，兩者並居外卦，以質素自然爲美。可
見，《賁》卦大旨略見於兩事：一是剛柔相雜成文，二是文飾不尚
華艷。《繫辭下傳》謂“物相雜故曰文”，《雜卦傳》云“《賁》，
无色也”，正可印證這兩方面的義旨。就美學意義而論，本卦的象
徵哲理，與先秦美學理論中“物一無文”（《國語》）、“大巧若拙”
（《老子》四十五章）之類的觀點，實可互相比較：這在研究古代美
學史中，是值得注意的資料。

周易譯注卷三終

剝卦第二十三

☷☶　剝[1]：不利有攸往[2]。

【譯文】

《剝》卦象徵剝落：不利於有所前往。

【注釋】

〔1〕剝——卦名，下坤（☷）上艮（☶），象徵“剝落”。《釋文》：“剝，馬云‘落也’。”《集解》引鄭玄曰：“陰氣侵陽，上至于五，萬物零落，故謂之‘剝’也。”　〔2〕不利有攸往——“剝落”之時，正如卦象所示，陽剛被削剝殆盡，陰氣盛長，故卦辭誡“君子”不宜有所往。《正義》：“剝者，剝落也。今陰長變剛，剛陽剝落，故稱‘剝’也。小人既長，故‘不利有攸往’也。”

《彖》曰：剝，剝也，柔變剛[1]也。不利有攸往，小人長[2]也。順而止之，觀象也[3]。君子尚消息盈虛[4]，天行也。

【譯文】

《彖傳》說：剝，就是剝落的意思，猶如陰柔者浸蝕改變了陽剛的本質。不利於有所前往，說明小人的勢力盛長。此時應當順勢抑止小人之道，這從觀察卦象可以獲知。君子崇尚消亡生息和盈盛虧虛的轉化哲理，這是大自然的運行規律啊！

【注釋】

〔1〕柔變剛——此以卦中五陰已浸蝕並改變陽剛的本質，釋卦名"剝"。《正義》："釋所以此卦名'剝'之意也。"　〔2〕小人長——小人，指卦中陰爻；長，盛長。此釋卦辭"不利有攸往"。《集解》引鄭玄曰："五陰一陽，小人極盛，君子不可有所之，故'不利有攸往'也。"《纂疏》："所以然者，以'小人長'也。"〔3〕順而止之，觀象也——順，下坤爲順；止，上艮爲止；觀象，謂觀此上下卦象，知此時當順止小人之道。《王注》："坤順而艮止也。所以順而止之，不敢以剛止者，以觀其形象也。强亢激拂，觸忤以隕身；身既傾焉，功又不就，非君子之所尚也。"　〔4〕君子尚消息盈虛——消息，消亡與生息；盈虛，盈滿與虧虛。此舉"天道"盛衰互轉的哲理，說明陰"剝"陽之勢實亦未能終久，與上文"順而止"之義相承，揭示"君子"順勢治"剝"的道理。《正義》："在'剝'之時，順而止之'，"須量時制變，隨物而動：君子通達物理，貴尚消息盈虛。"

《象》曰：山附於地，剝[1]；上以厚下安宅[2]。

【譯文】

《象傳》說：高山頹落委附在地面，象徵剝落；居上者因此要豐厚基礎而安固宅屋。

【注釋】

〔1〕山附於地，剝——釋《剝》卦上艮爲山、下坤爲地之象。《集解》引盧氏曰："山高絕於地，今附地者，明被剝矣。"〔2〕上以厚下安宅——上，居上者；厚、安，均用如動詞，謂"加厚"、"安固"；下，下處，猶言"基礎"。這句說明"上"者觀《剝》卦之象，悟知"厚下安宅"、以防"剝落"之理。《正義》："剝之爲義，從下而起，故在上之人當須豐厚於下，安物之居，以

防於剝也。”
【說明】

卦辭强調“剝落”時不利有所往，《大象傳》指出平日應當固本防“剝”：兩者闡說角度不同，所寓之理則可貫通。所謂“安宅”，也是一種比喻，其旨頗可觸類引申。《折中》引劉牧曰：“君以民爲本，厚其下，則君安於上。”即是一例。

初六，剝牀以足，蔑[1]，貞凶[2]。
【譯文】

初六，剝落大牀先剝及牀足，牀足必致蝕滅，守持正固以防凶險。
【注釋】

〔1〕剝牀以足，蔑——以，介詞，《經傳釋詞》“猶‘及’也”；蔑，通“滅”，謂“蝕滅”，《釋文》“削也，楚俗有‘削滅’之言”，又引荀爽本作“滅”。這兩句說明初六以陰處《剝》下，居坤之始，猶如大牀剝落滅壞，先始於足。《周易集說》：“陰之消陽，自下而進；初在下，故爲剝牀而先以牀足滅于下之象。”案，“蔑”字，舊說多屬下句讀，作“蔑貞凶”；俞琰《集說》屬上讀，似較妥。但據文勢，“蔑”獨作一句當更切，故《尚氏學》特指出“蔑”自爲“句”，今從之（六二爻做此）。 〔2〕貞凶——猶言“守正防凶”（參見《屯》九五譯注）。此謂初六處位最卑，无應失正，故特誡以趨正自守，以防剝落之凶。案，《王注》合“蔑”字釋“貞凶”，解爲“正削而凶”，於義亦通。
《象》曰：剝牀以足，以滅下也。
【譯文】

《象傳》說：剝落大牀先剝及牀足，說明最初先蝕滅下部基礎。
【說明】

《集解》雅雨堂本引盧氏曰：“坤所以載物，牀所以安人，在下故稱足。先從下剝，漸及於上，則君政崩滅，故曰‘以滅下也’。”此說將爻辭與《象傳》並釋明朗。（案，四庫全書本及津逮秘書本《周易集解》“盧氏”作“虞氏”。然雅雨堂本、姑蘇喜墨齋張遇堯局鐫本、學津討源本、道光間刻李道平纂疏本、馬國翰所見本、黃奭所見本等均作“盧氏”，而晚清以來諸家易說所引亦多作“盧氏”，今從之。）

六二，剝牀以辨，蔑[1]；貞凶[2]。

【譯文】

六二，剝落大牀已至牀頭，牀頭必致蝕滅，守持正固以防凶險。

【注釋】

〔1〕剝牀以辨，蔑——辨，猶言“牀頭”；《尚氏學》據《周禮・天官・小宰》“廉辨”杜子春注“或作‘廉端’”，以爲“辨、端音近通用”，故曰：“端，首也，剝牀以端，是剝及牀頭也”，今從之。此謂六二陰居下坤之中，猶如“牀頭”，處於“牀足”、“牀架”之間；初“足”已剝，故又剝及“牀頭”，並將滅壞。案，“辨”字，《釋文》曰“徐音‘辦具’之‘辦’，足上也，馬、鄭同”，又引薛虞曰“膝下”，後人多承此釋“辨”爲“足上膝下”，可備參考。　〔2〕貞凶——義同前爻。此處說明六二居中得正，但“剝”及“牀頭”，又與六五无應，故亦戒其守“正”防“凶”。

《象》曰：剝牀以辨，未有與[1]也。

【譯文】

《象傳》說：剝落大牀已至牀頭，說明六二未獲互應者相助。

【注釋】

〔1〕未有與——指二、五不相應和，故有“凶”宜“貞”。《集解》引崔憬曰：“未有與者，言至三則應，故二未有與也。”

【說明】

當“剝”之時，上能助下，則有益於防“剝”抑“剝”；六二无應，自當防凶。《折中》引龔煥曰：“六二陰柔中正，使上有陽剛之與，則必應之助之，而不爲剝矣。惟其无與，所以雜於羣陰之中而爲剝。若三則有與，故雖不如二之中正，而得无咎。”

六三，剝，无咎[1]。

【譯文】

六三，處剝落之時，卻无咎害。

【注釋】

〔1〕剝，无咎——《釋文》：“一本作‘剝之，无咎’，非”；《尚氏學》以爲“之”字“乃從《象辭》而衍，無者是也”。此謂六三處“剝落”之時，其體已消剝成陰；但居陽位，應合上九陽剛，故其表似已消剝，其裏卻仍存陽質，有“含陽待復”之義，故獲“无咎”。案，馬其昶指出，《剝》卦諸陰所言“剝”，皆“本爻變剛自剝之象”，即“陽”已消剝成“陰”，非往剝它爻；故六三之“剝”亦“指本爻也”（《重定費氏學》）。此說可從。

【說明】

《集解》引荀爽注，認爲卦中羣陰“皆剝陽”，六三“獨應上，无剝害意，是以无咎”。此義頗爲後人所取，可備一說。

《象》曰：剝之无咎，失上下[1]也。

【譯文】

《象傳》說：雖處剝落之時而无咎害，說明六三離開上下羣陰（獨應陽剛）。

【注釋】

〔1〕失上下——指三不與六四、六二爲伍，獨應上九，潛含陽質，故處“剝”而“无咎”。《尚氏學》：“不黨於上下二陰，故曰‘失上下’。”

【說明】

《坤》六三曰"含章可貞"，"章"猶"陽質"。可見三位若爲陰爻所居，頗能蘊育陽質。本卦六三又兼應上九，内含之陽益充，以此處"剝"待"復"，自可"无咎"。六五亦處陽位，比近上九，獲"利"之理與六三同。趙彦肅曰："三應、五比，皆能存陽而免凶。"（《復齋易說》）

六四，剝牀以膚，凶[1]。

【譯文】

六四，剝落大牀已至牀面，有凶險。

【注釋】

〔1〕剝牀以膚，凶——膚，原意是"皮膚"，句中喻指"牀面"。此謂六四陰處上卦之初，猶大牀"剝落"至於牀面，此牀將壞，故凶。《尚氏學》："足、辨、膚，皆指牀言；膚，猶言'牀面'也。人臥牀，身與牀切；剝及於是，故言'近災'。"案，《集解》引王肅注，釋"膚"爲"人身"，認爲："牀剝盡以及人身，爲敗滋深，害莫甚焉。"於義亦通。

《象》曰：剝牀以膚，切近災也。

【譯文】

《象傳》說：剝落大牀已至牀面，說明六四迫近災禍了。

【說明】

"剝"至六四，牀體已剝落殆盡，面臨委頹，豈可坐臥？故《象傳》謂"切近災也"。但"剝落"至極，"復元"的轉機也將隨之而來。六五的"无不利"，實即顯示出這一苗頭。

六五，貫魚以宮人寵，无不利[1]。

【譯文】

六五，像貫串一排魚一樣引領衆宮女承寵於君王，无所不利。

【注釋】

〔1〕貫魚以宮人寵，无不利——貫魚，貫串一排魚，喻後文
"宮人"；宮人，喻六五以下羣陰；寵，指"宮人"獲寵於君王，
句中省略的賓語"君王"當喻上九。這兩句說明六五陰居尊位，當
"剝"極將"復"之時，雖自身與四陰一樣已"剝"成陰，但其志
承陽，有"貫串"諸陰承應上九，欲轉"剝"道之象，正如妃后
引領一列宮女承寵君王，故雖處"剝"而"无不利"。《集解》引
何妥曰："夫《剝》之爲卦，下比五陰，駢頭相次，似'貫魚'
也。魚爲陰物，以喻衆陰也。夫'宮人'者，后、夫人、嬪、妾各
有次序，不相瀆亂，此則貴賤有章，寵御有序。六五既爲衆陰之
主，能有'貫魚'之次第，故得'无不利'矣。"

【說明】

《周禮·天官冢宰·九嬪》鄭玄注曰："女御八十一人當九夕，
世婦二十七人當三夕，九嬪九人當一夕，三夫人當一夕，后當一
夕：亦十五日而徧云。自望後反之。"可見周朝內宮禮制是宮人每
夕三至九人承侍君王，十五日一反復，其中"后"最尊以一人居
後、獨當一夕（鄭注："卑者宜先，尊者宜後"）。據此，本爻取
"貫魚以宮人寵"之象，正是借周朝宮嬪制度爲喻。

《象》曰：以宮人寵，終无尤也。

【譯文】

《象傳》說：引領衆宮女承寵於君王，說明六五終究无所過失。

【說明】

本爻擬象，至爲巧妙：先以"貫魚"喻"宮人"，再合"貫
魚"、"宮人"喻六五與四陰爻的情狀，宜視爲"復疊式"的譬喻。
《周易乾鑿度》引孔子語，謂《剝》之六五猶"陰貫魚而欲承君子
也"，可謂深得喻旨。

上九，碩果不食[1]，君子得輿，小人剝廬[2]。

【譯文】

上九，碩大的果實未被摘食，君子摘取必能驅車濟世，小人摘取將致剝落萬家。

【注釋】

〔1〕碩果不食——碩，大也；不食，猶言"不曾摘食"。此句說明上九居《剝》之終，其德剛直，當諸爻俱"剝"成陰之時，獨存陽實，故有"碩果"未被摘食之象。　〔2〕君子得輿，小人剝廬——君子、小人，喻陽剛、陰柔；得輿，得乘大車，喻濟世獲"吉"；剝廬，剝落屋宇，喻害民致"凶"。這兩句緊承前句，又從正反兩面設喻，說明上九若以"君子"獲此"碩果"則"吉"，若爲"小人"竊此"碩果"則"凶"。《集解》引侯果曰："處《剝》之上，有剛直之德，羣小人不能傷害也，故果至碩大不被剝食矣。君子居此，萬姓賴安，若得乘其車輿也；小人處之，則庶方无控，被剝其廬舍。"

《象》曰：君子得輿，民所載也；小人剝廬，終不可用也。

【譯文】

《象傳》說：君子摘取碩果必能驅車濟世，天下百姓亦將有所仰庇；小人摘食碩果將致剝落萬家，說明小人終究不可任用。

【說明】

上九一陽獨居"剝"終，完葆碩果，正是"剝"盡"復"來，"君子"有爲之時。但爻辭又謂"小人剝廬"，則見作《易》者特設"危辭"，深寓誡意。

【總論】

《剝》卦喻示事物發展過程中"陽"被"陰"剝落的情狀，猶如描繪了一幅秋氣蕭瑟、萬物零落的圖景。全卦義旨，闡發善處"剝落"之道，揭明"剝"極必"復"、順勢止"剝"的哲理。卦辭謂"不利有攸往"，誡人此時必須謹慎居守，把握轉"剝"復陽之機。六爻五陰居下、一陽處上，通過不同的喻象，指出事物被逐漸消剝的過程，以及處"剝"、轉"剝"的規律。其中三陰爻以牀體被浸蝕剝落設喻：初六剝及牀足，六二剝及牀頭，均尚未致危，故戒以守正防凶；六四剝至牀面，此"牀"行將敗壞，遂有凶險。餘兩陰爻雖也置身於"剝"，卻皆能"含陽"、"承剛"，蘊育著復陽的期望，因此六三獲"无咎"、六五"无不利"。至於上九，是極處卦終的唯一陽爻，代表事物"剝"而不盡、終將回復。爻辭極稱其"碩果"獨存、陽剛不滅的形象，寓意十分深刻：一方面生動地表明，自然界以及人類社會"生生不息"的客觀規律；另一方面顯示了只有象徵君子的"陽剛"，才能使碩果萌發生機、轉剝爲復。《折中》引喬中和曰："碩果不食，核也，仁也，生生之根也。自古无不朽之株，有相傳之果，此剝之所以復也。"

復卦第二十四

☷　復[1]：亨。出入无疾[2]，朋來无咎[3]；反復其道，七日來復[4]。利有攸往[5]。

【譯文】

《復》卦象徵回復：亨通。陽氣內生外長无所疾患，剛健友朋前來无所危害；返轉回復沿著一定的規律，過不了七日必將轉至回復之時。利於有所前往。

【注釋】

〔1〕復——卦名，下震（☳）上坤（☷），象徵“回復”。《集解》引何妥曰：“復者，歸本之名。羣陰剝陽，至於幾盡；一陽來下，故稱反復。陽氣復反，而得交通，故云：復，亨也。”

〔2〕出入无疾——出，指陽氣外長；入，指陽氣內生；无疾，猶言无害。《程傳》：“出入，謂生長。復生於內，入也；長進於外，出也。先云‘出’，語順耳。陽生非自外也，來於內，故謂之入。”又曰：“春陽之發，爲陰寒所折，觀草木於朝暮，則可見矣。‘出入无疾’，謂微陽生長，无害之者也。”　　〔3〕朋來无咎——朋，指陽。卦中一陽初動上復，羣陰引以爲朋，故曰“朋來”；此時陰陽交合，“復”道暢通，故“无咎”，《王注》：“朋謂陽也。”《尚氏學》：“陰以陽爲朋，《剝》窮上反下，故曰‘朋來’；陽遇陰，故‘无咎’。”　　〔4〕反復其道，七日來復——反復，指陽剛返轉回復；道，規律；七日，借取日序周期“七”象徵轉機迅速，猶言過

不了七日。這兩句承"出入无疾，朋來无咎"之義，從"陽復"規律的角度，進一步申說陽剛"來復"之快。案，我國出土的青銅器銘文中，保留有一種現存文獻失載的周初紀日法，即按月亮盈虧規律，分每月爲四期，每期七日（或因大小月有八日者），從月初至月末依序取名爲"初吉"、"既生霸"、"既望"、"既死霸"（見王國維《觀堂集林》卷一《生霸死霸考》）。據此，"七日"正爲日序周期轉化之數；"七日來復"，當取此喻示"轉機迅速"之義，猶今語"一星期之間"。聯繫下經《震》、《既濟》兩卦均言"七日得"，似與本卦"七日"取義略同。又案，《王注》釋"七日"曰："陽氣始剝盡，至來復時，凡七日"，意謂"來復"快速，宜有可取。 〔5〕利有攸往——此重申前文"復，亨"之旨，說明"回復"之時，陽剛氣勢發展順暢无礙，故利有所往。《正義》："以陽氣方長，往則小人道消。"

【說明】

"七日來復"一語，舊說紛歧，未臻一致。除上文注引王弼說外，今再選錄較有影響的三種說法以備參攷。其一，《集解》引侯果注，以"十二消息卦"爲說，謂陽自《姤》卦消，又沿《剝》至《復》，歷七卦而復生；七卦原指七月，"月"者《詩·豳風》稱"日"，故當"七日"。其二，《易緯·稽覽圖》以六十四卦中的《坎》、《震》、《離》、《兌》爲"四正卦"，其二十四爻主二十四節氣，餘六十卦三百六十爻各主一日；《中孚》至《復》，歷六日七分，當"七日"。其三，李鼎祚以爲九月《剝》卦陽盡，十月純《坤》用事，《坤》盡而《復》生陽，《坤》六爻加《復》初陽爲七爻，當"七日"（《集解》）。

《彖》曰：復亨，剛反[1]。動而以順行[2]，是以出入无疾，朋來无咎。反復其道，七日來復，天行[3]也。利有攸往，剛長[4]也。復，其見天地之心乎[5]？

【譯文】

《彖傳》說：回復而亨通，說明陽剛更甦返回。陽動上復而能順暢通行，所以陽氣內生外長无所疾患，剛健友朋前來必无害。返轉回復沿著一定的規律，過不了七日必將轉至回復之時，這是大自然的運行法則。利於有所前往，說明陽剛日益盛長。回復的道理，大概體現著天地生育萬物的用心吧？

【注釋】

〔1〕剛反——猶言"陽復"，指卦下一陽回復上升。案，《集解》引虞翻注，以"剛反動"爲句，以"動"字屬上讀，於義无大異。　〔2〕動而以順行——動，謂下震；順，謂上坤。此取上下象，說明時當"回復"，陽動必能順行。這句與前句"剛反"，並釋卦辭"亨"、"无疾"、"无咎"之義。《正義》："'剛反動而以順行'者，既上釋'復，亨'之義，又下釋'出入无疾，朋來无咎'之理。"　〔3〕天行——此句釋卦辭"反復其道，七日來復"之義。《王注》："以天之行，反復不過七日，復之不可遠也。"《本義》："陰陽消息，天運然也。"　〔4〕剛長——指卦中陽剛日益盛長，釋卦辭"利有攸往"之義。《正義》："以'剛長'釋'利有攸往'之義也。"　〔5〕其見天地之心乎——天地之心，猶言"天地生物之心"。此句是針對《復》卦大義發出的歎語。《易童子問》："天地之心見乎動，復也，一陽初動於下矣。天地所以生育萬物者本於此，故曰'天地之心'也。天地以生物爲心者也。"

《象》曰：雷在地中，復[1]；先王以至日閉關[2]，商旅不行，后不省方[3]。

【譯文】

《象傳》說：震雷在地中微動，象徵陽氣回復；先代帝王因此在微陽初動的冬至閉關靜養，商賈旅客不外出遠行，君主也不省巡四方。

【注釋】

〔1〕雷在地中，復——釋《復》卦下震爲雷、上坤爲地之象。《折中》引劉蛻曰：“雷在地中，殷殷隆隆；陽來而復，復來而天下昭融乎！” 〔2〕至日閉關——至日，冬至；閉關，掩閉關闕。這是說明“先王”效法《復》象，於冬至陽氣復生之際，休息靜養，以利進一步發展。《白虎通·誅伐篇》：“冬至所以休兵、不舉事、閉關、商旅不行何？此日陽氣微弱，王者承天理物，故率天下靜，不復行役，扶助微氣，成萬物也。” 〔3〕商旅不行，后不省方——后，泛指“君主”，與上文“王”同義；省方，即省視四方。這兩句承上句義，再申天下靜養以助微陽回復之理。《集解》引宋衷曰：“商旅不行，自天子至公侯不省四方之事，將以輔遂陽體，成致君之道也。制之者，王者之事；奉之者，爲君之業也：故上言‘先王’而下言‘后’也。”

【說明】

“至日”，《王注》釋爲“冬至、夏至”。尚先生亦謂“兼二至言也”，並曰：“蓋古最重二至。《漢書·薛宣傳》：‘日至休吏，所繇來久’；《後漢·魯恭傳》：‘《易》五月《姤》用事’，先王‘施命令止四方行者’。是夏至亦休息，與冬至同。”（《尚氏學》）此說可備參攷。

初九，不遠復[1]，无祗悔，元吉[2]。

【譯文】

初九，起步不遠就回復正道，必无災患悔恨，至爲吉祥。

【注釋】

〔1〕不遠復——指初九以一陽居羣陰之下，爲“復”之始，最得“復”道，故有“不遠”即“復”之象。《王注》：“不遠而復，幾悔而反，以此脩身，患難遠矣。” 〔2〕无祗悔，元吉——祗，

當爲"祇"（音持 chí）之誤，此處意爲"災患"，《釋文》："鄭云'病也'。"這兩句極言初九"不遠復"的美善之義：既可无災无悔，又獲至大吉祥。

【說明】

尚先生詳攷"祇"爲"祇"之誤，引證鄭玄訓"祇"爲"病"蓋本於《毛詩傳》，繼而指出："病，猶萅也。《復》'出入无疾'，故'无萅悔'。"（《尚氏學》）此說甚是。

《象》曰：不遠之復，以脩身也。

【譯文】

《象傳》說：起步不遠就回復正道，說明初九善於脩美自身。

【說明】

《象傳》以"脩身"解"不遠復"，是對爻辭象徵寓意的推闡發揮。《繫辭下傳》引孔子語釋此爻義，有"知不善未嘗復行"之謂。程頤據此論曰："不遠而復者，君子所以脩其身之道也。學問之道无它也，唯其知不善，則速改以從善而已。"（《程傳》）

六二，休復，吉[1]。

【譯文】

六二，美好的回復，吉祥。

【注釋】

〔1〕休復，吉——休，美也。此謂六二當陽復之時，柔中居正，下比初陽，猶親仁下賢，故以休美之復而獲吉。《集解》引王弼曰："得位居中，比初之上而附順之，下仁之謂也。既處中位，親仁善鄰，復之休也。"

《象》曰：休復之吉，以下仁也。

【譯文】

《象傳》說：美好的回復而獲吉祥，說明六二能夠俯納親近仁人。

【說明】

　　陽剛有“仁”、“善”的象徵，六二復“善”親“仁”，是獲吉的關鍵所在。朱熹曰：“學莫便於近乎仁。既得仁者而親之，資其善以自益，則力不勞而學美矣。”（《朱子語類》）

六三，頻復[1]，厲无咎[2]。

【譯文】

　　六三，愁眉苦臉而勉強回復，雖有危厄卻无咎害。

【注釋】

　　[1] 頻復——頻，猶言“顰蹙”，皺眉之狀。《集解》引虞翻注，訓“頻”爲“頻蹙”，《王注》亦謂“頻蹙之貌”，《尚氏學》：“頻，古文‘顰’字”。此謂六三居下卦之上，失正无應，承乘皆陰，“復善”多艱，故有“皺眉勉強回復”之象。案，《程傳》訓“頻”爲“頻數”，可備一說。　　[2] 厲无咎——猶言“雖危无咎”，與《乾》九三義略同（見該爻譯注）。此誠六三處位多危厲，但能審慎力行“復”道，則无咎害。《尚氏學》：“知其危厲而振奮焉，則无咎矣。”

《象》曰：頻復之厲，義无咎[1]也。

【譯文】

　　《象傳》說：愁眉苦臉勉強回復的危厄，從六三努力復善的意義看是无咎害的。

【注釋】

　　[1] 義无咎——義，猶言“復善之義”。《程傳》：“雖爲危厲，然復善之義則无咎也。”

【說明】

　　李士鉁曰：“改過向善，雖危无咎。《記》曰‘或安而行之’，初之象也；‘或利而行之’，二之象也；‘或勉強而行之’，三之象也。”（《周易學說》引）此以《禮記·中庸》語釋下三爻之象，甚有可取。

六四，中行獨復[1]。

【譯文】

六四，居中行正亦專心回復。

【注釋】

〔1〕中行獨復——中行，指六四處五陰之中，其位得正，猶"居中行正"；獨，猶言"專"，指羣陰唯六四應初，其情彌專，故有"獨復"之象。《漢上易傳》引鄭玄曰："爻處五陰之中，度中而行，四獨應初。"

《象》曰：中行獨復，以從道也。

【譯文】

《象傳》說：居中行正以專心回復，說明六四遵從正道。

【說明】

《折中》引繆昌期曰："蓋《復》之所以爲'復'，全在初爻，猶人之初念也。五陰皆復此而已，惟四在陰中，有所專向，故發此義。"

六五，敦復，无悔[1]。

【譯文】

六五，敦厚篤誠地回復，无所悔恨。

【注釋】

〔1〕敦復，无悔——敦，敦厚。此謂六五柔居尊位，持中不偏，有敦厚自察、篤誠向善之象；故雖失位无應，也能"敦復"免"悔"。《王注》："居厚而履中，居厚則无怨，履中則可以自考。雖不足以及'休復'之吉，守厚以復，悔可免也。"

《象》曰：敦復无悔，中以自考[1]也。

【譯文】

《象傳》說：敦厚篤誠地回復而无所悔恨，說明六五居中不偏並能自察以遵復善之道。

【注釋】

〔1〕自考——考，《釋文》引鄭玄曰"成也"，又引向秀曰"察也"。"自考"，猶言自我反省考察、成就復善之道。

【說明】

陳夢雷曰："五與初非比非應而復，因知勉行者也，故曰'自考'。自，即'人一己百'之意。蓋五本遠於陽，但以居中能順，因四自返，加厚其功，故能自成也。"(《周易淺述》)此說分析爻義甚明切。

上六，迷復，凶，有災眚〔1〕。用行師，終有大敗；以其國，君凶〔2〕：至于十年不克征〔3〕。

【譯文】

上六，迷入歧途不知回復，有凶險，有災殃禍患。若用於帶兵作戰，終將慘遭敗績；用於治國理政，必致國亂君凶：直到十年之久也不能振興發展。

【注釋】

〔1〕迷復，凶，有災眚——迷復，猶言"迷而不復"；災眚，《釋文》引鄭玄曰："異自內生曰'眚'，自外曰'祥'，害物曰'災'"，《程傳》承此曰："災，天災，自外來；眚，己過，由自作"。這三句說明上六陰居卦極，不應初陽，上无所承，爲迷不知復之象，故謂"凶，有災眚"。《程傳》："既迷不復善，在己則動皆過失，災禍亦自外而至，蓋所招也。"　　〔2〕用行師，終有大敗；以其國，君凶——用，謂"施用"；以，與"用"同義互文，《王注》訓"用"。這四句承前文義，說明上六既迷不知復，若用爲行師、治國，必將敗績、害君。《程傳》："迷道不復，无施而

可。用以行師，則終有大敗；以之爲國，則君之凶也。”

〔3〕至于十年不克征——十年，《程傳》：“數之終也”，猶言“終久”；征，前行，含“振興發展”之義。此句總結前文，極言若任用上六必帶來深重危害。《尚氏學》：“不克征，言不能興起也”；“國君受脅，根本動搖，故其凶至于十年也。”

《象》曰：迷復之凶，反君道〔1〕也。

【譯文】

《象傳》說：迷入歧途不知回復而有凶險，說明上六與君主的陽剛之道背道而馳。

【注釋】

〔1〕反君道——反，違背。陰爲臣，陽爲君；上六迷失，不知復陽，故曰“反君道”。《左傳》襄公二十八年釋“迷復凶”謂“棄其本”；《重定費氏學》云：“陰不從陽”：兩說皆可從。

【說明】

胡炳文曰：“‘迷復’與‘不遠復’相反”，“‘十年不克征’亦‘七日來復’之反”（《周易本義通釋》）。可見上六窮居極上，已徹底背離“回復”之道，故爻辭以“凶”、“災眚”爲戒。

【總論】

《復》卦喻示事物正氣回復、生機更發的情狀，猶如描繪了一幅大地微陽初動，春天即將到來的圖景。全卦意旨主於：生命剝落不盡，一陽終將來復，揭示“正道”復興是不可抗拒的自然規律。卦辭極力稱述陽剛“回復”之際順暢无礙，疾速利物，表明“復”必致“亨”的道理。卦中六爻，初九爲全卦“回復”的根本，是“仁”與“善”的喻象。《象傳》所謂“天地”生育萬物之“心”，即係此一陽。因此，五陰凡與初陽相得者均獲“復善”之吉：六二比初，有“下仁”的美稱；六四應初，有“從道”的佳譽。餘三陰與初九未曾相得，但六三處陽位，能勉力“復善”獲“无咎”；

六五居尊位，能敦厚"復善"獲"无悔"；唯上六與初陽背道而
馳，迷不知復，終致災凶。可見，《復》卦是藉陽剛喻"美善"，
其象徵意義以"復善趨仁"爲歸。陳夢雷指出："天地之一陽初
動，猶人善念之萌，聖人所最重。"(《周易淺述》)即屬此意。孔子
稱顏回"有不善未嘗不知，知之未嘗復行"(《繫辭下傳》引)，屈
原曰"回朕車以復路兮，及行迷之未遠"(《離騷》)：顯然都是本
卦所盛讚的"復善"美德的具體體現。

无妄卦第二十五

☲　无妄[1]：元亨，利貞[2]。其匪正有眚，不利有攸往[3]。

【譯文】

《无妄》卦象徵不妄爲：至爲亨通，利於守持正固。背離正道的人必有禍患，不利於有所前往。

【注釋】

〔1〕无妄——卦名，下震（☳）上乾（☰），象徵“不妄爲”。案，“无妄”之義，《序卦傳》釋爲“不妄”；《王注》謂“不可以妄”，猶言“不妄爲”。　〔2〕元亨，利貞——此謂物皆“不妄爲”之時，至爲亨通、利於守正。《正義》：“物皆无敢詐爲虛妄，俱行實理，所以大得亨通，利於貞正。”　〔3〕其匪正有眚，不利有攸往——匪，通“非”；眚，禍患（見《訟》九二、《復》上六譯注）。這兩句從反面設誡，說明當“无妄”之時，不行正道者必有禍患，不利有所往。《正義》：“物既无妄，當以正道行之；若其匪依正道，則有眚災，不利有所往也。”

【說明】

《釋文》引馬融、鄭玄、王肅說，謂“妄”猶“望”，“无妄”即“无所希望”。尚先生以爲“此訓最古”，並謂焦贛、京房、王充皆以《无望》爲“大旱之卦”，指“年收失望”（《尚氏學》）。此說宜資參考。今案，“无希望”猶言“不敢奢望”；《折中》引邱富國曰：“惟其‘无妄’，所以‘无望’也”，謂“不妄爲”者必

"不存奢望"，認爲"无望"是"不妄"之義的引申，似有可取。

《彖》曰：无妄，剛自外來而爲主於內，動而健[1]，剛中而應[2]，大亨以正，天之命也[3]。其匪正有眚，不利有攸往。无妄之往，何之矣？天命不祐，行矣哉[4]！

【譯文】

　　《彖傳》說：不妄爲，譬如陽剛者從外部前來而成爲內部的主宰，威勢震動而又稟性健强，剛正居中而又應合於下，於是大爲亨通而萬物守持正固，這是天的教命所致。背離正道的人將有禍患，不利於有所前往。在萬物不妄爲的時候背離正道而前往，哪裏有路可走呢？天的教命不給予祐助，怎敢這樣妄行啊！

【注釋】

　　〔1〕剛自外來而爲主於內，動而健——外、健，指乾居外卦；內、動，指震居內卦。這兩句舉上下卦象，說明陽剛自外來內爲之主，內外二體既能震動、又秉剛健，故物皆不敢妄爲。《正義》："以此卦象釋能致'无妄'之義。以震之剛從外而來，爲主於內；震動而乾健，故能使物无妄也。"案，孔氏謂震剛從外來，指震一陽由外卦乾"一索"而得，爲"長子"象（見《說卦傳》），故能"爲主於內"。　　〔2〕剛中而應——指九五陽剛居中而下應六二。此句又以二、五爻象釋"无妄"之義。《正義》："九五以剛處中，六二應之，是'剛中而應'。剛中則能斷制虛實，有應則物所順從，不敢虛妄也。"　　〔3〕大亨以正，天之命也——命，猶言"教命"。這兩句承前文之義，釋卦辭"元亨，利貞"，說明"无妄"之時可致亨通，必須守正，是天之命，不可違抗。《正義》："威剛方正，私欲不行，何可以妄？此天之教命也。""既是天命，豈可犯乎？"　　〔4〕天命不祐，行矣哉——行矣哉，猶言"竟敢如此妄行"，含譴責之意。這兩句合前文"无妄之往，何之矣"，釋卦辭"其匪正有眚，不利有攸往"，說明違背正道者不得妄行。《王注》：

"居不可以妄之時，而欲以不正有所往，將欲何之？天命之所不祐，竟矣哉！"

《象》曰：天下雷行，物與无妄[1]；先王以茂對時育萬物[2]。

【譯文】

《象傳》說：天下雷聲震行，象徵萬物敬畏都不妄爲；先代君王因此用天雷般的強盛威勢來配合天時而養育萬物。

【注釋】

〔1〕天下雷行，物與无妄——與，語氣詞，此處含有"皆"之意。這兩句釋《无妄》上乾爲天、下震爲雷之象，說明雷威奮動，萬物不敢妄爲。《王注》："與，辭也，猶'皆'也。天下雷行，物皆不可以妄也"。　　〔2〕先王以茂對時育萬物——茂，《釋文》："盛也"，此處指"天雷震奮"似的"強盛威勢"；對，配合，"對時"《程傳》謂"順合天時"。此句說明"先王"效法《无妄》"天下雷行"的卦象，以配合天時、養育萬物，使之各不妄爲。《王注》："對時育物，莫盛於斯也。"（"斯"字，即指代"天雷威盛"。）案，茂，《釋文》又引馬融曰"勉也"，《尚氏學》："'茂'與'懋'通，勉也；對，答也，言因雷而勉答天威。"此說於義亦通，可備稽覽。

【說明】

孔穎達指出："諸卦之象，直言兩象即以卦名結之，若'雷在地中，復'。今《无妄》應云'天下雷行，无妄'，今云'物與无妄'者，欲見萬物皆无妄，故加'物與'二字也。其餘諸卦，未必萬物皆與卦名同義，故直顯象以卦結之。"（《正義》）此說分析本卦《大象傳》的特殊體例，宜資參考。

初九，无妄，往吉[1]。

【譯文】

初九，不妄爲，前往必獲吉祥。

【注釋】

〔1〕往吉——指初九以陽居"无妄"之初，處陰柔之下，有謙恭不妄爲之象，故"往"必獲"吉"。《王注》："體剛處下，以貴下賤，行不犯妄，故往得其志。"

《象》曰：无妄之往，得志也。

【譯文】

《象傳》說：不妄爲而前往，說明初六必然得遂進取的意願。

【說明】

處事開初，便以謙下爲本，不敢妄爲，這是初九"往吉"的重要因素。《折中》引何楷曰："此爻足蔽《无妄》全卦。震陽初動，誠一未分，是之謂'无妄'。以此而往，動與天合，何不吉之有?"

六二，不耕穫，不菑畬〔1〕，則利有攸往。

【譯文】

六二，不事耕耘而不圖收穫，不務開墾而不謀良田，這樣就利於有所前往。

【注釋】

〔1〕不耕穫，不菑畬——菑，音兹 zī，《爾雅·釋地》："田一歲曰'菑'"，指初墾的瘠田，此處用如動詞，猶言"開墾"，與前句"耕"互文；畬，音余 yú，《爾雅·釋地》："三歲曰'畬'"，指耕作多年的良田。這兩句"不耕"、"不菑"均爲誡辭，意猶"不妄耕"、"不妄菑"，說明六二當"无妄"之時，柔正居中，上應九五，不敢妄爲，安守臣道，故以不妄耕求"穫"、不妄墾求"畬"爲喻，謂如此"則利有攸往"。《本義》："柔順中正，因時順理而无私意期望之心，故有'不耕穫，不菑畬'之象。言其无所爲於前，无所冀於後也。"

【說明】

“不耕穫”即“不耕不穫”，“不菑畬”即“不菑不畬”。這種省略式的句法結構，與《大有》初九“无交害”謂“无交无害”同（參見該爻譯注）。

《象》曰：不耕穫，未富也。

【譯文】

《象傳》說：不事耕耘而不圖收穫，說明六二未曾謀求富貴。

【說明】

卦辭指出，“无妄”之時“匪正有眚，不利有攸往”。六二能安順守正，不妄不貪，故獲上應而“利有攸往”。

六三，无妄之災[1]：或繫之牛，行人之得，邑人之災。

　　【釋文】六三，不妄爲卻也招致災殃：譬如有人繫拴著一隻耕牛，路人牽走攫爲己有，邑中人家卻遭受詰捕的飛災。

【注釋】

〔1〕无妄之災——此謂六三陰居下卦之終，失正躁動，雖不妄爲，也可能引來无故災殃。下文三句，正是以路人順手牽牛，邑人橫遭飛禍爲譬喻，說明“无妄之災”的情狀。《本義》：“无故而有災，如行人牽牛以去，而居者反遭詰捕之擾也。”

《象》曰：行人得牛，邑人災也。

【譯文】

《象傳》說：路人順手牽走耕牛，遂致邑中人家蒙冤遭受被詰捕的飛災。

【說明】

《雜卦傳》曰：“《无妄》，災也”，正是因六三而發。關朗釋此爻義曰：“運數適然，非己妄致，乃‘无妄之災’。”（《關氏易

傳》）

九四，可貞，无咎[1]。

【譯文】

九四，能夠守持正固，必无咎害。

【注釋】

〔1〕可貞，无咎——此謂九四居“近君”危地，下無應與，本有咎害；但陽處陰位，比近九五，猶能謙己奉“君”，守正“不妄”，遂獲“无咎”。《王注》：“處‘无妄’之時，以陽居陰，以剛乘柔，履於謙順，比近至尊，故可以任正固、有所守而无咎也。”

《象》曰：可貞无咎，固有之也。

【譯文】

《象傳》說：能夠守持正固必无咎害，說明九四要牢固守正才能長保无害。

【說明】

九四失正“可貞”，位危“无咎”，在於剛而能柔，守謙不妄爲。若欲長保无害，必須始終如一地守持這種品質。此即《象傳》“固有之”之義。

九五，无妄之疾，勿藥有喜[1]。

【譯文】

九五，不妄爲卻偶染微疾，无須用藥將自愈欣喜。

【注釋】

〔1〕无妄之疾，勿藥有喜——這是借小病不治自愈作譬喻，說明九五當“无妄”之時，陽剛中正，居尊善治，其下均不敢妄爲；縱使偶遇小災亦非生於“妄”，故可不治以聽其自消。《正義》：“九五居得尊位，爲无妄之主，下皆无妄，而偶然有此疾害，故云‘无妄之疾’。”又曰：“若疾自己招，或寒暑飲食所致，當須治療；

若其自然之疾，非己所致，疾當自損，勿須藥療而有喜也。"

《象》曰：无妄之藥，不可試[1]也。

【譯文】

　　《象傳》說：不妄爲卻偶染微疾而不須服用藥物，說明此時不能胡亂下藥試用。

【注釋】

　　[1]不可試——即不可以藥試。《王注》："藥攻有妄者也，而反攻无妄，故'不可試'也。"

【說明】

　　三言"无妄之災"，此言"无妄之疾"，災重疾微。三失位處下，五中正居尊：故彼憂此喜。《折中》曰："此爻之疾，與六三之災同。然此曰'有喜'者，剛中正而居尊位，德位固不同也。"

上九，无妄，行有眚，无攸利[1]。

【譯文】

　　上九，雖不妄爲，有行必遭禍患，无所利益。

【注釋】

　　[1]行有眚，无攸利——此謂上九處"无妄"之極，時窮難行，動則遭災，故爻辭深戒曰：雖不妄爲，也不可"行"，行必"有眚"、"无攸利"。《王注》："處不可妄之極，唯宜靜保其身而已，故不可以行也。"案，《集解》引虞翻注，認爲上九"乘剛逆命"，失正而行，故"无攸利"。意謂卦辭"匪正有眚，不利有攸往"即指此爻。可備一說。

《象》曰：无妄之行，窮之災也。

【譯文】

　　《象傳》說：不妄爲也難尋可行之路，說明上九時窮難通將遭災殃。

【說明】

上爻處物極必反之位，天下"无妄"將轉爲"有妄"。當此之時，獨以一己"无妄"行於天下"有妄"，必窮塞不可通。因此上九"行有眚，无攸利"，實屬"時"不利所致。朱熹曰："上九非有妄也，但以其窮極而不可行耳。"（《本義》）

【總論】

《无妄》卦大義，主於處事"不妄爲"。卦辭從正反面揭示其旨：先稱萬物"无妄"之時必然至爲亨通，利於守正；再戒違背正道者此時將遭禍患，動輒失利。六爻情狀，皆呈"不妄爲"之象，但吉凶利咎卻各不相同：初九起步不妄，往無不吉；六二不貪不妄，安順獲利；六三无所妄爲，卻飛來橫災；九四以剛守謙，不妄則无害；九五无妄得疾，不治自愈；上九不妄自守，欲行必有禍。人們要問：既然六爻未嘗有一爻"妄爲"，爲何利弊如此懸殊呢？胡炳文曰："善學《易》者在識'時'。初曰'吉'，二曰'利'，時也；三曰'災'，五曰'疾'，上曰'眚'，非有妄以致之也，亦時也。初與二皆可往，時當動而動；四'可貞'，五'勿藥'，上'行有眚'，時當靜而靜。"（《周易本義通釋》）可見，本卦認爲：當此"无妄"之世，欲避害就利，凡事動靜行止，不能不審時度勢。當然，"識時"必須建立在"守正"的基礎上，一旦"失正"，則无利可言：此卦辭所明"匪正有眚"之義。朱熹指出："《无妄》一卦，雖云禍福之來也無常，然自家所守者，不可不利於'正'。"（《朱子語類》）至於"正"的概念，就古代倫理思想的範疇領會，莫過於遵循"禮"教。孔子曰："非禮勿視，非禮勿聽，非禮勿言，非禮勿動"（《論語‧顏淵》），實與《无妄》卦旨頗可相通。

大畜卦第二十六

☰ 　大畜[1]：利貞[2]，不家食吉[3]，利涉大川[4]。

【譯文】

《大畜》卦象徵大爲畜聚：利於守持正固，不使賢人在家中自食可獲吉祥，利於涉越大河巨流。

【注釋】

〔1〕大畜——卦名，下乾（☰）上艮（☶），象徵“大爲畜聚”。案，畜，有“畜聚”、“畜止”、“畜養”三義，而以“聚”爲本（參見《小畜》卦辭譯注）；大畜，義取“所畜至大”，即《本義》所云“畜之大者也”。　〔2〕利貞——謂“大畜”之時，利於以“正”畜物，所畜者亦當“正”，故曰“利貞”。〔3〕不家食吉——家，用如狀語，“不家食”謂不使賢人在家自食，即廣聚於朝廷。此句取養賢爲喻，說明“大”者必須“畜”賢，再發前文“大畜，利貞”之義。《正義》：“己有大畜之資，當須養贍賢人，不使賢人在家自食，如此乃吉也。”《本義》：“食祿於朝，不食於家也。”　〔4〕利涉大川——此謂“大畜”之時若能守正畜賢，必利於涉難。《正義》：“豐則養賢，應於天道，不憂險難，故‘利涉大川’。”

【說明】

胡炳文曰：“不家食，是賢者不畜於家而畜於朝；涉大川，又似有畜極而通之意。要之，兩‘利’字，一‘吉’字，占辭自分爲三，不必泥而一之也。"（《周易本義通釋》）這是分析辭卦擬象的三個層次，義有可取。

《彖》曰：大畜，剛健篤實，輝光日新其德[1]。剛上而尙賢[2]，能止健，大正也[3]。不家食吉，養賢[4]也。利涉大川，應乎天[5]也。

【譯文】

《彖傳》說：大爲畜聚，猶如剛健篤實者畜聚不已，乃至光輝煥發而日日增新他的美德。此時陽剛者居上而崇尙賢人，能夠規正健強者，這是極大的正道。不使賢人在家中自食可獲吉祥，說明要畜養賢人。利於涉越大河巨流，說明行爲應合天的規律。

【注釋】

〔1〕剛健篤實，輝光日新其德——剛健，指下乾剛勁健強；篤實，指上艮靜止充實。此舉上下卦象，說明"大畜"之時，畜物者"剛健篤實"，所畜者"光輝美善"：極稱卦義之佳。《王注》："凡物既厭而退者，弱也；既榮而隕者，薄也。夫能'輝光日新其德'者，唯'剛健篤實'也。"《正義》："剛健謂乾也，乾體剛性健，故言'剛健'也；篤實謂艮也，艮體靜止，故稱'篤實'也。"案，《釋文》引鄭玄注，以"日新"絕句，"其德"連下句，義亦可通。今從《王注》。　〔2〕剛上而尙賢——剛，指上九，喻在上能禮賢於下；尙，崇尙。此以上九爻象，說明《大畜》卦有"畜賢"之義。《王注》："謂上九也，處上而大通，剛來而不距，'尙賢'之謂也。"　〔3〕能止健，大正也——止，抑止，謂上艮爲"止"，此處有"規正"意；健，指下乾；大正，猶言至大的正道。這兩句又取上下卦象，說明"大畜"之時能規正健強者，體現著"至大正道"。其義承前三句，並釋卦名"大畜"及卦辭"利貞"。《王注》："健莫過乾，而能止之，非夫'大正'，未之能也。"

〔4〕養賢——此釋卦辭"不家食吉"。《王注》："有大畜之實，以

之養賢，令賢者不家食，乃吉也。”　〔5〕應乎天——此釋卦辭“利涉大川”。《王注》：“尙賢制健，大正應天，不憂險難，故‘利涉大川’也。”

【說明】

《折中》引鄭汝諧曰：“‘畜’有三義，以‘蘊畜’言之，畜德也；以‘畜養’言之，畜賢也；以‘畜止’言之，畜健也。剛健篤實，輝光日新其德，此蘊畜之大者；養賢以及萬民，此畜養之大者；乾天下之至健，而四、五能畜之，此畜止之大者。故《象傳》兼此三者言之。”鄭氏分“三義”辨析《象傳》大旨，頗見理致。

《象》曰：天在山中，大畜[1]；君子以多識前言往行，以畜其德[2]。

【譯文】

《象傳》說：天包涵在山中，象徵大爲畜聚；君子因此多方記取前賢的言論和往聖的事蹟，用來畜聚美好品德。

【注釋】

〔1〕天在山中，大畜——釋《大畜》卦下乾爲天、上艮爲山之象。《集解》引向秀曰：“止莫若山，大莫若天；天在山中，大畜之象。”　〔2〕多識前言往行，以畜其德——識，音誌 zhì，即“記”；前言往行，指前代聖賢的言行。這兩句說明君子效法《大畜》卦象，多記“前言往行”以畜美德。《程傳》：“人之蘊畜，由學而大，在多聞前古聖賢之言與行，考跡以觀其用，察言以求其心，識而得之，以畜成其德。”

【說明】

《大畜》的卦形爲“天在山中”，這在現實中是不存在的，屬於虛構的喻象。朱熹說：“不必實有其事，但以其象言之耳。”（《本義》）至於《大象傳》所發“多識前言往行，以畜其德”的意義，則是古代教育理論中頗有影響的觀點，其要旨與《尙書》“學古”、“師古”（《說命下》），《禮記》“博聞强識”（《曲禮上》），《論語》“博學篤志”（《子張》）諸說並可相通。

初九，有厲，利已[1]。

【譯文】

初九，有危險，利於暫停不進。

【注釋】

〔1〕有厲，利已——厲，危也；已，停止。此謂初九處“大畜”之時，陽德卑微，爲六四所“畜止”、規正；此時若急於求進則“危”，若暫停不前、自畜已德則“利”。《王注》：“四乃畜已，未可犯也；進則災危，有厲則止。故能‘利已’。”

《象》曰：有厲利已，不犯災也。

【譯文】

《象傳》說：有危險時利於暫停不進，說明初九不可冒著災患前行。

【說明】

陽剛居下，當被“畜止”之際，必須接受“規正”，“自畜”待時：這是初九獲“利”的前提。朱熹曰：“乾之三陽，爲艮所止，故內外之卦各取其義。”（《本義》）

九二，輿說輹[1]。

【譯文】

九二，大車脫卸輪輹不前行。

【注釋】

〔1〕輿說輹——說，通“脫”，此處猶言“脫卸”；輹，音復fù，《說文》“車軸縛也”，即“輪輹”，指車箱下鈎住大車輪軸的木製器件，亦稱“伏兔”，《左傳》僖公十五年“車說其輹”杜預注“輹，車下縛也”，孔穎達疏曰：“車下‘伏兔’也，今人謂之

車屐，形如伏兔，以繩縛於軸，因名‘縛’也”。此句用大車“脫
輹”不行，比喻九二當“大畜”之時，陽剛居下處中，被六五
“畜止”、規正，能自度其勢、停止不前。《程傳》：“二雖剛健之
體，然其處得中道，故進止无失；雖志於進，度其勢之不可，則止
而不行，如車輿說去輪輹，謂不行也。”

《象》曰：與說輹，中无尤也。

【譯文】

　　《象傳》說：大車脫卸輪輹不前行，說明九二居中不躁進所以
不會犯過錯。

【說明】

　　九二自卸輪輹、“畜德”緩進，故獲“无尤”；《小畜》九三車
輻解散、與人衝突，故“夫妻反目”：兩卦“輹”、“輻”不同，象
旨大異。陳夢雷曰：“‘輻’脫則車破敗，‘輹’脫但不欲行而已。
故《小畜》之‘脫輻’在人，而《大畜》之‘脫輹’在己。”
(《周易淺述》)

九三，良馬逐，利艱貞[1]。曰閑輿衛，利有攸往[2]。

【譯文】

　　九三，良馬在奔逐，利於牢記艱難守持正固；不斷熟練車馬防
衛的技能，利於有所前往。

【注釋】

　　〔1〕良馬逐，利艱貞——此以“良馬奔逐”比喻九三“畜德”
既充、強健至盛，又與上九陽剛“合志”，故可施展才用；但因三
位“多懼”，恐其剛亢過甚、冒進有失，故又誡以“利艱貞”。《程
傳》：“三以剛健之才，而在上者與合志而進，其進如良馬之馳逐，
言其速也。”又曰：“三乾體而居正，能貞者也；當其銳進，故戒以
知難與不失其貞也。”　　〔2〕曰閑輿衛，利有攸往——曰，語氣
詞；閑，《釋文》：“馬、鄭云‘習’”，猶言“熟練”，此處用如

動詞；輿衛，指車馬防衛之技。這兩句緊承前文之義，說明九三不可自恃其剛、忘乎艱難，應當不斷練習"輿衛"之技，自"畜"已德，則"利有攸往"。《程傳》："輿者，用行之物；衛者，所以自防。當自日常閑習其車輿與其防衛，則利有攸往矣。"案，"曰"字，《釋文》引鄭玄曰"人實反"，則鄭讀"日"；《集解》引虞翻注亦作"日"。視文意，"日"字較切，故《程傳》依"日"解，《本義》謂"當爲'日月'之'日'"。據此，疑當從鄭、虞本改"日"爲是。

《象》曰：利有攸往，上合志也。

【譯文】

《象傳》說：利於有所前往，說明九三與上九意志相合。

【說明】

九三與上九爻位對應，兩陽相峙爲"不應"之象；但在《大畜》卦，卻爲陽德並盛而"合志"之徵。程頤謂兩爻"不相畜而志同"（《程傳》）是也。視上九所取"大路"之象，正爲九三"良馬奔逐"提供了寬暢的場所：由此似可看出兩者"合志"的象旨。

六四，童牛之牿，元吉[1]。

【譯文】

六四，束縛在无角小牛頭上的木牿，至爲吉祥。

【注釋】

〔1〕童牛之牿，元吉——童牛，《釋文》"无角牛也"，猶言"小牛"，喻初九；牿，音固 gù，《釋文》："《九家》作'告'，《說文》同，云'牛觸人（案，《釋文》誤脫"人"字，據《說文》增），角箸橫木，所以告人'"，即"木牿"，喻六四。這是設喻爲譬：在无角"童牛"頭上加"牿"，猶如六四在初六過惡未萌之初先施"畜止"，妥爲"規正"；此即《象傳》"能止健"之義，故獲"元吉"。《王注》："處艮之始，履得其位。能止健初，距不

以角；柔以止剛，剛不敢犯。"

《象》曰：六四元吉，有喜也。

【譯文】

　　《象傳》說：六四至爲吉祥，說明止健有方值得欣喜。

【說明】

　　六四取象，頗爲別致："童牛"本未長角，卻制之以角牿。這在生活現象中未必實有，而在《周易》中卻體現"止惡於未萌"的喻旨。朱熹以爲，《大畜》下卦"取其能自畜而不進"，上卦"取其能畜彼而不使進"，並曰："四能止之於初，故爲力易；五則陽已進而止之，則難。"（《朱子語類》）此說可資參攷。

六五，豶豕之牙，吉[1]。

【譯文】

　　六五，制約被閹去勢之豬的尖牙，吉祥。

【注釋】

　　[1] 豶豕之牙，吉——豶，音墳 fén，《釋文》引劉表曰："豕去勢曰豶"；豕，音始 shǐ，即豬。這兩句也是譬喻：豬被閹割，兇性已除，其"牙"則未足懼；猶如九二脱卸"車輹"，停止不前。故"豶豕之牙"即喻九二。六五居尊"畜"二，自能使其接受"規正"，遂獲"吉"。此亦《象傳》"能止健"之義。《程傳》："豕，剛躁之物，而牙爲猛利，若强制其牙，則用力勞而不能止其躁猛，雖繫之維之，不能使之變也；若豶去其勢，則牙雖存而剛躁自止。其用如此，所以吉也。"

《象》曰：六五之吉，有慶也。

【譯文】

　　《象傳》說：六五的吉祥，說明止健得法值得慶賀。

【說明】

　　用豬去勢爲喻，足見此爻取象奇異。但其喻旨卻甚明確：表明六五居尊，以柔制剛，猶“畜”人先治其本。程頤曰：“君子法‘豬豕’之義，知天下之惡不可以力制也，則察其機，持其要，塞絕其本原，故不假刑法嚴峻，而惡自止也。”（《程傳》）

上九，何天之衢，亨[1]。

【譯文】

上九，何等暢達的天上大路，亨通。

【注釋】

〔1〕何天之衢，亨——何，此當爲感嘆辭，含“何其通達”之意；衢，音渠 qú，《釋文》引馬融曰“四達謂之衢”，即四面暢通的大路。這是說明上九陽處《大畜》上艮之終，爲“止健”至極、“畜德”至盛之象，猶《大象傳》所謂“多識前言往行”的“君子”，故其時大通，如置身於四面暢達的“天衢”，所向必“亨”。《本義》：“何天之衢，言何其通達之甚也。畜極而通，豁達无礙。”

【說明】

爻辭“何”字，諸家訓釋不同，今引三說以備參考。一是，《王注》認爲“何”作語氣辭解，猶言“何畜”，即《正義》所謂“更何所畜”。意謂“畜”極已“通”。二是，《集解》引虞翻注，訓“何”作“當”，《纂疏》：“何與‘荷’通”，“訓‘當’者猶‘擔當’也，剛在上能勝其任，故爲‘何’”。（案，虞訓“當”，似宜解作“正處於”，於義乃通。）三是，胡瑗疑“何”爲衍字，當作“天之衢，亨”（《周易口義》）。

《象》曰：何天之衢，道大行也。

【譯文】

《象傳》說：何等暢達的天上大路，說明此時上九畜德之道大爲通行。

【說明】

上九爲“畜德”大通之象，爲本卦最理想的一爻，其義頗爲廣泛。《折中》引胡炳文曰：“此不徒爲仕者之占。《大學章句》所謂‘用力之久，一旦豁然貫通’者，亦是此意。‘多識前言往行，以畜其德’者，以之可也。”

【總論】

　　《大畜》卦所謂“大爲畜聚”，表明事物發展過程中，必須竭力畜聚剛健正氣的道理。用經傳中擬取的“人事”爲喻，猶如“君子”廣畜“美德”，“君王”徧聚“賢者”。於是卦辭強調“守正”、“養賢”，指出“畜聚陽剛正德”是“大畜”的關鍵所在。全卦六爻可分三層辨析：初、二爲陽剛被畜之象，必須先能自畜其德，不宜躁進，故初知危不前則“利”，二“大車”不行“无尤”；四、五爲尊者畜下之象，必須規正制約“健”者，使所畜盡善盡美，故四束縛初之“童牛”獲“元吉”，五制約二之“豕牙”得吉祥；至於上下卦終極兩爻，並爲“畜德”暢盛之象，不存“畜”與“被畜”的關係，故三如“良馬”奔逐、利有所往，上如置身“天衢”、暢達亨通。可見，本卦爻義，初、二、四、五爻揭示善處“大畜”之道，三、上兩爻展現“大畜”的隆美結果。胡炳文曰：“他卦取陰陽相應，此取相畜。內卦受畜，以‘自止’爲義；外卦能畜，以‘止之’爲義。獨三與上居內外卦之極，畜極而通，不取止義。”（《周易本義通釋》）然而，三雖“畜極”，尚須不忘“艱貞”才能長保美德；上九則是“大畜”最爲完美的象徵，其深意既包含“自身道德盛美”，更體現“天下賢路大開”，即游酢所謂“‘畜’道之成，賢路自我而四達矣”（《折中》引）。顯然，此爻的象徵本質，已經把“畜德”的功用，充分反映在“畜賢”、“養賢”的意義上，與《象傳》“剛上而尚賢”正相吻合。這一點，似乎又流露著《周易》作者“授賢與能”的思想。韓愈《元和聖德詩》謂“天錫皇帝，爲天下主，並包畜養，無異細鉅”：實道出對統治階級“畜養賢者”的期望，與《大畜》喻旨亦應有合。

頤卦第二十七

䷚ 頤[1]：貞吉[2]。觀頤，自求口實[3]。

【譯文】

《頤》卦象徵頤養：守持正固可獲吉祥。觀察事物的頤養現象，應當明白用正道自求口中食物。

【注釋】

〔1〕頤——卦名，下震（☳）上艮（☶），象徵"頤養"。《序卦傳》："頤者，養也。"案，"頤"字古文橫視作"𦥑"（參見《噬嗑》卦《象傳》譯注引），狀如口腮，象口中含物自養；本卦下震上艮，正有動止嚼物之象。《集解》引鄭玄注，釋《頤》卦名義曰："頤，口車輔之名也。震動於下，艮止於上。車口動而上，因輔嚼物以養人。" 〔2〕貞吉——謂"頤養"之道，守正則吉。此即《彖傳》所釋"養正則吉"之義。 〔3〕觀頤，自求口中實——口中實，謂口腹所需的食物。這兩句再申前文"貞吉"辭義，說明觀物頤養之象，當知以正道自求口中食物。《程傳》："天地造化，養育萬物，各得其宜者，亦正而已矣"；"觀人之所頤，與其自求口實之道，則善惡吉凶可見矣。"

《彖》曰：頤，貞吉，養正則吉也[1]。觀頤，觀其所養也[2]；自求口實，觀其自養也。天地養萬物，聖人養賢以及萬民。頤之時大矣哉[3]！

【譯文】

　　《彖傳》說：頤養，守持正固可獲吉祥，說明用正道養身纔能導致吉祥。觀察事物的頤養現象，是觀察獲得養育的客觀條件；應當明白用正道自求口中食物，是觀察領會自我養育的正確方法。天地養育萬物，聖人養育賢者並養及萬民。頤養之時的功效多麼弘大啊！

【注釋】

　　〔1〕養正則吉也──此釋卦名及卦辭「頤，貞吉」。《集解》引宋衷曰：「君子割不正不食，況非其食乎？是故所養必得賢明，自求口實必得體宜，是謂『養正』也。」　　〔2〕觀其所養也──此句與下文「觀其自養也」，並釋卦辭「觀頤，自求口實」，說明「觀頤」即觀察事物獲養的客觀條件，「自求口實」是觀察領會事物自養的主觀方法。　　〔3〕頤之時大矣哉──此句上承前兩句，援舉「天地」、「聖人」養育萬物、賢者、百姓爲例，盛贊「頤養」之時的弘大功效。《程傳》：「夫子推『頤』之道，贊天地與聖人之功，曰『頤之時大矣哉』。或云『義』，或云『用』，或止云『時』，以其大者也。萬物之生與養，時爲大，故云『時』也。」

《象》曰：山下有雷，頤[1]；君子以愼言語，節飲食[2]。

【譯文】

　　《象傳》說：山下響動著震雷（下動上止如口嚼食），象徵頤養；君子因此愼發言語以養德，節制飲食以養身。

【注釋】

　　〔1〕山下有雷，頤──釋《頤》卦上艮爲山，下震爲雷之象。《集解》引劉表曰：「山止於上，雷動於下，頤之象也。」（參閱卦辭譯注引鄭玄說。）　　〔2〕愼言語，節飲食──這是說明君子效法《頤》卦「養正」之道，「愼言」養德、「節食」養身。《正義》：「先儒云：『禍從口出，患從口入。』故於頤養而『愼』、

'節'也。"

【說明】

卦辭謂"頤養"當正,《大象傳》舉"慎言"、"節食"以養德、養身發其義,至爲明白貼切。《孔子家語·觀周》曰:"有金人焉,三緘其口,而銘其背曰:'古之慎言人也'。"此即"慎言語"之誡。

初九,舍爾靈龜,觀我朵頤,凶[1]。

【譯文】

初九,舍棄你靈龜般的美質,觀看我垂腮進食,有凶險。

【注釋】

〔1〕舍爾靈龜,觀我朵頤,凶——爾,指初九;靈龜,喻陽剛美質,《程傳》:"龜能咽息不食,靈龜喻其明智而可以不求養於外";我,指六四;朵,《集解》"頤垂下動之貌"(此從《說文》"樹木垂朵朵"引申);頤,口腮。這三句說明當"頤養"之時,初九上應六四,猶如以陽剛之實求養於陰虛,養身不得其道,故爻辭借六四的口吻責之曰:豈能舍棄你的靈龜,而觀我垂腮食物?貪欲如是,必致凶險。《本義》:"初九陽剛在下,足以不食;乃上應六四之陰,而動於欲,凶之道也。"

《象》曰:觀我朵頤,亦不足貴也。

【譯文】

《象傳》說:觀看我垂腮進食,說明初九的求養行爲不值得尊重。

【說明】

鄭汝諧曰:"《頤》之上體皆吉,而下體皆凶;上體止也,下體動也。在上而止,養人者也;在下而動,求養於人者也。動而求養於人者,必累於口體之養,故雖以初之剛陽,未免於動其欲而觀朵頤也。"(《東谷易翼傳》)此謂上下卦爻義有別,可備參攷。

六二，顛頤[1]，拂經，于丘頤。征凶[2]。

【譯文】

六二，既顛倒向下求獲頤養，又違背常理，向高丘上的尊者索取頤養。往前進發必有凶險。

【注釋】

〔1〕顛頤——顛，倒也。此謂二无應於五，反向下求養於初，有失“頤”道，故爲“顛頤”之象。　〔2〕拂經，于丘頤，征凶——拂，違也；經，猶言“常理”；丘，喻上九，《本義》：“丘，土之高者，上之象也”。這三句承前句義，謂六二不能以柔順中正自養，既“顛頤”求初，又違背“奉上”的常理，向上九索取頤養：以此往前必凶。《周易玩辭》：“得位得中有可養之勢而不能自養，反由養於不中无位之爻（案，指上九），與常經相悖”；“上又艮體，故爲‘于丘’”。

【說明】

本爻辭句讀意義，諸家說有不同。如：一、《集解》引王肅注，以“拂經于丘”爲句，謂二養初曰“顛”，違常于五曰“拂經于丘”，无應而征故“凶”。二、《本義》以“顛頤拂經”爲句，釋曰：“求養於初，則顛倒而違於常理；求養於上，則往而得凶。”

《象》曰：六二征凶，行失類[1]也。

【譯文】

《象傳》說：六二往前進發必有凶險，說明前行得不到朋類。

【注釋】

〔1〕行失類——指六二若上行，所遇均陰，同性非“類”，故有“凶”。《尚氏學》：“陰陽相遇方爲類，今六二不遇陽，故曰‘失類’。”

【說明】

六二本屬“中正”之體，因與五无應，故“顛”以下乞，“拂”以上求，大失頤養之道，終致有凶。

六三，拂頤[1]。貞凶，十年勿用，无攸利[2]。

【譯文】

六三，違背頤養常理。守持正固以防凶險，十年之久不可施展才用，要是施用必將无所利益。

【注釋】

〔1〕拂頤——此謂六三當"頤"之時，陰居陽位，違中失正，恃其有應於上九而求養不已，故爲大悖"頤"道之象。《王注》："履夫不正以養於上，納上以諂者也，拂'養正'之義。"

〔2〕貞凶，十年勿用，无攸利——貞凶，猶言"守正防凶"（參見《屯》九五譯注）。此承前文意，說明六三既"頤養"失正，當疾速改邪趨正，謹守防凶；並謂"十年"之久不可施用，若施用、必无所利。爻旨含警戒規勸之義。

《象》曰：十年勿用，道大悖也。

【譯文】

《象傳》說：十年之久不可施展才用，說明六三與頤養正道大相違逆。

【說明】

六三的"求養"行爲至所"不正"，但爻辭仍有勉其自反的意思。鄭汝諧曰："'十年勿用，无攸利'，戒之也"；"因其有多欲妄動之心，示之以自反之理，作《易》之本意也。"（《東谷易翼傳》）

六四，顛頤，吉[1]。虎視眈眈，其欲逐逐，无咎[2]。

【譯文】

六四，顛倒向下求獲頤養再用以養人，吉祥；就像老虎眈眈注視，迫切求物接連不絕，卻无咎害。

【注釋】

〔1〕顛頤，吉——此謂六四陰居上卦，得正應初，猶如上者向下求養，再用以養下，故雖"顛頤"卻能獲"吉"。《本義》："柔

居上而得正，所應又正，而賴其養以施於下，故雖顛而吉。"
〔2〕虎視眈眈，其欲逐逐，无咎——眈眈，專一注視之狀；逐逐，
《程傳》"相繼而不乏"，猶言"連接不絕"。這三句以"虎視眈
眈"喻四求初專誠不二；以"其欲逐逐"喻所求連繼不絕；其獲
"无咎"者，由於求養不失正道故也。《本義》："虎視眈眈，下而
專也；其欲逐逐，求而繼也。又能如是，則'无咎'矣。"

《象》曰：顛頤之吉，上施光也。

【譯文】

《象傳》說：顛倒向下求獲頤養再用以養人而致吉祥，說明六
四居上而能下施光明美德。

【說明】

四、二兩爻並稱"顛頤"，爲何此吉彼凶？游酢指出："二之
志在物，而四之志在道。"（《折中》引）在物，則无應強求，故
凶；在道，則養正利物，故吉。《象傳》謂"上施光"，似乎表明
六四涵有"取之於民，用之於民"的微旨，因此"其欲逐逐"可
以"无咎"。

六五，拂經[1]，居貞吉，不可涉大川[2]。

【譯文】

六五，（賴上者養己以養天下）違背常理，靜居守持正固可獲
吉祥，不可涉越大河巨流。

【注釋】

〔1〕拂經——此謂六五處《頤》"君位"，失正无應，陰柔无
實，唯承上九陽剛，猶如不能養人、反賴上者養己以兼養天下，有
背君主"養賢以及萬民"的常理，故曰"拂經"。《程傳》："六五，
'頤'之時居君位，養天下者也。然其陰柔之質，才不足以養天下，
上有剛陽之賢，故順從之，賴其養己以濟天下。" 〔2〕居貞吉，
不可涉大川——此承前句義，說明六五既失正不剛，宜趨正以居，

從陽補陰，不可率意犯難涉險。《程傳》："陰柔之質，无貞剛之性，故戒以能居貞則吉；以陰柔之才，雖倚賴剛賢，能持循於平時，不可處艱難變故之際，故云'不可涉大川'也。"

《象》曰：居貞之吉，順以從上也。

【譯文】

《象傳》說：靜居守持正固乃獲吉祥，說明六五應當順從依賴上九陽剛賢者。

【說明】

六五的喻意在於：高居尊位者必須以充實的美德"養天下"，唯己身无法自養，故不得不依賴"上賢"的力量。《象傳》謂"順以從上"，即表明六五才德薄弱，不稱其位。但因尚有"養天下"之心，故爻辭仍許其"居貞吉"。

上九，由頤，厲吉，利涉大川[1]。

【譯文】

上九，天下依賴他獲得頤養，知危能慎可獲吉祥，利於涉越大河巨流。

【注釋】

〔1〕由頤，厲吉，利涉大川——由頤，由之以頤，其構詞法與《豫》九四"由豫"同（參閱該爻譯注），此處猶言"天下賴以獲養"。這三句說明上九最處《頤》極，陽剛充沛，有臣賢於君、君賴之以養天下之象；擔此重任，知危能慎則吉，排難涉險必利。《本義》："六五賴上九之養以養人，是物由上九以養也。位高任重，故厲而吉；陽剛在上，故利涉川。"

《象》曰：由頤厲吉，大有慶也。

【譯文】

《象傳》說：天下依賴他獲得頤養而知危能慎乃獲吉祥，說明上九大有福慶。

【說明】

《頤》上九"由頤"，與《豫》九四"由豫"語法結構上相似，甚至在爻義上也值得比較。王宗傳曰："《豫》之九四，天下由之以豫，故曰'大有得'；《頤》之上九，天下由之以頤，故曰'大有慶'也。"(《童溪易傳》)

【總論】

《漢書·食貨志下》有這樣一段話："酒者，天之美祿，帝王所以頤養天下，享祀祈福，扶衰養疾。"誠然，佳釀美酒可以頤養人體，但若狂飲无度，必成爲傷身損德的媒介。同理，《頤》卦雖發"頤養"之義，卦辭開句便誡：守正則吉。卦中所揭明的"養正"意義，基本宗旨體現在兩端："自養"之道，當本於德，不可棄德求欲；"養人"之道，當出於公，必須養德及物。六爻的喻旨，下三爻皆"自養"不得其道，因此初"凶"、二"征凶"、三"无攸利"；上三爻皆努力"養人"，故四"吉"、五"居貞吉"、上"吉"且"利"。《折中》引吳曰慎曰："初九、六二、六三，皆自養口體，私而小者也；六四、六五、上九，皆養其德以養人，公而大者也。公而大者吉，得'頤'之正也；私而小者凶，失'頤'之貞也。可不'觀頤'而自求其正耶？"可見，六爻大義是集中贊美"養人"、"養賢"、"養天下"的頤養盛德。若回頭就卦辭"自求口實"看，則卦中儘管強調養德，其立足點仍未嘗偏離物質基礎。據此辨析《頤》卦"養天下"的義理，似與《孟子》提倡的"民本"思想以及《管子》所發"王者以民爲天，民以食爲天"的言論略可勾聯，此中自然也看出《周易》作者的進步觀念。

大過卦第二十八

☰ 大過[1]：棟橈[2]。利有攸往，亨[3]。

【譯文】

《大過》卦象徵大爲過甚：棟樑曲折彎撓。利於有所前往，亨通。

【注釋】

〔1〕大過——卦名，下巽（☴）上兌（☱），象徵“大爲過甚”。案，陽剛稱“大”，本卦四陽居中過盛，故名“大過”。《正義》：“四陽在中，二陰在外，以陽之過越之甚也。”又案，馬其昶曰：“《易》卦名每兼數義。過，越也；過，差也；過，誤也。義各有當也。”（《重定費氏學》）此說頗可參攷。　〔2〕棟橈——棟，樑也，屋脊的主要部份；橈，音撓 náo，通“撓”，《釋文》“曲折”。此以棟樑兩端柔弱不勝重壓、以至曲折彎撓，喻示事物剛大者過甚、柔小者不勝其勢的反常狀態；卦中四陽過强、二陰虛弱，正呈此象。《本義》：“上下二陰不勝其重，故有‘棟橈’之象。”案，“橈”字，阮刻作“撓”，《校勘記·補》曰：“各本皆作‘橈’是，‘撓’字誤也”，今據改正（《象傳》“橈”字同）。〔3〕利有攸往，亨——此謂“大過”之時，物既反常，則亟待整治；卦中二、五爻陽剛得中，上下卦又有馴順、和悅以治“大過”之象（見《象傳》譯注），故利往而亨。《本義》：“四陽雖過，而二、五得中，內巽外說，有可行之道，故利有所往而得亨也。”

《彖》曰：大過，大者過也[1]；棟橈，本末弱[2]也。剛過而中，巽而說行[3]，利有攸往，乃亨。大過之時大矣哉[4]！

【譯文】

　　《彖傳》說：大爲過甚，指剛大者過甚；棟樑曲折彎撓，說明首尾兩端柔弱。陽剛過甚時能夠適中調濟，馴順而和悅地施行整治，於是利有所往，可獲亨通。大過之時的功效多麼弘大啊！

【注釋】

　　〔1〕大者過——此釋卦名“大過”，謂卦中陽爻超過陰爻，喻事物剛大因素過盛。《漢上易傳》引鄭玄曰：“陽爻過也。”
〔2〕本末弱——本末，首尾兩端，指卦中初、上兩爻。此句承前文“大者過也”之義，釋卦辭“棟橈”，謂“棟”之所以“橈”，是由於兩端柔弱、不如中體剛强，故難勝重壓、導致下撓曲折。卦中初、上陰爻，正是“本末弱”之象。《王注》：“初爲本，而上爲末也。”　〔3〕剛過而中，巽而說行——剛、中，指二、五兩爻陽剛居中；巽，下卦巽含“馴順”義；說，即“悅”，上卦兌爲“悅”。這兩句舉二、五爻象及上下卦象釋卦辭“利有攸往，亨”，說明陽剛能居中調濟，沿順、悅之道而行，則利於整治“大過”，往必有亨。《程傳》：“剛雖過，而二、五皆得中，是處不失中道也；下巽上兌，是以巽順和說之道而行也。在‘大過’之時，以中道巽順而行，故‘利有攸往’，乃所以能亨也。”　〔4〕大過之時大矣哉——此謂“大過”之時事物反常，亟待整治，君子正可施用，故稱“時大”。《王注》：“是君子有爲之時也。”《程傳》：“如立非常之大事，興百世之大功，成絶俗之大德，皆‘大過’之事也。”

《象》曰：澤滅木，大過[1]；君子以獨立不懼，遯世无悶[2]。

【譯文】

　　《象傳》說：大澤淹沒樹木，象徵大爲過甚；君子因此身處大過能夠獨自屹立而毫不畏懼，毅然逃世而无所苦悶。

【注釋】

〔1〕澤滅木，大過——釋《大過》卦上兌爲澤、下巽爲木之象。《程傳》：“澤，潤養於木者也，乃至滅沒於木，則過甚矣，故爲‘大過’。” 〔2〕獨立不懼，遯世无悶——此謂“君子”觀卦象，悟知當以“大過人”之舉處“大過”之時，故能“獨立不懼，遯世无悶”。《王注》：“此所以爲大過，非凡所及也。”《程傳》：“君子觀《大過》之象，以立其‘大過人’之行。君子所以‘大過人’者，以其能獨立不懼，遯世无悶也。天下非之而不顧，獨立不懼也；舉世不見知而不悔，遯世无悶也。”

【說明】

卦辭“棟橈”，是喻示事物“大過”的反常情狀，《大象傳》“木滅澤”亦明此事；“獨立”、“遯世”，則闡發君子處大過的非凡氣魄。孔穎達認爲《大過》卦有二義：“一者，物之自然大相過越常分”；“二者，大人大過越常分以拯患難”（《正義》）。此說頗爲可取。

初六，藉用白茅，无咎〔1〕。

【譯文】

初六，用潔白的茅草襯墊承放（奉獻尊者的物品），必无咎害。

【注釋】

〔1〕藉用白茅，无咎——藉，音借 jiè，襯墊，《釋文》引馬融曰：“在下曰藉”，即用物墊於下以承物；白茅，潔白的茅草。這兩句說明初六當“大過”之時，一陰在下，應當極爲敬慎承事上之陽剛，才能免“咎”，故爻辭擬白茅襯地承物以奉上爲喻。《集解》引侯果曰：“以柔處下，履非其正，咎也。苟能絜誠肅恭不怠，雖置羞於地可以薦奉。況藉用白茅，重慎之至，何咎之有矣？”

《象》曰：藉用白茅，柔在下也。

【譯文】

　　《象傳》說：用潔白的茅草襯墊承放（奉獻尊者的物品），說明初六柔順居下而行爲敬慎。

【說明】

　　時當"大過"，以柔弱卑小處於極下，自宜敬慎承陽，才能以彼剛濟己柔，避害趨利。《繫辭上傳》引孔子語，釋此爻之義甚明："苟錯諸地可矣。藉之用茅，何咎之有？慎之至也。夫茅之爲物薄，而用可重也。慎斯術以往，其无所失矣。"

九二，枯楊生稊，老夫得其女妻[1]，无不利。

【譯文】

　　九二，枯槁的楊樹生出嫩芽新枝，龍鍾老漢娶了個年少嬌妻，无所不利。

【注釋】

　　[1] 枯楊生稊，老夫得其女妻——稊，音題 tí，通"荑"，樹木新生的芽枝，《尚氏學》："'梯'、'荑'同字"，"'荑'爲木新生之條。"本爻擬象十分生動，以枯楊生出新枝、老漢娶得幼妻，比喻九二以"過甚"之陽得處中位，下比初六柔弱之陰，遂能剛柔相濟，各自獲益：以此處"大過"，則无所不利。《王注》："老過則枯，少過則稚。以老分少，則稚者長；以稚分老，則枯者榮：過以相與之謂也。"《折中》引王申子曰："《大過》諸爻，以剛柔適中者爲善。初以柔居剛，二以剛居柔而比之，是剛柔適中，相濟而有功者也。其陽過也，如楊之枯，如夫之老；其相濟而有功也，如枯楊而生稊，如老夫得女妻。言陽雖過矣，九二處之得中，故'无不利'。"

《象》曰：老夫女妻，過以相與也。

【譯文】

　　《象傳》曰：龍鍾老漢娶了個年少嬌妻，說明九二陽剛過甚但能和初六陰柔相互親與。

【說明】

九二獲"无不利"，在於陽居陰位，再濟之以初之陰柔。司馬光曰："《大過》剛已過矣，正可濟之以柔，而不可濟之以剛也。故《大過》之陽，皆以居陰爲吉，而不以得位爲美也。"（《溫公易說》）

九三，棟橈，凶[1]。

【譯文】

九三，棟樑曲折彎撓，有凶險。

【注釋】

〔1〕棟橈，凶——此謂九三當"大過"之時，陽居下卦之極，剛亢過甚；又應於上六，剛勢益烈：正如棟之中體過剛、本末過弱，故有"棟橈"之象。此爻義與卦辭合，言如此處"大過"，"棟"必撓曲、凶險將至。《集解》引虞翻曰："本末弱，故橈。"《程傳》："以過甚之剛，動則違於中和，而拂於衆心，安能當'大過'之任乎？故不勝其任，如棟之橈，傾敗其室，是以凶也。"

《象》曰：棟橈之凶，不可以有輔[1]也。

【譯文】

《象傳》說：棟樑曲折彎撓而有凶險，說明九三的剛勢不能再加以輔助。

【注釋】

〔1〕不可以有輔——輔，助也。此句說明九三不可應上，若得應於上六，剛勢獲助益烈，則"棟橈"益甚。《集解》引虞翻曰："輔之益'橈'，故不可以有輔。陽以陰爲輔也。"

【說明】

若在他卦，九三得正應上，本可佳美。但居"大過"反常之

時，其剛可損不可益。故爻辭謂過剛必致"凶"，《象傳》又曰
"不可以有輔"。

九四，棟隆，吉[1]。有它，吝[2]。

【譯文】

九四，棟樑隆起平復，吉祥。要是有應於下方，必生憾惜。

【注釋】

〔1〕棟隆，吉——隆，隆起，即下"撓"之勢平復。此謂九四
處《大過》上卦之始，陽居陰位，猶自損過剛之質，以救"本末"
之"撓"，使"棟"體隆起平復，故獲吉祥。《本義》："以陽居陰，
過而不過，故其象'隆'而占'吉'。" 〔2〕有它，吝——有
它，有應於它方（參閱《比》初六譯注），此處指應初。這兩句因
九四與初有應，特設誡辭，謂四既已損剛使"棟隆"，若再趨下應
初、則將過柔，反不能救"撓"，而致有"吝"。《本義》："下應初
六，以柔濟之，則過於柔矣，故又戒以'有它'則'吝'。"

《象》曰：棟隆之吉，不橈乎下也。

【譯文】

《象傳》說：棟樑隆起平復而吉祥，說明九四使棟樑不再往下
曲折彎撓。

【說明】

三、四兩爻均不宜與應爻相應，其原因不同：三以強健剛亢之
體應上，得應則益亢，必使"棟橈"更甚；四以剛柔調濟之質應
初，趨下則過柔，必致"棟隆"復"撓"。因此，九四之"吉"，
只須自損陽剛、不與初應即可獲得；九三之"凶"，若兼以躁動上
應將增添凶險。

九五，枯楊生華，老婦得其士夫[1]，无咎无譽[2]。

【譯文】

九五，枯槁的楊樹開出新花，龍鍾老太配了個强壯丈夫，不遭咎害也无所褒譽。

【注釋】

〔1〕枯楊生華，老婦得其士夫——這兩句擬象與九二相對，也十分生動：以枯楊生出新花，老婦配得壯夫，比喻九五剛健之陽（猶"士夫"）親比上六衰極之陰（猶"老婦"），兩者勉力調濟、陰陽和合，故有"生華"之象。《折中》引沈該曰："九二比於初，近本也，'生稊'之象；九五承於上，近末也，'生華'之象。"

〔2〕无咎无譽——此謂九五勉力拯救"本末弱"的反常局面，雖"老婦"也與相配，以期剛柔調濟，不失"大過人"之舉，故"无咎"；但極强對極弱，終難善成其功，且有配偶不適之憾，故"无譽"。

《象》曰：枯楊生華，何可久也？老婦士夫，亦可醜也。

【譯文】

《象傳》說：枯槁的楊樹開出新花，生機怎能長久呢？龍鍾老太配了個强壯丈夫，這樣的情狀也太可羞醜。

【說明】

九五以極剛濟極柔，雖不能完滿成功，但總算竭盡了最後的努力。因此，其"无咎无譽"的結局，實是大勢所然，非人力所能改易。

上六，過涉滅頂，凶，无咎[1]。

【譯文】

上六，涉水過深以至淹沒頭頂，有凶險，但无所咎害。

【注釋】

〔1〕過涉滅頂，凶，无咎——這是以涉水淹溺、遭滅頂之災，喻上六極陰處《大過》之終，雖下比九五陽剛，竭力取陽濟陰，但

因才力過弱，終究難免"亡身"。然視其"獨立不懼"的救時精神，結局雖"凶"，而"殺身成仁"之義則"无咎"。《本義》："處過極之地，才弱不足以濟，然於義爲'无咎'矣：蓋殺身成仁之事。"

《象》曰：過涉之凶，不可咎也。

【譯文】

《象傳》說：涉水過深以至淹沒頭頂有凶險，說明上六救時亡身而不可視爲有咎害。

【說明】

上六猶如"棟樑"的"末端"，因過弱不勝重負而下曲。當極力拯救仍未能承壓之時，毅然自損其身，保存主體，大屋賴以不陷。李士鉁謂："時无可爲，禍无可避，甘罹其凶"（《周易學說》引），正是爻辭"凶"而"无咎"的寓意。

【總論】

自然界及人類社會中，事物的發展有時將導致陽剛過甚、陰柔極弱，或主體因素過甚、附屬因素極弱等情形：於是生態失調，物象反常。這就是《大過》卦所揭示的"大爲過甚"的事狀。卦辭先取"棟樑"曲折下撓爲喻，表明"陽剛"者"大過"、"陰柔"者不勝其勢的景況；再指出此時亟待"大過人"之舉奮力拯治，則可以調濟陰陽，走向"亨通"。卦中六爻分別說明善處"大過"的道理，其義主於：上下兩陰須取剛濟柔，中間四陽須取柔濟剛，如此互濟，才能救"大過"之弊，成調和之功。但諸爻處時各異，遂致吉凶有別：初、二相比，善於互調剛柔，故初"无咎"、二"无不利"；五、上也相比，但陰陽懸殊太甚，雖竭力調濟，終難完滿成功，故五"无咎无譽"、上"凶，无咎"；唯三、四兩陽最遠兩陰，必當自損陽剛、靜居順調，而三違逆此道致"凶"，四遵循此道獲"吉"。可見，拯治"大過"的根本原則是"剛柔相濟"、力求平衡。當然，拯治過程中，"大過人"的舉動又是至爲關鍵的；卦中所取"枯楊"生芽、開花，"老夫"、"老婦"得配"女妻"、"壯夫"等象，即含"非同尋常"之義。最使後人警醒的，莫過於上六涉水"滅頂"所寓含的"殺身成仁"以救"大過"之旨。《大象傳》稱"獨立不懼"，《論語·季氏》曰"危而不持，顛而不扶，將焉用彼相矣"，並可啓發此爻的意蘊。

坎卦第二十九

䷜　習坎[1]：有孚，維心亨[2]，行有尚[3]。

【譯文】

《坎》卦象徵重重險陷：只要胸懷信實，就能使內心亨通，努力前行必被崇尚。

【注釋】

〔1〕習坎——習，重疊，《集解》引陸績曰："重也"；坎，卦名，下卦上卦均坎（☵），象徵"險陷"。《本義》："習，重習也；坎，險陷也。其象爲水，陽陷陰中，外虛而中實也。此卦上下皆坎，是爲重險。"案，《王注》訓"習"爲"便習"，可備一說。〔2〕有孚，維心亨——孚，信也；維，語氣助詞。此謂處險之時，常存孚信，其心亨通，則可以排險涉難；卦中二、五兩爻陽剛居中，正含此象。《程傳》："陽實在中，爲中有孚信；維心亨，維其心誠一，故能亨通。至誠可以通金石，蹈水火，何險難之不可亨也？"　〔3〕行有尚——此句承前兩句義，說明此時"有孚"、"心亨"，則行險可以有功，必獲嘉尚。《程傳》："以誠一而行，則能出險，有可嘉尚，謂有功也；不行，則常在險中矣。"

【說明】

孔穎達曰："諸卦之名皆於卦上不加其字，此《坎》卦之名特加習者，以坎爲險難，故特加習名。'習'有二義：一者，習重也，謂上下俱坎，是重疊有險，險之重疊，乃成險之用也；一者，人之行險，先須便（引者案，便，阮刻作使，據汲古閣本校改）習其事，乃可得通，故云習也。"（《正義》）此說可備參攷。

《彖》曰：習坎，重險也，水流而不盈[1]。行險而不失其信[2]，維心亨，乃以剛中[3]也；行有尚，往有功[4]也。天險不可升也，地險山川丘陵也，王公設險以守其國：險之時用大矣哉[5]！

【譯文】

《彖傳》說：習坎，意思是重重險陷，就像水流進陷穴不見盈滿。行走在險境而不喪失信實，就能使内心亨通，這是由於陽剛居中不偏；努力前行必被崇尚，說明往前進取可建功勳。天險高遠无法升越，地險山川丘陵難以踰越，國君王侯於是設險守護國境：險陷之時的功用是多麼弘大啊！

【注釋】

[1] 重險也，水流而不盈——此謂上下坎兩"險"相重，若水流陷穴、不能盈滿，以釋"習坎"之義。《集解》引陸績曰："水性趨下，不盈溢崖岸也。"《尚氏學》："水流若盈，則非坎矣；既曰'坎'則不盈也。"　[2] 行險而不失其信——指二、五陽剛居中，爲行險不失信之象。《集解》引荀爽曰："謂陽來爲險而不失中，中稱信也。"　[3] 剛中——亦指九二、九五陽剛各居上下卦之中，此與前文"行險而不失其信"並釋卦辭"有孚，維心亨"。《集解》引侯果曰："二、五剛而居中，則心亨也。"
[4] 往有功——此釋卦辭"行有尚"。《程傳》："以其剛中之才而往，則有功，故可嘉尚；若止而不行，則常在險中矣。"
[5] 險之時用大矣哉——此句總結前三句所舉"天險"、"地險"、"王公設險"之例，從"用險"的角度歎美"坎險"之時的弘大功用。《程傳》："高不可升者，天之險也。山川丘陵，地之險也。王公，君人者，觀《坎》之象，知險之不可陵也，故設爲城郭溝池之

險，以守其國，保其民人。是有用險之時，其用甚大，故贊其‘大矣哉’。”

《象》曰：水洊至，習坎[1]；君子以常德行，習教事[2]。

【譯文】

《象傳》說：水流疊連而至，象徵重重險陷；君子因此恒久保持令德美行，反復熟習政教事務。

【注釋】

〔1〕水洊至，習坎——洊，音薦 jiàn，《爾雅·釋言》“再也”，《王注》“相仍而至”，猶言“疊連”。此釋《坎》卦上下坎均爲水之象。《程傳》：“兩坎相習，水流仍洊之象也。” 〔2〕常德行，習教事——常，用如動詞，指恒久保持；習，動詞，猶言“熟習”；教事，《正義》：“政教之事”。這是說明君子觀《坎》之象，悟知守德行當如水之長流不息，行教事當如兩坎相受、時時熟習。《程傳》：“君子觀《坎》水之象，取其有常，則常久其德行”；“取其洊習相受，則以習熟其教令之事。”

【說明】

《象傳》除了解析卦辭行險“有孚”、“心亨”必獲嘉尚之外，兼發“用險”的弘大功效；《大象傳》則進一步衍申流水有恒、德教常習之理：兩《傳》解經角度有異，自當區別看待。

初六，習坎，入于坎窞，凶[1]。

【譯文】

初六，面臨重重險陷，落入陷穴深處，有凶險。

【注釋】

〔1〕入于坎窞，凶——窞，音旦 dàn，《釋文》引《說文》曰：“坎中更有坎”，《集解》引干寶曰：“坎之深者也”，猶言深坑。此謂初六以陰處重坎之下，柔弱失正，難以出險，故有深陷“坎窞”

而致"凶"之象。《本義》："以陰柔居重險之下，其陷益深。"

《象》曰：習坎入坎，失道凶也。

【譯文】

《象傳》說：面臨重重險陷又落入陷穴深處，說明初六違失履險之道必遭凶險。

【說明】

履險唯需剛正，初六陰柔不正，身陷重險，其上又无應援，故必有"凶"。

九二，坎有險，求小得[1]。

【譯文】

九二，在陷穴中困罹險難，從小處謀求脫險必有所得。

【注釋】

〔1〕坎有險，求小得——小，指陰柔，又喻"小事"、"小處"等。此謂九二處下坎之中，失正罹險；但能以剛居中，孚比上下二陰，故爲求"小"有"得"、漸謀脫險之象。《尚氏學》："二失位，故有險；陰爲小，二居中，孚於上下陰，故曰'求小得'。"

《象》曰：求小得，未出中也。

【譯文】

《象傳》說：從小處謀求脫險必有所得，說明九二此時尚未脫出險中。

【說明】

明人陳仁錫曰："求其小，不求其大，原不在大也。涓涓不已，流爲江河，如掘地得泉，不待溢出外，然後爲流水也。"《折中》引錄此語，並指出："說極是。凡人爲學作事，必自求小得始，如水雖涓涓而有源，乃行險之本也。"馬其昶也認爲："二爲泉源，因其未出中，故求小得，積而後流，盈科而後進。未出中，未盈科也；求小得，積細流以成大川也。"（《重定費氏學》）諸說均從九二

陽居坎中、求小得大的行險之道，分析爻辭及《小象傳》的意旨，
宜頗可取。

六三，來之坎坎[1]，險且枕，入于坎窞，勿用[2]。

【譯文】

　　六三，來去都處在險陷之間，往前遇險而退居難安，落入陷穴
深處，不可施展才用。

【注釋】

　　[1] 來之坎坎——來之，猶言“來去”。此謂六三陰居陽位，
意欲行險，又處上下坎之間，故有“來之坎坎”、動輒罹險之象。
《王注》：“既履非其位，又處兩坎之間，出則之坎，居則亦坎，故
曰‘來之坎坎’也。”　　[2] 險且枕，入于坎窞，勿用——枕，
《王注》：“枝枝而不安之謂”，《本義》：“倚著未安之意”，即形容
罹險難安的樣子。這三句承上文之義，說明六三前後皆險，動處均
无憑依，當此陷入“坎窞”之時，必不可強行施用。《王注》：“出
則无之，處則无安，故曰‘險且枕’也。來之皆坎，无所用之，徒
勞而已。”案，“枕”字之義，異說尚多。如《集解》引虞翻注，
訓“枕”爲“止”，《纂疏》釋爲“安其菑，利其危”；《集解》又
引干寶注，訓“枕”爲“安”，並謂“安忍以暴政加民而无哀矜之
心”；馬其昶《重定費氏學》據《釋文》“‘枕’古文作‘沈’”
謂“沈者，沒也”，遂以“枕”爲“沈”；《尚氏學》據《釋文》
“鄭、向本作‘檢且枕’”，並據《釋名》“檢，枕也”之訓，認
爲“檢”、“枕”同義，“仍承‘來之坎坎’言，言內外俱受檢
制。”諸說雖異，而訓釋罹險難安之旨，則大略相同。

《象》曰：來之坎坎，終无功也。

【譯文】

　　《象傳》說：來去都處在險陷之間，說明六三終究難成行險
之功。

【說明】

爻辭"險且枕"，王申子釋爲"臨險止而暫息"，指出："下卦之險已終，上卦之險又至：是退而來已險，進而之愈險，進退皆險，則寧於可止之地而暫息焉。'且'者，聊爾之辭；'枕'者，息而未安之義。能如此，雖未離乎險，亦不至深入于坎窞之中也。""其進而入，則陷益深，爲不可用。'勿'者，止之之辭也。"（《大易輯說》）《折中》認爲此論"似與《需》之六四義足相發"。可備一說。

六四，樽酒，簋貳，用缶，納約自牖，終无咎[1]。

【譯文】

六四，一樽薄酒，兩簋淡食，用質樸的瓦缶盛物虔誠地奉獻給尊者，通過明窗結納信約，終將免遭咎害。

【注釋】

〔1〕樽酒，簋貳，用缶，納約自牖，終无咎——簋，音鬼 guǐ，《說文》："黍稷方器也，从竹、皿、皀"，"簋貳"猶言"兩簋食"；缶，瓦器（見《比》初六譯注），"用缶"謂以瓦缶盛物；牖，音有 yǒu，窗戶。這幾句取各種物象爲喻，說明六四處"險"之時，居上坎之下，前後亦均爲"陷穴"，但柔順得正，上承九五，能以虔誠之心與之結交，猶如奉薄酒一樽、淡食兩簋，盛物於瓦缶，雖簡樸亦可呈獻於尊者；五與四均无它應，遂開誠佈公地相交，恰似"納約"於明窗，於是六四得陽剛相助、不陷入坎險，故"終无咎"。《王注》："處重險而履正，以柔居柔，履得其位，以承於五；五亦得位，剛柔各得其所，不相犯位，皆无餘應以相承比，明信顯著，不存外飾：處坎以斯，雖復一樽之酒，二簋之食，瓦缶之器，納此至約，自進於牖，乃可羞之於王公，薦之於宗廟，故'終无咎'也。"

【說明】

　　朱熹曰："晁氏云先儒讀'樽酒簋'爲一句，'貳用缶'爲一句"，以爲可從，並釋"貳"爲"益之"（《本義》）。可備一說。

《象》曰：樽酒簋貳，剛柔際也。

【譯文】

　　《象傳》說：以一樽薄酒兩簋淡食奉獻尊者，說明九五陽剛和六四陰柔相互交接。

【說明】

　　三、四兩爻並處兩坎之間，或"勿用"，或"无咎"，原因在於：六三失位无應，六四得正承陽。故《象傳》於三曰"終无功"，於四曰"剛柔際。"

九五，坎不盈，祗既平，无咎[1]。

【譯文】

　　九五，險陷未填滿盈，小丘已被剷平，必无咎害。

【注釋】

　　[1] 坎不盈，祗既平，无咎——祗，當作"祇"（音止 zhǐ），與"坻"通，《釋文》引鄭玄曰："小丘也"；《尚氏學》："'坎不盈'爲一事，'坻既平'又爲一事，上下對文"。這三句說明九五處"險"之時，陽剛中正，下比六四，爲居尊而履險有方之象，故險陷的深穴雖未滿盈，穴旁的小丘已被鏟平；長此以往，必能漸填陷穴，開通前路，脫出險境，故"无咎"。案，"祗"爲"祇"字之誤，與《復》初九"无祗悔"同（參閱該爻譯注），但前者訓"病"，此訓"小丘"，義有區別。尚先生引《詩毛傳》、《說文》、《釋文》、《文選》及俞樾、王引之諸家說，證"祇"、"坻"、"提"音皆由"氏"得，從"氏"者誤；並明其義爲"小丘"（《尚氏學》）。據此，今本作"祗"者當改作"祇"，字通"坻"。又《帛書周易》作"坦（堤）既平"，似亦證從"土"訓"小丘"者

近是。

【說明】

"祇既平"之義，易家解釋多歧。今舉三說以備參攷。一、《集解》引虞翻注，作"禔既平"，訓"禔"爲"安"，《纂疏》曰："既安且平"。二、王弼曰"祇，辭也"，作語氣虛詞解，謂"既平乃无咎"（《王注》）。三、程頤曰："祇，宜音柢，抵也"，猶今語"抵達"，謂"抵於已平則无咎"（《程傳》）。

《象》曰：坎不盈，中未大也。

【譯文】

《象傳》說：險陷未填滿盈，說明九五雖居中但平險之功尚未光大。

【說明】

《象傳》"中未大"一句，阮元謂《集解》"大"上有"光"字，並指出《正義》亦云"未得光大"（《校勘記》）。據此，似當於"大"前增一"光"字。

上六，係用徽纆，寘于叢棘，三歲不得。凶[1]。

【譯文】

上六，被繩索綑縛，囚置在荊棘叢中，三年不得解脫，有凶險。

【注釋】

〔1〕係用徽纆，寘于叢棘，三歲不得，凶——纆，音墨 mò，徽、纆，均爲繩索之名，《釋文》："劉表曰：三股曰'徽'，兩股曰'纆'，皆索名"；寘，音置 zhì，通"置"；叢棘，《集解》引虞翻曰："獄外種九棘，故稱'叢棘'"。這幾句說明上六以柔居險之極，所陷至深，猶如被綑縛囚置於"叢棘"中的牢獄，三年不得解脫，故"凶"。《程傳》："以陰柔而自居險之極，其陷之深者也。以其陷之深，取牢獄爲喻，如繫縛以徽纆，囚寘于叢棘之中；陰柔

而陷之深，其不能出矣，故云至于三歲之久，不得免也，其凶可知。”

《象》曰：上六失道，凶三歲也。

【譯文】

《象傳》說：上六違失履險正道，凶險將延續三年之久。

【說明】

爻辭“三歲”，王弼以爲含有“險終乃反”之義，指出上六“因執寘於思過之地”，“自修三歲，乃可以求復”（《王注》）。《折中》也認爲“如悔罪思愆，是謂得道，則其困苦幽囚止於三歲矣。”此說可備參攷。

【總論】

韓愈《復志賦》曰：“昔余之既有知兮，誠坎軻而艱難”（《昌黎先生集》）；文天祥《過平原作》云：“崎嶇坎坷不得志，出入四朝老忠節”（《文山集》）。兩人均在詩賦中發出世途艱險難行的慨歎。《坎》卦大旨，正是喻示謹慎行險的道理。卦辭主於勉勵，說明面臨重重險陷之際，只要不失誠信，內心亨通，就能排險涉難、前行可獲嘉尚。卦中六爻皆不言“吉”，主於從正反兩方面設誡。其中四陰爻除六四柔正承陽、慎處險境獲“无咎”外，餘三爻多呈凶象：初六柔弱處重坎之下，深落陷穴致“凶”；六三陰柔失正，來去均不能出險，終難施用；上六陰處險極，被綑縛幽囚，“凶”延“三歲”。至於二、五兩陽，剛健居中，是本卦平險排難的希望所在：儘管兩爻並未能徹底脫出險陷，但九二在“慎求小得”中不懈努力，九五於“鑝平小丘”後繼續奮發——卦辭“行有尚”，《大象傳》“常德行，習教事”的意旨，似在這兩爻，尤其在九五中，得到較深刻的體現。可見，《坎》卦“行險”的義理，是偏重建立在陽剛信實的基礎上，強調謹慎守恒之德，如此則險陷可履、艱難可除。《史記·夏本紀》載夏禹治水的事跡，稱其“勞心焦思，居外十三年，過家門不敢入"，終於平定洪水滔天之患；《列子·湯問》敍愚公移山的寓言，謂其立志以"子子孫孫無窮匱"的恒久力量，誓要排除太行、王屋之險：這兩例，似並可借以參證本卦"行險而不失其信"、"乃以剛中"、"往有功"（《彖傳》）的象徵內涵。

離卦第三十

☲☲ 離[1]：利貞，亨[2]。畜牝牛吉[3]。

【譯文】

《離》卦象徵附麗：利於守持正固，亨通。畜養母牛可獲吉祥。

【注釋】

〔1〕離——卦名，下卦上卦皆離（☲），象徵“附麗”。《釋文》：“離，麗也；麗，著也。八純卦，象日，象火。”　〔2〕利貞，亨——此謂事物有所附麗之時，利於守正，而後可致亨通。本卦以陰柔爲主，故辭意又含“以柔爲正”之旨。《王注》：“《離》之爲卦，以柔爲正，故必貞而後乃亨，故曰‘利貞，亨’也。”〔3〕畜牝牛吉——此句專明“附麗”當取柔順，才能獲“吉”，故以“畜牝牛”爲喻。《王注》：“柔處於內而履正中，牝之善也；外強而內順，牛之善也。《離》之爲體，以柔順爲主者也，故不可以畜剛猛之物，而吉於畜牝牛也。”

《彖》曰：離，麗也[1]。日月麗乎天，百穀草木麗乎土。重明以麗乎正，乃化成天下[2]。柔麗乎中正[3]，故亨，是以畜牝牛吉也。

【譯文】

《彖傳》說：離，意思是附麗。譬如太陽月亮附麗在天上，百穀草木附麗在地上。光明重疊而又附麗於正道，就能推行教化而促成天下昌盛。柔順者附麗在適中方正之處，於是前景亨通，所以畜養母牛可獲吉祥。

【注釋】

〔1〕離，麗也——此與下兩句“日月麗乎天，百穀草木麗乎土”，並釋卦名“離”之義。《王注》：“麗，猶著也，各得所著之宜。” 〔2〕重明以麗乎正，乃化成天下——重明，指上下卦均離，猶兩明相重。此謂上下象含有“重明”附離於正道可以“化成天下”之義。《正義》：“重明，謂上下俱離；麗乎正也者，謂兩陰在內。既有重明之德，又附於正道，所以化成天下也。”〔3〕柔麗乎中正——柔，指二、五兩爻。此以六二、六五柔順居中處正，合前兩句並釋卦辭“利貞，亨，畜牝牛吉”。《王注》：“柔著于中正，乃得通也。柔通之吉，極於畜牝牛，不能及剛猛也。”《正義》：“六五、六二之柔，皆麗於中；中則不偏，故云‘中正’。”案，六五雖“中”，卻居陽位，本失其正，《正義》解曰：“雖非陰陽之正，乃是事理之正，故總云‘麗于正’也。”

《象》曰：明兩作，離〔1〕；大人以繼明照于四方〔2〕。

【譯文】

《象傳》說：光明接連升起懸附高空，象徵附麗；大人因此連續不斷地用光明照臨天下四方。

【注釋】

〔1〕明兩作，離——兩，猶言“接連”；作，起也。此釋《離》卦上下“離”均爲“明”之象。《正義》：“離爲日，日爲明。今有上下二體，故云‘明兩作，離’也。” 〔2〕以繼明照于四方——這是說明“大人”效法《離》卦光明連繼之象，綿延不斷地用“明德”照臨天下。《正義》：“繼續其明，乃照於四方；若明不繼續，則不得久爲照臨。”

【說明】

孔穎達指出：“八純之卦，論象不同，各因卦體、事義，隨文而發。《乾》、《坤》不論上下之體，直總云‘天行健’、‘地勢坤’，以天地之大，故總稱上下二體也。雷是連續之至，水爲流注不已，義皆取連續相因，故《震》云‘洊雷’，《坎》云‘洊至’也。風是搖動相隨之物，故云‘隨風巽’也。山、澤，各自爲體，非相入之物，故云‘兼山艮’、‘麗澤兌’，是兩物各行也。今‘明’之爲體，前後各照，故云‘明兩作，離’。是積聚兩明，乃作於離；若一明暫絕，其離未久，必取兩明前後相續，乃得作《離》卦之美。”（《正義》）此說分析《大象傳》闡釋《乾》、《坤》、《震》、《坎》、《巽》、《艮》、《兌》、《離》“八純卦”象旨時的不同措辭，尤詳於《離》卦，甚有可取。

初九，履錯然，敬之，无咎[1]。

【譯文】

初九，踐行事務鄭重不苟，保持恭敬謹慎，必无咎害。

【注釋】

〔1〕履錯然，敬之，无咎——錯然，錯落有致，《集解》引王弼曰：“敬慎之貌”，《尚氏學》：“又有‘鄭重不苟’之意”。此謂初九陽剛處下，於行將“附麗”之時，行事能鄭重不苟、恭敬謹慎，故獲“无咎”。《集解》引王弼曰：“處《離》之始，將進其盛，故宜慎所履，以敬爲務，辟其咎也。”

《象》曰：履錯之敬，以辟[1]咎也。

【譯文】

《象傳》說：踐行事務鄭重不苟而保持恭敬謹慎，說明初九這樣纔能避免咎害。

【注釋】

〔1〕辟——通“避”。

【說明】

"附麗"貴在"柔正"。初九陽剛，本有咎害；但居下謙柔敬慎，遂免其咎。《折中》引胡瑗曰："居《離》之初，如日之初生。於事之初，則當常錯然警懼，以進德修業，所以得免其咎。"

六二，黃離，元吉[1]。

【譯文】

六二，保持中正的黃色附麗於物，至爲吉祥。

【注釋】

〔1〕黃離，元吉——黃，中之色（見《坤》六五譯注）。這是用"黃"色喻六二居中，能以柔順中正之道附麗於物，故獲"元吉"。此即《象傳》"柔麗乎中正，故亨"之義。《王注》："居中得位，以柔處柔，履文明之盛而得其中，故曰'黃離元吉'也。"

《象》曰：黃離元吉，得中道也。

【譯文】

《象傳》說：保持中正的黃色附麗於物至爲吉祥，說明六二有得於適中不偏之道。

【說明】

《折中》引劉牧曰："離爲火之象，焰猛而易爐，九四是也；過盛則有衰竭之凶，九三是也；惟二得中，離之元吉也。"此說比較二、三、四爻之象，義有可取。

九三，日昃之離，不鼓缶而歌，則大耋之嗟，凶[1]。

【譯文】

九三，日將落而垂垂附麗在西天，此時要是不敲起缶器怡然作歌自樂，必將導致老暮窮衰的嗟歎，有凶險。

【注釋】

〔1〕日昃之離，不鼓缶而歌，則大耋之嗟，凶——缶，瓦器，

可用爲節樂（與盛物之用異，參見《比》初六譯注），《說文》：
“秦人鼓之，以節歌”；耋，音迭dié，《說文》“年八十曰‘耋’”，
“大耋”極言年老。這幾句取太陽偏西爲喻，說明九三處下離之終，
陽極將衰，未能長久“附麗”於物；此時若不及時“鼓缶”作歌
行樂，而要勉强進取，將致“大耋之嗟”，必有凶險。《王注》：
“處下離之終，明在將沒，故曰‘日昃之離’也。明在將終，若不
委之於人，養志无爲，則至於耋老有嗟，凶矣。”

《象》曰：日昃之離，何可久也！

【譯文】

　　《象傳》說：日將落而垂垂附麗在西天，說明九三若不隱退又
怎能保持長久呢！

【說明】

　　《集解》引荀爽曰：“初爲日出，二爲日中，三爲日昃。”此將
下卦三爻之象揭示甚明。作《易》者於九三設“嗟”、“凶”之誡，
實欲人悟知事物有“日暮”、“途窮”之際，故當及時自抑，知幾
隱退，諸事委之於人，不可亢進不已。

九四，突如其來如，焚如，死如，棄如[1]。

【譯文】

　　九四，突然升起火紅的曉霞，像烈焰在焚燒，但頃刻間又消散
滅亡，被棄除淨盡。

【注釋】

　　〔1〕突如其來如，焚如，死如，棄如——這是取日出之際的霞
光爲喻，說明九四處上下兩離之間，急欲上進附麗於六五，但陽剛
失正，欲速不達，猶如清曉東方的曉霞突噴而起，有烈焰“焚如”
之勢；但霞光終究不能上附高天，瞬息間即消散不存，落得“死
如，棄如”的結局。《王注》：“處於明道始變之際，昏而始曉，沒
而始出，故曰‘突如其來如’。其明始進，其炎始盛，故曰‘焚

如’；逼近至尊，履非其位，欲進其盛，以炎其上，命必不終，故曰‘死如’；違離之義，无應无承，衆所不容，故曰‘棄如’也。”

《象》曰：突如其來如，无所容也。

【譯文】

《象傳》說：突然升起火紅的暾霞，說明九四乘虛勢而上必將无處附麗。

【說明】

朝霞的出現，是突來即消，只能暫顯於東方低空，无法上附高天。爻辭取此譬喻九四急欲附五，終難遂願的情狀，似甚切當。《折中》認爲九四“不能以順德養其明”，“非人不容之，自若无所容”，正合爻旨。

六五，出涕沱若，戚嗟若，吉[1]。

【譯文】

六五，流出淚水滂沱不絕，憂慽嗟傷悲切，但居尊獲助終獲吉祥。

【注釋】

〔1〕出涕沱若，戚嗟若，吉——沱，淚流滂沱之狀；若，語氣助詞；戚，即“慽”，憂傷。此謂六五陰居陽位，爲九四之勢所迫，遂致憂傷、哀泣；但麗著於尊位，終獲衆助，故先傷泣然後有“吉”。《王注》：“履非其位，不勝所履。以柔乘剛，不能制下。下剛而進，將來害己；憂傷之深，至于沱嗟也。然所麗在尊，四爲逆首；憂傷至深，衆之所助，故乃‘沱’、‘嗟’而獲吉也。”

【說明】

李過以爲六五有新君“繼世易位”之象(《西谿易說》)。王夫之曰：“後明繼前明而興，以柔道居尊。高宗宅憂而三年不言，成王即政而嬛嬛在疚。”(《周易內傳》)此舉殷高宗、周成王史迹爲說，似與本爻的象徵意義略有相合之處。

《象》曰：六五之吉，離王公也。

【譯文】

　　《象傳》說：六五的吉祥，說明是麗著於王公的尊位。

【說明】

　　孔穎達指出："五爲王位，而言'公'者，此連'王'而言'公'，取其便文，以會韻也。"（《正義》）這是以爲"王公"是偏義詞，意指"君王"。但蔡清認爲："味'離王公也'之詞，則知諸爻之五，所謂尊位者，不必皆謂'天子'，凡諸侯之各君其國者亦足當五也。"（《易經蒙引》）此兩說並可參攷。

上九，王用出征[1]，有嘉折首，獲匪其醜，无咎[2]。

【譯文】

　　上九，君王出師征伐，建樹豐功而斬折敵方首級，俘獲不願親附的異己，无所咎害。

【注釋】

　　〔1〕王用出征——此謂上九以陽居《離》之極，"附麗"之道大成，衆皆親附；但有不親附者，則可征伐討罪。《正義》："處《離》之極，'離'道既成，物皆親附，當除去其非類，以去民害。"　　〔2〕有嘉折首，獲匪其醜，无咎——嘉，嘉美之功；首，指敵方首級；匪其醜，即"非其類"，指不願附從的"異己"。此三句承前文之義，說明上九"出征"取勝，所俘獲均異己，遂得"无咎"。《正義》："以出征罪人，事必剋獲，故有嘉美之功，折斷罪人之首，獲得匪其醜類，乃得无咎也。"案，《程傳》釋"首"爲"魁首"，認爲"獲匪其醜"即《尚書·胤征》"殲厥渠魁，脅從罔治"之義。可備一說。

《象》曰：王用出征，以正邦也。

【譯文】

　　《象傳》說：君王出師征伐，說明上九是爲了端正邦國治理天下。

【說明】

上九以剛明之德尊居《離》極，下所附麗者必眾，背逆者必少，故此時征伐「異己」，勢將有獲无咎。《象傳》「化成天下」、《大象傳》「以繼明照于四方」，似在此爻有所體現。

【總論】

《左傳》僖公十四年載虢射曰：「皮之不存，毛將安傅？」說明事物往往需要附著於一定的環境。就自然物象而言，太陽依附於天空廣照大地，火焰依附於燃料發出光熱，是最爲顯明的事例。《離》卦所示「附麗」之義，正是以火、日爲基本喻象。卦辭稱「畜養牝牛」可獲吉祥，則是強調「附麗」之時必須柔順守正才能亨通暢達。從六爻的情狀分析，二、五獲吉，在於陰柔居中、守持正道以成「附麗」之美；三、四皆凶，則是陽剛不中不正，或面臨窮衰，或虛勢「无所容」，均不能遂「附麗」之志；至於初、上兩陽，初九處下敬慎、漸能附麗於物，上九「離」道已成、物皆親附，故兩爻並獲「无咎」。若以《坎》、《離》兩卦互爲比較，又可進一步看出，「行險」當以「剛中」爲主，「附麗」則以「柔中」爲宜：這是兩卦適爲相反的核心意義。當然，《離》卦的象徵喻旨也是十分廣泛的，取「人事」爲說，不論人的地位尊卑如何，均須附麗於所處的時代、社會；而人與人之間的不同層次，又存在附麗與被附麗的複雜關係：人類的社會結構，於是不可避免地反映出一種特定的組合。《象傳》極稱：「重明以麗乎正，乃化成天下。」程頤曰：「天地之中，无无麗之物，在人當審其所麗，麗得其正則能亨也。」「君臣上下，皆有明德，而處中正，可以化成天下，成文明之俗。」（《程傳》）這事實上是把《離》卦的哲學意義納入古代政治思想的範疇中去了。

周易譯注卷四終

周易譯注卷五

下經　咸 恒 遯 大壯 晉 明夷 家人 睽

咸卦第三十一

　　☷　咸[1]：亨，利貞，取女吉[2]。

【譯文】

　　《咸》卦象徵交感：亨通，利於守持正固，娶妻可獲吉祥。

【注釋】

　　〔1〕咸——卦名，下艮（☶）上兌（☱），象徵"交感"。案，"咸"字之義，《象傳》謂"感也"，猶言"交感"、"通感"、"感應"。《正義》："此卦明人倫之始。夫婦之義，必須男女共相感應，方成夫婦。"　　〔2〕亨，利貞，取女吉——取，即"娶"。這三句說明"交感"可致亨通，其利在於守正；並以人事爲喻，謂男女"交感"，以"正道"結爲婚姻必"吉"。《正義》："既相感應，乃得亨通；若以邪道相通，則凶害斯及，故利在貞正；既感通以正，即是婚媾之善。"

【說明】

　　《周易》自《乾》至《離》三十卦爲上經，《咸》以下三十四卦爲下經。孔穎達曰："先儒皆以上經明天道，下經明人事。然韓康伯注《序卦》破此義，云：'夫《易》六畫成卦，三才必備；錯綜天人，以效變化。豈有天道、人事偏於上下哉？'"孔氏並舉《訟》、《師》兩卦爲例，指出："上經之內，明飲食必有訟，訟必衆起，是兼於人事，不專天道。既不專天道，則下經不專人事，理則然矣。"（均見《正義》）此謂上下經皆是結合自然界與人類社會的規律（即天道、人事）闡述《易》理，似有可取。

《彖》曰：咸，感也，柔上而剛下，二氣感應以相與[1]。止而說[2]，男下女[3]，是以亨，利貞，取女吉也。天地感而萬物化生，聖人感人心而天下和平：觀其所感，而天地萬物之情可見矣[4]！

【譯文】

《彖傳》說：咸，意思是交感，譬如陰柔往上而陽剛來下，二氣交感互應而兩相親和。交感之時穩重克制又能歡快欣悅，就像男子以禮下求女子，所以亨通，利於守持正固，娶妻可獲吉祥。天地交感帶來萬物化育生長，聖人感化人心帶來天下和平順昌：觀察交感現象，天地萬物的性情就可以明白了！

【注釋】

〔1〕柔上而剛下，二氣感應以相與——柔，指上兌陰卦；剛，指下艮陽卦；與，《釋文》引鄭玄曰："猶親也"。這兩句以上下象有剛柔交感之義，釋卦名"咸"。《正義》："艮剛而兌柔，若剛自在上，柔自在下，則不相交感，无由得通；今兌柔在上而艮剛在下，是二氣感應，以相授與。"案，孔氏訓"與"爲"授與"，於義亦通。　〔2〕止而說——止，謂下艮；說，悅也，謂上兌。此明上下象有靜止、欣悅之義，猶"交感"以正，不陷邪欲。《正義》："艮止而兌說也，能自靜止，則不隨動欲；以止行說，則不爲邪諂，不失其正。"案，《本義》曰："艮止則感之專，兌說則應之至"，宜資參覽。　〔3〕男下女——男，謂艮爲少男；女，謂兌爲少女（均見《說卦傳》）。此句以上下卦含少男"禮下"少女之象，與前文"止而說"並釋卦辭"亨，利貞，取女吉"。《正義》："婚姻之義，男先求女；親迎之禮，御輪三周。皆是男先下於女，然後女應於男。"《纂疏》："《儀禮·士昏禮》，凡納采、問名、納

吉、納徵、請期、親迎諸禮，皆男下女之事。《郊特牲》曰'男子親迎，男先於女，剛柔之義也'。"　〔4〕天地萬物之情可見矣——此句合前三句，廣舉天地、聖人、萬物相感之例，深闡《咸》卦大義。《正義》："結歎'咸'道之廣，大則包天地，小則該萬物。感物而動，謂之'情'也。天地萬物皆以氣類共相感應，故'觀其所感，而天地萬物之情可見矣'。"

《象》曰：山上有澤，咸[1]；君子以虛受人[2]。

【譯文】

　　《象傳》說：山上有大澤，山澤相通象徵交感；君子因此虛懷若谷而廣泛容納感化衆人。

【注釋】

　　〔1〕山上有澤，咸——釋《咸》卦下艮爲山、上兌爲澤之象。《正義》："澤性下流，能潤於下；山體上承，能受其潤。以山感澤，所以爲咸。"案：《集解》引鄭玄曰："艮爲山，兌爲澤，山氣下，澤氣上：二氣通而相應，故曰'咸'也。"此承《說卦傳》"山澤通氣"之語釋卦象，於義亦通。　〔2〕以虛受人——受，猶言容納。此句說明君子效法《咸》象，虛懷接物，以成"感應"之道。《王注》："以虛受人，物乃感應。"《正義》："君子法此《咸》卦下山上澤，故能空虛其懷，不自有實；受納於物，无所棄遺：以此感人，莫不皆應。"

【說明】

　　從卦辭云男女之間的"交感"，到《象傳》、《大象傳》稱聖人、君子對於衆人、庶民的"感化"，顯然是一種發揮。但就象徵角度言，"交感"之義本至廣泛，故兩傳所闡發者亦无不在卦理之中。

初六，咸其拇[1]。

【譯文】

初六，交感相應在腳拇指。

【注釋】

〔1〕咸其拇——拇，《釋文》："馬、鄭、薛云'足大指也'"。此句說明初六以陰處"咸"之始，上應九四，所感尚淺，未動於心，故以感於"拇"爲喻，言其欲動而未動。《正義》："初應在四，俱處卦始，爲感淺末。取譬一身，在於足指而已。"

《象》曰：咸其拇，志在外也。

【譯文】

《象傳》說：交感相應在腳拇指，說明初六的感應志向是努力往外發展。

【說明】

感應於"拇"，固爲淺末，但初六既有所應，終不能不動，故必萌萌然而"志在外"。方宗誠以爲，爻辭不言吉凶的原因，是由於"將動之始，善與惡尚未定也，故但曰'咸其拇'，使人存慎動謹幾之意。"（《讀易筆記》）

六二，咸其腓，凶，居吉〔1〕。

【譯文】

六二，交感相應在小腿肚，有凶險，安居守靜可獲吉祥。

【注釋】

〔1〕咸其腓，凶，居吉——腓，音肥 féi，小腿肚，《程傳》"足肚也"。此字《說文》訓"腨也"，又訓"腨"曰"腓腸也"，《段注》："脛骨後之肉也，腓之言肥，似中有腸者然。"這是說明六二處《咸》下卦之中，柔正應五，猶交感至於"腓"；"腓"爲動象，躁動必凶，故爻辭先戒以凶險，再勉其靜居守正則吉。《王注》："'咸'道轉進，離'拇'升'腓'。腓體動躁者也，感物以躁，凶之道也。由躁故凶，居則吉矣；處不乘剛，故可以居而獲

吉。"案,《尚氏學》:"五爲正應,乃三、四亦陽,二獨與五,則爲三、四所忌,故動凶居吉。"此釋諸爻關係甚明,可備參考。

《象》曰:雖凶居吉,順不害也。

【譯文】

《象傳》說:六二儘管有凶險但安居守靜可獲吉祥,說明順從交感正道可以免遭禍害。

【說明】

六二柔和中正,感"腓"致動,本无可咎,但爻辭卻以"凶"深誡之。可知《周易》作者於《咸》卦雖言"交感",卻以守正"不動"爲美,此中似有男女交感、當以"禮"爲防之意寓焉。朱熹曰:"此卦雖主於'感',然六爻皆宜靜不宜動也。"(《本義》)

九三,咸其股,執其隨,往吝[1]。

【譯文】

九三,交感相應在大腿,執意盲從泛隨於人,如此前往必有憾惜。

【注釋】

〔1〕咸其股,執其隨,往吝——股,大腿;執,猶言"執意",《正義》釋爲"其志意所執";隨,此處含"盲從泛隨"、心无專主之義。這三句說明九三處《咸》下卦之終,陽盛剛亢,應於上六,交感至"股";"股"動隨足而行,故喻相感不專,執意泛隨,"往"必有"吝"。《王注》:"股之爲物,隨足者也。進不能制動,退不能靜處,所感在股,志在隨人者也。志在隨人,所執亦以賤矣。用斯以往,吝其宜也。"

《象》曰:咸其股,亦不處[1]也;志在隨人,所執下也。

【譯文】

《象傳》說:交感相應在大腿,說明九三不能安靜退處;心志在於盲從泛隨於人,說明所執守之意頗顯卑下。

【注釋】

〔1〕亦不處——《正義》："非但進不能制動，退亦不能靜處也。"

【說明】

九三處"多凶"之位，陽盛性躁；上應一陰，下履兩陰，爲三心二意、相感不專之象，故動輒致"吝"。馬其昶釋本爻《小象傳》曰："君子觀於三，不責其行之隨，而責其志之所執者下也。"（《重定費氏學》）

九四，貞吉，悔亡〔1〕。憧憧往來，朋從爾思〔2〕。

【譯文】

九四，守持正固可獲吉祥，悔恨必將消亡。心意不定地頻頻往來，友朋終究順從你的思念。

【注釋】

〔1〕貞吉，悔亡——此謂九四當"咸"之時，本有"失正"之悔；但陽居陰位有謙退之象，猶能趨正自守，與所應之初六以誠相須、靜俟心志通同之日，故獲"吉"而"悔亡"。《王注》："處上卦之初，應下卦之始，居體之中，在股之上，二體始相交感，以通其志，心神始感者也。凡物始感而不以之於正，則至於害，故必'貞'然後乃'吉'，'吉'然後乃得'亡'其'悔'也。"案，據爻位，九四猶居"體中"、"股上"，故王弼謂爲感於"心"之象，似可從。　　〔2〕憧憧往來，朋從爾思——憧，音充 chōng，"憧憧"形容心意不定而頻頻往來之狀，《說文》"憧，意不定也"，《釋文》引王肅曰"往來不絕貌"，又引劉表曰"意未定也"（此即《集解》引虞翻謂"懷思慮"之義）；朋，指初六；爾，指九四；思，思念。這兩句承前文意，說明九四從有"悔"到"悔亡"，乃至友朋意志通感，傾心相從的過程。《王注》："始在於感，未盡感極，不能至於无思，以得其黨，故有'憧憧往來'，然後'朋從'其'思'也。"

《象》曰：貞吉悔亡，未感害也[1]；憧憧往來，未光大也。

【譯文】

《象傳》說：守持正固獲吉而悔恨必將全消，說明九四未曾因交感不正而遭害；心意不定地頻頻往來，說明此時交感之道尚未光大。

【注釋】

〔1〕未感害也——《本義》："言不正而感，則有害也。"

【說明】

本爻極言男女交感須"正"：初六陰柔，當恬靜不妄動；九四陽剛，宜守正通其感。爻辭後兩句喻象頗爲生動："憧憧往來"，狀思慮不定之憂，適如《詩·關雎》"求之不得"、"輾轉反側"；"朋從爾思"，抒終成眷屬之喜，亦猶"窈窕淑女，鐘鼓樂之"。然而，"交感"之理原非限於男女情事。所"感"至正至大者，不但思慮不定之求不復存在，乃至天下因之心志歸一，人无所思，意均通同。故《繫辭下傳》引孔子語發揮此爻象徵意義曰："天下何思何慮？天下同歸而殊塗，一致而百慮，天下何思何慮？"

九五，咸其脢，无悔[1]。

【譯文】

九五，交感相應在背脊肉上，不致悔恨。

【注釋】

〔1〕咸其脢，无悔——脢，音梅 méi，《正義》據《子夏傳》、馬融、鄭玄、王肅、《說文》、王注諸說，認爲"脢"即"背脊肉"，位於"心之上，口之下"，今從之。這兩句說明九五當"感"之時，陽剛居尊，雖與六二有應，卻不能"大感"；猶如感應在"脢"上，其心難通，故僅獲"无悔"。《王注》："進不能大感，退亦不爲无志；其志淺末，故'无悔'而已。"

《象》曰：咸其脢，志末也。

【譯文】

《象傳》說：交感相應在背脊肉上，說明九五的交感志向過於淺末。

【說明】

"背脊肉"於人體爲未能通感之象，猶九五雖居尊位，卻同"槁木"无情，不能以心感應其下。視六二"動凶居吉"，似亦與此有關。馬其昶曰："'聖人感人心而天下和平'，若枯槁獨善之流，君子不取其志也。"（《重定費氏學》）

上六，咸其輔頰舌[1]。

【譯文】

上六，交感相應在口頭上。

【注釋】

〔1〕咸其輔頰舌——輔，在臉頰之上，指上牙牀，《說文》"人頰車也"；輔、頰、舌三者合稱，猶今言"口頭言語"，《王注》："輔、頰、舌者，所以爲語之具也"，《來氏易注》："舌動則輔應而頰從之，三者相須用事，皆所以言者"。此句說明上六以陰居《咸》卦之終，"感"極而反，其應徒在口頭言語而已。《王注》："'咸'道轉末，故在口舌言語而已。"

《象》曰：咸其輔頰舌，滕[1]口說也。

【譯文】

《象傳》說：交感相應在口頭上，說明上六不過騰揚空言而已。

【注釋】

〔1〕滕——音騰 téng，通"騰"，《釋文》："達也，《九家》作'乘'"，《程傳》訓爲"騰揚"。《尚氏學》指出："朱子云'滕'與'騰'通，即'達'也，李鼎祚本正作'騰'。"案，李道平《周易集解纂疏》本作"媵"，即"騰"之古文，而《集解》津逮秘書本作"騰"，故尚先生云"正作'騰'"。

【說明】

上六感應於言辭，似有虛僞不誠之義。但爻辭未言吉凶，劉沅以爲：“上六以陰居兌說之終，以言感人，未爲全非，但所感者淺耳，故不言吉凶，俟占者自審。”（《周易學說》引）馬其昶曰：“《咸》之極則發諸口，言者心之聲也，心之感有誠僞，故於言亦難定其吉凶焉。”（《重定費氏學》）兩人所論，略同《論語·公冶長》“聽其言而觀其行”之義，與本爻“象外之旨”似可參照。

【總論】

《禮記·樂記》認爲：“人生而靜，天之性也；感於物而動，性之欲也。”《序卦傳》曰：“有天地然後有萬物，有萬物然後有男女，有男女然後有夫婦。”並謂：“夫婦之道，不可以不久也。”顯然，《咸》卦的主旨，從廣義看是普徧闡明事物“感應”之道，從狹義看卻是側重揭示男女“交感”之理。卦辭稱“交感”能“正”必致亨通，又言男子“取女”可獲吉祥，已經明確表露上述意義。六爻以人體感應設喩，分別展示“交感”的不同情狀及是非得失：初六感於“足指”，吉凶未見；六二感於“腿肚”，安居則吉；九三感於“大腿”，泛隨有吝；九四感於“心神”，守正致吉；九五感於“背脊”，未能廣應，僅得“无悔”；上六感於“口頭”，感應轉微，吉凶難測。諸爻由下體感應到上體，取象簡明貼切。其中九四所感，最具“貞吉”美德。爻辭贊揚“朋從爾思”的境界，无非強調“感”止於“正”必吉，悅以能靜爲宜，恰似“窈窕淑女，君子好逑”（《詩·關雎》）之義在《易》理中的體現。就這一點分析，《咸》卦的“咸以利貞”論，又可與《國風》“好色而不淫”的詩教，一並納入封建社會早期關於男女、夫婦禮教的道德範疇之中，爲研究古代社會禮法制度尤其是婚娶制度提供了一方面資料。至於卦中蘊含的超出男女“交感”之外的“天地感而萬物化生，聖人感人心而天下和平”的思想，則更是值得重視的《周易》哲學體系中“變化”、“發展”理論之一端。

恒卦第三十二

☷ 恒[1]：亨，无咎，利貞，利有攸往[2]。

【譯文】

《恒》卦象徵恒久：亨通，必无咎害，利於守持正固，利於有所前往。

【注釋】

〔1〕恒——卦名，下巽（☴）上震（☳），象徵"恒久"。

〔2〕亨，无咎，利貞，利有攸往——這幾句極力贊美"恒久"之道，認爲守"恒"者不但可致"亨通"，並且"无害"、"利正"、"利有所往"。《王注》："恒而亨，以濟三事也：恒之爲道，亨乃无咎也；恒通无咎，乃利正也；各得所恒，修其常道，終則有始，往而无違，故利有攸往也。"案，王弼所言"濟三事"，《正義》引褚氏曰："謂'无咎'，'利貞'、'利有攸往'"。

《彖》曰：恒，久也。剛上而柔下[1]，雷風相與[2]，巽而動[3]，剛柔皆應，恒[4]。恒亨，无咎利貞，久於其道也[5]。天地之道，恒久而不已也[6]；利有攸往，終則有始也。日月得天而能久照，四時變化而能久成，聖人久於其道而天下化成：觀其所恒，而天地萬物之情可見矣[7]！

【譯文】

《彖傳》說：恒，意思是恒久。譬如陽剛居上陰柔處下，雷震

風行常相交助，先要遜順然後可動，陽剛陰柔均相應合，這些都是
恒久可行的事狀。恒久而亨通，不遭咎害利於守正，說明要永久保
持美好的道德。天地的運行規律，是恒久不停止；利於有所前往，
說明事物的發展終而復始。日月順行天道而能永久照耀天下，四季
往復變化而能永久生成萬物，聖人永久保持美好的道德天下就能遵
從教化形成美俗：觀察恒久現象，天地萬物的性情就可以明白了！

【注釋】

〔1〕剛上而柔下——剛，指上卦震；柔，指下卦巽。此句以上
下卦位，說明尊卑序次是恒常不變之事。《王注》：“剛柔尊卑，得
其序也。”　〔2〕雷風相與——雷，指上震；風，指下巽；與，
猶言“助”。此句以上下卦象，說明雷風相須相助，亦屬恒常不變
的現象。《程傳》：“雷震則風發，二者相須，交助其勢，故云‘相
與’，乃其常也。”　〔3〕巽而動——巽，遜順，謂下卦；動，指
上卦震爲動。此句以上下卦義，說明遜順而後能動，亦恒常不變之
事理。《王注》：“動无違也。”《正義》：“震動而巽順，无有違逆，
所以可恒也。”　〔4〕剛柔皆應，恒——謂卦中六爻陰陽皆能相
應，亦恒常不變之理。此句合前三句，分別以卦象、爻象解釋本卦
命名“恒久”之義，故最後以“恒”字作結。《正義》：“此卦六爻
剛柔皆相應和，无孤媲者，故可長久也。”又曰：“上四事皆可久之
道，故名此卦爲‘恒’。”　〔5〕久於其道也——道，謂道德。
此句釋卦辭“恒，亨，无咎，利貞”。《王注》：“道德所久，則常
通无咎，而利正也。”　〔6〕天地之道，恒久而不已也——這兩
句合下文“終則復始”，舉“天地”恒久運行不已爲例，釋卦辭
“利有攸往”。《王注》：“得其所久，故不已也”；“得其常道，故終
則復始，往无窮也”。《正義》：“將釋‘利有攸往’，先舉天地以爲
證喻，言天地得其恒久之道，故久而不已也。”　〔7〕天地萬物
之情可見矣——此句合前四句，廣舉日月、四時、聖人守“恒”之
例，深闡《恒》卦大義。《王注》：“言各得其所恒，故皆能長久”；

"天地萬物之情，見於所恒也"。《正義》："總結'恒'義也。"

《象》曰：雷風，恒[1]；君子以立不易方[2]。

【譯文】

　　《象傳》說：雷發風行常相交助，象徵恒久；君子因此樹立恒久不變的正確思想。

【注釋】

　　[1] 雷風，恒——釋《恒》卦上震爲雷、下巽爲風之象。《正義》："雷風相與爲恒，已如《彖》釋"（參見《彖傳》譯注）。

　　[2] 立不易方——方，道也，此處猶言"正確的思想"。這是說明君子效法《恒》象，立身於恒久不變之道。《正義》："君子立身，得其恒久之道，故不改易其方。方，猶道也。"

【說明】

　　"恒"字之義，可析爲二：其一，恒久不易，如守持正道不可一刻動搖；其二，恒久不已，如施行正道必須堅持不懈。但這兩方面的意義又是相輔相成，不能割裂。徐幾指出："'利貞'者，不易之恒也；'利有攸往'者，不已之恒也。合而言之，乃常道也；倚於一偏，則非道矣。"（《周易會通》引）視《大象傳》所謂"立不易方"，實亦包含"不已"在內了。

初六，浚恒[1]，貞凶，无攸利[2]。

【譯文】

　　初六，急於深求恒久之道，守持正固以防凶險，否則无所利益。

【注釋】

　　[1] 浚恒——浚，音俊 jùn，深也。此句說明初六處《恒》之始，陰柔淺下，上應九四，猶如急於深求"恒"道，卻欲速不達，故有"浚恒"之象。《周易義海撮要》引陸希聲曰："常之爲義，

貴久於其道，日以浸深。初爲常始，宜以漸爲常，而體巽性躁，遽求深入，是失久於其道之義，不可以爲常。”　　〔2〕貞凶，无攸利——貞凶，守正防凶（參見《屯》九五譯注）。此處承前文“浚恒”之義，謂初六陰居陽位，其行失正，但求“恒”心切亦不可全非，故勉其趨正自守，以期避免凶險；不然，若執意“浚恒”，必无所利。

《象》曰：浚恒之凶，始求深也。

【譯文】

　　《象傳》說：急於深求恒久之道的凶險，說明初六剛開始就求之過深。

【說明】

　　初六“浚恒”之誡，義可廣擬於“治學”、“治政”諸事。胡瑗闡釋爻旨曰：“是故爲學既久，則道業可成，聖賢可到；爲治既久，則教化可行，堯舜可至；爲朋友既久，則契合愈深；爲君臣既久，則諫從言聽而膏澤下于民：若是之類，莫不由積日累久而後至，固非驟而及也。今此初六居下卦之初，爲事之始，責其長久之道，永遠之效，是猶爲學之始，欲亟至於周孔；爲治之始，欲化及于堯舜；爲朋友之始，欲契合之深；爲君臣之始，欲道之大行：是不能積久其事，而求常道之深。”（《周易口義》）

九二，悔亡〔1〕。

【譯文】

　　九二，悔恨消亡。

【注釋】

　　〔1〕悔亡——此謂九二陽居陰位，本有失正之“悔”；但能恒久守中不偏，遂獲“悔亡”。《王注》：“雖失其位，恒位於中，可以消悔也。”

《象》曰：九二悔亡，能久中也。

【譯文】

《象傳》說：九二悔恨消亡，說明能恒久守中不偏。

【說明】

九二以恒久守"中"消"悔"，可見《周易》重視"中"的思想。郭雍曰："可久之道无它焉，中而已矣。過猶不及，皆非可久也。故《中庸》曰：'中者，天下之大本也。'"（《郭氏傳家易說》）

九三，不恒其德，或承之羞[1]，貞吝[2]。

【譯文】

九三，不能恒久保持美德，時或有人施加羞辱，要守持正固以防憾惜。

【注釋】

[1] 不恒其德，或承之羞——承，《說文》"奉也"，謂奉進，此處猶言"施加"；羞，羞辱。這兩句說明九三以陽剛居下卦之終，應於上六，躁動盲進，有守德不恒之象，故人或加之以羞。《本義》："位雖得正，然過剛不中，志從於上，不能久於其所，故爲'不恒其德，或承之羞'之象。" [2] 貞吝——猶言"守正防吝"（參見《屯》九五譯注）。此謂九三雖"不恒其德"，但其位尚正，故勉其守正歸"恒"，庶可免"吝"。爻義含勸邪反正的微旨。

《象》曰：不恒其德，无所容也。

【譯文】

《象傳》說：不能恒久保持美德，說明九三所往將无處容身。

【說明】

《論語·子路》云："子曰：'南人有言曰：人而无恒，不可以作巫醫。善夫！'不恒其德，或承之羞，子曰：'不占而已矣！'"從孔子的口氣看，實對守德不恒者至爲鄙夷，足見本爻寓誡深刻。

九四，田无禽[1]。

【譯文】

九四，田獵无法獲取禽獸。

【注釋】

〔1〕田无禽——這是用田獵无獲譬喻九四陽剛失正，恒居不當之位，徒勞无益。《王注》："恒於非位，雖勞无獲也。"《正義》："田者，田獵也，以譬有事也；无禽者，田獵不獲，以喻有事无功也。"

《象》曰：久非其位，安得禽也？

【譯文】

《象傳》說：九四久居不當之位，田獵哪能獲得禽獸呢？

【說明】

九二不當位，但能守"中"，故"悔亡"；九四既不當位又失中，故勞而无獲。呂柟引申爻旨曰："君子久於仁義之政，則下足以化民；久於仁義之謨，則上足以正君。舍是而恒焉，則雖術之如彼其詐也，行之如彼其久也，祇以滋亂耳，田也何所獲禽乎？"（《涇野先生周易說翼》）

六五，恒其德，貞[1]。婦人吉，夫子凶。

【譯文】

六五，恒久保持柔美品德，應當守持正固。婦人可獲吉祥，男子則有凶險。

【注釋】

〔1〕恒其德，貞——德，此處特指"柔德"，謂五能恒於"婦道"。這兩句說明六五以陰居上卦之中，雖不當位，但下應九二剛中，有婦人恒久其德、守貞從夫之象，故下文謂"婦人吉，夫子凶"。《王注》："居得尊位，爲恒之主，不能制義，而係應在二，用心專貞，從唱而已。婦人之吉，夫子之凶也。"

《象》曰：婦人貞吉，從一而終[1]也；夫子制義，從婦凶也[2]。

【譯文】

《象傳》說：婦人守持正固可獲吉祥，說明要順從一個丈夫終身不改；男子則必須裁制事宜，若像婦人那樣柔順則有凶險。

【注釋】

〔1〕從一而終——從一，猶言"從夫"。此句反映古代禮制對婦女的制約，即《禮記·郊特牲》所謂："壹與之齊，終身不改，故夫死不嫁。" 〔2〕夫子制義，從婦凶也——制義，裁制事宜；從婦，指遵循婦人的"順從"之道。《來氏易注》："制者，裁制也；從婦者，從婦人順從之道也。夫子剛果獨斷，以義制事；若如婦人之順從，委靡甚矣，豈其所宜？故凶。"

【說明】

六五"婦人守恒"之象，蘊義有合於"婦從夫"的古代禮教。《孟子·滕文公下》云："必敬必戒，無違夫子，以順爲正者，妾婦之道也。"並謂："是焉得爲大丈夫乎！"正可視爲"婦人吉，夫子凶"的注腳。

上六，振恒，凶[1]。

【譯文】

上六，振動不安於恒久之道，有凶險。

【注釋】

〔1〕振恒，凶——振，《釋文》引馬融曰："動也。"此謂上六居《恒》上震之終，性動不能持恒，有"恒"極致反、振動无常之象，故"凶"。《本義》："振者，動之速也。上六居《恒》之極，處震之終；恒極則不常，震終則過動。又陰柔不能固守，居上非其所安，故有'振恒'之象，而其占則凶也。"

《象》曰：振恒在上，大无功也。

【譯文】

《象傳》說：振動不安於恒道而又高居在上，說明上六處事必然大爲无功。

【說明】

初六在下求“恒”過深，上六居終不能守“恒”：兩象雖相反，但均違處“恒”之道，故前者“无攸利”，後者“大无功”。《重定費氏學》引呂祖謙曰：“立天下之大功，必悠久膠固，然後能成。若振動躁擾，暫作易輟，安能成功？”

【總論】

《恒》卦闡發事物“恒久”之理，就人事而言，即教人立身處世要有“持之以恒”的精神。卦辭以“亨通，无所咎害，利於守正，利有所往”，極力讚美恒道可行。然而，卦中六爻无一爻全吉：初六急於深求“恒”道，欲速不達，誠以守正防凶；九二失位，因能恒守剛中，遂得消“悔”；九三守德不恒，或致“羞”、“吝”；九四久居不當之位，徒勞无益；六五恒守柔德，於婦人有吉，男子則凶；上六振動不能守恒，面臨凶險。顯然，諸爻雖得失不同，但均不能盡“恒”之義，乃至邱富國有“恒之道豈易言哉”（《折中》引）的慨歎。試究“恒”這一概念本身的寓意，似非一時、一事所能即刻盡賅，諺云“路遙知馬力，日久識人心”，正屬此理。那麼，一爻之中難獲“完吉”，則是卦旨所限，不能不如此。至於六五稱“婦人吉，夫子凶”，雖是象喻，卻深刻反映了古代的“婦德”、“男權”思想。縱觀全卦大義，无論各爻的占語是否理想，作者所喻示的道理卻无不在於勉人守“正”處“恒”。就此而言，“人貴有恒”的思想，實爲本卦象徵要義的核心。《荀子·勸學》曰：“鍥而舍之，朽木不折；鍥而不舍，金石可鏤。”又曰：“真積力久則入，學至乎沒而後止也。”此說固爲論學，亦與《恒》卦旨趣无異。

遯卦第三十三

䷠ 遯[1]：亨[2]，小利貞[3]。

【譯文】

《遯》卦象徵退避：亨通，柔小者利於守持正固。

【注釋】

〔1〕遯——音盾 dùn，卦名，下艮（☶）上乾（☰），象徵"退避"。《釋文》："遯，字又作'遯'，又作'遁'，同；隱退也，匿迹避時，奉身退隱之謂也。"　〔2〕亨——指"遯"之時，陰漸長而陽漸衰，"君子"退而後能"亨"。《正義》："小人方用，君子日消。君子當此之時，若不隱遯避世，即受其害，須遯然後得通，故曰'遯，亨'。"　〔3〕小利貞——小，喻柔小者，並指卦中兩陰爻。這句說明當"遯"之世，柔小者利於守持正固，不宜妄動以害陽剛者。《尚氏學》"陽大陰小，'小利貞'者，謂宜貞定也。《傳》曰'浸而長'，謂陰方長，長則消陽，故利於靜，不利於動也。"

《彖》曰：遯亨，遯而亨也。剛當位而應[1]，與時行[2]也。小利貞，浸而長[3]也。遯之時義大矣哉[4]！

【譯文】

《彖傳》說：退避亨通，說明此時先作退避然後可致亨通。譬如陽剛者正居尊位而能應合下者，隨順時勢施行退避。柔小者利於守持正固，說明陰氣漸漸盛長（但不得妄動害陽）。退避之際順應時勢的意義多麼弘大啊！

【注釋】

〔1〕剛當位而應——剛，指九五；應，指下應六二。此以九五居尊應下，說明陽剛將退之時的情狀。《集解》引虞翻曰："剛謂五而應二。" 〔2〕與時行——與時，猶言"隨順時勢"，這裏特指順時退避。此句合前文並釋卦辭"遯，亨"，謂陽剛雖當位有應，於"小人"勢長之時須毅然遯退，才能導致"亨通"。《尚氏學》："不能不遯者，時不可也，故曰'與時行'。遯太早則有過情之譏，如嚴光是也；太晚則不能遯，沈溺於小人之中而不能免，如劉歆是也。"案，尚先生舉東漢嚴光早遯致光武帝思賢不得，及西漢劉歆事王莽不能遯致誅莽不成、自殺身亡，以證"遯"宜合"時"，於義頗切。〔3〕浸而長——浸，漸也。此釋卦辭"小利貞"，謂卦下二陰漸長，利於守正，不宜妄動害陽。《來氏易注》："浸而長，其勢必至於害君子，故戒以'利貞'。" 〔4〕遯之時義大矣哉——這是對《遯》卦"時"、"義"的歎美之辭。《正義》："相時度宜，避世而遯，自非大人照幾，不能如此，其義甚大，故云'大矣哉'。"

《象》曰：天下有山，遯[1]；君子以遠小人，不惡而嚴[2]。

【譯文】

《象傳》說：高天之下立著大山猶如天遠避山，象徵退避；君子因此遠避小人，不顯露憎惡情態而能嚴然矜莊不與混同。

【注釋】

〔1〕天下有山，遯——釋《遯》卦上乾爲天，下艮爲山之象。《集解》引崔憬曰："天喻君子，山比小人。小人浸長，若山之侵天；君子遯避，若天之遠山。" 〔2〕遠小人，不惡而嚴——惡，音務 wù，憎惡；嚴，猶言"威嚴"，有凜然不可侵犯之意。這兩句說明君子效法《遯》象，遠避小人，雖不顯憎惡之情，但始終能矜嚴自守，不與苟同。《集解》引侯果曰："羣小浸盛，剛德殞削，

故君子避之，高尙林野，但矜嚴於外，亦不憎惡於內，所謂‘吾家耄遜於荒’也。”《纂疏》：“‘吾家耄遜于荒’，《書‧微子》文。言吾家老成之人，皆逃遁於荒野之外。引以明‘遠小人’之意。”
【說明】

卦辭謂“遯”而能“亨”，揭示“遯避”之理；《大象傳》稱“君子遠小人，不惡而嚴”，則是具體闡明“遯避”之道。郭雍曰：“君子當遯之時，畏小人之害道，志在遠之而已。”“遠之之道何如？不惡其人而嚴其分是也。孔子曰：‘人而不仁，疾之已甚，亂也’。疾之則惡也，不惡則不疾矣。”（《郭氏傳家易說》）此引《論語‧泰伯》語釋“不惡”之義，即謂對“小人”若疾惡過甚，反致其爲亂，故先宜遠避，再圖整治，正合“遯”旨。

初六，遯尾[1]，厲，勿用有攸往。
【譯文】

初六，退避不及而落在末尾，有危險，不宜有所前往。
【注釋】

〔1〕遯尾——尾，末尾。此謂初六卑居卦下，當“遯”之時，未及退避而落於末尾，情狀甚危，故下文謂有“厲”，並戒其“勿用有攸往”。《集解》引陸績曰：“陰氣已至於二，而初在其後，故曰‘遯尾’也。避難當在前，而在後，故‘厲’；往則與災難會，故‘勿用有攸往’。”

《象》曰：遯尾之厲，不往何災也？
【譯文】

《象傳》說：退避不及而落在末尾的危險，表明此時若不往前進取則又有什麼災禍呢？
【說明】

《折中》引楊啓新曰：“卦中以二陰爲小人，至爻中則均退避之君子。蓋皆遯爻，則發遯義。”此說表明卦象主全卦大義，爻象言一爻旨趣，兩者有異，當區別看待。

六二，執之用黃牛之革，莫之勝說[1]。

【譯文】

六二，被黃牛皮製的革帶綁縛，沒有人能夠解脫。

【注釋】

〔1〕執之用黃牛之革，莫之勝說——執，束縛；說，通"脫"。這兩句說明六二柔順中正，體處艮止，上應九五之"尊"，猶身有所係，勢不能遯，須守正自持，故有束以牛革、難以解脫之象。《集解》引侯果曰："體艮履正，上應貴主，志在輔時，不隨物遯，獨守中直，堅如革束：執此之志，莫之勝說。殷之父師當此爻矣。"案，侯氏謂"殷之父師"，指殷朝紂王的"父師"箕子，其當殷衰之時不肯隱遯避禍，《尚書·微子》載箕子語"我不顧行遯"即是。以此喻六二爻義，似頗切合。

《象》曰：執用黃牛，固志也。

【譯文】

《象傳》說：被黃牛皮製的革帶綁縛住，說明六二有固守輔時不退的意志。

【說明】

爻辭以"牛革"執縛爲喻，《象傳》謂"固志"，當指六二甘自不退，貞定自守，尚先生云："仍'小利貞'之恉也。"（《尚氏學》）但易家對此爻的分析，亦多不同說法，今引兩例以備參攷。一、《正義》曰："堅固遯者之志，使不去己。"此承《王注》而發，認爲六二束縛遯避者，不使遯去。二、《本義》曰："以中順自守，人莫能解，必遯之志也。"此謂六二志在退避，固不可移。

九三，係遯，有疾厲[1]。畜臣妾，吉[2]。

【譯文】

九三，心懷係戀不能退避，將有疾患危險。若是畜養臣僕侍妾，可獲吉祥。

【注釋】

〔1〕係遯，有疾厲——係，指心有「係戀」。這兩句說明九三處下卦之終，无應而親比於六二，心爲所係，未能遯退，故誡以「有疾厲」。《折中》引胡瑗曰：「爲遯之道，在乎遠去。九三居內卦之上，切比六二之陰，不能超然遠遯，是有疾病而危厲者也。」 〔2〕畜臣妾，吉——臣，臣僕；妾，侍妾。此以畜養臣妾喻九三親近六二，謂其僅利於操理小事，不可施於治國大事。《正義》：「親於所近，係在於下。施之於人，畜養臣妾則可矣，大事則凶，故曰『畜臣妾，吉』。」

《象》曰：係遯之厲，有疾憊[1]也；畜臣妾吉，不可大事也。

【譯文】

《象傳》說：心懷係戀不能退避以至有危險，說明九三將遭疾患而羸困不堪；畜養臣妾可獲吉祥，說明九三不可施行治國大事。

【注釋】

〔1〕憊——音備 bèi，病困羸弱之狀。《尚氏學》據《廣韻》訓曰：「憊，羸困也。」

【說明】

九三所以未能遯避，在於親戀六二，不忍離去，故引爲「臣妾」相畜。《重定費氏學》引徐幾曰：「係者，我爲彼所係，陰爲主；畜者，彼爲我畜，陽爲主。」此將二、三兩爻的關係揭示頗明。

九四，好遯，君子吉，小人否[1]。

【譯文】

九四，心懷戀情而身已退避，君子可獲吉祥，小人不能辦到。

【注釋】

〔1〕好遯，君子吉，小人否——好，猶言情好、喜愛；否，即

不，謂不能。這三句說明九四下應初六，心存情好，但身居外卦已有"遯"象，故"君子"毅然割愛獲吉，"小人"乃牽戀不舍致否。《王注》："處於外而有應於內。君子'好遯'，故能舍之；小人繫戀，是以否之。"

《象》曰：君子好遯，小人否也。

【譯文】

　　《象傳》說：君子心懷戀情而身已退避，小人卻不能辦到。

【說明】

　　九四割愛遯避，《程傳》稱爲"克己復禮，以道制欲"，似合爻義。但除了"制欲"之外，九四的遯退還有"識時"之義。尚先生云："當禍患未形之時，從容而遯也。然知幾其神，惟君子能之。"（《尚氏學》）

九五，嘉遯，貞吉[1]。

【譯文】

　　九五，嘉美及時的退避，守持正固可獲吉祥。

【注釋】

　　〔1〕嘉遯，貞吉——嘉，嘉美。此謂九五高居尊位，剛中得正，下應六二柔中，雖可不遯，卻能知幾遠慮，及時退避，故有"嘉遯"之象而獲"貞吉"。《尚氏學》："五居中當位，下有應與，不必遯也。乃識微慮遠，及此嘉時而遯焉，故曰'貞吉'。"

《象》曰：嘉遯貞吉，以正志也。

【譯文】

　　《象傳》說：嘉美及時的退避而守正獲吉，說明九五能夠端正退避的心志。

【說明】

　　《象傳》謂"剛當位而應，與時行也"，正指九五"嘉遯"。但九五之"位"的喻象，諸家說有異者。如：一、《折中》曰："此爻

雖不主君位，然居尊，則亦臣之位高者也。凡功成身退者，人臣之
道，故伊尹曰：‘臣罔以寵利居成功’，豈非遯之嘉美者乎？”此說
以爲九五是“大臣”象，義主“功成身退”。二、馬其昶曰：“《蓋
寬饒傳》引《韓氏易傳》云：‘五帝官天下，三王家天下；家以傳
子，官以傳賢。若四時之運，功成者去，不得其人則不居其位。’
《韓氏易傳》今僅存此，當是此爻之義。傳賢、傳子，皆嘉遯也。
堯老舜攝，當此爻矣。曰‘正志’，不曰‘正位’，明其志在讓賢，
不居其位，蓋言九五之將變也。”（《重定費氏學》）此說認爲九五是
“天子”象，義主“禪位讓賢”。兩說釋象雖不同，於及時退避，
不戀尊位的大義卻相吻合，故並可參考。

上九，肥遯，无不利[1]。
【譯文】
　　上九，高飛遠退，无所不利。
【注釋】
　　〔1〕肥遯，无不利——肥，通“蜚”，即“飛”。此以“飛遯”
喻上九居《遯》之極，有高飛遠引、遨然退避之象。遯退暢飛无
阻，故无所不利。《尚氏學》指出，《淮南九師道訓》、《易林》、
《王注》均讀“肥”爲“飛”，並曰：“朱芹引姚寬《西溪叢語》
云‘古肥作肥，肥、蜚同字’。是‘肥’即‘蜚’，‘蜚’即‘飛’
也。蓋上九居極上，高飛遠引，无有阻隔，故‘无不利’。”
《象》曰：肥遯无不利，无所疑[1]也。
【譯文】
　　《象傳》說：高飛遠退无所不利，說明上九无所疑慮留戀。
【注釋】
　　〔1〕无所疑——疑，含有疑慮、留戀兩層意思。《集解》引侯
果曰：“最處外極，无應於內。心无疑戀，超世高舉。果行育德，
安時无悶。”

【説明】

上九居乾健之極，下无應、上无阻，以孑然一身"飛遯"天外，獨得"逍遙"之利。李士鉁曰："如鳥高飛遠去，不懼網罟之害。天空任鳥飛，此象似之。"（《周易學説》引）

【總論】

《遯》卦所言"退避"，並非宣揚无原則的消極"逃世"，而是主張事物的發展受阻礙時，必須暫行退避，以俟來日振興復盛。用"人事"比喻，猶如"君子"當衰壞之世，"身退而道亨"。歐陽修曰"遯者，見之先也"（《易童子問》），程頤云"君子退藏以伸其道"（《程傳》）：兩説分別表明處"遯"貴在"見幾"，行"遯"主於"伸道"。卦辭先稱"遯，亨"，已經揭示"遯"而求"亨"之理；又稱"柔小"者利在守正，則強調此時應當抑制阻礙力的增長，輔助"剛大"者順利行"遯"。卦中六爻，下三爻因各種環境條件所限，或不及遯、或不願遯、或不能遯，以貞定自守、不圖"大事"爲宜；上三爻陽剛在外，均能識時遯退，以不戀私好、毅然遠去爲美。項安世指出："下三爻艮也，艮主於止，故爲'不往'、爲'固志'、爲'係遯'；上三爻乾也，乾主施行，故爲'好遯'、爲'嘉遯'、爲'肥遯'。"（《周易玩辭》）顯然，全卦行"遯"之事重在上卦；而上卦又以上九"高飛遠退"的喻象最爲典型。張衡《思玄賦》曰："利飛遁以保名"，《歸田賦》曰："苟縱心於物外，安知榮辱之所如"，均流露了作者不滿現實、欲退隱伸志的思想情緒，可視爲以詩賦語言道出了《遯》卦的一方面義理。

大壯卦第三十四

☳☰　大壯[1]：利貞[2]。

【譯文】

《大壯》卦象徵大爲强盛：利於守持正固。

【注釋】

〔1〕大壯——卦名，下乾（☰）上震（☳），象徵“大爲强盛”。《釋文》引鄭玄曰：“壯，氣力浸强之名。”《正義》：“壯者，强盛之名。以陽稱大，陽長既多，是大者盛壯，故曰‘大壯’。”
〔2〕利貞——此謂“大爲强盛”之時，利於守正。《程傳》：“大壯之道，利於貞正也；大壯而不得其正，强猛之爲耳，非君子之道壯盛也。”

《彖》曰：大壯，大者壯[1]也。剛以動，故壯[2]。大壯利貞，大者正也[3]。正大而天地之情可見矣[4]！

【譯文】

《彖傳》說：大爲强盛，指剛大者强盛。氣質剛健又能奮動，所以稱强盛。大爲强盛之時利於守持正固，說明剛大者必須堅正不阿。保持正直剛大而天地的性情也就可以明白了！

【注釋】

〔1〕大者壯——陽大陰小，卦中四陽爻盛長，故稱大者强盛。《正義》：“陽爻浸長已至於四，是大者盛壯。”　〔2〕剛以動，

故壯——剛,指下乾;動,指上震。此以上下象含"剛"、"動"之義,配合前句"大者壯也"並釋卦名"大壯"。《集解》引荀爽曰:"乾剛震動,陽從下升,陽氣大動,故壯也。" 〔3〕大者正也——此釋卦辭"大壯,利貞"之義,謂此時利於剛大者守正。《正義》:"大者獲正,故得'利貞'。" 〔4〕正大而天地之情可見矣——古人以爲天地既大且正,生育萬物而不偏,故謂"正大"即可見"天地之情"。此句承前文,闡發《大壯》卦所含"大者正"之義。《王注》:"天地之情,正大而已矣。弘正極大,則天地之情可見矣。"

《象》曰:雷在天上,大壯[1];君子以非禮弗履[2]。

【譯文】

《象傳》說:震雷響徹天上威盛剛强,象徵大爲强盛;君子因此(善葆壯盛)不施行非禮的事情。

【注釋】

〔1〕雷在天上,大壯——釋《大壯》上震爲雷、下乾爲天之象。《王注》:"剛以動也。"《正義》:"震雷爲威動,乾天主剛健;雷在天上,是'剛以動',所以爲'大壯'。" 〔2〕非禮弗履——履,踐行。這是說明君子觀察《大壯》卦象,悟知於强盛之時必須守正履禮,善葆其"壯"。《王注》:"壯而違禮則凶,凶則失壯也。故君子以大壯而順禮也。"《正義》:"盛極之時,好生驕溢,故於大壯,誡以'非禮勿履'也。"

【說明】

項安世曰:"君子所以養其剛大者,亦曰'非禮勿履'而已。"(《周易玩辭》)此說與《孟子·公孫丑上》"我善養吾浩然之氣",義略接近。

初九,壯于趾,征凶,有孚[1]。

【譯文】

初九,足趾强盛,往前進發必有凶險,應當以誠信自守。

【注釋】

〔1〕壯于趾,征凶,有孚——初九陽剛處"大壯"之始,无應欲進,有壯于足趾之象,躁動必傷,故戒以"征凶";但陽剛誠信,處位端正,故又勉其以"孚"自守,庶可不進避凶。《來氏易注》:"初九陽剛處下,當壯之時,壯於進者也,故有'壯趾'之象。以是而往,凶之道也。然陽剛居正,本有其德,故教占者惟自信其德。以其窮困,不可所往,往則凶矣。"案,《王注》以"征凶有孚"爲句,謂"以斯而進,窮凶可必",釋"有孚"之義猶言"信其必然"。可備一說。

《象》曰:壯于趾,其孚窮[1]也。

【譯文】

《象傳》說:强盛在足趾,說明初九應當以誠信自守而善處窮困。

【注釋】

〔1〕孚窮——猶言"孚於窮",即自守誠信以處窮困。《來氏易注》:"既无應援,又卑下无位,故曰'窮';當壯進之時,有其德而不能進,進則必凶,乃處窮之時矣。故惟自信其德,以自守可也。"

【說明】

"趾"爲動象,初九"壯趾"猶言"盛於進"。陽剛初壯即動,必遭凶險,故誡以守"信"不進,善養其"壯"。此亦《周易》"慎始"之義。

九二,貞吉[1]。

【譯文】

九二,守持正固可獲吉祥。

【注釋】

〔1〕貞吉——九二失正，本有咎害；但處“大壯”之時，陽居陰位，剛中守謙，故爲趨正自養而獲“吉”之象。《王注》：“居得中位，以陽居陰，履謙不亢，是以貞吉。”

《象》曰：九二貞吉，以中也。

【譯文】

《象傳》說：九二守持正固可獲吉祥，是由於陽剛居中的緣故。

【說明】

《周易》崇尚“謙”的思想，愈是“大壯”之時，愈以謙柔不用“壯”爲美。易祓曰：“《易》之諸卦，陰陽貴乎得位。惟《大壯》之卦陽剛或過，則以陽居陰位者爲吉。蓋以慮其陽剛之過于壯者也，故二爻與四爻皆言貞吉。”（《周易總義》）

九三，小人用壯，君子用罔[1]，貞厲[2]。羝羊觸藩，羸其角[3]。

【譯文】

九三，小人妄用强盛，君子雖强不用，守持正固以防危險。若像大羊强觸藩籬，羊角必被纏繞拘縶。

【注釋】

〔1〕小人用壯，君子用罔——罔，即“无”；“用罔”猶言“不用壯”。這兩句取正反面喻象，說明九三居下乾之終，當位應上，剛亢强盛，此時若爲“小人”，必恃强妄動，凶險立至；若爲“君子”，必不妄用强，守正養德。辭中褒貶之意甚明。《周易會通》引京房曰：“壯，一也：小人用之，君子有而不用。”案，《王注》訓“罔”爲“網”，曰：“君子用之以爲羅己”，即“君子克己”之謂。於義亦通。　〔2〕貞厲——猶言“守正防厲”（參見《屯》九五譯注）。此謂九三位正，但陽剛過盛，又處“多懼”之地，故誡以守正防危。否則，必致下文“觸藩”、“贏角”之險。

〔3〕羝羊觸藩，羸其角——羝，音低 dī，牡羊，慧琳《一切經音義》五七：“牡三歲曰羝”，此處泛指“大羊”；藩，藩籬；羸，音雷 léi，《正義》“拘縲纏繞也”。這兩句擬大羊觸藩被纏其角之象，說明九三若不守正，妄動“用壯”，凶危必將臨身。胡瑗曰：“小人居強壯之時，動則過中，進則不顧，是猶剛狠之羊，雖藩籬在前，亦觸突而進，以至反羸其角，進退不能，凶之道也。”（《周易口義》）

《象》曰：小人用壯，君子罔也。

【譯文】

《象傳》說：小人妄用強盛，君子雖強不用。

【說明】

馬其昶曰：“三、上俱值窮位，故皆有‘觸藩’之象。然三剛而上柔，是上本非壯，恃三之應而壯。曰‘君子用罔’者，戒三勿以應故，逞其壯而爲小人所用也。”（《重定費氏學》）此說辨析三、上兩爻關係，可備參考。

九四，貞吉，悔亡[1]。藩決不羸，壯于大輿之輹[2]。

【譯文】

九四，守持正固可獲吉祥，悔恨必將消亡。猶如藩籬觸開了缺口而羊角不被拘縲纏繞，又似大車的輪輹強盛適用。

【注釋】

〔1〕貞吉，悔亡——此謂九四居上卦之下，失位无應而有“悔”；但處四陽最盛之時，陽居陰位，爲行謙持正之象，故獲“吉”而“悔亡”。《王注》：“下剛而進，將有憂虞；而以陽處陰，行不違謙，不失其壯，故得‘貞吉’而‘悔亡’也。”　〔2〕藩決不羸，壯于大輿之輹——決，開也，謂藩籬被觸開缺口；輹，車下輪輹，指車箱下鈎住輪軸的木製器件（見《大畜》九二譯注）。這兩句承前文之義，說明九四既獲“貞吉，悔亡”，則所行无阻，

前路陰爻遇之必通，猶如羊觸"藩籬"豁然決開，其角不"羸"。又如車下輪輗"强壯"適用，車行快速。爻義主於九四强盛適當，利於施用。《王注》："已得其壯，而上陰不罔己路，故藩決不羸也。壯于大輿之輻，无有能說其輻者，可以往也。"

《象》曰：藩決不羸，尙往也。

【譯文】

《象傳》說：藩籬觸開了缺口而羊角不被拘縶纏繞，說明九四利於往前進取。

【說明】

二、四兩爻都以陽居陰位獲"貞吉"，是其所同。朱熹又辨析兩者的區別曰："九二貞吉只是自守而不進，九四卻是有可進之象。蓋以陽居陰，不極其剛，而前遇二陰，有藩決之象，所以爲進；非如九二前有三、四二陽隔之，不得進也。"（《折中》引《朱子語類》）

六五，喪羊于易[1]。

【譯文】

六五，在田畔喪失了羊，无所悔恨。

【注釋】

[1] 喪羊于易，无悔——易，通"場"（音易 yì），即田畔；《釋文》："陸作'場'，謂'疆場'也"，《本義》："《漢·食貨志》'場'作'易'"，《來氏易注》："易，即'場'，田畔地也"。這兩句說明六五處"壯"已過之時，猶剛壯之羊喪失于田畔；但能以柔處上卦之中，不用剛壯，故"无悔"。《來氏易注》："本卦四陽在下，故名'大壯'；至六五無陽，則喪失其所謂'大壯'矣，故有'喪羊于易'之象。"《折中》："至六五則壯已過矣。又以柔處中，則无所用其壯矣，故雖喪羊而'无悔'。"案，《王注》訓"易"爲"難易"之"易"，曰"喪壯于易，不于險難，故得无

悔”。可備一說。

《象》曰：喪羊于易，位不當也。

【譯文】

《象傳》說：在田畔喪失了羊，說明六五居位不適當。

【說明】

《折中》指出：“位當、位不當，《易》例多借爻位以發明其德與時地之相當不相當也。此‘位不當’，不止謂以陰居陽不任剛壯而已，蓋謂四陽已過矣，則五所處非當壯之位也。於是而以柔中居之，故爲‘喪羊于易’。”此說似合《象傳》之旨，可資參攷。

上六，羝羊觸藩，不能退，不能遂，无攸利[1]。艱則吉[2]。

【譯文】

上六，大羊抵觸藩籬，不能退卻，不能前進，无所利益。以艱貞自守則可獲吉。

【注釋】

〔1〕羝羊觸藩，不能退，不能遂，无攸利——遂，與“退”相對，猶言“進”。這幾句比喻上六居《大壯》之終，處震動之極，求進心切，但无奈體柔質弱，猶如羊觸藩籬、進退兩難，故“无攸利”。《本義》：“壯終動極，故觸藩而不能退；然其質本柔，故又不能遂其進也。” 〔2〕艱則吉——艱，猶言“艱貞自守”。此謂上六雖處進退兩難之境，但陰柔不剛，下應九三，若艱貞自守以待，終有陰陽相合並進之時。《尚氏學》：“上當位有應，艱貞自守，終吉也。”

《象》曰：不能退不能遂，不詳[1]也；艱則吉，咎不長[2]也。

【譯文】

《象傳》說：不能退卻不能前進，說明上六處事不夠審慎周詳；以艱貞自守則可獲吉，說明上六所遭咎害不致於久長。

【注釋】

〔1〕詳——《釋文》"詳審也"，猶言"周詳審慎"。案，《釋文》又引鄭玄、王肅作"祥"，謂"善也"。義亦通。　〔2〕咎不長——《尚氏學》："三、上爲正應，終必和合，故曰'咎不長'。"

【說明】

上六既言"无攸利"，又言"艱則吉"，正是從兩方面揭示爻義：謂此時若盲目強進必不利，若守艱緩圖則有吉。朱熹曰："上六取喻甚巧，蓋壯終動極，無可去處，如羝羊之角掛於藩上，不能退遂。然艱則吉者，畢竟有可進之理，但必艱始吉耳。"（《朱子語類》）

【總論】

"大爲強盛"，是事物發展的美好階段。此時如何善葆"盛壯"，是至爲關鍵的問題。《大壯》卦辭以"貞吉"二字，揭示了守正處壯、必獲吉祥之理。卦中諸爻，具體說明"大壯"之時不可恃強"用壯"，而要謙退持中。於是二、四兩剛以謙柔獲吉，初、三兩陽若妄動必凶；五、上兩陰，剛壯已過，更宜柔和自守。劉沅指出："不用壯而彌壯，此《大壯》之義也。"（《周易學說》引）馬振彪就此進一步推論曰："匹夫之勇，不得謂'大壯'；自反而縮，理直氣壯，乃所以爲正也。天地有正氣，可貫古今；君子有正氣，可配道義。董子言：'與其不由道而勝，不如由道而敗。'不由道而勝，是小人之'用壯'，'亢龍有悔'也；由道而敗，是君子之'用罔'，'潛龍勿用'也。《易》義多扶陽抑陰，而《乾》與《大壯》則戒人用陽太過。推'用罔'之義，殆'知進退存亡而不失其正'者乎！"（《周易學說》）此論所明《大壯》推重"不用壯"的義理，實屬全卦大旨的核心。許慎《說文》謂"止戈爲武"，《周易》稱"大壯貞吉"：兩者論事發端誠然有異，但關於"剛武"、"强盛"必須建立在"正"的基礎上，不得濫用妄施的觀點，則是頗可相通。《彖傳》極言"正大而天地之情可見"，也是强調這一宗旨。

晉卦第三十五

䷢　晉[1]：康侯用錫馬蕃庶，晝日三接[2]。

【譯文】

《晉》卦象徵進長：尊貴的公侯蒙受天子賞賜衆多車馬，一天之內榮獲三次接見。

【注釋】

〔1〕晉——卦名，下坤（☷）上離（☲），象徵"晉長"。《正義》："晉之爲義，進長之名。此卦明臣之昇進，故謂之晉。"

〔2〕康侯用錫馬蕃庶，晝日三接——康，《釋文》"美之名也"，猶言"尊貴"；錫，通"賜"；馬，此處兼言"車馬"；蕃庶，謂衆多；三接，即多次接見。這兩句擬公侯獲天子賞賜、寵信之象，喻示事物"晉長"時的情狀。《正義》："康者，美之名也；侯，謂昇進之臣也。臣既柔進，天子美之，賜以車馬蕃多而衆庶，故曰'康侯用錫馬蕃庶'也。'晝日三接'者，言非惟蒙賜蕃多，又被親寵頻數，一晝之間三度接見也。"

【說明】

近人顧頡剛攷《周易》卦爻辭中含有商、周史實。指出此卦"康侯"即西周武王之弟衛康叔。並認爲，《大壯》"喪羊于易"、《旅》"喪牛于易"，指商先祖王亥喪牛羊於有易國之事；《既濟》"高宗伐鬼方"、《未濟》"用伐鬼方"，指殷高宗征伐鬼方部落之事；《泰》、《歸妹》"帝乙歸妹"，指殷帝乙嫁女於文王之事；《明夷》"箕子之明夷"，指殷末仁人箕子之事等（見顧著《周易卦爻辭中的故事》，載《燕京學報》第六期，又載《古史辨》第三冊）。其說引據較多資料，可備參攷。

《彖》曰：晉，進也，明出地上[1]。順而麗乎大明[2]，柔進而上行[3]，是以康侯用錫馬蕃庶，晝日三接也。

【譯文】

　　《彖傳》說：晉，意思是進長，就像光明出現在地面。譬如下者順從而又附麗於上者的弘大光明，以柔順之道進長乃至向上直行，所以就能像尊貴的公侯一樣蒙受天子賞賜眾多車馬，一天之內榮獲三次接見。

【注釋】

　　〔1〕明出地上——明，指上離爲火、爲日；地，指下坤爲地。此以上下卦有"光明出現地面"之象，合前文並釋卦名"晉"之義。《正義》："離上坤下，故言'明出地上'；明既出地，漸就進長，所以爲'晉'。"　　〔2〕順而麗乎大明——順指下坤爲"順"；麗乎大明，指上離既有"附麗"之義，又具"大明"之象。此句以上下卦象喻"臣"順從、附麗於"明君"，必得"晉長"。《正義》"坤，順也；離，麗也，又爲明。坤能順從而著於大明。"《集解》引崔憬曰："坤，臣道也；日，君德也。臣以功進，君以恩接，是以'順而麗乎大明'。"　　〔3〕柔進而上行——柔，指六五。此句以卦中六五上進而居尊位，合前文"順而麗乎大明"並釋卦辭"康侯用錫馬蕃庶，晝日三接"。《正義》："六五以柔而進，上行貴位，順而著明，臣之美道也。"《集解》引崔憬曰："雖一卦名'晉'，而五爻爲主，故言'柔進而上行'也。"

【說明】

　　《周易》中有《晉》、《升》、《漸》三卦，分別象徵"晉長"、"上升"、"漸進"。三者在一定程度上都含有"進"的意思，但卦旨卻不同（參見《升》、《漸》兩卦譯注）。《折中》對三卦的卦象、名義作了簡明的辨析曰："《晉》如日之方出，其義最優；《升》如木之方生，其義次之；《漸》如木之既生，而以漸高大，其義又次之。觀其《象辭》皆可見矣。"

《象》曰：明出地上，晉[1]；君子以自昭明德[2]。

【譯文】

　　《象傳》說：光明出現在地面，象徵進長；君子因此自我昭著光輝的美德。

【注釋】

　　〔1〕明出地上，晉——釋《晉》卦上離爲明、下坤爲地之象，與《彖傳》釋卦名之義同。《纂疏》："日出於地，進於天以照地，故曰'明出地上'。"　　〔2〕自昭明德——昭，明也，作動詞，猶言"昭著"；明德，即"光輝的道德"。這是說明君子效法《晉》象，不斷自我修養，昭著美德。《程傳》："君子觀明出地上而益明盛之象，而以自昭其明德。去蔽致知，昭明德於己也。"

【說明】

　　《禮記·大學》論"古之欲明明德於天下者"之事，其結語爲"自天子以至於庶人，壹是皆以脩身爲本"。可見，古人強調的"明明德"，不分天子、庶人，均當力行。而《晉》卦之義主於"臣道"，故《大象傳》所謂"自昭明德"，也偏重於人臣在晉長過程中的自我修養。

初六，晉如摧如，貞吉[1]。罔孚，裕无咎[2]。

【譯文】

　　初六，進長之初就受摧折抑退，守持正固可獲吉祥。不能見信於人，暫且寬裕待時則无咎害。

【注釋】

〔1〕晉如摧如，貞吉——如，語氣助詞；摧，摧折抑退。此謂初六處“晉”之始，陰柔在下，前臨重陰爲“敵”，有將進即受摧折之象；此時當以正道自守，靜俟九四之應則有吉祥。《尚氏學》：“初陰，二、三亦陰，得敵，故進而見摧；有應，故貞吉。”

〔2〕罔孚，裕无咎——罔孚，猶言“不見信於人”，《重定費氏學》：“孚有在己之孚，有交際之孚”，此即所謂“交際之孚”；裕，寬裕緩進。這兩句再申前文之義，說明初六既遇前陰阻隔，始“晉”受“摧”，則一時難以孚信於衆，故當寬裕待時，終必消難應四而獲“无咎”。《尚氏學》：“初雖應四，以爲二、三所隔，應之甚難，故曰‘罔孚’；裕，緩也，言初與四終爲正應，緩以俟之，則‘无咎’也。”

《象》曰：晉如摧如，獨行正也；裕无咎，未受命[1]也。

【譯文】

《象傳》說：進長之初就受摧折抑退，說明初六應當獨自踐行正道；暫且寬裕待時則无咎害，說明初六目前尚未受到任命。

【注釋】

〔1〕未受命——《尚氏學》：“言初居勿用之位，尚未膺官守之命也。”

【說明】

《折中》引王安石曰：“初六以柔進，君子也，度禮義以進退者也。常人不見孚，則或急於進以求有爲，或急於退則懟上之不知。孔子曰‘我待賈者也’，此‘罔孚’而裕於進也；孟子久於齊，此‘罔孚’而裕於退者也。”此引孔、孟之事爲說，於本爻義理有合。

六二，晉如愁如，貞吉[1]。受兹介福，于其王母[2]。

【譯文】

六二，進長之際滿面愁容，守持正固可獲吉祥。將要承受弘大的福澤，是來自尊貴的王母。

【注釋】

〔1〕晉如愁如，貞吉——愁，《釋文》引鄭玄曰：“變色貌”，即憂愁。此謂六二處《晉》下卦之中，居兩陰之間，上无應援，“晉”途坎坷，故有“愁如”之象；但柔順中正，不躁於進，故獲“貞吉”。《程傳》：“六二在下，上无應援，以中正柔和之德，非强於進者也。故於進爲可憂愁，謂其進之難也；然守其貞正，則當得吉。”　〔2〕受茲介福，于其王母——介，大也；于其，猶言“由其”；王母，即祖母，喻六五。這兩句發前文“貞吉”之義，說明六二與六五雖非陰陽正應，但五高居尊位，與二同質而俱有“中德”，猶二之“王母”，故終降“介福”於二。《程傳》：“王母，祖母也，謂陰之至尊者，指六五也。二以中正之道自守，雖上无應援，不能自進，然其中正之德久而必彰，上之人自當求之”，“加之寵祿，‘受介福于王母’也。”

《象》曰：受茲介福，以中正也。

【譯文】

《象傳》說：將要承受弘大的福澤，是由於六二居中守正。

【說明】

“王母”之義，似當從《程傳》說，喻“陰之至尊者”，指六五；就“臣道”言，亦猶“臣之至尊者”，與卦辭“康侯”之象相近。但易家有不同意見。如：一、《王注》以爲指六二“處內而成德”；二、《尚氏學》也認爲指六二，謂“下坤爲母”、“伏乾爲王”，故稱“王母”。此兩說並可參攷。

六三，衆允，悔亡[1]。

【譯文】

六三，獲得衆人信允，悔恨消亡。

【注釋】

〔1〕衆允，悔亡——允，《集解》引虞翻曰："信也"。此謂六三陰居下卦之上，失位有"悔"；但與下二陰均有上進之志，爲其所信而並進，故得"悔亡"。《本義》："三不中正，宜有悔者；以其與下二陰皆欲上進，是以爲衆所信而'悔亡'也。"

《象》曰：衆允之志，上行也。

【譯文】

《象傳》說：獲得衆人信允的志向，表明六三努力向上行進。

【說明】

六三居下卦高位，必須先取信於衆，紮穩根基，才能遂志上行，獲信於君。《折中》引吳曰慎曰："初'罔孚'，未信也；三'衆允'，見信也。信於下，斯信於上。故弗信乎友，弗獲於上矣。"

九四，晉如鼫鼠[1]，貞厲[2]。

【譯文】

九四，進長之時像身无專技的鼫鼠，守持正固以防危險。

【注釋】

〔1〕晉如鼫鼠——鼫鼠，鼫音石 shí，即"梧鼠"，亦稱"五技鼠"（《釋文》引《子夏傳》作"碩鼠"，《尚氏學》謂"音同通用"），《正義》："蔡邕《勸學篇》云'鼫鼠五能，不成一伎術'（引者案，術，阮刻作王，據《校勘記》改）。注曰：'能飛不能過屋，能緣不能窮木，能游不能度谷，能穴不能掩身，能走不能先人。'"此句用"鼫鼠"比喻九四處《晉》上卦之下，失正不中，爲身无專技、貪而畏人之象；以此"晉長"，其道必危。《本義》："不中不正，以竊高位，貪而畏人，蓋危道也，故爲'鼫鼠'之

象。"（黃曦校）　　〔2〕貞厲——此句承前文而發，謂九四雖失正以"晉"有危，但能比五應初，陽剛謙處陰位，故又誡勉其趨正自守、以防危厲。

《象》曰：鼫鼠貞厲，位不當也。

【譯文】

《象傳》說：像身无專技的鼫鼠而當守正以防危險，說明九四居位不適當。

【說明】

"晉"之道主於柔順，九四以陽剛失正，故有危厲。項安世曰："三雖不正，以其能順故得信（引者案，伸也）其志而上行；四雖已進乎上，以其失柔順之道，故如鼫鼠之窮而不得遂。"（《周易玩辭》）

六五，悔亡，失得勿恤，往吉，无不利〔1〕。

【譯文】

六五，悔恨消亡，不須憂慮得失，前往必獲吉祥，无所不利。

【注釋】

〔1〕悔亡，失得勿恤，往吉，无不利——恤，憂慮。此謂六五雖以陰居陽、不當位有"悔"，但居處尊高，稟受"離明"之德，委任得人，下者順從，其"悔"遂"亡"；且諸事得失責之於人，己可"勿恤"，故"往"必獲"吉"，无所不利。《正義》："居不當位，悔也；柔得尊位，陰爲明主，能不自用其明，以事委任於下，故得'悔亡'。既以事任下，委物責成，失之與得，不須憂恤，故曰'失得勿恤'也。能用此道，所往皆吉而无不利，故曰'往吉，无不利'也。"

《象》曰：失得勿恤，往有慶也。

【譯文】

《象傳》說：處事不須憂慮得失，說明六五前往必有福慶。

【說明】

　　“失得勿恤”之義，諸家說法有異。茲舉兩例以備參攷。其一，朱熹釋爲“一切去其計功謀利之心”(《本義》)，謂六五不計較自身得失。其二，《釋文》引孟喜、馬融、鄭玄、虞翻、王肅本“失”作“矢”；今攷《帛書周易》亦作“矢”，與各本合。尚先生從“矢”立說，以爲“矢得勿恤”指六五“得矢爲用，故勿恤”，猶《噬嗑》九四“得金矢”之例(《尚氏學》)。

上九，晉其角，維用伐邑，厲吉，无咎[1]，貞吝[2]。

【譯文】

　　上九，進長至極，宛如高居獸角尖端，宜於征伐邑國以建功，雖有危險卻可獲吉祥，不致咎害，但要守持正固預防憾惜。

【注釋】

　　〔1〕晉其角，維用伐邑，厲吉，无咎——角，獸角，喻上九進長至極；維，語氣詞；用，助詞，猶“宜”。此謂上九處《晉》之終，猶如進長至角，有晉極則反、光明將損之虞；故不可端居无爲，宜於“伐邑”立功，以盡其職，則雖“厲”可“吉”，乃獲“无咎”。《王注》：“處進之極，過明之中，明將夷焉。已在乎角，而猶進之，非亢如何？失夫道化无爲之事，必須攻伐然後服邑。危乃得吉，吉乃无咎。”　　〔2〕貞吝——此句又言上九以“伐邑”免“咎”，畢竟有用“武”之憾，未能“全吉”，故再誡其趨正自守、以防憾惜。

《象》曰：維用伐邑，道未光[1]也。

【譯文】

　　《象傳》說：宜於征伐邑國以建功，是說明上九的晉長之道未曾光大。

【注釋】

　　〔1〕道未光——《尚氏學》：“離爲光明，至上光將熄矣。夫王道大光，則无用征伐，用征伐必‘未光’也。”

【說明】

　　“晉”極必反，猶如“明出地上”，盛極則衰。上九“晉長”至“角”，靠“伐邑”免咎，可見光明之德正臨式微：於是既不能似六五行无爲之道，不憂得失；又不能似六三獲衆信允，順暢上行。王弼所謂“明將夷焉”，深得爻旨。

【總論】

　　《晉》卦揭示事物“進長”的途徑。從“人事”角度分析，就是郭雍所說的：“以人臣之進，獨備一卦之義。”（《郭氏傳家易說》）卦辭取“康侯”受賜爲喻，已經表露此旨。《彖傳》進一步指出“順而麗乎大明，柔進而上行”：以“柔”、“順”兩字，點明“進長”的要旨。視卦中諸爻，四陰爻爲處“晉”有道之象，初雖受挫折、寬裕待進，二雖有愁緒、守正獲福，三見信於衆“悔亡”，五不憂得失有“吉”：此均由於柔順使“晉”途暢通，尤以六五居尊、最爲佳美，與卦辭“康侯”的喻象相應。兩陽爻則爲處“晉”不當之象，九四失正不中，“晉”必有危；上九“晉”極剛亢，難免致“咎”：此皆因有失柔順使“晉”途阻礙。誠然，《晉》卦極力肯定的“柔順”，又必須以“光明道德”爲重要前提，即處下者要附著於“明”求進，居上者更須嚮“明”施治。卦象下順上明，六五尊居“離明”之中：是這一要點的明顯體現。因此，“柔順”是求“晉”的手段，“光明”是獲“晉”的方向：兩者結合，則是《晉》卦大義所在。《大象傳》稱“君子以自昭明德”，正是強調充實、豐富“光明美德”的重要性。否則，離開這一條件獨言柔順，必將導致“君昏臣佞”、天下“明夷”的境況。

明夷卦第三十六

䷧　明夷[1]：利艱貞[2]。

【譯文】

《明夷》卦象徵光明殞傷：利於牢記艱難守持正固。

【注釋】

〔1〕明夷——卦名，下離（☲）上坤（☷），象徵“光明殞傷”。案，《序卦傳》“夷者，傷也”，此卦爲日入地中之象，猶光明殞傷，故名爲“明夷”。《正義》：“此卦日入地中，‘明夷’之象。施之於人事，闇主在上，明臣在下，不敢顯其明智，亦‘明夷’之義也。”　〔2〕利艱貞——此謂天下“明夷”之時，“君子”利於自艱守正，不可忘忽艱難，輕易用事。《集解》引鄭玄曰：“日之明傷，猶聖人君子有明德而遭亂世，抑在下位，則宜自艱，无幹事政，以避小人之害也。”

【說明】

卦辭以“利艱貞”立義，深見作者警戒之旨。《折中》引李舜臣曰：“《易》卦諸爻，《噬嗑》之九四、《大畜》之九三，曰‘利艱貞’，未有一卦全體以‘利艱貞’爲義者。此蓋覩君子之明傷爲可懼，而危辭以戒之。其時可知也。”

《彖》曰：明入地中[1]，明夷。內文明而外柔順，以蒙大難，文王以之[2]。利艱貞，晦其明[3]也。內難而能正其志，箕子以之〔4〕。

【譯文】

《象傳》說：太陽隱入地中，象徵光明殞傷。譬如內含文明美德而外呈柔順情態，以此蒙受巨大的患難，周文王就是用這種方法渡過危厄。利於牢記艱難守持正固，說明要自我隱晦光明。儘管身陷內難也能秉正堅守精誠的意志，殷朝箕子就是用這種方法晦明守正。

【注釋】

〔1〕明入地中——明，指下離爲日、爲火，故稱“明”；地，指上坤爲地。此句以上下卦象釋卦名“明夷”。《正義》：“此就二象以釋卦名。”　〔2〕內文明而外柔順，以蒙大難，文王以之——文明，指下離爲明；柔順，指上坤爲順；以之，《釋文》引王肅曰“用之”（下文同）。此又舉上下象，及周文王被紂幽囚羑里蒙難事殷之例，配合前文“明入地中”並釋卦名“明夷”之義。《纂疏》：“離在內爲‘文明’，坤在外爲‘柔順’。文王有文明柔順之德而臣事殷紂，幽囚著《易》，故曰‘以蒙大難’。”案，“以之”，《釋文》謂鄭玄、荀爽、向秀作“似之”，於義亦通（下文同）。　〔3〕晦其明——此釋卦辭“利艱貞”，謂“明夷”之世當晦藏明智不用，以“艱”守“正”。《正義》：“明在地中，是‘晦其明’也；既處‘明夷’之世，外晦其明，恐陷於邪道，故利在艱固其貞，不失其正：言所以利艱貞者，用晦其明也。”〔4〕內難而能正其志，箕子以之——箕子，殷紂王的諸父，被囚以佯狂守志。此引箕子處內難晦明守正之例，配合前文“晦其明也”再釋卦辭“利艱貞”之義。《尚氏學》：“箕子，紂諸父，故曰‘內難’；紂囚箕子，箕子佯狂爲奴，晦明不用，僅以身免，故曰‘箕子以之’。”

【說明】

《象傳》舉文王之事釋卦名“明夷”，又舉箕子之事釋卦辭

"利艱貞"：兩事與卦旨均甚切合，且箕子事又與六五爻辭"箕子之明夷"相應。張載指出："文王體一卦之用，箕子以六五一爻之德；文王難在外，箕子難在內也。"（《橫渠易說》）

《象》曰：明入地中，明夷[1]；君子以莅衆，用晦而明[2]。

【譯文】

《象傳》說：太陽隱入地中，象徵光明殞傷；君子因此慎於治理衆人，能夠自我晦藏明智而更加顯出道德光明。

【注釋】

〔1〕明入地中，明夷——釋《明夷》下離爲明、上坤爲地之象，與《象傳》首兩句釋卦名之義同。《集解》引鄭玄曰："日出地上，其明乃光；至其入地，明則傷矣，故謂之'明夷'。"

〔2〕君子以莅衆，用晦而明——莅，音利ⅱ，臨也，"莅衆"猶言"治衆"。這是說明君子觀《明夷》之象，悟知治理衆人應當用"晦明"之道，則其"明"益顯。《程傳》："明所以照，君子无所不照。然用明之過，則傷於察，太察則盡事而无含弘之度。故君子觀明入地中之象，於莅衆也，不極其明察而用晦，然後能容物和衆，衆親而安。是用晦乃所以爲明也。"

【說明】

本卦命名"明夷"的象徵主旨，在於"天下"昏暗，"君子"晦明不用，"艱貞"守志。故《象傳》以文王、箕子處患難爲說，揭示特殊環境中不得已而"用晦"的道理。《大象傳》則從"莅衆"的角度，引申出"晦明"施治、其明益顯的普遍意義。這一點實爲古代統治階級總結出來的一種政治"藝術"，本於《老子》"无爲而无不爲"的思想。王弼指出："莅衆顯明，蔽偽百姓者也；故以蒙養正，以明夷莅衆。藏明於內，乃得明也；顯明於外，巧所辟也。"（《王注》）孔穎達更舉古代帝王儀飾爲例，認爲"冕旒"象徵"蔽明"，"黈纊"象徵"蔽聰"，指出："冕旒垂目，黈纊塞耳，无爲清靜，民化不欺。”(《正義》)此均爲對《大象傳》立意的精確理解。

初九，明夷于飛，垂其翼；君子于行，三日不食[1]。有攸往，主人有言[2]。

【譯文】

　　初九，光明殞傷時向外飛翔，低垂掩抑著翅膀；君子倉皇遠走遯行，三日不顧充填饑腸。此時有所前往，主事的人將疑怪責讓。

【注釋】

　　〔1〕明夷于飛，垂其翼；君子于行，三日不食——這四句以鳥在“明夷”昏暗中垂翼低飛，喻“君子”自晦其明、遠遯匿形之時倉皇疾行、饑不遑食的情狀。爻義主於陽剛處“明夷”之初，能及早潛隱避難，自晦不用。《王注》：“初處卦之始，最遠於難也。遠難過甚，明夷遠遯，絕跡匿形，不由軌路，故曰‘明夷于飛’；懷懼而行，行不敢顯，故曰‘垂其翼’也；尚義而行，故曰‘君子于行’也；志急於行，饑不遑食，故曰‘三日不食’也。”

　　〔2〕有攸往，主人有言——言，指責怪之言。此謂初九陽剛處下，識時過早，未必爲人所理解，故此時自晦“有往”，“主事之人”必疑怪責讓。辭義含有誡初九“用晦”審慎的意思。《王注》：“殊類過甚，以斯適人，人心疑之，故曰‘有攸往，主人有言’。”《尚氏學》：“凡有所往，而爲主人所惡，責讓不安。”

《象》曰：君子于行，義不食[1]也。

【譯文】

　　《象傳》說：君子倉皇遠走遯行，說明初九本著自晦之義必不求祿食。

【注釋】

　　〔1〕義不食——即爻辭“三日不食”之義。此處“食”又兼喻“祿食”。《程傳》：“君子遯藏而困窮，義當然也。唯義之當然，

故安處而无悶，雖不食可也。"《尚氏學》："方自晦之不暇，當然不得祿食也。"

【說明】

本爻辭前四句喻象生動，形式諧美，且偶句用韻，可視爲一首意味雋永的小詩。就其表現手法看，前兩句用鳥飛垂翼先爲"起興"，後兩句以君子遯行揭出"所言之詞"：此與《詩經》的"興"體頗類似。而四句的整體意義，又是喻示初九處"明夷"的情狀。章學誠指出："《易》象雖包六藝，與《詩》之比興，尤爲表裏。"（《文史通義·易教》）此說至爲可取。

六二，明夷。夷于左股，用拯馬壯，吉[1]。

【譯文】

六二，光明殞傷。猶如使左邊大腿遭傷損，然後乘良馬藉以拯濟漸漸復壯，可獲吉祥。

【注釋】

〔1〕夷于左股，用拯馬壯，吉——拯，猶言"拯濟"。此謂六二柔順中正，當"明夷"之時，其志難行，故使"左股"傷損，自晦明智以守正；然後再藉助良馬拯濟，緩圖復壯而行，遂獲吉祥。《正義》："左股被傷，行不能壯；六二以柔居中，用夷其明，不行剛壯之事者也。"又曰："夷於左股，明避難不壯，不爲闇主所疑，猶得處位，不至懷懼而行，然後徐徐用馬以自拯濟而獲其壯，吉也。"

《象》曰：六二之吉，順以則[1]也。

【譯文】

《象傳》說：六二的吉祥，說明既柔順又能堅守法則。

【注釋】

〔1〕順以則——《來氏易注》："言外雖柔順而內實文明有法則也，所以'用拯馬壯'也。"

【說明】

　　來知德援文王與紂之事證此爻喻義，曰：“文王囚于羑里，‘夷于左股’也；散宜生之徒獻珍珠美女，‘用拯馬壯’也；脫羑里之囚，得專征伐，‘吉’也。”（《來氏易注》）此說認爲六二的象徵寓旨即《象傳》所云“內文明而外柔順，以蒙大難，文王以之”之義。可備參攷。

九三，明夷于南狩，得其大首[1]。不可疾，貞[2]。

【譯文】

　　九三，光明殞傷時在南方巡狩而施行征伐，誅滅元兇首惡。此時不可操之過急，應當守持正固。

【注釋】

　　〔1〕明夷于南狩，得其大首——南，《正義》“文明之所”，指九三處離之上，“離”之後天方位屬南；狩，《正義》：“征伐之類”；大首，《正義》：“謂闇君”，猶今言“元兇首惡”，喻上六。此謂九三處下卦離明之上，陽剛得正，於“明夷”之世，志在誅滅上六“闇君”，以著明正德，故有“南狩”、“得大首”之象。《王注》：“處下體之上，居文明之極，上爲至晦‘入地’之物也。故夷其明以獲南狩，得大首也。南狩者，發其明也。”　　〔2〕不可疾，貞——疾，急也。此承前文義，說明天下“明夷”已久，除闇復明之事宜漸不宜急，故須持“正”俟時。其旨與卦辭“利艱貞”同。《尚氏學》：“不可疾，言雖‘得其大首’，不可持之過急也；貞，謂宜安定也。‘疾’與‘貞’相對爲義。舊讀‘疾貞’連文，《九家》謂‘不可疾正’，最爲害理。獨項氏《玩辭》以‘貞’自爲句，與經義合。”案，尚先生說甚可取。《來氏易注》亦以“貞”爲句，謂“不可疾，惟在于貞”，亦同此義。

《象》曰：南狩之志，乃大得也。

【譯文】

《象傳》說：在南方巡狩而施行征伐的志向，說明九三必將大有所得。

【說明】

朱熹曰："成湯起於夏臺，文王興於羑里，正合此爻之義。而小事亦有然者。"（《本義》）可見《周易》的象徵意義至爲廣泛，无論古事今事，大事小事，均可觸類爲徵，未必泥於一象，拘於一事。

六四，入于左腹，獲明夷之心，于出門庭[1]。

【譯文】

六四，退處於左方腹部地位，深刻瞭解光明殞傷時的內中情狀，於是毅然跨出門庭遠去。

【注釋】

〔1〕入于左腹，獲明夷之心，于出門庭——左，含"退"、"順"之義，喻六四柔順處事，《正義》："凡右爲用事也，從其左不從其右，是卑順不逆也"；腹，《正義》："事情之地"，喻六四居腹要之位；心，心意，猶言"內情"，此指天下"明夷"的緣故。這三句說明六四居上卦坤體之始，猶當"明夷"之時，身在闇地，以柔順退處"腹要"之位，故能獲知"明夷"時的內情，遂及時抉擇去從，毅然出門遠遯。《王注》："左者，取其順也。入于左腹，得其心意，故雖近不危；隨時辟難，門庭而已，能不逆忤也。"《尚氏學》："四坤體，故曰'入于左腹'；坤闔，故曰'獲明夷之心，于出門庭'。"又曰："言行至四入坤，悉知'明夷'之故，正在於是也。"

《象》曰：入于左腹，獲心意也。

【譯文】

《象傳》說：退處於左方腹部地位，說明六四能深刻瞭解光明殞傷時的內中情狀。

【說明】

　　本卦下離爲明體，上坤爲闇體，上下卦諸爻皆依此發“明夷”之義。朱熹分析道：“下三爻明在闇外，故隨其遠近高下，而處之不同。六四以柔正居闇地而尚淺，故猶可以得意於遠去；五以柔中居闇地而已迫，故爲內難正志以晦其明之象；上則極乎闇矣，故爲自傷其明以至於闇，而又足以傷人之明。蓋下五爻皆爲君子，獨上一爻爲闇君也。”（《本義》）此說甚得卦旨。

六五，箕子之明夷，利貞[1]。

【譯文】

　　六五，殷朝箕子的光明殞傷，利於守持正固。

【注釋】

　　[1] 箕子之明夷，利貞——這是擬取殷箕子被紂囚、佯狂自晦以守志之象，喻六五最近“闇君”，身罹內難，利於守正不移，不爲昏闇所沒。此即《象傳》所云“晦其明”、“內難而能正其志，箕子以之”之義。《正義》：“六五最比闇君，似箕子之近殷紂，故曰‘箕子之明夷’也；‘利貞’者，箕子執志不回，闇不能沒，明不可息，正不憂危，故曰‘利貞’。”

【說明】

　　尚先生詳攷舊說，以爲“箕子”即“孩子”，“箕”、“孩”音同通用；而“孩子”謂殷紂，指出：“六五天子位，孩子之明夷，謂紂昏蒙。”（《尚氏學》）此說亦通，錄備參攷。

《象》曰：箕子之貞，明不可息[1]也。

【譯文】

　　《象傳》說：殷朝箕子的守持正固，說明六五的內心光明不可熄滅。

【注釋】

〔1〕明不可息——息，通“熄”。《正義》：“息，滅也。《象》稱‘明不可滅’者，明箕子能保其貞，卒以全身爲武王師也。”

【說明】

來知德釋六爻之象曰：“初爻指伯夷，二爻指文王，三爻指武王，四爻指微子，五爻指箕子，上六指紂。”（《來氏易注》）若認爲作《易》者的本意即指此，似未必盡然；但若藉以理解各爻的象徵喻意，則亦頗可參攷。

上六，不明晦，初登于天，後入于地〔1〕。

【譯文】

上六，不發出光明卻帶來昏闇，起初登臨天上，最終墜入地下。

【注釋】

〔1〕不明晦，初登于天，後入于地——不明晦，猶言“不明反晦”。此以太陽初升天上、後沒地中，乃至不發光明、反生黑暗，喻上六以陰處“明夷”之極，爲“闇君”之象。《王注》：“處明夷之極，是至晦者也。本其初也，在乎光照；轉至於晦，遂入于地。”

《象》曰：初登于天，照四國也；後入于地，失則也。

【譯文】

《象傳》說：起初登臨天上，可以照耀四方諸國；最終墜入地下，卻全然違失了正確的法則。

【說明】

胡炳文曰：“下三爻以‘明夷’爲句首，四五‘明夷’之辭在句中，上六不曰‘明夷’而曰‘不明晦’：蓋惟上六不明而晦，所以五爻之明皆爲其所夷也。”（《周易本義通釋》）此說玩味六爻措辭之意，於理有合。

【總論】

事物的盛衰，社會的治亂，自有不可抗拒的發展規律。《明夷》卦以"明入地中"爲喻，展示了政治昏闇、光明泯滅之世的情狀以及"君子"自晦其明、守正不移的品質。卦辭"利艱貞"之義，強調在艱難中維護正道，在"自晦"中期待著轉衰爲盛、重見光明的一天。當然，就具體環境而言，"事"有可濟、不可濟之別，"時"有可居、不可居之分：於是卦中除上六爲"闇君"之象外，餘五爻分別從不同角度揭出"君子"處"明夷"的特點。蘇軾指出："夫君子有責於斯世，力能救則救之，六二之'用拯'是也；力能正則正之，九三之'南狩'是也；既不能救，又不能正，則君子不敢辭其辱以私便其身，六五之'箕子'是也。君子居明夷之世，有責必有以塞之，无責必有以全身而不失其正。初九、六四无責於斯世，故近者則'入腹、獲心、于出門庭'，而遠者則'行不及食'也。"（《東坡易傳》）這是對諸爻意義的較正確歸納。藉此可以看出，初、四兩爻是以消極反抗的態度處"明夷"，二、三、五三爻是以積極救治的精神處"明夷"。而積極救治又有"湯武"式的毅烈行動，與"箕子"式的忍辱守持之分。要言之，五爻處"明夷"的特點雖有不同，立足於"艱貞守正"的大旨卻全然一致。此旨在六五一爻言之尤切，即極稱時世雖闇而道不可沒，立身純正則危不足憂：《象傳》所謂"明不可息"是也。

家人卦第三十七

䷤ 家人[1]：利女貞[2]。

【譯文】

《家人》卦象徵一家人：利於女子守持正固。

【注釋】

〔1〕家人——卦名，下離（☲）上巽（☴），象徵“一家人”。《釋文》：“人所居稱‘家’，《爾雅》‘室內謂之家’是也。”《正義》：“明家內之道，正一家之人，故謂之‘家人’。” 〔2〕利女貞——此謂家內之事，女子爲主要因素，故言利女子守正。《正義》：“既修家內之道，不能知家外他人之事。統而論之，非君子丈夫之正，故但言‘利女貞’。”

《彖》曰：家人，女正位乎內，男正位乎外[1]。男女正，天地之大義[2]也。家人有嚴君焉，父母之謂也。父父，子子，兄兄，弟弟，夫夫，婦婦，而家道正，正家而天下定矣[3]。

【譯文】

《彖傳》說：一家人，女子在家內居正當之位，男子在家外居正當之位。男女居位都正當得體，這是天地陰陽的宏大道理。一家人有嚴正的君長，指的是父母。父親盡父親的責任，兒子盡兒子的責任，長兄盡長兄的責任，小弟盡小弟的責任，丈夫盡丈夫的責任，妻子盡妻子的責任，這樣家道就能端正，端正了家道而天下就能安定。

【注釋】

〔1〕女正位乎內，男正位乎外——女，指六二；男，指九五。此以二、五兩爻得正於內外卦之象，說明女主家內事，男主家外事，並合下文“男女正，天地之大義也”，共釋卦名及卦辭“家人，利女貞”。《集解》引王弼曰：“謂二、五也。‘家人’之義，以內爲本者也，故先說女矣。”《正義》：“此因二、五得正，以釋‘家人’之義，並明‘女貞’之旨。”　　〔2〕天地之大義——此謂“家人”男女之“正”，合乎天地、陰陽、尊卑之理。《正義》：“因正位之言，廣明‘家人’之義，乃道均二儀，非惟人事而已。”〔3〕正家而天下定矣——此承上文“家人有嚴君焉”至“家道正”諸句之義，推闡出“正家”與“定天下”的邏輯關係。《集解》引陸績曰：“聖人教先從家始，家正而天下化之，脩己以安百姓者也。”《來氏易注》：“定天下係于一家。豈可不利女貞？此推原所以當‘女貞’之故。”

【說明】

卦辭僅言“利女貞”，《彖傳》廣明“男女”、“父子”、“天下”之事，足見其推衍闡發的解經特點。俞琰曰：“彖辭舉其端，故但言‘利女貞’；《彖傳》極其全，故兼言男女之正，而又以父子、兄弟、夫婦推廣而備言之。”（《周易集說》）

《象》曰：風自火出，家人〔1〕；君子以言有物而行有恒〔2〕。

【譯文】

《象傳》說：風從火的燃燒生出（自內延外），象徵一家人（事關社會風化）；君子因此日常言語應切合實物而居家行事應守恒不變。

【注釋】

〔1〕風自火出，家人——釋《家人》上巽爲風，下離爲火之

象。此卦內火外風，猶如家事自內影響到外，故《王注》曰："由內以相成熾也"。《正義》："火出之初，因風方熾；火既炎盛，還復生風：內外相成，有似家人之義。"案，"風自火出"之義，實含"家事"與"社會風化"的關係問題。來知德云："風化之本，自家而出"（《來氏易注》），甚切《傳》旨。　〔2〕言有物而行有恒——這是說明君子觀《家人》卦象，悟知日常居家小事亦關"風化"之理，故能自修小節，言行紮實不妄。《王注》："家人之道，脩於近小而不妄也，故君子以言必有物，而口无擇言；行必有恒，而身无擇行。"案，《說文通訓定聲》謂"擇假借爲殆"，訓爲"敗"，則王弼注引《孝經》"口无擇言"、"身无擇行"，即謂言行信實不敗。

【說明】

《彖傳》推展"家人，女貞"涵有"天下定"之義，《大象傳》歸原天下風化寄於"君子"一身：兩者實有"異曲同工"之妙。俞琰曰："君子知風之自，於是齊家以修身爲本，而修身以言行爲先。"（《周易集說》）是爲《大象傳》主悟。

初九，閑有家，悔亡〔1〕。

【譯文】

初九，防止邪惡然後保有其家，悔恨消亡。

【注釋】

〔1〕閑有家，悔亡——閑，防也，指防止邪惡（見《乾》卦《文言傳》"閑邪存其誠"譯注）。此謂初九處"家人"之始，家道初立，宜於嚴防邪辟，才能保有其家而"悔亡"。《王注》："凡教在初，而法在始。家瀆而後嚴之，志變而後治之，則'悔'矣。處《家人》之初，爲'家人'之始，故宜必以'閑有家'，然後'悔亡'也。"

《象》曰：閑有家，志未變也。

【譯文】

《象傳》說：防止邪惡然後保有其家，說明初九在意志尚未轉邪的時候預先防範。

【說明】

防閑於初，即言防惡於未萌。胡炳文曰：“初之時，當‘閑’；九之剛，能閑。”“顏之推曰：‘教子嬰孩，教婦初來。’其得此爻之義乎？”(《周易本義通釋》)胡氏引顏說以明“慎初”之義，與爻旨頗切合。

六二，无攸遂，在中饋，貞吉[1]。

【譯文】

六二，无所成就，主管家中飲食事宜，守持正固可獲吉祥。

【注釋】

〔1〕无攸遂，在中饋，貞吉——遂，成也，“无攸遂”言不專主其事、无所成就；饋，音愧 kuì，《周禮·天官·膳夫》“王之饋食”，鄭玄注“進物於尊者曰饋”，“中饋”，猶言“家中飲食事宜”。此謂六二居《家人》下卦之中，柔順中正，上應九五陽剛，有“婦人順夫”之象，故无所專主、无所成就，唯掌中饋、守正獲吉。《集解》引荀爽曰：“六二處和得正，得正有應，有應有實，陰道之至美者也。坤道順從，故无所得遂；供肴中饋，酒食是議，故曰‘中饋’；居中守正，永貞其志則吉，故曰‘貞吉’也。”

《象》曰：六二之吉，順以巽也。

【譯文】

《象傳》說：六二的吉祥，是由於柔順溫遜所致。

【說明】

《象傳》稱“女正乎內”，即指此爻，其喻象實爲古代禮教所宣揚的“婦德”典型。《詩·小雅·斯干》：“無非無儀，唯酒食是議”，《鄭箋》：“儀，善也。婦人無所專於家事。有非，非婦人也；

有善，亦非婦人也。婦人之事，惟議酒食爾。"《詩》、《箋》之義，正合六二爻旨。但這種束縛限制女性的思想，是今天所必須批判的。

九三，家人嗃嗃，悔厲，吉；婦子嘻嘻，終吝[1]。

【譯文】

九三，一家人愁怨嗷嗷，儘管有悔恨且危險，但可獲吉祥。要是婦人孩童笑鬧嘻嘻，終致憾惜。

【注釋】

〔1〕家人嗃嗃，悔厲，吉；婦子嘻嘻，終吝——嗃，音鶴 hè，"嗃嗃"，《程傳》謂"以文義及音意觀之，與'嗷嗷'相類"，《詩經·小雅·鴻雁》"哀鳴嗷嗷"，《釋文》"本又作'嗷'"，陳奐《毛詩傳疏》云："嗷，眾口愁也"，是"嗃嗃"猶言"嗷嗷"，爲眾口愁怨聲，與下文"嘻嘻"相對，均象聲詞；嘻嘻，歡樂笑鬧聲，《釋文》："馬云'笑聲'，鄭云'驕佚喜笑之意'"。這是說明九三處下卦之上，陽剛亢盛，有治家過嚴、家人"嗃嗃"愁怨之象，此時雖多"悔"有"危"，但以不失正道仍獲吉祥；若反嚴爲寬，放縱婦子"嘻嘻"笑鬧，則失家道，終將憾惜。《集解》引王弼曰："以陽居陽，剛嚴者也。處下體之極，爲一家之長，行與其慢也，寧過乎恭；家與其瀆也，寧過乎嚴。是以家雖嗃嗃悔厲，猶得吉也；婦子嘻嘻，失家節也。"案，《正義》釋王弼注"悔厲"之意爲"悔其酷厲"，於義亦通。

《象》曰：家人嗃嗃，未失[1]也；婦子嘻嘻，失家節也。

【譯文】

《象傳》說：一家人愁怨嗷嗷，說明此時未敢放逸縱樂；婦人孩童笑鬧嘻嘻，說明有失家中禮節。

【注釋】

〔1〕未失——失，通"佚"，即放逸縱樂之意。《尚氏學》：

“失、佚古通。‘未佚’者，言不敢放逸也；若‘嘻嘻’則淫佚而不中節矣，故曰‘失家節’。失，下讀‘得失’之失，上讀‘佚’以與‘節’韻”。

【說明】

九三立義，主於治家寧嚴勿寬，寧屬勿縱。胡炳文曰：“‘嗃嗃’，以義勝情，雖悔屬而吉；‘嘻嘻’，以情勝義，終吝。‘悔’自凶而吉，‘吝’自吉而凶。九三以剛居剛，若能嚴於家人者；比乎二柔，又若易昵於婦子者：三其在吉凶之間乎？悔吝之占，兩言之。”（《周易本義通釋》）此說頗中義理，可備參攷。

六四，富家，大吉[1]。

【譯文】

六四，增富其家，大爲吉祥。

【注釋】

〔1〕富家，大吉——富，用如動詞，即“增富”之意。此言六四處上卦之下，陰虛本不富；但柔順得正，下應初九，上承九五，大得陽剛之富實，故有“富家，大吉”之象。《周易學說》引李士鉁曰：“巽之主爻，又承陽應陽，故富。”又曰：“卦中二陰皆得正承陽。二在下，故事人；四在上，故養人。”

《象》曰：富家大吉，順在位[1]也。

【譯文】

《象傳》說：增富其家大爲吉祥，說明六四順承居於尊位的陽剛者。

【注釋】

〔1〕順在位——指六四順承九五。《尚氏學》：“言富之故，以順陽也。五得位，故曰‘順在位’”。

【說明】

關於六四的居位特點，《折中》分析說：“四在他卦臣道也，在《家人》卦則亦妻道也。夫，主教一家者也；婦，主養一家者也。《老子》所謂‘教父食母’是也。自二之‘在中饋’而至於四之‘富家’，則內職舉矣。”

九五，王假有家[1]，勿恤，吉。

【譯文】

九五，君王用美德感格衆人然後保有其家，无須憂慮，吉祥。

【注釋】

〔1〕王假有家——假，《王注》“至也”，《釋文》“更白反”，則舊音讀如“格”（音 gě），此處猶言“感格”，《尚氏學》引《尚書·堯典》“格于上下”《孔傳》云“格，至也”，是“格”、“至”互訓之證。這三句說明九五陽剛中正，尊居“君”位，下應六二柔正，有以美德感格家人以保有其家之象，故“勿恤”而“吉”。爻旨並含“正家而天下定”之義。《王注》：“履正而應，處尊體巽，王至斯道，以有其家者也。居於尊位，而明於家道，則下莫不化矣。父父子子，兄兄弟弟，夫夫婦婦，六親和睦，交相愛樂，而家道正。正家而天下定矣。故‘王假有家’，則‘勿恤’而‘吉’。”《尚氏學》：“言王以至德感格家人，无有不正，故无所憂而吉也。”

【說明】

《集解》引陸績注，訓“假”爲“大”，曰：“五得尊位，據四應二，以天下爲家，故曰‘王大有家’。天下正之，故无所憂則吉。”於義亦通。

《象》曰：王假有家，交相愛[1]也。

【譯文】

《象傳》說：君王用美德感格衆人然後保有其家，說明此時人人交相親愛和睦。

【注釋】

〔1〕交相愛——指九五與六二交應，猶家人親和，並含家道正

而天下安定之義。《尚氏學》：“謂二、五交孚，即釋‘格’義。”

【說明】

何楷認爲，九五要義在於：“身範既端”，“故能感格其家”（《古周易訂詁》）。《詩經·大雅·思齊》所謂“刑于寡妻，至于兄弟，以御于家邦”，似與此爻同旨。

上九，有孚，威如，終吉[1]。

【譯文】

上九，心存誠信，威嚴治家，終獲吉祥。

【注釋】

〔1〕有孚，威如，終吉——此言上九以陽剛處《家人》之終，居一家之上，既能心存誠信，又能威嚴治家，故獲“終吉”。《王注》：“凡物以猛爲本者，則患在寡恩；以愛爲本者，則患在寡威。故家人之道，尚威嚴也。家道可終，唯信與威；身得威敬，人亦如之：反之於身，則知施於人也。”

《象》曰：威如之吉，反身[1]之謂也。

【譯文】

《象傳》說：威嚴治家乃獲吉祥，說明上九先要反身嚴格要求自己。

【注釋】

〔1〕反身——即反求自身。《程傳》：“治家之道，以正身爲本，故云‘反身之謂’。爻辭謂治家當有威嚴，而夫子又復戒云當先嚴其身也。”

【說明】

“反身”，含有“身教重於言教”的道理。這是《象傳》作者對爻義的引申發揮。《小象傳》對爻義的闡發，在三百八十四爻中爲通同之例，於此爻亦見一斑。

【總論】

　　《家人》卦闡發"治家"之道。卦辭主於"利在女子守正"，六爻卻並發男女如何"正家"的意義。《折中》引吳曰慎曰："'家人'之道，男以剛嚴爲正，女以柔順爲正。初曰'閑'，三曰'厲'，上曰'威'，男子之道也；二、四《象傳》皆曰'順'，婦人之道也。五剛而中，非不嚴也，嚴而泰也。"深究作《易》者的意旨，卦辭之所以強調"利女貞"，乃責求女子之"正"須絕對"柔順"、无所專遂："婦德"緣此能立，"家道"於是不失。那麼，真正的治家主權自然非"男"莫屬了，上九"威如"之喻便成爲"男權"的絕好象徵。《彖傳》所謂"男女正，天地之大義"，也是本於男嚴女順、陽唱陰和的觀念。誠然，人倫尊卑是人類社會發展過程中産生的客觀現象，自有一定的規律；但由此引發出"男尊女卑"的思想，根深蒂固地影響了中國兩千多年的封建社會，今天實當深加批判。至於《家人》卦蘊含的超乎"家人"之外的意義，從《彖傳》"正家而天下定"一語，以及《大象傳》"君子"居家不忘修言行、美風化的闡述中，可以看出貫穿在"身"、"家"、"天下"之間的一條具有濃厚政治色彩的線索。就這一角度分析，《家人》的大旨又與《禮記·大學》倡揚"修身，齊家，治國，平天下"的政治思想密合无間。

睽卦第三十八

☲　睽^{〔1〕}：小事吉^{〔2〕}。

【譯文】

《睽》卦象徵乖背睽違：小心處事可獲吉祥。

【注釋】

〔1〕睽——音癸 kuí，卦名，下兌（☱）上離（☲），象徵"乖背睽違"。《序卦傳》："睽，乖也"；《說文》謂"目不相聽"，指兩目相背，即"乖違"之意。　〔2〕小事吉——小，陰柔之稱，此處含"小心"之義。凡物相睽，必須以柔順的方法，小心尋求其中可合之處，才能轉"乖睽"爲"諧和"；若剛斷强合，必難"濟睽"：故稱"小事吉"。卦中六五以柔處中應剛，正合此象。《集解》引虞翻曰："小謂五，陰稱小，得中應剛故吉。"

【說明】

"小事吉"之義，有兩種說法較爲通行。一是認爲"小事"指細小之事。如孔穎達《正義》曰："物情乖異，不可大事。大事謂興役動衆，必須大同之世方可爲之；小事謂飲食衣服，不待衆力，雖乖而可。"一是認爲"小事"指"以柔爲事"。如《折中》引何楷曰："業已睽矣，不可以忿疾之心驅迫之也；惟不爲已甚，徐徐轉移，此'合睽'之善術也，故曰'小事吉'。小事，猶言以柔爲事。非大事不吉，而小事吉之謂。"今取後說。

《彖》曰：睽，火動而上，澤動而下[1]；二女同居，其志不同行[2]。說而麗乎明[3]，柔進而上行，得中而應乎剛[4]，是以小事吉。天地睽而其事同也，男女睽而其志通也，萬物睽而其事類也：睽之時用大矣哉[5]！

【譯文】

《彖傳》說：乖背睽違，譬如火焰燃動炎上，澤水流動潤下；又如兩個女子同居一室，志向不同而行爲乖背。此時應當和悅附麗於光明，用柔順之道求進繼能向上直行，還要處事適中而應合於陽剛者，這就是小心處事可獲吉祥的道理。天地上下乖睽但化育萬物的事理卻相同，男女陰陽乖睽但交感求合的心志卻相通，天下萬物乖背睽違但稟受天地陰陽氣質的情狀卻相類似：乖睽之時有待施用的範圍是多麼廣大啊！

【注釋】

〔1〕火動而上，澤動而下——火，指上離；澤，指下兌。此謂上下象含“乖睽”之義。《集解》引虞翻曰：“離火炎上，澤水潤下也。” 〔2〕二女同居，其志不同行——二女，指下兌爲少女，上離爲中女。此謂上下象猶“二女”共處，長成必各有不同的歸適之志。文意是配合前兩句並釋卦名“睽”。《正義》：“中、少二女共居一家，理應同志；各自出適，志不同行，所以爲異也。”案，《折中》分析“二女”之象曰：“二女同居之卦多矣，獨於《睽》、《革》言之者，以其皆非長女也。凡家有長嫡，則有所統率而分定；其不同行不相得而至於乖異變易者，无長嫡而分不定之故爾。”此說可參攷。 〔3〕說而麗乎明——說，即“悅”，指下兌爲“悅”；麗乎明，指上離爲明，爲“附麗”。此謂上下象含有以和悅附麗於光明之義。《程傳》：“兌，說也；離，麗也，又爲明，故爲說順而附麗於明。” 〔4〕柔進而上行，得中而應乎剛——柔、中，指六五柔順中正；剛，指九二。此謂五以柔中下應二剛。文意承前句，言當以和悅、柔順之道小心處“睽”，以釋卦辭“小事

吉"之旨。《程傳》："六五以柔居尊位，有說順麗明之善，又得中道而應剛。"《古周易訂詁》："下卦兌說，上卦柔中，皆以小心行柔道者，彖之所謂'小事吉'者此耳。"　〔5〕睽之時用大矣哉——此句承前三句所舉天地、男女、萬物之例，說明事物雖"睽"卻有可同之理，沿順其理以求必能"合睽"，故歎美當"睽"之時可以廣施合睽之用。《程傳》："天高地下，其體睽也，然陽降陰升，相合而成化育之事則同也；男女異質，睽也，而相求之志則通也；生物萬殊，睽也，而得天地之和，禀陰陽之氣，則相類也。物雖異而理本同，故天下之大，羣生之衆，睽散萬殊，而聖人爲能同之。處睽之時，合睽之用，其事至大，故云'大矣哉'。"

《象》曰：上火下澤，睽〔1〕；君子以同而異〔2〕。

【譯文】

　　《象傳》說：上爲火下爲澤，象徵乖背睽違；君子因此謀求大同並存小異。

【注釋】

　　〔1〕上火下澤，睽——釋《睽》卦上離爲火、下兌爲澤之象。《集解》引荀爽曰："火性炎上，澤性潤下，故曰睽也。"
　　〔2〕同而異——猶言求同存異。這是說明君子觀《睽》象而悟"合睽"之理，謀求事物之"大同"，並存不可同之"小異"。《集解》引荀爽曰："大歸雖同，小事當異。百官殊職，四民異業；文武並用，威德相反：共歸於治。故曰'君子以同而異'也。"

【說明】

　　程頤用《禮記·中庸》"和而不流"一語，說明"同而異"的道理是："於大同之中，而知所當異也"（《程傳》），甚切《大象傳》意。李中正曰："《彖》曰'異而同'，所以成濟睽之功；《象》言'同而異'，所以明用睽之理。"（《泰軒易傳》）馬其昶依此發論云："持一說建立一宗教，必强人之同於己，徒黨怨怒攻擊，

甚且釀成兵禍：是皆不知‘君子以同而異’之理。南郭惠子問於子
貢曰：‘夫子之門，何其雜？’嗚呼！此孔子之所以爲大也。”（《重
定費氏學》）馬氏援據孔子授徒爲說，正揭明孔子的“有教無類”
與《大象傳》“同而異”在義理上的相通，至爲可取。

初九，悔亡[1]。喪馬，勿逐自復；見惡人，无咎[2]。

【譯文】

初九，悔恨消亡。馬匹走失，不用追逐以靜候其自行歸來；遜
接與己對立的惡人，不致咎害。

【注釋】

〔1〕悔亡——初九處《睽》之始，猶初與人“乖睽”，位卑无
應，不立異自顯而廣和於人，則其“悔”自消。《王注》：“處
《睽》之初，居下體之下，无應獨立，‘悔’也；與人合志，故得
‘悔亡’。” 〔2〕喪馬，勿逐自復；見惡人，无咎——見，《正
義》：“謂遜接之也”。此以兩層相似的喻象，說明初九的處睽之
道：“喪馬”喻乖睽，“勿逐”靜俟“自復”則“睽”消；“惡人”
亦喻與己乖睽，和顏相接，待其自改從善則“睽”亦消。喻旨均明
初九必須退順勿動，居易俟命，“乖睽”自得消失。《大易緝說》：
“失馬逐之，則逾逐逾遠；惡人激之，則愈激愈睽：故勿逐而聽其
自復，見之而可以免咎也。處睽之初，其道當如此。不然，‘睽’
終於睽矣。”

《象》曰：見惡人，以辟[1]咎也。

【譯文】

《象傳》說：遜接與己對立的惡人，說明初九意在避免乖睽激
化的咎害。

【注釋】

〔1〕辟——通“避”。

【說明】

　　初九處“睽”的原則見於兩方面：一是“和同”，即孔穎達所謂“和光同塵”，不“標顯自異”（《正義》）。一是“守靜”，即何楷所謂：“靜以俟之，遜以接之，泊然若不見其‘睽’者。夫惟不見其‘睽’，而後睽可合。”（《折中》引）

九二，遇主于巷，无咎[1]。

【譯文】

　　九二，在巷道中不期然遇合主人，必无咎害。

【注釋】

　　〔1〕遇主于巷，无咎——主，指六五，因居尊應二故稱。此言九二當“睽”之時，失位不安，本有咎害；但陽居陰位，守謙順時，又處中道，終能於不期然間與所應之六五遇於巷道，“睽違”遂合，故獲“无咎”。《王注》：“處睽失位，將無所安；然五亦失位，俱求其黨，出門同趣，不期而遇，故曰‘遇主于巷’也。”

《象》曰：遇主于巷，未失道也。

【譯文】

　　《象傳》說：在巷道中不期然遇合主人，說明九二未曾違失處睽之道。

【說明】

　　九二“小心”處睽的方法，在於剛而能柔，行不失中。所謂不強求合睽，其睽自合，足見其濟“睽”之小心順理。

六三，見輿曳，其牛掣，其人天且劓[1]。无初有終[2]。

【譯文】

　　六三，似乎看見大車被拖曳難行，駕車的牛受牽制不進，又恍如自身遭受削髮截鼻的酷刑。起初乖睽，終將歡合。

【注釋】

〔1〕見輿曳，其牛掣，其人天且劓——曳，音夜 yè，拖曳；掣，音徹 chè，牽制；天，當作"而"（見"說明"），古代的"髠髮"之刑，即剃削罪人的鬢髮；劓，音藝 yì，古代割鼻之刑。這三句取三種喻象，說明六三處《睽》下卦之終，與上九正應卻睽違難合的情狀：先是上下兩陽近比，造成心理威脅，猶如二"曳輿"於後、四"掣牛"於前；又因上九遠在外卦之極，恐其對己猜疑乃至施加懲罰，故恍如身受"天"、"劓"酷刑。辭義主於表明六三居內睽違至極，處境艱難，並由此產生恐懼、疑慮。《本義》："六三、上九正應，而三居二陽之間，後爲二所曳，前爲四所掣；而當睽之時，上九猜狠方深，故又有'髠'、'劓'之傷。" 〔2〕无初有終——猶言"初睽，終合"。此謂六三雖睽違不堪，但篤情專戀上九，二、四非正應難以牽制，終致上九疑消而歡合。《本義》："然邪不勝正，終必有合。"

【說明】

爻辭"天"字，諸家訓釋不同。如：一、《釋文》引馬融曰："剗鑿其額曰'天'。"《集解》引虞翻曰"黥額爲'天'"，同此。指在罪人額上刺字爲罰。二、胡瑗認爲："'天'當作'而'字，古文相類，後人傳寫之誤也。然謂'而'者，在漢法，有罪髠（引者案，音坤 kūn）其鬢髮曰'而'。"（《周易口義》）三、俞樾認爲："天"當作"兀"字，謂《玉篇》引古文"天"作"兂"，以形近，故"兀"訛爲"天"。並據《莊子·德充符》"魯有兀者"《釋文》云"刖足曰'兀'"，以訓其義（《羣經平義》）。今取胡氏說。

《象》曰：見輿曳，位不當也；无初有終，遇剛[1]也。

【譯文】

《象傳》說：似乎見到大車被拖曳難行，這是六三居位不妥當所致；起初乖睽終將歡合，說明六三終必與相應的陽剛遇合。

【注釋】

〔1〕遇剛——指三與上九應合。

【說明】

六三以陰居內，睽違至極而生憂懼；上九以陽居外，睽違更甚，故所生猜疑、幻覺更爲强烈。兩爻頗可對照理解。

九四，睽孤[1]。遇元夫，交孚，厲无咎[2]。

【譯文】

九四，乖背睽違而孑然孤立。遇合陽剛大丈夫，交相誠信，雖有危險卻能免遭咎害。

【注釋】

〔1〕睽孤——九四處“睽”之時，孤立无應，三、五兩陰雖上下比近，但各有專主，故獨顯“睽孤”之象。《王注》：“无應獨處，五自應二，三與己睽，故曰‘睽孤’也。”　　〔2〕遇元夫，交孚，厲无咎——元夫，指初九，陽大稱“元”，猶言“大丈夫”。《來氏易注》：“元者，大也；夫者，人也。陽爲大人。”此承前句義，謂九四當“睽孤”无應之時，不强求陰陽交應，適逢初九亦獨處失應，兩剛引爲同志，相交以誠，故雖有“乖睽”之“厲”，終能“无咎”。《王注》：“初亦无應特立，處睽之時，俱在獨立，同處體下，同志者也。而己失位，比於三、五，皆與己乖，處无所安，故求其疇類而自託焉，故曰‘遇元夫’也。同志相得而无疑焉，故曰‘交孚’也。雖在乖隔，志故得行，故雖危无咎也。”

《象》曰：交孚无咎，志行也。

【譯文】

《象傳》曰：交相誠信而能免遭咎害。說明九四的志向在踐行濟睽。

【說明】

　　初處下位，陽而能退；四居陰位，剛而能柔：兩者均禀謙和之德，交相孚信，終能化“睽”爲“合”。可見，九四與初九是以“求同存異”的信念，履行濟睽之志。

六五，悔亡，厥宗噬膚，往何咎[1]？

【譯文】

　　六五，悔恨消亡，相應的宗親像咬噬柔脆皮膚似地以和順之道期待遇合，前往有何咎害？

【注釋】

　　〔1〕悔亡，厥宗噬膚，往何咎——宗，宗族內部（見《同人》六二譯注），此處指九二應五，猶如“宗親”；噬膚，咬噬柔脆的皮膚（見《噬嗑》六二譯注），此處喻柔順平易的“濟睽”途徑。這三句說明六五不當位，本有悔；但居尊柔順，下應九二，二正以和順適中的“噬膚”之道期待遇合，往應必无咎，故獲“悔亡”。《折中》：“‘睽’之時‘小事吉’者，逕情直行則難合，委曲巽入則易通也。如食物然，齧其體骨則難，而噬其膚則易。九二遇我乎巷，是‘厥宗’之來‘噬膚’也；我往合之，睽者不睽矣。此其所以‘悔亡’也，何咎之有？”

《象》曰：厥宗噬膚，往有慶也。

【譯文】

　　《象傳》說：相應的宗親像咬噬柔脆皮膚似地以和順之道期待遇合，說明六五此時前往濟睽必有喜慶。

【說明】

　　六五所以“悔亡”，不但在於九二相應，更在於二能小心尋求平易和順之道期待遇合，因此往必“有慶”，兩相歡聚。《象傳》“得中而應乎剛”，正與此合。

上九，睽孤，見豕負塗，載鬼一車，先張之弧，後說之
弧[1]。匪寇，婚媾，往遇雨則吉[2]。

【譯文】

上九，睽違至極而孤獨狐疑，恍如看見醜豬背負污泥，又見一
輛大車滿載鬼怪在奔馳，先是張弓欲射，後又放下弓矢。原來並非
強寇，而是與己婚配的佳麗，此時前往遇到陰陽和合的甘雨便欣然
獲吉。

【注釋】

〔1〕睽孤，見豕負塗，載鬼一車，先張之弧，後說之弧——
豕、鬼，均喻上九猜疑六三變態化爲醜形；說，通“脫”。這幾句
說明上九以陽處《睽》之極，與六三違離至久，孤獨煩躁，妄生猜
疑，遂釀成種種幻覺：或見其變豬負塗，或見鬼車奔馳，當舉弧欲
射之際，又猛然發現非鬼而罷。辭義與六三相應，表明上九睽極所
產生的心理變異。《程傳》：“上之與三，雖爲互應，然居‘睽’
極，无所不疑，其見三如豕之污穢，而又背負泥土，見其可惡之甚
也。既惡之甚，則猜成其罪惡，如見載鬼滿一車也。鬼本无形，見
載之一車，言其以无爲有，妄之極也。”又曰：“先張之弧，始疑惡
而欲射之也。疑之者妄也，妄安能常？故終必復正。三實无惡，故
後說弧而弗射。”　　〔2〕匪寇，婚媾，往遇雨則吉——婚媾，喻
上、三兩爻的正應關係；雨，古人認爲是陰陽二氣交和之物，此處
喻上、三“睽”極終至相合。這三句承前文之義，說明上九猜疑既
消，知三非“寇”，實爲良配，故前往必“遇雨”獲“吉”。《程
傳》：“‘睽’極而反，故與三非復爲寇讎，乃婚媾也。”又曰：“陰
陽合而益和則爲雨，故云‘往遇雨則吉’。往者，自此以往也，謂
既合而益和則吉也。”

《象》曰：遇雨之吉，羣疑[1]亡也。

【譯文】

《象傳》說：遇到陰陽和合的甘雨便欣然獲吉，說明上九的種

種猜疑都已經消失。

【注釋】

〔1〕羣疑——《程傳》:"始'睽'也,无所不疑,故云'羣疑'。"

【說明】

從人類的心理規律分析,睽違與猜疑,惡夢與苦戀,往往有一定的聯繫。馬其昶指出:"今見道塗之間,豕負載、鬼乘車,皆疑極所生幻象。"(《重定費氏學》)上九既有此狀,六三的輿曳、牛掣、身遭髡劓之刑,也未必不如是。當此睽極而"羣疑"紛生之際,只能心平氣和地加强瞭解,以"柔道"緩緩疏通,纔能消疑合睽,復相親和。三、上兩爻"无初有終","遇雨"獲吉,正體現這一道理。

【總論】

人情物理,總是好合不好離,喜聚不喜散。《古詩十九首》"行行重行行,與君生別離;相去萬餘里,各在天一涯"(《文選》卷二十九)幾句,是較有代表性的嗟傷睽違離別的詩歌藝術反映。《睽》卦取名"乖背睽違",卦旨卻在於揭示如何化"睽"爲"合"的道理。卦辭謂"小心處事可獲吉祥",即表明事物雖睽,必有可同、可合之處,用柔和細緻的方法順勢利導,乖背能消、睽違終合。卦中六爻雖均在"睽"時,但未嘗一爻久睽不合。《折中》引馮當可曰:"內卦皆睽而有所待,外卦皆反而有所應:初'喪馬勿逐',至四'遇元夫',而初、四合矣;二委曲以求遇,至五'往何咎',而二、五合矣;三'輿曳'、'牛掣',至上'遇雨',而三、上合矣。天下之理,固未有終睽也。"可見,諸爻均以小心、委婉之道,並收濟睽、合睽之功,所謂"委曲巽入則易通也"(《折中》)。從各爻的義理中,可以明顯看出《周易》作者對於事物同異、睽合辯證關係的認識:《彖傳》稱"天地睽而其事同也，男女睽而其志通也，萬物睽而其事類也"，正闡發這一意義。至於《大象傳》所明"求大同存小異"的旨趣，則是對"小心處睽"這一抽象概念的具體發揮，從而使《睽》卦蘊含的"對立統一"的哲學因素進一步顯露出應有的色彩。

周易譯注卷五終

周易譯注卷六

下經 蹇 解 損 益 夬 姤 萃 升

蹇卦第三十九

䷦ 蹇[1]：利西南，不利東北[2]。利見大人，貞吉[3]。

【譯文】

《蹇》卦象徵行走艱難：利於走向西南平地，不利於走向東北山麓。利於出現大人，守持正固可獲吉祥。

【注釋】

〔1〕蹇——音簡 jiǎn，卦名，下艮（☶）上坎（☵），象徵“行走艱難”。《序卦傳》：“蹇者，難也”，《彖傳》同。《本義》：“足不能進，行之難也。” 〔2〕利西南，不利東北——西南，象徵平地；東北，象徵山麓。此承卦名“蹇”而言，說明當“蹇難”之時，所行宜於避險就夷，故“利西南，不利東北”。《王注》：“西南，地也；東北，山也。以難之平，則難解；以難之山，則道窮。”《正義》：“西南，順（引者案，順，阮刻作險，據《校勘記》改）位，平易之方；東北，險位，阻礙之所。世道多難，率物以適平易，則蹇難可解；若入於險阻，則彌加擁塞。去就之宜，理須如此。” 〔3〕利見大人，貞吉——此謂處“蹇”之時，利於“大人”奮起濟難，並須守持正固，則可獲吉祥。本卦九五剛中居尊，諸爻處位得正，即合此象。《本義》：“當‘蹇’之時，必見大人，然後可以濟難；又必守正，然後得吉。而卦之九五，剛健中正，有‘大人’之象；自二以上五爻，皆得正位，則又‘貞’之義也。”

【說明】

　　《說卦傳》述八卦之後天方位，謂坤爲西南之卦，艮爲東北之卦；坤象地，艮象山：故"西南"、"東北"分別象徵"平地"、"山麓"。《王注》之意，當本於此。但在《坤》卦卦辭中，"西南"譬喻陰者沿此前行遇陽漸多，"東北"譬喻陰者沿此前行失陽漸盡，故或"得朋"、或"喪朋"。可見，《坤》、《蹇》兩卦雖均取"西南"、"東北"爲象，其用意卻不相同。

《彖》曰：蹇，難也，險在前也；見險而能止，知矣哉[1]！蹇利西南，往得中[2]也；不利東北，其道窮[3]也。利見大人，往有功[4]也；當位貞吉，以正邦也[5]。蹇之時用大矣哉[6]！

【譯文】

　　《彖傳》說：蹇，意思是行走艱難，譬如險境就在前面而行走必難；出現險境而能停止不前，可以稱爲明智啊！行路艱難之時利於走向西南平地，這樣前往就能合宜適中；不利於走向東北山麓，往東北必將路困途窮。利於出現大人，說明前往濟蹇必能建功；居位適當守持正固可獲吉祥，說明可以擺脫蹇難端正邦國。處於蹇難之時濟蹇的功用是多麼弘大啊！

【注釋】

　　[1] 險在前也；見險而能止，知矣哉——險，指上坎；止，指下艮；知，即"智"。此以上下卦象，合前文並釋卦名"蹇"之義。《正義》："坎在其外，是險在前也；有險在前，所以爲難。若冒險而行，或罹其害；艮居其內，止而不往，相時而動，非知不能。"　　[2] 往得中——中，猶言適中、合宜。此釋卦辭"利西南"，謂蹇之時行於西南平地是合宜之道。《正義》："之於平易，救難之理，故云'往得中也'。"《折中》："'得中'者，但取其進退之合宜，不躁動以犯難，爲'利西南'之義耳。"　　[3] 其道

窮——釋卦辭"不利東北"之義。《正義》:"之於險阻,更益其難,其道彌窮。" 〔4〕往有功——釋卦辭"利見大人"之義。《程傳》:"蹇難之時,非聖賢不能濟天下之蹇,故利於見大人也。大人當位,則成濟蹇之功矣,往而有功也。" 〔5〕當位貞吉,以正邦也——當位,指六二以上諸爻居位均正,初爻雖以陰居陽,但最處卑位,其義亦正:故全卦六爻皆含守正濟"蹇"之義。此以爻象釋卦辭"貞吉"。《程傳》:"《蹇》之諸爻,除初外,餘皆當正位,故爲貞正而吉也;初六雖以陰居陽,而處下,亦陰之正也。以如此正道正其邦,可以濟於'蹇'矣。" 〔6〕蹇之時用大矣哉——此句總結全《彖》,歎美濟蹇之時,其用至大。《程傳》:"天下之難,豈易平也?非聖賢不能,其用可謂大矣。"《周易本義通釋》:"上文所謂'往得中'、'有功'、'正邦',即其用之大者也。"

【說明】

本卦"西南"、"東北"之義,及《象傳》所釋諸語,漢魏易家多以卦變解之。如荀爽注"利西南,往得中"曰:"西南謂坤,乾動往居坤五,故得中也。"又注"不利東北,其道窮也"曰:"東北,艮也。艮在坎下,見險而止,故其道窮也。"虞翻注"利見大人,往有功也"曰:"大人謂五,二往應五,五多功,故往有功也。"(均見《集解》引)諸說並可備參攷。

《象》曰:山上有水,蹇[1];君子以反身修德[2]。

【譯文】

《象傳》說:高山上有積水,象徵行走艱難;君子因此當蹇難之時應當反求於自身而努力修美道德。

【注釋】

〔1〕山上有水,蹇——釋《蹇》卦下艮爲山,上坎爲水之象。《正義》:"山者是巖險,水是阻難;水積山上,彌益危難,故曰

'山上有水，蹇'。"　　〔2〕反身修德——反身，即"反求自身"。

這是說明君子觀《蹇》卦之象，悟知處"蹇"之時，先須"反身修德"然後才能濟蹇涉難。《正義》："蹇難之時，未可以進，惟宜反求諸身，自修其德，道成德立，方能濟險，故曰'君子以反身修德'也。"

【說明】

"山上有水"，已經喻示著"行走艱難"的情狀。《孟子·離婁上》曰："行有不得者，皆反求諸己。"程頤引用此語闡釋《大象傳》"反身修德"的寓義，指出："君子之遇艱阻，必反求諸己而益自修"（《程傳》）。程氏之說，甚切《象》旨。

初六，往蹇，來譽[1]。

【譯文】

初六，往前行走艱難，歸來必獲美譽。

【注釋】

〔1〕往蹇，來譽——往，猶言"進"；來，猶言"退"。此謂初六處"蹇"之始，陰柔卑下，上无應與，故犯難冒進必"蹇"，識時退處則有"譽"。《王注》："處難之始，居止之初，獨見前識，覩險而止，以待其時，知矣哉！故往則遇蹇，來則得譽。"

《象》曰：往蹇來譽，宜待也。

【譯文】

《象傳》說：往前行走艱難而歸來必獲美譽，說明初六應當等待時機。

【說明】

本卦初、三、四、上諸爻均稱"往"、"來"，並見處"蹇"之時，行止必須適宜之義。何楷指出："此卦中言'來'者皆就本爻言，謂來而止於本位也，對'往'之辭。初六去險最遠，其止最先，獨見前識，正《傳》之所謂'智'也。"（《古周易訂詁》）

六二，王臣蹇蹇，匪躬之故[1]。

【譯文】

六二，君王的臣僕努力奔走濟難，不是爲了自身私事。

【注釋】

〔1〕王臣蹇蹇，匪躬之故——臣，猶言"臣僕"，《帛書周易》作"僕"字；蹇蹇，形容努力濟蹇的情狀，《尚氏學》"言劬勞也"；躬，自身；故，《廣雅·釋詁三》"事也"。這兩句說明六二當蹇難之時，柔順居中，上應九五，志在濟蹇，猶如"王臣"盡職劬勞不爲己身。《王注》："處難之時，履當其位，居不失中，以應於五。不以五在難中，私身遠害，執心不回，志匡王室者也，故曰'王臣蹇蹇，匪躬之故'。"《經義述聞》："不言'事'而言'故'者，以韻初六之'譽'。"

《象》曰：王臣蹇蹇，終无尤也。

【譯文】

《象傳》說：君王的臣僕努力奔走濟難，說明六三能如此終將无所過尤。

【說明】

此爻所謂"蹇蹇"，含有奮力濟蹇，不計得失成敗之義。朱熹認爲："不言吉凶者，占者但當鞠躬盡力而已，至於成敗利鈍，則非所論也。"(《本義》)

九三，往蹇，來反[1]。

【譯文】

九三，往前行走艱難，歸來退居其所。

【注釋】

〔1〕往蹇，來反——此言九三以陽處下艮之上，前臨坎險，下據二陰，故往則遇"蹇"，反則得所。《王注》："進則入險，來則得位，故曰'往蹇來反'。"

《象》曰：往蹇來反，内喜之也[1]。

【譯文】

《象傳》說：往前行走艱難而歸來退居其所，說明内部陰柔者都欣喜九三歸返。

【注釋】

〔1〕内喜之也——内，指内卦二陰，陰喜陽歸；之，指九三"來反"之事。《正義》："内卦三爻，惟九三一陽，居二陰之上，是内之所恃，故云'内喜之也'。"

【說明】

九三陽剛得正，坎險在前，其濟"蹇"之道是先退后進。此即《象傳》所謂"見險而能止，知矣哉"之義。馬其昶認爲："濟蹇之術亦多矣，九三之來而復反，蓋欲先安其内也。"（《重定費氏學》）

六四，往蹇，來連[1]。

【譯文】

六四，往前行走艱難，歸來又艱難迭連。

【注釋】

〔1〕往蹇，來連——連，猶言"接連蹇難"，《釋文》引馬融曰："亦難也"。此謂六四當蹇之時，雖柔順得正，但以柔乘凌九三之剛，下與初六无應，自身又處坎險，故有往來皆遇蹇難之象。爻義主於"時位"如此，其難不可避免。《王注》："往則无應，來則乘剛，往來皆難，故曰'往蹇，來連'。"

《象》曰：往蹇來連，當位實[1]也。

【譯文】

《象傳》說：往前行走艱難而歸來又艱難迭連，說明六四正當本實之位其蹇難並非妄招。

【注釋】

〔1〕當位實——指位當其實，難非自招。《王注》："得位履

正，當其本實；雖遇於難，非妄所招也。”

【說明】

本爻“來連”之義，諸家說法不同。今舉兩例以備參攷：一、《集解》引荀爽曰：“來還承五，則與至尊相連。”此言四連於五。二、朱熹曰：“連於九三，合力以濟。”（《本義》）此言四連於三。

九五，大蹇，朋來[1]。

【譯文】

九五，行走十分艱難，友朋紛紛來歸相助。

【注釋】

〔1〕大蹇，朋來——此謂九五陽居坎中，當“大蹇”之時，以陽剛中正之德下應六二，故友朋紛來，共濟蹇難。《王注》：“處難之時，獨在險中，難之大者也，故曰‘大蹇’。然居不失正，履不失中，執德之長，不改其節，如此則同志者集而至矣，故曰‘朋來’也。”

《象》曰：大蹇朋來，以中節[1]也。

【譯文】

《象傳》說：行走十分艱難而友朋紛紛來歸相助，說明九五保持陽剛中正的氣節。

【注釋】

〔1〕中節——《正義》：“得位居中，不易其節。”

【說明】

胡炳文曰：“諸爻皆以‘往’爲‘蹇’，聖人又慮天下皆不‘往’，‘蹇’无由出矣。二五君臣，復不往，誰當往乎？是以於二曰‘蹇蹇’，於五曰‘大蹇’。”（《周易本義通釋》）《折中》指出：“二五獨無往來之文，蓋君臣相與濟蹇者。其責不得辭，而於義無所避。猶之《遯》卦，諸爻皆遯，六二獨以應五，而固其不遯之志也。胡氏之說得之。凡《易》之應，莫重於二、五，故二之稱

'王臣'者，指五也；五之稱'朋來'者，指二也。如在下者占得五，則當念國事之艱難，而益致其'匪躬'之節；如在上者占得二，則當諒臣子之忠貞，而益廣其'朋來'之助。正如朱子說《乾》卦二、五相爲賓主之例也。推之《蒙》、《師》諸卦，無不皆然。"此說辨析二五爻義的關係之處，似有可取。

上六，往蹇，來碩。吉，利見大人[1]。

【譯文】

上六，往前行走艱難，歸來可建大功。吉祥，利於出現大人。

【注釋】

〔1〕往蹇，來碩——此謂上六以陰居《蹇》之終，蹇極將通，若往前則不但无益而將更生蹇難，來歸本位附從九五之尊則有大功，故下文稱"吉"，並謂其"利見"九五之"大人"。《本義》："已在卦極，往无所之，益以蹇耳；來就九五，與之濟蹇，則有碩大之功。'大人'指九五。"

《象》曰：往蹇來碩，志在內[1]也；利見大人，以從貴[2]也。

【譯文】

《象傳》說：往前行走艱難而歸來可建大功，說明上六的志向在於協同內部共同濟艱；利於出現大人，說明上六應當附從尊貴的陽剛君主。

【注釋】

〔1〕志在內——指上六既歸從九五又下應九三，而五亦應下卦六二：二、三均處內卦，則上與五之志在合內以濟"蹇"，故曰"志在內"。《程傳》"上六應三而從五，志在內也。"　〔2〕從貴——貴，指九五貴居"君位"。《程傳》："謂從九五之貴也。所以云'從貴'，恐人不知大人爲指五也。"

【說明】

上六居一卦之終，當位有應，附從"貴君"，此時濟"蹇"之功必成，故爻辭稱"吉"。朱熹指出："諸爻皆不言吉，蓋未離乎'蹇'中也；至上六'往蹇，來碩，吉'，卻是'蹇'極有可濟之理。"（《朱子語類》）

【總論】

《蹇》卦取名爲"蹇"，其旨在於喻示濟涉蹇難的道理。卦辭所發之義約有三事：一、濟蹇必須進退合宜。所謂利於"西南"平地，不利於"東北"山麓，即表明此時可進則進，不可進則退。二、"大人"是濟蹇的主導因素。所稱"利見大人"，事實上是揭示"蹇難"之時，期待著聚合各方力量、統一上下意志的"權威"性因素，有此"權威"爲"主導"，則險厄可濟，蹇難可解。三、濟蹇又必須守持正固。所言"貞吉"，即謂行爲不違正道，上下同舟共濟，必能濟蹇獲吉。卦中六爻，便圍繞這三方面意義，展示了處在不同環境、地位中的濟蹇情狀。初六位卑无應，犯難冒進則遇蹇，退處待時則有譽；六二柔中應剛，當如"王臣"不計私利、盡心濟難；九三剛正而險難當前，須暫退"安内"，然後求進；六四柔正而前後均險，不可進而須自守正固；九五陽剛中正，爲"大人"濟蹇之象，雖時"大蹇"，卻有"友朋"來歸，共濟危難；上六蹇難將解，附從"貴君"以建"碩大"之功，終獲吉祥。綜觀六爻大義，各爻均示人善處蹇時，勉力濟難。但全卦到了上爻纔言"吉"，則隱含著匡濟蹇難必須經歷長期、艱苦的過程，纔能見其功效。《孟子·告子下》曰："必先苦其心志，勞其筋骨，餓其體膚"，似與這一道理略可諧合。

解卦第四十

䷧ 解[1]：利西南[2]。无所往，其來復吉[3]；有攸往，夙吉[4]。

【譯文】

《解》卦象徵舒解險難：利於西南眾庶之地。沒有危難就无須前往舒解，返回安居其所可獲吉祥；出現危難要有所前往，及早前去可獲吉祥。

【注釋】

〔1〕解——卦名，下坎（☵）上震（☳），象徵"舒解"險難。《序卦傳》："解者，緩也"；《說文》"解，判也，從刀判牛角"，即謂分判、離析，引申爲舒緩、散釋。《正義》："解者，險難解釋，物情舒緩。" 〔2〕利西南——西南，象徵"眾庶"之地。此言舒解險難，利在施於眾庶，使羣情共獲舒緩，故曰"利西南"。《王注》："西南，眾也。解難濟險，利施於眾。" 〔3〕无所往，其來復吉——這兩句說明无危難之時无所前往，以來復安居、修治其內爲吉。《正義》："无難可往，則以來復爲吉。" 〔4〕有攸往，夙吉——夙，早也，此處與"速"義通，焦循《周易補疏》："凡事早則速，速、夙音義皆通"。這兩句與前文"无所往，其來復吉"對舉，說明出現危難之時，應有所前往，並以及早

前去、迅速舒解爲吉。《王注》："有難而往，則以速爲吉。"案，《正義》引褚氏曰："世有无事求功，故誡以无難宜靜；亦有待敗乃救，故誡以有難須速也。"此說從反面申明卦辭"來復吉"與"夙吉"的義理，甚爲可取。

【說明】

《說卦傳》謂坤爲"西南"之卦，又謂坤爲"衆"：故"西南"象徵"衆庶"。王弼云"西南，衆也"，義當本於此。案六十四卦"西南"之象，自《坤》"西南得朋"發其端，《蹇》、《解》兩卦又延申其義。試析三卦異同，《坤》之"得朋"在西南，《蹇》、《解》之"利"亦在西南，三者取象皆同，但寓旨各有所主：《坤》卦主於陰柔者當"順行"、"居後"，《蹇》卦主於濟蹇利在從平易入手，《解》卦主於舒解險難當施於衆庶。三卦用象同而旨趣異，各須具體辨析（參閱《蹇》卦辭"說明"）。

《彖》曰：解，險以動，動而免乎險[1]，解。解利西南，往得衆[2]也；其來復吉，乃得中[3]也；有攸往夙吉，往有功[4]也。天地解而雷雨作，雷雨作而百果草木皆甲坼[5]：解之時大矣哉[6]！

【譯文】

《彖傳》說：舒解險難，譬如置身險境而能奮動，奮動解脫就避免落入險陷，這就是舒解險難。解難之時利於西南衆庶之地，說明往此前去必獲衆人擁護；沒有危難就无須前往而以返回安居獲吉，這樣處事就能合宜適中；出現危難有所往要及早則能獲吉，說明如此前去解難必能建功。天地舒解於是雷雨興起，雷雨興起於是百果草木的種子都舒展萌芽而綻開外皮：舒解之時的功效是多麼弘大啊！

【注釋】

〔1〕險以動，動而免乎險——險，指下卦坎爲險；動，指上卦

震爲動。此以上下象釋卦名“解”之義。《王注》：“動乎險外，故謂之‘免’；免險則解，故謂之‘解’。” 〔2〕往得衆——此句釋卦辭“利西南”之義，謂西南既爲“衆庶之地”，則前往解難必得衆人擁護，故“利”。《正義》：“往之西南，得施解於衆，所以爲利也。” 〔3〕得中——得適中之道，與《蹇》卦《彖傳》“往得中”義同（參閱該文譯注）。此句釋卦辭“无所往，其來復吉”。《正義》：“无難可解，退守靜默，得理之中。” 〔4〕往有功——此句釋卦辭“有攸往，夙吉”。《正義》：“解難能速，則不失其幾，故‘往有功’也。” 〔5〕天地解而雷雨作，雷雨作而百果草木皆甲坼——雷，指上卦震；雨，指下卦坎；甲，此處指植物種子的皮殼；坼，音徹 chè，破裂，《說文》“裂也”，《尚氏學》：“言草木當春，得雷雨，胚胎迸裂，蓓蕾怒發，芽蘗滋滋而外甲坼也。”這兩句又以上下卦有“雷雨”之象，廣舉“天地”、“草木”當春而“舒解”的情狀，闡發《解》卦大義。《正義》：“此因震坎有雷雨之象，以廣明‘解’義。天地解緩，雷雨乃作；雷雨既作，百果草木皆孚甲開坼，莫不解散也。”案，原文“坼”字，阮刻作“坼”，據《校勘記》改（《正義》文同）。 〔6〕解之時大矣哉——這是歸結上文兩句，歎美“舒解”之時的弘大功效。《集解》引王弼曰：“无所而不釋也。難解之時，非治難時也，故不言‘用’也；體盡於解之名，无有幽隱，故不曰‘義’也。”

《象》曰：雷雨作，解[1]；君子以赦過宥罪[2]。

【譯文】

　　《象傳》說：雷雨興起草木萌芽，象徵舒解；君子因此赦免過失而寬宥罪惡。

【注釋】

　　〔1〕雷雨作，解——釋《解》卦上震爲雷、下坎爲雨之象。此即《象傳》“天地解而雷雨作”之義，言萬物當春，因雷雨而紛紛

舒發生機，爲“舒解”之象。《來氏易注》：“雷雨交作，天地以之解萬物之屯。” 〔2〕赦過宥罪——宥，音又 yòu，寬宥。這是說明君子效法《解》象，以“赦過宥罪”體現開釋、舒緩的“仁政”。《正義》：“‘赦’謂放免，‘過’謂誤失；‘宥’謂寬宥，‘罪’謂故犯。過輕則赦，罪重則宥，皆‘解緩’之義也。”

【說明】

胡炳文曰：“《解》上下體易，爲《屯》。動乎險中爲‘屯’，動而出乎險之外爲‘解’。‘屯’象草穿地而未申，‘解’則雷雨作而百果草木皆甲坼。”（《周易本義通釋》）此說揭示《解》、《屯》兩卦象旨相對之處，頗有可取。

初六，无咎[1]。

【譯文】

初六，險難初解无所咎害。

【注釋】

〔1〕无咎——指初六當危難初解之時，以柔處下，上應九四，故“无咎”。《本義》：“難既解矣，以柔在下，上有正應，何咎之有？”

《象》曰：剛柔之際，義无咎也[1]。

【譯文】

《象傳》說：初六與九四剛柔互爲交際相應，就舒解險難的道理看必然无所咎害。

【注釋】

〔1〕剛柔之際，義无咎也——剛，指九四；柔，指初六；際，交際，即相應；義，猶“理”。此釋初六“无咎”的原因。《程傳》：“初、四相應，是剛柔相際接也；剛柔相際，爲得其宜。難既解而處之剛柔得宜，其義无咎也。”

【說明】

本爻僅言“无咎”二字，全爻的喻義已包含在爻象之中。胡炳文曰：“《恒》九二‘悔亡’，《大壯》九二‘貞吉’，《解》初六‘无咎’：三爻之占只二字，其言甚簡，象在爻中，不復言也。”（《周易本義通釋》）

九二，田獲三狐，得黃矢，貞吉[1]。

【譯文】

九二，田獵時捕獲多隻隱伏的狐貍，又獲得喻示剛直中和的黃色箭矢，守持正固可獲吉祥。

【注釋】

〔1〕田獲三狐，得黃矢，貞吉——狐，喻隱伏之患；黃矢，喻居中剛直。此謂九二當危難初解之後，上應六五之君，猶如擔負清除隱患的重任，故以“田獲三狐”爲喻；又稟陽剛之質而居中，剛柔相濟，故有“黃矢”似的美德；以此趨正長守，必能不負舒解險難、清除隱患的使命，故曰“貞吉”。《王注》：“狐者，隱伏之物也。剛中而應，爲五所任；處於險中，知險之情：以斯解物，能獲隱伏也，故曰‘田獲三狐’也。黃，理中之稱也；矢，直也。田而獲三狐，得乎理中之道，不失枉直之實，能全其正者也，故曰‘田獲三狐，得黃矢，貞吉’也。”

《象》曰：九二貞吉，得中道也。

【譯文】

《象傳》說：九二守持正固可獲吉祥，說明有得於居中不偏之道。

【說明】

從爻位看，九二以陽居陰，有“失正”之象。但剛直處中，有“得黃矢”之美，遂能排除隱患，建樹“田獲三狐”之功，故爻辭稱其“貞吉”。《象傳》“得中道”一語，即指明此爻能夠守“正”

獲"吉"的關鍵因素。

六三，負且乘，致寇至，貞吝[1]。

【譯文】

六三，背負重物而身乘大車，必致强寇前來奪取，守持正固以防憾惜。

【注釋】

〔1〕負且乘，致寇至，貞吝——此謂六三處"解"之時，陰柔失正，乘凌九二陽剛之上而攀附於九四，猶如"小人"竊據高位，故以負重而乘車，招致强寇來奪爲喻，明其居於非份之位，不能長久；但爻辭又發規勸"小人"改邪向善之意，故特誡其趨正自守、以防憾惜。《王注》："處非其位，履非其正，以附於四，用夫柔邪以自媚者也。乘二負四，以容其身（引者案，身，阮刻作爲，據《校勘記》改）；寇之來也，自己所致。"

【說明】

《繫辭上傳》引孔子曰："作《易》者其知盜乎？《易》曰'負且乘，致寇至'。負也者，小人之事也；乘也者，君子之器也。小人而乘君子之器，盜思奪之矣；上慢下暴，盜思伐之矣。慢藏誨盜，冶容誨淫，《易》曰'負且乘，致寇至'，盜之招也。"此說闡釋本爻寓意至爲明暢，而"上慢下暴"之論，則揭示出"小人"竊據高位的根源是"上"者任人輕忽不愼，深得爻辭的言外之意。

《象》曰：負且乘，亦可醜也；自我致戎，又誰咎也？

【譯文】

《象傳》說：背負重物而身乘大車，說明六三的行爲也太可醜惡了；由於自身无德竊位而招致兵戎之難，又該歸咎於誰呢？

【說明】

本爻的大旨是：當危難舒解之後，局勢固已安穩，但隱伏之患必然還存在，而"小人竊位"則是最爲可憂的隱患。故《象傳》

指出，此患將能導致“兵戎”之災，即申述爻辭“致寇至”的涵義。《折中》引雷思曰：“負且乘，小人自以爲榮，而君子所恥，故‘可醜’也。寇小則爲‘盜’，大則爲‘戎’。任使非人，則變‘解’而‘蹇’，天下起戎矣。”

九四，解而拇，朋至斯孚[1]。

【譯文】

九四，像舒解你腳拇趾的隱患一樣擺脫小人的糾附，然後友朋就能前來以誠信之心相應。

【注釋】

〔1〕解而拇，朋至斯孚——而，《正義》“汝也”，指九四；拇，《釋文》引陸績曰“足大趾也”；朋，指初六；斯，介詞，《經傳釋詞》“猶‘乃’”。這兩句說明九四陽居陰位，下比六三，爲之所附，猶如足趾生患，妨礙其與初六相應；故須“解”其“拇”，然後可致初六“朋至”，陰陽相“孚”之德乃見。《王注》：“失位不正而比於三，故三得附之，爲其拇也；三爲之拇，則失初之應，故解其拇然後朋至而信矣。”

《象》曰：解而拇，未當位也。

【譯文】

《象傳》說：像舒解你腳拇趾的隱患一樣擺脫小人的糾附，說明九四居位尚未妥當。

【說明】

二、四兩爻皆有“王臣”之象，而居位均未正。九二能“獲三狐”，賴其中德；九四被小人糾附，一方面由於居位“未當”，另一方面又因其“不中”之故。

六五，君子維有解，吉[1]，有孚于小人[2]。

【譯文】

六五，君子能夠舒解險難，吉祥，又能用誠信之德感化小人。

【注釋】

〔1〕君子維有解，吉——維，詞氣助詞。此言六五柔中居尊，下應九二，爲能舒解危難的"君子"形象，故獲吉祥。《王注》："居尊履中，而應乎剛，可以有解而獲吉矣。"　〔2〕有孚于小人——此句申發前文之義，說明六五不但能解難，又能以孚信之德感化"小人"，使之誠服无怨。《王注》："以君子之道解難釋險，小人雖間，猶知服之而无怨矣。故曰'有孚于小人'也。"

《象》曰：君子有解，小人退也。

【譯文】

《象傳》說：君子能夠舒解險難，小人必將畏服退縮。

【說明】

六五以"柔中"之德舒解危難，故能以誠信感化"小人"。此即轉化邪惡者向善，亦排除隱患之義。

上六，公用射隼于高墉之上，獲之，无不利[1]。

【譯文】

上六，王公發箭射擊竊據高城上的惡隼，一舉射獲，无所不利。

【注釋】

〔1〕公用射隼于高墉之上，獲之，无不利——隼，音筍 sǔn，惡鳥，《正義》："貪殘之鳥，鸇鷂（引者案，音沾耀 zhān yào）之屬"，此處喻六三；墉，《釋文》引馬融曰："城也"。這三句說明上六處《解》之終，居震動之極，爲舒解危難的"王公"之象；而六三"小人竊位"，猶如惡隼盤據"高墉之上"，上六能"射"而"獲之"，排除患害，故"无不利"。《王注》："初爲四應，二爲五應。三不應上，失位負乘，處下體之上，故曰'高墉'；'墉'

非隼之所處，‘高’非三之所履。上六居動之上，爲‘解’之極，將解荒悖而除穢亂者也，故用射之；極而（引者案，而，阮刻作則，據《校勘記》改）後動，成而後舉，故必獲之而无不利也。”

《象》曰：公用射隼，以解悖[1]也。

【譯文】

《象傳》說：王公發箭射擊竊據高城上的惡隼，說明上六是在舒解悖逆者造成的險難。

【注釋】

〔1〕悖——猶言“悖逆者”，指六三。《正義》：“悖，逆也。六三失位負乘，不應於上，是悖逆之人也。”

【說明】

《繫辭下傳》引孔子語曰：“隼者，禽也；弓矢者，器也；射之者，人也。君子藏器於身，待時而動，何不利之有？”此說一方面表明上六“射隼”，正當其時，故“无不利”；另一方面又揭示上六處“解”之極，危難雖已舒解，但新患或將又萌，故當預藏成器，隨時警惕，不可因一時之“解”，而忘他日之“蹇”。

【總論】

《解》卦說明“舒解”險難的道理。卦辭先言解難利在施於“西南”衆庶之地，强調其目的是使羣情共獲舒緩。然後分兩層揭示解難的基本原則：无難，以“來復”安居爲吉；有難，以早去速解爲吉。朱熹指出：“若无所往，則宜來復其所而安靜；若尚有所往，宜早往早復，不可久煩擾也。”（《本義》）可見，《解》卦的宗旨是要通過排患解難，追求一種安寧平和的環境。六爻的喻義，側重於展示“解難”過程的具體情狀，反復申言清除“小人”、排解“內患”的重要意義。陳夢雷認爲：“六爻之義，主於去小人。六三一陰爲小人非據，以致天下之兵者，諸爻皆欲去之：二之獲狐，獲三也；四之解拇，解三也；上之射隼，射三也；五之有孚，亦退

三也。唯初六才柔位卑，不任解難而在解時，无咎而已。"（《周易
淺述》）顯然，全卦之"難"集於六三，以致羣起而"解"之。視
三以陰居內卦坎險之上，實喻"內部隱患"。那麼，本卦所示"舒
解"之時的主要矛盾，亦即危害安寧環境的重要因素，无疑是在
"內"、在"隱"了。

損卦第四十一

䷶　損[1]：有孚，元吉，无咎，可貞，利有攸往[2]。曷之用？二簋可用享[3]。

【譯文】

《損》卦象徵減損：心存誠信，至爲吉祥，必无咎害，可以守持正固，利於有所前往。減損之道用什麼來體現？兩簋淡食就足以奉獻給尊者和神靈。

【注釋】

〔1〕損——卦名，下兑（☱）上艮（☶），象徵“減損”。案，“損”謂“減損”，其義主於“損下益上”。《釋文》：“損，省減之義也。”《正義》：“損者，減損之名。此卦明損下益上，故謂之‘損’。”　〔2〕有孚，元吉，无咎，可貞，利有攸往——這幾句極力說明“減損”之道的吉祥、无害、可正、可行，其中強調處損當以“孚信”爲前提。《來氏易注》：“凡曰‘損’，本拂人情之事，或過、或不及、或不當其時，皆非合正理而有孚也；非‘有孚’，則不吉、有咎，非可貞之道、不能攸往矣。惟‘有孚’，則‘元吉’也、‘无咎’也、‘可貞’也、‘利有攸往’也，有是四善矣。”　〔3〕曷之用？二簋可用享——曷，疑問代詞，猶“何”，“曷之用”即“何所爲用”的意思；二簋，喻微薄之物，與《坎》六四“簋貳”之義同（參閱該爻譯注）；享，奉獻，泛指貢物給尊者或獻祭於神靈之事。這兩句以設問的形式，說明“損”之道惟在

心誠，不必損其過甚而務以豐物益上。故擬“二簋用享”爲喻，言當損之時，只要心存孚信，雖微薄之物亦足以奉獻於上。《集解》引崔憬曰：“曷，何也。言其道上行，將何所用？可用二簋而享也。以喻損下益上，惟在乎心，何必竭於不足而補有餘者也？”

《彖》曰：損，損下益上，其道上行[1]。損而有孚[2]，元吉无咎，可貞利有攸往。曷之用？二簋可用享[3]。二簋應有時，損剛益柔有時[4]。損益盈虛，與時偕行[5]。

【譯文】

《彖傳》說：減損，意思是減損於下而增益於上，其道理是下者有意向上奉獻。減損之時能夠心存誠信，於是至爲吉祥而无所咎害，可以守持正固而利於有所前往。減損之道用什麼來體現？兩簋淡食就足以奉獻給尊者和神靈。奉獻兩簋淡食必須應合其時，減損下之陽剛以增益上之陰柔也要適時。事物的減損增益和盈滿虧虛，應當配合其時而自然進行。

【注釋】

〔1〕損下益上，其道上行——上行，猶言“向上奉獻”，即下者自行減損以奉於上。這兩句以上下卦象釋卦名“損”之義，謂上艮爲陽能止於上，下兌爲陰能悅而順之，故有“損下益上”之象。《王注》：“艮爲陽，兌爲陰；凡陰，順於陽者也。陽止於上，陰說而順：損下益上，上行之義也。”《折中》：“如人臣之致身事主，百姓之服役奉公，皆損下益上之事也。必如此，然後上下交而志同，豈非‘其道上行’乎？” 〔2〕損而有孚——而，連詞，兼含“能”之義。此句在卦辭“損，有孚”之間加一“而”字，以釋其下“元亨、无咎、可貞、利有攸往”，謂此“四善”均因“有孚”而得。《王注》：“爲損而可以獲吉，其唯‘有孚’乎？損而有孚，則元吉，无咎，而可正，利有攸往矣。”《正義》：“卦有‘元吉’以下等事，由於‘有孚’，故加一‘而’字，則其義可見矣。”

〔3〕曷之用? 二簋可用享——這兩句逕用卦辭自爲解釋，即以後句"自答"釋前句"設問"。《正義》："舉經明之，皆爲損而有孚，故得如此。"　〔4〕二簋應有時，損剛益柔有時——這兩句進一步闡發前文"二簋可用享"之義，說明行"損"必須適時；即不論以"二簋"奉上，還是損下之剛以益上之柔，均當順應其"時"，不可濫爲。《正義》："二簋至約，惟在損時，應時行之，非時不可。"又曰："損之所以能損下益上者，以下不敢剛亢，貴於奉上，則是損於剛亢而益柔順也。損剛者，謂損兌之陽爻也；益柔者，謂益艮之陰爻也。人之爲德，須備剛柔；就剛柔之中，剛爲德長；既爲德長，不可恒減，故損之'有時'。"　〔5〕損益盈虛，與時偕行——這是歸結前兩句意旨，總說事物的"損益"之道重在適"時"。《王注》："自然之質，各定其分，短者不爲不足，長者不爲有餘，損益將何加焉? 非道之常，故必'與時偕行'也。"《正義》："鳧足非短，鶴脛非長，何須損我以益人? 虛此以盈彼? 但有時宜用，故應時而行。"

《象》曰：山下有澤，損[1]；君子以懲忿窒欲[2]。

【譯文】

《象傳》說：山下有深澤猶如澤自損以增山高，象徵減損；君子因此抑止忿怒而堵塞邪慾以自損不善。

【注釋】

〔1〕山下有澤，損——釋《損》卦上艮爲山、下兌爲澤之象。《正義》："澤在山下，澤卑山高，似澤之自損以崇山之象也。"〔2〕懲忿窒欲——懲，止也；窒，音至 zhì，堵塞。這是說明君子觀《損》象而知止忿堵欲，自損不善。《正義》"君子以法此'損'道，以懲止忿怒，窒塞情慾。夫人之情也，感物而動；境有順逆，故情有忿欲。懲者，息其既往；窒者，閉其將來。忿、欲皆有往來，懲、窒互文而相足也。"

【說明】

　　“減損”的意義頗爲廣泛，《大象傳》獨申“懲忿窒欲”之旨，顯然是著眼於“修身立德”的義理。故朱熹指出：“君子修身所當損者，莫切於此。”（《本義》）

初九，已事遄往，无咎[1]，酌損之[2]。

【譯文】

　　初九，完成了自我修養之事就迅速前往輔助尊者，必无咎害，應當斟酌減損自己的剛質。

【注釋】

　　〔1〕已事遄往，无咎——已，竟也，猶言“告成”；事，句中當指“修養”之事；遄，音船 chuán，迅速。此謂初九當“損”之始，陽剛處下，上應六四，故於“自修”之事初成，宜速往應四，以爲輔助，即明“益上”之義。《正義》：“已，竟也；遄，速也。損之爲道，損下益上，如人臣欲自損奉上。然各有所掌，若廢事而往，咎莫大焉；若事已不往，則爲傲慢。竟事速往，乃得无咎。”　　〔2〕酌損之——初應六四，猶損剛益柔，唯此時不可盲目過損其剛，故以“酌損”爲宜。《正義》“剛勝則柔危，以剛奉柔，初未見親也，故須酌而減損之，乃得合志。”

《象》曰：已事遄往，尚合志[1]也。

【譯文】

　　《象傳》說：完成了自我修養之事就迅速前往輔助尊者，說明初九與尊上心志合一。

【注釋】

　　〔1〕尚合志——尚，通“上”。謂初與上卦之四合志。《程傳》：“尚，上也。”“四賴於初，初益於四，與上合志也。”《折中》：“《易》例，初九與六四雖正應，卻無往從之之義，在下位不援上也。惟《損》初爻言‘遄往’，而《傳》謂‘上合志’，蓋當

'損下益上'之時故也。"

【說明】

　　孔穎達認爲本爻猶言人臣"竟事速往"、"損己奉上"（見前注引《正義》語），含有"學而優則仕"的意味。事實上這是從"象徵"的角度闡釋爻旨。《折中》指出："孔氏說'已事'之義，謂如'學優而後從政'之類，於理亦精。"

九二，利貞，征凶，弗損益之[1]。

【譯文】

　　九二，利於守持正固，急於求進將有凶險，不用自我減損就可以施益於上。

【注釋】

　　〔1〕利貞，征凶，弗損益之——弗損，指九二不自損；益之，指有益於六五。此言"減損"之道是損有餘以益不足，九二陽居陰位，剛柔適中，非"有餘"者；六五陰居陽位，亦剛柔適中，非"不足"者：兩者雖爲正應，但九二不可"遄往"，惟不自損而長守其正，即可"益上"，故曰"利貞，征凶"。《本義》："九二剛中，志在自守，不肯妄進，故占者利貞，而征則凶也。弗損益之，言不變其所守，乃所以益上也。"《周易玩辭》："損以有過與不及，故損一益一，以求中也。若九二、六五，則既中矣；二非有餘，五非不足：一有增損，則反失其中矣。"

《象》曰：九二利貞，中以爲志也。

【譯文】

　　《象傳》說：九二利於守持正固，說明應當以堅守中道作爲自己的志向。

【說明】

　　九二以"不進"爲義，似不能行"益上"之道；但就其"剛中"之位視之，正是以自守貞正施益於六五。林希元認爲："夫自守而不妄進，宜若無益於上矣，然由是而啓時君尊德樂道之心，止士大夫奔競之習，其益於上也不少。是‘弗損’乃所以‘益之’也。”（《易經存疑》）

六三，三人行，則損一人；一人行，則得其友[1]。

【譯文】

六三，三人同行欲求一陽，必損陽剛一人；一人獨行專心求合，必獲强健友朋。

【注釋】

〔1〕三人行，則損一人；一人行，則得其友——三人，泛稱多人，文中特指陰性；一人，前指上九，後指六三。這四句說明六三居下兌之極，應於上九，悅而求之，但若羣陰並行以求，必損上九一陽；若己一人獨往，則陰陽專情和合，故得其友朋。《王注》：“損之爲道，損下益上，其道上行。三人，謂自六三已上三陰也；三陰並行以承於上，則上失其友，內无其主，名之曰‘益’，其實乃‘損’。故天地相應，乃得化醇；男女匹配，乃得化生：陰陽不對，生可得乎？故六三獨行，乃得其友；二陰俱行，則必疑矣。”案，王弼以三、四、五爻三陰爲“三人”，謂“三”爲確數，於義亦通。

《象》曰：一人行，三則疑也。

【譯文】

《象傳》說：一人獨行可以專心求合，三人同行將使對方疑惑无主。

【說明】

《繫辭下傳》引孔子語，以“天地絪縕，萬物化醇；男女構精，萬物化生”釋此爻之義，並謂“言致一也”，正是表明六三“一人行”體現著陰陽互合的“專一”之道。從“三人行，則損一人”中，又可以看出，不適合的“益上”，事實上是“損上”之舉。此即《彖傳》所謂"損益盈虛，與時偕行"之理。

六四，損其疾，使遄有喜，无咎[1]。

【譯文】

六四，自我減損思戀的疾患，能夠迅速接納陽剛必有喜慶，不致咎害。

【注釋】

〔1〕損其疾，使遄有喜，无咎——疾，指六四思戀初九所致"相思之疾"。此謂六四柔正得位，處上艮之始，與初相應，能自損其疾，速納陽剛，故"有喜"而"无咎"。《正義》："疾者，相思之疾也。初九自損已遄往，己以正道速納，陰陽相會，同志斯來，无復'企予'之疾，故曰'損其疾'。疾何可久？速乃有喜，乃无咎，故曰'使遄有喜，无咎'。"案，《程傳》謂"損疾"爲"損其不善"；《誠齋易傳》認爲"使遄"指六四使初九"遄往"來應：兩說於義並通。

《象》曰：損其疾，亦可喜也。

【譯文】

《象傳》說：自我減損思戀的疾患，說明六四能接納陽剛則頗爲可喜。

【說明】

此爻所謂損其"相思之疾"，惟賴初九以陽剛上益於己。因此，從初九的角度分析，旨在"酌損之"；從六四的角度分析，義主"損其疾"：兩者一重在損己，一重在受益，喻意有別。《詩經·國風·草蟲》咏女子相思之情，有曰："未見君子，憂心忡忡；亦既見止，亦既覯止，我心則降。"孔穎達援此闡釋本爻旨趣，指出："《詩》曰'亦既見止'、'我心則降'，不亦'有喜'乎？"（《正義》）就四、初陰陽互應而四有賴初速來施"益"的關係看，孔氏之解甚合爻理。

六五，或益之十朋之龜，弗克違，元吉[1]。

【譯文】

六五，有人進獻價值十朋的大寶龜，无法辭謝，至爲吉祥。

【注釋】

〔1〕或益之十朋之龜，弗克違，元吉——十朋，古代貨幣單位謂雙貝爲“朋”，“十朋”即“二十貝”，猶言價值昂貴；《集解》引崔憬曰：“元龜價直二十大貝，龜之最神貴者”，“雙貝曰‘朋’也”，《經義述聞》謂：“崔氏之說本於《漢書·食貨志》”，並云：“崔林注《食貨志》亦曰‘兩貝爲朋’”，“十朋之龜，猶言‘百金之魚’耳”。這三句說明六五柔中居尊，爲“虛中”自損而不自益之象，故天下紛紛“益之”，乃至受益“十朋之龜”，未能辭謝，即喻其尊居“君位”，遂獲“元吉”。《本義》：“柔順虛中，以居尊位，當損之時，受天下之益者也。”“十朋之龜，大寶也。或以此益之而不能辭，其吉可知。”

《象》曰：六五元吉，自上[1]祐也。

【譯文】

《象傳》說：六五至爲吉祥，這是從上天施予祐助。

【注釋】

〔1〕上——《正義》：“謂天也。”

【說明】

六五以“虛中”之德，雖自損而人必“益之”。故爻辭謂“弗克違”，《象傳》稱“自上祐”。此亦《大有》上九“自天祐之，吉无不利”之義。

上九，弗損益之[1]，无咎，貞吉，利有攸往，得臣无家[2]。

【譯文】

上九，不用自我減損即可施益於人，必无咎害，守持正固可獲吉祥，利於有所前往，必將得到廣大臣民的擁戴而不限於一家。

【注釋】

〔1〕弗損益之——此言上九以陽剛居《損》之終，“損下益上”必將轉化爲“損上益下”；但上九受下之益已極，毋須“自損”便有以施惠其下，故有“弗損益之”之象。《本義》：“上九當‘損下益上’之時，居卦之上，受益之極，而欲自損以益人也；然居上而益下，有所謂‘惠而不費’者，不待損己，然後可以益人也。”　〔2〕无咎，貞吉，利有攸往，得臣无家——无家，《正義》：“光宅天下，无適一家也”，“无適一家”猶今言“不限一家”。這四句緊承前文，說明上九能“弗損”而“益”下，即可“无咎”；但宜守“正”然後得“吉”，以此有往必利，必將大得“臣民”而不限一“家”。此極言“益下”之德弘大，從而也獲“得臣无家”之吉。《本義》：“能如是則‘无咎’，然亦必以‘正’則‘吉’，而利有所往；‘惠而不費’，其惠廣矣，故又曰‘得臣无家’。”

《象》曰：弗損益之，大得志也。

【譯文】

《象傳》說：不用自我減損即可施益於人，說明上九大得施惠天下的心志。

【說明】

上九、九二均言“弗損益之”，二是不自損即可益上，上是不自損即可益下：兩者居位不同，義旨亦別。《論語·堯曰》云：“因民之所利而利之，斯亦惠而不費乎？”朱熹注語（見前注引《本義》）即本於此，實與本爻之義至相切合。

【總論】

《損》卦的意義，重在“損下益上”。卦辭指出，“減損”之道應當以“誠信”爲本，乃能“元吉、无咎、可貞、利有攸往”；並認爲，只要心存孚信，雖微薄之物如"二簋淡食"者，亦足以奉獻"益上"。《象傳》進一步闡明此義，極言"損益盈虛，與時偕行"。這是把"誠信"與"合時"聯係起來分析，表明"損下"不可濫損，"益上"不可濫益。這一義理，可以用"壘土築牆"爲喻：損取牆下土石增益牆上之高，若取之不正、用非其時，則牆必危墜（略本《程傳》）。卦中六爻，分上下體抒發"損益"之義：下三爻在下自損，與上三爻居上受益兩兩相對。其中初九"酌損"己剛"遄往"應四，與六四"有喜"爲對；九二不自濫損、"守正"益上，與六五受益"十朋之龜"爲對；六三當以"專一"之誠益上，與上九"得臣无家"爲對。可見，《易》爻陰陽對應的情狀，在本卦中體現爲上下適時損益的關係。再從爻辭與爻象考察諸爻大旨，下卦有"酌損"、"弗損"及"三人行則損一人"之誡，可知其義主於"損所當損"；上卦四、五兩爻以陰居上，有虛己謙下而受益之象，並見"損中有益"；至於上九居卦之極，因所受之益廣益於下，表露了"損"、"益"互爲轉化的哲理，說明"自損"者損極必獲益，"受益"者益極當益人。約言之，本卦以頗具辯證色彩的觀點，喻示了這樣一種道理：事物的發展，或有損下益上、損小益大、損有餘益不足的過程，但損益之間必須孚誠守正，損益之際必須適合其時。當然，《損》卦的象徵意義是十分廣泛的。《大象傳》謂"抑止忿怒、堵塞邪欲"，即是從"修身"的角度推闡"自損不善"的旨趣。馬振彪認爲，"'損'之爲道，重在損下益上。推此義言之，在爲學則自損其私欲以益公理，在處世則自損其身家以益天下，是皆損道得其正而合於時中者。"（《周易學說》）此論可與《大象傳》的寓意相互發明。

益卦第四十二

☶　益[1]：利有攸往，利涉大川[2]。

【譯文】

《益》卦象徵增益：利於有所前往，利於涉越大河巨流。

【注釋】

〔1〕益——卦名，下震（☳）上巽（☴），象徵"增益"。案，"益"謂"增益"，其義主於"損上益下"。《釋文》："益，增長之名，又以弘裕爲義。"《正義》："益者，增足之名。損上益下，故謂之'益'。下已有矣，而上更益之，明聖人利物之无已也。"

〔2〕利有攸往，利涉大川——這兩句說明既行"損上益下"之道，則有往必利，无險不可涉。《正義》："既上行惠下之道，利益萬物，動而无違，何往不利？故曰'利有攸往'。以益涉難，理絕險阻，故曰'利涉大川'。"

【說明】

《損》《益》兩卦，義相關聯，其取名由來，也有相類之處。孔穎達指出："《損》卦則'損下益上'，《益》卦則'損上益下'，得名皆就下而不據上者，向秀云：'明王之道，志在惠下，故取下謂之損，與下謂之益。'"（《正義》）向氏謂爲"王道"所在，固堪佳美；然視作《易》者之志，則尤宜歎佩之矣。

《象》曰：益，損上益下，民說无疆；自上下下，其道大光[1]。利有攸往，中正有慶[2]；利涉大川，木道乃行[3]。益動而巽，日進无疆；天施地生，其益无方[4]。凡益之道，與時偕行[5]。

【譯文】

《彖傳》說：增益之道，旨在減損於上增益於下，於是民衆欣悅不可限量；從上廣泛施利予下，其道必能大放光芒。施益利於有所前往，表明尊者剛中純正遂呈慶祥；利於涉越大河巨流，恰似木舟渡水征途通暢。增益之時下者興動上者遜順，其益與日增進廣大无疆；猶如上天施降利惠而大地受益化生，自然界的施化之益徧及萬方。事物當益之時所體現的道理，都說明要配合其時施行得當。

【注釋】

〔1〕損上益下，民說无疆；自上下下，其道大光——下下，前“下”爲動詞，後“下”爲方位名詞。這四句以上下卦象釋卦名“益”，謂巽陰居上，震陽居下，巽順不違於震，故有“損上益下”之象；能“損上益下”、“自上下下”，自然民衆欣悅、道義生光。《王注》：“震，陽也；巽，陰也。巽非違震者也。處上而巽，不違於下，‘損上益下’之謂也。” 〔2〕中正有慶——中正指九五。此句以九五剛中居正而能益下之象，釋卦辭“利有攸往”。《王注》：“五處中正，自上下下，故‘有慶’也。以中正有慶之德有攸往也，何適而不利哉！” 〔3〕木道乃行——木，指上巽爲木，《集解》引虞翻曰：“謂三動成《渙》，《渙》舟楫象，巽木得水，故‘木道乃行’也。”詳虞氏之意，是以“木道”爲“舟道”，“木道乃行”猶今言“乘舟而行”。此句取上卦之象，譬喻以“益”涉難，征途暢通，釋卦辭“利涉大川”。《王注》：“木者，以涉大川爲常，而不溺者也；以‘益’涉難，同乎木也。” 〔4〕益動而巽，日進无疆；天施地生，其益无方——動，指下震；巽，遜順，指上巽；天施，指“天”所施惠；地生，指“地”所化生；方，所也，“无方”猶言徧及萬方。這四句又取上下象及天地生物

爲例，廣明“益”道之大。《正義》：“執二體更明得益之方也：若動而驕盈，則彼損无已；若動而卑巽，則進益无疆。”又曰：“天施氣於地，地受氣而化生，亦是損上益下義也。其施化之益，无有方所。”　〔5〕凡益之道，與時偕行——這兩句歸結前文，說明“增益”之道須適時，不可濫增泛益。《王注》：“益之爲用，施未足也；滿而益之，害之道也。故‘凡益之道，與時偕行’也。”

《象》曰：風雷，益[1]；君子以見善則遷，有過則改[2]。

【譯文】

《象傳》說：風雷交助，象徵增益；君子因此看見善行就傾心嚮往，有了過錯就迅速改正。

【注釋】

〔1〕風雷，益——釋《益》卦上巽爲風、下震爲雷之象。《程傳》：“風烈則雷迅，雷激則風怒，二物相益者也。”　〔2〕見善則遷，有過則改——遷，就也，猶言“嚮往”。這是說明君子觀《益》象，能遷善改過，以此交相增益已德。《王注》：“遷善改過，益莫大焉。”

【說明】

《益》卦大恉在“損上益下”，施利於物，故《象傳》極贊“民說无疆”、“其道大光”、“中正有慶”。《大象傳》則從“風雷相益”之象，推闡“遷善改過”的義理，也是著眼“修身”之道。《折中》認爲：“雷者，動陽氣者也，故人心奮發，而勇於善者如之；風者，散陰氣者也，故人心蕩滌，以消其惡者如之。”此說把本卦上下象與“遷善”、“改過”融爲一理，可備參攷。

初九，利用爲大作，元吉，无咎[1]。

【譯文】

初九，利於大有作爲，至爲吉祥，必无咎害。

【注釋】

〔1〕利用爲大作，元吉，无咎——大作，《正義》："興作大事"。此謂初九以陽剛居"益"之始，上應六四，爲處下獲益之象，宜於大有作爲，故獲"元吉"；唯其"元吉"，故雖居卑位而任大事也无所咎害。《王注》："處《益》之初，居動之始，體夫剛德，以荏其事，而之乎巽：以斯大作，必獲大功。夫居下非厚事之地，在卑非任重之處，大作非小功所濟，故元吉乃得无咎也。"

【說明】

《集解》引虞翻曰："大作，謂耕播未耨之利。"又引侯果曰："大作，謂耕植也。處'益'之始，居震之初，震爲稼穡，又爲大作。益之大者，莫大耕植，故初九之利，利爲大作。"此以初九爲居下耕作之象，於義亦通。

《象》曰：元吉无咎，下不厚事[1]也。

【譯文】

《象傳》說：至爲吉祥而无所咎害，說明初九處位低下本來不能勝任大事（但此時獲益則可以大有作爲）。

【注釋】

〔1〕不厚事——厚事，《正義》："猶'大事'。"此言初九位卑，本難勝任大事；但以陽剛之德受益於上，故可"大作"，即釋"元吉，无咎"之義。《王注》："時可以大作，而下不可以厚事：得其時而无其處，故'元吉'乃得'无咎'也。"案，《集解》引侯果注，釋"不厚事"爲"不厚勞於下民，不奪時於農畯"，於義亦通。

【說明】

本爻獲應於四，猶如六四自損以益之。爻辭強調"大作"，表明初九不可无功受益，必須"興作大事"，廣益他人，才能長保其益，免遭危咎。《折中》曰："必大爲益人之事，然後可以自受其益；非然，則受大益者，乃所以爲大損也。"

六二，或益之十朋之龜，弗克違，永貞吉[1]。王用享于帝，吉[2]。

【譯文】

六二，有人賜下價值十朋的大寶龜，无法辭謝，永久守持正固可獲吉祥。此時君王正舉行獻祭天帝的祈福大典，必有吉祥。

【注釋】

〔1〕或益之十朋之龜，弗克違，永貞吉——十朋之龜，詞義與《損》六五同（見該爻譯注），此處喻六二榮居“臣位”。這三句說明六二當“益下”之時，以柔中之德獲應於九五之“君”，受命榮居要職，猶如被賜“十朋之龜”，无法辭謝，故當永守正固而後有“吉”。《本義》：“六二當‘益下’之時，虛中處下，故其象占與《損》六五同；然爻、位皆陰，故以‘永貞’爲戒。” 〔2〕王用享于帝，吉——帝，猶言“天帝”。《正義》：“帝，天也。王用此時，以享祭於帝，明靈降福，故曰‘王用享于帝，吉’也。”案，《折中》引鄭維嶽曰：“王用享帝，言王用六二以享帝也。”於義亦通。

《象》曰：或益之，自外來[1]也。

【譯文】

《象傳》說：有人賞賜他（價值十朋的大寶龜），說明六二所受增益是從外部不求自來。

【注釋】

〔1〕自外來——指六二所受之益從外自，非己求取，此與《損》六五《象傳》謂“自上祐也”之義略爲接近。《正義》：“明益之者從外自來，不召而至也。”

【說明】

《益》六二、《損》六五均稱“或益之十朋之龜，弗克違”，所受之“益”皆爲不求自來。但兩爻的寓意卻大不相同：《損》卦六五居上而受下益，故得“龜”者爲“君位”，其占“元吉”；《益》

六二居下而受上益，則得"龜"者爲"臣位"，其占"永貞吉"。

六三，益之用凶事，无咎[1]。有孚中行，告公用圭[2]。
【譯文】

六三，受益至多應該努力施用於救凶平險的事務，必无咎害。必須心存誠信而持中慎行，時時像手執玉圭致意於王公一樣虔心恭敬。

【注釋】

〔1〕益之用凶事，无咎——之，助詞；凶事，指救凶平險之事。此謂六三當"益下"之時，以陰居下卦之上，爲受益至甚、位勢彌壯之象；此時必須因所受之益廣益於人，努力投身於拯救衰危的"凶事"之中，則爲善處其時，遂獲"无咎"。《王注》："以陰居陽，處下卦之上，壯之甚也；用救衰危，物所恃也，故'用凶事'乃得'无咎'也。" 〔2〕有孚中行，告公用圭——告，猶言"晉見"、"致意"；圭，音歸 guī，玉器名，古代天子諸侯祭祀、朝聘時，卿大夫等執此以表示"信"，《禮記·郊特牲》："大夫執圭而使，所以申信也"。這兩句緊承前文，再申誠意：說明六三不當位而受益至多，不可因"益"忘憂，縱欲妄爲，而應當守"信"持"中"，時時像執圭"告公"一樣誠敬不苟；以此處事，才能長保"无咎"。《王注》："若能益不爲私，志在救難，壯不至亢，不失中行，以此告公，國主所任也。'用圭'之禮，備此道矣。"《程傳》："凡祭祀朝聘，用圭玉，所以通達誠信也。有誠孚而得中道，則能使上信之，是猶告公上用圭玉也，其孚能通達於上矣。"

《象》曰：益用凶事，固有之[1]也。
【譯文】

《象傳》說：受益至多應該努力施用於救凶平險的事務，這樣纔能牢固保有所獲之益。

【注釋】

　　〔1〕固有之——《王注》：“用施凶事，乃得固有之也。”

【說明】

　　本爻“用凶事”，實即戒其不可无功受益；但語意比初九“利用爲大作”更見強烈，則是由於六三既“失正”又居“多凶”之位。爻辭“中行”、“用圭”兩句，正是重申此爻處“无咎”之道，以進一步強調前文之誡。

六四，中行告公從，利用爲依遷國[1]。

【譯文】

　　六四，持中慎行致意於王公必能言聽計從，利於依附君上遷都益民。

【注釋】

　　〔1〕中行告公從，利用爲依遷國——遷國，古之君主常有遷徙其國都、避害就利之舉，如《尚書·盤庚》載“遷殷”事即是。這兩句說明六四當“損上益下”之時，稟柔正之德居上卦之始，近承九五陽剛，有依附“君主”施益“下民”之象，故謂其當以“中行”之德“告公”益下，“公”必聽從；又言“利”於依附君主，播遷其國，以惠庶民。爻義主於陰柔者得位，承上以益下。《本義》：“此言以‘益下’爲心，而合於‘中行’，則‘告公’而見從矣。《傳》曰：‘周之東遷，晉鄭焉依’，蓋古者遷國以益下，必有所依，然後能立。”

【說明】

　　三、四兩爻言“中行”，均因居位不中，恐其有失，特申誡勉之意，謂當趨向“中和”，施行正道。朱熹曰：“三、四皆不得中，故皆以‘中行’爲誡”（《本義》）是也。但蔡淵認爲：“在一卦之中者也，故三爻四爻皆曰‘中行’”。（《周易卦爻經傳訓解》），這是合六爻言其“中”，可備一說。

《象》曰：告公從，以益志[1]也。

【譯文】

《象傳》說：致意於王公必能言聽計從，說明六四以增益天下的心志去勸諫王公。

【注釋】

〔1〕以益志——《程傳》："告之以益天下之志也。"

【說明】

六四雖居上卦，但尚屬"臣"位，"權力"有限，故須依承"尊者"纔能行"益下"之志。《折中》引吳曰慎曰："四正主於'益下'者，然非君位，不敢自專，必告於公也，'中行'則見從矣。"

九五，有孚惠心，勿問元吉[1]：有孚惠我德[2]。

【譯文】

九五，懷抱真誠信實地施惠天下的心願，毫无疑問是至爲吉祥的：天下人也將真誠信實地感惠報答我的恩德。

【注釋】

〔1〕有孚惠心，勿問元吉——惠心，指施惠"天下"之心；勿問，猶言"毫无疑問"。這兩句說明九五以陽剛中正之德尊居"君位"，下應六二，猶如懷有誠信惠下之心，以損己益物爲念，故不待問必有"元吉"。《程傳》："五陽剛中正居尊位，又得六二之中正相應，以行其益，何所不利？以陽實在中，有孚之象也；以九五之德、之才、之位，而中心至誠在惠益於物，其至善大吉，不問可知，故云'勿問元吉'。"案，《集解》引崔憬注，訓"問"猶"言"，認爲"不問"指"不言以彰己功"，可備一說。　〔2〕有孚惠我德——我，指九五，"惠我德"猶言"天下感惠我的恩德"。此句申發前文"元吉"之旨，謂九五之"吉"不但在於"天下"廣受利益，還體現於"天下"也以誠信感惠於上：於是上下交信，

心志相通，故其吉至大。《程傳》："人君至誠益於天下，天下之人，无不至誠愛戴，以君之德澤爲恩惠也。"

《象》曰：有孚惠心，勿問之矣；惠我德，大得志也。

【譯文】

《象傳》說：懷抱真誠信實地施惠天下的心願，可見九五的吉祥是毫無疑問的；天下人也將感惠報答我的恩德，說明九五大得損上益下的心志。

【說明】

《損》、《益》兩卦第五爻均有"元吉"之稱，但前者是因下之所益而施益於下，此則一心自損以益下：兩爻立義的角度不同。由此也可以看出，"損"、"益"在義理上的相對與互補之處。《折中》引鄭維嶽曰："《損》之六五，受下之益者也；《益》之九五，益下者也。《損》六五受益，而獲'元吉'；《益》九五但知民之當益而已，'勿問元吉'也。"

上九，莫益之，或擊之〔1〕。立心勿恒，凶〔2〕。

【譯文】

上九，无人增益他，有人攻擊他。居心不常安而貪求无厭，必有凶險。

【注釋】

〔1〕莫益之，或擊之——此言上九居《益》卦之極，陽剛亢盛，貪求不已，變"損上益下"爲"損下益上"，故天下莫之或益，且羣起而攻之矣。《王注》："處《益》之極，過盈者也"，"人道惡盈，怨者非一，故曰'或擊之'也。"　〔2〕立心勿恒，凶——立心，即"居心"；恒，猶"安"，《周禮·夏官·司弓矢》"恒矢痺矢"鄭玄注："恒矢，安居之矢也"。這兩句指明前文"莫益"、"或擊"的原因，言上九居心不能常安其位，惟貪得无厭求益不已，故有"凶"。《王注》："求益无已，心无恒者也；无厭之

求，人弗與也。"《正義》："勿，猶'无'也。求益无已，是立心无恒者也；无恒之人，必凶咎之所集，故曰'立心勿恒，凶'。"

《象》曰：莫益之，偏辭[1]也；或擊之，自外來[2]也。

【譯文】

《象傳》說：无人增益他，說明上九單方面面發出求益的言辭；有人攻擊他，這是從外部不招自來的凶險。

【注釋】

〔1〕偏辭——片面"求益"之辭。指上九反"自損"之道而行，私心求益，故无人響應，即釋"莫益之"之義。《王注》："獨唱莫和，是偏辭也。"《正義》："此有求而彼不應，是偏辭也。"

〔2〕自外來——《正義》："怨者非一，不待召也，故曰'自外來'也。"

【說明】

《損》上九本於損己益人之心，終能獲益於人，以至"得臣无家"；《益》上九抱有損人益己之念，反而受損於人，以至被"擊"懼"凶"。兩爻之義適相反照，表明自損必益、自益必損的道理。

【總論】

《益》卦的意義，主於"減損於上，增益於下"。用"壘土築牆"作比喻：猶如損取牆上多餘的土石，增益牆下基礎，則牆基堅實、牆體安固（略本《程傳》）。范仲淹謂"損上則益下，益下則固其本"（《范文正公集·易義》）是也。因此，卦辭謂"益"之時"利有攸往，利涉大川"，即盛稱"益"道美善可行。就六爻大義分析：下卦三爻主"受益"，上卦三爻主"自損"。其中初九陽剛處卑位而獲益，利在"大有作爲"，遂致"元吉，无咎"；六二柔中得正被賜"十朋之龜"，當長守中正美德，以"永貞"爲吉；六三不當位而受益至甚，須不辭辛勞，努力施用於"救凶平險"之事則"无咎"。這三爻以居下獲益，均當有所施爲，不可安逸无事。至於六四柔正而居上卦之始，利於依附尊者行"益下"之道；九五剛中而居尊位，能夠真誠施惠"天下"乃獲"元吉"。這兩爻體現損己益人的意旨，並表明凡施惠於人者，終將也獲人之益。惟上九一爻極處高位而不能自損，反有損人利己、求益无厭的居心，故被"擊"致"凶"。若將《損》、《益》兩卦相比較，還可以看出，兩者的立義是相通互補的：損下足以益上，上者受益又當施惠於下；損上足以益下，下者獲惠亦可轉益於上。顯然，"損"、"益"的轉化之理，一方面流露了《周易》作者對階級社會中上層與下層之間作用與反作用的深刻認識；另一方面，在廣義的象徵哲理中，則著重揭示作者所理解的事物發展過程時常體現的利弊、禍福的交互變化規律。舊籍記載，孔子讀《易》至《損》、《益》兩卦時，曾經發出"自損者益，自益者缺"的慨歎(《說苑·敬慎篇》)，乃至抒發其論曰："《益》、《損》者，其王者之事與！或欲以利之，適足以害之；或欲害之，乃反以利之。利害之反，禍福之門戶，不可不察也。"(《淮南子·人間訓》)

夬卦第四十三

☱ 夬[1]：揚于王庭[2]，孚號有厲[3]。告自邑，不利即戎[4]。利有攸往[5]。

【譯文】

《夬》卦象徵決斷：可以在君王法庭上公佈小人的罪惡予以制裁，並心懷誠信地號令衆人戒備危險。此時應當頒告政令於城邑上下，不利於興兵出師用武力強行制裁。如此行事就利於有所前往。

【注釋】

〔1〕夬——音怪 guài，卦名，下乾（☰）上兌（☱），象徵"決斷"。案，"夬"字之義，謂"決斷"、"果決"，此處指"陽剛"對"陰柔"采取決斷性的制裁。卦中五陽共決上六一陰，正含此象。《象傳》："夬，決也，剛決柔也。"《正義》："夬，決也。此陰消陽息之卦也，陽長至五，五陽共決一陰，故名爲'夬'也。" 〔2〕揚于王庭——揚，猶言宣佈；王庭，《正義》："百官所在之處"，指君王的法庭。此謂"君子"制裁"小人"應當光明正大地宣揚於"王庭"，以喻"剛決柔"之際"公正无私"的情狀。《正義》："以君子決小人，故可以顯然發揚決斷之事於王者之庭，示公正而无私隱也。" 〔3〕孚號有厲——號，號令。此承前句義，說明"君子"決"小人"之時，又須號令衆人戒備危險。《程傳》："孚，信之在中，誠意也；號者，命衆之辭。君子之道雖長盛，而不敢忘戒備，故至誠以命衆，使知尚有危道。雖以此之甚

盛，決彼之甚衰，若易而无備，則有不虞之悔。是尚有危理，必有戒懼之心，則无患也。" 〔4〕告自邑，不利即戎——告自邑，猶言"頒告政令於邑"；即戎，謂興兵出師。這兩句進一步說明"剛決柔"是以"德"制裁，並非以武力取勝。《王注》："以剛斷制，告令可也。告自邑，謂行令於邑也。用剛即戎，尚力取勝也；尚力取勝，物所同疾也。" 〔5〕利有攸往——此句總結上文，指出處"夬"之時，利於"剛"不利於"柔"，故陽剛者若能循上述之道而行，必然利有所往。《王注》："剛德愈長，柔邪愈消，故'利有攸往'，道乃成也。"

《象》曰：夬，決也，剛決柔[1]也。健而說，決而和[2]。揚于王庭，柔乘五剛也[3]。孚號有厲，其危乃光也[4]。告自邑不利即戎，所尚乃窮也[5]。利有攸往，剛長乃終也[6]。

【譯文】

《象傳》說：夬，意思是決斷，猶如陽剛君子果決制裁陰柔小人。於是能用剛健令人心悅誠服，通過果決氣勢導致衆物協和。可以在君王法庭上公佈小人的罪惡予以制裁，說明本卦一柔爻肆意乘淩於五剛爻之上。心懷誠信地號令衆人戒備危險，說明要讓人們時時危懼戒備就能光大處夬之道。此時應當頒告政令於城邑上下而不利興兵出師用武力強行制裁，說明若濫用武力將使處夬之事困窮。利於有所前往，表明陽剛盛長最終必能制勝陰柔。

【注釋】

〔1〕剛決柔——剛，指卦中五陽爻；柔，指上六一陰爻。此以六爻之象，說明"夬"之謂"決"，意指陽剛決陰柔，即"君子"決"小人"（參見卦辭譯注）。 〔2〕健而說，決而和——健，指下乾；說，即"悅"，指上兌。這兩句舉上下象爲說，謂"夬"之時，以剛健能決而令人悅服，且可導致衆物協和。此與前文

“夬，決也，剛決柔也”並釋卦名“夬”之義。《王注》：“健而說，則決而和矣。”《正義》：“乾健而兌說，健則能決，說則能和。”〔3〕柔乘五剛也——柔，指上六；五剛，即卦中五陽。此句釋卦辭“揚于王庭”，謂六爻有一陰乘淩五陽之象，猶如“小人”作惡，故須果決宣罪制裁於“王庭”。《王注》：“剛德齊長，一柔爲逆，衆所同誅而无忌者也，故可‘揚于王庭’。”〔4〕其危乃光也——此釋卦辭“孚號有厲”，謂此時當使人們長存危懼戒備之心，則君子處“夬”之道必能光大。《程傳》：“盡誠信以命其衆，而知有危懼，則君子之道乃无虞而光大也。”〔5〕所尚乃窮也——此句釋卦辭“告自邑，不利即戎”，謂若“即戎”，則是以“尚武”處“夬”，不是以德取勝，其道必窮。《正義》：“剛克之道，不可常行；若專用威猛，以此‘即戎’，則便爲尚力取勝，即是‘決而不和’，其道窮矣。”〔6〕剛長乃終也——此釋卦辭“利有攸往”，指“夬”道成於剛德盛長，必以陽剛制勝陰柔告終。《王注》：“剛德愈長，柔邪愈消，故‘利有攸往’，道乃成也。”《正義》：“終，成也。剛長柔消，‘夬’道乃成也。”

《象》曰：澤上於天，夬[1]；君子以施祿及下，居德則忌[2]。

【譯文】

《象傳》說：澤水化氣升騰於天決然降雨，象徵決斷；君子因此要果決施降恩澤於下民，若是居積德惠不施必被憎惡。

【注釋】

〔1〕澤上於天，夬——釋《夬》卦上兌爲澤、下乾爲天之象。《集解》引陸績曰：“水氣上天，決降成雨，故曰‘夬’。”〔2〕施祿及下，居德則忌——祿，《尚氏學》“謂恩澤”；居，積也，“居德”與“施祿”前後對文；忌，《說文》“憎惡也”。這是說明君子觀《夬》“澤上於天”之象，悟知應當果決施降恩澤於

下，不可積居不施，以至民怨。《來氏易注》："言澤在于君，當施其澤，不可居其澤也；居澤，則乃人君之所深忌者。"

【說明】

　　本卦取名爲"夬"，意指"決斷"，《象傳》舉六爻"剛決柔"之象爲釋，正見"君子"果決制裁"小人"的旨趣。但《大象傳》根據上下卦"澤上於天"之象，衍發"君子施祿及下"的義理，與"剛決柔"適爲相反。來知德認爲："孔子此二句，乃生于'澤'字，非生于'夬'字"（《來氏易注》）；尚先生進一步指出："象辭每相反以取義，此亦其一也"（《尚氏學》），其論甚是。

初九，壯于前趾，往不勝爲咎[1]。

【譯文】

　　初九，强盛在足趾前端，冒進前往必不能取勝反而導致咎害。

【注釋】

　　[1] 壯于前趾，往不勝爲咎——此謂初九當"夬"之時，陽剛處下，猶如"壯于前趾"，爲果決有餘、審慎不足之象；以此躁進而往，又无上應，故必難取勝而終致咎患。《王注》："居健之初，爲決之始，宜審其策，以行其事。壯其前趾，往而不勝，宜其咎也。"《正義》："體健處下，徒欲果決壯健，前進其趾；以此而往，必不克勝，非決之謀，所以爲咎。"

《象》曰：不勝而往，咎也。

【譯文】

　　《象傳》說：不能取勝而急於前往，這是初九招致咎害之道。

【說明】

　　初九"往不勝爲咎"，也是戒人"慎始"的意思。《重定費氏學》引歐陽修曰："聖人之用剛，常深戒於其初。"

九二，惕號，莫夜有戎，勿恤[1]。

【譯文】

九二，時刻戒惕呼號，儘管深夜出現戰事也能對付，不必憂慮。

【注釋】

〔1〕惕號，莫夜有戎，勿恤——號，呼號，謂發出警備之語；莫，音暮 mù，即「暮」字。此言九二以剛中之德處「夬」，既果決剛斷又小心謹慎，故能時刻「惕號」，雖深夜「有戎」也有備無患，遂稱「勿恤」。《本義》：「九二當決之時，剛而居柔，又得中道，故能憂惕號呼，以自戒備；而『莫夜有戎』，亦可无患也。」

《象》曰：有戎勿恤，得中道也。

【譯文】

《象傳》說：出現戰事也不必憂慮，說明九二有得於居中慎行之道。

【說明】

本爻辭斷句，有不同說法。如《折中》指出：「有以『惕號莫夜』爲句，『有戎勿恤』爲句者。言『莫夜』人所忽也，而猶『惕號』，則所以警懼者素矣；『有戎』人所畏也，而不之『恤』，則所以持重者至矣。」此義亦通，可備一說。

九三，壯于頄，有凶[1]。君子夬夬獨行，遇雨若濡，有慍，无咎[2]。

【譯文】

九三，強盛在臉部顴骨上，怒形於色必有凶險。君子應當剛毅果斷獨自前行（與小人周旋待時決除），儘管遇到陰陽和合的雨並被沾濕身體，甚至受人嫌疑招人慍怒，但終究能制裁小人而不遭咎害。

【注釋】

〔1〕壯于頄，有凶——頄，音求 qiú，顴骨，《釋文》：「顴

也”，又引翟玄曰：“面顴，頰間骨也。”這是說明九三處《夬》下卦之極，以剛居剛，與上六爲應，果決過度而急於除之，故以“壯于頄”喻其“決小人”怒形於色；如此處“夬”，必失美善之道，遂深戒以“有凶”。《本義》：“九三當決之時，以剛而過乎中，是欲決小人而剛壯見於面目也，如是則有凶道矣。”　　〔2〕君子夬夬獨行，遇雨若濡，有慍，无咎——夬夬，決而又決，猶言“剛毅果斷”；獨行，指三獨往應上；遇雨，喻三、上陰陽相遇；若，語氣詞；濡，沾濕。這幾句與前文相對，從正面說明“君子”處九三之時，並非怒形於色，而是剛毅果決地“獨行”往應上六，猶如暫與“小人”周旋、待時決除；這樣儘管有“遇雨若濡”之嫌，乃至使人慍怒，但最終必能制裁“小人”故“无咎”。《本義》：“然在衆陽之中，獨與上六爲應，若能果決其決，不係私愛，則雖合於上六，如‘獨行遇雨’，至於‘若濡’，而爲君子所‘慍’，然終必能決去小人而无所咎也。”《周易學說》引李士鉁曰：“善除小人者，往往與之周旋，結其歡心，形似之間爲同儕所不悅。要其心無他，事亦終無害也。”案，本爻辭“君子”至“无咎”一節的句讀，《集解》引荀爽注，讀作“君子夬夬，獨行遇雨，若濡，有慍无咎”，《王注》、孔疏與此略同，義亦可通。

《象》曰：君子夬夬，終无咎也。

【譯文】

《象傳》說：君子剛毅果斷，這樣終究能裁制小人而无所咎害。

【說明】

《朱子語類》曰：“君子之去小人，不必悻悻然見於面目；至於‘遇雨’而爲所濡濕，雖爲衆陽所慍，然志在決陰，必能終去小人，故亦可得‘无咎’也。蓋九三雖與上六爲應，而以剛居剛有能決之象，故‘壯于頄’則‘有凶’，而和柔以去之乃‘无咎’。”此說可與上引《本義》文相參照，甚見本爻大旨。

九四，臀无膚，其行次且[1]。牽羊悔亡，聞言不信[2]。

【譯文】

九四，臀部失去皮膚，行動趑趄難進。要是緊緊牽係著羊一樣強健的陽剛尊者悔恨必將消亡，无奈聽了此言不能信從。

【注釋】

〔1〕臀无膚，其行次且——次且，音資居 zī jū，古爲雙聲連縣詞，亦作「趑趄」，行止困難之狀，《釋文》引王肅曰：「趑趄，行止之礙也」。此謂九四以陽居陰，剛決不足，故當「夬」之時，猶如臀部「无膚」；又下凌三陽，以此而進，必多艱難，故曰「其行次且」。《王注》：「下（引者案，下，阮刻作不，據汲古閣本改）剛而進，非己所據，必見侵傷，失其所安，故‘臀无膚，其行次且’也。」　〔2〕牽羊悔亡，聞言不信——牽，牽係附連；羊，強健剛勁之物，喻九五。這兩句申發前文之義，說明九四雖剛決不足，但若上承九五之陽，猶如與強健的「羊」緊相係連，則可補其不足而「悔亡」；然四以失正之剛，或至「聞言不信」、一意孤行，必致凶咎。《王注》「羊者，抵狠難移之物，謂五也。五爲夬主，非下所侵，若牽於五，則可得悔亡而已；剛亢不能納言，自任所處，聞言不信，以斯而行，凶可知矣。」

《象》曰：其行次且，位不當也；聞言不信，聰不明[1]也。

【譯文】

《象傳》說：行動趑趄難進，形容九四居位不妥當；聽了此言不能信從，說明九四儘管聽到卻不能審明事理。

【注釋】

〔1〕聰不明——聰，猶言「聽」，《正義》：「聰，聽也」；明，猶言「審明其理」，《尚氏學》「不明，猶不審」。

【說明】

九四以「剛決」不足之體，意欲強行，所謂力不勝任，其行必「次且」難進。《象傳》云「位不當」，《折中》曰：「借爻位以明四之未當事任，而欲‘次且’前進之非宜也。”

九五，莧陸夬夬，中行无咎[1]。

【譯文】

九五，像斬除柔脆的莧陸草一樣剛毅果斷地清除小人，居中行正乃无咎害。

【注釋】

〔1〕莧陸夬夬，中行无咎——莧，音現 xiàn，莧陸，草名，《正義》引《子夏傳》曰：“木根草莖，剛下柔上也”，《程傳》：“今所謂‘馬齒莧’是也，曝之難乾，感陰氣之多者也，而脆易折”，爻辭中借喻陰物，指上六。此言九五處“夬”之時，陽剛中正以居尊位，比近上六一陰，能倅斬除“莧陸”一樣輕易決除之；但五貴居“君位”，卻須親自制裁最爲貼近的“小人”，足見其德未能光大，故當慎行中道，庶可“无咎”。《王注》：“莧陸，草之柔脆者也，決之至易，故曰‘夬夬’也。‘夬’之爲義，以剛決柔，以君子除小人者也。而五處尊位，最比小人，躬自決者也。以至尊而敵至賤，雖其克勝，未足多也；處中而行，足以免咎而已，未足光也。”

【說明】

《重定費氏學》引姚配中曰：“《春秋傳》云‘爲國家者，見惡如農夫之務去草焉，絕其本根，勿使能殖。’五爲陰所揜，故‘中未光’。剛長至上，決陰使盡，則所謂‘其危乃光’者也。”此說以除惡草喻“去小人”，發本爻之義，頗甚可取。

《象》曰：中行无咎，中未光也。

【譯文】

《象傳》說：居中行正乃无咎害，說明九五的中正之道尚未光大。

【說明】

九五陽剛中正，“夬夬”明決，僅獲“无咎”之占，蓋因“最比小人”所致。張載曰：“陽近於陰，不能无累，故必正其行，然後免咎。”（《橫渠易說》）

上六，无號，終有凶[1]。

【譯文】

上六，不必痛哭號咷，凶險終究難逃。

【注釋】

[1] 无號，終有凶——號，號咷，放聲痛哭。此謂上六以陰極居《夬》卦之終，爲“小人”凌高作惡之象，被下五陽所共同決除，故无須號咷，終必有凶。《王注》：“處夬之極，小人在上；君子道長，衆所共棄：故非號咷所能延也。”

《象》曰：无號之凶，終不可長也。

【譯文】

《象傳》說：不必痛哭號咷而必罹凶險，說明上六竊位在上的情勢終究不能久長。

【說明】

上六之“凶”，猶如“小人”凌駕“君子”之上，得勢一時，但終被制裁，悲號莫及。楊萬里引《詩經·王風·中谷有蓷》“啜其泣矣，何嗟及矣”兩句，喻示上六“无號”（《誠齋易傳》），與爻象甚合。

【總論】

《紅樓夢》第八十二回敍林黛玉語：“但凡家庭之事，不是東風壓了西風，就是西風壓了東風。”這雖是一句家常諺語，卻包含著事物對立面的矛盾鬥爭在關鍵時刻非存即亡的不可調和的哲理。《夬》卦立義於“果決”，正是從陰陽矛盾激化的角度，強調陽剛必須以"決斷"性的氣魄制裁陰柔,換言之,即"君子"應當清除"小人","正氣"應當壓倒"邪氣"。卦辭的基本意義,是喻示君子"決"小人的三方面要領:一是公正无私,宜於在"王庭"上公開宣判"小人"的罪惡;二是諭人戒惕,即以孚誠之心號令眾人戒備"小人"造成的危害;三是以德取勝,說明此時不利於濫用武力,而要通過頒告政令來宣揚美德、使人誠服。準此三端,則處"夬"必能"利有攸往"。就六爻之象分析,本卦一陰高居五陽之上,恰如"小人"竊位得勢、淩駕於"君子",必被決除。顯然,卦中陰陽爻的力量對比是十分懸殊的:以五陽之剛健盛長,制裁一陰之孤立困窮,足見陽勝陰敗、正存邪亡是必然的結局。《象傳》指出"剛長乃終",即明此理。然而,陽剛雖處優勢,卻不可掉以輕心,故爻辭時時發出處"夬"艱難的誡意:初誡"不勝"而往必有"咎",二誡時刻"惕號",三誡剛壯過甚有"凶",四誡剛決不足則"次且"難進,五誡居中慎行纔能"无咎"。可見,儘管以"五陽"的強盛要徹底清除"一陰",也非輕而易舉;那麼,當"陰"盛之時若欲對之制裁,其艱難程度更是可想而知了。此中作《易》者所流露的"君子"戒防"小人"的用心,實甚深切。《折中》引徐幾曰:"以盛進之五剛,決衰退之一柔,其勢若甚易。然而聖人不敢以'易'而忽之。故於《夬》之一卦,丁寧深切,所以周防戒備者无所不至。"

姤卦第四十四

☰ 姤[1]：女壯，勿用取女[2]。

【譯文】

《姤》卦象徵相遇：女子過分强盛，不宜娶作妻室。

【注釋】

〔1〕姤——音構 gòu，卦名，下巽（☴）上乾（☰），象徵“相遇”。《彖傳》：“姤，遇也”，《序卦傳》、《雜卦傳》同。本卦一陰在下，上遇五陽，故謂“姤”。《正義》：“姤，遇也，此卦一柔而遇五剛，故名爲‘姤’。”案，“姤”字又寫作“遘”，《釋文》：“薛云古文作‘遘’，鄭同。”　〔2〕女壯，勿用取女——用，猶“宜”；取，通“娶”。此言卦中六爻有“一女遇五男”之象，故稱“女壯”過甚，並戒人不宜娶此女子。辭義譬喻“相遇”之道當正，不可違“禮”致亂。《集解》引鄭玄曰：“一陰承五陽，一女當五男，苟相遇耳，非禮之正，故謂之‘姤’。女壯如是，壯健以淫，故不可娶。婦人以婉娩爲其德也。”

【說明】

本卦極見《周易》“扶陽抑陰”的思想。卦辭“女壯，勿用取女”，雖是喻象，但其中反映出古代禮法對女子特加的禁錮，以及明顯的“男權”觀念。下文《象傳》、爻辭亦有類似理念，說並倣此。

《彖》曰：姤，遇也，柔遇剛[1]也。勿用取女，不可與長[2]也。天地相遇，品物咸章[3]也；剛遇中正，天下大行[4]也。姤之時義大矣哉[5]！

【譯文】

《彖傳》說：姤，意思是相遇，譬如陰柔遇到陽剛就能相合。不宜娶這女子作妻室，說明不可與行爲不正的女子長久相處。天地陰陽相互遇合，各類事物的發展都能顯明昭彰；陽剛者遇合居中守正的陰柔者，天下的人倫教化就大爲通暢。相遇之時的意義是多麼弘大啊！

【注釋】

〔1〕柔遇剛——柔，指初六；剛，指二至上五陽。此以六爻之象釋卦名“姤”，並配合下文以釋卦辭“勿用取女”。《王注》：“施之於人，即女遇男也；一女而遇五男，爲壯至甚，故不可取也。”

〔2〕不可與長——猶言不可與此“不正之女”長久相處，釋卦辭“勿用取女”之義。《集解》引王肅曰：“女不可取，以其不正，不可與長久也。”

〔3〕天地相遇，品物咸章——品物，猶言各類事物（參閱《乾》卦《彖傳》譯注）；章，通“彰”。這兩句從正面發揮“遇”義，說明“一女遇五男”雖不可取，但天地陰陽的正當相遇則是萬物昌盛發展的要素，不可或廢。《正義》：“已下廣明‘遇’義。卦得‘遇’名，本由一柔與五剛相遇，故‘遇’辭非美；就卦而取，遂言‘遇’不可用，是‘勿用取女’也。故孔子更就天地歎美‘遇’之爲義不可廢也。天地若各亢所處，不相交遇，則萬品庶物无由彰顯。必須二氣相遇，乃得化生。”

〔4〕剛遇中正，天下大行——這兩句承前文之義，說明陽剛若遇“中正”之陰柔，則天下“化育”之道必將“大行”。《正義》：“莊氏云：一女而遇五男，既不可取；天地匹配，則能成品物。由是言之，若剛遇中正之柔，男得幽貞之女，則天下人倫之化乃得大行也。”案，“剛遇中正”，《集解》引翟玄曰：“剛謂九五，遇中處

正，教化大行於天下也。"於義亦通。 〔5〕姤之時義大矣哉——此句總結全《彖》，說明以"正"相遇，則"姤"道可美。《正義》："上既博美，此又結歎。欲就卦而取義，但是一女而遇五男，不足稱美；博論天地相遇，乃致品物咸章，然後姤之時義大矣哉。"

《象》曰：天下有風，姤[1]；后以施命誥四方[2]。

【譯文】

《象傳》說：天下吹行著和風（无物不遇），象徵相遇；君王因此效法其象施發命令而傳告四方。

【注釋】

〔1〕天下有風，姤——釋《姤》卦上乾爲天、下巽爲風之象。《正義》："風行天下，則无物不遇，故爲'遇'象。" 〔2〕后以施命誥四方——后，君王；誥，動詞，猶言"傳告"、"曉諭"。這是說明"君王"效法《姤》卦"天下有風"之象，施令傳告四方，以求上下遇合。《集解》引翟玄曰："天下有風，風无不周布；故君以施令，告化四方之民矣。"

【說明】

卦辭的意義見於反面，表明不正之"遇"不足稱美，故誡以"勿用取女"。《象傳》先釋"勿取"之義，再發揮陰陽相遇的正面旨趣，前後正反相映，故先言"不可與長"，後稱"姤之時義大矣哉"。《大象傳》則專從正面引申上下遇合之道，故極力贊美"后以施命誥四方"。可見，"經"辭固有一定，而《傳》文自可從不同的角度加以闡釋。

初六，繫于金柅，貞吉[1]。有攸往，見凶，羸豕孚蹢躅[2]。

【譯文】

初六，緊緊繫結在剛堅靈敏的剎車器上，守持正固可獲吉祥。

要是急於有所前往，必然出現凶險，如此便像羸弱的牝豬一樣輕浮躁動不能安靜。

【注釋】

〔1〕繫于金柅，貞吉——柅，音你 nǐ，《正義》引馬融曰"在車之下，所以止輪令不動者也"，即刹車器。句中以"金"喻"剛"，"金柅"指九四。這是說明初六一陰在下，當"遇"之時，處下卦巽風浮躁之體，有"自縱"无歸的情狀，故須專一繫應於九四，長守正固，可獲吉祥。《王注》"金者，堅剛之物；柅者，制動之主：謂九四也。初六處'遇'之始，以一柔而承五剛，體夫躁質，得遇而通，散而无主，自縱者也。柔之爲物，不可以不牽；臣妾之道，不可以不貞，故必繫于正應，乃得'貞吉'也。"

〔2〕有攸往，見凶，羸豕孚蹢躅——羸豕，羸弱之豕，此處猶言"牝豬"，喻初六；孚，通"浮"，謂"輕浮躁動"；蹢躅，音執燭 zhí zhú，同"躑躅"，雙聲連緜詞，不安靜而徘徊之狀，《釋文》："蹢，一本作'躑'"，"躅，本亦作'躝'，蹢躅，不靜也"。這三句緊承前文，又從反面設戒，說明初六若是急於有所前往，像"牝豬"躁動而"蹢躅"不靜，心不專一，必有凶險。此亦前文所謂守"貞"應四之義。《王注》："若不牽于一，而有攸往，行則唯凶是見矣。羸豕，謂牝豕也。羣豕之中，豭強而牝弱，故謂之'羸豕'也。孚，猶務躁也。夫陰質而躁恣者，羸豕特甚焉。言以不貞之陰，失其所牽，其爲淫醜，若'羸豕'之孚務'蹢躅'也。"案，焦循認爲王弼訓"孚"與"浮"通，指出："王氏以'孚'爲'務躁'，蓋讀'孚'爲'浮'。浮，輕也，謂輕躁也。孚、浮古字通，《釋名》'浮，孚也'是也。'務'爲'騖'之通借，務、騖《爾雅》皆訓'強'。亂馳爲'騖'，'騖躁'言其奔馳而輕躁也，下直云'孚務'，即'浮騖'也。"（《周易補疏》）又案，《周易舉正》引《王注》，"務"正作"騖"，足證焦氏說是也。今從之。

《象》曰：繫于金柅，柔道牽也。

【譯文】

《象傳》說：緊緊繫結在剛堅靈敏的剎車器上，說明初六必須守持柔順之道而接受陽剛者的牽制。

【說明】

卦辭以初六爲"女壯"，是就全卦"一女遇五男"之象而言，故戒陽剛者"勿用取女"；爻辭以初六爲"羸豕"，則據此爻處位卑微柔弱而發，故戒陰柔者守"貞"不動。可見卦辭、爻辭的擬象角度有異。胡炳文曰："象總一卦而言，則以一陰而當五陽，故於'女'爲'壯'；爻指一畫而言，五陽之下，一陰甚微，故於'豕'爲'羸'。壯可畏也，羸不可忽也。"(《周易本義通釋》)

九二，包有魚，无咎，不利賓[1]。

【譯文】

九二，廚房裏發現一條魚，无所咎害，但不利於擅自用來宴享賓客。

【注釋】

〔1〕包有魚，无咎，不利賓——包，通"庖"，廚房，《釋文》"包，本亦作'庖'"；魚，陰物，喻初六。此言九二陽剛居中，初六以陰在下而近承之，猶如"庖"中"有魚"，不期而至，於二爲"无咎"；但此"魚"上應九四，實非己物，故不宜擅自動用、以享賓客。《集解》引王弼曰："初陰而窮下，故稱'魚'也；不正之陰，處遇之始，不能逆近者也。初自樂來，應己之廚，非爲犯應，故'无咎'也。擅人之物，以爲己惠，義所不爲，故不及賓。"

《象》曰：包有魚，義不及賓也。

【譯文】

《象傳》說：廚房裏發現一條魚，從九二與初六不相應的意義看則不能擅自用來宴享賓客。

【說明】

當"姤"之時，九二稟剛中之德，雖下有初六之陰，卻能以正道爲制約，不擅據初爲己有，也不使之遇於"賓客"，實爲善處"姤"時之象，故獲"无咎"。《折中》引吳曰愼曰："以義言之，不可使遇於賓也；若不制而使遇於賓，則失其義矣。"此釋《象傳》"義不及賓"，甚爲可取。

九三，臀无膚，其行次且[1]。厲，无大咎[2]。

【譯文】

九三，臀部失去皮膚，行動趑趄難進。有危險，但沒有重大咎害。

【注釋】

〔1〕臀无膚，其行次且——辭義與《夬》九四同（參閱該爻譯注）。此謂九三過剛不中，上无其應、下无所遇，猶如"臀无膚"，欲行而趑趄難進。《本義》"九三過剛不中，下不遇於初，上无應於上，居則不安，行則不進，故其象占如此。"　〔2〕厲，无大咎——此又申發前文之義，說明九三雖過剛无應，未獲所遇，行止艱難而有危厲；但居位得正，不遭邪傷，故无大咎。《本義》："然既无所遇，則无陰邪之傷，故雖危厲而无大咎也。"

《象》曰：其行次且，行未牽[1]也。

【譯文】

《象傳》說：行動趑趄難進，說明九三的行爲未曾牽制外物（故雖无遇也不遭邪傷）。

【注釋】

〔1〕行未牽——此言九三行動"次且"，未獲所遇；但也因此不牽制外物，不遭邪傷，以見"无大咎"之義。案，《程傳》："其始志在求遇於初，故其行遲遲；未牽，不促其行也，既知危而改之，故未至於大咎也。"此說於義亦通，可備參攷。

【說明】

《困》初六謂"臀困于株木"，《夬》九四、《姤》九三謂"臀无膚，其行次且"：三卦皆取"臀"象。李簡曰："居則'臀'在下，故《困》初六言'臀'；行則'臀'在中，故《夬》、《姤》三、四言'臀'。"(《學易記》)此從居、行的角度巧妙分析辭象與爻位的聯係，與諸爻之義有合。

九四，包无魚，起凶[1]。

【譯文】

九四，廚房中失去一條魚，興起爭執必有凶險。

【注釋】

〔1〕包无魚，起凶——魚，喻初六；起，作也，此處猶言爭執。這兩句說明九四陽剛失正，所應之初背己承二，猶如己"魚"亡失，入於九二之"庖"。陰爲民，"失魚"恰似"失民"；因"失民"而爭，將更爲孤立，故有凶險。《王注》："二有其魚，故失之也；无民（引者案，民，阮刻作鳳，據汲古閣本改）而動，失應而作，是以凶也。"

《象》曰：无魚之凶，遠民也。

【譯文】

《象傳》說：失去一條魚而有凶險，說明九四居上卦猶如遠離下民而失去民心。

【說明】

"姤"之時必須以"正"相遇，九四居位既不正，又因失去初六而强爭，故凶險難免。反之，若能靜居不爭，趨正自守，則九二剛中必不擅據其"魚"，九三"次且"難進，初六於是能守"貞"繫結於"金柅"：四、初之遇遂能實現。可見，九四"起凶"是反面戒語，意謂不"起"即无"凶"。

九五，以杞包瓜[1]，含章，有隕自天[2]。

【譯文】

　　九五，用杞樹枝葉蔽護樹下的甜瓜，内心含藏章美，必然有理想的遇合從天而降。

【注釋】

　　〔1〕以杞包瓜——杞，《正義》引馬融曰"大木也"，是杞爲高大之木，喻九五；包，裹也，猶言"蔽護"；瓜，甜美處下，喻"賢者"。此句說明九五陽剛中正以居尊位，當"遇"之時，有屈己謙下以求遇賢者之德，猶如高大的杞樹以綠葉蔽護樹下的甜瓜。《程傳》："夫上下之遇，由相求也。杞，高木而葉大。處高體大而可以包物者，杞也。美實之在下者，瓜也。美而居下者，側微之賢之象也。九五尊居君位，而下求賢才，以至高而求至下，猶以杞葉而包瓜，能自降屈如此。"　　〔2〕含章，有隕自天——含，含藏；章，章美；隕，降也。這兩句又言九五剛中居正，内含章美，以此求遇，必有賢者"自天而降"與之應合。爻義極稱九五大得"相遇"之道。《程傳》："又其内蘊中正之德，充實章美，人君如是，則无有不遇所求者也。雖屈己求賢，若其德不正，賢者不屑也。故必含蓄章美，内積至誠，則'有隕自天'矣。猶言自天而降，言必得之也。"

《象》曰：九五含章，中正也；有隕自天，志不舍命[1]也。

【譯文】

　　《象傳》說：九五内心含藏章美，是由于居中守正；必然有理想的遇合從天而降，說明九五的心志不違背天命。

【注釋】

　　〔1〕不舍命——舍，違背；命，猶言"天命"。《程傳》："舍，違也。至誠中正，屈己求賢，存志合於天理，所以'有隕自天'，必得之矣。"

【說明】

九五既稟“中正”美德，必不願與“不正”者苟遇，故自含章美，屈己謙下，以待“天降”理想的遇合。《折中》認爲：“五爲卦主，而與陰無比、應，得卦‘勿用取女’之義也。夫與陰雖無比應，而爲卦主，則有制陰之任焉，故極言修德回天之道。”此說與爻理有合，可備參攷。

上九，姤其角，吝，无咎[1]。

【譯文】

上九，遇見空蕩的角落，心有憾惜，但不遭咎害。

【注釋】

〔1〕姤其角，吝，无咎——角，角落。此言上九居《姤》之終，窮高極上，猶如遇見荒遠空蕩的“角落”；雖然所遇無人而生“吝”，但恬然不爭，未遭陰邪之傷，故亦“无咎”。《王注》：“進之於極，无所復遇，遇角而已，故曰‘姤其角’也。進而无遇，獨恨而已；不與物爭，其道不害，故无凶咎也。”

《象》曰：姤其角，上窮吝也。

【譯文】

《象傳》說：遇見空蕩的角落，說明上九窮高極上遂有相遇无人的憾惜。

【說明】

三、上兩爻均以陽剛而无所遇，但或稱“无大咎”，或稱“无咎”。兩者之義表明：與其遇合非正，寧可不遇免咎。胡炳文曰：“九三以剛居下卦之上，於初陰无所遇，故雖‘厲’而‘无大咎’；上九以剛居上卦之上，於初陰亦不得其遇，故雖‘吝’而亦‘无咎’。遇本非正，不遇不足爲咎也。”（《周易本義通釋》）

【總論】

《姤》卦闡明事物"相遇"之理。但卦辭的說理方式卻爲"反證"：先用"女壯"譬喻卦中初陰與上五陽的關係是"一女遇五男"，進而戒人勿娶此"女"。可見，作者主張"相遇"之道必須合"禮"守"正"，而對不妥當的遇合深惡痛絕。司馬遷云："諺曰'力田不如逢年，善仕不如遇合'，固無虛言。非獨女以色媚，而士宦亦有之。"（《史記·佞幸列傳序》）這是用憎嫉的筆調鞭笞以巧言佞色求遇者流，與本卦的象徵主旨略可相通。再視六爻大義，初六一陰是全卦設誡的主要因素，就其自身而論，必須專一繫應於九四，守"貞"則"吉"；若輕浮自縱、邪媚求遇必"凶"。五陽爻的處"遇"情狀，則主於嚴守正道、避防陰邪：二剛中不擅有陰物，獲"无咎"；三過剛而進止艱難，无所遇亦"无大咎"；四失遇於陰物，不可强爭，爭執必有凶險；五陽剛中正暫未有遇，宜含章美以待賢者；上居窮極，所遇无人，但未遭陰邪之傷故"无咎"。顯然，諸陽雖當"陰遇陽"、"柔遇剛"之時，卻不可盲目遇合不正之陰。這一點，與卦辭"勿用取女"的喻意正相呼應。若從正面意義分析，此卦實又深寓著《周易》作者對理想、美好的"上下遇合"的尋求。九五爻辭所謂"有隕自天"，正是"尊者"修德求賢的典型象徵，流露出"君臣際遇"將從天而降的期望。這无疑是本卦義理中所蘊存的一定程度的政治思想。楊萬里從這一角度，援史證曰："舜遇堯爲天人之合，'有隕自天'之象，何憂驩兜？何畏孔壬？"（《誠齋易傳》）

萃卦第四十五

☷ 萃[1]：亨[2]，王假有廟[3]。利見大人，亨利貞[4]。用大牲吉，利有攸往[5]。

【譯文】

《萃》卦象徵會聚：亨通，此時君王用美德感格神靈以保有廟祭。利於出現大人，前景亨通而利於守持正固。用大牲祭祀可獲吉祥，利於有所前往。

【注釋】

〔1〕萃——卦名，下坤（☷）上兌（☱），象徵"會聚"。《象傳》"萃，聚也"，《序卦傳》同。《正義》："萃，聚也，聚集之義也。能招民聚物，使物歸而聚己，故名爲'萃'也。"

〔2〕亨——《釋文》："王肅本同，馬、鄭、陸、虞等並无此字"；《本義》："'亨'字衍文"；《折中》引項安世曰："卦名下元無'亨'字，獨王肅本有，王弼遂用其說，孔子《彖辭》初不及此。"案，帛書《周易》 "萃"下亦无"亨"字，此字當屬衍文。

〔3〕王假有廟——假，猶言"感格"（見《家人》九五譯注）。此句說明當"萃"之時，"君王"用美德感格神靈，會聚祖考的"精神"，以保有"廟祭"，意即保持"社稷"永久長存。《折中》引龔煥曰："假字，疑當作'昭假烈祖'之'假'，謂'感格'也。王者致祭於宗廟，以己之精神感格祖考之精神，所以爲'萃'也。"《尚氏學》："王假有廟，言王以至誠，格于宗廟而有事也。"

〔4〕利見大人，亨利貞——此言"天下會聚"之時，利於出現"大人"，則可導致亨通，並利於守正。本卦九五正具"大人"之象。《王注》："聚，得'大人'乃得通而利正也。"《正義》："聚而无主，不散則亂。惟有大德之人，能弘正道，乃得常通而利正。"

〔5〕用大牲吉，利有攸往——大牲，《說文》"牛，大牲也"，指祭祀所用的重大"犧牲"品。這兩句說明天下大聚之時，用"大牲"祭祀則"吉"，且利於有所前往。辭義主於要配合此時，大有作爲。《集解》引鄭玄曰："大牲，牛也。言大人有嘉會時可幹事，必殺牛而盟；既盟則可以往，故曰'利往'。"

【說明】

　　卦辭擬取"君王"廟祭，"大人"有往等象，其義並主於"聚神"、"聚人"，以使"萃"之時亨通暢達。《折中》指出："'王假有廟'者，神人之聚也；'利見大人'者，上下之聚也。'用大牲吉'，廣言羣祀，由'假廟'而推之，皆所以聚於神也；'利有攸往'，廣言所行，由'見大人'而推之，皆所以聚於人也。"

《彖》曰：萃，聚也。順以說，剛中而應，故聚也[1]。王假有廟，致孝享也[2]；利見大人亨，聚以正也[3]；用大牲吉利有攸往，順天命也[4]。觀其所聚，而天地萬物之情可見矣[5]！

【譯文】

　　《彖傳》說：萃，意思是會聚。譬如物情和順欣悅之時，陽剛居上者能夠守持中道並應合於下，就能廣聚衆庶。此時君王用美德感格神靈以保有廟祭，這是表答對祖考的孝意而奉獻至誠之心；利於出現大人而前景亨通，說明大人主持會聚必能遵循正道；用大牲祭祀可獲吉祥且利於有所前往，說明會聚之時必須順從天的規律。觀察會聚現象，天地萬物的性情就可以明白了！

【注釋】

〔1〕順以說，剛中而應，故聚也——順，指下坤；說，即"悅"，指上兌；剛中，指九五陽剛居中。此以上下卦象及九五爻象釋卦名"萃"之義，謂此時物情和順欣悅，陽剛者守持中道並應合於下，遂能廣聚衆人。《集解》引荀爽曰："謂五以剛居中，羣陰順說而從之，故能聚衆也。"《王注》："順說而以剛爲主，主剛而履中，履中以應，故得聚也。"　　〔2〕致孝享也——致，猶言"表答"；享，奉獻，指奉獻"至誠"之心。此句釋卦辭"王假有廟"，說明"君王"當"萃"之時虔心表答對祖考的"孝"、"享"之誠，以此感格神靈，保有廟祭。《來氏易注》："盡志以致其'孝'，盡物以致其'享'。"　　〔3〕聚以正也——此釋卦辭"利見大人，亨利貞"。《程傳》："見大人，則其聚以正道；得其正，則亨矣。"案，《集解》本"聚以正也"之下有"利貞"二字，並引有《九家易》之注，《纂疏》云："按諸本《象傳》无'利貞'字，唯此本有之。"並錄以備攷。　　〔4〕順天命也——此釋卦辭"用大牲吉，利有攸往"。《正義》："天之爲德，剛不違中。今順以說，而以剛爲主，是'順天命'也。動順天命，可以享於神明，无往不利。所以得'用大牲吉，利有攸往'者，只爲'順天命'也。"　　〔5〕天地萬物之情可見矣——這是歸結歎美《萃》卦大義，說明事物會聚之時，必然反映出性情、氣質的相互投合。《王注》："方以類聚，物以羣分；情同而後乃聚，氣合而後乃羣。"

《象》曰：澤上於地，萃[1]；君子以除戎器，戒不虞[2]。

【譯文】

《象傳》說：澤居地上水潦歸匯，象徵會聚；君子因此修治兵器，戒備羣聚所生的不測變亂。

【注釋】

〔1〕澤上於地，萃——釋《萃》卦上兌爲澤、下坤爲地之象。

《集解》引荀爽曰：“澤者卑下，流潦歸之，萬物生焉，故謂之‘萃’也。”　〔2〕除戎器，戒不虞——除，修治，《集解》引虞翻曰“除，脩”；戎，《說文》：“兵也”，指兵器；不虞，不測。這是說明君子觀《萃》之象，悟知事物久“聚”必生變亂，人情久“聚”或萌異心，故修治兵器，以防不測。《王注》：“聚而无防，則衆生心（引者案，生心，阮刻作心生，據《校勘記》改）。”《正義》：“人既聚會，不可无防備，故君子於此之時，脩治戎器，以戒備不虞也。”

【說明】

　　王申子曰：“‘澤上有地，臨’，則聚澤者地岸也；‘澤上於地，萃’，則聚澤者隄防也。以地岸而聚澤，則无隄防之勞；以隄防而聚澤，則有潰決之憂。故君子觀此象，爲治世之防，除治其戎器，以爲不虞之戒。若以治安而忘戰守之備，則是以舊防爲无用而壞之也，其可乎？”（《大易緝說》）此說比較《萃》、《臨》兩卦之象，義有可取。

初六，有孚不終，乃亂乃萃[1]。若號，一握爲笑[2]。勿恤，往无咎。

【譯文】

　　初六，心中誠信不能保持至終，行動紊亂而與人妄聚。如果專情向上呼號，就能與陽剛友朋一握手間重見歡笑：不須憂慮，往前必无咎害。

【注釋】

　　〔1〕有孚不終，乃亂乃萃——乃，語氣詞。此謂初六以陰處“萃”之始，上應九四，但前有二陰相阻，三又承四，因此對九四疑慮重重，誠信之心不能保持至終，遂至行爲紊亂而妄聚。《本義》：“初六上應九四，而隔於二陰，當‘萃’之時，不能自守，是有孚而不終，志亂而妄聚也。”　〔2〕若號，一握爲笑——號，

呼號；一握爲笑，一握之間成歡笑。這幾句從正面告誡初六，謂其若能呼號九四，四必來應，兩者將握手言歡，故下文勉以"勿恤，往无咎"。《折中》引王宗傳曰："初之於四，相信之志，疑亂而不一也。然居萃之時，上下相求，若號焉，四必說而應之，則一握之頃，變號咷而爲笑樂矣，謂得其所萃也。故戒之曰'勿恤'，又勉之曰'往无咎'。"案，王宗傳訓"號"爲"號咷"，則"一握爲笑"有"破啼爲笑"之意，於義亦通。

《象》曰：乃亂乃萃，其志亂也。

【譯文】

《象傳》說：行動紊亂而與人妄聚，說明初六的心志有所迷亂。

【說明】

初六的咎患在於"疑"，孔穎達指出："只爲疑四與三，故志意迷亂也。"（《正義》）一旦疑消，必然"往无咎"而有"笑"。

六二，引吉，无咎[1]。孚乃利用禴[2]。

【譯文】

六二，受人牽引相聚可獲吉祥，不致咎害。只要心存誠信即使微薄的禴祭也利於獻享神靈。

【注釋】

〔1〕引吉，无咎——引，牽引。此言六二柔中居正，上應九五，必得其牽引相聚，故獲"吉"而"无咎"。《集解》引王弼曰："居'萃'之時，體柔當位，處坤之中，己獨履正，與衆相殊，異操而聚。民之多僻，獨正者危，未能變體以遠於害，故必待五引，然後乃吉而无咎。"〔2〕孚乃利用禴——禴，音躍 yuè，古代四時祭祀之一，殷稱"春祭"爲"禴"，屬較微薄之祭（參閱《既濟》九五譯注）。此句取"祭祀"爲喻，說明六二當"萃"之時，只要心存誠信，即使微薄的"禴祭"亦可獻於神靈，獲其賜福。《集解》引王弼曰："禴，殷春祭名，四時之祭省者也。居'聚'

之時，處於中正，而行以忠信，可以省薄於鬼神矣。」

《象》曰：引吉无咎，中未變也。

【譯文】

　　《象傳》說：受人牽引相聚可獲吉祥不致咎害，說明六二居中守正的心志未曾改變。

【說明】

　　六二之吉，在於孚信長存，不變柔順中正之志，於是誠心見引於「尊者」，薄祭獲享於「神靈」。張載曰：「能自持不變，引而後往，吉乃无咎。凡言‘利用禴’，皆誠素著白於幽明之際。」（《橫渠易說》）

六三，萃如嗟如，无攸利〔1〕。往无咎，小吝〔2〕。

【譯文】

　　六三，相聚无人以至嗟歎聲聲，无所利益。往前將无咎害，但小有憾惜。

【注釋】

　　〔1〕萃如嗟如，无攸利——萃如，形容求「聚」不得之狀。此言六三處下卦之終，失位无應，求聚心切卻不得其類，故徒自「嗟歎」而「无攸利」。《折中》引俞琰曰：「‘萃’之時‘利見大人’，三與五非應非比，而不得其萃，未免有嗟歎之聲，則‘无攸利’矣。」　　〔2〕往无咎，小吝——此謂六三雖无上應，卻與四比，往而相聚則獲「无咎」；但三、四均失位，兩者非屬陰陽正應，故又有「小吝」。《折中》引俞琰曰：「既曰‘无攸利’，又曰‘往无咎’，三與四比，則其往也，捨四可乎？三之從四，四亦巽而受之，故‘无咎’。第无正應，而近比於四，所聚非正，有此‘小疵’耳。」案，《王注》謂三、四相比不正，故「嗟如，无攸利」；而往「聚」於上六，則雖非陰陽之應卻「无咎」。可備一說。

《象》曰：往无咎，上巽〔1〕也。

【譯文】

《象傳》說：往前將无咎害，說明六三能夠向上順從於陽剛。

【注釋】

〔1〕上巽——指向上順從於陽剛。《尚氏學》："巽，順也。'上巽'，言上順四、五；四、五陽，故无咎。"案，三既聚於四，四位承五，故尚先生云六三"上順四、五"，於義可通。

【說明】

馬其昶指出："六爻唯三、上无應，又俱值窮位，一嗟一咨，求萃不得也，故'无攸利'。然天命不可不順，四、五爲萃之主，合諸侯而發禁命事；三若比四以萃五，雖位不當'小吝'，然當萃時，不能自外於會同之盟，故三與初皆曰'往无咎'。"（《重定費氏學》）此說揭明初、三、四、五、上諸爻之間的不同關係，義頗可取。

九四，大吉，无咎[1]。

【譯文】

九四，大爲吉祥，免遭咎害。

【注釋】

〔1〕大吉，无咎——此言九四當"聚"之時，下乘三陰，至獲所據，故"大吉"；但其位不正，本有"咎"，唯"大吉"而建樹偉功，然後得免其咎。《王注》："履非其位，而下據三陰；得其所據，失其所處。處'聚'之時，不正而據，故必大吉，立夫大功，然後无咎也。"

《象》曰：大吉无咎，位不當也。

【譯文】

《象傳》說：大爲吉祥乃免遭咎害，說明九四居位尚不妥當。

【說明】

本爻陽剛失正、未居尊位，卻廣聚下卦三陰，故先須"大吉"，然後"无咎"，實含以"吉"補咎之義。項安世曰："无尊位而得衆心，故必'大吉'而後可以'无咎'。如《益》之初九，在下位而任'厚事'，亦必'元吉'而後可以'无咎'也。"（《周易玩辭》）

九五，萃有位，无咎，匪孚[1]。元永貞，悔亡[2]。

【譯文】

九五，會聚之時高居尊位，不致咎害，但還未能廣泛取信於衆。作爲有德君長應當永久不渝地守持正固，則悔恨必將消亡。

【注釋】

〔1〕萃有位，无咎，匪孚——此言九五當天下"大聚"之時，高居尊位；但其時九四已擅聚三陰，己德未能廣孚於衆，故只能自守剛正以免咎。《王注》："處'聚'之時，最得盛位，故曰'萃有位'也；四專而據，己德不行，自守而已，故曰'无咎，匪孚'。"

〔2〕元永貞，悔亡——元，善之長；永，久也；貞，正也，"元永貞"猶言"有德君長永久守正"（參閱《比》卦辭譯注）。這兩句承前文意，說明九五既稟陽剛尊長之德，則永久守持正固，必能免"匪孚"之咎而"悔亡"。《王注》："夫脩仁守正，久必悔消，故曰'元永貞，悔亡'。"《程傳》："'元永貞'者，君之德，民所歸也。故比天下之道，與萃天下之道，皆在此三者。"又曰："元，首也，長也，爲君德首出庶物、君長羣生，有尊大之義焉，有主統之義焉；而又恒永貞固，則通於神明，光於四海，无思不服矣，乃无匪孚而其悔亡也。"

《象》曰：萃有位，志未光也。

【譯文】

《象傳》說："會聚之時，高居尊位"，說明九五會聚天下的心志尙未光大。

【說明】

九五要實現會萃天下的心志，不能單憑居位尊高，而更要修美"元永貞"之德。朱子門徒曾經發問：九五陽剛居尊，爲何"匪孚"？朱熹回答說："此言有位而無德，則雖萃而不能使人信，故人有不信，當修其'元永貞'之德，而後'悔亡'也。"（《朱子語類》）

上六，齎咨涕洟，无咎[1]。

【譯文】

上六，咨嗟哀歎而又痛哭流涕，可免咎害。

【注釋】

〔1〕齎咨涕洟，无咎——齎，音咨 zī，"齎咨"，雙聲疊韻連緜詞，摹悲歎之聲，《釋文》："嗟歎之辭也，鄭同，馬云'悲聲怨聲'"；涕洟，猶言"痛哭流涕"，《說文》"洟，鼻液也"，《玉篇》"目汁出曰'涕'"。此言上六處《萃》之終，窮極无應，又以陰乘凌九五陽剛尊長，求聚不得，故悲歎而"齎咨"，痛哭而"涕洟"；唯其悲泣知懼，故亦得免害而"无咎"。《王注》："處'聚'之時，居於上極，五非所乘，內无應援。處上獨立，近遠无助，危莫甚焉。'齎咨'，嗟歎之辭也。若能知危之至，懼禍之深，憂病之甚，至于'涕洟'，不敢自安，亦衆所不害，故得'无咎'也。"

《象》曰：齎咨涕洟，未安上也。

【譯文】

《象傳》說：咨嗟哀歎而又痛哭流涕，說明上六求聚不得未能安居於窮上之位。

【說明】

《折中》引黃淳耀曰："上乃孤孽之臣子也。萃極將散，而不得所萃，乃不得於君親者；'齎咨涕洟'四字，乃極言怨艾求萃之情，故終得萃而无咎。"此說認爲上六處"萃"極將反之時，欲聚无門，遂生怨艾之情。似於爻義亦通，可備參攷。

【總論】

　　“方以類聚，物以羣分”，自然界萬物是在“羣居”的形式中發展、進化。《公羊傳》莊公四年曰：“古者諸侯，必有會聚之事。”《白虎通義·宗族篇》云：“生相親愛，死相哀痛，有會聚之道，故謂之族。”可見，人類的“會聚”，既有純屬生態領域的內容，又有充滿政治色彩的內容。《萃》卦，即揭示事物“會聚”之理。全卦大義，以人與人在政治關係中的相聚爲喻。卦辭擬象於祭祀，說明“君王”、“大人”必須用美德、正道聚合人神，會通上下，就能亨通暢達，利有所往。其旨適如《彖傳》所概括的“聚以正”則利，“順天命”必吉。卦中四陰爻主於求聚於人，其中初六位卑不可妄聚，當專一孚誠求應；六二柔順中正，利於受尊者牽引得聚；六三失正无應，能近比陽剛亦可往聚；惟上六窮居“萃”極，欲聚无門。至於四、五兩陽並主於獲人來聚，但四不當位而獲三陰之聚，須“大吉”然後“无咎”；五雖居尊而尚未取信於衆，當修“元永貞”之德然後“悔亡”。綜觀六爻喻義，未有一爻呈現“凶”象，即使上六求聚不得，亦以憂懼知危而免害；但也未有一爻順暢、完美地得遂聚合之願，雖九五陽剛中正也多見誠意。於是，六爻一例繫以“无咎”之辭。《繫辭上傳》曰：“无咎者，善補過也”，尚先生云：“‘无咎’非全美之辭”（《尚氏學》）。由此似可看出，《周易》作者認爲“會聚”之時稍一失正即生變亂，故極力強調要長存戒防咎患之心。《大象傳》申發“修治兵器，以備不虞”的意義，正是這一方面旨趣的集中體現。

升卦第四十六

䷭ 升[1]：元亨，用見大人，勿恤[2]，南征吉[3]。

【譯文】

《升》卦象徵上升：至爲亨通，宜於出現大人，不須憂慮，向光明的南方進發必獲吉祥。

【注釋】

〔1〕升——卦名，下巽（☴）上坤（☷），象徵“上升”。《釋文》：“升，《序卦》云‘上也’。”（案，今本《序卦傳》无此句，蓋陸氏所見本有。）《正義》：“升者，登上之義”；《程傳》：“升者，進而上也。”　〔2〕元亨，用見大人，勿恤——用，猶“宜”。此言本卦下巽上坤，猶如和遜柔順以上升，故獲“元亨”；但卦中陽爻不當尊位，有所憂恤，故須出現“大人”纔能長保“剛中”美德而“勿恤”。《王注》：“巽順可以升，陽爻不當尊位，无嚴剛之正，則未免於憂，故‘用見大人’乃‘勿恤’也。”案，“用見”《釋文》：“本或作‘利見’”。今查帛書《周易》作“利見”，與《釋文》所引或本同。　〔3〕南征吉——南，象徵“光明”，《說卦傳》謂“離”爲“南方之卦”，並云“聖人南面而聽天下，嚮明而治”，即取“南”爲“明”之義。此句說明事物當“和遜柔順”上升之時，既獲益於“大人”之德，又朝著光明方向前進，必暢通无阻，故稱“吉”。《王注》：“以柔之南，則麗乎大明也。”《正義》：“非直須見大德之人，復宜適明陽之地；若以陰

之陰，彌足其闇也。南是明陽之方，故云‘南征吉’也。”案，“南”又象徵“進”，與“北”象徵“退”相對，故《程傳》釋“南征”爲“前進”，可備一說。

【說明】

卦辭“大人”，似取九二之象。謂當“升”之時，宜於出現九二“大人”。就爻位看，二雖未居尊位，但已具備“剛中”大德，故稱“大人”。此與《乾》卦九二稱“利見大人”相似。《重定費氏學》引徐幾曰：“大人，二也。五當應二也，用見九二剛中之臣以升於德。”此說甚可參攷。

《彖》[1]曰：柔以時升，巽而順，剛中而應，是以大亨[2]。用見大人勿恤，有慶也[3]。南征吉，志行也[4]。

【譯文】

《彖傳》說：沿著柔道適時上升，和遜而又柔順，陽剛居中而能向上應合於尊者，所以大爲吉祥。宜於出現大人而不須憂慮，說明此時上升必有福慶。向光明的南方進發可獲吉祥，說明上升的心志如願暢行。

【注釋】

〔1〕彖——阮刻作“象”，據《校勘記》改。 〔2〕柔以時升，巽而順，剛中而應，是以大亨——柔，指上下卦均爲陰卦；巽，指下巽有“和遜”之義；順，指上坤有“柔順”之義；剛中，指九二陽剛居中。此以上下卦象和九二爻象釋卦辭“升，元亨”之義，說明此時沿“柔”道上升，物情“巽順”，陽剛者居中而能上應尊者，故獲“元亨”。《王注》：“柔以其時，乃得升也。”“純柔則不能自升，剛亢則物不從。既以時升，又巽而順，剛中而應，以此而升，故得大亨。”案，《程傳》云《彖傳》“大亨”爲“元亨”之誤，可備一說。 〔3〕有慶也——釋卦辭“用見大人，勿恤”。《正義》“以大通之德，用見大人，不憂否塞，必致慶善，故曰

'有慶也'。" 〔4〕志行也——釋卦辭"南征吉"。《正義》："之於闇昧，則非其本志；今以柔順而升大明，其志得行也。"

《象》曰：地中生木，升[1]；君子以順德，積小以高大[2]。

【譯文】

《象傳》說：地中生出樹木，象徵上升；君子因此順行美德，積累小善以成就崇高弘大的事業。

【注釋】

〔1〕地中生木，升——釋《升》卦上坤爲地、下巽爲木之象。《集解》引荀爽曰："地謂坤，木謂巽；地中生木，以微至著，升之象也。" 〔2〕君子以順德，積小以高大——這是說明君子效法此卦"地中生木"之象，順行其美德，積小善以成就高大的名望、事業。《正義》："地中生木，始於細微，終於合抱；君子象之，以順行其德，積其小善以成大名。《繫辭》云'善不積不足以成名'是也。"

【說明】

《大象傳》用"君子以順德，積小以高大"闡發本卦柔順"上升"之義，正取"進德修業"爲喻。程頤曰："萬物之進，皆以順道也。'善不積不足以成名'，學業之充實，道德之崇高，皆由積累而至。"（《程傳》）朱熹也指出："木一日不長，便將枯瘁；學者之於學，不可一日少懈。"（《朱子語類》）

初六，允升，大吉[1]。

【譯文】

初六，宜於上升，大爲吉祥。

【注釋】

〔1〕允升，大吉——允，當也，猶言"宜"。此謂初六處"升"之始，柔順在下，雖與六四无應，但上承二陽，與之合志而

宜於上升，故“大吉”。《王注》：“允，當也。巽三爻皆升者。雖无其應，處升之初，與九二、九三合志俱升。當‘升’之時，升必大得，是以‘大吉’也。”案，尚先生釋“允”爲“進”，指出：“允，施氏作‘㽦’，《說文》同，云‘㽦，進也’。《晉》六三云‘衆㽦’即‘衆進’也；兹曰‘㽦升’，仍前進而升也。進遇陽，故‘大吉’。”（《尚氏學》）於義可通。

《象》曰：允升大吉，上合志也。

【譯文】

　　《象傳》說：宜於上升大爲吉祥，說明初六上承順合二陽的心志而俱升。

【說明】

　　本爻以陰柔最處下巽之下，上承二陽，再上又是坤順之地，正是宜於上升的良好時機，遂有“大吉”。《折中》引何楷曰：“初六巽主居下，猶木之根也，而得地氣而滋之，其升也允矣。所以爲升者，巽也；所以爲巽者，初也。‘大吉’孰如之？”

九二，孚乃利用禴，无咎[1]。

【譯文】

　　九二，心存誠信縱使微薄的禴祭也利於薦享神靈，不致咎害。

【注釋】

　　〔1〕孚乃利用禴，无咎——前句辭義與《萃》六二同（見該爻譯注）。此言九二當“升”之時，稟剛中之德上應六五，猶如心存誠信、受任於尊者，故有雖薄祭亦可薦神獲福之象。以此而“升”，必能遂願，故“无咎”。《正義》：“九二與五爲應，往升於五，必見信任，故曰‘孚’。二體剛德，而履乎中，進不求寵，志在大業，用心如此，乃可薦其省約于神明而无咎也，故曰‘孚乃利用禴，无咎’。”

《象》曰：九二之孚，有喜也。

【譯文】

《象傳》說：九二的誠信美德，必將帶來喜慶。

【說明】

《萃》六二、《升》九二，均以"孚乃利用禴"爲喻，可知兩者雖陰陽不同，但或能以"柔中"獲聚於尊者，或能以"剛中"獲升於高位，其立足點並在心存"孚信"。《折中》引張清子曰："《萃》六二以中虛爲'孚'，而與九五應；《升》九二以中實爲'孚'，而與六五應：二爻虛實雖殊，其'孚'則一也。孚則雖'用禴'而亦利，故二爻皆曰'孚乃利用禴'。《彖》言'剛中而應'，指此爻也。"

九三，升虛邑[1]。

【譯文】

九三，上升順暢猶如長驅直入空虛的城邑。

【注釋】

〔1〕升虛邑——虛，《釋文》"空也"。此言九三居下卦之終，陽剛得位，應於上六，將升至上卦之坤；坤陰爲虛，故以"升虛邑"爲喻，猶云上升之時，暢通无阻。《王注》："履得其位，以陽升陰；以斯而舉，莫之違距：故若'升虛邑'也。"案，《釋文》引馬融曰："虛，丘也"，尚先生云："《左傳》僖二十八年'晉侯登有莘之虛'，《詩·衛風》'升彼虛矣'，'虛'者高丘；巽爲高，故曰虛。坤爲邑。'升虛邑'者，言升邑之高處也。"(《尚氏學》)此說釋象明切，義亦可通。

《象》曰：升虛邑，无所疑也。

【譯文】

《象傳》說：上升順暢猶如直入空虛的城邑，說明九三此時上升可以无所疑慮。

【說明】

九三之“升”能順暢无礙，在於位正得時。程頤指出：“三以陽剛之才，正而且巽，上皆順之，復有援應。以是而升，如入无人之邑，孰禦哉！”(《程傳》)至於爻辭不言“吉”，《折中》引蘇軾曰：“以陽用陽，其‘升’也果矣，故曰‘升虛邑，无所疑也’；不言‘吉’者，其爲禍福未可知也，存乎其人而已。”

六四，王用亨于岐山，吉，无咎[1]。

【譯文】

六四，君王來到岐山祭祀神靈，吉祥，必无咎害。

【注釋】

〔1〕王用亨于岐山，吉，无咎——王，當指殷王；亨，通“享”，謂祭祀，《釋文》引馬融曰：“亨，祭也”；岐山，在陝西岐山縣東北，周族古公亶父曾率衆自豳遷於山下周原，築城作邑。這三句似舉殷王來到岐山設祭，周人順從服事的典故爲喻，說明六四處《升》上卦之下，柔順得正，宜守臣位，則可獲吉而“无咎”。《重定費氏學》引朱軾曰：“六四之升，升以順也。上順君，下順民，順之至矣。使之主祭，而百神享也。”

《象》曰：王用亨于岐山，順事[1]也。

【譯文】

《象傳》說：君王來到岐山祭祀神靈，說明六四要順從君上以立功立事。

【注釋】

〔1〕順事——《正義》：“順物之情而立功立事。”

【說明】

“王用亨于岐山”一句，易家說法不同。今舉三例以備參攷。其一，王弼謂此句言“岐山之會，順事之情，无不納也”(《王注》)，孔穎達疏曰：“事同文王岐山之會，故曰‘王用亨于岐山’

也。"(《正義》)其二,馬其昶謂此句用殷王帝乙與西伯王季的典故,比喻"五以四有順德而使之主祭,所以吉无咎也"(《重定費氏學》)。其三,尚先生認爲此句體現周文王服事殷之本旨,"王"指殷紂王,謂六四"望二升五,四得承陽,陰順陽,猶臣事君。望二升五,猶望王至岐山,而有所亨獻也。"(《尚氏學》)諸說對"王"之喻象的解說雖不同,但關於六四應當柔順事上的主旨卻頗一致。

六五,貞吉,升階[1]。

【譯文】

六五,守持正固獲得吉祥,就像沿著階級步步上升。

【注釋】

〔1〕貞吉,升階——升階,猶言"沿階上升"。此言六五當"升"之時,柔中居尊,下應九二,猶如任用下賢不自專權,故有守正獲吉,沿"階"升至尊位之象。《王注》:"升得尊位,體柔而應;納而不距,任而不專:故得'貞吉升階'而尊也。"《折中》引熊良輔曰:"以順而升,如歷階然。"

《象》曰:貞吉升階,大得志也。

【譯文】

《象傳》說:守持正固獲得吉祥而像沿著階級步步上升,說明六五大遂上升的心志。

【說明】

六五陰柔居中,順時而升,其勢猶如歷階而上,終獲尊位。《折中》曰:"不取'君'象,但爲臣位之極者,與《晉》、《漸》之五同也。"

上六,冥升,利于不息之貞[1]。

【譯文】

　　昏昧至甚卻仍然上升，利于不停息地守持正固。

【注釋】

　　〔1〕冥升，利于不息之貞——此言上六以陰處《升》之終，居坤陰之極，有昏昧至甚卻仍上升不已之象，故當守“貞”不息，未可輕舉妄動而擅爲物主。《王注》：“處升（引者案，升，阮刻作貞，據《校勘記》改）之極，進而不息者也；進而不息，故雖冥猶升也。故施於不息之正則可，用於爲物之主則喪矣。”

《象》曰：冥升在上，消不富也。

【譯文】

　　《象傳》說：昏昧至甚卻仍然上升尊居高位，說明上六的發展趨勢終將消弱不能富盛。

【說明】

　　上六處“升”極必反之時，本有凶咎。但爻辭卻謂“利于不息之貞”，實從正面給予誡勉，即來知德所云：“爲占者開遷善之門。”（《來氏易注》）

【總論】

　　《升》卦闡明事物順勢上升、積小成大的道理。卦辭稱揚“上升”之時至爲亨通，強調宜於出現具備“剛中”美德的“大人”，則可以順暢无憂地上升，並可趨赴光明、獲得吉祥。卦中六爻集中反映順勢求升之道：初六柔順上承二陽，陰陽合志宜升；九二以剛中順應柔中，心存誠信必升；九三陽剛和遜，順升无礙如入无人之邑；六四柔正順從尊者，必將獲升得吉；六五柔中應下，其升如歷階直上；惟上六昏昧猶升、其勢將消，當以守正不妄動爲戒。可見，本卦大義主於“順性”上升，側重表明要遵循“自然規律”；這與《晉》卦主於“順明”求晉，側重揭示要附麗光明“積極進取”的意義頗有區別。柳宗元的一篇著名寓言《種樹郭橐駝傳》，用植樹規諷爲官、處事之道。文中極稱橐駝所自述的植樹要訣：
"順木之天，以致其性"（《柳河東集》）。試觀本卦《大象傳》所
云"地中生木"爲升，"君子以順德，積小以高大"，大旨與柳文
的寓意頗相吻合。馬振彪謂郭橐駝之語"蓋得《易》義"（《周易
學說》），所論甚是。

周易譯注卷六終

周易譯注卷七

下經　困　井　革　鼎　震　艮　漸　歸妹

困卦第四十七

䷮　困[1]：亨[2]。貞，大人吉，无咎[3]。有言不信[4]。

【譯文】

《困》卦象徵困窮：努力自濟必能亨通。應當守持正固，大人可獲吉祥，不致咎害。此時有所言未必見信於人。

【注釋】

〔1〕困——卦名，下坎（☵）上兑（☱），象徵“困窮”。《釋文》：“困，窮也，窮悴掩蔽之義”。《正義》：“困者，窮厄委頓之名，道窮力竭，不能自濟，故名爲‘困’。”　〔2〕亨——此言“君子”處困而能自濟，必致亨通。《王注》“困必通也。處窮而不能自通者，小人也。”　〔3〕貞，大人吉，无咎——此承前文“亨”而發，說明當“困”之時，只有守正之“大人”纔能獲吉免咎。卦中九二、九五陽剛處中，正具“大人”之象。《正義》：“處困而能自通，必是履正體大之人。能濟於困，然後得‘吉’而‘无咎’。”　〔4〕有言不信——此句又謂“困窮”之時，有所言必難取信於人。故此時當多修己德，少說爲佳。《王注》：“處困而言，不見信之時也。非行言之時，而欲用言以免，必窮者也。”

《彖》曰：困，剛揜也[1]。險以說，困而不失其所亨，其唯君子乎[2]！貞大人吉，以剛中也[3]；有言不信，尚口乃窮也[4]。

【譯文】

《象傳》說：困窮，表明陽剛被掩蔽不能伸展。面臨險難而心中愉悅，這樣雖處困窮也不失亨通的前景，大概只有君子纔能如此吧！守持正固而大人可獲吉祥，說明濟困求亨應當具備陽剛中和的美德；此時有所言未必見信於人，說明崇尚言辭不但无益反而更致窮厄。

【注釋】

〔1〕剛揜也——揜，音掩 yǎn，即「掩」。此釋卦名「困」，說明「困窮」是由於陽剛被掩而不能伸。卦中下坎爲陽，上兑爲陰，陽在陰下，正爲「剛揜」之象。《正義》：「此就二體以釋卦名。兑陰卦爲柔，坎陽卦爲剛；坎在兑下，是剛見揜於柔也。剛應升進，今被柔揜，施之於人，其猶君子爲小人所蔽，以爲困窮矣。」案，「剛揜」之義，諸家解說不同。如《集解》引荀爽曰：「謂二、五爲陰所弇」；《本義》：「九二爲二陰所揜，四、五爲上六所揜」；《尚氏學》：「坎剛揜，三至上剛揜」。此三說均可參攷。

〔2〕險以說，困而不失其所亨，其唯君子乎——險，指下坎；說，即「悅」，指上兑。此以上下卦象釋卦辭「亨」之義，謂「君子」處困，雖險猶悅，故能自濟以致「亨」。《王注》：「處險而不改其說，困而不失其所亨也。」 〔3〕以剛中也——此以二、五陽剛居中之象，釋卦辭「貞，大人吉，无咎」。《程傳》：「困而能貞，大人所以吉也，蓋其以剛中之道也，五與二是也。非剛中，則遇困而失其正矣。」 〔4〕尚口乃窮也——此釋辭卦「有言不信」。《正義》：「處困求通，在於修德，非用言以免困。徒尚口說，更致困窮，故曰『尚口乃窮』也。」

《象》曰：澤无水，困[1]；君子以致命遂志[2]。

【譯文】

《象傳》說：澤上无水，象徵困窮；君子因此當困窮之時寧棄性命也要實現崇高志向。

【注釋】

〔1〕澤无水，困——釋《困》卦上兌爲澤、下坎爲水之象。《王注》：“澤无水，則水在澤下；水在澤下，困之象也。”　　〔2〕致命遂志——致命，《本義》：“猶言授命，言持以與人而不之有也”，含有“舍棄生命”之義；遂，成也，猶言“實現”。這是說明君子觀《困》卦之象，悟知當“困窮”之時，寧可捨棄生命也要實現崇高志向。《正義》：“君子之人，守道而死，雖遭困厄之世，期於致命喪身，必當遂其高志，不屈撓而改移也。故曰‘致命遂志’也。”

【說明】

《大象傳》所稱“致命遂志”，事實上是讚美“君子”的氣節，闡發“困”而致“亨”之道。來知德援史證曰：“患難之來，論是非不論利害，論輕重不論死生。殺身成仁，舍生取義，幸而此身存，則名固在；不幸而此身死，則名亦不朽：豈不身‘困’而志‘亨’乎？身存者，張良之椎，蘇武之節是也；身死者，比干、文天祥、陸秀夫、張世傑是也。”（《來氏易注》）

初六，臀困于株木[1]，入于幽谷，三歲不覿[2]。

【譯文】

初六，臀部困在株木下不能安處，只得退入幽深的山谷，三年不見顯露面目。

【注釋】

〔1〕臀困于株木——株，樹幹；株木，《程傳》“无枝葉之木也”。此言初六處困之始，柔弱卑下，雖與九四相應，但四失位亦困，己又前臨坎險，故窮厄不能自拔，猶如臀部困在“株木”下、居處難安。《王注》：“最處底下，沉滯卑困，居无所安，故曰‘臀困于株木’也。”　　〔2〕入于幽谷，三歲不覿——三歲，猶言“多年”；覿，音敵 dí，見也。這兩句承前文之義而發，說明初六往

前既无援應，靜處又難安居，只得退入"幽谷"，多年不露面目，以待困情解緩。《王注》："進不獲拯，必隱遯者也，故曰'入于幽谷'也；困之爲道，不過數歲者也，以困而藏，困解乃出，故曰'三歲不覿'也。"案，《周易舉正》"不覿"下有"凶"字，今查帛書《周易》亦有此字，似當從補。

《象》曰：入于幽谷，幽不明[1]也。

【譯文】

《象傳》說：退入幽深的山谷，說明初六苟且藏身於幽闇不明的處所。

【注釋】

〔1〕幽不明——《王注》："入于不明，以自藏也。"

【說明】

初六陰柔懦弱，位卑而又缺乏陽剛氣質，正是坐困窮厄，不能自拔之象。《折中》引張清子曰："人之體，行則趾爲下，坐則臀爲下。初六困而不行，此坐困之象也。"並案曰："《詩》云'出于幽谷，遷于喬木'。初不能自遷于喬木，而惟坐困株木之下，則有愈入于幽谷而已。陰柔處困之最下，故其象如此。在人則卑暗窮陋而不能自拔者。言'臀'者，況其坐而不遷也。"

九二，困于酒食，朱紱方來，利用享祀[1]。征凶，无咎[2]。

【譯文】

九二，酒食匱乏而困窮，但榮祿即將到來，利於主持宗廟祭祀的大禮。此時進取雖多凶險，但无咎害。

【注釋】

〔1〕困于酒食，朱紱方來，利用享祀——紱，音弗 fú，古代祭服的飾帶，"朱紱"借喻"榮祿"，《尚氏學》："朱紱，貴人所服以祭宗廟者"，"朱紱方來，言將膺錫命也"。這三句說明九二當困之時，雖"酒食"貧乏、艱難坎坷，但能剛中自守、安貧樂道，故終

能榮禄臨身，乃至被提拔擔任主持祭祀大禮的要職。《來氏易注》：
"九二以剛中之德，當困之時，甘貧以守中德，而爲人君之所舉用，
故有'困于酒食，朱紱方來'之象。"　　〔2〕征凶，无咎——此
謂九二安於貧窮，在"困"中求進，固多凶險；但以"剛中"美
德努力濟困，不顧安危、舍身"遂志"，故終獲"无咎"。《來氏易
注》："教占者至誠以應之，雖'凶'而'无咎'也。"

《象》曰：困于酒食，中有慶也。

【譯文】

《象傳》說：酒食匱貧乏而困窮，說明九二堅守中道就有福慶。

【說明】

本爻大旨，主於"君子"身困道亨。來知德引史蹟印證辭義
曰："此即孔明之事。'困酒食'者，臥南陽也；'朱紱方來'者，
劉備三顧也；'利用亨祀'者，應聘也；'征凶'者，死而後已也；
'无咎'者，君臣之義无咎也。"（《來氏易注》）

六三，困于石，據于蒺藜；入于其宮，不見其妻，凶[1]。

【譯文】

六三，困在巨石下石堅難入，憑據在蒺藜上棘刺難踐；即使退
回自家居室，也見不到配人爲妻的一天，有凶險。

【注釋】

〔1〕困于石，據于蒺藜；入于其宮，不見其妻，凶——石，喻
九四；蒺藜，音疾離 jí lí，一年生草本植物，果實有刺，喻九二；
宮，居室；見其妻，《王注》謂"得配偶"，此處猶言配人爲妻。
此謂六三陰柔失正，以陰居陽，有"剛武"之志，因无應而比近九
四，欲求爲配偶。但四已應初，則三如困于石下、石堅難入；又乘
淩九二，亦欲求配，但二剛强不可據，則三如錯足蒺藜、棘刺難
踐。當此窮厄至甚之時，三雖退居其室，以失應不正之身，也只能
煢煢獨處、難以配人爲妻，故曰"不見其妻"。爻義主於處困失道，

必有凶險。《王注》：“石之爲物，堅不可納者也，謂四也。三以陰居陽，志武者也。四自納初，不受己者；二非所據，剛非所乘：上比困石，下據蒺蔾。无應而入，焉得配偶？在困處斯，凶其宜也。”

《象》曰：據于蒺蔾，乘剛也；入于其宮不見其妻，不祥也。

【譯文】

《象傳》說：憑據在蒺蔾上棘刺難踐，說明六三以陰柔乘淩剛強之上；即使退入自家居室也見不到配人爲妻的一天，這是不吉祥的現象。

【說明】

六三之“凶”，一方面由於失位无應，另一方面更在於困非其所，據非其地。《繫辭下傳》引孔子語，釋此爻之義曰：“非所困而困焉，名必辱；非所據而據焉，身必危。既辱且危，死期將至，妻其可得見耶？”

九四，來徐徐，困于金車，吝，有終[1]。

【譯文】

九四，遲疑緩緩地前來，被一輛金車困阻，有所憾惜，但終究能如願應合配偶。

【注釋】

〔1〕來徐徐，困于金車，吝，有終——來，指四來應初；徐徐，遲疑緩行之狀，《釋文》：“疑懼皃，馬云‘安行皃’”；金車，喻九二。此言九四以陽剛居上卦之始，欲來下應初六，但自身失正，前路爲二所阻，猶如“困于金車”，故遲疑緩行；又因初、四正應，四雖有受困不能速來之憾，但謙謹而行終有應合之時，故雖“吝”而“有終”。《王注》：“金車，謂二也；二剛以載者也，故謂之金車。徐徐者，疑懼之辭也。志在於初，而隔於二，履不當位，威命不行；棄之則不能，欲往則閡二，故曰‘來遲遲，困于金車’

也。有應而不能濟之，故曰‘吝’也；然以陽居陰，履謙之道，量力而處，不與二爭，雖不當位，物終與之，故曰‘有終’也。”

《象》曰：來徐徐，志在下也；雖不當位，有與[1]也。

【譯文】

《象傳》說：遲疑緩緩地前來，說明九四的心志在於勉力求合在下的初六；儘管居位不妥當，但謙謹而行必能稱心如願。

【注釋】

〔1〕有與——猶言爲物所贊與，使之稱心如願。《正義》：“雖不當位，執謙之故，物所與也。”

【說明】

本爻之所以失位受困而“有終”，有一項重要原因是：陰陽相應，終難阻格。俞琰曰：“六爻二、五皆剛，三、上皆柔，惟初與四剛柔相應，故特以‘有與’言之。”（《周易集說》）

九五，劓刖，困于赤紱[1]；乃徐有說，利用祭祀[2]。

【譯文】

九五，施用削鼻截足的刑罰治政理事，以至困居於尊位；但可以漸漸擺脫困境，利於舉行祭祀典禮。

【注釋】

〔1〕劓刖，困于赤紱——劓，削鼻之刑（參見《睽》六三譯注）；刖，音月 yuè，截足之刑；赤紱，古代貴族祭服之飾，借喻九五高居尊位。此言九五以陽居陽位，行事剛猛，猶如過爲施用刑法以治下，乃至衆叛親離，困窮於尊位。《集解》引崔憬曰：“劓、刖，刑之小者也。於‘困’之時，不崇柔德，以剛遇剛，雖行其小刑，而失其大柄，故言‘劓刖’也。赤紱，天子祭服之飾。所以稱‘困’者，被奪其政，唯得祭祀，若《春秋傳》曰‘政由寧氏，祭則寡人’，故曰‘困于赤紱’。” 〔2〕乃徐有說，利用祭祀——徐，漸也；說，通“脫”。此謂九五雖“困于赤紱”，但因有剛中

之德，故能改正過猛行爲，漸能擺脫困境；此時應當廣泛取信於人神，纔能保其社稷，故曰“利用祭祀”。《集解》引崔憬曰：“居中以直，在困思通；初雖蹇窮，終則必喜，故曰‘乃徐有說’。”案，“利用祭祀”之義，《象傳》謂“受福也”，即言以至誠感格神靈，取信衆人，則可長保“社稷”而受福。

【說明】

　　崔憬所引史例，見《左傳》襄公二十六年記載衛獻公與寧喜的一場政權之爭。當時獻公迫於困境，向寧喜表示願作名義上的“君主”，將實權讓給寧氏。此即“政由寧氏，祭則寡人”的典故。崔憬援以解說“困于赤紱”之旨，於爻義似能切合。

《象》曰：劓刖，志未得也；乃徐有說，以中直也；利用祭祀，受福也。

【譯文】

　　《象傳》說：施用削鼻截足的刑罰治政理事，說明九五濟困的心志未有所得；可以漸漸擺脫困境，這是守持剛中正直之道所致；利於舉行祭祀，這樣就能承受神靈施降的福澤。

【說明】

　　九二“利用享祀”，九五“利用祭祀”，兩者的異同，程頤作了一番分析，可資參攷：“二云享祀，五云祭祀，大意則宜用至誠，乃受福也。祭與祀、享，泛言之則可通；分而言之，祭天神，祀地示，享人神。五君位，言祭；二在下，言享：各以其所當用也。”（《程傳》）

上六，困于葛藟，于臲卼[1]。曰動悔有悔，征吉[2]。

【譯文】

　　上六，困在葛蔓藟藤之間，又困在搖動危墜之處。尋思既然動輒後悔就要趕快悔悟，這樣向前進發必獲吉祥。

【注釋】

　　〔1〕困于葛藟，于臲卼——藟，音壘 lěi，藤類植物；臲卼，音

轟誤 niè wù，意同"臬兀"、"陧杌"、"峴屼"等，形容動搖不安之狀。此言上六以陰居困之極，乘淩二剛，下无應援，猶如困於藤蔓之纏，又如瀕臨危墜之地。後句"于"字之前，承前句省略一"困"字。《王注》："居困之極而乘於剛，下无其應，行則愈繞者也。行則纏繞，居不獲安，故曰'困于葛藟，于臲卼'也。下句无'困'，困於上也。"《正義》："葛藟，引蔓纏繞之草；臲卼，動搖不安之辭。"

〔2〕曰動悔有悔，征吉——曰，發語辭，此處含有"思量"、"謀劃"之意；動悔，動輒生悔，猶言"後悔"，承上文"困"極而發；有悔，應有所悔，猶言"悔悟"，啓下文"征吉"之占。這兩句說明上六雖處極困之境，但困極必反，只要因"動悔"而能"有悔"，吸取教訓、謹慎思謀其行爲，必能解脫困境，"征"而獲"吉"。《王注》："凡物窮則思變，困則謀通。處至困之地，用謀之時也。'曰'者，思謀之辭也。謀之所行，有隙則獲。言將何以通至困乎？曰動悔令生有悔，以征則濟矣。故曰'動悔有悔，征吉'也。"

《象》曰：困于葛藟，未當也；動悔有悔，吉行[1]也。

【譯文】

《象傳》說：困在葛蔓藟藤之間，說明上六所處位勢未曾穩當；動輒後悔就要趕快悔悟，說明前行可以脫困並獲得吉祥。

【注釋】

〔1〕吉行——猶言"行則吉"。

【說明】

本卦六爻，唯上六稱"吉"，體現"困極必通"之理。易祓曰："陽剛不可終困，而二、四、五爻皆不言'吉'；陰柔未免乎困，而上六爻獨言'吉'：困極則能變矣。如否之有泰，雖險而終有濟也。"（《周易總義》）

【總論】

文天祥《正氣歌》熱情讚頌了古代爲正義而鬬爭的人們，表現了詩人崇高的民族氣節。詩中有兩句說道："時窮節乃見，——垂丹青。"（《文山先生全集》）表明在困苦窮厄之際，最能檢驗人的品質。《困》卦大義，正是喻示處"困窮"的道理。卦辭極力說明，只有"君子"纔能身當困境、其道亨通，稱揚守持正固的"大人"可獲吉祥、无咎；並進一步指出，此時凡有所言均難見信於人，因此務須潔身自守，修美己德。《彖傳》用"剛揜"兩字，揭出導致"困窮"的根本原因是陽剛被掩蔽不能伸展，亦即"君子"被"小人"壓抑侵淩。卦中六爻分別展示不同的處"困"情狀，其中三陰爻柔暗懦弱，罹困至甚：初六坐困不能自拔，六三困非其所、據非其地，兩者難免凶危；惟上六當困極將通之時，能及早悔悟則可解困獲吉。三陽爻雖亦在"困"中，但均以陽剛氣質而能守正脫困：二、五稟剛中美德，或於貧困艱難之時舍身遂志而獲无咎，或以孚誠中正之志轉危爲安漸脫困境；九四前路受困阻，因謙謹緩行也能得遂己願。可見處"困"之道陰陽有別、因人而異。吳曰慎論曰："困非自己致而時勢適逢者，則當守其剛中之德，是謂'困而不失其所亨'也，其道主於'貞'；若困由己之柔暗而致者，則當變其所爲，以免於困也，其道主於'悔'。學者深察乎此，則處困之道，宜異而各得矣。"（《折中》引）若細緻體味本卦的"象外之旨"，還可以看出作《易》者的一層深切寓旨：困窮有時難以避免，正氣卻不可一刻消頹。《大象傳》稱"君子以致命遂志"，正見此意。孔子曰："三軍可奪帥也，匹夫不可奪志也"（《論語·子罕》），與這一義理也甚爲吻合。

井卦第四十八

䷯ 井[1]：改邑不改井[2]，无喪无得[3]，往來井井[4]。汔至亦未繘井，羸其瓶，凶[5]。

【譯文】

《井》卦象徵水井：城邑村莊可以改移而水井不可遷徙，每日汲引不見枯竭而泉流注入也不滿盈，往者來者都反復不斷地依井爲用。汲水時水瓶將升到井口尙未出井，要是使水瓶傾覆毀敗，必有凶險。

【注釋】

〔1〕井——卦名，下巽（☴）上坎（☵），象徵“水井”。《正義》：“井者，物象之名也。古者穿地取水，以瓶引汲，謂之爲‘井’。此卦明君子脩德養民，有常不變，終始无改，養物不窮，莫過乎井。故以脩德之卦取譬，名之‘井’焉。” 〔2〕改邑不改井——改，遷移；邑，泛指“邑里”。此句以“邑”可遷“井”不可徙，喻井德“不變”。《王注》：“井，以不變爲德者也”。〔3〕无喪无得——此以井水汲之不竭，注之不盈，喻井德“有常”。《王注》：“德有常也”。《正義》：“此明井用有常德，終日引汲未嘗言損，終日泉注未嘗言益。” 〔4〕往來井井——往來，猶言“往者來者”；井井，《本義》謂“井其井”，即反復不斷地以井爲用。此句以井之用喻其“養物不窮”之德。《程傳》：“至者皆得其用，往來井井也。” 〔5〕汔至亦未繘井，羸其瓶，凶——汔，

音氣 qì，接近；繘，音橘 jú，通"矞"，義謂"出"（"汔至亦未繘井"，《王注》曰"已來至而未出井也"，則訓"繘"爲"出"，《經義述聞》引王念孫云："《注》內'出'字正釋'繘'字，《廣雅》曰'矞，出也'，'矞'與'繘'通"）；羸，《王注》以"覆"釋之，《程傳》謂"毀敗"，亦言"傾覆"；瓶，指古代汲水器。這三句言汲水之道，說明水將出井、若傾覆水瓶，則无所獲而有凶，喻人的"德行"不能善始善終，必將導致凶咎。《王注》："井道以已出爲功也，幾至而覆，與未汲同也。"《集解》引孔穎達曰："計覆一瓶之水，何足言凶？但取喻人德行不恒，不能善始令終，故就人言之'凶'也。"

【說明】

卦辭以井喻人，先言"水井"的各種德性功用，再言"汲水"所含的道理，層次頗爲分明。《折中》引邱富國曰："'改邑不改井'，井之體也；'无喪无得'，井之德也；'往來井井'，井之用也：此三句言井之事。'汔至亦未繘井'，未及於用也；'羸其瓶'，失其用也：此二句言汲井之事。"

《象》曰：巽乎水而上水[1]，井，井養而不窮也[2]。改邑不改井，乃以剛中也[3]；汔至亦未繘井，未有功也[4]；羸其瓶，是以凶也[5]。

【譯文】

《象傳》說：順沿水的滲性而從地下開孔引水使上，便是水井，水井養人的功德无窮无盡。城邑村莊可以改移而水井不可遷徙，就像君子能恒守陽剛居中的美德；汲水時水瓶將升到井口尚未出井，說明此時尚未實現井水養人的功用；要是使水瓶傾覆毀敗，那就必然要導致凶險。

【注釋】

〔1〕巽乎水而上水——巽，順也，指下卦巽；水，指上卦坎；

上，用如動詞，“上水”猶言“使水上”。此以上下象釋卦名
“井”，說明井的形成，是順沿水的滲性，掘地開孔，引泉使上，遂
爲“井”。馬其昶曰：“雨雪消化之水，滲入土石，積聚則成泉源；
由地開孔以通泉，謂之井：此即‘巽乎水而上水’之說”。(《重定
費氏學》)案，《正義》釋“巽”爲木、爲入，認爲：“以木入於水，
而又上水，井之象也。”於義亦可通。　　〔2〕井養而不窮也——
養，謂施養。此句既承前文釋卦名“井”之義，又啓下節釋卦辭之
文。《正義》：“歎美井德愈汲愈生，給養於人无有窮已也。”《折
中》：“釋名之下，又著‘井養而不窮也’一句，亦以起釋辭之
意。”　　〔3〕乃以剛中也——剛中，指九二、九五陽剛居中。此
以二、五爻象釋卦辭“改邑不改井”之義，謂兩爻恒守“剛中”，
猶如井德有常不渝。《正義》：“此釋井體有常，由於二、五也；
二、五以剛居中，故能定居其所而不改變也。不釋‘往來’二德
者，‘无喪无得，往來井井’皆由以剛居中，更无他義，故不具舉
經文也。”　　〔4〕未有功也——釋卦辭“汔至亦未繘井”。《正
義》：“水未及用，則井功未成；其猶人德未（引者案，未，阮刻
作事，據《校勘記》改）被物，亦是功德未就也。”　　〔5〕是以
凶也——釋卦辭“羸其瓶”。《正義》：“汲水未出而覆，喻脩德未
成而止，是以凶也。”

【說明】

　　《折中》引晁說之曰：“或謂《象》主三陽言：五‘寒泉食’，
是陽剛居中，邑可改而井不可改也；三‘井渫不食’，是‘未有
功’也；二‘甕敝漏’，是‘羸其瓶’而‘凶’者也。”這是認爲
《象傳》側重闡述九五、九三、九二這三陽爻的意義，頗見理致，
可備一說。

《象》曰：木上有水，井[1]；君子以勞民勸相[2]。

【譯文】

《象傳》說：樹木上端有水透出（宛如井水由下汲上），象徵水井；君子因此效法井養之德努力慰撫關懷庶民而勸勉百姓相互資養。

【注釋】

〔1〕木上有水，井——釋《井》卦下巽爲木、上坎爲水之象，言樹木體內有水份津潤、由根莖向上運行，正如井水被汲上養人。《本義》：“木上有水，津潤上行，井之象也。” 〔2〕勞民勸相——勞，勞賚，“勞民”猶言“慰撫民衆”；相，助也，“勸相”猶言“勸民互助”。這是說明君子觀《井》卦之象，悟知應當“勞民勸相”，廣益於人，以效法“井養不窮”之德。《正義》：“勞，謂勞賚；相，猶助也。井之爲義，汲養而不窮；君子以勞來之恩，勤恤民隱，勸相百姓，使有功成（引者案，功成，阮刻作成功，據《校勘記》改），則此養而不窮也。”《本義》：“勞民者，以君養民；勸相者，使民相養：皆取‘井養’之義”。

【說明】

朱熹曰：“草木之生，津潤皆上行，直至樹末，便是‘木上有水’之義。雖至小之物亦然。如菖蒲葉，每晨葉尾皆有水如珠顆，雖藏之密室亦然，非露水也。”又曰：“木上有水，便如水本在井底，卻能汲上來給人之食，故取象如此。”（《朱子語類》）此說可以補足上引《本義》釋象之語。但對此象的理解，舊注頗有歧義。今舉兩例以備參玫：一、《集解》引鄭玄注，謂“木上有水”取“桔橰”（音潔高 jié gāo，亦稱“弔杆”，古人以橫木支於木柱上，一端掛汲水器，另一端繫重物，通過“杠杆”原理上下運動以汲水）之象，指出：“坎，水也；巽，木，桔橰也”，“桔橰引瓶，下入泉口汲水而出，井之象也。”二、朱駿聲認爲：“井之爲物，有木底以隔泥，使清泉上出木上，故‘木上有水’。”（《六十四卦經解》）

初六，井泥不食，舊井无禽[1]。

【譯文】

　　初六，井底污泥沈滯不可食用，此井久未修治連禽鳥也不屑一顧。

【注釋】

　　〔1〕井泥不食，舊井无禽——舊，通"久"。此言初六陰柔卑下，上无應援，正如井底沈滯污泥而不出泉；井久未修，唯積淤泥，故禽不一顧，人不汲食。《王注》："最在井底，上又无應，沈滯淬穢，故曰'井泥不食'也。井泥而不可食，則是久井不見渫治者也。久井不見渫治，禽所不嚮，而況人乎？一時所共棄舍也。"案，《集解》引崔覲曰："禽，古'擒'字。'禽'猶'獲'也。"《尚氏學》："禽，獲也。无水故无所得。"可備一說。

《象》曰：井泥不食，下也；舊井无禽，時舍也。

【譯文】

　　《象傳》說：井底污泥沈滯不可食用，說明初六柔暗卑下；此井久未修治連禽鳥也不屑一顧，說明初六柔暗被外物共相舍棄。

【說明】

　　本爻當"井養"之時，柔暗卑下，不能施用於物，故有'井泥'、'无禽'等象。蔡清曰："井以陽剛爲泉，而初六則陰柔也，故爲'井泥'，爲'舊井'。井以上出爲功，而初六則居下，故爲'不食'，爲'无禽'。"（《易經蒙引》）

九二，井谷射鮒，甕敝漏[1]。

【譯文】

　　九二，井中容水的穴竅被作爲射取小魚之用，此時瓶甕敝敗破漏无法汲水。

【注釋】

　　〔1〕井谷射鮒，甕敝漏——井谷，《折中》："井中出水之穴竅也"，《經義述聞》："谷，猶竇"，"井中容水之處"；鮒，音付 fù，謂"小魚"，《太平御覽》"鱗介"部引王肅曰"鮒，小魚也"，

《經義述聞》據《呂氏春秋》、《淮南子》、《說苑》等資料謂"古有射魚之法","射鮒"猶言"射魚";甕,指古代汲水器。這兩句說明九二雖陽剛居中,但失位无應,未能施用於上,猶如井中穴竅容有清水卻未見汲,而被改作"射鮒"之用;又如汲水者瓶甕敝漏,无法汲引取用。《折中》:"井能出水,則非泥井也。而其功僅足以'射鮒'者,上無汲引之人,如瓶甕之'敝漏'然,則不能自濟於人用也決矣。"

《象》曰:井谷射鮒,无與[1]也。

【譯文】

《象傳》說:井中容水的穴竅被作爲射取小魚之用,說明九二无人應與援引。

【注釋】

〔1〕无與——猶"无應",指九二上无應與。

【說明】

九二爻辭,兩句各取一象:前句"射鮒",喻材非所用;後句"甕敝漏",喻无人汲引。《周易學說》引李士鉁曰:"甕敝而水下漏,汲與不汲同。此猶人君用賢,見不能舉,舉不能先也。"

九三,井渫不食,爲我心惻[1];可用汲,王明並受其福[2]。

【譯文】

九三,水井掏治潔淨卻不被汲食,使我心中隱隱悽惻;應該趕快汲取這清澈之水,君王聖明君臣將共受福澤。

【注釋】

〔1〕井渫不食,爲我心惻——渫,音屑 xiè,掏去污泥使水潔淨;爲,《王注》:"猶'使'也"。此言九三居《井》下卦之上,陽剛得正,但下无陰爻可據,猶如水井修治潔淨卻未被汲食,故發"心惻"之歎。《集解》引荀爽曰:"渫,去穢濁,清潔之意也。三者得正,故曰'井渫'。不得據陰,喻不得用,故'不食'。道既

不行，故‘我心惻’。”　　〔2〕可用汲，王明並受其福——可用汲，猶言應該趕快汲取。此謂九三雖下无陰爻可據，但上與上六相應，故終將有“可汲”之時，而“君王”也將因汲用之明，使君臣並受福澤。《正義》：“有應於上，是‘可汲’也。井之可汲，猶人可用，若不遇明王，則滯其才用；若遭遇賢主，則申其行能，賢主既嘉其行，又欽其用，故曰‘可用汲，王明並受其福’也。”

《象》曰：井渫不食，行惻[1]也；求[2]王明，受福也。

【譯文】

　　《象傳》說：水井掏治潔淨卻不被汲食，說明九三的美行未被賞識真令人悽惻；企望君王聖明，是爲了君臣共受福澤。

【注釋】

　　〔1〕行惻——《王注》：“行感於誠，故曰‘惻’也。”
〔2〕求——盼求，猶言“希望”。

【說明】

　　九三爻辭以充滿希冀的情調，展示出井水已清、應當及時汲用的心境。其意是期盼“尊者”能夠思賢若渴、舉賢授能。司馬遷爲屈原作傳，有感於楚君棄逐賢臣終至國敗身亡的史實，藉此爻辭發論云：“懷王以不知忠臣之分，故內惑於鄭袖，外欺於張儀，疏屈平而信上官大夫、令尹子蘭。兵挫地削，亡其六郡，身客死於秦，爲天下笑：此不知人之禍也。《易》曰：‘井渫不食，爲我心惻；可用汲，王明並受其福。’王之不明，豈足福哉！”（《史記·屈原賈生列傳》）

六四，井甃，无咎[1]。

【譯文】

　　六四，水井正在修治，必无咎害。

【注釋】

　　〔1〕井甃，无咎——甃，音縐 zhòu，以磚修井，《正義》：

"《子夏傳》曰'甃，亦治也'，以塼壘井，修井之壞，謂之爲甃"。此謂六四柔正得位，但下无所應，故當靜守修德，不可急於進取；猶如井壞能修，則可"无咎"。《王注》："得位而无應，自守而不能給上，可以修井之壞，補過而已。"

《象》曰：井甃无咎，脩井[1]也。

【譯文】

《象傳》說：水井正在修治乃无咎害，說明六四但可修井（不可急切施養於人）。

【注釋】

〔1〕脩井——《正義》："但可修井之壞，未可上給養人也。"

【說明】

六四爻旨，主於修德補過。黃道周申其義曰："先王之法，一敝不修，必以所養人者害人。"（《易象正》）

九五，井洌，寒泉食[1]。

【譯文】

九五，井水清澈，潔淨的寒泉可供食用。

【注釋】

〔1〕井洌，寒泉食——洌，音列 liè，《說文》："水清也"。此言九五陽剛中正，居《井》尊位，親比上六，猶如"寒泉"般的清澈井水，可以汲上供人食用。《集解》引崔憬曰："洌，清潔也。居中得正，而比於上，則是井渫水清，既寒且潔，汲上可食於人者也。"

《象》曰：寒泉之食，中正也。

【譯文】

《象傳》說：潔淨的寒泉可供食用，說明九五具有陽剛中正的美德。

【說明】

　　九五爲“井德”至美的象徵，猶如“賢君”高居尊位，“養人”无窮。楊萬里認爲，此爻“甘潔清寒”之水，可供“天下之人酌而飲之，若渴者之於井也”。但他又從反面揭出本爻所隱含的鑑戒意義：“泉而不洌不寒，君而不中不正，人有吐井泥、羞汙君而去之耳。故傳說非其后不食，伯夷非其君不事：君天下者可不懼哉！”（《誠齋易傳》）

上六，井收勿幕，有孚元吉[1]。

【譯文】

　　上六，井功已成切勿覆蓋井口，心懷誠信至爲吉祥。

【注釋】

　　〔1〕井收勿幕，有孚元吉——收，成也，《正義》：“凡物可收成者，則謂之收，如五穀之有收也”；幕，《集解》引虞翻曰“蓋也”。此謂上六居《井》之終，下應九三，猶如井水已汲出井口，爲井功大成之象；此時應當心懷誠信，廣施“井養”之德，必獲“元吉”。《王注》：“處《井》上極，水已出井；井功大成，在此爻矣，故曰‘井收’也。羣下仰之以濟，淵泉由之以通者也。幕，猶覆也。不擅其有，不私其利，則物歸之，往无窮矣，故曰‘勿幕，有孚，元吉’也。”

《象》曰：元吉在上，大成也。

【譯文】

　　《象傳》說：上六高居上位而至爲吉祥，說明此時井功已經大成。

【說明】

　　井水升之愈高，汲用愈廣，愈見養人之功无窮。故上六極居卦終，以井用大成而獲“元吉”。程頤曰：“它卦之終，爲極爲變。唯《井》與《鼎》終乃爲成功，是以吉也。”

【總論】

《釋文》引《周書》有"黃帝穿井"的傳說，據此可以推知，在遠古時代井就出現了。孔穎達所謂"養物不窮，莫過乎井"（《正義》），即道出水井對人類生活造福至偉。《井》卦的大旨，則是把"井"人格化了，通過展示水井"養人"的種種美德，譬喻"君子"應當修美自身、惠物无窮。卦辭一方面讚揚水井恒居不移、不盈不竭、反覆養人的特性，描繪出守恒不渝、大公无私的"君子"形象；另一方面告誡汲水者，當水將出井口時，若傾覆水瓶將有凶險，這又生動地喻示修德惠人者要善始善終，不可功敗垂成。卦中六爻，從陰陽情狀看，陽象井水，陰象井體。《折中》引邱富國云："先儒以三陽爲泉，三陰爲井，陽實陰虛之象也。"若就諸爻所喻之"井德"看，則初、四兩陰言井體有弊當修，或戒"井泥"必見棄於人，或曰井壤宜速治免咎；二、三兩陽謂井水可汲當汲，或无人汲引將被枉作"射魚"之用，或有明者汲取必見井養之福；五、上一陽一陰，前者水潔味甘、人所共食，後者井功大成、施用无窮。總觀全卦的喻旨，无非强調"修身"與"養人"兩端。其中九五以"井洌寒泉"爲象，最見"井德"佳美。後漢李尤《井銘》曰："井之所尙，寒泉洌清；法律取象，不褻自平。多取不損，少汲不盈。執憲若斯，何有邪傾？"（《藝文類聚》引）此銘把"寒泉"視爲清廉公允的象徵，稱頌井水"不損"、"不盈"的品質，寄託了作者對政治清明的殷殷期望之情：這些均可看出作品的立意受到《井》卦義理的深刻影響。

革卦第四十九

䷰　革[1]：己日乃孚，元亨，利貞，悔亡[2]。

【譯文】

《革》卦象徵變革：在喻示亟須轉變的己日推行變革並能取信於眾，前景將至爲亨通，利於守持正固，悔恨必將消亡。

【注釋】

〔1〕革——卦名，下離（☲）上兑（☱），象徵“變革”。《集解》引鄭玄曰：“革，改也，水火相息而更用事，猶王者受命，改正朔，易服色，故謂之‘革’也。”《正義》：“革者，改變之名也。此卦明改制革命，故名‘革’也。”　〔2〕己日乃孚，元亨，利貞，悔亡——己日，古代以“十干”紀日，“己”正當前五數與後五數之中而交轉相變之時，故有“轉變”的象徵寓意；其後一數“庚”，則有“已變更”之義。卦辭取“己日”爲象，說明面臨當須“轉變”之際果斷推行變革，並能心懷“孚信”，則天下也將以“信”應之，這樣就可獲“元亨”，利於守“正”，其“悔”必將消亡。朱震《漢上易傳》曰：“（己）當讀作‘戊己’之‘己’，十日至‘庚’而更。更，革也。”顧炎武《日知錄》承之，曰：“天地之化，過中則變。日中則昃，月盈則食，故《易》所貴者中。十干則‘戊己’爲中，至於‘己’則過中而將變之時矣，故受之以‘庚’；庚者，更也。天下之事，當過中而將變之時，然後革而人信之矣。”案，“己”字，阮刻及諸本通作“已”；《王注》

以"即日不孚"訓"己日乃孚",則王弼讀作"已然"之"已";《集解》引虞翻注,釋"己日"曰:"離爲日",蓋以"納甲法"之"離納己"爲說,則虞氏讀作"戊己"之"己"。今從虞氏本(六二爻辭同)。

【說明】

"變革"取得成功的重要前提,似當建立在兩項基點上:一是適當其時,把握轉機,故卦辭取"己日"象徵"轉變之機";二是取信於人,推行正道,故卦辭又強調"乃孚"、"利貞"。前者是外在條件,後者是內在因素。內外相濟,革道乃成,於是可獲"元亨"、"悔亡"。

《彖》曰:革,水火相息[1];二女同居,其志不相得[2],曰革。己日乃孚,革而信之[3]。文明以說,大亨以正,革而當,其悔乃亡[4]。天地革而四時成,湯武革命[5],順乎天而應乎人:革之時大矣哉!

【譯文】

《彖傳》說:變革,譬如水火相長交互更革;又像兩個女子同居一室,雙方志趣不合終將生變,這就稱爲變革。在喻示亟須轉變的己日推行變革並能取信於眾,於是變革過程天下就紛紛信服;憑著文明的美德使人心愉悅,守持正固使前景大爲亨通,這樣變革就穩妥得當,一切悔恨必將消亡。天地變革遂致四季形成,商湯周武變革桀紂的王命,既順從天的規律又應合百姓的願望:變革之時的功效是多麼弘大啊!

【注釋】

〔1〕水火相息——水,指上兌爲澤;火,指下離爲火;息,《集解》引虞翻曰:"長也。"此謂上下卦含水火相長、交互更革之象。《尚氏學》:"息,長也,言更代用事也。"案,"息"字,《釋文》曰:"馬云'滅也',李斐注《漢書》同,《說文》作'熄'",

此訓“息”作“熄滅”，即以水火相尅爲説，於義亦通。

〔2〕二女同居，其志不相得——二女，指下離爲中女，上兑爲少女。此又以上下卦有“二女”之象，謂兩者同居、志向各異而終將生變（義與《睽》卦《象傳》“二女同居，其志不同行”相近，可參閱該卦譯注）。此二句配合前文並釋卦名“革”。《正義》：“中、少二女而成一卦，此雖形同而志革也。一男一女，乃相感應；二女雖復同居，其志終不相得，志不相得則變必生矣。”　〔3〕革而信之——此釋卦辭“己日乃孚”，説明推行變革若能適合當變之機並取信於衆，則天下人必將紛紛信從。　〔4〕文明以説，大亨以正，革而當，其悔乃亡——文明，指下離爲火；説，即“悦”，指上兑爲悦。此釋卦辭“元亨，利貞，悔亡”，説明變革之時以“文明”之德使天下愉悦，並守持正固使前景至爲亨通，則所革必當，其悔必亡。《正義》：“能思文明之德，以説於人，所以革命而爲民所信也。”《折中》引胡炳文曰：“象未有言‘悔亡’者，唯《革》言之。革，易有悔也，必革而當，其悔乃亡。‘當’字即是‘貞’字，一有不貞，則有不信，有不通，皆不當者也。”　〔5〕湯武革命——指商湯滅夏桀，周武王滅殷紂。自前文“天地革”至末，廣舉“天地”、“四時”、“湯武”爲説，極贊“變革”之時功效弘大。《正義》：“天地之道，陰陽升降，温暑涼寒迭相變革，然後四時之序皆有成也。”又云：“夏桀、殷紂，凶狂无度，天既震怒，人亦叛主。殷湯、周武，聰明睿智，上順天命，下應人心，放桀鳴條，誅紂牧野，革其王命，改其惡俗，故曰‘湯武革命，順乎天而應乎人’。計王者相承，改正易服，皆有變革，而獨舉湯武者，蓋舜禹禪讓，猶或因循；湯武干戈，極其損益，故取相變甚者，以明人革也。”《尚氏學》：“四時相代實相革，期无或爽，信也；湯武革命，天人皆應，亦信也：不信則不能革，故時之所關甚大，此其義也。”

《象》曰：澤中有火，革[1]；君子以治歷明時[2]。

【譯文】

《象傳》說：水澤中有烈火，象徵變革；君子因此撰制曆法以辨明四季的更改。

【注釋】

〔1〕澤中有火，革——釋《革》卦上兌爲澤、下離爲火之象。《集解》引崔憬曰：“火就燥，澤資濕，二物不相得，終宜易之，故曰‘澤中有火，革’也。” 〔2〕治歷明時——歷，同“曆”，指曆法。這是說明君子觀《革》卦之象悟知事物變革的道理，故撰制曆法，以明四時之變。《王注》：“數曆時會，存乎變也。”《程傳》：“君子觀變革之象，推日月星辰之遷易，以治曆數，明四時之序也。”

【說明】

“變革”的義理，所涉至廣。《大象傳》謂“治歷明時”，則是就“天地變化”一端抒發其旨。朱熹曰：“治歷明時，非謂歷當改革；蓋四時變革中，便有箇治歷明時底道理。”（《朱子語類》）

初九，鞏用黃牛之革[1]。

【譯文】

初九，用黃牛的皮革牢固束縛住。

【注釋】

〔1〕鞏用黃牛之革——鞏，固也；黃，中之色，喻持中馴順；牛之革，堅韌之物，喻守常不變。此謂初九以陽剛卑微處革之始，上无援助，未能應變，故以“黃牛之革”繫縛喻必須固守常規，不可妄爲。《王注》：“在革之始，革道未成，固夫常中，未能應變者也。此可以守成，不可以有爲也。鞏，固也；黃，中也；牛之革，堅仞不可變也。固之所用，常中堅仞，不肯變也。”

《象》曰：鞏用黃牛，不可以有爲也。

【譯文】

《象傳》說：用黃牛的皮革牢固束縛住，說明初九不可有所作爲而妄行變革。

【說明】

本爻陽微位卑，力不勝革，時未可變，故須"鞏用黃牛之革"，固守常制。此與《遯》六二身有所係，勢不能遯，遂稱"執之用黃牛之革"意義相近。《折中》引龔煥曰："《易》言'黃牛之革'者二：《遯》之六二居中有應，欲遯而不可遯者也；《革》之初九，在下无應，當革而不可革者也。所指雖殊，而意實相類。"

六二，己日乃革之，征吉，无咎[1]。

【譯文】

六二，在喻示亟須轉變的己日斷然推行變革，往前進發必有吉祥，不致咎害。

【注釋】

〔1〕己日乃革之，征吉，无咎——此言六二處"革"之時，柔中得正，上應九五，又居下離之中，猶如時當"日中將昃"（《尚氏學》謂"二爲日中"），正值"己日"待變之際，故須斷然奉行變革。此時有"征"，必能獲"吉"而"无咎"。

《象》曰：己日革之，行有嘉也。

【譯文】

《象傳》說：在喻示亟須轉變的己日斷然推行變革，說明六二努力前行必獲佳美之功。

【說明】

本爻柔中有應，時值將變，必當配合"陽剛尊者"，努力革故除弊。故爻辭勉以"征吉"、"无咎"，《象傳》稱其"行有嘉"。

九三，征凶，貞厲，革言三就，有孚[1]。

【譯文】

九三，急於求進必凶，守正以防危險，變革既已初見成效則須多番俯就人心安定大局，處事要心存誠信。

【注釋】

〔1〕征凶，貞厲，革言三就，有孚——貞厲，猶言“守正防危”（參閱《屯》九五譯注）；言，語氣助辭，趙汝楳《周易輯聞》曰：“革言，猶《詩》之‘駕言’”；三，泛指多番；就，謂俯就。此言九三處《革》下卦之上，有“革”道初成之象（《重定費氏學》引李翺曰：“重卦之內至於三位，則有小成變革之理”），宜於審慎穩進，但三以陽居陽，剛亢躁行，故戒以“征凶，貞厲”。又謂此時的變革措施須以暫退求進，即“三就”於舊制，撫慰人心，安定大局，鞏固成果，如此則能以“孚誠”取信於民，穩步推行改革。此亦《象傳》所云“革而當，其悔乃亡”之義。《集解》引崔憬曰：“夫安者，有其危也。故受命之君，雖誅元惡，未改其命者，以即行改命，習俗不安，故曰‘征凶’。猶以正自危，故曰‘貞厲’。是以武王克紂，不即行周命，乃反商政，一就也；釋箕子囚，封比干墓，式商容閭，二就也；散鹿臺之財，發鉅橋之粟，大賚于四海，三就也。故曰‘革言三就’。”案，崔憬釋“貞厲”曰：“以正自危”，與“守正防危”義略同。

《象》曰：革言三就，又何之矣！

【譯文】

《象傳》說：變革既已初見成效則須多番俯就人心安定大局，說明九三此時又何必過急前行呢！

【說明】

九三變革雖已初成，但物情未安，行事若稍有不慎，必將前功盡棄，危及大局。故爻辭特言此時尚有凶厲，深寓戒意。

九四，悔亡，有孚改命，吉[1]。

【譯文】

九四，悔恨消亡，心存誠信以革除舊命，吉祥。

【注釋】

〔1〕悔亡，有孚改命，吉——改，猶言“革”，“改命”即“革除舊命”。此謂九四失位本有“悔”，但當“革”之時，處上卦“水火”更革之際，剛而能柔，正可推行變革，故“悔亡”。此時若能以孚誠之心革除舊命，必獲吉祥。《本義》：“以陽居陰，故有悔；然卦已過中，水火之際，乃‘革’之時，而剛柔不偏，又‘革’之用也，是以‘悔亡’。然又必‘有孚’然後‘革’，乃可獲‘吉’。”

《象》曰：改命之吉，信志〔1〕也。

【譯文】

《象傳》說：革除舊命可獲吉祥，說明九四暢行變革之志。

【注釋】

〔1〕信志——信，通“伸”。《尚氏學》：“改命則實行革命，故曰‘伸志’。言得行其志也，志行故‘吉’。”

【說明】

九四處上體之始，“革”道即將大成，故以“有孚改命”爲“吉”。

九五，大人虎變，未占有孚〔1〕。

【譯文】

九五，大人像猛虎一樣推行變革，毫无疑問必能昭顯精誠信實的美德。

【注釋】

〔1〕大人虎變，未占有孚——占，有疑而問；“未占”猶言“不須置疑”。此謂九五當“革”之時，以陽剛中正高居尊位，猶如“大人”全面推行變革，勢若猛虎奮威；此時“革”道昭著，

故不須占問，九五的孚信之德自顯光彩。《正義》："九五居中處尊，以大人之德爲革之主。損益前王，創制立法，有文章之美，煥然可觀：有似虎變，其文彪炳。則是湯武革命，廣大應人，不勞占決，信德自著，故曰'大人虎變，未占有孚'也。"

《象》曰：大人虎變，其文炳[1]也。

【譯文】

《象傳》說：大人像猛虎一樣推行變革，說明九五的美德文彩炳煥。

【注釋】

〔1〕其文炳——文，謂"文彩"、"文章"，指"道德"言。《正義》："'其文炳'者，義取文章炳著也。"

【說明】

九五以中正居尊，當其推行變革之時，既顯其德，又見其威，天下无不信從。馬融曰："虎變威德，折衝萬里，望風而信。"（《集解》引）

上六，君子豹變，小人革面[1]。征凶，居貞吉[2]。

【譯文】

上六，君子像斑豹一樣助威變革，小人紛紛改變舊日傾向。此時若繼續激進不止必有凶險，靜居守持正固可獲吉祥。

【注釋】

〔1〕君子豹變，小人革面——面，朝向；"革面"猶言"改變傾向"。這是說明上六處《革》之終，"革"道大成，猶如斑豹一樣協助"大人"變革，從而建樹功勳；此時全局已定，故"小人"紛紛順應，改變傾向。《正義》："上六居《革》之終，變道已成。君子處之，雖不能同九五革命創制，如虎文之彪炳，然亦潤色鴻業，如豹文之蔚縟。"《重定費氏學》引項安世曰："上六'革'之效，'君子'、'小人'以臣、民言之也。面，向也，古者'面'皆

謂‘向’。”案,《正義》釋“革面”曰:“但能變其顏面容色,順上而已。”可備一說。　　〔2〕征凶,居貞吉——此承前文之義而發,言上六既當變革成功、大局穩定之時,宜於靜居持正,守成則吉;若不安守既有成果,再思變革,則過猶不及,必致凶險。《正義》:“革道已成,宜安靜守正。更有所征則凶,居而守正則吉。”

《象》曰:君子豹變,其文蔚[1]也;小人革面,順以從君也。

【譯文】

《象傳》說:君子像斑豹一樣助成變革,說明上六之德因大人的輝映蔚然成彩;小人紛紛改變舊日傾向,這是順從君主的變革。

【注釋】

〔1〕其文蔚——蔚,文彩映耀之狀。此言上六助成變革的美德,因“大人”的輝映而蔚然成彩。《正義》:“明其不能大變,故文細(引者案,細,阮刻作炳,據《校勘記》改)而相映蔚也。”

【說明】

上六處革已成之時,“豹變”之象,正見其助成變革有功。尚先生指出:“‘君子豹變’者,謂革命後佐命之勳,皆得封拜而有茅土,尊顯富貴,易世成名,故曰‘豹變’。”(《尚氏學》)

【總論】

朱熹說:“革,是更革之謂,到這裏須盡翻轉更變一番”,“須徹底從新鑄造一番,非止補苴罅漏而已。”(《朱子語類》)此語揭示了《革》卦所論“變革”意義的激烈性質。從卦辭的主旨分析,則是集中強調變革取得成功的兩大要素:首先,要把握時機,猶如選擇丞待轉變的“己日”斷然推行變革,必能順暢;其次,要存誠守正,即推行變革者必須遵循正道,以孚誠之心取信於人。以此行革,“元亨”可致,“悔恨”皆消。《象傳》稱“湯武革命,順乎天而應乎人”,正是用史例說明上述兩義:“順天”,則順合當變之機；“應人”，則行正獲人信從。六爻的喻象均圍繞卦辭大義申發其旨，展示事物變革初期到末期的發展過程，體現了作者對變革規律的深刻認識：初九陽微位卑，時未可變須固守常制；六二柔中有應，其時將變當斷然行革；九三變革小成，不可激進宜慎撫人心；九四以剛處柔，變局將著當力改舊命；九五陽剛中正，“虎變”創制而信德昭彰，上六助成革命，“豹變”有功要安守成果。顯然，諸爻分別反映變革過程某一階段的特徵。至於初爻與上爻，始於固守舊規、終於安保新制的義理，又表露出事物全面、徹底更革的“質變”情狀。《周易》哲學立足於“變”，《革》卦則是論“變”的典型。儘管諸家易說多從政治變革的角度闡述卦旨，但其象徵意義實可廣爲旁通。就文學現象而言，劉勰《文心雕龍》撰立“通變”一篇，論說文學發展的“參伍因革”之道，即與此卦理趣相通。唐代韓愈、柳宗元等人力掃齊梁積弊，推行旨在改革文風的“古文運動”，極力倡揚“惟陳言之務去”、“變浮靡爲雅正”，更是“變革”哲理在文學理論上的體現。

鼎卦第五十

☲　鼎[1]：元吉，亨[2]。

【譯文】

《鼎》卦象徵鼎器：至爲吉祥，亨通。

【注釋】

〔1〕鼎——卦名，下巽（☴）上離（☲），象徵“鼎器”。案，“鼎”，作爲器物之象，有兩義：一指烹飪器，二指古代統治者用以象徵權力的“法象”器。《釋文》：“鼎，法象也，即鼎器也。”《正義》：“鼎者，器之名也。自火化之後，鑄金而爲此器，以供亨飪之用，謂之爲鼎。”又曰：“然則鼎之爲器，且有二義：一有亨飪之用，二有物象之法。”“此卦明聖人革命，示物法象，惟新其制，有鼎之義。以木巽火，有鼎之象，故名爲‘鼎’焉。” 〔2〕元吉，亨——此謂“鼎”有烹物成新之用，又有權力法制之象，故“君子”掌持此器也意味著執行權力、自新新人，此時必獲“元吉”而後致“亨通”。《王注》：“‘革去故而鼎取新’，取新而當其人，易故而法制齊明：吉然後乃亨，故先‘元吉’而後‘亨’也。”案，《彖傳》釋卦辭只舉“元亨”二字，《本義》謂“吉”爲衍文，實本之《程傳》，可備一說。

【說明】

《本義》：“鼎，烹飪之器，爲卦下陰爲足，二、三、四陽爲腹，五陰爲耳，上陽爲鉉，有鼎之象。”毛奇齡本朱子之說，認爲本卦六爻之象寓含鼎足、鼎腹、鼎耳、鼎鉉諸形態，指出："下畫偶，似足；二、三、四畫奇，皆中實似腹；五畫偶，似耳；上畫奇，似鉉。"(《仲氏易》)于省吾又承毛說，並取《易傳》、《易緯》及金文"鼎"字之形加以補證，曰："《彖傳》云'鼎，象也。'《乾坤鑿度》云'鼎象以器。'均謂卦畫象鼎之形也。'鼎'字，《史獸鼎》作'![鼎字1]'，《智鼎》作'![鼎字2]'，正象下足、中腹、上耳之形，與毛說相合。鉉則移動隨時方貫之，故不爲象。"(《雙劍誃易經新證》)此說甚可參考。

《彖》曰：鼎，象也，以木巽火，亨飪也[1]。聖人亨以享上帝，而大亨以養聖賢[2]。巽而耳目聰明[3]，柔進而上行，得中而應乎剛[4]，是以元亨。

【譯文】

《彖傳》說：鼎器，是烹飪養人的物象，恰似用木柴順著火燃燒，即見烹飪情狀。於是聖人烹煮食物來祭享天帝，又大規模地烹物來奉養聖賢。烹物養賢可以使賢人遜順輔助尊者而尊者就能耳聰目明，此時尊者憑著謙柔美德前進而向上直行，高居中位又能下應陽剛賢者，所以至爲亨通。

【注釋】

〔1〕鼎，象也，以木巽火，亨飪也——木，指下巽爲木；巽，順從；火，指上離爲火；亨，通"烹"（下兩句"亨"字同）。此以上下卦象釋卦名"鼎"之義，謂二體猶如以木順火，含用鼎烹飪之象。《集解》引虞翻曰："六十四卦皆觀象繫辭，而獨於《鼎》言'象'，何也？象事知器，故獨言也。"又引《九家易》曰："鼎言象者，卦也。""爨以木火，是鼎鑊亨飪之象；亦象三公之位，上則調和陰陽，下而撫毓百姓。鼎能孰物養人，故云象也。"

〔2〕聖人亨以享上帝，而大亨以養聖賢——享，祭也；上帝，猶言"天帝"。這兩句極稱"鼎"具有烹物以祭享天帝、奉養賢人的兩

大功用。《正義》：“此明鼎用之美。亨飪所須，不出二種：一供祭祀，二當賓客。若祭祀則天神爲大，賓客則聖賢爲重，故舉其重大（引者案，舉、重，阮刻作質、牲，據《校勘記》改），則輕小可知。亨帝直言‘亨’，養人則言‘大亨’者，亨帝尚質，特牲（又案，牲，阮刻作性，據《校勘記》改）而已，故直言‘亨’；聖賢既多，養須飽餕，故‘亨’上加‘大’字也。”　　〔3〕巽而耳目聰明——巽，遜順，指下卦；聰明，指上離爲明。此句又取上下象爲說，言“鼎”用之利，可使賢人獲養然後遜順以輔助於上，故上者獲助而“耳目聰明”，无爲而有成。《王注》：“聖賢獲養，則己不爲而成矣，故巽而耳目聰明也。”　　〔4〕柔進而上行，得中而應乎剛——柔進、得中，指六五上行居尊、得處中位；剛，指九二。此舉六五所含“柔中”、“應剛”之德，喻尊者以鼎養賢、自新新人，合前二句並釋卦辭“元吉，亨”之義。《王注》：“謂五也。有斯二德，故能‘成新’而獲‘大亨’也。”

《象》曰：木上有火，鼎[1]；君子以正位凝命[2]。

【譯文】

　　《象傳》說：木上燒著火焰，象徵鼎器在烹煮；君子因此效法鼎象端正位次而嚴守使命。

【注釋】

　　〔1〕木上有火，鼎——釋《鼎》卦下巽爲木、上離爲火之象。此與《象傳》“以木巽火”義同（參閱該文譯注）。《正義》：“木上有火，即是‘以木巽火’，有亨飪之象，所以爲鼎也。”〔2〕正位凝命——正，端正，用如動詞；凝，《王注》：“嚴整之貌”，亦作動詞，猶言“嚴守”，即不踈失；命，使命。這是說明君子效法鼎器體正實凝之象，端正己位、嚴守使命，以當擔職守，免入邪途。《尚氏學》：“鼎偏倚則勢危，故貴正，不正則餗覆；鼎斂實於內，故貴凝，不凝則實漫矣。故君子取之，以正位凝命。”

【說明】

卦辭之義主於"鼎"的功用，故稱"君子"掌持此器必獲"元吉"，可致"亨通"。《大象傳》引申出鼎器體"正"實"凝"則可烹飪養人的意義，故告勉"君子"當效法此象，"正位凝命"。

初六，鼎顛趾，利出否[1]。得妾以其子，无咎[2]。

【譯文】

初六，鼎器顛轉腳跟，利於傾倒廢物。就像娶妾生子扶作正室，必无咎害。

【注釋】

〔1〕鼎顛趾，利出否——否，不善之物，謂廢物。此言初六處"鼎"之始，陰虛在下，爲"顛鼎"之象；鼎將納物烹煮，宜先顛轉清倒廢物，故曰"利出否"。《王注》："凡陽爲實而陰爲虛。鼎之爲物，下實而上虛。而今陰在下，則是覆鼎也，鼎覆則趾倒矣。否，謂不善之物也。" 〔2〕得妾以其子，无咎——妾，喻初六；子，喻九四。此象與前文"顛趾"、"出否"相承，謂初六雖處卑下，但上應九四，當"出否"之后正可納物烹飪；猶如爲妾生子可以因子貴而扶爲正室，此亦去舊成新之義，故"无咎"。《集解》引虞翻曰："應在四。"《正義》："妾者，側媵，非正室也。施之於人，正室雖亡，妾猶不得爲室主。妾爲室主，亦猶鼎之顛趾而有咎過；妾若有賢子，則母以子貴，以之繼室，則得无咎。故曰'得妾以其子，无咎'也。"

《象》曰：鼎顛趾，未悖也；利出否，以從貴[1]也。

【譯文】

《象傳》說：鼎器顛轉腳跟，說明初六的行爲未曾悖理；利於傾倒廢物，說明初六應當上從尊貴者（以期納新）。

【注釋】

〔1〕從貴——指初六上從九四，得其納物以爲烹飪，猶"妾"

因貴子而扶爲正室。《王注》："棄穢以納新也。"

【說明】

初六"顚趾"與"得妾"，均表明事物的外在現象有時似乎違背常規，但當"烹物成新"之時，此類物情的實質卻不悖義理。來知德云："凡事跡雖若悖其上下尊卑之序，于義則无咎也。"（《來氏易注》）

九二，鼎有實[1]，我仇有疾，不我能即，吉[2]。

【譯文】

九二，鼎中裝滿食物，我的配偶沾染疾患，暫不來加重我的負擔，吉祥。

【注釋】

〔1〕鼎有實——此言九二居《鼎》下卦之中，陽剛充實，故爲"鼎有實"之象。《王注》："以陽之質，處鼎之中，有實者也。"

〔2〕我仇有疾，不我能即，吉——我，指九二；仇，匹配，指六五；即，就也，"不我能即"謂"不能就我"。此言九二上應六五，五乘剛猶如"有疾"而不能前來就二；九二則由是免增負荷，鼎實不致充溢，故"吉"。《王注》："有實之物，不可復加，益之則溢，反傷其實。我仇，謂五（引者案，五，阮刻作九，據《校勘記》改）也，困於乘剛之疾，不能就我，則我不溢，得全其'吉'也。"

《象》曰：鼎有實，慎所之[1]也；我仇有疾，終无尤[2]也。

【譯文】

《象傳》說：鼎中裝滿食物，說明九二身有重任要謹慎前行；我的配偶沾染疾患，說明九二暫未獲應於六五終无過尤。

【注釋】

〔1〕慎所之——鼎既有實，復加必溢，故其行當慎。《王注》："有實之鼎，不可復有所取；才任已極，不可復有所加。"

〔2〕終无尤——指鼎中不加重負荷，終將无過尤。《正義》：“五既有乘剛之疾，不能加我，則我終无尤也。”

【說明】

九二剛中德美，慎行不偏遂“吉”；九四失位不中，力不勝任以至“鼎折足”：兩爻適相反襯，故此吉彼凶。

九三，鼎耳革，其行塞，雉膏不食[1]。方雨虧悔，終吉[2]。

【譯文】

九三，鼎器耳部變異，插杠舉移的路途堵塞，精美的雉膏不得獲食。出現喻示陰陽調和的霖雨必能消除悔恨，終獲吉祥。

【注釋】

〔1〕鼎耳革，其行塞，雉膏不食——雉，音至 zhì，野雞，“雉膏”謂野雞羹，《釋文》引鄭玄曰：“食之美者”。此言九三處《鼎》下卦之上，當“鼎耳”之位，但以陽居陽，剛實不能虛中，猶如鼎耳中空處變異堵塞，无法插杠舉鼎運行，故曰“鼎耳革，其行塞”；又因三、上俱陽不應，則九三既難行又无援，故徒有鼎器无所爲用，雖有“雉膏”不能見食。《王注》：“三處下體之上，以陽居陽，守實无應，无所納受。耳宜空以待鉉，而反全其實塞，故曰‘鼎耳革，其行塞’，雖有‘雉膏’而終不能食也。”

〔2〕方雨虧悔，終吉——方，將要，此處含“待到”之意；雨，象徵陰陽調和；虧，消也。這兩句從正面誡勉九三，謂其雖陽剛太甚，有“耳革”、“行塞”、“雉膏不食”之悔，但所屬下巽爲陰卦，若能取陰調陽，必能出現陰陽和通之“雨”，則可消其悔，終獲吉祥。《王注》“雨者，陰陽交和，不偏亢者也。雖體（引者案，體，阮刻作陰，據《校勘記》改）陽爻，而統屬陰卦，若不全任剛亢，務在和通，‘方雨’則悔虧，終則‘吉’也。”

《象》曰：鼎耳革，失其義[1]也。

【譯文】

《象傳》說：鼎器耳部變異，說明九三有失虛中之宜。

【注釋】

〔1〕失其義——義，宜也。《集解》引虞翻曰："鼎以耳行，耳革行塞，故失其義也。"《正義》："失其虛中納受之義也。"

【說明】

九三以陰陽調和之"雨"爲象，即勉其改變剛亢之性，恢復虛中之宜，則鼎耳不"革"、其行不"塞"，此鼎遂能用於烹飪，"雉膏"之美必可見食，故悔消而終吉。

九四，鼎折足，覆公餗，其形渥，凶[1]。

【譯文】

九四，鼎器難承重荷折斷足，王公的美食全傾覆，鼎身沾濡一派齷齪，有凶險。

【注釋】

〔1〕鼎折足，覆公餗，其形渥，凶——餗，音速 sù，《說文》又作"鬻"，謂："鼎實，惟葦及蒲"，《正義》："餗，糝也，八珍之膳，鼎之實也"；形，指鼎身；渥，沾濡之狀。此言九四上承六五，所任已重，但又下應初六，且失正不中，有行事不自量力之象，猶如鼎器難承重荷，必致"折足"、"覆餗"，其體亦遭沾渥，故"凶"。《王注》："處上體之下，而又應初，既承且施，非己所堪，故曰'鼎折足'也。初已出否，至四所盛則已潔矣，故曰'覆公餗'也。渥，沾濡之貌也。既覆公餗，體爲渥沾；知小謀大，不堪其任，受其至辱，災及其身，故曰'其形渥，凶'也。"

【說明】

"形渥"二字，《周禮·秋官·司烜氏》賈公彥疏引此爻作"刑屋"，並引鄭玄注云："若三公傾覆王之美道，屋中刑之"；《本義》從晁說之說："形渥，諸本作'刑剭'，謂重刑也"；《尚氏學》

詳考舊籍，以爲"形渥"與"刑剭"乃"古音同，通用"，意指九四因"覆公餗"而"及于刑辟"，此說可通。今查帛書《周易》作"刑屋"，與賈疏引文同，可爲鄭玄注義增一證。

《象》曰：覆公餗，信如何[1]也！

【譯文】

　　《象傳》說：王公的美食全被傾覆，說明九四怎麼值得信任呢！

【注釋】

　　〔1〕信如何——指九四不值得信任。《王注》："不量其力，果致凶災，信如之何！"案，注文"如之"，阮刻作"之如"，據《校勘記》改。

【說明】

　　本爻的寓意在於：事物凡不自量力，強任其行者，難免罹及凶災。《繫辭下傳》引孔子曰："德薄而位尊，知小而謀大，力小而任重，鮮不及矣。《易》曰：'鼎折足，覆公餗，其形渥，凶'，言不勝其任也。"

六五，鼎黃耳金鉉，利貞[1]。

【譯文】

　　六五，鼎器配著黃色的鼎耳和剛堅的鼎杠，利於守持正固。

【注釋】

　　〔1〕鼎黃耳金鉉，利貞——黃，中之色，喻六五柔中；金，剛堅之物，喻五居陽位又與剛爻相應；鉉，音宣去聲 xuàn，舉鼎的器具，即"鼎杠"，《儀禮·士冠禮》"設扃鼏"鄭玄注："扃，今文爲鉉"，《釋文》："扃，鼎扛也。"此謂六五柔中處尊，既居陽位又獲九二剛爻之應，猶如鼎器配著"黃耳"、插入"金鉉"，適可舉移以供烹飪，故利於守正，而盡鼎用之美。《正義》："黃，中也；金，剛也。五爲中位，故曰'黃耳'；應在九二，以柔納剛，故曰'金鉉'。所納剛正，故曰'利貞'也。"

《象》曰：鼎黄耳，中以爲實[1]也。

【譯文】

　　《象傳》說：鼎器配著黄色的鼎耳，說明六五居中而獲剛實之益。

【注釋】

　　[1] 中以爲實——指六五下應九二，獲陽實之益。《尚氏學》："五得中應二，故中以爲實；實指二。"

【說明】

　　朱熹指出："或曰'金鉉'以上九而言。"（《本義》）《折中》引胡一桂曰："鉉，所以舉鼎者也，必在耳上，方可貫耳；九二在下，勢不可用。或說爲優。然上九又自謂'玉鉉'者，金象以九爻取，玉象以爻位剛柔相濟取。"此說似亦可通。

上九，鼎玉鉉，大吉，无不利[1]。

【譯文】

　　上九，鼎器配著玉制的鼎杠，大爲吉祥，无所不利。

【注釋】

　　[1] 鼎玉鉉，大吉，无不利——玉，剛堅温潤之物，喻上九以剛處柔。此謂上九居《鼎》之終，陽處陰位，猶如用剛潤之玉所製的鼎杠；此時上九不係應於九三，意在廣應下者，猶如"玉鉉"極其舉鼎之用，爲鼎功大成之象，故大爲吉祥、无所不利。《正義》："玉者，堅剛而有潤者也。上九居《鼎》之終，鼎道之成，體剛處柔，則是用玉鉉以自舉者也，故曰'鼎玉鉉'也。"又曰："應不在一，即靡所不舉，故得'大吉'而'无不利'。"

《象》曰：玉鉉在上，剛柔節[1]也。

【譯文】

　　《象傳》說：玉製的鼎杠高居於上，說明上九陽剛能用陰柔爲調節。

【注釋】

〔1〕剛柔節——《來氏易注》：“言以陽居陰，剛而能節之以柔；亦如玉之溫潤矣，所以爲玉鉉也。”

【說明】

本爻陽剛在上，鼎用昭著，故以“玉鉉”爲喻，言其舉鼎功成，極見“烹物養人”之義。《折中》引熊良輔曰：“《井》、《鼎》皆以上爻爲吉，蓋水以汲而出井爲用，食以烹而出鼎爲用也。”

【總論】

鼎，作爲烹飪之器，有養人的功用；作爲法器，又是權力的象徵。《九家易》曰：“鼎者，三足一體，猶三公承天子也。三公，謂調陰陽；鼎，謂調五味。”（《集解》引）可見，《鼎》卦立義，是藉烹物化生爲熟，譬喻事物調劑成新之理，其中側重體現行使權力、經濟天下、自新新人的意義：《雜卦傳》所謂“《革》去故也，《鼎》取新也”，即明此旨。馬振彪指出：“革之大者，無過於遷九鼎之重器，以新一世之耳目；而鼎之爲用，又無過於變革其舊者，咸與爲新，而成調劑大功。故《鼎》承《革》卦，以相爲用。若器主烹飪以養，猶其小焉者也。《大象》括以‘正位凝命’四字，養德養身、治家治國之道，爲有天下者所取法，皆不能出其範圍。”（《周易學說》）從卦辭的大義看，所稱“君子”掌持鼎器至爲吉祥，前景亨通，也是立足於強調去故取新、法制昌明的宗旨。觀卦中六爻，各取鼎器的某一部位或配件爲喻，无非說明在一定的環境條件下，任事執權的不同情狀。諸爻吉美之占居多，如初六陰柔在下，顛倒鼎腳、清除廢物可獲“无咎”；九二鼎中有實，謹慎處之、不使充溢可致“吉祥”；九三鼎耳變異、鼎用受礙，若能調和陰陽亦終有吉；至於五、上兩爻如金玉之“鉉”，則佳美尤甚，前者爲一卦掌鼎之主、“利”在守“正”，後者鼎用大成、“大吉，无不利”。

全卦惟九四一爻不稱職權，"折足"、"覆餗"，是寓誡最爲深刻的反面形象。董仲舒引此論曰："以所任賢，謂之主尊國安；所任非其人，謂之主卑國危：萬世必然，無所疑也。其在《易》曰：'鼎折足，覆公餗'。夫鼎折足者，任非其人也；覆公餗者，國家傾也。是故任非其人而國家得不傾者，自古至今，未嘗聞也。"（《春秋繁露·精華篇》）顯然，六爻的正反面喻象，集中揭示了本卦的核心意義：鼎器功用之所能成，事物新制之所以立，必須依賴多方面的純正、堅實"力量"的協心撐持；《大象傳》盛稱"君子"應當端正居位、嚴守使命，實是對這一義理的絶好闡述。

震卦第五十一

☳ 震[1]：亨[2]。震來虩虩，笑言啞啞[3]；震驚百里，不喪匕鬯[4]。

【譯文】

《震》卦象徵雷聲震動：可致亨通。震雷驟來萬物惶恐畏懼，於是慎行保福乃聞笑語聲聲；君主的教令像震雷驚聞百里國邑，宗廟祭祀就能長延不絕。

【注釋】

〔1〕震——卦名，上下卦均爲震（☳），象徵“雷聲震動”。案，“震”象雷，其義爲動（見《說卦傳》），這一喻旨又可譬擬“教令威嚴”。《集解》引鄭玄曰：“震爲雷。雷，動物之氣也；雷之發聲，猶人君出政教以動中國之人也：故謂之‘震’。”《正義》：“震，動也，此象雷之卦，天之威動，故以‘震’爲名。”

〔2〕亨——雷威震動萬物，使皆警懼，故可致“亨通”。《正義》：“震既威動，莫不驚懼。驚懼以威則物皆整齊，由懼而獲通，所以震有‘亨’德。”　　〔3〕震來虩虩，笑言啞啞——虩，音隙 xì，“虩虩”，《釋文》：“馬云‘恐懼兒’”；啞，音遏 è，“啞啞”，《釋文》“馬云‘笑聲’”。此言雷動之際，天下恐懼，萬物因之謹慎不敢妄爲，然後能致福而歡笑。《正義》：“震之爲用，天之威怒，所以肅整怠慢，故迅雷風烈，君子爲之變容；施之於人事，則是威嚴之教行於天下也。故震之來也，莫不恐懼，故曰‘震來虩

虩’也。物既恐懼，不敢爲非，保安其福，遂至笑語之盛，故曰‘笑言啞啞’也。”案，“虩”字，阮刻作“虩”，《釋文》出“虩虩”，《集解》本同；《正字通》曰：“‘虩’，‘虩’字之誤”，今從改（《象傳》及初九爻辭並同）。　〔4〕震驚百里，不喪匕鬯——百里，喻地域之廣，兼指古代諸侯國以“百里”爲封地，荀悅《漢紀・哀帝紀論》：“古者諸侯之國，百里而已，故《易》曰‘震驚百里’，以象諸侯之國也”；匕，勺、匙之類盛食物的器具，古代祭祀時用以盛“鼎實”，《王注》：“所以載鼎實”；鬯，音唱chàng，祭祀所用酒名，《王注》：“香酒，奉宗廟之盛也”，句中“匕鬯”借代“祭祀”。此取“人事”爲喻，說明諸侯的“教令”如雷動驚聞百里，則國内整肅，就能“不喪”宗廟祭祀，“社稷”因之長保。《集解》引鄭玄曰：“雷發聲聞於百里，古者諸侯之象。諸侯出教令，能警戒其國，内則守其宗廟社稷，爲之祭主，不亡匕與鬯也。”

《象》曰：震，亨〔1〕。震來虩虩，恐致福〔2〕也。笑言啞啞，後有則〔3〕也。震驚百里，驚遠而懼邇〔4〕也。出，可以守宗廟社稷，以爲祭主也〔5〕。

【譯文】

　　《象傳》說：雷聲震動，可致亨通。震雷驟來萬物惶恐畏懼，說明恐懼謹慎必能導致福澤。慎行保福乃聞笑語聲聲，說明警懼之後行爲能循法則。君主的教令像震雷驚聞百里國邑，說明不論遠近都震驚恐懼；即使君主外出，也有長子留守宗廟社稷，成爲祭祀典禮的主持人。

【注釋】

　　〔1〕震，亨——此以卦辭“亨”字釋卦名“震”。孔穎達謂或本无此二字。《正義》：“但舉經而不釋名德所由者，正明由懼得通，故曰‘震，亨’，更无他義。或本无此二字。”　〔2〕恐致

福——此釋卦辭"震來虩虩"。《正義》:"威震之來,初雖恐懼,能因懼自修,所以致福也。"　　〔3〕後有則——則,法則。此釋卦辭"笑言啞啞",謂因恐懼而謹守法則,然後致福而歡笑。《正義》:"致福之後,方有笑言;以曾經戒懼,不敢失則。"〔4〕驚遠而懼邇——邇,近也。此釋卦辭"震驚百里"。《程傳》:"雷之震,及於百里,遠者驚、邇者懼,言其威遠大也。"〔5〕出,可以守宗廟社稷,以爲祭主也——出,指君主外出;守宗廟、爲祭主,指"震"有"長子"象,故當君主外出可以留守執掌國權,《說卦傳》:"震一索而得男,故謂之長男",《序卦傳》:"主器者莫若長子,故受之以《震》。"此三句釋卦辭"不喪匕鬯",謂諸侯能以教令震懼其國,則即使君主外出,長子亦能掌權長保社稷。《王注》:"明所以堪長子之義也。"《正義》:"出,謂君出巡狩等事也。君出,則長子留守宗廟社稷,攝祭主之禮事也。"案,"出"字之前,疑有脫文。《周易舉正》此字前有"不喪匕鬯"四字,似可參考。又案,《本義》亦云:"程子以爲'邇也'下脫'不喪匕鬯'四字,今從之。"

《象》曰:洊雷,震[1];君子以恐懼脩省[2]。

【譯文】

《象傳》說:疊連轟響著巨雷,象徵聲威震動;君子因此惶恐驚懼而自我修身省過。

【注釋】

〔1〕洊雷,震——洊,再也,猶言"疊連"(參閱《坎》卦《大象傳》譯注)。此釋《震》卦上下震均爲雷之象。《正義》:"洊者,重也,因仍也。雷相因仍,乃爲威震也。此是重震之卦,故曰'洊雷,震'也。"　　〔2〕恐懼脩省——這是說明君子觀《震》卦之象,悟知應當恐懼"天威",自我脩省。《正義》:"君子恒自戰戰兢兢,不敢懈惰。今見天之怒,畏雷之威,彌自脩身,省

察己過，故曰'君子以恐懼脩省'也。"
【說明】

《大象傳》"恐懼脩省"，即是卦辭所謂"震"而後"亨"，
"虩虩"、"震驚"然後"笑言啞啞"、"不喪匕鬯"，亦與《彖傳》
"恐致福"之義相通。

初九，震來虩虩，後笑言啞啞，吉[1]。
【譯文】

初九，雷動驟來而能惶恐畏懼，然後慎行保福乃聞笑語聲聲，
吉祥。
【注釋】

〔1〕震來虩虩，後笑言啞啞，吉——此言初九當"震"之時，
陽剛在下，慎守勿用，先能恐懼脩省，後致"笑言啞啞"，故
"吉"。《王注》："體夫剛德，爲卦之先，能以恐懼脩其德也。"

《象》曰：震來虩虩，恐致福也；笑言啞啞，後有則也。
【譯文】

《象傳》說：雷動驟來而能惶恐畏懼，說明初九恐懼謹慎而導
致福澤；慎行保福乃聞笑語聲聲，說明初九警懼之後行爲能循
法則。
【說明】

本爻以陽剛之德，最處卦下，爲慎始懼初之象，終能歡笑獲
吉。《折中》引范仲淹曰："君子之懼於心也，思慮必慎其始，則
百志弗違於道；懼於身也，進退不履於危，則百行弗罹於禍。故初
九震來而致福，慎於始也。"

六二，震來，厲[1]。億喪貝，躋于九陵[2]，勿逐，七日得[3]。
【譯文】

六二，雷動驟來，有危險。猶如大失貨貝，應當登高遠避於九

陵之上，不用追尋，過不了七日必將失而復得。

【注釋】

〔1〕震來，厲——此言六二當"震"之時，以柔乘剛，故"震來"將有"危"。《本義》："六二乘初九之剛，故當震之來而危厲也。" 〔2〕億喪貝，躋于九陵——億，《釋文》引鄭玄曰"十萬曰億"，猶言"大"，作副詞；貝，古代貨幣；躋，登也；九，爲陽極之數，喻高，"九陵"猶言"峻高之陵"。這兩句說明六二之"厲"，將至大失財幣；但此爻又稟"柔中"之德，雖遇危卻能守中不躁，自避於"九陵"而不顧其"貝"，如此則可无虞。案，"億"字之義，《集解》引虞翻曰："惜辭也"，《釋文》："本又作'噫'"。此並作語氣詞解，於義亦通（六五"億"字倣此）。〔3〕勿逐，七日得——七日，借取日序周期"七"象徵轉機迅速，猶言"過不了七日"（參閱《復》卦辭譯注）。這兩句緊承前文，說明六二既以"柔中"之德趨正自守，能不顧"喪貝"而"躋九陵"避之，則不用追尋失貝，"七日"即可復得。此亦《既濟》六二《象傳》所云"七日得，以中道也"之義（參閱該爻譯注）。馬其昶曰："勿逐，謂二之中正不可變也；七日來復，理數自然之期。《既濟》六二曰'七日得，以中道也'。略於此者，見於彼也。"（《重定費氏學》）

《象》曰：震來厲，乘剛也。

【譯文】

《象傳》說：雷動驟來有危險，說明六二淩乘陽剛之上。

【說明】

六二因乘剛而有危，因危厲而警懼，遂能慎守柔中，不戀所失，終致失而復得。此即"恐懼脩省"、"恐致福"之旨。

六三，震蘇蘇，震行无眚[1]。

【譯文】

　　六三，雷動之時惶惶不安，由於震動而兢懼前行將无禍患。

【注釋】

　　〔1〕震蘇蘇，震行无眚——蘇蘇，《釋文》引鄭玄曰“不安也”；震行，猶言“震懼而行”。此謂六三處“震”之時，居位不當，故“蘇蘇”不安；但无乘剛之失，故能因“震懼”而慎行，則无禍患。《王注》：“不當其位，位非其處，故懼蘇蘇也；而无乘剛之逆，故可以懼行而无眚也。”《正義》：“驗注以訓‘震’爲‘懼’，蓋懼不自爲懼，由‘震’故‘懼’也。”

《象》曰：震蘇蘇，位不當也。

【譯文】

　　《象傳》說：雷動之時惶惶不安，說明六三居位不妥當。

【說明】

　　六三下不乘剛，上又承陽，雖不當位，卻能懷危懼之心慎行，終日惶恐修省，遂可避災免患。《折中》引趙光大曰：“天下不患有憂懼之時，而患无修省之功。若能因此懼心而行，則持身无妄動，應事有成規，又何眚之有？”

九四，震遂泥[1]。

【譯文】

　　九四，雷動之時驚惶失措墜陷於泥濘中。

【注釋】

　　〔1〕震遂泥——遂，《說文通訓定聲》：“假借爲隊”，《尚氏學》：“遂，‘隧’之省文，‘隧’即‘墜’也，《論語》‘文武之道，未墜于地’《石經》作‘隧’，又《列子》‘矢隧地而塵不揚’，皆以‘隧’爲‘墜’。”此言九四陽剛失位，剛德不足，又陷於上下四陰之間，故當“震”之時驚惶失措，墜入泥濘不能自拔。《尚氏學》：“陷四陰中，故隧泥。”

《象》曰：震遂泥，未光也。

【譯文】

《象傳》說：雷動之時驚惶失措墜陷於泥濘中，說明九四的陽剛之德未能光大。

【說明】

"震"之義在於因懼修省，因恐自振。若六三雖失位，能承陽慎行故獲"无眚"；九四亦失位，但陽剛削弱，沉陷陰中，驚惶而不能有爲，實屬墜落委頹之象。《象傳》所謂道德"未光"，正明此旨。

六五，震往來厲[1]，億无喪，有事[2]。

【譯文】

六五，雷動之時上下往來都有危險，慎守中道就萬无一失，可以長保祭祀盛事。

【注釋】

〔1〕震往來厲——此謂六五當"震"之時，陰柔居尊，上往則遇陰得敵，下行則乘剛有失，故"往來"皆"厲"。《尚氏學》："往得敵，來乘陽，故往來皆危厲也。"　〔2〕億无喪，有事——億，謂"大"，"億无喪"《來氏易注》云"大无喪也"，猶言"萬无一失"；事，《集解》引虞翻曰"謂祭祀之事"。這兩句承前文而發，說明六五有"柔中"美德，能以危懼之心慎守中道，不冒然"往來"，故萬无一失，可以長保祭祀之事，即卦辭"不喪匕鬯"之義。《折中》："春秋凡祭祀，皆曰'有事'，故此'有事'謂'祭'也。"又曰："然二'喪貝'而五'无喪'者，二居下位，所有者貝耳；五居尊，所守者則宗廟社稷也。貝可喪也，宗廟社稷可以失守乎？故二以'喪貝'爲中，五以'无喪，有事'爲中。"

《象》曰：震往來厲，危行也；其事在中，大无喪也。

【譯文】

《象傳》說：雷動之時上下往來都有危險，說明六五應當心存危懼而慎行；處事能夠謹守中道，就可以萬无一失。

【說明】

本爻以陰柔居尊處"震"，凡一舉一動均能戒懼危厲，慎行中道，故"无喪"、"有事"。此即《象傳》所云"危行"、"其事在中"之義。《折中》引熊良輔曰："震往亦厲，來亦厲，皆以危懼待之，故能'无喪有事'，蓋不失其所有也。此卦辭所謂'不喪匕鬯'，能主器以君天下者與？"

上六，震索索，視矍矍，征凶[1]。震不于其躬，于其鄰，无咎[2]。婚媾有言[3]。

【譯文】

上六，雷動之時雙足畏縮難行，兩目惶顧不安，冒然進取必遭凶險。當其雷動未震及己身，纔震及近鄰時就預先戒備，則不致咎害。若求陰陽婚配將致言語爭端。

【注釋】

〔1〕震索索，視矍矍，征凶——索索，《釋文》引鄭玄曰："猶'縮縮'，足不正也"，形容懼極而雙足畏縮難行；矍，音決 jué，"矍矍"，《釋文》引鄭玄曰"目不正"，即雙目旁顧不安之狀。此謂上六以陰處"震"之極，驚恐至甚，无所安適，故雙足"索索"，兩目"矍矍"；以此而"征"，必遭凶險。《王注》："處震之極，極震者也。居震之極，求中未得，故懼而索索，視而矍矍，无所安親也。已處動極而復征焉，凶其宜也。" 〔2〕震不于其躬，于其鄰，无咎——躬，自身。這是從正面誡勉的角度申發爻義，說明上六若能在雷威未震及自身，纔及於近鄰時，就預先戒備，及早"恐懼脩省"，則可"无咎"。《王注》："若恐非己造，彼動故懼，懼鄰而戒，合於備豫，故'无咎'也。" 〔3〕婚媾有

言——有言，指言語爭執、不相和合，與《需》九二"小有言"
義略近（參閱該爻譯注）。此句進一步指出，上六當極懼之時，必
多疑慮，難與外物相合，故又戒其不可急於謀求陰陽應合，若必欲
"婚媾"，則難免"有言"。辭意主於此時不宜妄動，與前文"征
凶"之戒互爲發明。《王注》："極懼相疑（引者案，疑，阮刻作
宜，據《四部叢刊》景宋本《周易注》校改），故雖'婚媾'而
'有言'也。"

《象》曰：震索索，中未得[1]也；雖凶无咎，畏鄰戒[2]也。

【譯文】

《象傳》說：雷動之時雙足畏縮難行，說明上六未能居處適中
之位；儘管有凶險卻无咎害，是由於畏懼近鄰所受的震驚而預先
戒備。

【注釋】

〔1〕中未得——《正義》："猶言'未得中'也。"　　〔2〕畏
鄰戒——《正義》："畏鄰之動，懼而自戒，乃得无咎。"

【說明】

本爻於懼極有凶之時，又勉以因"鄰"之震懼而預爲脩省，必
可"无咎"。辭中誠意至見深切。鄭汝諧指出："人之過於恐懼者，
固无足取；若能舉動之際，覩事之未然而知戒，亦聖人之所許也。"
（《東谷易翼傳》）

【總論】

《淮南子·人間訓》載《堯戒》云："戰戰慄慄，日謹一日；
人莫躓于山，而躓于垤。"這是用登山不至跌跤，而平地常使人栽
倒爲喻，說明凡事要警惕戒懼、敬慎小心，沈德潛稱此爲"大聖人
憂勤惕厲語"（《古詩源》）。《震》卦取象於"雷動"威盛，正是
揭明"震懼"可致"亨通"的道理。卦辭設擬兩層相互見旨的譬
喻：先言雷動奮起萬物畏懼，於是慎行獲福笑語聲聲；再言君主教

令震驚百里，遂致萬方警懼社稷長保。《大象傳》用"恐懼脩省"四字，對全卦大義作了精要概括，揭出"惶恐驚懼"與"修身省過"之間的內在聯係。卦中六爻分別喻示處"震"的不同情狀：初九陽剛在下，知懼致福；六二因危守中，失"貝"復得；六三惶惶未安，慎行免禍；六五柔中"危行"，善保尊位，這四爻均見"惕懼修德"之功，故多吉无害。惟九四陷於陰中，懼而不能振奮，難以自拔；上六懼極有凶，但若因人之懼預先戒備，乃將"无咎"。顯然，本卦的象徵主旨是建立在"震懼"的基點上，然後謹慎前行，開拓"亨通"境界：此中寓涵著處"危"而後"安"的辯證哲理。馬振彪論曰："人當顛沛造次之時，如履薄臨深之可懼；國際風雨飄搖之會，有內憂外患之交乘：其危乃光，懲前毖後，必如此卦之爻象，始終戒懼乃可免禍而致福。"（《周易學說》）

艮卦第五十二

☶ 〔艮:〕艮其背[1]，不獲其身[2]；行其庭，不見其人，无咎[3]。

【譯文】

〔《艮》卦象徵抑止:〕抑止於背後以避免被覺察，不讓身體直接面向應當被抑止的私欲；譬如行走在庭院裏也兩兩相背，互相不見對方被抑止的邪惡，必无咎害。

【注釋】

〔1〕〔艮:〕艮其背——艮，卦名，上下卦均爲艮（☶），象徵"抑止"。艮其背，說明抑止人的邪欲，應當在其人尚未覺察到是"邪欲"時，就不知不覺地制止掉；猶如抑止於"背後"，則被止者眼不見"邪欲"爲何物，即《王注》所謂"目无患也"。案，艮象爲山，有靜止義，故《象傳》、《說卦傳》、《序卦傳》均曰"艮，止也"；而全卦喻以"人事"，則是側重闡明"抑止邪欲"之理。《正義》:"艮，止也，靜止之義，此是象山之卦。其以'艮'爲名，施之於人，則是止物之情，防其動欲，故謂之'止'。'艮其背'者，此明施止之所也。施止得所，則其道易成；施止不得其所，則其功難成。故《老子》曰:'不見可欲，使心不亂'也。"又案，南宋馮椅謂卦辭"艮其背"前脫一卦名"艮"字，當補之（詳《厚齋易學》卷四）。今人高亨亦云:"'艮'字當重。'艮:艮其背'者，上'艮'字乃卦名，下'艮'字乃卦辭，此全書之通

例也。"(《周易古經今注》及《周易大傳今注》)此說可取，故在卦辭前增入"艮"字爲卦名，並加括號以別之。　〔2〕不獲其身——猶言"其身不得面向所止之處"。此謂"抑止"於背後，則被"止"者自身不至於面向當止之私欲，即"止得其所"之義。本句是直接申發前句"艮其背"的意旨。《王注》："所止在後，故不得其身也。"　〔3〕行其庭，不見其人，无咎——這三句緊承前文理趣，又進一步譬喻"止背"之道：猶如被"止"者行走在庭院裏，也兩兩相背；則施"止"之時，互不見對方所止之邪惡，即《王注》謂"相背故也"。以此處"艮"，則"止邪"之功必成，故"无咎"。

【說明】

卦辭所明"抑止"的方法，集中於"背"字：能在"相背"的情狀下施止，則止欲於未萌，得其所止。因此《王注》又總說卦辭之義曰："凡物對面而不相通，否之道也。《艮》者，止而不相交通之卦也。各止而不相與，何得'无咎'？唯不相見乃可也。施止於背，不隔物欲，得其所止也。背者，无見之物也。无見則自然靜止，靜止而无見，則'不獲其身'矣。相背者，雖近而不相見，故'行其庭，不見其人'也。夫施止不於无見，令物自然而止，而强止之，則奸邪並興。近而不相得，則凶。其得无咎，'艮其背不獲其身，行其庭不見其人'故也。"

《彖》曰：艮，止也。時止則止，時行則行；動靜不失其時，其道光明[1]。艮其止，止其所也[2]。上下敵應，不相與也[3]，是以不獲其身，行其庭不見其人，无咎也。

【譯文】

《彖傳》說：艮，意思是抑止。其時適宜抑止就抑止，適宜前行就前行；或動或靜均恰當而不違時，抑止的道理就光輝明燦。艮之義強調抑止，是說明抑止邪惡要適得其所。卦中六爻上下相互敵對，不相交往親與，所以就像不讓身體面向被抑止的私欲，譬如行走在庭院裏也兩兩相背而互不見對方的邪惡，這樣抑止就不致咎害。

【注釋】

〔1〕時止則止，時行則行；動靜不失其時，其道光明——這四句緊承上文釋卦名“艮”爲“止”之義，進一步闡說“抑止”之道要適時而用，才能動靜得當，而抑止的道理便因之而光明。《王注》：“止道不可常用，必施於不可以行，適於其時，道乃光明也。” 〔2〕艮其止，止其所也——這兩句釋卦辭“艮其背”。首句謂“艮其止”，則所“抑止”之處爲“背”；“背”爲應當抑止之“所”，故次句曰“止其所也”。《正義》：“此釋施止之所也。‘艮其止’者，疊經文‘艮其背’也；易‘背’曰‘止’，以明背者无見之物，即是可止之所也。”又曰：“‘艮’既訓‘止’，今言‘艮其止’，是止其所止也，故曰‘艮其止，止其所’也。”〔3〕上下敵應，不相與也——敵應，猶言“敵對”。這兩句以六爻關係再釋卦名“艮”及卦辭“不獲其身”以下四句。本卦上下對應爻均爲同性相敵，故曰：“上下敵應，不相與”；而六爻相敵對，不相親與，正同“相背”而“抑止”之理，即卦辭“不獲其身，行其庭，不見其人，无咎”之義。《正義》：“此就六爻皆不相應，釋《艮》卦之名，又釋卦辭‘不獲其身’以下之義。凡應者，一陰一陽，二體不敵；今上下之位，雖復相當，而爻皆峙敵不相交與，故曰‘上下敵應，不相與也’。然八純卦皆六爻不應，何獨於此言之者？謂此卦既止而不交，爻（引者案，爻，阮刻作加，據《校勘記》改）又峙而不應，與‘止’義相協，故兼此以明之也。”

《象》曰：兼山，艮[1]；君子以思不出其位[2]。

【譯文】

《象傳》說：兩山重疊，象徵抑止；君子因此自我抑止邪欲而所思所慮不超越本位。

【注釋】

〔1〕兼山，艮——兼，猶言“重”，指兩山重疊。此釋《艮》卦上下艮均爲山之象。《正義》：“兩山義重，謂之‘兼山’也。直置一山，已能鎮止，今兩山重疊，止義彌大，故曰‘兼山艮’也。”　〔2〕思不出其位——位，本位，指本分所守之位。這是說明君子觀《艮》象，悟知抑止邪欲之理，故所思慮均不敢踰越本位。《程傳》：“君子觀艮止之象，而思安所止，不出其位也。位者，所處之分也。萬事各有其所，得其所，則止而安；若當行而止，當速而久，或過或不及，皆出其位也。況踰分非據乎？”

【說明】

楊萬里曰：“大哉止乎！有止而絕之者，有止而居之者，有止而約之者。‘艮其背’，所以絕人欲而全天理，此止而絕之也；‘時止時行’，必止乎道，此止而居之也；‘思不出其位’，而各止其分，此止而約之也。”（《誠齋易傳》）此說指出“艮”爲“止”的含義有三：一是抑止邪惡，二是止於正道，三是止於本分。三者條理頗爲分明。但若合以觀之，能“止邪欲”，則必能“止於正道”、“止於本分”，因此前一義實可統包後二義。

初六，艮其趾，无咎[1]，利永貞[2]。

【譯文】

初六，抑止在腳趾邁出之前，必无咎害，利於永久守持正固。

【注釋】

〔1〕艮其趾，无咎——初六居《艮》卦最下，有趾之象；其所施止，猶如施於足趾將動之前，不使有失正道，故能无咎。《程傳》：“六在最下，趾之象；趾，動之先也。艮其趾，止於動之初也。事止於初，未至失正，故无咎也。”　〔2〕利永貞——此因初六陰柔弱質，故勉以“利永貞”，猶言始終守正，則可常保“无

谷"。《周易本義通釋》:"初六陰柔,懼其始之不能終也,故戒以'利永貞',欲常久而貞固也。"

《象》曰:艮其趾,未失正[1]也。

【譯文】

《象傳》說:抑止在腳趾邁出之前,說明初六尚未違失正道。

【注釋】

〔1〕未失正——《正義》:"行則有咎,止則不失其正,釋所以利(引者案,利,阮刻作在,據《校勘記》改)永貞。"

【說明】

初六"无咎,利永貞",在於能止邪於未萌。郭雍曰:"止於動之先,則易;而止於既動之後,則難","《象》言'未失正'者,止於未動之先,未有失正之事也。"(《郭氏傳家易說》)

六二,艮其腓,不拯其隨,其心不快[1]。

【譯文】

六二,抑止小腿的運動,未能舉步上承本應隨從的人,心中不得暢快。

【注釋】

〔1〕艮其腓,不拯其隨,其心不快——腓,小腿肚(參見《咸》卦六二譯注);拯,通"承",舉也,此處猶言"舉步上承",《釋文》出"承"字,曰:"音拯救之拯,馬云'舉也'。"這三句說明六二以柔處《艮》下卦之中,外卦无應,本須上承九三之陽,但"其腓"被止,故曰"不拯其隨";當行不得行,承陽之志難遂,故曰"其心不快"。《尚氏學》:"腓之用在行,艮其腓,是不行也","然陰以順陽爲天職,仍須隨陽","既不可動,又須隨陽,不能自主,故'其心不快'。"

《象》曰:不拯其隨,未退聽[1]也。

【譯文】

《象傳》說：六二未能舉步上承本應隨從的人，又无法退而聽從抑止之命（因此心中不得暢快）。

【注釋】

〔1〕未退聽——聽，聽從。這句合上句"不拯其隨"，說明六二被強爲抑止，進不能拯其隨，退不能聽其止，遂生"不快"之情。《尚氏學》："聽，從也。腓之用在動而前進，'不拯'是不動不前而'退聽'也；然陽在上，義必隨行，是又不能'退聽'也：進退不克自主，故心不快也。"

【說明】

六二柔中得位，上承九三，動无不"正"，卻被強"止"。孔穎達云：這是"施止不得其所"（《正義》）的情狀。

九三，艮其限，列其夤，厲薰心[1]。

【譯文】

九三，抑止腰部的運動，斷裂背脊肉使身體中分，危險像烈火一樣薰灼其心。

【注釋】

〔1〕艮其限，列其夤，厲薰心——限，界也，句中指人體上下交界處，即"腰部"，《釋文》"馬云'限，要也'，鄭、荀、虞同"；列，通"裂"；夤，音寅 yín，《釋文》引馬融曰"夾脊肉也"。這三句說明九三處《艮》上下卦之中，猶人體之"腰"；而腰動被止，脊肉斷裂，故致"薰心"之危，其凶可知。《王注》："限，身之中也，三當兩象之中，故曰'艮其限'；夤，當中脊之肉也，止加其限（引者案，限，阮刻作身，據《舉正》改），中體而分，故'列其夤'而憂危薰心也。"

《象》曰：艮其限，危薰心也。

【譯文】

《象傳》說：抑止腰部的運動，說明九三的危險將像烈火一樣薰灼其心。

【說明】

九三陽剛得位，正宜慎行，卻被"止"腰斷脊。孔穎達云："此爻亦明施止不得其所也。"（《正義》）

六四，艮其身，无咎[1]。

【譯文】

六四，抑止上身不使妄動，必无咎害。

【注釋】

〔1〕艮其身，无咎——身，上身。這是說明六四居《艮》上卦，猶處人身上體，故有"艮其身"之象；以柔居柔，止得其所，遂獲"无咎"。《王注》："中上稱身，履得其位，止求諸身，得其所處，故不陷於咎也。"

《象》曰：艮其身，止諸躬[1]也。

【譯文】

《象傳》說：抑止上身不使妄動，說明六四能自抑而安守本位。

【注釋】

〔1〕止諸躬——此句猶言自我抑止。《王注》："自止其躬，不分全體。"《正義》："躬，猶身也。明能靜止其身，不爲躁動也。"

【說明】

卦辭稱"不獲其身"，此爻言"艮其身"，兩者涵義有別：前句指當止之時，不讓其身面向所抑止的邪欲，即不見可欲，心不知則不亂；後句則指抑止自身，不令妄動，與《大象傳》所謂"思不出其位"，安止本分之義同。

六五，艮其輔，言有序，悔亡[1]。

【譯文】

　　六五，抑止其口不使妄語，發言就有條理，悔恨消亡。

【注釋】

　　〔1〕艮其輔，言有序，悔亡——輔，上牙牀（見《咸》卦上六譯注），此處指“口”；序，條理。這三句說明六五柔居尊位，持中不偏，猶處“口”位；慎止其口而“言有序”，故悔必亡。《王注》：“施止於輔，以處其中，故口无擇言，能亡其悔也。”

《象》曰：艮其輔，以中正也[1]。

【譯文】

　　《象傳》說：抑止其口不使妄語，說明六五能居中守正。

【注釋】

　　〔1〕以中正也——《本義》：“‘正’字羨文，叶韻可見。”說頗可取。

【說明】

　　《折中》引龔煥曰：“艮其輔，非不言也；言而有序，所以爲‘艮’也。”

上九，敦艮，吉[1]。

【譯文】

　　上九，以敦實的美德抑止邪欲，吉祥。

【注釋】

　　〔1〕敦艮，吉——上九處《艮》之終，爲抑止至極之象，故雖陽剛而能敦厚；以此抑止邪欲，遂獲吉祥。《王注》：“居止之極，極止者也；敦重在上，不陷非妄，宜其吉也。”

《象》曰：敦艮之吉，以厚終也。

【譯文】

　　《象傳》說：以敦實的美德抑止邪欲而獲吉祥，說明上九能將厚重的素質保持至終。

【說明】

程頤曰：“天下之事，唯終守之爲難。能敦於止，有終者也；上之吉，以其能厚於終也。”（《程傳》）

【總論】

《艮》卦取義於“止”，闡發抑止邪欲的道理。《禮記·樂記》云：“姦聲亂色，不留聰明；淫樂慝禮，不接心術；惰慢邪辟之氣，不設於身體。”所謂“不留”、“不接”、“不設”，正與《艮》卦“抑止”之理相通。卦辭反復申言“艮其背”之旨，正是展示“止邪”的最佳方式是使人“隔絕邪欲”，强調“心不亂”而邪已止的功效。錢鍾書引《紅樓夢》“風月寶鑑，宜照反面”爲喻，指出“反面一照”，“妄動”能“治”（《管錐編》），頗與卦旨妙契。卦中六爻所發的意義，又分別取象於人體各部位，從不同角度揭明“抑止”或得或失的情狀。六二如“小腿”當行不得行，九三似“腰部”宜動不能動：並屬施止不當之象；初六止於“趾”動之前，六四自止其“身”，六五慎止其“口”，上九敦厚於止：均爲施止妥善之象。若深究卦理，還可以發現，“抑止”並非絕對强調“不行”。《彖傳》“時止則止，時行則行”，已經道出“行”、“止”間的辯證關係。六五“止其輔”之後導致“言有序”，更是以“止”求“行”的明顯象例。因此，本卦儘管主於“止”義，“止”的目的卻在於保持正確的“行”，含有“行正”必先“止邪”的微旨。那麽，《大象傳》言“思不出其位”，无疑是把“抑止”作爲“進取”的前提。

漸卦第五十三

䷴　漸[1]：女歸吉，利貞[2]。

【譯文】

《漸》卦象徵漸進：女子出嫁循禮漸行可獲吉祥，利於守持正固。

【注釋】

〔1〕漸——卦名，下艮（☶）上巽（☴），象徵"漸進"。《王注》："漸者，漸進之卦也。"《正義》："漸者，不速之名也。凡物有變移，徐而不速，謂之'漸'也。"　〔2〕女歸吉，利貞——歸，女子出嫁之稱。這是用古代女子出嫁須備禮漸進、利於守正爲喻，說明物進宜漸之理。《正義》："歸，嫁也。女人生有外成之義，以夫爲家，故謂嫁曰'歸'也。婦人之嫁，備禮乃動，故漸之所施，吉在女嫁。"又曰："女歸有漸，得禮之正，故曰'利貞'也。"

【說明】

《漸》卦辭擬取"女歸"爲象，《折中》引胡瑗曰："天下萬事，莫不有漸。然於女子，尤須有漸。何則？女子處於閨門之內，必須男子之家問名、納采、請期，以至於親迎，其禮畢備，然後乃成其禮，而正夫婦之道。君子之人，處窮賤不可以干時邀君，急於求進；處於下位者，不可諂諛佞媚，以希高位：皆由漸而致之，乃獲其吉也。"此說分析事物"漸進"之理，可資參攷。

《彖》曰：漸之進[1]也，女歸吉也。進得位，往有功也；進以正，可以正邦也[2]。其位，剛得中也[3]；止而巽，動不窮也[4]。

【譯文】

《彖傳》說：漸漸向前行進，猶如女子出嫁循禮漸行可獲吉祥。此時漸進而獲得顯要地位，說明前往必能建樹功勳；漸進又能遵循正道，就可以端正邦國民心。事物能夠漸居尊位，往往由於剛健且涵中和美德；只要靜止不躁而又謙遜和順，這樣逐漸行動就不致困窮。

【注釋】

〔1〕漸之進——之，作動詞，猶言“前行”。《王注》：“之於進也”，即謂逐漸前進。這是釋卦名“漸”字，又釋卦辭“女歸吉”之義。　〔2〕進得位，往有功也；進以正，可以正邦也——這四句舉九五爻爲例，說明“漸進”而“得位”、“得正”，可以“建功”、“正邦”，釋卦辭“利貞”之義。《正義》：“此就九五得位剛中，釋‘利貞’也。言進而得於貴位，是往而有功也；以六二適九五，是進而以正，身既得正，可以正邦也。”　〔3〕其位，剛得中也——《漸》卦二至五諸爻均居正得位，此句特明前文稱“位”專指九五。《正義》：“此卦爻皆得位。上言‘進得位’，嫌是兼二、三、四等，故特言‘剛得中’，以明‘得位’之（引者案，之，阮刻作言，據《校勘記》改）言，唯是九五也。”　〔4〕止而巽，動不窮也——《漸》卦下艮爲止，上巽和順，猶如靜止而和巽；以此而動，其進唯漸，故不致窮困。《正義》：“此就二體廣明漸進之美也。止不爲暴，巽能用謙，以斯適進，物无違拒，故能漸而動進，不有困窮也。”

【說明】

《漸》卦《彖傳》謂“漸之進”，立足於“漸”字；《晉》卦《彖傳》稱“晉，進也”，主於“進長”：兩者義旨不同。《折中》

引毛璞曰：“《易》未有一義明兩卦者。《晉》，進也；《漸》，亦進，何也？‘漸’非‘進’，以漸而進耳。”

《象》曰：山上有木，漸[1]；君子以居賢德善俗[2]。

【譯文】

《象傳》說：山上有樹木漸漸高大，象徵漸進；君子因此逐漸積累賢德而改善風俗。

【注釋】

〔1〕山上有木，漸——釋《漸》卦下艮爲山、上巽爲木之象。《折中》引楊氏曰：“地中生木，以時而升；山上有木，其進以漸。”案，楊說旨在區別《漸》、《升》兩卦象義，《折中》曰：“地中生木，始生之木也；山上有木，高大之木也。凡木始生，枝條驟長，旦異而夕不同；及既高大，則自拱把而合抱，自扱手而干霄，必須踰年積歲：此《升》與《漸》之義所以異也。”

〔2〕居賢德善俗——居，積也；善，作動詞，《釋文》：“善俗，王肅本作‘善風俗’”。這是說明君子觀《漸》卦之象，悟知積德、善俗亦須漸進之理。《折中》引馮當可曰：“居，積也。德以漸而積，俗以漸而善。”

【說明】

《重定費氏學》引黃道周曰：“漸，序也：序貴，序齒，序賢，皆序也。聖人所以教弟也。《詩》云‘受爵不讓，至于己斯亡’。夫知‘漸’之義者，庶乎可以善俗矣。”黃氏引《詩·小雅·角弓》爲說，揭明“競進”的危害，反襯“漸進”之佳好，頗宜參考。

初六，鴻漸于干[1]。小子厲，有言，无咎[2]。

【釋文】初六，大雁飛行漸進于水涯邊未獲安寧。猶如童穉小子遭逢危險，蒙受言語中傷，但能漸進不躁則免遭咎害。

【注釋】

〔1〕鴻漸于干——鴻，水鳥名，即大雁；干，水涯。此句取鴻鳥漸飛之象爲喻，說明初六處《漸》始，柔弱卑下，上无應援，所進尚淺，未得其安。《正義》：“鴻，水鳥也；干，水涯也。漸進之道，自下升高，故取譬鴻飛自下而上也。初之始進，未得禄位，上无應援，體又窮下，若鴻之進于河之干，不得安寧也。”

〔2〕小子厲，有言，无咎——有言，指受言語中傷。初六位卑未安，故又取“小子”有危厲，及受人言語中傷爲喻；唯漸進不躁，雖遭“厲”、“有言”，終獲“无咎”。《正義》：“始進未得顯位，易致陵辱，則是危於‘小子’，而被毀於謗言，故曰‘小子厲，有言’；小人之言，未傷君子之義，故曰‘无咎’也。”

《象》曰：小子之厲，義无咎[1]也。

【譯文】

《象傳》說：童稚小子所遭逢的危險，從初六漸進不躁的意義來看是沒什麽咎害。

【注釋】

〔1〕義无咎——《尚氏學》：“初勿用，故‘義无咎’。”

【說明】

《漸》卦卦辭擬“女歸”象，六爻則取“鴻”爲喻，在義理上有何聯系？李鼎祚以爲：“鴻，隨陽鳥，喻女從夫；卦明漸義，爻皆稱焉。”（《集解》）《折中》引何楷曰：“六爻皆取鴻象，往來有時，先後有序，於‘漸’之義爲切也；昏禮用雁，取不再偶，又於‘女歸’之義爲切也。”兩論可資參考。若就“象徵”的角度看，“女歸”“鴻飛”之象雖不同，但“漸進”的意義則是完全一致的。

六二，鴻漸于磐，飲食衎衎，吉[1]。

【譯文】

六二，大雁飛行漸進于磐石上，安享飲食快樂歡暢，吉祥。

【注釋】

〔1〕鴻漸于磐，飲食衎衎，吉——磐，磐石，喻安穩之所；衎，音看kàn，"衎衎"，和樂貌，《爾雅·釋詁》"衎，樂也"。這是說明六二"漸進"得位，柔中應五；猶如"鴻"飛至磐石上，安然得食，故獲吉祥。《王注》："磐，山石之安者也。少進而得位，居中而應，本无祿養，進而得之，其爲歡樂，願莫先焉。"

《象》曰：飲食衎衎，不素飽[1]也。

【譯文】

《象傳》說：安享飲食快樂歡暢，說明六二盡心臣道而不是白白喫飯飽腹。

【注釋】

〔1〕不素飽——素，謂白、空，"素飽"猶《詩經·魏風·伐檀》"素餐"之義。這句說明六二"飲食衎衎"，是近承九三，遠應九五，猶如臣事君上而獲祿養，非"素餐"者也。《集解》引虞翻曰："素，空也。承三應五，故'不素飽'。"《纂疏》："《詩·魏風》'不素餐兮'《毛傳》：'素，空也'。'素飽'猶'素餐'也。二陰在中，能盡臣道，近承三，遠應五，以陰輔陽，措國家於磐石之安，以功詔祿，故曰'不素飽'也。"

【說明】

孔穎達曰："鴻是水鳥，非是集於山石陵陸之禽。而爻辭以此言'鴻漸'者，'漸'之爲義，漸漸之於高，故取山石陵陸以應漸高之義，不復係水鳥也。"（《正義》）

九三，鴻漸于陸，夫征不復，婦孕不育，凶[1]。利禦寇[2]。

【譯文】

九三，大雁飛行漸進于小山，宛如夫君遠征一去不還，妻子失貞得孕生育无顏，有凶險。若稟正用剛則利於抵禦强寇。

【注釋】

〔1〕鴻漸于陸，夫征不復，婦孕不育，凶——陸，較平的山頂，《爾雅·釋地》"高平曰陸"，《釋文》："陸，高之頂也，馬云'山上高平曰陸'"，故此處"陸"當指山頂。若對上九云"陸"而言，則可視爲"小山頂"。這幾句說明九三處《漸》下卦之艮上，有鴻飛漸至山頂之象；但與四非應互比，陰陽投合，樂而忘還，猶如"夫征不復"，遂致其婦非夫得孕、无顏生育，故爲凶兆。《王注》："陸，高之頂也。進而之陸，與四相得，不能復反者也。'夫征不復'，樂於邪配，則婦亦不能執貞矣；非夫而孕，故不育也。三本艮體，而棄乎羣醜，與四相得，遂乃不返，至使'婦孕不育'，見利忘義，貪進忘舊，凶之道也。" 〔2〕利禦寇——這句是誡勉九三之辭，謂其若能慎用剛强，不爲邪淫，則利於以剛禦寇，可避"夫征不復，婦孕不育"之凶。《折中》引程敬承曰："三以過剛之資，當漸進之時，懼其進而犯難也，故有戒辭焉。征孕皆凶，言不可進也；利在禦寇，言可止也。"案，《集解》本"利"下有"用"字，《正義》亦有"用"字，與《象傳》同，似有者是。

《象》曰：夫征不復，離羣醜[1]也；婦孕不育，失其道也；利用禦寇，順相保[2]也。

【譯文】

《象傳》說：夫君遠征一去不還，說明九三遠離其所匹配的羣類；妻子失貞得孕生育无顏，說明違失夫婦相親之道；若稟正用剛則利於抵禦强寇，說明九三應當守正使夫婦和順相保。

【注釋】

〔1〕離羣醜——醜，類也，指初、二兩陰。此句說明九三之"征"，是遠離其類。 〔2〕順相保——指九三不宜剛亢躁進，應當慎守正道，與其類和順相保，則可免凶。《折中》引楊簡曰：

“三不中，有失道之象，故‘凶’；非正者足以害我，故曰‘寇’。慮三之失道，或親於寇而不能禦也，故教之‘禦寇’，則我不失於正順，而夫婦可以相保矣。”

【說明】

九三居位雖正，但過剛不中，躁進必失，故爻辭以“凶”設誡；並謂若能取柔濟剛，守“漸”有道，必可化凶爲吉。《折中》云：“惟能謹慎自守，使寇无所乘，則可以救其過剛之失而利。”

六四，鴻漸于木，或得其桷，无咎[1]。

【譯文】

六四，大雁飛行漸進于高樹，或能尋得平柯棲止穩當，不致咎害。

【注釋】

[1]鴻漸于木，或得其桷，无咎——桷，音覺 jué，樹木枝間的平柯，《說文》“桷，榱也，椽方曰桷”，《程傳》“桷，橫平之柯”。這三句說明六四居位柔正，上承五陽，漸進不躁，猶如鴻飛木杪，棲止平柯，故獲“无咎”。《王注》：“鳥而之木，得其宜也；或得其桷，遇安棲也。雖乘于剛，志相得也。”

《象》曰：或得其桷，順以巽[1]也。

【譯文】

《象傳》說：或能尋得平柯棲止穩當，說明六四溫順而又和巽。

【注釋】

[1]順以巽——《尚氏學》：“言順承五、上二陽。”

【說明】

馬其昶曰：“鴻不木棲，之木而得桷，或可暫安，言能稱物之宜也。”（《重定費氏學》）此可參玫。

九五，鴻漸于陵，婦三歲不孕，終莫之勝，吉[1]。

【譯文】

九五，大雁飛行漸進於丘陵，夫君遠離妻子三年不懷身孕，但夫婦必合外物終究不能侵阻取勝，吉祥。

【注釋】

〔1〕鴻漸于陵，婦三歲不孕，終莫之勝，吉——三歲，泛指多年。這幾句說明九五居《漸》尊位，猶鴻飛陵上；又以陽剛中正，下應六二，雖三、四阻隔，乃至六二多年"不孕"，但二五正應，終將會合，非外物所能侵阻取勝，故獲吉祥。《王注》："進得中位，而隔乎三、四，不得與其應合，故'婦三歲不孕'也；各履正而居中，三、四不能久塞其塗者也，不過三歲必得所願矣。"

《象》曰：終莫之勝吉，得所願也。

【譯文】

《象傳》說：外物終究不能侵阻取勝而夫婦必合終獲吉祥，說明九五得遂應合六二的願望。

【說明】

二五兩爻，爲居正守中之象，因此並獲吉占。《重定費氏學》引華學泉曰："二不輕進，五不輕任，相須之久，相信之深也。"

上九，鴻漸于陸，其羽可用爲儀，吉〔1〕。

【譯文】

上九，大雁飛行漸進于高山，羽毛可作潔美的儀飾，吉祥。

【注釋】

〔1〕鴻漸于陸，其羽可用爲儀，吉——陸，此處當指高山頂，比九三之"陸"爲高，在"陵"之上。這三句說明上九"漸進"上位，遠居卦極，不謀其功，高潔可法；猶鴻飛止於高山頂巔，其羽堪作儀飾，故爲吉祥。《王注》："進處高潔，不累於位，无物可以屈其心而亂其志，峨峨清遠，儀可貴也。故曰'其羽可用爲儀，吉'。"

【說明】

本爻"陸"字與九三重，前人有不同的解說。今舉兩例以備參考：其一，《本義》承胡瑗、程頤說，指出"'陸'當作'逵'，謂'雲路'也"，並云作"逵"與"儀"字可叶韻。其二，《折中》以爲"逵"、"儀"古韻非叶，謂："'陸'字乃'阿'之誤。阿，大陵也，進於'陵'則'阿'矣。 '儀'古讀'俄'，正與'阿'叶。"

《象》曰：其羽可用爲儀吉，不可亂也。

【譯文】

《象傳》說：羽毛可作潔美的儀飾乃獲吉祥，說明上九的高潔志向不可淆亂。

【說明】

胡炳文曰："二居有用之位，有益於人之國家，非素飽者；上在无位之地，亦足爲人之儀表，而非无用者。二志不在溫飽，上志卓然不可亂。士大夫出處，於此當有取焉。"（《周易本義通釋》）此說闡發二、上兩爻象旨，可備參攷。

【總論】

《漸》卦，顧名思義，是闡明事物發展過程中"循序漸進"的道理。《孟子·公孫丑上》有一則"揠苗助長"的寓言，趙岐注曰："喻人之情，邀福者必有害；若欲急長苗，而反使之枯死也。"此義與"漸進"的哲學內涵正可對照。卦辭擬"女子出嫁"爲象，意在"禮備"而後漸行，已見全卦大旨。六爻以鴻鳥飛行設喻，形象更爲生動：沿初爻至上爻，鴻飛所歷，爲水涯、磐石、小山陸、山木、山陵、大山陸，由低漸高，由近漸遠，秩然有序。各爻立義，均主於守正漸行，因此多"吉"、"无咎"之占。其中九三雖過剛有"凶"，但也勉其慎行"漸"道，化害爲利。可見，本卦自始至終嘉美"漸進"的道理，乃至上九"位"窮而"用"无窮，所謂積漸大成，“儀型萬方”，“賁一切也”（《尚氏學》）。《禮記·學記》敍古代的教學程式，謂七年“小成”、九年“大成”，又曰“大學”之教“不陵節而施之謂‘孫’”。孫，即遜也，按順序漸進也。顯然，這種教學理論的創制者，是深知“學”宜循“漸”然後能成的規律。

歸妹卦第五十四

☳☱　歸妹[1]：征凶，无攸利[2]。

【譯文】

《歸妹》卦象徵嫁出少女：若行爲不當往前進發必有凶險，无所利益。

【注釋】

〔1〕歸妹——卦名，下兌（☱）上震（☳），象徵“嫁出少女”。案，歸，指女子出嫁；妹，女子後生之謂，猶言“少女”（見《泰》九五譯注）。本卦下兌爲少女、爲悅，上震爲長男、爲動，猶如女上承男，欣悅而動，故爲“歸妹”之象。《王注》：“妹者，少女之稱也，兌爲少陰，震爲長陽，少陰而承（引者案，承，阮刻作乘，據《校勘記》改）長陽，說以動，嫁妹之象也。”

〔2〕征凶，无攸利——指卦中二至五爻均失位，三既不中正又以陰乘陽，故戒以“征凶，无攸利”。《集解》引虞翻注，釋“无攸利”曰：“謂三也”，“失正无應，以柔乘剛”；《周易義海撮要》引陸希聲曰：“四爻失正，故‘歸妹，征凶’。”

【說明】

卦辭言“凶”，並非否定“歸妹”一事，而是作《易》者“因象設誡”，說明少女出嫁須正，然後有吉。故孔穎達曰：“‘征凶，无攸利’者，歸妹之戒也。”（《正義》）

《彖》曰：歸妹，天地之大義也。天地不交，而萬物不興；歸妹，人之終始也[1]。說以動，所歸妹也[2]；征凶，位不當[3]也；无攸利，柔乘剛[4]也。

【譯文】

《彖傳》說：嫁出少女，體現天地陰陽的弘大意義。天陰地陽不相交，萬物就不能繁殖興旺；嫁出少女，人類就能終而復始地生息不止。衷情欣悅而興動，正可以嫁出少女；往前進發必有凶險，說明此時居位不妥當；无所利益，則是陰柔乘淩陽剛之上。

【注釋】

〔1〕人之終始——指人類能終而復始地生息蕃衍。以上六句舉“天地”、“萬物”因陰陽交合而蕃生說明“歸妹”的意義。《王注》：“陰陽既合，長少又交，天地之大義，人倫之終始。”

〔2〕說以動，所歸妹也——說，即“悅”，指下兌；動，指上震；所，猶言“可”，《釋文》：“本或作‘所以歸妹’”，《重定費氏學》：“《經傳釋詞》云‘所，猶可也’，此當從‘可’訓”，“‘所以’者，‘可以’也”。這兩句以上下卦象有“悅而動”之義，釋卦名“歸妹”，謂因悅而動正可嫁出少女。　　〔3〕位不當——釋卦辭“征凶”，指卦中二至五爻居位不當。《正義》：“此因二、三、四、五皆不當位，釋‘征凶’之義。”　　〔4〕柔乘剛——釋卦辭“无攸利”，指卦中六三以陰乘陽（參見卦辭譯注引諸說）。

《象》曰：澤上有雷，歸妹[1]；君子以永終知敝[2]。

【譯文】

《象傳》說：大澤上響著震雷欣悅而動，象徵嫁出少女；君子因此永恆終久地保持夫婦之道並深知不可淫佚敝壞此道。

【注釋】

〔1〕澤上有雷，歸妹——釋《歸妹》下兌爲澤、上震爲雷之

象。《程傳》：“雷震於上，澤隨而動；陽動於上，陰說而從：女從男之象也，故爲‘歸妹’。”　　〔2〕君子以永終知敝——永，用如動詞，猶言“永久保持”。這是說明君子觀《歸妹》之象，既明夫婦之道宜於“永終”，又知當防止淫佚，不可敝壞此道。《重定費氏學》引丁晏曰：“永者，夫婦長久之道，‘永’則可以有‘終’；敝者，男女淫佚之行，‘敝’則必不能‘永’，自然之理也。思其永而防其敝，君子有戒心焉。”

【說明】

卦辭云“征凶，无攸利”，《大象傳》謂“知敝”，兩者均寓戒義，適可對照。

初九，歸妹以娣，跛能履，征吉[1]。

【譯文】

初九，嫁出少女作爲側室，宛如足跛而努力行走，往前進發可獲吉祥。

【注釋】

〔1〕歸妹以娣，跛能履，征吉——娣，音弟 dì，古代以妹陪姊同嫁一夫，稱妹曰“娣”，猶“側室”；跛能履，辭義與《履》六三同（見該爻譯注），此處喻“娣”以“側室”助“正室”。這三句說明初九當“歸妹”之時，最處下位，上无正應，猶隨姊出嫁而爲“娣”；但有陽剛之賢，能以“偏”助“正”，猶“跛能履”，故“征”而獲“吉”。《正義》：“妹而繼姊爲‘娣’，雖非正配，不失常道；譬猶跛人之足然，雖不正，不廢能履，故曰‘跛能履’也。‘征吉’者，少長非偶，爲妻而行則凶焉，爲娣而行則吉。”《程傳》：“剛陽在婦人爲賢貞之德。”

《象》曰：歸妹以娣，以恒也[1]**；跛能履，吉相承也**[2]。

【譯文】

《象傳》說：嫁出少女作爲側室，這是婚嫁的常道；宛如足跛而努力行走，說明初九的吉祥在於配合正室共相奉承夫君。

【注釋】

〔1〕以恒也——恒，常也。《東谷易翼傳》：“初少女，且微而在下，以娣媵而歸，乃其常也。” 〔2〕吉相承也——《周易集說》：“相承者，佐其嫡以相與奉承其夫也。”

【說明】

初九“跛能履”，是十分生動的喻象。胡瑗解釋說：“能盡其道以配君子，而廣其孕嗣以成其家，猶足之雖偏而能履地而行，不至於廢也。”（《周易口義》）

九二，眇能視，利幽人之貞[1]。

【譯文】

九二，眼盲而勉强瞻視，利於幽靜安恬的人守持正固。

【注釋】

〔1〕眇能視，利幽人之貞——眇能視，辭義與《履》六三同（參閱該爻譯注），此處喻九二嫁夫不良，勉力相從；幽人，幽靜安恬者（參見《履》九二譯注）。這兩句說明九二當“歸妹”之時，陽剛居中，有“女賢”之象；但上應六五陰柔不正，猶配不良，故以“眇能視”爲譬，並謂“利幽人之貞”。《本義》：“九二陽剛得中，女之賢也；上有正應，而反陰柔不正：乃女賢而配不良，不能大成內助之功，故爲‘眇能視’之象。而其占則‘利幽人之貞’也。幽人，亦抱道守正而不偶者也。”

《象》曰：利幽人之貞，未變常[1]也。

【譯文】

《象傳》說：利於幽靜安恬的人守持正固，說明九二未曾改變嚴守節操的恒常之道。

【注釋】

〔1〕未變常——《來氏易注》：“一與之齊，終身不改，此婦

道之常也。今能守幽人之貞，則未變其常矣。”

【說明】

《楚辭》常發“美人香草”之怨，與九二爻義有合。來知德云：“幽人无賢君，正如九二无賢夫。”（《來氏易注》）

六三，歸妹以須，反歸以娣[1]。

【譯文】

六三，少女嫁出而翹首期盼成正配，應當反歸待時以嫁作側室。

【注釋】

〔1〕歸妹以須，反歸以娣——這兩句說明六三處下卦之極，失正乘陽，有欲求爲“室主”（正室）之象，故在須待；但不得其位，不可冒進，宜回頭俟時嫁爲側室。《王注》：“室主猶存，而求進焉，進未值時，故有‘須’也；不可以進，故反歸待時，以娣乃行也。”

《象》曰：歸妹以須，未當也。

【譯文】

《象傳》說：少女嫁出而翹首期盼成正配，說明六三的行爲不妥當。

【說明】

“須”字之字義，易家有不同解釋。以下三說可備參攷：一、《釋文》曰：“荀、陸作‘嬬’，陸云‘妾也’”，今查帛書《周易》亦作“嬬”。二、朱熹引或說，釋“須”爲“賤女”，謂：“須，女之賤者”（《本義》）。此本《史記・天官書》“婺女”張守節《正義》：“須女，賤妾之稱，婦職之卑者也。”三、尚先生據《易林》等資料，以爲“須”當釋爲“面毛”，指六三面長須毛，形容可怖，故反嫁爲娣（《尚氏學》）。

九四，歸妹愆期，遲歸有時[1]。

【譯文】

九四，嫁出少女超延佳期，遲遲未嫁靜待時機。

【注釋】

〔1〕歸妹愆期，遲歸有時——愆，音牽 qiān，超過。這兩句說明九四剛居柔位，下无其應，猶"賢女"延期未嫁，靜待良配。《本義》："九四以陽居上體，而无正應，賢女不輕從人而愆期以待所歸之象。正與六三相反。"

《象》曰：愆期之志，有待而行也。

【譯文】

《象傳》說：九四超延佳期的心志，在於靜待時機而後行。

【說明】

俞琰曰："爻辭言'愆期'，而爻傳直述其'志'，以見'愆期'在我，而不苟從人。蓋'有待而行'，非爲人所棄也。'行'謂出嫁，《詩·泉水》云'女子有行'是也。"（《周易集說》）

六五，帝乙歸妹，其君之袂，不如其娣之袂良[1]。月幾望，吉[2]。

【譯文】

六五，帝乙嫁出少女，正室的衣飾，卻不如側室的衣飾美好。美德適如明月將圓而不盈，吉祥。

【注釋】

〔1〕帝乙歸妹，其君之袂，不如其娣之袂良——帝乙歸妹，喻六五尊高而下配（參閱《泰》六五譯注）；君，《正字通》"夫稱婦曰'君'"，此處指六五"嫁爲正室"；袂，衣袖，句中借代"衣飾"。這三句說明六五高居尊位，下應九二，猶帝乙嫁出少女；位貴下嫁，德尚謙遜，故雖爲"正室"，其"袂"儉樸，不如"側

室"美好。《本義》："六五柔中居尊，下應九二，尚德而不貴飾，故爲帝女下嫁而服不盛之象。"　　〔2〕月幾望，吉——幾望，月將滿圓，喻六五德盛不盈。這是別取一象，說明"歸妹"之時，尊貴能謙、美盛不盈，必吉。《程傳》："月望，陰之盈也，盈則敵陽矣；幾望，未至於盈也。五之貴高，常不至於盈極，則不亢其夫，乃爲吉也。女之處尊貴之道也。"

《象》曰：帝乙歸妹，不如其娣之袂良也；其位在中，以貴行也[1]。

【譯文】

《象傳》說：帝乙嫁出少女，所著衣飾不如側室的衣飾美好；其時位尊卻能守中不偏，說明六五雖高貴而能施行謙儉之道。

【注釋】

〔1〕其位在中，以貴行也——《大易緝說》："上二句舉爻辭，下二句釋之也。言五居尊位而用中，故能以至貴而行其勤儉謙遜之道也。"

【說明】

六五之吉，在於謙柔居中，"以上下下"。故爻辭云"月幾望"、"袂"不如娣良，而《象傳》特稱"中"、"以貴行"。

上六，女承筐无實，士刲羊无血，无攸利[1]。

【譯文】

上六，女子手奉竹筐无物可盛，男子刀割其羊不見血腥，夫婦之禮難成无所利益。

【注釋】

〔1〕女承筐无實，士刲羊无血，无攸利——實，句中指"筐"中之物；刲，音虧 kuī，割殺；承筐、刲羊，當指"夫婦祭祀"之事，古代貴族婚禮有獻祭宗廟的習俗，《禮記·昏義》："昏禮者，將合二姓之好，上以事宗廟，而下以繼後世也"，鄭玄曰："宗廟之

禮，主婦奉筐米"，"《士昏禮》云，婦入三月而後祭行"（王應麟輯《周易鄭康成注》）。這幾句說明上六處《歸妹》之終，位窮无所適，下又不應於六三，猶如女子承筐无實可盛，男子刲羊无血可取；既"无實"、"无血"，難以獻享，則夫婦祭祀之禮未成，譬喻"妹"无所"歸"，故"无攸利"。《來氏易注》："凡夫婦祭祀，承筐而採蘋者，女之事也；刲羊而實鼎俎者，男之事也。今上與三，皆陰爻，不成夫婦，則不能供祭祀矣。'无攸利'者，人倫以廢，後嗣以絕，有何攸利？刲者，屠也。"

《象》曰：上六无實，承虛筐也。

【譯文】

《象傳》說：上六陰爻中虛无實，正如手奉空虛的竹筐。

【說明】

上六處窮極之位，猶"妹"居過高，无所適從。故爻辭特發物極必反之義，以爲"歸妹"之誡。李道平曰："曰女，曰士，未成夫婦之辭；先女，後士，咎在女矣。故'无攸利'之占，與象緜同。"（《纂疏》）

【總論】

《歸妹》以"嫁出少女"主一卦之義，說明"男婚女嫁"是人類蕃衍的根本因素。用《禮記》的話來說，就是："天地合，而後萬物興焉；夫昏禮，萬世之始也。"（《郊特牲》）然而，卦辭卻謂"歸妹，征凶，无攸利"，其理何在？原來，作者是爲所"歸"之"妹"設置誡辭，即強調女子出嫁必須嚴守"正"道，以"柔順"爲本，成"內助"之功；反此而行，必爲凶兆。可見，本卦一開始便反映著古代禮教對女子的"約束"性質。六爻所揭示的意義，正是圍繞卦辭而發：初安分卑居"側室"，二嫁夫不良"守貞"，四"愆期"待時而嫁，五"貴女"謙遜下嫁，此四爻雖地位不同，但均合"婦德"故无凶有吉。其中六五位尊而謙儉，最爲純吉。至於

三、上兩爻，或有非分之念，或處窮高之所，故一"凶"，一"无攸利"。誠然，此卦大旨亦非拘限於"嫁出少女"一事，歸根結底，還是闡發"天地陰陽"的"恒常不易"之道：申明陰以陽爲歸宿，則天地和合，萬物繁殖。因此，《彖傳》所謂："歸妹，天地之大義也；天地不交，而萬物不興"，正是本卦義理的核心所在。

周易譯注卷七終

周易譯注卷八

豐卦第五十五

䷶　豐[1]：亨，王假之[2]。勿憂，宜日中[3]。

【譯文】

《豐》卦象徵豐盈碩大：亨通，有德君王可至豐大境界。不必憂慮，應如日居中天一樣常保燦爛光輝。

【注釋】

〔1〕豐——卦名，下離（☲）上震（☳），象徵“豐大”。案，“豐”字，含有豐大、豐碩、豐盛、豐滿諸義，《說文》：“豐，豆之豐滿者”，《釋文》引鄭玄曰：“豐之言腆，充滿意也”。《正義》：“《象》及《序卦》皆以‘大’訓‘豐’也。然則豐者，多、大之名，盈、足之義”。　〔2〕亨，王假之——假，至也，猶言“達到”。這是說明物“豐”可以亨通；但致豐之道，必須有德者才能獲得，故又以“王假之”爲譬。《正義》：“德大則无所不容，財多則无所不濟（引者案，濟，阮刻作齊，據《校勘記》改），无所擁礙，謂之爲亨，故曰‘豐，亨’。”又曰：“假，至也。‘豐，亨’之道，王之所尚；非有王者之德，不能至之，故曰‘王假之’也。”　〔3〕勿憂，宜日中——日中，太陽正中，喻保持豐德。《正義》：“王能至於‘豐亨’，乃得无復憂慮，故曰‘勿憂’也；用夫‘豐亨’无憂之德，然後可以君臨萬國，徧照四方，如日中之時徧照天下，故曰‘宜日中’也。”

【說明】

卦辭言"亨,王假之",已明有德者獲"豐"可"亨";又言
"勿恤,宜日中",則誡以保"豐"之道。吳汝綸曰:"言王者履此
'豐亨'之運,有易衰之憂,惟宜以至明處之也。"(《易說》)

《彖》曰:豐,大也,明以動,故豐[1]。王假之,尚大
也[2];勿憂宜日中,宜照天下也[3]。日中則昃[4],月
盈則食;天地盈虛,與時消息,而況於人乎? 況於鬼
神乎?

【譯文】

《彖傳》說:豐,意思是豐盈碩大,譬如道德光明而後施於行
動,必獲豐盈碩大的成果。有德君王可至豐大境界,說明王者崇尚
弘業大德;不必憂慮而要像日居中天一樣常保燦爛光輝,說明應當
讓盛德之光徧照天下。日居中天必將西斜,月亮滿盈必將虧蝕;天
地有盈滿有虧虛,伴隨時序更替著消亡與生息,又何況人呢? 何況
鬼神呢?

【注釋】

〔1〕明以動,故豐——明,指下離;動,指上震。這是用上下
象釋卦名"豐",謂以光明之德而動,必可致"豐"。《正義》:"此
就二體釋卦得名為'豐'之意。動而不明,未能光大;資明以動,
乃能致豐。" 〔2〕尚大也——此釋卦辭"王假之",說明王者
致"豐",是崇尚弘大之德。《王注》:"大者,王之所尚,故至之
也。"案,"尚大"當指大德弘業,故下文"宜照天下"謂"德業"
周普。 〔3〕宜照天下也——此釋卦辭"勿憂,宜日中"。《正
義》:"日中之時,徧照天下;王无憂慮,德乃光被,同於日中之
盈。" 〔4〕日中則昃——昃,阮刻作" ",據《校勘記》改。
此句至終,廣引天地、日月盛盈必虧的現象,發卦辭的言外之意,
說明"豐"極必衰,不可過"中"。《正義》:"此孔子因'豐'設

戒。以上言王者以豐大之德照臨天下，同於日中。然盛必有衰，自然常理：日中至盛，過中則昃；月滿則盈，過盈則食。天之寒暑往來，地之陵谷遷貿，盈則與時而息，虛則與時而消。天地日月尚不能久，況於人與鬼神而能長保其盈盛乎？勉令及時脩德，仍戒居存慮亡也。」又，《本義》曰：「此又發明卦辭外意，言不可過中也。」

《象》曰：雷電皆至，豐[1]；君子以折獄致刑[2]。

【譯文】

《象傳》說：雷聲和電光一起到來，象徵威明之德豐盈碩大；君子因此效法雷電之威明以審理訟獄而動用刑罰。

【注釋】

〔1〕雷電皆至，豐——釋《豐》卦上震爲雷、下離爲電（火）之象，《正義》：「雷者，天之威動；電者，天之光耀。雷電俱至，威明備足，以爲『豐』也。」 〔2〕折獄致刑——致刑，猶言「動用刑罰」。這是說明君子效法雷之威動以「折獄」、電之光明以「致刑」，則刑獄之事不違情實。《正義》：「斷決獄訟須得虛實之情，致用刑罰必得輕重之中：若動而不明，則淫濫斯及。故君子象於此卦，而折獄致刑。」

【說明】

本卦下離上震，《大象傳》云「折獄致刑」；《噬嗑》卦下震上離，《大象傳》謂「明罰敕法」：其象恰好顛倒。兩者的差異，朱子釋曰：「《噬嗑》明在上，動在下，是明得事理，先立這法在此，未有犯底人，留待異時而用，故云『明罰敕法』；《豐》威在上，明在下，是用這法時，須是明見下情曲折方得，不然，威動於上，必有過錯也，故云『折獄致刑』。」（《朱子語類》）此說可資參攷。

初九，遇其配主，雖旬无咎，往有尚[1]。

【譯文】

　　初九，遇合相匹配之主，儘管陽德均等也不致咎害，前往必受尊尚。

【注釋】

　　〔1〕遇其配主，雖旬无咎，往有尚——配主，相匹配之主，指九四；旬，《釋文》：“均也”，“荀作‘均’”，猶言均等，指初、四均爲陽爻。這三句說明初九當豐之時，下處離明而上趨震動，與所遇“配主”陽德適均，相互光大，故“无咎”而“往有尚”。《王注》：“處豐之初，其配在四，以陽適陽，以明之動，能相光大者也。旬，均也。雖均无咎，往有尚也。初、四俱陽爻，故曰‘均’也。”

【說明】

　　“旬”與“配主”之義，易家有不同說法，今舉兩例以備參攷。一是，鄭玄、虞翻訓“旬”爲“十日”。《折中》亦引胡瑗曰：“旬者，十日也，謂數之盈滿也。言初與四其德相符，雖居盈滿盛大之時，可以无咎。”二是，尚先生認爲“配主”指六二，初與二陰陽相配，則“往有尚”；並謂“二五爲卦主”，故二稱“配主”、五稱“夷主”（《尚氏學》）。

　　《象》曰：雖旬无咎，過旬災[1]也。

【譯文】

　　《象傳》說：儘管陽德均等也不致咎害，說明初九和九四若陽德不均必致競爭而有災患。

【注釋】

　　〔1〕過旬災也——過旬，即過均，猶言“不均等”。《正義》：“言勢若不均，則相傾奪。既相傾奪，則爭競乃興而相違背，災咎至焉。”

【說明】

　　胡炳文曰：“凡卦爻取剛柔相應，《豐》則取明動相資”。又

曰："初之剛與四之剛，同德而相遇，雖兩陽之勢均敵，往而從之，非特无咎，且有尚矣。"（《周易本義通釋》）

六二，豐其蔀，日中見斗，往得疑疾[1]。有孚發若，吉[2]。

【譯文】

　　六二，豐大掩蓋光明的障蔽，猶如日正中天卻出現斗星，往前必得被猜疑的疾患。一旦自我發揮誠信，乃獲吉祥。

【注釋】

　　[1] 豐其蔀，日中見斗，往得疑疾——蔀，音部 bù，又音培 pǒu，通"蔽"，猶言"障蔽"，《王注》："蔀，覆曖，鄣光明之物也"，焦循《補疏》："《廣雅》'蔓，蔽障也'，'蔓'與'曖'通，以覆、曖、障三字解'蔀'字，是以'蔀'爲'蔽'之借也"。這三句說明六二當"豐"之時，以陰處陰，猶如豐大其障蔽以掩光明，又如日當中天卻出現昏夜斗星；以此往見六五，必有被疑之患。《王注》："處明動之時，不能自豐以光大之德，既處乎內，又以陰居陰，所豐在蔀，幽而无覩者也，故曰'豐其蔀，日中見斗'也。日中者，明之盛也；斗見者，暗之極也：處盛明而豐其蔀，故曰'日中見斗'。不能自發，故往得疑疾。" 　[2] 有孚發若，吉——若，語氣詞。這是說明六二儘管不能自豐其光明之德，但因處中居正，若能發其誠信，必可擺脫昏暗，獲得吉祥。《王注》："然履中當位，處暗不邪，有孚者也。若，辭也。有孚可以發其志，不困於暗，故獲吉也。"

《象》曰：有孚發若，信以發志[1]也。

【譯文】

　　《象傳》說：自我發揮誠信，說明六二應以誠信開拓其豐大光明的志向。

【注釋】

　　[1] 信以發志——發，同前句"發若"之"發"，這裏涵有

"開拓"之意。《正義》："雖處幽闇而不爲邪,是有信以發其豐大之志。"

【說明】

《折中》引徐幾曰:"卦言'宜日中',以下體言之,則二爲中;以一卦言之,則三、四爲中。故二、三、四皆言'日中'。剛生明,故初應四則爲'往有尚';柔生暗,故二應五爲'往得疑疾'也。"

九三,豐其沛,日中見沫[1]。折其右肱,无咎[2]。

【譯文】

九三,豐大掩遮光明的幡幔,猶如日正中天卻出現小星。若像自折右臂一樣屈己慎守,則不致咎害。

【注釋】

〔1〕豐其沛,日中見沫——沛,通"旆",《釋文》:"本或作旆,謂幡幔也";沫,音昧 mèi,通"昧",《釋文》云鄭玄作"昧",並引《子夏傳》曰:"昧,星之小者",王弼亦讀爲"昧",以"微昧之明"解之,焦循《補疏》謂"蓋用'小星'之義耳"。這兩句說明九三與上六相應,上爲陰爻,所趨陰闇,故猶如豐大其幡幔以遮光明,又如日當正午而出現暮夜小星。《王注》:"沛,幡幔,所以禦盛光也;沫,微昧之明也。應在上六,志在乎陰,雖愈乎以陰處陰,亦未足以免於闇也。所豐在沛,日中則見沫之謂也。"

〔2〕折其右肱,无咎——這是誡勉九三之辭,說明九三所趨既爲陰闇,則不可施其大用,故以折斷右臂爲喻,猶言屈己慎守,可免其咎。《正義》:"施於大事終不可用,假如折其右肱,自守而已,乃得无咎。"

《象》曰:豐其沛,不可大事也;折其右肱,終不可用也。

【譯文】

《象傳》說:豐大掩遮光明的幡幔,說明九三不可承擔大事;

像自折右臂一樣屈己愼守，說明九三終究不宜施展才用。

【説明】

《折中》曰：“《易》中所取者雖虛象，然必天地間有此實事，非憑虛造設也。‘日中見斗’，甚而至於‘見沫’，所取喻者固謂至昏伏於至明之中，然以實象求之，則如太陽食時是也。食限多，則大星見；食限甚，則小星亦見矣。所以然者，陰氣蔽障之故。”此説可資參攷。

九四，豐其蔀，日中見斗[1]。遇其夷主，吉[2]。

【譯文】

九四，豐大掩擋光明的障蔽，猶如日正中天卻出現斗星。但能遇合陽德相平衡之主，可獲吉祥。

【注釋】

〔1〕豐其蔀，日中見斗——義見六二注。九四以陽居陰，故與六二陰爻之象相類。《王注》：“以陽居陰，‘豐其蔀’也。”

〔2〕遇其夷主，吉——夷，平也，與“均”義近，“夷主”指初九。《正義》：“夷，平也。四應在初，而同是陽爻，能相顯發而得其吉，故曰‘遇其夷主，吉’也。言四之與初交相爲‘主’者，若賓主之義也。若據初適四，則以四爲主，故曰‘遇其配主’；自四之初，則以初爲主，故曰‘遇其夷主’也。二陽體敵，兩主均平，故初謂四爲‘旬’，而四謂初爲‘夷’也。”

《象》曰：豐其蔀，位不當也；日中見斗，幽不明也；遇其夷主，吉行也[1]。

【譯文】

《象傳》説：豐大掩擋光明的障蔽，說明九四居位不妥當；猶如日正中天卻出現斗星，說明此時幽暗而不見光亮；遇合陽德相平衡之主，說明九四可獲吉祥宜於前行。

【注釋】

〔1〕遇其夷主，吉行也——《周易舉正》謂“行”上脫“志”字，則這兩句當作“遇其夷主吉，志行也”，似可從。

【說明】

郭雍曰：“二之‘豐蔀’、‘見斗’，以重陰而非正應也；而‘有孚發若，吉’者，中正也。四之‘豐蔀’、‘見斗’，非中正也；而‘遇其夷主，吉’者，應初之求而有遇也。”又曰：“二爻之義實相類，故其辭同，而皆終之以吉。”（《郭氏傳家易說》）此說比較二、四爻義，可備參攷。

六五，來章，有慶譽，吉〔1〕。

【譯文】

六五，召致天下章美之才以豐大光明，必獲福慶佳譽，吉祥。

【注釋】

〔1〕來章，有慶譽，吉——這是說明六五以陰居《豐》尊位，體雖陰柔而實含陽剛美行，故能召致天下章美之才，以豐大光明之德，遂“有慶譽”而吉祥。《本義》：“質雖柔暗，若能來致天下之明，則有慶譽而吉矣。蓋因其柔暗，而設此以開之。”案，《王注》釋“來章”曰：“以陰之質，來適尊陽之位，能自光大章顯其德”，於義亦通。

《象》曰：六五之吉，有慶也。

【譯文】

《象傳》說：六五的吉祥，說明必有福慶。

【說明】

胡炳文曰：“三爻稱‘日中’，皆有所蔽。六五不稱‘日中’，蓋宜日中，无蔽也。”（《周易本義通釋》）《折中》指出：“五，君位也。象辭所謂‘王假之’者，即此位，則五乃卦主也。卦義所重，在明以照天下。六五雖非明體，然下應六二爲文明之主，而五有柔中之德，能資其章明以自助，則卦義所謂‘勿憂，宜日中’者，實與此爻義合。”兩説並可參攷。

上六，豐其屋，蔀其家，闚其戶，闃其无人，三歲不覿，凶[1]。

【譯文】

上六，豐大房屋，障蔽居室，對著門戶闚視，寂靜毫无人蹤，時過三年仍不見露面，如此深藏自蔽必有凶險。

【注釋】

〔1〕豐其屋，蔀其家，闚其戶，闃其无人，三歲不覿，凶——闚，視也；闃，音去 qù，寂靜无聲；覿，音敵 dí，見也。這幾句説明上六以陰居豐之極，體柔昏暗，而“豐大其屋，障蔽其家”，有高藏深居之象；乃至“闚戶无人”，三年不見其露面，猶如處“豐大”之世而自絕於人，故凶。《程傳》：“豐其屋，處太高也；蔀其家，居不明也。以陰柔居豐大，而在无位之地，乃高亢昏暗，自絕於人，人誰與之？故‘闚其戶，闃其无人’也。至於三歲之久，而不知變，其凶宜矣。‘不覿’，謂尚不見人，蓋不變也。六居卦終，有變之義，而不能遷，是其才不能也。”

《象》曰：豐其屋，天際翔[1]也；闚其戶闃其无人，自藏也。

【譯文】

《象傳》説：豐大房屋，説明上六居處窮高恰似翱翔天際；對著門戶闚視而寂靜毫无人蹤，説明上六自蔽深藏。

【注釋】

〔1〕天際翔——《程傳》：“六處豐大之極，在上而自高，若飛翔於天際。”

【説明】

《折中》引何楷曰：“處豐之極，亢然自高，豐大其居，以明得意。方且深居簡出，距人於千里之外，豈知凶將及矣，能无懼乎？"

【總論】

《豐》卦說明事物"豐大"的道理。卦辭稱揚物豐可致亨通，並强調指出善處"豐"時的兩項準則：一是必須道德盛美，故稱有德"君王"可以致"豐"；二是必須光明常照，故云日正中天可以无憂。顯然，本卦雖取名於"豐美碩大"，卻深誡：求豐不易，保豐更難。卦中六爻，分別表明處豐得失善否的情狀：初九微陽處下，慎行求豐"有尙"；六二陰處陰位，有蔽光明，須發揮柔中誠德則可致豐獲吉；九三居下離之終，過豐有損光明，當自折"右肱"纔能无咎；九四陽居陰位，雖豐卻掩去光明，宜與陽剛在下的初九相遇相輔則吉；六五陰居尊位，內含剛美，又能召致六二以豐大光明盛德，最得"慶譽"並獲吉祥；上六高居卦終，豐極柔闇，深藏自絕於人以致有凶。綜觀六爻大旨，凡處上下卦之極者，並爲過豐損德之象，故三、上兩爻雖陰陽有應，或不免折肱，或終致凶險；凡在下守中者，均爲謹慎修己以求豐保豐之象，故初、二、四、五諸爻雖均无應，卻多吉祥，而六五之吉尤爲純美。《折中》引熊良輔曰："當豐大之時，以同德相輔爲善，不取陰陽之應也。"但事物的發展規律，決定了任一"豐大"情態總是暫時、相對的，終究要趨向虧損。《象傳》闡發《豐》卦的象外之旨曰："日中則昃，月盈則食；天地盈虛，與時消息。"可見，作《易》者撰立此卦的宗旨，又在於警醒人們豐不忘喪，盈不忘虧，寓意頗爲深切。

旅卦第五十六

䷷ 旅[1]：小亨[2]，旅貞吉[3]。

【譯文】

《旅》卦象徵行旅：謙柔小心可致亨通，行旅能守持正固必獲吉祥。

【注釋】

〔1〕旅——卦名，下艮（☶）上離（☲），象徵“行旅”。《正義》：“旅者，客寄之名，羈旅之稱。失其本居，而寄他方，謂之爲旅。”　　〔2〕小亨——小，指陰柔弱小者，又指行事小心謙順；“小亨”與《睽》卦辭“小事吉”之義略近（參閱該卦譯注）。此謂行旅之時，以柔小謙順之道處之則亨，若剛大亢盛則難通。卦中六五柔中居尊，順於剛、麗於明，正見“小亨”之象。《集解》引虞翻曰：“小，謂柔。得貴位而順剛，麗乎大明，故‘旅小亨’。”《尚氏學》：“六五得尊位，故小亨，貞吉。”　　〔3〕旅貞吉——此言行旅雖小事，卻也不應苟且輕率，亦當守正，方可獲吉。《本義》：“旅非常居，若可苟者，然道无不在，故自有其正，不可須臾離也。”

《彖》曰：旅，小亨，柔得中乎外而順乎剛，止而麗乎明[1]，是以小亨，旅貞吉也。旅之時義大矣哉[2]！

【譯文】

　　《彖傳》說：行旅，謙柔小心可致亨通，恰如謙柔的人在外居適中之位而順從剛强者，恬靜安止而附麗於光明，所以說謙柔小心可致亨通，行旅能守持正固必獲吉祥。行旅之時的意義是多麼弘大啊！

【注釋】

　　〔1〕柔得中乎外而順乎剛，止而麗乎明——這是以六五爻及上下象釋卦辭之義。六五以陰居外卦之中，故曰“柔得中乎外”；上承上九，故曰“順乎剛”；下艮爲止，上離爲明，故曰“止而麗乎明”。《童溪易傳》：“用剛非旅道也，故莫善乎用柔。然柔不可過也，故莫善乎得中。以六居五，得中位而屬外體，麗乎二剛之間，故曰‘柔得中乎外而順乎剛’。”《折中》：“處旅之道，審機度勢，貴於明也；待人接物，亦貴於明也。然明不可以獨用，故必以止靜爲本而明麗焉。與《晉》、《睽》之主於順、說者同。”　　〔2〕旅之時義大矣哉——這是《彖傳》作者對本卦大義的歎美之辭。《集解》引王弼曰：“旅者，物失其所居之時也。物失所居，咸願有所附，豈非智者有爲之時？”

《象》曰：山上有火，旅[1]；君子以明慎用刑而不留獄[2]。

【譯文】

　　《象傳》說：山上燃燒著火，象徵行旅；君子因此明決審慎地動用刑罰而不稽留訟獄。

【注釋】

　　〔1〕山上有火，旅——釋《旅》卦下艮爲山、上離爲火之象。《集解》引侯果曰：“火在山上，勢非長久，旅之象也。”〔2〕君子以明慎用刑而不留獄——這是說明君子觀察火山爲旅之象，悟知用刑宜明慎，獄事不稽留。《程傳》：“火之在高，明无不照，君子觀明照之象，則以‘明慎用刑’。明不可恃，故戒於

‘慎’；明而止，亦慎象。觀火行不處之象，則不留獄。”

【說明】

卦辭明“行旅”之義，而《大象傳》卻發“刑獄”之理，正見其對象旨的衍申。張英曰：“狴狻桎梏，淹滯拘留，或爲无辜之株連，或爲老弱之纍繫，動經歲時：宜仁人君子隱惻于此。然非至明至慎，亦不敢輕言決獄。能明慎而不留獄，斯可謂祥刑矣。”（《易經衷論》）

初六，旅瑣瑣，斯其所取災[1]。

【譯文】

初六，行旅之初舉動猥瑣卑賤，這是自我招取災患。

【注釋】

〔1〕旅瑣瑣，斯其所取災——瑣瑣，猥瑣卑賤之貌；斯，帛書《周易》作“此”，義同。這是說明初六以陰處《旅》之始，其位卑下，猶如行旅之初舉動猥瑣卑賤，雖有上應亦无濟於事，故必自取其災。《程傳》：“六以陰柔在旅之時，處於卑下，是柔弱之人，處旅困而在卑賤，所存污下者也。志卑之人，既處旅困，鄙猥瑣細，无所不至，乃其所以致侮辱、取災咎也。瑣瑣，猥細之狀。當旅困之時，才質如是，上雖有援，无能爲也。”

【說明】

“斯其所取災”，《王注》釋曰：“爲斯卑賤之役，所取致災。”《正義》訓“斯”爲“此”，與帛書《周易》作“此”正合，今取其說。但易家對此爻又有不同解說，茲引兩例以備參攷。一、郭京《舉正》“斯”作“廝”，謂：“廝，賤之義”。焦循《補疏》認爲《王注》“讀‘斯’爲‘廝’”，“故云‘斯賤之役’。”這是把“斯”解作“童僕”。案焦氏《補疏》所用《王注》孔疏本，注語“斯”下无“卑”字，以“斯賤”聯文，故謂《王注》讀“斯”爲“廝”，此歧義產生之所由。二、尚先生云：“斯，《釋言》‘離也'。'斯其所'言離其所，欲應四也。二得敵故取災。"(《尚氏學》)這是把"斯"解作動詞"離"，爻辭也相應讀作"旅瑣瑣，斯其所，取災"。

《象》曰：旅瑣瑣，志窮災[1]也。

【譯文】

　　《象傳》說：行旅之初舉動猥瑣卑賤，說明初六意志窮迫而自取災患。

【注釋】

　　〔1〕志窮災——《程傳》："志意窮迫，益自取災也。"

【說明】

　　初六行旅不能自尊持正，故有"志窮"致"災"之象。《折中》引谷家杰曰："爻賤其行，《象》鄙其志。"

六二，旅即次，懷其資，得童僕，貞[1]。

【譯文】

　　六二，行旅時寓居客舍，懷藏資財，擁有童僕，應當守持正固。

【注釋】

　　〔1〕旅即次，懷其資，得童僕，貞——即，就也，猶言"就居"；次，舍也，此指"客舍"。這是說明六二當"旅"之時，柔中居正，猶行旅安居客舍；上承九三之陽，猶畜資財；下乘初六，猶得童僕，故宜於守正。《集解》引《九家易》曰："即，就；次，舍；資，財也。以陰居二，即就其舍，故'旅即次'；承陽有實，故'懷其資'；初者卑賤，二得履之，故'得童僕'：處和得位正居，是故曰'得童僕，貞'矣。"

《象》曰：得童僕貞，終无尤也。

【譯文】

　　《象傳》說：擁有童僕應當守持正固，說明六二終將无所過尤。

【說明】

六二體柔，居中，得正，故有"次"、有"資"、有"僕"。《折中》引趙玉泉曰："二處旅有柔順中正之德，則內不失己，而己无不安；外不失人，而人无不與。凡旅之所恃以不可无者，皆有以全之也。"

九三，旅焚其次，喪其童僕，貞厲[1]。

【譯文】

九三，行旅時被火燒毀客舍，喪失童僕，要守持正固防備危險。

【注釋】

〔1〕旅焚其次，喪其童僕，貞厲——此言九三剛亢不中，處旅躁動，下比六二之陰，猶如擅行施惠於下，必遭上者疑忌，而有"焚次"、"喪僕"之災；以此處旅，有失"小亨"之道，故特戒其守"貞"防"厲"。《王注》："居下體之上，與二相得。以寄旅之身而爲施下之道，與萌侵權，主之所疑也。故次焚僕喪而身危也。"《正義》："'與萌侵權'者，言與得政事之萌，漸侵奪主君之權勢，如齊之田氏，故爲主所疑也。"

《象》曰：旅焚其次，亦以傷矣；以旅與下，其義喪也。

【譯文】

《象傳》說：行旅時被火燒毀客舍，說明九三也因之遭受損傷；身處行旅而擅行施惠於下，其理必致淪喪。

【說明】

九三之危，在於居下之上，剛亢不中。《折中》引潘夢旂曰："居剛而用剛，平時猶不可，況旅乎？以此與下，焚次、喪僕，固其宜也。九三以剛居下體之上，則'焚次'；上九以剛居上體之上，則'焚巢'：位愈高，剛愈亢，則禍愈深矣。"

九四，旅于處，得其資斧，我心不快[1]。

【譯文】

九四，行旅時暫爲棲處未能安適，取得利斧斫除荊棘，但我心中不甚暢快。

【注釋】

〔1〕旅于處，得其資斧，我心不快——處，指暫爲棲處，未能安居，與“次”異；資斧，《釋文》：“《子夏傳》及衆家並作‘齊斧’”，“應劭云‘齊，利也’”，《尚氏學》：“資、齊音同通用”，據此，“資斧”當作“齊斧”，即“利斧”之意。這幾句說明九四居位不正，猶行旅不得安居，唯暫爲棲處，雖獲利斧以斫除荊刺，但其心畢竟“不快”。《王注》：“斧，所以斫除荊棘，以安其舍者也。雖處上體之下，不先於物，然而不得其位，不獲平坦之地；客于所處，不得其次，而得其資斧之地，故其心不快也。”《纂疏》：“九四以陽處陰，是失位而居艮山之上，山非平坦之地，當用‘資斧’以除荊棘。”

《象》曰：旅于處，未得位也；得其資斧，心未快也。

【譯文】

《象傳》說：行旅時暫爲棲處未能安適，說明九四尚未居得適當之位；儘管取得利斧砍除荊棘，但此時心中不甚暢快。

【說明】

蔣悌生曰：“凡卦爻陽剛皆勝陰柔，惟《旅》卦不然。二、五皆以柔順得吉，三、上皆以陽剛致凶。蓋人無棲身之地，不得已而依于他人，豈得恃其剛明？”又曰：“六爻，六五最善，二次之；上九最凶，三次之。九四雖得其處，姑足以安其身而已”，“豈得盡遂其志？”（《五經蠡測》）

六五，射雉，一矢亡，終以譽命[1]。

【譯文】

六五，射取野雞，一支箭亡失，終將獲得美譽和爵命。

【注釋】

〔1〕射雉，一矢亡，終以譽命——這是說明六五當"旅"之時，處上離之中，上承上九陽剛，有"文明"柔順而得中道之象；此時雖行旅在外，略有損失，但終能以"柔中"、"文明"之德導致吉祥，故以"射雉，一矢亡"爲喻，並稱終獲"譽命"。《本義》："雉，文明之物，離之象也。六五柔順文明，又得中道，爲離之主。故得此爻者，爲'射雉'之象，雖不无亡矢之費，而所喪不多，終有'譽命'也。"

《象》曰：終以譽命，上逮[1]也。

【譯文】

《象傳》說：終將獲得美譽和爵命，說明六五能上承陽剛尊者。

【注釋】

〔1〕上逮——逮，及也。此言六五上承上九，故有"譽命"。《正義》："逮，及也。以能承及於上，故得'終以譽命'也。"

【說明】

《象傳》稱"柔得中乎外而順乎剛"，正指此爻。《折中》引朱震曰："五在《旅》卦，不取君象。有文明之德，則令譽升聞，而爵命之矣。"

上九，鳥焚其巢，旅人先笑，後號咷[1]。喪牛于易，凶[2]。

【譯文】

上九，高枝上鳥巢被焚燒，行旅人先欣喜歡笑，後痛哭號咷。猶如在荒遠的田畔喪失了牛，有凶險。

【注釋】

〔1〕鳥焚其巢，旅人先笑，後號咷——這三句說明上九身當行旅，以陽剛處高亢之位，必遭禍害，故以巢焚爲喻；又謂"旅人"

先得高位而"笑"，後因災凶"號咷"，亦亢極致禍之義。《王注》：
"居高危而以爲宅，巢之謂也。客旅得上位，故'先笑'也。以旅
而處于上極，衆之所嫉也。以不親之身而當嫉害之地，必凶之道
也，故曰'後號咷'。"　〔2〕喪牛于易，凶——易，通"場"，
即田畔（參見《大壯》六五譯注），此指荒遠的田畔，喻上九居窮
極之地。這是又取一象，說明上九當旅窮之時，遭禍於外，猶喪牛
於荒遠田畔，无人援救，即《象傳》所謂"終莫之聞也"，故凶。
案，《王注》訓"易"爲"難易"之易，可備參攷。

《象》曰：以旅在上，其義焚也；喪牛于易，終莫之聞也。

【譯文】

　　《象傳》說：作爲行旅人卻高居上位，其理必致焚巢之災；在
荒遠的田畔喪失了牛，說明上九羈旅遭禍終將无人聞知。

【說明】

　　《折中》引徐幾曰："旅貴柔順中正，三陽爻皆失之，而最亢
者上九也。"但上九之凶，又在於以窮高爲樂，所謂"先笑後號
咷"，正與《同人》九五"先號咷而後笑"相反。阮籍曰："《同
人》先號，思其終也；《旅》上之笑，樂其窮也"（《阮籍集》）

【總論】

　　《旅》卦專明"行旅"之理。《雜卦傳》曰"旅，親寡"，《序
卦傳》曰"旅而无所容"，張衡《思玄賦》云"顑顲旅而无友兮，
余安能留乎此"：顯然，在古人心目中，"羈旅"生涯充滿孤獨、愁
鬱情調。《周易》作者設此一卦，似乎也正是基於"旅"而難
"居"的因素，喻人善處"行旅"之道。卦辭所謂"小亨"、"貞
吉"，表明"行旅"既須守正，又當以柔順持中爲本。視其六爻，
凡陰柔中順皆吉，但以卑屈者設反面之戒；凡陽剛高亢皆危，而以
窮驕者最呈凶象。范仲淹曰："夫旅人之志，卑則自辱，高則見嫉；
能執其中，可謂智矣。是故初'瑣瑣'而四'不快'者，以其處

二體之下，卑以自辱者也；三'焚次'而上'焚巢'者，以其據二體之上，高而見嫉者也；二'懷資'而五'譽命'，柔而不失其中者也。"（《范文正公集》）此說從六爻位次析其吉凶，頗見理致。當然，本卦大旨並非拘於狹義的"行旅"，略推之，所謂"諸侯之寄寓，大夫之去亂，聖賢之周游皆是"（梁寅《周易參義》）。廣言之，李白稱："天地者，萬物之逆旅"（《春夜宴桃李園序》），則將人生、萬物均視爲"行旅"之事，此中所發感悟，與《旅》卦的"象外之旨"亦略有可通之處。《彖傳》極言："旅之時義大矣哉"，於上述之例似能見其一斑。

巽卦第五十七

☴　巽[1]：小亨[2]，利有攸往[3]，利見大人[4]。

【譯文】

《巽》卦象徵順從：謙柔小心可致亨通，利於有所前往，利於出現大人。

【注釋】

〔1〕巽——音遜 xùn，卦名，上下卦皆爲巽（☴），象徵“順從”。案，巽象風，其義爲“順”、爲“入”，凡物沿“順”則能“入”，故“順”、“入”並可訓“巽”。而重卦之義，則側重強調“順從”。《正義》：“巽者，卑順之名。《說卦》云‘巽，入也’，蓋以巽是象風之卦，風行无所不入，故以‘入’爲訓。若施之於人事，能自卑巽者亦无所不容。然‘巽’之爲義，以卑順爲體，以容入爲用，故受‘巽’名矣。”　〔2〕小亨——小，指陰柔弱小者，又指行事小心謙順；“小亨”與《旅》卦辭義略同（參見該卦譯注）。此謂處“巽”之道主於陰順陽、臣順君，以柔小遜順則亨，若剛大逆上則難通。卦中二陰處二體之下，主於“順從”陽剛，正見“小亨”之象。《集解》引陸績曰：“陰爲卦主，故小亨。”《尚氏學》：“初、四皆承陽，故曰‘巽’；巽，順也，順陽故‘小亨’。”　〔3〕利有攸往——謂此時謙柔順從必利於有所行。卦中初、四柔行遇陽得通，即見“利往”之象。《王注》：“巽悌以行，物无距也。”《尚氏學》：“往遇陽故利。”　〔4〕利見大

人——此謂下順上、臣順君的最終目的，是利於"大人君主"申命施治。卦中九五陽剛居尊，上下順從，正爲"大人"之象。《集解》引虞翻曰："大人謂五。"《王注》："大人用之，道愈隆。"

《彖》曰：重巽以申命[1]。剛巽乎中正而志行[2]，柔皆順乎剛[3]，是以小亨，利有攸往，利見大人。

【譯文】

《彖傳》說：上下順從可以申諭命令。譬如陽剛者以中正美德被人順從而申命之志乃得施行，此時陰柔者都能謙順而上承陽剛，所以說謙柔小心可致亨通，利於有所前往，利於出現大人。

【注釋】

〔1〕重巽以申命——重巽，上下卦皆"巽"，猶言"上下順從"。此以上下象釋卦名"巽"，謂其義主於上下順從，而此時正宜於尊者申飭命令。《王注》："未有不巽而命行也。"　〔2〕剛巽乎中正而志行——剛，指九五；巽，此當作被動詞解，"巽乎中正"猶言"以中正之德被順從"。此句說明九五居尊而陽剛中正，衆爻皆巽順，遂行其"申命"之志。《集解》引虞翻曰："剛中正，謂五也。"　〔3〕柔皆順乎剛——柔，指初、四兩爻。這句與前句並釋卦辭"小亨，利有攸往，利見大人"之義，說明卦中兩陰爻均順承陽爻，故可"小亨"。《古周易訂詁》："初、四各處卦下，柔皆順剛，无有違逆，所以教命得申，成'小亨'以下之義也。"

《象》曰：隨風，巽[1]；君子以申命行事[2]。

【譯文】

《象傳》說：和風連連相隨，象徵順從；君子因此效法風行暢順之象而申諭命令施行政事。

【注釋】

〔1〕隨風，巽——隨，連繼相隨之意。此釋《巽》卦上下巽皆

爲風之象。《周易口義》：“《巽》之體，上下皆巽，如風之入物，无所不至，无所不順，故曰‘隨風，巽’。”　　〔2〕申命行事——行事，猶言“施行政事”。這是說明君子效法“風行”之象，申命於衆，行事於天下。《周易口義》：“君子法此巽風之象，以申其命行其事于天下，无有不至，而无有不順者也。”

【說明】

《巽》卦之旨，立足於下能“順從”，歸結於上可“申命”：下以“順”承上，上以“順”治下，兩者相輔相承，遂見其義。故《象傳》云“重巽以申命”，《大象傳》言“申命行事”。郭雍曰：“君子之德，風也。有風之德，而下无不從，然後具重巽之義。”（《郭氏傳家易說》）

初六，進退，利武人之貞[1]。

【譯文】

初六，卑順過甚進退猶豫，利於勇武的人守持正固。

【注釋】

〔1〕進退，利武人之貞——進退，即“進退猶疑”之意。這兩句說明初六以陰居《巽》之始，卑順太甚，當進不進，故勉以“利武人之貞”。《本義》：“初以陰居下，爲巽之主，卑巽之過，故爲進退不果之象；若以‘武人之貞’處之，則有以濟其所不及，而得所宜矣。”

《象》曰：進退，志疑也；利武人之貞，志治也[1]。

【譯文】

《象傳》說：卑順過甚進退猶豫，說明初六的心志懦弱疑懼；利於勇武的人守持正固，是勉勵初六修治堅强的意志。

【注釋】

〔1〕志治——治，修立、修治之意。《程傳》：“利用武人之剛貞以立其志，則其志治也。治，謂脩立也。”

【說明】

《巽》卦所謂"順從"，以初、四兩陰爻爲主。但初六位卑極弱，恐其不能有爲，故勉之以"武人之貞"。

九二，巽在牀下[1]，用史巫紛若吉，无咎[2]。

【譯文】

九二，順從卑居在牀下，若效法祝史巫覡以謙卑事神可獲衆多吉祥，必无咎害。

【注釋】

〔1〕巽在牀下——說明九二當"巽"之時，陽居陰位，有過卑之嫌，故以屈居"牀下"爲喻。《王注》："處'巽'之中，既在下位，而復以陽居陰，卑巽之甚，故曰'巽在牀下'也。"

〔2〕用史巫紛若吉，无咎——用，猶言"施用於"，此處含"效法"之意；史巫，古代事神者"祝史"、"巫覡"的合稱；紛若，盛多，"若"爲語氣辭。這兩句誡告九二不可以卑順屈事於威勢，勉其守持中道，效法"史巫"以卑恭事神則可獲紛多之吉，不致咎害。《王注》："卑甚失正，則入于咎過矣；能以居中而施至卑於神祇，而不用之於威勢，則乃至于'紛若'之吉，而亡其過矣。故曰'用史巫紛若吉，无咎'也。"

《象》曰：紛若之吉，得中也。

【譯文】

《象傳》說：可獲衆多的吉祥，說明九二能守中不偏。

【說明】

九二有陽德，當"巽"之時，當以正道順從於上，不可卑屈於威勢。故爻辭以"事神"爲勉，《象傳》申"得中"之旨。

九三，頻巽，吝[1]。

【譯文】

九三，憂鬱不樂勉強順從，將有憾惜。

【注釋】

〔1〕頻巽，吝——頻，即"顰"，顰慼憂鬱之意，《尚氏學》："王弼云，頻，'頻慼不樂'，按《玉篇》'顰'下云'《易》本作頻'，是'頻'即古文'顰'字。"這兩句說明九三居《巽》下卦之終，而上爲四陰所乘，壓抑而顰慼，委屈而順從，故有吝。《王注》："以其剛正而爲四所乘，志窮而巽，是以'吝'也。"

《象》曰：頻巽之吝，志窮也。

【譯文】

《象傳》說：憂鬱不樂勉強順從乃有憾惜，說明九三心志困窮不振。

【說明】

九三居位本正，但下无陰可乘，上反爲柔者所淩，遂致忍屈順從，故《象傳》謂之"志窮"。

六四，悔亡，田獲三品〔1〕。

【譯文】

六四，悔恨消亡，田獵可獲三類嘉品。

【注釋】

〔1〕悔亡，田獲三品——三品，猶言"三類"，此處指古代貴族田獵所獲之物的三種效用，即供"乾豆"（將獵獲物曬成乾肉置於豆器供祭祀）、"賓客"、"充庖"三用，語出《禮記·王制》："天子、諸侯無事則歲三田，一爲乾肉，一爲賓客，一爲充君之庖"，鄭玄注："乾肉，謂臘之以爲祭祀豆實也"。這兩句說明六四因乘剛而有"悔"，但以陰居陰，得位且順承九五之陽，故"悔亡"；以此奉行君命，必能除暴建功，獲益至大，故以"田獲三品"爲喻。《王注》："乘剛，悔也。然得位承五，卑得所奉，雖以

柔御剛，而依尊履正。以斯行命，必能獲强暴，遠不仁者也。獲而有益，莫善三品，故曰‘悔亡，田獲三品’。一曰乾豆，二曰賓客，三曰充君之庖。”

《象》曰：田獲三品，有功也。

【譯文】

《象傳》說：田獵可獲三類嘉品，說明六四奉行君命建立功勳。

【說明】

《巽》卦於初六勉以“武人”之貞，六四嘉以“田獲”之功，足見“巽”之道亦在於有所建樹。郭雍曰：“六四至柔，不當有‘田獲’之功，而此以順乎剛故得之。”又曰：“巽之爲道，豈柔弱畏懦之義哉？”（《郭氏傳家易說》）

九五，貞吉，悔亡，无不利[1]。无初有終[2]。先庚三日，後庚三日，吉[3]。

【譯文】

九五，守持正固可獲吉祥，悔恨消亡，无所不利。起初申命不順但最終必能暢行。在喻示變更的庚日前三天發佈新令，於庚日後三天推行新令，必獲吉祥。

【注釋】

〔1〕貞吉，悔亡，无不利——此言九五當“巽”之時，以陽居陽，似有不甚“謙遜”之“悔”；但以中正之德，爲申命之君，故悔亡而吉且利。《王注》：“以陽居陽，損於謙巽，然秉乎中正以宣其令，物莫之違，故曰‘貞吉，悔亡，无不利’也。” 〔2〕无初有終——此謂九五以剛直申命，初未能服衆，但終能以正勝邪，其令暢行。《王注》：“化不以漸，卒以剛直用加於物，故初皆不悅也；終於中正，邪道以消，故有終也。” 〔3〕先庚三日，後庚三日，吉——庚，“天干”數居第七位，在“己”之後，爲“過中”之數，故古人取以象徵“變更”（參見《革》卦辭“己日”

譯注），此處作爲“更佈新令”之象。這兩句以“先庚三日”發佈新令，“後庚三日”推行新令爲喻，正是緊承“无初有終”之意，進一步說明九五“申命”當慎守“中”道，漸行其事，纔能深入人心，上下順從，終獲“吉祥”。《程傳》：“‘先庚三日，後庚三日，吉’，出命更改之道，當如是也。甲者，事之端也；庚者，變更之始也。十干‘戊己’爲中，過中則變，故謂之‘庚’。”

《象》曰：九五之吉，位正中也。

【譯文】

　　《象傳》說：九五的吉祥，是由於居位端正而守持中道。

【說明】

　　《蠱》卦言撥亂反正，卦辭云“先甲三日，後甲三日”；《巽》卦言因順申命，九五謂“先庚三日，後庚三日”。兩者均含謹始慎終之義。《折中》引張清子曰：“《易》於‘甲’、‘庚’皆曰先後三日者，蓋聖人謹其始終之意也。”

上九，巽在牀下，喪其資斧，貞凶[1]。

【譯文】

　　上九，順從至極屈居在牀下，猶如喪失了剛堅的利斧，守持正固以防凶險。

【注釋】

　　[1] 巽在牀下，喪其資斧，貞凶——資斧，當作“齊斧”，即“利斧”之意（參見《旅》九四譯注），《漢書·王莽傳》引此爻正作“喪其齊斧”。這三句說明上九處《巽》卦之極，以陽剛之質而順從過甚，有“巽在牀下”之象，又如喪其“利斧”而失剛斷之性，頗有凶險，故誡其守正防凶。《王注》：“處巽之極，極巽過甚，故曰‘巽在牀下’也。斧，所以斷者也。過巽失正，喪所以斷，故曰‘喪其資斧，貞凶’也。”

《象》曰：巽在牀下，上窮也；喪其資斧，正乎凶[1]也。

【譯文】

《象傳》說：順從至極屈居在牀下，說明上九居於巽極困窮之位；猶如喪失了剛堅的利斧，說明上九應守陽剛之正以防凶險。

【注釋】

〔1〕正乎凶——猶言"正於凶"，即守正避凶之義。

【說明】

上九與九二同有"巽在牀下"之象，但不能如二之順事神祇，而是窮極於"順從"，大失剛正之德，故爻辭既以"喪斧"爲喻，又以"貞凶"爲誡。

【總論】

《巽》卦之義，主於"順從"。況諸陰陽之理，爲陰順陽；諭於君臣之道，則臣順君。卦辭一方面表明此時柔小謙順者可致亨通、利有所往，另一方面指出上下巽順的最終歸宿是利於"大人"申命施治。但卦中諸爻所明"順從"的內在意義，卻並非一味強調无條件的盲從卑順，而往往是以"剛健"之德爲勉。如初六勉以"武人之貞"，六四嘉以"田獲"之功：兩爻均須柔而能剛則美。九三以剛屈柔而生"吝"，上九以陽順極而有"凶"：兩爻均因喪失剛德致危。至於二、五之吉，前者以剛中之道順事神祇，不屈於威勢；後者以中正之德申命行事，居一卦之尊。可見，六爻關於"順從"的義理，无論是下順乎上，還是上被下順，均不離兩項原則：一曰，"巽"之道在持正不阿；二曰，"巽"之時在有所作爲。因此，所謂"順從"，當本於陽剛氣質，與"屈從"之義格格不入。郭雍云"'巽'之爲道，豈柔弱畏懦之義哉?"（《郭氏傳家易說》）正明此理。然而，若就《周易》所蘊含的政治思想而言，陰順陽，臣順君，又是直接爲君子大人申諭政令服務的。《象傳》謂"重巽以申命"，《大象傳》謂"申命行事"，並可揭示作者設立此卦的一項重要宗旨。

兌卦第五十八

☱　兌[1]：亨，利貞[2]。

【譯文】

《兌》卦象徵欣悅：亨通，利於守持正固。

【注釋】

〔1〕兌——音隊 duì，卦名，上下卦皆兌（☱），象徵“欣悅”。《正義》：“兌，說也。《說卦》曰：‘說萬物者莫說乎澤’。以兌是象澤之卦，故以兌爲名。”　〔2〕亨，利貞——此謂事物“欣悅”之時，必可“亨通”暢達；但不能“悅”於爲邪，故誡以“利貞”。《正義》：“澤以潤生萬物，所以萬物皆說。施於人事，猶人君以恩惠養民，民无不說也。惠施民說，所以爲亨。以說說物，恐陷諂邪，其利在於貞正，故曰‘兌，亨，利貞’。”

《彖》曰：兌，說也。剛中而柔外，說以利貞[1]，是以順乎天而應乎人[2]。說以先民，民忘其勞；說以犯難，民忘其死[3]：說之大，民勸矣哉[4]！

【譯文】

《彖傳》說：兌，意思是欣悅。猶如陽剛者存誠居中而陰柔者謙遜處外，遂致物情欣悅而利於守持正固，因而既順適天道又應合人情。君子悅於身先百姓不辭勞苦，百姓也能任勞忘苦；悅於趨赴危難不避艱險，百姓也能舍生忘死：欣悅的意義是何等弘大，可以使百姓自我勉力啊！

【注釋】

〔1〕剛中而柔外，說以利貞——剛中，指九二、九五陽剛居中；柔外，指六三、上六陰柔處外。此以卦中二、五、三、上諸爻之象釋卦辭「亨，利貞」，說明柔悅不失內剛，剛正不失外悅，內外剛柔兼濟，不諂媚、不暴戾，遂見處「悅」而能亨通、守正之旨。《王注》：「說而違剛則諂，剛而違說則暴。剛中而柔外，所以『說以利貞』也。剛中，故利貞；柔外，故說亨。」 〔2〕是以順乎天而應乎人——此句廣明「欣悅」的意義應合「天」之道與「人」之情，在文章結構中又有承上啓下的作用。《正義》：「天爲剛德而有柔克，是剛而不失其說也，今『說以利貞』，是上順乎天也。人心說於惠澤，能以惠澤說人，是下應乎人也。」 〔3〕說以先民，民忘其勞；說以犯難，民忘其死——這四句進一步闡發「欣悅」之理，說明「君子大人」若能欣然身先百姓以任勞、犯難，則百姓亦必欣然「忘勞」、「忘死」。《折中》引呂祖謙曰：「當適意時而說，與處安平時而說，皆未足爲難。惟當勞苦患難而說，始見真說。聖人以此先之，故能使之任勞苦而不辭，赴患難而不畏也。」 〔4〕說之大，民勸矣哉——勸，勉也，此爲「自我勉力」之意。這兩句歸結前文，極稱「欣悅」的義理弘大。《誠齋易傳》：「勸民與民自勸，相去遠矣。是以聖人大之曰：『說之大，民勸矣哉！』」

《象》曰：麗澤，兌[1]；君子以朋友講習[2]。

【譯文】

《象傳》說：兩澤並連交相浸潤，象徵欣悅；君子因此悅於良朋益友講解道理研習學業。

【注釋】

〔1〕麗澤，兌——麗，《王注》：「猶連也」，謂並連。此釋

《兌》卦上下兌均爲澤之象。《程傳》：“麗澤，二澤相附麗也。兩澤相麗，交相浸潤，互有滋益之象。”　〔2〕君子以朋友講習——講習，指“學問”之道，即講其所未明、習其所未熟。這是說明君子效法《兌》卦兩澤相連互悅之象，樂於“朋友”相互“講習”。《正義》：“同門曰朋，同志曰友，朋友聚居，講習道義，相說之盛，莫過於此也。”

【說明】

　　《大象傳》以“朋友講習”引申“欣悅”的意義，正取“治學”爲喻。《論語·學而》：“學而時習之，不亦說乎！有朋自遠方來，不亦樂乎！”似與此旨有合。俞琰曰：“若獨學無友，則孤陋而寡聞。故《論語》以‘學之不講’爲‘憂’，以‘學而時習’爲‘說’，以‘有朋自遠方來’爲‘樂’。”（《周易集說》）

初九，和兌，吉〔1〕。

【譯文】

　　初九，平和欣悅以待人，吉祥。

【注釋】

　　〔1〕和兌，吉——這是說明初九當“悅”之時，以陽居下，不係應於四，有廣泛“和悅”待人之象；且以剛健爲質，行爲不邪，人所不疑，故吉。《王注》：“居兌之初，應不在一，无所黨係，‘和兌’之謂也。說不在諂，履斯而行，未有見疑之者，吉其宜矣。”

《象》曰：和兌之吉，行未疑也。

【譯文】

　　《象傳》說：平和欣悅以待人乃獲吉祥，說明初九行爲端正而不爲人所疑忌。

【說明】

　　本爻居初之位，體稟陽剛，和悅端正，遂獲吉祥。《折中》引蔡淵曰：“爻位皆剛，不比於柔，得說之正，和而不流者也。”

九二，孚兌，吉，悔亡[1]。

【譯文】

　　九二，誠信欣悅以待人，吉祥，悔恨消亡。

【注釋】

　　〔1〕孚兌，吉，悔亡——此言九二當“悅”之時，以陽居陰，雖有“失位”之“悔”，但剛中有信，能孚誠欣悅待人，故“吉”而“悔亡”。《正義》：“九二說不失中，有信者也；說而有信，則吉從之，故曰‘孚兌，吉’也。然履失其位，有信而吉，乃得亡悔。”

《象》曰：孚兌之吉，信志[1]也。

【譯文】

　　《象傳》說：誠信欣悅以待人而獲吉祥，說明九二志存信實。

【注釋】

　　〔1〕信志——猶言“其志信”，即“心存誠信”。《程傳》：“心之所存爲志，二剛實居中，孚信存於中也。”

【說明】

　　九二之吉，在於“剛中”，是既欣悅待人，又中心信實之象。《折中》引龔焕曰：“己以孚信爲說，人不得而妄說之，所以吉也。”

六三，來兌，凶[1]。

【譯文】

　　六三，前來謀求欣悅，有凶險。

【注釋】

　　〔1〕來兌，凶——來，猶言“來求”。此謂六三居下兌之終，處位不正，與上无應，而來求合二、初兩陽，以謀欣悅。以此處

“兌”，爲邪佞之象，故“凶”。《王注》：“以陰柔之質，履非其位，來求說者也。非正而求說，邪佞者也。”

《象》曰：來兌之凶，位不當也。

【譯文】

　　《象傳》說：前來謀求欣悅而有凶險，說明六三居位不正當。

【說明】

　　六三之凶，在於陰居陽位，求悅心切。李鼎祚曰：“以陰居陽，故位不當；謟邪求悅，所以必凶。”（《集解》）

九四，商兌未寧，介疾有喜[1]。

【譯文】

　　九四，商度思量欣悅之事而心未安寧，絕除謟佞者的邪疾乃有喜慶。

【注釋】

　　〔1〕商兌未寧，介疾有喜——商，商度思量；介，隔絕；疾，喻指六三謟邪之患。這兩句說明九四陽剛失正，下比六三之佞，上承九五之尊，故商度其“悅”，中心未寧；若能隔絕六三之“疾”，介然嚴守其正，則有喜慶。《王注》：“商，商量裁制之謂也；介，隔也。”《本義》：“四上承九五之中正，而下比六三之柔邪，故不能決而商度所說，未能有定。然質本陽剛，故能介然守正而疾惡柔邪也，如此則有喜矣。”案，朱子此說解“疾”爲動詞，謂“疾惡”，於義亦通。

《象》曰：九四之喜，有慶也。

【譯文】

　　《象傳》說：九四的喜悅，是因爲有値得慶賀之象。

【說明】

　　楊簡認爲：四以剛居柔，“近比六三諛佞之小人，心知其非，而實樂其柔媚。故商度所說，去取交戰於胸中而未寧。聖人於是勉之曰：介然疾惡小人，則有喜。”（《楊氏易傳》）此說亦訓“疾”爲動詞，與朱子之說同，可資參考。

九五，孚于剝，有厲[1]。

【譯文】

九五，悅信於消剝陽剛的陰柔小人，有危險。

【注釋】

〔1〕孚于剝，有厲——剝，消剝，即“小人道長，君子道消”之義，此喻上六爲剝君子之小人。這兩句說明九五雖陽剛中正，卻比近上六之陰，爲其引誘，而孚信小人，并與相悅，故“有厲”。《王注》：“比於上六，而與相得；處尊正之位，不悅信乎陽，而悅信乎陰，‘孚于剝’之義也。‘剝’之爲義，小人道長之謂。”

《象》曰：孚于剝，位正當[1]也！

【譯文】

《象傳》說：悅信於消剝陽剛的陰柔小人，可惜九五所居的正當之位啊！

【注釋】

〔1〕位正當——這是以“正當”之位責備九五不該“孚于剝”。《正義》：“以正當之位，宜任（引者案，任，阮刻作在，據《校勘記》改）君子，而信小人，故以當位責之也。”

【說明】

九五之“厲”，在於所悅不當。胡炳文曰：“說之感人，最爲可懼，感之者將以剝之也。況爲君者，易狃於所說？故雖聖人，且畏巧言令色，況凡爲君子者乎？”（《周易本義通釋》）

上六，引兌[1]。

【譯文】

上六，引誘他人相與欣悅。

【注釋】

〔1〕引兌——引，引誘。此謂上六以陰居《兌》卦之終，爲一卦欣悅之主，悅極不能自已，故有引誘五、四兩陽以相悅之象。《本義》：“上六成說之主，以陰居說之極，引下二陽相與爲說，而不能必其從也，故九五當戒，而此爻不言其吉凶。”案，王弼訓“引”爲“引導”，謂上六“必見引，然後乃說”（《王注》），可備一說。

《象》曰：上六引兌，未光也。

【譯文】

《象傳》說：上六引誘他人相與欣悅，說明欣悅之道未能光大。

【說明】

《折中》引毛璞曰：“所以爲兌者，三與上也。三爲內卦，故曰‘來’；上爲外卦，故曰‘引’。”

【總論】

“欣悅”，是人情所常有的事態：輕歌悅耳，美景悅目，無不如是。但《兌》卦所明“欣悅”之道，則强調以“剛中柔外”爲悅，即剛爲柔本、悅不失正。卦辭既稱物情欣悅可致亨通，又云欣悅應當守持正固，正是揭明此旨。卦中六爻，兩陰均以柔媚取悅，爲被否定之象。四陽情狀不一：初剛正和悅，最吉；二誠信而悅，“悔亡”亦吉；四商度抉擇其悅，“有喜”；五居尊位而悅信於小人，則深戒以“危厲”。縱觀全卦大旨，无非說明：陽剛不牽於陰柔，稟持正德，決絕邪諂，才能成“欣悅”之至美；反之，偏離正德，曲爲欣悅，則不論是取悅於人，還是因人而悅，均將導致凶咎。可見《周易》所肯定的“欣悅”，是立足於鮮明的道德準則之上。張耒《出山詩》曰：“青山如君子，悅我非姿媚”，似與此理有合。若如《孟子·告子上》：“理義之悅我心，猶芻豢之悅我口”，則尤與本卦“欣悅”之義映照成趣。

渙卦第五十九

䷺ 渙[1]：亨，王假有廟，利涉大川，利貞[2]。

【譯文】

《渙》卦象徵渙散：亨通，君王感格神靈而保有廟祭，利於涉越大河巨流，利於守持正固。

【注釋】

〔1〕渙——卦名，下坎（☵）上巽（☴），象徵“渙散”。案，“渙”字之義，見於兩端：一、散，即離披解散。《序卦傳》：“說而後散之，故受之以《渙》，‘渙’者，離也”；《本義》：“渙，散也，爲卦下坎上巽，風行水上，離披解散之象，故爲渙。”二、文，即文理煥然。此義從“散”義引申而來，如物散而不亂，秩然圍繞於一個“中心”，必見自然文理。朱駿聲《六十四卦經解》曰：“渙，流散也，又文貌，風行水上，而文成焉。《太玄》曰‘陰斂其質，陽散其文’，《京傳》曰‘水上見風，渙然而合’，此‘渙’字之義也。”《尚氏學》亦據揚雄《太玄經》擬“渙”爲“文”以及司馬光注謂“揚子蓋讀‘渙’爲‘煥’”等資料，認爲“渙本有文義”，“而風行水上，文理爛然，故爲文也。”　〔2〕亨，王假有廟，利涉大川，利貞——假，猶言“感格”。此謂事物當“渙”之時，形態雖散，神質須聚，散聚相依爲用，必致亨通，故以“王假有廟”喻聚合神靈之祐，以“利涉大川”喻聚合人力而濟難，并以“利貞”揭明此時行爲須正。《折中》：“《渙》與

《萃》對。‘假廟’者，所以聚鬼神之既散也；‘涉川’者，所以聚人力之不齊也。蓋盡誠以感格，則幽明無有不應；秦越而共舟，則心力無有不同：此二者，渙而求聚之大端也。然不以正行之，則必有瀆神、犯難之事，故曰‘利貞’。”

《彖》曰：渙亨，剛來而不窮，柔得位乎外而上同[1]。王假有廟，王乃在中[2]也。利涉大川，乘木有功[3]也。

【譯文】

　　《彖傳》說：渙散可致亨通，譬如陽剛者來居陰柔之中而不困窮，陰柔者獲居尊位於外而上與陽剛之志協同。君王感格神靈而保有廟祭，說明王者聚合人心居處正中。利於涉越大河巨流，說明此時乘著木舟協力涉險必能成功。

【注釋】

　　〔1〕剛來而不窮，柔得位乎外而上同——剛，指九二；柔，指六四。這是用九二陽剛來居下卦與初、三、四諸陰交往不窮，以及六四當位居上卦承五、上兩陽而心志協同，說明陰陽散而能聚，釋卦辭“渙，亨”之義。《尚氏學》：“剛來居二，臨一陰則陷，二陰則通，故曰‘不窮’；四當位，上承一陽固吉，承二陽尤吉。”〔2〕王乃在中——此釋卦辭“王假有廟”，喻九五位居正中，以至誠感格神靈，爲聚散之主。《折中》：“王乃在中，謂九五居中，便含至誠感格之意。”　〔3〕乘木有功——此釋卦辭“利涉大川”，謂上卦巽有“木”象，下卦坎爲水，如舟行水上，以喻聚合人力濟險。《折中》：“乘木有功，謂木在水上，便含濟險有具之意。”

《象》曰：風行水上，渙[1]；先王以享于帝立廟[2]。

【譯文】

　　《象傳》說：風行水面，象徵渙散；先代君王因此通過祭享天帝建立宗廟以歸係人心。

【注釋】

〔1〕風行水上，渙——釋《渙》卦上巽爲風、下坎爲水之象。

〔2〕先王以享于帝立廟——這是說明"先王"觀"風行水上"之象，悟知"散中有聚"之理，故"享帝"、"立廟"以歸繫天下人心。《程傳》："收合人心，無如宗廟，祭祀之報，出於其心。故'享帝'、'立廟'，人心之所歸也。繫人心，合離散之道，无大於此。"

【說明】

本卦取名"渙"，含有散而不亂、文理爛然之義。推其寓理，凡物之聚，必來自散；而秩然有序之散，又能各顯物用：分中見合，形散神聚，正是處"渙"之道。觀其卦象，"風行水上"，則水面淪漪泛起，正見自然之"文"。於是，《渙》卦的卦象便被後代文論家所引申發揮，成爲"自然成文"說的源頭。如蘇洵謂"風行水上"爲"天下之至文"，並稱"天下之無營而文生者，唯水與風而已"（《嘉祐集》卷十四《仲兄字文甫說》）；李贄以爲"風行水上之文，決不在於一字一句之奇"（《李氏焚書》卷三《雜說》）；乃至顧炎武評析詩文的"繁簡"時也指出："昔人之論謂：'風行水上，自然成文。'若不出於自然，而有意於繁簡，則失之矣。"（《日知錄》）可見，本卦大象所含藏的美學因素，是值得認真挖掘的。

初六，用拯馬壯吉[1]。

【譯文】

初六，借助健壯的良馬勉力拯濟可獲吉祥。

【注釋】

〔1〕用拯馬壯吉——拯，拯濟（參見《明夷》六二譯注）。此言初六以陰居《渙》之初，上承九二，猶得壯馬之助，濟其陰柔弱質；以此拯"渙"，不致離散，故可獲"吉"。《本義》："居卦之

初，‘渙’之始也。始渙而拯之，爲力既易，又有壯馬，其吉可知。初六非有濟渙之才，但能順乎九二，故其象占如此。”

《象》曰：初六之吉，順也。

【譯文】

　　《象傳》說：初六的吉祥，是由於順承九二。

【說明】

　　初六處坎險之下，當“渙散”初始而及早“拯”之，故能免於離散。胡炳文曰：“五爻皆言‘渙’，初獨不言者，救之尚蚤，可不至於渙也。”（《周易本義通釋》）

九二，渙奔其机，悔亡[1]。

【譯文】

　　九二，渙散之時奔就几案似的憑依處所，悔恨消亡。

【注釋】

　　〔1〕渙奔其机，悔亡——机，通“几”，即“几案”，喻初六，《王注》：“机，承物者也，謂初也。”這兩句說明九二當“渙散”之時，身處坎險，故有“悔”；但陽剛居中，與初六俱无應相比，猶得“几案”憑依，陰陽相合，故“悔亡”。《程傳》：“在渙離之時，而處險中，其有‘悔’可知。若能奔就所安，則得‘悔亡’也。机者，俯憑以爲安者也。俯，就下也；奔，急往也。二與初雖非正應，而當渙離之時，兩皆无與，以陰陽親比相求，則相賴者也。故二目初爲‘机’，初謂二爲‘馬’。”

《象》曰：渙奔其机，得願[1]也。

【譯文】

　　《象傳》說：渙散之時奔就几案似的憑依處所，說明九二得遂陰陽聚合的願望。

【注釋】

　　〔1〕得願——指二得初。陰陽相合，散而能聚，故“得願”。

【說明】

九二陽剛居中，得陰陽相合之願，故能固其根本而聚時之所散。《折中》曰：“聚渙者，先固其本。以剛中居內，固本之象也。机者，所以憑而坐也。有所憑依而安居，然後可以動而不窮矣。”

六三，渙其躬，无悔[1]。

【譯文】

六三，渙散自身以附從陽剛尊者，无所悔恨。

【注釋】

〔1〕渙其躬，无悔——這是說明六三當“渙”之時，居下卦之終，與上九相應，有渙散其身，附從上九，而无所悔恨之象。《折中》：“《易》中六三應上九，少有吉義。惟當‘渙’時，則有應於上者，忘身徇上之象也。”

《象》曰：渙其躬，志在外也。

【譯文】

《象傳》說：渙散自身以附從陽剛尊者，說明六三的心志在於向外求聚。

【說明】

六三至上九四爻，言“渙散”之時，當散則散，當聚則聚，正見《渙》卦所含“聚”、“散”相互依存的意義。王申子曰：“自此以上四爻，皆因‘渙’以拯‘渙’者，謂渙其所當渙，則不當渙者聚矣。”（《大易緝說》）

六四，渙其羣，元吉[1]。渙有丘，匪夷所思[2]。

【譯文】

六四，渙散朋黨，至爲吉祥。散化小羣以聚成山丘，實非平常人思慮所能達到。

【注釋】

〔1〕渙其羣，元吉——羣，猶言"朋黨"。此言六四得位承五，下无應而无私，故有散其朋黨之象，並獲"元吉"。《本義》："居陰得正，上承九五，當濟渙之任者也。下无應與，爲能散其朋黨之象。"　〔2〕渙有丘，匪夷所思——丘，山丘，喻"大"。這兩句緊承前文，說明六四既能散其"朋黨"，又能化小羣以聚成大羣，成"混一天下"之功，此非平常人所能思及。《本義》："又言能散其小羣以成大羣，使所散者聚而若丘，則非常人思慮之所及也。"

《象》曰："渙其羣元吉"，光大[1]也。

【譯文】

《象傳》說：渙散朋黨至爲吉祥，說明六四的品德光明正大。

【注釋】

〔1〕光大——《來氏易注》："凡樹私黨者，皆心之暗昧狹小者也。惟无一毫之私，則光明正大，自能渙其羣矣，故曰'光大也'。"

【說明】

六四"元吉"，足見"散"中有"聚"之理。朱熹引蘇洵曰："《渙》之六四曰'渙其羣，元吉。'夫羣者，聖人之所欲渙以混一天下者也。"並稱："蓋當人心渙散之時，各相朋黨，不能混一，惟六四能渙小人之私羣，成天下之公道，此所以'元吉'也。"（《朱子語類》）

九五，渙汗其大號，渙王居，无咎[1]。

【譯文】

九五，像發散汗水出而不反一樣頒佈盛大號令，疏散王者積儲以凝聚天下人心，必无咎害。

【注釋】

〔1〕渙汗其大號，渙王居，无咎——居，猶言積儲。《尚書·

益稷》"懋遷有無化居"孔傳:"居,謂所宜居積者"。這三句說明九五尊居"君位",陽剛中正,處"渙"之時,所發號令當如"發汗"一樣出而不反;又須散發居積,收聚"民心",則可"无咎"。《本義》:"陽剛中正,以居尊位,當渙之時,能散其號令與其居積,則可以濟渙而无咎矣。"又曰:"汗,謂如汗之出而不反也;渙王居,如陸贄所謂'散小儲而成大儲'之意。"案,《集解》引荀爽注,釋"王居"爲"王居其所",可備一說。

《象》曰:王居无咎,正位也[1]。

【譯文】

《象傳》說:疏散王者積儲必无咎害,說明九五正居君主之位。

【注釋】

〔1〕王居无咎,正位也——案《象傳》句讀,似當訓"居"爲"居處",爻辭則宜讀作"渙,王居无咎"。舊說多與《象傳》意合,故《正義》釋"正位"曰:"以九五是王之正位,若非王居之則有咎矣。"今錄存備考。此處譯文乃據朱子之說譯出。

【說明】

《折中》分析《周易》中"號"字爲"呼號"之義,認爲:"在常人則是哀痛迫切,寫情輸心也;在王者則是至誠懇惻,發號施令也。"又解"渙汗其大號"曰:"言其大號也,如渙汗然,足以通上下之壅塞,回周身之元氣。"此說宜頗可取。

上九,渙其血去逖出,无咎[1]。

【譯文】

上九,渙散至極天下聚合遂能離憂脫懼,无所咎害。

【注釋】

〔1〕渙其血去逖出,无咎——血,通"恤",猶言"憂恤"(參見《小畜》六四譯注);逖,通"惕",即"惕懼"。此謂上九居《渙》之極,散極然後四方聚合,出現天下"歸于一統,非復

前日之離散"(《來氏易注》)的景象，故能離"憂"出"惕"，无所咎害。案，本爻"血去逖出"，當與《小畜》六四"血去惕出"同，《本義》謂"'逖'當作'惕'"，《尚氏學》謂兩字"音同通用"。今檢帛書《周易》作"湯"，正取"惕"音，於通假之例合。

【說明】

　　本爻辭之義，諸家說法不同，今舉三例以備參攷。其一，《集解》引虞翻注，訓"血"爲"血液"之"血"。其二，《王注》釋"血"爲"傷"，"逖"爲"遠"。其三，王申子《大易緝說》認爲以諸爻文法律之，當以"渙其血"爲句，謂："渙其所傷而免於難。"

《象》曰：渙其血，遠害也。

　　【注譯】《象傳》說：渙散至極天下聚合遂能離去憂恤，說明上九已經遠離散亂的咎害。

【說明】

　　上九无咎，在於以陽居一卦之終，散極反聚，故能"血去逖出"，安然无害。

【總論】

　　《渙》卦所謂"渙散"，并非立義於"散亂"，而是兼從對立的角度揭示"散"與"聚"互爲依存的關係。卦辭以"君王"祭廟喻聚合"神靈"之祐，以涉越大河喻聚合人心濟難，說明事物形雖散而神能聚必致亨通，並強調此時行事利於守正。卦中六爻雖然均處"渙散"之時，但陰陽剛柔相比、相應，已流露出"聚"的氣象。如初六陰柔在下，九二陽剛處中，時當"渙散"而兩心繫聯，故前者如獲"良馬"拯助而致"吉"，後者似得"几案"憑依而"悔亡"。三、上兩爻剛柔交應，或散其自身附從尊者而"无悔"，或散極見聚而"无咎"。四、五兩爻的情狀則更爲典型，六四上承九五，有散小羣、聚大羣的美質；九五陽剛"尊主"，有散居積、聚民心的"盛德":因此四得"元吉",五獲"无咎"。可見,本卦所明處"渙"之道,是立足於散而不亂、散而能聚的基點上;從哲學意義看,即是展示事物"散"、"聚"既對立又統一的特定規律。馬振彪謂:"渙者其形迹,不渙者其精神"(《周易學說》),實爲本卦義理的內蘊所在。至於卦象"風行水上"所顯露的"自然成文"的美學意蘊,則是本卦的又一特色。馬振彪援據蘇洵、姚鼐借卦論文之說,指出"'風行水上'有自然之妙境",故可"推論文章之妙"(《周易學說》)。這種推論引伸,適與"形散神聚"、"渙然有文"的卦義相契合。因此,《渙》卦所蘊含的美學因素,也是值得注意的一項內容。

節卦第六十

☵☱ 節[1]：亨[2]。苦節不可，貞[3]。

【譯文】

《節》卦象徵節制：亨通。不可過分節制，應當守持正固。

【注釋】

〔1〕節——卦名，下兌（☱）上坎（☵），象徵"節制"。《正義》："《彖》曰'節以制度'，《雜卦》云'節，止也'。然則'節'者，制度之名，節止之義。" 〔2〕亨——此明凡事能適當節制，可致亨通。《正義》："制事有節，其道乃亨。"〔3〕苦節不可，貞——這是從正反兩面見義，先言節制過苦則有傷事理，故"不可"；又言"節制"應當持"正"，則其道可通，故曰"貞"。

【說明】

"不可貞"三字，舊注多連讀，但訓釋亦有異。今引王弼、程頤之說備參考：一、《王注》釋"貞"爲"正"，曰："爲節過苦，物所不能堪也；物不能堪，不可復正也。"二、《程傳》釋"貞"爲"常"，曰："節至於苦，豈能常也？不可固守以爲常。"

《彖》曰：節亨，剛柔分而剛得中[1]。苦節不可貞，其道窮也[2]。說以行險，當位以節，中正以通[3]。天地節而四時成。節以制度，不傷財不害民[4]。

【譯文】

《彖傳》說：節制可致亨通，是由于剛柔上下井然區分而陽剛主節者敦然居中。不可過份節制而應守持正固，否則節道必至困窮。人情欣悅就勇於蹈艱赴險，居位妥當就有所節制，處中守正則行事必將暢通。天地自然有所節制而一年四季纔能形成。君主以典章制度爲節，就能不傷資財不害百姓。

【注釋】

〔1〕剛柔分而剛得中——剛，指上坎爲陽卦；柔，指下兌爲陰卦；剛得中，指九二、九五。此以上下卦象及二、五爻象釋卦名及卦辭"節，亨"之義。《王注》："坎陽而兌陰也，陽上而陰下，剛柔分也；剛柔分而不亂，剛得中而爲制主，節之義也。節之大者，莫若剛柔分、男女別也。" 〔2〕其道窮也——此以上六窮極於上之象，釋卦辭"苦節不可，貞"。《集解》引虞翻曰："位極於上，乘陽，故窮也。" 〔3〕說以行險，當位以節，中正以通——說，即"悅"，指下兌爲"悅"；險，指上坎爲險；當位，指四、五兩爻陰陽得位；中正，謂五。此又舉上下象及四、五爻象，進一步申明節制必須不違"悅"、適當而不過"中"之理。《集解》引虞翻曰："兌說，坎險"，"中正謂五"。《正義》："更就二體及四五當位重釋行節得亨之義，以明'苦節'之窮也。" 〔4〕天地節而四時成，節以制度，不傷財不害民——《正義》："此下就天地與人，廣明'節'義。天地以氣序爲節，使寒暑往來，各以其序，則四時功成之也；王者以制度爲節，使用之有道，役之有時，則不傷財不害民也。"

《象》曰：澤上有水，節[1]；君子以制數度，議德行[2]。

【譯文】

《象傳》說：大澤上有水於是築堤爲防，象徵節制；君子因此創設禮法制度以爲準則，詳議道德行爲任用得宜。

【注釋】

　　〔1〕澤上有水，節——釋《節》卦下兌爲澤、上坎爲水之象。《集解》引侯果曰：“澤上有水，以堤防爲節。”　　〔2〕制數度，議德行——數度，猶言“禮數法度”；議，評議、商度。這是說明君子效法《節》象，制定禮法作爲節制的准則，又評議人的德行優劣以期任用得宜。《正義》：“數度，謂尊卑禮命之多少；德行，謂人才堪任之優劣。君子象‘節’，以制其禮數等差，皆使有度；議人之德行任用，皆使得宜。”

【說明】

　　對本卦大象的解釋，孔穎達認爲：“水在澤中，乃得其節。”（《正義》）朱震承之曰：“澤之容水，固有限量，虛則納之，滿則泄之，水以澤爲節也。”（《漢上易傳》）其說於義亦通。

初九，不出戶庭，无咎[1]。

【譯文】

　　初九，不跨出戶庭以靜居慎守，必无咎害。

【注釋】

　　〔1〕不出戶庭，无咎——戶庭，戶外庭院。此言初九居《節》之始，上應六四；但前方九二阻塞，故節制慎守，遂以“不出戶庭”免“咎”。《本義》：“戶庭，戶外之庭也。陽剛得正，居《節》之初，未可以行，能節而止者也。”《尚氏學》：“二陽爲阻，故不宜出；不出則‘无咎’。《象》曰‘知通塞’，言二阻塞也。”

《象》曰：不出戶庭，知通塞也。

【譯文】

　　《象傳》說：不跨出戶庭以靜居慎守，說明初九深知路通則行堵塞則止的道理。

【說明】

　　“不出戶庭”，又含有慎言語、守機密的象徵意義。《繫辭上傳》引孔子語發揮此爻之義曰："君不密則失臣，臣不密則失身，幾事不密則害成。是以君子慎密而不出也。"

九二，不出門庭，凶[1]。

【譯文】

九二，不跨出門庭而拘束自制，有凶險。

【注釋】

〔1〕不出門庭，凶——門庭，門內庭院。此謂九二陽居陰位，拘於節制，當二陰待於前、路途暢通之際，仍懷失正无應之憂而"不出門庭"，故有凶險。《尚氏學》："二比重陰，陽遇陰則通；通則利往，乃竟不出，是失時也，故凶。"

《象》曰：不出門庭凶，失時極[1]也。

【譯文】

《象傳》說：不跨出門庭而拘束自制乃有凶險，說明九二喪失了適中的時機。

【注釋】

〔1〕失時極——《集解》引虞翻曰："極，中也。"《尚氏學》："《說文》'極，棟也'，棟居屋脊，當屋之中，故極爲中。失時極，即失時之中也。"

【說明】

初九在路途"塞"時，節制不出；九二當路途"通"時，仍節制不出：可見前者"知幾"，後者"違時"，故彼"无咎"而此"凶"。

六三，不節若，則嗟若，无咎[1]。

【譯文】

六三，不能節制，於是嗟歎傷悔，可免咎害。

【注釋】

　　〔1〕不節若，則嗟若，无咎——若，語氣助詞；嗟，傷歎。此言六三陰居陽位，處《節》下卦之終，乘淩二陽，有驕侈而不能節制之象；但若嗟傷自悔，亦可“无咎”。《橫渠易說》：“處非其位，‘失節’也；然能居不自安，則人將容之，故‘无咎’。”

《象》曰：不節之嗟，又誰咎[1]也！

【譯文】

　　《象傳》說：不能節制而嗟歎傷悔，又有誰會施加咎害呢？

【注釋】

　　〔1〕又誰咎——猶言“未必有咎”，義與《同人》初九《象傳》同（見該爻譯注）。

【說明】

　　王弼釋本爻“无咎”爲“无所怨咎”（《王注》）。張載不同意此說，指出：“王弼於此‘无咎’又別立一例。只舊例亦可推行：但能嗟其不節，有補過之心，則亦无咎也。”（《橫渠易說》）今從張說。

六四，安節，亨[1]。

【譯文】

　　六四，安然奉行節制，亨通。

【注釋】

　　〔1〕安節，亨——謂六四柔正得位，順承九五，有安行節制之象，遂得“亨通”。《王注》：“得位而順，不改其節，而能亨者也。”

《象》曰：安節之亨，承上道[1]也。

【譯文】

　　《象傳》說：安然奉行節制可獲亨通，說明六四謹守順承尊上之道。

【注釋】

〔1〕承上道——《集解》引《九家易》曰："言四得正奉五，上通於君，故曰'承上道也'。"

【說明】

四、三兩爻或順、或不正，適成反照。俞琰曰："六三失位而處兑澤之極，是乃溢而'不節'；六四當位而順承九五之君，故爲'安節'。"（《周易集說》）

九五，甘節，吉，往有尚[1]。

【譯文】

九五，甘美適中地倡導節制，吉祥，往前進發必受尊尚。

【注釋】

〔1〕甘節，吉，往有尚——甘，《說文》"美也"。此謂九五陽剛中正，下乘重陰，爲《節》卦之主，能甘美而恰到好處地施行節制，故獲"吉"而"往有尚"。《王注》："當位居中，爲節之主。不失其中，'不傷財，不害民'之謂也。爲節之不苦，非甘而何？衍斯以往，'往有尚'也。"

《象》曰：甘節之吉，居位中也。

【譯文】

《象傳》說：甘美適中地倡導節制可獲吉祥，說明九五尊居正中之位。

【說明】

"甘節"與上六"苦節"之義相反。《重定費氏學》引左光斗曰："禮和爲貴，而節在其中矣。凡人過心過形皆苦，去其太甚則甘。知窮而通，惟此中正：節以制度，上下有分，名器有當，民自不識不知而由之。節何等甘邪！"

上六，苦節，貞凶，悔亡[1]。

【譯文】

　　上六，艱苦過分地推行節制，守正以防凶險，悔恨就可消亡。

【注釋】

　　〔1〕苦節，貞凶，悔亡——貞凶，猶言"守正防凶"（參閱《屯》九五譯注）。這三句說明上六處《節》之極，有節制過苦、人所不堪之象；但以柔居上，未失其正，故爻辭又勉之曰：守正防凶，則可"悔亡"。《王注》："過節之中，以致亢極，'苦節'者也。以斯施人（引者案，人，阮刻作正，據《校勘記》改），物所不堪，正之凶也。以斯脩身，行在无妄，故得悔亡。"案，王弼釋"貞凶"爲"正之凶"，可備一說。

《象》曰：苦節貞凶，其道窮也。

【譯文】

　　《象傳》說：艱苦過分地推行節制要守正以防凶險，說明上六的節制之道已經困窮。

【說明】

　　"苦節"而"道窮"，宜其有凶；但行節之苦心，又未可全非。故爻辭特加誡勉，微含勸其回頭、化苦爲甘之義。

【總論】

　　適當的"節制"，往往是事物順利發展的一項重要因素。《禮記·曲禮上》謂："禮不踰節"，《論語·學而》稱："知和而和，不以禮節之，亦不可行也。"其說雖均針對"禮儀"而發，但所明"節制"之理卻含有普遍性的意義。《周易》設立《節》卦，正是集中闡說"節制"應當持正、適中的道理，故卦辭既稱節制可致亨通，又戒不可"苦節"。卦中六爻兩兩相比之間，呈三正三反之象。邱富國指出："初與二比，初'不出戶庭'則'无咎'，二'不出門庭'則'凶'，二反乎初也；三與四比，四柔得正則爲'安節'，三柔不正則爲'不節'，三反乎四者也；五與上比，五得中則爲節

之‘甘’，上過中則爲節之‘苦’，上反乎五者也。”（《折中》引）
其中凡有凶咎者，皆因不中不正所致；而最吉之爻，當推九五中正
“甘節”，來知德譽爲“節之盡善盡美”，“立法于今，而可以垂範
于後也”（《來氏易注》）。可見，《節》卦的基本含義在於：合乎規
律的“節制”，有利於事物的正常發展，反之則致凶咎。這一道理
廣見於自然界及人類社會的諸多物象，如季節的推展，動植物的蕃
衍，人類喜怒哀樂的情狀，衣食住行的處置，均與“節制”有關。
至於古代經濟思想中“節用愛民”的觀點，也與《節》卦的義理
密切關聯。歐陽修分析此卦說：“君子之所以節於己者，爲其愛於
物也。故其《象》曰‘節以制度，不傷財，不害民’者是也。”
（《易童子問》）從這一角度看，可以說，《節》卦在某種程度上反映
了《周易》作者的經濟思想。

中孚卦第六十一

☲　中孚[1]：豚魚吉[2]，利涉大川，利貞[3]。

【譯文】

《中孚》卦象徵中心誠信：精誠所至能感化小豬小魚必獲吉祥，利於涉越大河巨流，利於守持正固。

【注釋】

〔1〕中孚——卦名，下兑（☱）上巽（☴），象徵"中心誠信"。《正義》："信發於中，謂之中孚。"　〔2〕豚魚吉——豚，音屯 tún，小豬，"豚魚"猶言"小豬小魚"，喻微隱之物。此句以信及豚魚，譬喻"中孚"之德廣被微物，故獲吉祥。《正義》："魚者，蟲之幽隱；豚者，獸之微賤。人主內有誠信，則雖微隱之物，信皆及矣。"《程傳》："孚信能感於豚魚，則无不至矣，所以吉也。"　〔3〕利涉大川，利貞——此言有"中孚"之德則利於涉險，利於守正。《正義》："既有誠信，光被萬物，萬物得宜。以斯涉難，何往不通？故曰'利涉大川'。信而不正，凶邪之道，故利在貞也。"

【說明】

朱熹曾經辨析"孚"字與"信"字意義的區別和聯繫，說："伊川云'存於中爲"孚"，見於事爲"信"'，說得極好。因舉《字說》'孚'字從爪從子，如鳥抱子之象；今之'乳'字，一邊從'孚'。蓋中所抱者，實有物也；中間實有物，所以人自信之。"

（《朱子語類》）此說頗可參考。

《彖》曰：中孚，柔在內而剛得中[1]；說而巽，孚乃化邦也[2]。豚魚吉，信及豚魚也[3]；利涉大川，乘木舟虛也[4]；中孚以利貞，乃應乎天也[5]。

【譯文】

　　《彖傳》說：中心誠信，譬如柔順處內能夠謙虛至誠而剛健居外又能中實有信；於是下者欣悅而上者和順，誠信之德被化萬邦。精誠所至能感化小豬小魚必獲吉祥，說明誠信之德已施及豬魚之類的微物；利於涉越大河巨流，說明此時能像乘駕木船那樣暢行無阻；中心誠信而利於守持正固，說明信實君子應合天的剛正美德。

【注釋】

　　[1]柔在內而剛得中——柔，指六三、六四；剛，指九二、九五。此以中四爻的結構釋卦名“中孚”。從全卦整體看，兩陰正居其內，猶如“中虛”至誠；從上下卦看，兩陽分處其中，猶如“中實”有信，故謂“中孚”。《程傳》：“二柔在內，中虛爲誠之象；二剛得上下體之中，中實爲孚之象：卦所以爲‘中孚’也。”

　　[2]說而巽，孚乃化邦也——說，指下兌爲“悅”；巽，指上巽含“和順”之義。這兩句又以上下卦象再釋卦名“中孚”之義，謂上下交孚，則其信可以“化邦”。《程傳》：“上巽下說，爲上至誠以順巽於下，下有孚以說從其上。如是，其孚乃能化於邦國也。”

　　[3]信及豚魚也——此釋卦辭“豚魚吉”。《程傳》：“信能及於豚魚，信道至矣，所以吉也。”　　[4]乘木舟虛——木，指“舟”，上巽爲木、下兌爲澤，故有乘舟之象；虛，此處亦指“舟”，“木舟虛”三字合稱“船”。本句釋卦辭“利涉大川”。《尚氏學》據王應麟輯《鄭康成易注》，認爲古“舟”又名“虛”，指出“‘木、舟、虛’三者平列爲義，皆船也”。案，《王注》釋“舟虛”爲“舟之虛”，《程傳》云“卦虛中，爲虛舟之象”，於義亦通。

〔5〕乃應乎天也——此釋卦辭"利貞"。《正義》："天德剛正，而氣序不差，是正而信也。今信不失正，乃得應於天，是中孚之盛，故須濟以'利貞'也。"

【說明】

本卦中二爻陰虛，前人多以爲此象蘊含著"誠信"須以"中虛"爲本的哲理。《重定費氏學》引曾國藩曰："人必中虛不著一物，而後能真實无妄。蓋'實'者，不欺之謂也。人之所以欺人、所以自欺者，以心中別著私物也。不欺者，心无私著。是故天下之至誠，天下之至虛者也。靈明无著，物來順應，是之謂虛，是之謂誠而已矣。"

《象》曰：澤上有風，中孚[1]；君子以議獄緩死[2]。

【譯文】

《象傳》說：大澤上吹拂著和風恰如廣施信德，象徵中心誠信；君子因此執誠秉正以審議訟獄而寬緩死刑。

【注釋】

〔1〕澤上有風，中孚——釋《中孚》下兌爲澤、上巽爲風之象。《正義》："風行澤上，无所不周，其猶信之被物，无所不至，故曰'澤上有風，中孚'。"　　〔2〕議獄緩死——指君子效法"中孚"之象，廣施信德，乃至慎議刑獄，寬緩死刑。《程傳》："君子之於議獄，盡其忠而已；於決死，極其惻而已，故誠意常求於緩。緩，寬也。於天下之事，无所不盡其忠；而議獄緩死，最其大者也。"《尚氏學》："議獄緩死，欲孚及罪人而向善也。"

【說明】

《折中》引徐幾曰："《象》言'刑獄'五卦。《噬嗑》、《豐》，以其有離之明、震之威也；《賁》次《噬嗑》，《旅》次《豐》，離明不易，震皆反爲艮矣。蓋明貴无時不然，威則有時當止。至於《中孚》，則全體似離，互體有震、艮，而又兌以議之，巽以緩之。

聖人即象垂教，其忠厚惻怛之意，見於謹刑如此。"此說比較五卦
《大象傳》關於"刑獄"的立說依據，頗可參攷。

初九，虞吉，有它不燕[1]。

【譯文】

初九，安守誠信可獲吉祥，別有它求則不得安寧。

【注釋】

〔1〕虞吉，有它不燕——虞，猶言"安"，《儀禮・士虞禮》
鄭玄注："虞，安也"；燕，通"宴"，亦"安"之意；有它，有應
於他方，此處指應四。這兩句說明初九以陽居《中孚》之始，能安
守誠信則吉；雖與六四有應，但九二在前爲阻，欲"有它"往應必
不安寧。《集解》引荀爽曰："虞，安也。初應於四，宜自安虞，
无意於四則吉，故曰'虞吉'也；四者承五，有它意於四，則不
安，故曰'有它不燕'也。"《尙氏學》："'有它'謂不安於初，
不顧二阻，而它往應四，則'不燕'也。"案，《王注》訓"虞"
爲"專"，謂："爲信之始，而應在四，得乎專吉者也；志未能變，
繫心於一，故'有它不燕'也。"義亦可通。

《象》曰：初九虞吉，志未變[1]也。

【譯文】

《象傳》說：初九安守誠信可獲吉祥，說明不欲外求的心志未
曾改變。

【注釋】

〔1〕志未變——《集解》引荀爽曰："初位潛藏，未得變而應
四也。"

【說明】

初九處"勿用"之位，能慎守誠信而无所求必吉。《折中》引
項安世曰："初九安處於下，不假它求，何吉如之？"

九二，鳴鶴在陰，其子和之[1]；我有好爵，吾與爾靡之[2]。

【譯文】

鶴在山陰鳴唱，其侶聲聲應和；我有一壺美酒，偕你共飲同樂。

【注釋】

〔1〕鳴鶴在陰，其子和之——鶴，喻九二；陰，山陰，喻九二處兩陰之下；其子，喻九五。這兩句說明九二陽剛居中，篤實誠信，聲聞於外；九五處上，亦以誠德遙相應和。《本義》："九二'中孚'之實，而九五亦以中孚之實應之。" 〔2〕我有好爵，吾與爾靡之——我、吾，均指九二；爵，《說文》"飲器"，《說文通訓定聲》"凡酒器亦總名曰'爵'"，此處借指"酒"，故《折中》云"好爵，謂旨酒也"；爾，指九五；靡，《釋文》"《韓詩》云'共也'，孟同"。這兩句進一步說明二、五以誠信相互感通，猶如以美酒共飲同樂。《尚氏學》："爾謂五，言二、五共此爵也。"

【說明】

陳騤《文則》以為"《易》文似《詩》"，并謂："《中孚》九二曰：'鳴鶴在陰，其子和之；我有好爵，吾與爾靡之。'使入《詩·雅》，孰別爻辭？"此說頗有見地。從這則爻辭看，不僅句式整齊，偶句諧韻，而且形象鮮明生動，上兩句"鶴鳴"、"子和"，與下兩句"我爵"、"爾靡"，又見"比興"情調。這類現象在六十四卦的卦爻辭中頗為多見，是研究先秦詩歌史的重要資料。

《象》曰：其子和之，中心願[1]也。

【譯文】

《象傳》說：鶴鳥的同侶聲聲應和，這是發自內心的真誠意願。

【注釋】

〔1〕中心願——中心，猶言"內心"。指五、二以真誠的意願相互應和。《程傳》："謂誠意所願也，故通而相應。"

【說明】

《繫辭上傳》引孔子語釋本爻之義曰：“君子居其室，出其言善，則千里之外應之，況其邇者乎？出其言不善，則千里之外違之，況其邇者乎？”其旨在於揭明心念真誠，雖遠亦能相應，即程頤所謂：“至誠感通之理”（《程傳》）。

六三，得敵，或鼓或罷，或泣或歌[1]。

【譯文】

六三，存心不誠而前臨勁敵，或擊鼓進攻或疲憊敗挫，或懼敵悲泣或敵退歡歌。

【注釋】

〔1〕得敵，或鼓或罷，或泣或歌——敵，《集解》引荀爽曰“三、四俱陰，故稱敵”；罷，謂“疲”，《尚氏學》“罷、疲通，音婆，下與‘歌’叶”。此言六三陰柔失正，與四爲敵，有存心不誠而躁動之象，故擊鼓欲進；但四位柔正，三不能取勝，只得疲憊而退；又懼四反擊，不免憂懼悲泣；而六四守正，不加侵害，遂无憂而歌。《王注》：“以陰居陽，欲進者也。欲進而閡敵，故‘或鼓’也；四履正而承五，非己所克，故‘或罷’也；不勝而退，懼見侵陵，故‘或泣’也；四履乎順，不與物校，退而不見害，故‘或歌’也。不量其力，進退无恒，憊可知也。”

《象》曰：或鼓或罷，位不當也。

【譯文】

《象傳》說：或擊鼓進攻或疲憊敗挫，說明六三居位不妥當。

【說明】

六三不當位，自樹其敵，遂有“鼓”、“罷”、“泣”、“歌”之象。正如人心不誠，私念雜起，往往多方鑽營，言行无常，但終究徒勞无益。《折中》引劉牧曰：“人惟信不足，故言行之間變動不常如此。”

六四，月幾望，馬匹亡，无咎[1]。

【譯文】

六四，月亮接近滿圓，良馬亡失匹配，不致咎害。

【注釋】

〔1〕月幾望，馬匹亡，无咎——幾望，月亮將滿未盈（見《歸妹》六五譯注）；匹，配也，指初與四陰陽互應。此謂六四處“中孚”之時，柔順居正，上承九五，猶如“陰德”方盛而不盈，遂有“月幾望”之象；既已專誠事五，則不可分心應初，故必如馬亡其匹、與初割絕，纔能“无咎”。《本義》：“六四居陰得正，位近於君，爲‘月幾望’之象；馬匹，謂初與己爲匹，四乃絕之，而上以信於五，故爲‘馬匹亡’之象。占者如是，則‘无咎’也。”

《象》曰：馬匹亡，絕類上[1]也。

【譯文】

《象傳》說：良馬亡失匹配，說明六四棄絕其配偶而上承九五。

【注釋】

〔1〕絕類上——類，指初九；上，用如動詞，猶言“上承”、“上從”。《程傳》：“絕其類而上從五也。”案，尚先生以“類”爲動詞，謂“類上即承上”（《尚氏學》），於義亦通。

【說明】

本爻的義旨是：當“中孚”之時，稟“陰順”之德，誠信必須專一。故六四須“絕”初，纔能承五，《折中》謂：“孚不容於有二”是也。

九五，有孚攣如，无咎[1]。

【譯文】

九五，用誠信牽繫天下之心，无所咎害。

【注釋】

〔1〕有孚攣如，无咎——攣，牽繫（見《小畜》九五譯注）；

如，語氣助詞。此謂九五陽剛中正，爲《中孚》之主，能以誠信廣
繫"天下"之心，則"天下"亦以誠信相應，故无所咎害。《折
中》引胡瑗曰："居尊而有中正之德，是有至誠至信之心，發之於
內而交之於下，以攣天下之心，上下內外皆以誠信相通，是得爲君
之道，何咎之有？"

《象》曰：有孚攣如，位正當也。

【譯文】

《象傳》說：用誠信牽繫天下之心，說明九五居位中正適當。

【說明】

《象傳》稱"孚乃化邦"，正指此爻。胡炳文曰："六爻不言
'孚'，惟九五言之，九五'孚'之主也。"（《周易本義通釋》）

上九，翰音登于天，貞凶[1]。

【譯文】

上九，飛鳥鳴叫的虛聲響徹天宇，守持正固以防凶險。

【注釋】

〔1〕翰音登于天，貞凶——翰，高飛，"翰音"猶言"飛鳥鳴
音"。此謂上九居《中孚》之極，誠信衰而虛僞起，遂有"翰音"
虛升於天之象；但畢竟具備陽剛本質，故爻辭又設守"貞"防
"凶"之誡。《王注》："翰，高飛也；飛音者，音飛而實不從之謂
也。居卦之上，處信之終，信終則衰，忠篤內喪，華美外揚，故曰
'翰音登于天'也。"《正義》："信衰則詐起"，"若鳥之（引者案：
之，阮刻作於，據《校勘記》改）翰音登于天，虛聲遠聞也。"
案，《集解》引虞翻注，謂"難稱翰音"，可備一說。

《象》曰：翰音登于天，何可長也！

【譯文】

《象傳》說：飛鳥鳴叫的虛聲響徹天宇，說明上九的幻僞之音
怎能保持長久呢？

【說明】

九二"鳴鶴在陰",上九"翰音登天":一篤實一虛僞,恰可對照。蘇軾曰:"九二在陰而'子和',上九飛鳴而'登天',其道蓋相反也。"(《東坡易傳》)

【總論】

孔子曾經反復以"信"德施教,《論語》二十篇屢屢強調這一宗旨,如"敬事而信"(《學而》),"主忠信,徙義崇德也"(《顏淵》),"人而無信,不知其可也"(《爲政》)等均是。《中孚》卦,正是闡明"中心誠信"的意義。卦辭用"感化小豬小魚可獲吉祥",喻誠信之德應當廣被微物,並稱此時利於涉險、利於守正。卦中諸爻從不同的角度揭示其理:初安於下位以守信,二篤誠中實以感物,四專心致誠而不貳,五廣施誠信而居尊,這四爻雖處位不同、陰陽有別,但皆爲有"信"的正面形象;而六三居心不誠、言行无常,上九信衰詐起、虛聲遠聞,則爲无"信"的反面形象。六爻最受推崇的,是二、五兩爻。九二取"鳴鶴在陰,其子和之"爲喻,賈誼由此推得"愛出者愛反,福往者福來"(《新書‧春秋》)的論旨。至於九五所取以"誠信"牽繫"天下"之象,更蘊含著對"有國者"必須"取信於民"的期望,與卦辭申言:信及豚魚、感化萬物的觀點相合。劉向論曰:"人君苟能至誠動於內,萬民必應而感移。堯舜之誠感於萬國,動於天地,故荒外從風,鳳麟翔舞,下及微物,咸得其所。《易》曰:'中孚,豚魚吉',此之謂也。"(《新序‧雜事篇》)可見,《中孚》卦所發"誠信"之義,既泛及一般的社會道德,又兼及特殊的政治倫理。那麼,在研究我國古代社會的倫理思想中,尤其在探索"信"這一道德範疇的歷史淵源時,本卦實可提供一定的資料依據。

小過卦第六十二

䷽ 　小過[1]：亨，利貞[2]。可小事，不可大事[3]。飛鳥遺之音，不宜上，宜下，大吉[4]。

【譯文】

《小過》卦象徵小有過越：亨通，利於守持正固。可以施行尋常小事，不可踐履天下大事。宛如飛鳥傳來聲聲哀鳴，此時不宜往上奮飛，宜於向下安棲，大爲吉祥。

【注釋】

〔1〕小過——卦名，下艮（䷨）上震（䷲），象徵"小有過越"。案，"小過"之義，與"大過"可相對照。此卦外四陰超過中二陽，陰稱"小"，故謂"小過"；其寓理又含小事過越、小有過越等義。《程傳》："小者過其常也，蓋爲小者過；又爲小事過，又爲過之小。"《本義》："小謂陰也，爲卦四陰在外，二陽在內，陰多於陽，小者過也。" 〔2〕亨，利貞——此謂"小過"之時，可致亨通；但"過越"又不能不以"正"爲本，故稱"利貞"。《正義》："過爲小事，道乃可通，故曰'小過，亨'也；'利貞'者，矯世勵俗，利在歸正。" 〔3〕可小事，不可大事——小事，指柔小之事；大事，指剛大之事。《周易集說》："'小過'之時，可過者小事而已，大事則不可過也。"《折中》："大事，謂關係天下國家之事；小事，謂日用常行之事。" 〔4〕飛鳥遺之音，不宜上，宜下，大吉——這幾句取"飛鳥"象，比喻"小過"

主於謙柔，可居下，不可居上。《王注》：“飛鳥遺其音，聲哀以求處，上愈无所適，下則得安。愈上則愈窮，莫若飛鳥也。”《重定費氏學》：“飛鳥，高過於人矣；然遺音可聞，是亦未能過高，特‘小過’耳。逆順者，飛而向上，有風氣阻力，就下則勢順也。《管子》云：鳥之飛也，必還山集谷。不還山則困，不集谷則死。故曰‘不宜上，宜下，大吉’。”

《彖》曰：小過，小者過而亨也[1]；過以利貞，與時行也[2]。柔得中，是以小事吉也；剛失位而不中，是以不可大事也[3]。有飛鳥之象焉[4]：飛鳥遺之音，不宜上宜下，大吉，上逆而下順也[5]。

【譯文】

　　《彖傳》說：小有過越，說明在尋常小事有所過越乃能亨通；有所過越而利於守持正固，說明要配合一定的時機奉行此道。此時陰柔者居中不偏，所以施行尋常小事可獲吉祥；陽剛者有失正位不能持中，所以不可踐履天下大事。此中有飛鳥的喻象：飛鳥傳來聲聲哀鳴，不宜往上奮飛而宜向下安棲，於是大爲吉祥，說明向上行大事必乖逆而向下施小事則安順。

【注釋】

　　〔1〕小者過而亨也——此釋卦辭“小過，亨”。《折中》引朱震曰：“小過，小者過也。蓋事有失之於偏，矯其失必待小有所過，然後偏者反於中。謂之過者，比之常理則過也；過反於中，則其用不窮而亨矣。”　　〔2〕與時偕行——此釋卦辭“利貞”，謂“小過”之道須行於正當之時，不可隨意妄爲。《正義》：“矯枉過正，應時所宜，不可常也。”　　〔3〕柔得中，是以小事吉也；剛失位而不中，是以不可大事也——柔，指六二、六五；剛，指九三、九四。這四句用卦中柔爻、剛爻的居位特點，釋卦辭“可小事，不可大事”。《正義》：“此就六二、六五以柔居中，九四失位不中、九

三得位不中，釋'可小事，不可大事'之義。柔順之人，惟能行小事；柔而得中，是行小中時，故曰'小事吉'也。剛健之人，乃能行大事；失位不中，是行大不中時，故曰'不可大事'也。"〔4〕有飛鳥之象焉——此謂卦辭取"飛鳥遺之音，不宜上，宜下"爲喻象。《王注》："'不宜上，宜下'，即'飛鳥'之象。"案，《集解》引宋衷曰："二陽在內，上下各陰，有似飛鳥舒翮之象。"《尚氏學》認爲上卦爲"覆艮"，下卦亦艮，"艮爲鳥"，故"有飛鳥之象，謂上下卦皆艮也。"二說并通，可資參考。但《程傳》指出："此一句不類《象》體，蓋解者之辭誤入《象》中。"似亦可備一說。　　〔5〕上逆而下順也——上逆，指五居上乘剛；下順，指二處下承陽。此釋卦辭"飛鳥遺之音，不宜上，宜下"。《正義》："此就六五乘九四之剛，六二承九三之陽，釋所以'不宜上，宜下，大吉'之義也。上則乘剛而逆，下則承陽而順。"

《象》曰：山上有雷，小過[1]；君子以行過乎恭，喪過乎哀，用過乎儉[2]。

【譯文】

　　《象傳》說：山頂上響著震雷其聲過常，象徵小有過越；君子因此行止稍過恭敬，臨喪稍過悲哀，用費稍過節儉。

【注釋】

　　〔1〕山上有雷，小過——釋《小過》下艮爲山、上震爲雷之象。《程傳》："雷震於山上，其聲過常，故爲'小過'。"

〔2〕行過乎恭，喪過乎哀，用過乎儉——這是說明君子效法《小過》之象，在行止之恭、喪事之哀、用費之儉這些日常小事上，稍能過越，以正俗弊。《正義》："小人過差，失在慢易、奢侈，故君子矯之以'行過乎恭，喪過乎哀，用過乎儉'也。"

【說明】

　　《大象傳》所舉三例，均爲謙慈柔惠的行爲，與卦辭"可小事”、“宜下”的意義正合。朱熹曰：“‘小過’是過於慈惠之類，‘大過’則是剛嚴果毅底氣象”，“‘小過’是小事過，又是過於小。如‘行過乎恭，喪過乎哀，用過乎儉’，皆是過於小、退後一步、自貶底意思。”（《朱子語類》）

初六，飛鳥以凶[1]。

【譯文】

初六，飛鳥逆勢上翔將有凶險。

【注釋】

〔1〕飛鳥以凶——以，連詞，猶“而”。此言初六處“小過”之始，本當“宜下”，卻如“飛鳥”逆勢上翔，往應九四，故有凶險。《王注》：“‘小過’上逆下順，而應在上卦，進而之逆，无所錯足，飛鳥之凶也。”

《象》曰：飛鳥以凶，不可如何[1]也。

【譯文】

《象傳》說：飛鳥逆勢上翔將有凶險，說明初六自罹凶危无奈其何。

【注釋】

〔1〕不可如何——猶言“无可奈何”，謂難以解救。《來氏易注》：“不可如何，莫能解救之意。”

【說明】

初六居位不中正，前有六二爲阻，卻反其安下之道而應上，因此自取凶咎。

六二，過其祖，遇其妣；不及其君，遇其臣，无咎[1]。

【譯文】

六二，超過祖父，得遇祖母；无法企及其君主，但明君適可遇合賢臣，必无咎害。

【注釋】

〔1〕過其祖，遇其妣；不及其君，遇其臣，无咎——祖，祖父，喻九四；妣，祖母，與下文“君”皆喻六五；臣，喻六二，“遇其臣”猶言“君得其臣”。這幾句說明六二柔順中正，其進可越三而超過四“祖”，得遇六五之“妣”；但六五“君位”，二不敢擅越，而臣事之，五遂得遇其臣，故又曰“不及其君，遇其臣”；居二之位，當“小過”之時，必須如此既過又不過，才能“无咎”。《本義》：“六二柔順中正，進則過三、四而遇六五，是過陽而反遇陰也；如此則不及六五，而自得其分，是‘不及其君’而‘遇其臣’也；皆過而不過，守正得中之意，‘无咎’之道也。”

【說明】

此爻之義，諸家解釋頗歧。今舉三說以備參攷。其一，虞翻釋“祖”爲“祖母”，並以初六爲“祖”、六二爲“妣”、九三爲“臣”、六五爲“君”，認爲：“二過初，故‘過其祖’；五變，三體《姤》遇，故‘遇妣’也”；“五動爲君，《晉》坤爲臣，二之五隔三艮爲止，故‘不及其君’；止如承三，得正，體《姤》遇象，故‘遇其臣，无咎’也”（《集解》引）。其二，王弼釋“祖”爲“始”，謂初爲“祖”、二爲“妣”，指出：“過而得之謂之‘遇’。在小過而當位，過而得之之謂也。祖，始也，謂初也；妣者，居內履中而正者也。過初而履二位，故曰‘過其祖’而‘遇其妣’。過而不至於僭，盡於臣位而已，故曰‘不及其君，遇其臣，无咎’。”（《王注》）其三，尚先生別爲之解，曰：“艮爲祖，二承三故‘過其祖’；巽爲妣，二當巽初，故‘遇其妣’。《爾雅》‘母曰妣’，妣謂二，祖謂三。二應在五，五震爲君，乃五不應，故‘不及其君’。艮爲臣，三艮主爻，二承之，故‘遇其臣’。”（《尚氏學》）

《象》曰：不及其君，臣不可過也。

【譯文】

《象傳》說：无法企及其君主，說明六二爲臣不可超過君上。

【說明】

　　六二所以"无咎"，正是在"過"與"不過"之間妥善周旋，恰到好處。王宗傳曰："或過或不及，皆適當其時與分，而不恣於中焉。此在'過'之道爲'无過'也，故曰'无咎'。"(《童溪易傳》)

九三，弗過防之，從或戕之，凶[1]。

【譯文】

　　九三，不肯過爲防備，將要遭人戕害，有凶險。

【注釋】

　　〔1〕弗過防之，從或戕之，凶——防，防備；之，語氣詞（下句同）；從，作副詞，猶言"隨著"、"從而"，《左傳》隱公六年"長惡不悛，從自及也"杜預注"從，隨也"；戕，音槍 qiāng，害也。此謂九三居下卦之上，處陰過陽之時，陽剛得正，自恃强盛，不願過爲防備，則將爲人所害，故"凶"。《本義》："小過之時，事每過當，然後得中。九三以剛居正，衆陰所欲害者也；而自恃其剛，不肯過爲之備，故其象占如此。"案，《王注》訓"從"爲"應"，謂三應上六將遇其害，故《正義》曰："上六小人，最居高顯，而復應而從焉，其從之也，則有殘害之凶至矣。"《尚氏學》認爲："言三若應上，則四或害之也。"二說並可參考。

《象》曰：從或戕之，凶如何[1]也！

【譯文】

　　《象傳》說：將要遭人戕害，說明九三的凶險多麼嚴重啊！

【注釋】

　　〔1〕凶如何——《程傳》："凶如何也，言其甚也。"

【說明】

　　九三之"凶"，在於輕忽"小事"，不願"過防"。《折中》指出："小過者，小事過也；小事過者，敬小慎微之義也。九三過剛違於斯義矣，故爲不過於周防，而或遇戕害之象。傳曰：'君子能勤小物，故無大患。'此爻之意也。"所謂"勤小物無大患"者，見於《國語·晉語》："《周書》有之曰：'怨不在大，亦不在小。'夫君子能勤小物，故無大患。"其義實與本爻甚切。

九四，无咎，弗過遇之；往厲必戒，勿用，永貞[1]。

【譯文】

九四，无所咎害，不過分剛强就能遇得陰柔者，前往應合將有危險，務必自戒，不可施展才用，要永久守持正固。

【注釋】

〔1〕无咎，弗過遇之，往厲必戒，勿用，永貞——弗過，指九四失位不過剛；遇之，謂得遇初六；往，指前往應初。此謂九四陽居陰位，不爲過剛，遂能得遇下卦之初，有"宜下"之象，故"无咎"；但既已失正，若主動前往應初，則失自慎靜守之道，故戒以"往厲"，并告其"勿用"、"永貞"。《重定費氏學》："四應初六，合'宜下'之道，故'无咎'；然以失位之剛在上，雖應下而情亢，故又有'往厲'之戒，'勿用'、'永貞'皆戒辭。"

《象》曰：弗過遇之，位不當也；往厲必戒，終不可長也。

【譯文】

《象傳》說：不過分剛强就能遇得陰柔者，說明九四居位尚不適當；前往應合將有危險務必自戒，說明若一意孤行則好景終不可久長。

【說明】

當"小過"之時，九四失正，因此必須靜守"勿用"，保其"永貞"。就四對初的關係來看，可"遇"之而不可"往"應之：即要求九四謹慎不妄動。否則，若一意孤行，必將化"无咎"爲有"凶"。

六五，密雲不雨，自我西郊[1]。公弋取彼在穴[2]。

【譯文】

六五，濃雲密佈而不降雨，雲氣從我城邑西郊騰升。王公竭力射取穴中害獸。

【注釋】

〔1〕密雲不雨，自我西郊——義與《小畜》卦辭同（參見該卦譯注）。此處說明六五以陰居尊位，下無陽應，猶如西郊陰方唯濃雲密佈，无陽而不能化雨；象旨正合"小者過"、"不可大事"之義。《王注》："小過，小者過於大也。六得五位，陰之盛也，故'密雲不雨'，至于'西郊'也。夫雨者，陰在於上，而陽薄之而不得通，則烝而爲雨，今艮止於下而不交焉，故'不雨'也。是故《小畜》尚往而亨，則不雨也；《小過》陽不上交，亦不雨也。雖陰盛於上，未能行其施也。"　〔2〕公弋取彼在穴——公，指六五，《王注》："臣之極也，五極陰盛，故稱'公'也"；弋，音亦yì，用繳（細繩）繫在箭矢上射，《詩經·鄭風·女曰鷄鳴》"弋鳧與雁"《鄭箋》"弋，繳射也"；在穴，即藏於穴中的狡獸，喻隱患、弊端。此句承前兩句之意，說明六五雖不能治天下，但作爲"王公"則能過行其臣職，竭力除害矯弊。《周易口義》："弋者，所以射高也；穴者，所以隱伏而在下也。公以弋繳而取穴中之物，猶聖賢雖過行其事，意在矯下也。"

《象》曰：密雲不雨，已上[1]也。

【譯文】

《象傳》說：濃雲密布而不降雨，說明六五陰氣已盛高居在上。

【注釋】

〔1〕已上——指陰已居上，未得陽和，故"不雨"。

【說明】

本爻《象傳》稱"已上"，與《小畜》卦《象傳》謂"尚往"，義略可通。《折中》引龔煥曰："密雲不雨，《小畜》謂其

'尚往'者，陰不足以畜陽，而陽'尚往'也；《小過》謂其'已上'者，陰過乎陽，而陰已上也。一為陽之過，一為陰之過，皆陰陽不和之象，故不能為雨也。"

上六，弗遇過之[1]，飛鳥離之，凶，是謂災眚[2]。

【譯文】

上六，不願遇合陽剛者而亢強氣勢肆意超越，猶如飛鳥上翔不止遭受射殺，有凶險，這便是災殃禍患。

【注釋】

〔1〕弗遇過之——此句說明上六居《小過》之終，陰處窮高，過越至極，不僅不能應合在下之陽，且己身之亢已超過陽剛，故謂"弗遇過之。"《重定費氏學》："陰陽之氣，同類則相拒，異類則相感。上變陽則與三相失，弗能親遇，但有過之而已。先曰'弗遇'，見上本有可遇之道，其弗遇也，其自為之也。" 〔2〕飛鳥離之，凶，是謂災眚——離，通"罹"，謂遭受，此指飛鳥遭射；災眚，即災殃禍患（見《復》上六譯注）。此以飛鳥窮飛遭射之象，喻上六過極自取災凶。《王注》："小人之過，遂至上極，過而不知限，至於亢也。過至于亢，將何所遇？飛而不已，將何所託？災自己致，復何言哉！"《正義》："以小人之身，過而弗遇，必遭羅網；其猶飛鳥，飛而无託，必離矰繳。"

《象》曰：弗遇過之，已亢也。

【譯文】

《象傳》說：不願遇合陽剛者而亢強氣勢肆意超越，說明上六已居亢極之地。

【說明】

《折中》曰："《復》之上曰'迷復，凶，有災眚'，此曰'飛鳥離之，凶，是謂災眚'，辭意不同。'凶'由己作，'災眚'外至。迷復則因'凶'而致'災眚'者也，此則'凶'即'災眚'

也。蓋時當過極，不能自守，而徇俗以至於此；與初六當時未過，而自飛以致'凶'者稍別。"此說比較兩卦"災眚"措辭之異，宜有可取。

【總論】

《小過》闡明事物有時必須"小有過越"的道理。全卦宗旨約見於兩方面：一是此理必須用在處置"柔小之事"，即卦辭所謂"可小事，不可大事"；二是"過越"的本質體現於謙恭卑柔，亦即卦辭所謂"不宜上，宜下"。然而，所"過越"者雖爲"柔小之事"，也須建立在"正"的基礎上，否則必將導致大凶：這又是卦辭強調"利貞"之所以然。卦中諸爻的吉凶情狀，一一圍繞著上述意義而發。其中六二、六五以陰柔居中，最得"小過"之旨；初、上雖亦陰爻，但均違"宜下"之道而致"凶"；三、四兩陽，前者過剛不能自下，後者居柔能下，故一"凶"一"无咎"。可見，"宜下"的准則，在本卦大義中至關重要。《大象傳》謂："行過乎恭，喪過乎哀，用過乎儉"，《左傳》桓公五年鄭伯稱："君子不欲多上人"，正與"宜下"之義切合。

既濟卦第六十三

䷾ 既濟[1]：亨小，利貞[2]，初吉終亂[3]。

【譯文】

《既濟》卦象徵事已成：連柔小者也獲得亨通，利於守持正固，但若不慎則起初吉祥最終也將敗亂。

【注釋】

〔1〕既濟——卦名，下離（☲）上坎（☵），象徵"事已成"。案，"既濟"詞義，是用渡水已竟喻示"事已成"。《釋文》引鄭玄曰："既，已也，盡也；濟，度也。"《正義》："濟者，濟渡之名；既者，皆盡之稱。萬事皆濟，故以'既濟'爲名。" 〔2〕亨小，利貞——亨小，猶言"小亨"，"小"指陰柔。此謂"既濟"之時，不但大者亨通，小者也均獲亨通，故卦中六爻皆得位；而此時又宜於守正，故曰"利貞"。《正義》："既萬事皆濟，若小者不通，則有所未濟，故曰'既濟，亨小'也。小者尚亨，何況于大？則大小剛柔各當其位，皆得其所。當此之時，非正不利，故曰'利貞'也。" 〔3〕初吉終亂——這是誡勉"事成"之後應慎爲守成，否則將致危亂。《正義》："人皆不能居安思危，慎終如始，故戒以今日'既濟'之初，雖皆獲吉，若不進德修業，至於終極，則危亂及之。"案，尚先生訓"既濟"爲"終止"，曰："其在既濟之初，上下得所，民物咸宜，故'初吉'；然《易》之道以變通爲貴，无或休息，止而終于是，則易道窮矣，故'終亂'。"其義

亦通。

【說明】

卦辭"既濟，亨小，利貞"，《集解》引虞翻注，以"亨小"爲句。故《釋文》出"亨小"，并謂："絕句，以'小'連'利貞'者非。"但後人對此又有多種不同看法，茲舉三說以備參攷。一、朱熹以爲"亨小，當爲'小亨'"，并說《彖傳》"既濟，亨"之"亨"上當有"小"字(《本義》)。二、毛奇齡以爲當讀作"既濟亨，小利貞"(《仲氏易》)。三、俞樾謂"小"字爲衍文，其理由是《彖傳》云"既濟，亨，小者亨也；利貞，剛柔正而位當也"，則卦辭本无"小"字，并說："其作'亨小'者，涉《未濟》'亨，小狐汔濟'之文而衍耳"(《羣經平議》)。尚先生贊成俞氏說，認爲"徵之《彖傳》，其爲衍文无疑"(《尚氏學》)。今查帛書《周易》，亦有"小"字，可知此字若爲衍文，則西漢人鈔寫帛書所據之本已衍。

《彖》曰：既濟亨，小者亨也[1]。利貞，剛柔正而位當也[2]。初吉，柔得中也。終止則亂，其道窮也[3]。

【譯文】

《彖傳》說：事已成而亨通，說明此時連柔小者也獲亨通。利於守持正固，說明陽剛陰柔均要行爲端正而居位適當。起初吉祥，說明柔小者也如剛大者一樣持中不偏。最終止息不前將致敗亂，說明事成之道已經困窮。

【注釋】

〔1〕既濟，亨，小者亨也——此釋卦辭"既濟，亨小"。《王注》："既濟者，以皆濟爲義者也。小者不遺，乃爲皆濟，故舉'小者'以明'既濟'也。"案，依卦辭，"既濟，亨"下當有一"小"字，《彖傳》似有意省略，故《正義》曰："具足爲文，當更有一'小'字；但既疊經文，略足以見，故從省也。"又，《周易

舉正》以爲此“亨”下脫一“小”字，可備一說（朱熹疑“亨”上當有“小”字，見前“說明”引）。　〔2〕剛柔正而位當也——此以卦中六爻剛柔均當位，釋卦辭“利貞”。《王注》：“剛柔正而位當，則邪不可以行矣。故唯正乃‘利貞’也。”《折中》引俞琰曰：“三剛三柔皆正而位皆當，六十四卦之中，獨此一卦而已，故特贊之也。”　〔3〕初吉，柔得中也，終止則亂，其道窮也——柔得中，指六二柔順居中；止，停止不前。此釋卦辭“初吉終亂”。《集解》引虞翻曰：“中謂二。”又引侯果曰：“剛得正，柔得中，故‘初吉’也。正有終極，濟有息止，‘止’則窮亂，故曰‘終止則亂，其道窮也’。”案，此卦二、五剛柔俱得正得中，《象傳》只稱“柔得中”者，實舉柔包剛，謂柔者尚能持中，何況剛者？其義當與卦辭言“亨小”兼指“剛柔大小”同。《正義》謂“以柔小者尚得其中，則剛大之理皆獲其濟”，似含此意。

【說明】

　　《象傳》謂“終止則亂”，一方面指出“既濟”至終必亂的客觀規律；另一方面也表明“亂”的產生，又由於止而不前、懈怠不振的主觀因素。《折中》引張清子曰：“非終之能亂也，於其終有止心，此亂之所由生也。”

《象》曰：水在火上，既濟[1]；君子以思患而豫防之[2]。

【譯文】

　　《象傳》說：水在火上煮成食物，象徵事已成；君子因此於事成之後思慮可能出現的禍患而預先防備。

【注釋】

　　〔1〕水在火上，既濟——釋《既濟》上坎爲水、下離爲火之象。《正義》：“水在火上，炊爨之象。飲食以之而成，性命以之而濟，故曰‘水在火上，既濟’也。”　〔2〕思患而豫防之——豫，即“預”。這是說明君子觀《既濟》卦象，知“初吉終亂”之

理，故能思其後患而預爲防備。《集解》引荀爽曰：“六爻既正，必當復亂，故君子象之，思患而豫防之：治不忘亂也。”《王注》：“存不忘亡，既濟不忘未濟也。”

【說明】

《大象傳》“思患豫防”，正是對卦辭“初吉終亂”所含誠意的進一步闡發。王申子曰：“既濟雖非有患之時，患每生於既濟之後。君子思此而豫防之，則可以保其‘初吉’，而无‘終亂’之憂矣。”（《大易緝說》）

初九，曳其輪，濡其尾，无咎[1]。

【譯文】

初九，向後拖曳車輪不使猛行，小狐渡河沾濕尾巴不使速進，必无咎害。

【注釋】

〔1〕曳其輪，濡其尾，无咎——此謂初九處“既濟”之始，上應六四，但不急於求應，有謹慎守成之象，故取曳輪不令猛行，濡尾不使速進爲喻。事成之初，謹守如此，則可无咎。《本義》：“輪在下，尾在後，初之象也。曳輪則車不前，濡尾則狐不濟。既濟之初，謹戒如是，‘无咎’之道。”案，本爻“濡其尾”，上六“濡其首”，並指“小狐”渡河，與《未濟》“小狐濡尾”之象一致。狐渡河必掀尾不沾水面纔能速濟，故《周易淺述》承《程傳》“獸之涉水必揭其尾”之說，曰：“狐必揭其尾而後濟，濡尾則不掉，不速濟也。”

《象》曰：曳其輪，義无咎也。

【譯文】

《象傳》說：向後拖曳車輪不使猛行，說明初九深知謹慎守成的意義遂可免咎。

【說明】

　　初九處"事已成"之始，陽剛居下，謙謹穩重，故能"守成"。來知德曰："剛得其正，不輕于動，故有'曳輪'、'濡尾'之象。以此守成，'无咎'之道。"（《來氏易注》）

六二，婦喪其茀，勿逐，七日得[1]。

【譯文】

　　六二，婦人喪失車輛的蔽飾難以出行，不用追尋，過不了七日將失而復得。

【注釋】

　　[1]婦喪其茀，勿逐，七日得——婦，喻六二；茀，音弗 fú，古代貴族婦女所乘車輛上的蔽飾，《詩經·衛風·碩人》"翟茀以朝"孔穎達疏："茀，車蔽也，婦人乘車不露見，車之前後設障以自隱蔽，謂之茀"；七日，喻爲時之快（參見《震》六二及《復》卦辭譯注）。此謂六二上應九五，猶"五"之婦而柔順中正，故能"喪茀"不尋，靜俟自復；以此處"既濟"，必不失所成，遂致"七日"又復得其"茀"。《周易學說》引劉沅曰："六二柔中得位，上應九五中正之主，光明中正，不以去茀爲嫌，靜以俟之。此柔中之最美者。"

《象》曰：七日得，以中道也。

【譯文】

　　《象傳》說：過不了七日將失而復得，說明六二能守持中正不偏之道。

【說明】

　　《象傳》稱"初吉，柔得中也"，正指六二。

九三，高宗伐鬼方，三年克之，小人勿用[1]。

【譯文】

　　九三，殷代高宗討伐鬼方，持續三年終究獲勝，小人不可任用。

【注釋】

　　〔1〕高宗伐鬼方，三年克之，小人勿用——高宗，《正義》："殷王武丁之號"；鬼方，國名，古代西北地區"玁狁"部落之一。此謂九三以陽剛居《既濟》下卦之終，猶"事成"之後尚致力於排除餘患，故以"高宗伐鬼方"爲喻；此時雖僅存餘患，但也必須以"三年克之"的精神持久努力，纔能安保其成，若任用焦躁激進的"小人"必致危亂，故戒"小人勿用"。《淮南九師道訓》："鬼方，小蠻夷也；高宗，殷之盛天子也。以盛天子伐小蠻夷，三年而後克之，言用心之不可不重也。"（馬國翰《玉函山房輯佚書》）《重定費氏學》引潘士藻曰："蓋盛世勤民之難也。小人居盛不慮其衰，成功不慮其難，故戒以'勿用'。"

《象》曰：三年克之，憊也。

【譯文】

　　《象傳》說：持續三年終究獲勝，說明九三持久努力以至疲憊的程度。

【說明】

　　九三陽居陽位，稟性剛亢，故爻辭從正反兩面設誡。所謂"小人勿用"，正恐其不能守持"初吉"而導致"終亂"。

六四，繻有衣袽，終日戒[1]。

【譯文】

　　六四，華美衣服將變敝衣破絮，應當整天戒防禍患。

【注釋】

　　〔1〕繻有衣袽，終日戒——繻，音儒 rú，彩色的絲帛，此處借指美服，《說文》"繻，繒采色"，又"繒，帛也"；有，《經傳釋

詞》："猶'或'也"，句中含"將要"之意；袽，音如 rú，敗絮，指衣服破敝。這兩句說明六四柔順得正，居上卦之始，"既濟"之道將有轉化，如美服或要變爲散衣，故勉其"終日戒"，即謂守正防患。《周易義海撮要》引陸希聲曰："繻，亦作襦，飾之盛也；袽者，衣之弊也。"又引石介曰："美服有時而弊，如當既濟則亦有未濟"，"故終日防，慎而戒，疑其有弊。"案，《王注》以爲"繻"當作"濡"，"衣袽"爲"塞舟漏"之用，爻義謂舟漏則濡濕，故須豫備衣袽爲防。可備一說。

《象》曰：終日戒，有所疑也。

【譯文】

《象傳》說：應當整天戒防禍患，說明六四此時有所疑懼。

【說明】

四居"多懼"之地，上體坎險，過中生變，故爻辭設戒尤切。

九五，東鄰殺牛，不如西鄰之禴祭，實受其福[1]。

【譯文】

九五，東邊鄰國殺牛盛祭，不如西邊鄰國舉行微薄的禴祭，更能切實承受神靈降予的福澤。

【注釋】

〔1〕東鄰殺牛，不如西鄰之禴祭，實受其福——東鄰、西鄰，假設之辭，猶言彼、此，主於爲九五誠；殺牛，指舉行盛大祭祀，《王注》"牛，祭之盛者也"；禴祭，薄祭（見《萃》六二譯注）。此謂九五居《既濟》尊位，陽剛中正，事成物盛，故取東、西鄰祭祀之象設誠，勉其敬慎修德，則可"受福"而免遭危害。《折中》引潘士藻曰："五以陽剛中正，當物大豐盛之時，故借東鄰祭禮以示警懼。夫祭，時爲大，時苟得矣，則明德馨而黍稷可薦，明信昭而沼毛可羞。是以'東鄰殺牛，不如西鄰之禴祭，實受其福'，在於合時，不在物豐也。東、西者，彼此之辭。"案，《本義》曰：

"東陽西陰，言九五居尊而時已過，不如六二之在下而始得時也。"
可備參考。

《象》曰：東鄰殺牛，不如西鄰之時[1]也；實受其福，吉大
來也。

【譯文】

　　《象傳》說：東邊鄰國殺牛盛祭，不如西邊鄰國微薄之祭適時
明德；切實承受神靈降予的福澤，說明九五的吉祥源源不斷。

【注釋】

　　〔1〕時──合時，《王注》："在於合時，不在於豐也。"

【說明】

　　九五居"既濟"盛時，最忌驕奢不修道德。故爻辭既以東、西
鄰爲戒，又以"禴祭"明德爲勉。

上六，濡其首，厲[1]。

【譯文】

　　上六，小狐渡河沾濕頭部，有危險。

【注釋】

　　〔1〕濡其首，厲──此言上六以陰居"既濟"之終，濟極終
亂，故有狐渡河而水濕其首之象，其勢必危。《王注》："處《既
濟》之極，既濟道窮，則之於未濟。"《本義》："《既濟》之極，險
體之上，而以陰柔處之，爲狐涉水而濡其首之象。"

《象》曰：濡其首厲，何可久也！

【譯文】

　　《象傳》說：小狐渡河沾濕頭部而有危險，說明上六若不審慎
怎能長久守成！

【說明】

　　王申子曰："不言凶，而言厲者，欲人知危懼而速改，則濟猶
可保也。"（《大易緝說》）

【總論】

《既濟》卦名的取義，是借"涉水已竟"喻"事已成"，但全卦大旨卻是闡發"守成艱難"的道理。唐太宗曾問身邊的侍臣："帝王之業，草創與守成孰難？"魏徵答曰："帝王之起，必承衰亂，覆彼昏狡，百姓樂推，四海歸命，天授人與，乃不爲難。然既得之後，志趣驕逸，百姓欲靜而徭役不休，百姓凋殘而侈務不息：國之衰弊，恒由此起。以斯而言，守成更難。"（見《貞觀政要·論君道》）此語雖論"帝王事業"，但其義卻甚合《既濟》卦旨。從本卦的卦辭看，雖稱"事成"之時，物无大小，俱獲亨通，但又以"利貞"二字强調不可忘忽守正，而"初吉終亂"一語，更是深明此時稍不敬慎必將復亂的誡意。卦中六爻，无不見警戒之旨：初戒"曳輪"不可前，二戒"喪茀勿逐"，三戒"小人勿用"，四"終日戒"，五有"東鄰殺牛"之戒，上更以"濡首厲"爲戒。可見，"既濟"之時雖萬事皆成，但要安保這一既成局面，卻非易事。《大象傳》言"君子以思患而豫防之"，意味實頗深長。歐陽修論曰："人情處危則慮深，居安則意殆，而患常生於忽忽也。是以君子既濟，則思患而豫防之也。"（《易童子問》）此語可以視爲本卦精義的概括。

未濟卦第六十四

䷿　未濟[1]：亨[2]。小狐汔濟，濡其尾，无攸利[3]。

【譯文】

《未濟》卦象徵事未成，勉力使成可獲亨通。若像小狐渡河將成，被水沾濕尾巴，則无所利益。

【注釋】

〔1〕未濟——卦名，下坎（☵）上離（☲），象徵“事未成”。案，《未濟》六爻均失位，故爲“事未成”之象，與《既濟》六爻皆得位正相反。《本義》：“未濟，事未成之時也。”

〔2〕亨——謂“事未成”正可促使其成，故“亨”。《正義》：“未濟有可濟之理，所以得通。”　〔3〕小狐汔濟，濡其尾，无攸利——汔，接近（見《井》卦辭譯注）。此承前文“亨”而發，謂“未濟”雖有“可濟”之理，但若處事不敬慎，像小狐涉水將竟，卻濡濕其尾，必將不能成濟而无所利。《程傳》：“狐能度水，濡尾則不能濟。”《本義》：“汔，幾也，幾濟而濡尾，猶未濟也。”《折中》：“是戒人敬慎之意，自始濟以至於將濟，不可一息而忘敬慎也。”案，《集解》引干寶曰：“《說文》曰‘汔，涸也’。”“小狐力弱，汔乃可濟。水既未涸而乃濟之，故尾濡而无所利也。”於義亦通。

【說明】

卦辭“小狐”之象，與初六“濡其尾”正合，皆是強調“未濟"慎始慎終之義。喬萊曰:"小狐,專指初也。《既濟》之亂在終,則《未濟》之難在初,過此未必不濟也。初爻詞亦曰'濡其尾',則象中小狐指初明矣。"(《喬氏易俟》)

《象》曰:未濟亨,柔得中[1]也。小狐汔濟,未出中[2]也。濡其尾无攸利,不續終[3]也。雖不當位,剛柔應也[4]。

【譯文】

《象傳》說:事未成而勉力使成可獲亨通,說明此時柔順者求濟而能謹慎持中。小狐渡河將成,說明尚未脫出險陷之中。被水沾濕尾巴則无所利,說明求濟的努力未能持續至終。儘管求濟者居位均不適當,但陽剛陰柔皆能相應乃可促使成功。

【注釋】

〔1〕柔得中——柔,指六五。此句以六五爻象釋卦辭"未濟,亨"。《王注》:"以柔處中,不違剛也;能納剛健,故得亨也。"《正義》:"此就六五以柔居中下應九二,釋'未濟'所以得'亨'。" 〔2〕未出中——指九二居下坎之中,未能出險。〔3〕不續終——指初六居卦下而"濡尾",力弱未能持續至終,遂使九二也難以出險,而"濟"事不成。此句合前文"未出中"釋卦辭"小狐汔濟,濡其尾,无攸利"之義。《周易淺述》:"'未出中',指二也,九二在坎險之中,未能出;'不續終',指初也,初在下爲'尾'。二所以不能出險,以初陰柔力微,故首濟而尾不濟,不能續其後也。" 〔4〕雖不當位,剛柔應也——這兩句以六爻不當位但剛柔有應,故能化"未濟"爲"既濟",再釋"未濟"所以能"亨"之理。《王注》:"位不當,故未濟;剛柔應,故可濟。"《正義》:"重釋'未濟'之義。凡言'未'者,今日雖未濟,復有可濟之理。以其不當其位,故即時未濟;剛柔皆應,是得相拯,是有可濟之理。故稱'未濟',不言'不濟'也。"

《象》曰：火在水上，未濟[1]；君子以慎辨物居方[2]。

【譯文】

《象傳》說：火在水上難以煮物，象徵事未成；君子因此審慎分辨諸物以使各居適當的處所則萬事可成。

【注釋】

〔1〕火在水上，未濟——釋《未濟》上離爲火、下坎爲水之象。《正義》：“火在水上，不成烹飪，未能濟物，故曰‘火在水上，未濟。’”　〔2〕君子以慎辨物居方——居，處也；方，猶“所”。這是說明君子觀《未濟》卦水火、剛柔居位不當之象，悟知“未濟”之時必須審慎辨物，使各居其所，則可促成“既濟”。《王注》：“辨物居方，令物各當其所。”《來氏易注》：“慎辨物使物以羣分，慎居方使方以類聚，則分定不亂，陽居陽位，陰居陰位，‘未濟’而成‘既濟’矣。”

【說明】

處“未濟”之道，以“審慎”爲主，故《大象傳》強調“慎”字。《重定費氏學》引項安世曰：“必加‘慎’者，以其‘未濟’也。水火交則有難，辨之不早辨，居之不得其所，皆難之所由生也。”

初六，濡其尾，吝[1]。

【譯文】

初六，小狐渡河被水沾濕尾巴，有所憾惜。

【注釋】

〔1〕濡其尾，吝——此言初六以柔處坎險之下，時當“未濟”，卻急於上應九四而不能謹慎持中，故爲小狐“濡尾”之象；未能成“濟”，故其行必“吝”。《王注》：“處《未濟》之初，最居險下，不可以濟者也；而欲之其應，進則溺身。”《折中》引張振淵曰：“卦辭所謂‘小狐’，正指此爻。新進喜事，急於求濟，而反不

能濟。”

《象》曰：濡其尾，亦不知極[1]也。

【譯文】

　　《象傳》說：小狐渡河被水沾濕尾巴，說明初六也太不知謹慎持中。

【注釋】

　　[1]不知極——極，中也。指初六居下失中。《集解》：“極，中也。”《纂疏》：“《說文》‘極，棟也’，《逸雅》‘棟，中也’，居屋之中也。”《尚氏學》：“‘濡尾’故‘不知極’，言初在下失中。”案，《來氏易注》：“極者，終也。即《象傳》‘濡其尾，无攸利，不續終’也。言不量其才力而進，以至濡其尾，亦不知其終之不濟者也。”可備一說。

【說明】

　　《既濟》初九“濡尾”獲“无咎”，此爻卻言“吝”，象同而義異。陳夢雷曰：“《既濟》陽剛得正，離明之體，當既濟之時，知緩急而不輕進，故‘无咎’；此則才柔不正，坎險之下，又當未濟之時，冒險躁進，則至于‘濡尾’而不能濟矣，故‘吝’。”（《周易淺述》）

九二，曳其輪，貞吉[1]。

【譯文】

　　九二，向後拖曳車輪不使猛行，守持正固可獲吉祥。

【注釋】

　　[1]曳其輪，貞吉——此謂九二以剛中居“未濟”之時，雖應六五，但尚未出險，謹慎而不敢輕進，故有“曳輪”之象；以此謹慎守正，故吉。《折中》引潘夢旂曰：“九二剛中，力足以濟者也；然身在坎中，未可以大用，故曳其車輪，不敢輕進，待時而動，乃爲吉也。不量時度力，而勇於赴難，適以敗事矣。”

《象》曰：九二貞吉，中以行正也。

【譯文】

　　《象傳》說：九二守持正固可獲吉祥，說明秉持中道則行事端正不偏。

【說明】

　　九二在"未濟"之時求濟，又處坎險，唯須審慎而後能成。《折中》曰："'既濟'之時，初、二兩爻猶未敢輕濟，況'未濟'乎？故此爻'曳輪'之戒，與《既濟》同。而差一位者，時不同也。"

六三，未濟，征凶[1]，利涉大川[2]。

【譯文】

　　六三，事未成，急於進取必有凶險，利於涉越大河巨流以脫險難。

【注釋】

　　〔1〕未濟，征凶——此言六三當"未濟"之時，以柔居坎險之上，力弱失正；此時不宜躁進，故"征"必有"凶"。《王注》："以陰之質，失位居險，不能自濟者也。以不正之身，力不能自濟，而求進焉，喪其身也。故曰'征凶'也。"　　〔2〕利涉大川——此句從正面示勉，說明六三下比九二，若能不自求進，而與二同舟共濟，涉險排難，則可脫出坎險，濟成其事，故利在"涉川"。《王注》："二能拯難，而己比之，棄己委二，載二而行，溺可得乎？何憂未濟？故曰'利涉大川'。"《本義》："以柔乘剛，將出乎坎，有'利涉'之象。"案，爻辭既言"征凶"，又言"利涉"，義若反背，《本義》曰："或疑'利'字上當有'不'字。"可備參攷。

《象》曰：未濟征凶，位不當也。

【譯文】

《象傳》說：事未成急於進取必有凶險，說明六三居位不適當。

【說明】

俞琰曰："六爻皆位不當，而獨於六三曰'位不當'，以六三才弱而處下體之上也。"（《周易集說》）

九四，貞吉，悔亡[1]。震用伐鬼方，三年有賞于大國[2]。

【譯文】

九四，守持正固可獲吉祥，悔恨消亡。奮起雷霆之勢征伐鬼方，經過三年苦戰功成而被封爲大國諸侯。

【注釋】

〔1〕貞吉，悔亡——此言九四以陽處《未濟》上卦之始，事將可濟，雖失正有"悔"，但能努力趨"正"則"吉"而"悔亡"。《本義》："以九居四，不正而有悔也；能勉而貞，則悔亡矣。"

〔2〕震用伐鬼方，三年有賞于大國——震，作副詞，猶言"以雷震之勢"；伐鬼方，與《既濟》九三辭義同（參見該爻譯注）；有賞于大國，即被封爲大國之侯，《王注》："以大國賞之"。這兩句承上文意，說明九四必須勉力持久地求成其事，故以"伐鬼方"、"三年有賞"爲喻。《本義》："然以不貞之資，欲勉而貞，非極其陽剛用力之久不能也，故爲伐鬼方三年而受賞之象。"

《象》曰：貞吉悔亡，志行也。

【譯文】

《象傳》說：守正獲吉而悔恨消亡，說明九四求濟的志向正在踐行。

【說明】

李簡《學易記》引雷思曰："先言'貞吉悔亡'而後言'伐鬼方'，先自治而後治人也。"

六五，貞吉无悔，君子之光，有孚吉[1]。

【譯文】

六五，守正獲吉而无所悔恨，君子的光輝燦爛明盛，心懷誠信必得吉祥。

【注釋】

〔1〕貞吉无悔，君子之光，有孚吉——君子之光，喻五居上卦離明之中。此言六五處《未濟》盛位，體稟“文明”，能持正必將獲吉无悔；又應二比四，猶如煥發“君子之光”，以誠信待物，其時可濟，故“有孚吉”。《本義》：“以六居五，亦非正也；然文明之主，居中應剛，虛心以求下之助，故得‘貞’而‘吉’且‘无悔’。又有光輝之盛，信實而不妄，吉而又吉也。”

《象》曰：君子之光，其暉[1]吉也。

【譯文】

《象傳》說：君子的光輝燦爛明盛，說明六五鴻暉煥發獲吉呈祥。

【注釋】

〔1〕暉——《說文》“光也”。《程傳》：“光盛則有暉；暉，光之散也。君子積充而光盛，至於有暉，善之至也。故重云‘吉’。”

【說明】

本爻居上卦“離日”之中，所謂“君子之光”，正是化“未濟”爲“既濟”的寫照。《折中》引楊萬里曰：“六五逢‘未濟’之世而光輝，何也？日之在夏，暵之益熱；火之在夜，宿之彌熾。六五變‘未濟’爲‘既濟’，光明之盛，又何疑焉？”

上九，有孚于飲酒，无咎[1]。濡其首，有孚失是[2]。

【譯文】

上九，信任他人而安閑飲酒，不致咎害。倘若縱逸不已必如小狐渡河被沾濕頭部，那是委信他人過甚終至損害正道。

【注釋】

〔1〕有孚于飲酒，无咎——孚，信也，此處猶言"信任"（下文同）。這是說明上九以陽居《未濟》之極，物極至反，遂成"既濟"；成"既濟"則諸事皆當，心无煩憂，故信任於下，自可"飲酒"逸豫，无所咎害。《王注》："'未濟'之極，則反於'既濟'。'既濟'之道，所任者當也；所任者當，則可信之无疑，而己逸焉，故曰'有孚于飲酒，无咎'。"　　〔2〕濡其首，有孚失是——濡其首，與《既濟》上六辭義同（參見該爻譯注）；是，《集解》引虞翻曰："正也"，"失是"猶言"有失正道"。這兩句又從反面設誡，說明上九若自逸无度，荒廢其事，將有"濡首"之危，則是過分委信於人致失正道。《王注》："以其能信於物，故得逸豫而不憂於事之廢；苟不憂於事之廢，而耽於樂之甚，則至於失節矣。由於有孚，失於是矣，故曰'濡其首，有孚失是'也。"

《象》曰：飲酒濡首，亦不知節也。

【譯文】

《象傳》說：飲酒縱樂不已必像小狐渡河被沾濕頭部，說明上九若如此也太不知節制了。

【說明】

上九已從"未濟"轉爲"既濟"，但若逸樂至極，必將再從"既濟"反回"未濟"。爻辭"无咎"二字，含"善補過"的意義，正見設誡之深。李簡曰："《未濟》之終，甫及《既濟》，而復以'濡首'戒之。'懼以終始，其要无咎：此之謂《易》之道也'。"（《學易記》）

【總論】

《周易》六十四卦，以《未濟》爲終，似乎蘊含著對"《易》者，變也"這一義理的歸結。從卦名看，《未濟》是借"未能濟渡"喻"事未成"；而全卦大旨乃在於說明：當"事未成"之時，若能審慎進取，促使其成，則"未濟"之中必有"可濟"之理。但卦辭在指出努力求濟可致"亨通"的同時，仍不忘事物發展的另一面，又以"小狐"渡河將竟"濡尾"、徒勞无益爲喻，誡人若不謹始慎終必難成濟。卦中諸爻所示，下三爻尚未能"濟"，主於戒其"慎"；上三爻已向"既濟"轉化，主於勉其"行"。《折中》引邱富國曰："內三爻，坎險也，初言'濡尾'之吝，二言'曳輪'之貞，三有'征凶，位不當'之戒，皆未濟之事也；外三爻，離明也，四言'伐鬼方，有賞'，五言'君子之光，有孚'，上言'飲酒，无咎'，則未濟爲既濟矣。"然而，六爻的寓意，以上六最爲深長。就"爻位"看，其時雖已轉爲"既濟"，但若縱逸无度，必有重反"未濟"之危，故爻辭既言"无咎"又發"失是"之戒，意在揭明：事物的成敗，是隨時均可能轉化的。《老子》曰："禍兮福之所倚，福兮禍之所伏，孰知其極？"（五十八章）《序卦傳》以爲六十四卦終於《未濟》，是表明"物不可窮"，即事物的對立、變化无時休止。可見，此卦的本旨，以設誡爲最後歸宿。從這一點看，全卦的象徵意義廣泛展示了事物的"完美"或"成功"只是相對的，"缺陷"或"未成"卻是時時伴隨著前者而存在。龔自珍《己亥雜詩》之一曰："未濟終焉心縹緲，百事翻從闕陷好。吟到夕陽山外山，古今誰免餘情繞？"詩中流露著濃厚的失意煩惱情緒，但如何化"闕陷"爲"完美"，俟"夕陽"成"朝日"，則顯然體現了從"未濟"中求得"可濟"的哲理。

周易譯注卷八終

周易譯注卷九

繫 辭 上 傳

天尊地卑，乾坤定矣[1]。卑高以陳，貴賤位矣。動靜有常，剛柔斷矣[2]。方以類聚，物以羣分，吉凶生矣[3]。在天成象，在地成形，變化見矣[4]。是故剛柔相摩，八卦相盪[5]。鼓之以雷霆，潤之以風雨；日月運行，一寒一暑[6]。乾道成男，坤道成女[7]。乾知大始，坤作成物[8]。乾以易知，坤以簡能[9]；易則易知，簡則易從[10]；易知則有親，易從則有功；有親則可久，有功則可大；可久則賢人之德，可大則賢人之業。易簡，而天下之理得矣；天下之理得，而成位乎其中矣[11]。

【譯文】

　　天尊高而地卑低，乾坤的位置就確定了。卑低尊高一經陳列，事物顯貴微賤就各居其位。天的動和地的靜有一定的規律，陽剛陰柔的性質就判然分明。天下各種意識觀念以門類相聚合，各種動物植物以羣體相區分，吉和凶就在對立矛盾中產生。懸於天上的如日月星辰成爲表象，處在地面的如山川動植成爲形體，事物變化的道理就明白地顯現出來。所以陽剛陰柔互相摩切交感生成八卦，八卦互相推移變動衍成六十四卦。猶如雷霆鼓動天下，風雨滋潤萬物；日月往來運行，寒暑交替周轉。乾道化生男性，坤道化生女性。乾的作爲在於太初創始萬物，坤的作爲在於承乾以生成萬物。乾以平易爲人所知，坤以簡約見其功能。平易就容易使人明瞭，簡約就容易使人順從；容易明瞭則心志通同有人親近，容易順從則齊心協力可建功績；有人親近就能處世長久，可建功績就能立身弘大；處世長久是賢人的美德，立身弘大是賢人的事業。所以明白乾坤的平易和簡約，就懂得天下的道理；懂得天下的道理，就能遵循天地規律而居位合宜適中。

【注釋】

〔1〕天尊地卑，乾坤定矣——《周易》以陰陽爲本，乾坤爲純陽純陰之卦，因此《繫辭傳》先總說乾坤性質。《韓注》：“乾坤，其《易》之門戶。先明天尊地卑，以定乾坤之體。”　　〔2〕動靜有常，剛柔斷矣——常，指“一定的規律”；斷，分也，猶言判然分明。這是說明陰陽動靜、剛柔的不同特點。《集解》引虞翻曰：“斷，分也。乾剛常動，坤柔常靜；分陰分陽，迭用剛柔。”〔3〕方以類聚，物以羣分，吉凶生矣——方，《集解》引《九家易》曰：“道也”，《正義》：“《春秋》云‘教子以義方’，注云‘方，道也’，是‘方’謂性行法術也”，《本義》：“方，謂事情所向”。據諸家說，則“方”字猶言“意識觀念”，屬抽象的範疇。物，指具體的事物，如動物植物等。這三句說明宇宙間各種事物現象，无論是抽象的觀念，還是具體的形態，均以羣、類相分合；而吉凶就在同異的矛盾中產生。《韓注》：“方有類，物有羣，則有同有異，有聚有分也。順其所同則吉，乖其所趣則凶，故‘吉凶生矣’。”　　〔4〕在天成象，在地成形，變化見矣——這是說明天上之象、地上之形，都顯現著陰陽變化的道理。《韓注》：“象，況日月星辰；形，況山川草木也。懸象運轉，以成昏明；山澤通氣，而雲行雨施，故‘變化見矣’。”案，《本義》釋“形”字曰：“山川動植之屬”，較《韓注》更爲全面，當從之。　　〔5〕剛柔相摩，八卦相盪——摩，摩切交感，《韓注》：“相切摩也，言陰陽之交感也”；盪，推移變動，韓注：“相推盪也，言運化之推移”。這兩句

說明乾（☰）、坤（☷）交感生成八卦，如初爻交感成震（☳）、巽（☴），中爻交感成坎（☵）、離（☲），上爻交感成艮（☶）、兌（☱），八卦於是得全；八卦又分陰陽（乾、震、坎、艮爲陽，坤、巽、離、兌爲陰），兩兩重疊推變，六十四卦於是完備。而八卦、六十四卦的象徵意義，正體現了萬物的產生本於陰陽交感。《尚氏學》："摩，即交也。乾坤初爻摩成震巽，中爻摩成坎離，上爻摩成艮兌，而六子以生，八卦全矣；八卦以一卦盪八卦，而六十四卦備矣。盪，猶推也；不曰'重'而曰'盪'者，言以一卦加於此卦，復加於彼卦，有類於推盪也。"　　〔6〕鼓之以雷霆，潤之以風雨；日月運行，一寒一暑——這是舉雷霆、風雨、日月、寒暑爲例，說明天上物象的陰陽變化。《本義》："此變化之成'象'者。"　　〔7〕乾道成男，坤道成女——這是舉人的男女性別，說明地上形體的陰陽變化。《本義》："此變化之成'形'者。"〔8〕乾知大始，坤作成物——知，猶"爲"，與下句"作"意近爲互文。《經義述聞》引王念孫曰："知，猶爲也，爲亦作也。乾爲大始，萬物資始也；坤作成物，萬物資生也。《周語》'知晉國之政'，韋昭注曰'知政，謂爲政也'；《呂氏春秋·長見篇》'三年而知鄭國之政'，高誘注曰'知，猶爲也'。"今從王說。大始，即太始，指最初創始，《釋文》："大，音泰，王肅作泰"；成物，猶言"生成萬物"。這兩句說明，乾坤的作爲，前者是最初開創萬物的要素，後者是承前者而生萬物。案，《正義》訓"知"爲"知見"之知，曰："乾知太始者，以乾是天陽之氣，萬物皆始在於氣"，"初始无形，未有營作，故但云'知'也；已成之物，事可營爲，故云'作'也"。於義亦通。　　〔9〕乾以易知，坤以簡能——易，平易；知，知曉（下文同）；簡，簡約。這兩句承上文，說明乾的太初創始純發於自然，无所艱難；坤的生成萬物靜承於乾陽，不須繁勞：因此前者以平易爲人所知，後者以簡約見其功能。《韓注》："天地之道，不爲而善始，不勞而善成：故曰易簡。"案，尚先生釋易簡曰：“乾之德剛健純粹，施仁育物而已，故曰易；坤之德收嗇閉藏，順陽成事而已，故曰簡。”（《尚氏學》）此說至爲明暢。　〔10〕易則易知，簡則易從——此下八句，層層推闡乾坤“易簡”的道理，最後歸於人事，說明若能效法此道，即可造就“賢人”的“德業”。《本義》：“人之所爲，如乾之易，則其心明白，而人易知；如坤之簡，則其事要約，而人易從。易知，則與之同心者多，故有親；易從，則與之協力者衆，故有功。有親則一於內，故可久；有功則兼於外，故可大。德，謂得於己者；業，謂成於事者。上言乾坤之德不同，此言人法乾坤之道至此，則可以爲賢矣。”　〔11〕易簡，而天下之理得矣；天下之理得，而成位乎其中矣——成位，猶言“確定地位”；中，適中。這是總結“易簡”之道，說明天下的道理盡在其中，人得其理，就能參合“天地”所宜而居處適中的地位。《本義》：“成位，謂成人之位；其中，謂天地之中。至此則體道之極功，聖人之能事，可以與天地參矣。”案，末句《釋文》云，馬融、王肅本作“而易成位乎其中矣”，《尚氏學》從之，於義可通。

【說明】

以上《繫辭上傳》第一章。

《繫辭傳》上下各分十二章，舊說略有異同，以孔穎達《正義》、朱熹《本義》所分較爲通行。今取朱子說。

“繫辭”二字的名義，有兩方面：一、指卦爻辭，即《正義》所謂“聖人繫屬此辭於爻卦之下”，“上下二篇經辭是也”。下文稱“繫辭焉以明吉凶”指此義。二、指《十翼》中的《繫辭上傳》、《繫辭下傳》，是闡說經文的專論，即《正義》所謂“夫子本作《十翼》，申說上下二篇經文繫辭，條貫義理，別自爲卷，總曰《繫辭》”。

本章總敍“乾坤”大義。內容可分三節理解：第一節從篇首至“在地成形，變化見矣”，闡說乾坤定位；第二節從“是故剛柔相摩”至“坤道成女”，推論陰陽變化；第三節從“乾知大始”至末，分析“易簡”哲理。就這三節的基本內涵分析，“定位”是強調宇宙間不可更易的法則，“變化”是揭示事物發展的普遍規律，“易簡”則表明“乾坤”之道“純一不雜，易知易從”（《尚氏學》）。鄭玄曰：“《易》一名而含三義，‘易簡’一也，‘變易’二也，‘不易’三也。”（《正義·序》引）此“三義”，可與本章的三節內容相互印證。

聖人設卦觀象，繫辭焉而明吉凶，剛柔相推而生變化[1]。是故吉凶者，失得之象也；悔吝者，憂虞之象也[2]。變化者，進退之象也；剛柔者，晝夜之象也[3]。六爻之動，三極之道也[4]。是故君子所居而安者，《易》之序[5]也；所樂而玩者，爻之辭也。是故君子居則觀其象而玩其辭，動則觀其變而玩其占，是以“自天祐之，吉无不利”[6]。

【譯文】

　　聖人觀察天地間的物象以創設六十四卦，在卦爻下撰繫文辭以表明吉凶徵兆，剛爻柔爻互相推移就能喻示无窮變化。所以卦爻辭所言吉凶，是行爲或失或得的象徵；所言悔吝，是臨事或憂或愁的象徵。諸卦的變化，可作權衡進退的象徵；諸爻的剛柔，亦如白晝黑夜的象徵。卦中六爻的運動，包涵著大千世界天地人的道理。因此君子能居處安穩，正是符合《周易》體現的特定位序；所樂於研玩的，正是卦爻展示的精微文辭。所以君子平日居處就觀察《周易》的象徵而玩味其文辭，有所行動就觀察《周易》的變化而玩味其占筮，於是就能獲得《大有》卦上九爻所說的“從上天降下祐助，吉祥而无所不利”。

【注釋】

　　〔1〕聖人設卦觀象，繫辭焉而明吉凶，剛柔相推而生變化——

設卦觀象，指觀察物象以創設卦形；繫辭，在六十四卦及三百八十四爻下繫以卦爻辭；剛柔，猶言陽爻、陰爻。這三句說明《周易》的創作，是通過卦象以喻示事物吉凶、變化的道理。《正義》："謂聖人設畫其卦之時，莫不瞻觀物象，法其物象然後設之卦象，則有吉有凶"；"有吉有凶，若不繫辭，其理未顯，故繫屬吉凶之文辭於卦爻之下，而顯明此卦此爻吉凶也。"又曰："八純之卦，卦之與爻其象既定，變化猶少；若剛柔二氣相推，陰爻陽爻交變，分爲六十四卦，有三百八十四爻，委曲變化，事非一體，是而生變化也。"〔2〕吉凶者，失得之象也；悔吝者，憂虞之象也——悔，悔恨（見《乾》上九注）；吝，憾惜（見《屯》六三注）；憂虞，《正義》："憂念虞度之形象也"。吉、凶、悔、吝，均爲《周易》占辭，這是舉例說明卦爻辭的象徵寓意。《尚氏學》："吉則得，凶則失；知悔吝則知憂虞，知憂虞則可趨吉避凶。" 〔3〕變化者，進退之象也；剛柔者，晝夜之象也——這是說明六十四卦中的剛柔變化，猶如人事的進退、晝夜的交替。《本義》："柔變而趨於剛者，退極而進也；剛化而趨於柔者，進極而退也。既變而剛，則晝而陽矣；既化而柔，則夜而陰矣。" 〔4〕六爻之動，三極之道也——三極，指天、地、人"三才"，《釋文》引鄭玄曰："三極，三才也"。《韓注》同。這是說明六爻的變化，體現著"天、地、人"的道理。《正義》："此覆明變化進退之義，言六爻遞相推動而生變化，是天地人三才至極之道。"案，《集解》於《乾》九二引鄭玄注云"二于三才爲地道"，九三引鄭玄注云"三于三才爲人道"，九五引鄭玄注云"五于三才爲天道"。《乾》九二《孔疏》云"一、二爲地道，三、四爲人道，五、六爲天道"。《集解》於《繫辭下傳》"三才之道"引崔憬注曰："言重卦六爻，亦兼天地人道，兩爻爲一才，六爻爲三才。"故《本義》曰："六爻初、二爲地，三、四爲人，五、上爲天。動，即變化也；極，至也。三極，天、地、人之至理。"又案，《集解》引陸績注，謂"三極"指"初、四下極，

二、五中極，三、上上極”；尚先生承此說，指出“下極”即“地極”，“中極”即“人極”，“上極”即“天極”（《尚氏學》）。〔5〕《易》之序——這裏指六爻的序位，如“初九”、“九三”等。句中說明，“君子”之所以能居處安穩，是由於效法“《易》序”而守其本位。《正義》：“若居在《乾》之初九，而安‘勿用’；若居在《乾》之九三，而安在‘乾乾’。是以‘所居而安者’，由觀《易》位之次序也。”按：“易之序也”，虞注“序”作“象”，並以作“序”爲非。蓋以下文有“是故君子居則觀其象”之句。又按《釋文》引陸績云，“序，象也”，是陸亦以“象”釋“序”，似可備爲一說。又下句“所樂而玩者”，虞注“樂”作“變”，并以“樂”爲誤，蓋以下文有“動則觀其變而玩其占”之句而涉誤，似亦可備一說。　　〔6〕“自天祐之，吉无不利”——這是《大有》上九爻辭（見該卦譯注），此處舉以總結上文，說明“君子”玩《易》有利於“修身處世”。

【說明】

以上《繫辭上傳》第二章。

本章從上章的總說“乾坤”大義，轉入對《周易》的直接論述。全章可分上下兩部分：先是追溯《周易》的創作，及其所包涵的象徵特色；後是闡明“君子”觀象玩辭、觀變玩占，既足以明理，又可以避凶趨吉。因此朱熹概括此章內容曰：“言聖人作《易》，君子學《易》之事。”（《本義》）

彖者，言乎象者也[1]；爻者，言乎變者也[2]。吉凶者，言乎其失得也；悔吝者，言乎其小疵也；无咎者，善補過也。是故列貴賤者存乎位[3]，齊小大者存乎卦[4]，辯吉凶者存乎辭，憂悔吝者存乎介[5]，震无咎者存乎悔[6]。是故卦有小大，辭有險易；辭也者，各指其所之[7]。

【譯文】

　　彖辭，是總說全卦的象徵；爻辭，是分述各爻的變化。吉凶，表明行爲或失或得；悔吝，表明處事稍有弊病；无咎，表明善於補救過失。所以陳列尊貴微賤的象徵在於爻位，確定柔小剛大的象徵在於卦體，辨別吉凶的象徵在於卦爻辭，憂念悔吝的象徵在於預防纖介小疵，震懼无咎的象徵在於內心悔悟。因此卦體有柔小有剛大，卦爻辭有峭險有平易；卦爻辭，是分別指示所應當趨避的方向。

【注釋】

　　〔1〕彖者，言乎象者也——彖，彖辭，即卦辭。這兩句說明卦辭是總說一卦的象徵意義。《韓注》：“彖，總一卦之義也。”《正義》：“彖，謂卦下之辭，言說乎一卦之象也。”　　〔2〕爻者，言乎變者也——爻，指爻辭。這兩句說明爻辭是分說一爻的變化。《韓注》：“爻，各言其變也。”《正義》：“謂爻下之辭。”〔3〕列貴賤者存乎位——存，猶言“在”（下文同）；位，指爻位。六爻序位的排列由初至上，或卑或高，故有賤、貴的象徵。《正義》：“六爻之位，皆上貴而下賤也。”案，《集解》引侯果曰：“二、五爲功譽位，三、四爲凶懼位。凡爻得位則貴，失位則賤。”於義亦通。　　〔4〕齊小大者存乎卦——齊，猶言“正”，此處含“確定”之義；小，指以陰爲主之卦，如《否》卦；大，指以陽爲主之卦，如《泰》卦。這是說明卦體或主於陰，或主於陽，故有或小或大的象徵。《集解》引王肅曰：“齊，猶正也。陽卦大，陰卦小，卦列則小大分。”《正義》：“猶若《泰》則‘小往大來，吉，亨’，《否》則‘大往小來’之類是也。”　　〔5〕憂悔吝者存乎介——介，纖介，指細小。此句說明憂念“悔”、“吝”之象，在於預防小失，意承前文所謂“悔吝者，言乎其小疵也”。《韓注》：“介，纖介也。王弼曰：‘憂悔吝之時，其介不可慢也。即悔吝者，言乎小疵也。’”　　〔6〕震无咎者存乎悔——震，猶言“懼”，

即震動驚懼；悔，悔悟。此句說明震懼“无咎”之象，在於及時悔悟，意承上文“无咎者，善補過也”。《尚氏學》：“震，懼也。懼則悔，悔則无咎。” 〔7〕卦有小大，辭有險易；辭也者，各指其所之——險，指凶險之辭；易，指吉亨之辭；之，適也，此處指“所趨避的方向”。這四句總結全章，說明卦分陰陽、辭有吉凶，卦爻辭的宗旨是分別指示趨吉避凶的途徑。《折中》引潘夢旂曰：“卦有小有大，隨其消長而分；辭有險有易，因其安危而別。辭者，各指其所向，凶則指其可避之方，吉則指其可趨之所，以示乎人也。”案，尚先生云“各指其所之”有二義：一、指應爻間的趨適，即“初之四，二之五，三之上，其爻在此，而其辭往往指應爻，應爻即‘所之’”。二、指陰陽異性間的比附、趨適，“凡爻之所比，得類失類，所關最大”，即陽遇陽則敵，遇陰則通；陰遇陰則敵，遇陽則通（《尚氏學》）。此說對爻象大義的發明至爲明暢，宜資參考。

【說明】

以上《繫辭上傳》第三章。

此章論述卦爻辭的象徵義例。文中舉出“吉”、“凶”、“悔”、“吝”、“无咎”幾種最常見的占辭，結合卦體的大小、爻位的高低，辨析其基本內涵。最後指出卦爻辭的宗旨是示人避凶趨吉，歸結全章。因此，朱熹說：本章“釋卦爻辭之通例”（《本義》）。

《易》與天地準[1]，故能彌綸天地之道[2]。仰以觀於天文，俯以察於地理，是故知幽明之故[3]；原始反終，故知死生之說[4]；精氣爲物，遊魂爲變，是故知鬼神之情狀[5]。與天地相似，故不違[6]；知周乎萬物而道濟天下，故不過[7]；旁行而不流[8]，樂天知命，故不憂；安土敦乎仁，故能愛[9]。範圍天地之化而不過，曲成萬物而不遺[10]，通乎晝夜之道而知[11]，故神无方而《易》无體[12]。

【譯文】

　　《周易》的創作與天地相準擬，所以能普徧包涵天地間的道理。運用《周易》的法則仰觀天上日月星辰的文采，俯察地面山川原野的理致，就能知曉幽暗无形和昭明有形的事理；推原事物的初始而反求事物的終結，就能知曉死生的規律；考察精氣凝聚成爲物形，氣魂遊散造成變化，就能知曉鬼神的情實狀態。明白《易》義就近似於領悟天地的道理，所以行爲不違背天地自然的規律；知識周徧萬物而道德足以匡濟天下，所以動止不會偏差；旁推權變而不流淫濫，樂其天然而知其命數，所以无所憂愁；安處其環境以敦厚施行仁義，所以能泛愛天下。可見《易》道廣大足以擬範周備天地的化育而不致偏失，足以曲盡助成萬物的發展而不使遺漏，足以會通於晝夜幽明的道理而无所不知，所以說天下神妙之理不泥於一方而《周易》的變化不定於一體。

【注釋】

　　〔1〕《易》與天地準——準，《釋文》引京房曰“等也”；《集解》引虞翻曰：“準，同也”。此句說明《周易》的創作是與天地相準擬。《韓注》：“作《易》以準天地。”《正義》：“言聖人作《易》，與天地相準。謂準擬天地，則乾健以法天，坤順以法地之類是也。”　　〔2〕彌綸天地之道——彌綸，“彌”猶“大”，“綸”猶“絡”，《尚氏學》本虞注訓爲“包絡”，猶今言“普遍包涵”。此句緊承上文，說明《易》準於天地，故能盡涵天地之道。《集解》引虞翻曰：“彌，大；綸，絡。謂《易》在天下包絡萬物，以言乎天地之間則備矣。”　　〔3〕仰以觀於天文，俯以察於地理，是故知幽明之故——天文，指天象，如日月星辰；地理，指地形，如山川原野；幽明，猶言“无形和有形”，《韓注》：“幽明者，有形无形之象”；句末“故”字，謂“事”，《廣雅·釋詁三》“故，事也”，文中猶言“事理”。這三句說明用《周易》的法則觀“天

文”，察“地理”，可知有形、无形的事理。《正義》：“天有懸象，而成文章，故稱‘文’也；地有山川原隰，各有條理，故稱‘理’也。”又曰：“故，謂‘事’也。故以用《易》道仰觀俯察，知无形之幽、有形之明，義理事故也。”　　〔4〕原始反終，故知死生之說——原，推原；反，反求。這兩句說明用《易》理推始求終，可知事物的死生規律。《正義》：“言用《易》理原窮事物之初始，反復事物之終末，始終吉凶，皆悉包羅；以此之故，知死生之數也。”　　〔5〕精氣爲物，遊魂爲變，是故知鬼神之情狀——精氣，陰陽凝聚之氣，古人以爲生命賴以存在的因素，即下文所謂“神”；游魂，魂氣遊散所生的變異，即下文所謂“鬼”。這三句說明用《易》理考察“精氣”凝聚成物與“遊魂”離散變異，則“鬼神”的情狀可知。《集解》引鄭玄曰：“精氣謂之神，遊魂謂之鬼。”《正義》：“精氣爲物者，謂陰陽精靈之氣，氤氳積聚而爲萬物也。遊魂爲變者，物既積聚，極則分散，將散之時，浮游精魂，去離物形，而爲改變；則生變爲死，成變爲敗，或未死之間變爲異類也。”又曰：“但極聚散之理，則知鬼神之情狀也。言聖人以《易》之理而能然也。”案，把“神”的概念理解爲陰陽精氣所聚，是生命存在的本質因素；把“鬼”的概念理解爲精魂遊散所變，是生命消亡的象徵。其意正與上文“知生死之說”相承。可見《繫辭傳》在這一問題上表現了一定的樸素唯物觀點。　　〔6〕與天地相似，故不違——不違，即不違背天地自然規律。以下進一步申說通曉《易》理的諸多好處。這兩句說明知《易》者德配“天地”，故所行不違自然規律，文意又回到章首的“與天地準”。《韓注》：“德合天地，故曰‘相似’。”　　〔7〕知周乎萬物而道濟天下，故不過——過，偏差。這是說明通《易》者知識廣備可弘濟天下。《韓注》：“知周萬物，則能以道濟天下也。”《正義》：“所爲皆得其宜，不有愆過使物失分也。”　　〔8〕旁行而不流——旁，《說文》“溥也”，即廣泛之義，“旁行”猶言旁推而慎行權變；流，《正義》

"流移淫過"，《尚氏學》訓爲"流溢"，猶言"流溢淫濫"。此句言知《易》者因時權變既"旁行"又"不流"，適得其中，意承上文"道濟天下"。《本義》："旁行者，行權之知也；不流者，守正之仁也。"《來氏易註》："旁行者，行權也；不流者，不失乎常經也。"　〔9〕安土敦乎仁，故能愛——安土，猶言"安處其環境"。這是說明通《易》者有"安土"、"敦仁"之德，故能泛愛天下。《折中》引《朱子語類》曰："安土者，隨寓而安也；敦乎仁者，不失其天地生物之心也。安土而敦乎仁，則無適而非仁矣，所以能愛也。"　〔10〕範圍天地之化而不過，曲成萬物而不遺——範圍，猶言"擬範周備"，《集解》引《九家易》曰："範者，'法'也；圍者，'周'也"；化，化育；過，偏失；曲，曲盡細密之意。這兩句又從"天地"、"萬物"的角度，重申《易》道廣大，足以見"範圍"、"曲成"之功。《韓注》："範圍者，擬範天地而周備其理也。"《正義》："言法則天地以施其化，而不有過失違天地者也。"又曰："聖人隨變而應，屈曲委細成就萬物，而不有遺棄細小而不成也。"　〔11〕通乎晝夜之道而知——晝夜，猶言"陰陽"。此句緊承前兩句，言《易》道之大，足以會通陰陽之理而无所不知，即上文"知幽明"之義。《韓注》："通幽明之故，則无不知也。"　〔12〕故神无方而《易》无體——這是總結前三句並全章大旨，以神的奧妙不泥於一方，比擬《易》的變化不定於一體，正是指明"陰陽不測"的辯證哲理。《集解》引干寶曰："否泰盈虛者，神也；變而周流者，《易》也。言神之鼓萬物而无常方，《易》之應變化无定體也。"《纂疏》："自陰陽言之，謂之神，故神之鼓萬物无常方；自乾坤言之，謂之《易》，故《易》之應變化无定體。"

【說明】

以上《繫辭上傳》第四章。

文中內容可分三層：第一層闡述《周易》法則的廣泛運用；第

二層盛讚通曉《易》理的益處；第三層強調《易》道廣大，足以貫通天地、萬物、陰陽之理。全章發端於"《易》與天地準"，歸結於"神无方而《易》无體"。朱熹指出，此章"言《易》道之大，聖人用之如此"。(《本義》)

一陰一陽之謂道[1]。繼之者善也，成之者性也[2]。仁者見之謂之仁，知者見之謂之知，百姓日用而不知，故君子之道鮮矣[3]。顯諸仁，藏諸用[4]，鼓萬物而不與聖人同憂[5]。盛德大業至矣哉[6]！富有之謂大業，日新之謂盛德[7]。生生之謂易[8]，成象之謂乾，效法之謂坤[9]，極數知來之謂占，通變之謂事[10]，陰陽不測之謂神[11]。

【譯文】
　　一陰一陽的矛盾變化就叫作道。傳繼此道以開創萬物的就是善，蔚成此道以孕育萬物的就是性。仁者發現道有仁的蘊存就稱之爲仁，智者發現道有智的蘊存就稱之爲智，百姓日常應用此道卻茫然不知，所以君子所謂道的全面意義就很少人懂得了。天地之道展現於仁德而廣被宇間，潛藏於日用而不易察覺，自然而然地鼓動化育萬物而與聖人弘道常存憂患之心有所不同。然而聖人的盛美德行和偉大功業也算至極无比了！廣泛獲有萬物叫作偉大功業，日日增新更善叫作盛美德行。陰陽轉化生生不息叫作變易，畫卦喻示天之象叫作乾，畫卦倣效地之法叫作坤，窮極蓍數測知將來叫作占筮，融通衍變叫作天下的事態，陰陽轉化不可測定叫作奇奧的神理。

【注釋】
　　〔1〕一陰一陽之謂道——這是以陰陽變更釋"道"的概念，即指出事物矛盾對立、互相轉化的自然規律。《本義》："陰陽迭運者氣也，其理則所謂道。"　　〔2〕繼之者善也，成之者性也——繼，傳繼，指"乾"發揮此道、開創萬物；成，蔚成，指"坤"順承

此道、孕育萬物。這兩句是把前句義旨化爲兩個角度闡述，即揭明"陰"、"陽"在"道"這一範疇中的獨立作用。《本義》："道具於陰而行乎陽。繼，言其發也；善，謂化育之功，陽之事也。成，言其具也；性，謂物之所受，言物生則有性，而各具是道也，陰之事也。" 〔3〕故君子之道鮮矣——鮮，少，文中指"知者甚少"。這句承前三句而發，說明"道"的涵義，仁者偏見於仁，智者偏見於智，百姓尋常應用卻不知不覺，因此"君子之道"就少有人懂得。程頤《經說·易說》："在衆人則不能識，隨其所知，故仁者謂之仁，知者謂之知，百姓則由之而不知。故君子之道，人鮮克知也。" 〔4〕顯諸仁，藏諸用——這兩句說明"道"顯現於仁德，而潛藏於日用，即上文"見仁"及"日用而不知"之義。《正義》："言道之爲體，顯見仁功、衣被萬物，是'顯諸仁'也"；"謂潛藏功用、不使物知，是'藏諸用'也。" 〔5〕鼓萬物而不與聖人同憂——不與聖人同憂，猶言"與聖人之憂不同"。此句揭明天地之"道"化育萬物與"聖人"體"道"爲用的區別，在於前者是自然无爲，後者是有爲而未免憂患，故稱"不同"。《正義》："言道之功用能鼓動萬物，使之化育，故云'鼓萬物'；聖人化物不能全'无'以爲體，猶有經營之憂。道則虛无爲用，无事无爲，不與聖人同用有經營之憂也。" 〔6〕盛德大業至矣哉——至，極。此句主語是"聖人"，承前文而省。意指"聖人"體"道"雖有爲有憂，但能努力奉行，其德業必至爲盛大。《正義》："聖人爲功用之母，體同於道，萬物由之而通，衆事以之而理，是聖人極盛之德、廣大之業至極矣哉。於行謂之德，於事謂之業。" 〔7〕富有之謂大業，日新之謂盛德——此釋"大業"、"盛德"之義，說明"聖人"之"業"在於廣泛獲得萬物的歸附，其"德"在於日日增新、不斷更善。《集解》引王凱沖曰："物无不備，故曰'富有'；變化不息，故曰'日新'。" 〔8〕生生之謂易——生生，陰陽轉易相生；易，指《周易》的變易思想。此句以下，結束對"道"的泛論,而集中揭示《周易》體現的"陰陽變化之道"。《集解》引荀爽曰:"陰陽相易轉相生也。"《正義》:"生生,不絕之辭。陰陽變轉,後生次於前生,是萬物恒生謂之'易'也。前後之生,變化改易。生必有死,《易》主勸戒,獎人爲善,故云生,不云死也。" 〔9〕成象之謂乾,效法之謂坤——成象,猶言"成天之象";效法,猶言"效地之式"。這兩句說明乾坤兩卦的畫成,正是天地陰陽的象徵。《正義》:"畫卦成乾之象,擬乾之健,故謂卦爲乾也";"畫卦效坤之法,擬坤之順,故謂之坤也"。〔10〕極數知來之謂占,通變之謂事——數,指《易》筮中的著策之數(見《繫辭上傳》第九章"大衍之數"注)。這兩句說明《周易》的占筮所體現的變化哲理。《正義》:"窮極著策之數,豫知來事,占問吉凶,故云謂之'占'也。"又曰:"物之窮極,欲使開通,須知其變化乃得通也。凡天下之事,窮則須變,萬事乃生,故云'通變之謂事'。" 〔11〕陰陽不測之謂神——此句總結上文,說明陰陽變化的神妙,不可測定,即前章"神无方而《易》无體"之義。《韓注》:"神也者,變化之極,妙萬物而爲言,不可以形詰者也,故曰'陰陽不測'。"《正義》:"天下萬物,皆由陰陽或生或成,本其所由之理,不可測量之謂'神'也。"

【說明】

以上《繫辭上傳》第五章。

此章主要論述"一陰一陽之謂道"。前半部分泛論"道"的蘊義,後半部分辨析"陰陽變化"之理的體現。全章以"陰陽不測"作結。在當代"量子力學"中,有一條很重要的定律,爲"測不準定律";從哲學的角度看,此定律之所以謂"測不準",正由於宇宙間萬物時刻都在矛盾對立中變動(參閱《易學應用之研究》第一輯《序》引李政道語)。以此與"陰陽不測"之義相對照,可知《繫辭傳》提出的這一命題,實涵有至爲深刻的辯證觀念。

夫《易》廣矣大矣！以言乎遠則不禦[1]，以言乎邇則靜而
正[2]，以言乎天地之間則備矣。夫乾，其靜也專，其動也
直，是以大生焉[3]；夫坤，其靜也翕，其動也闢，是以廣
生焉[4]。廣大配天地，變通配四時，陰陽之義配日月，易
簡之善配至德[5]。

【譯文】

　　《周易》的象徵是何等廣大啊！將它比擬於遠處則變化窮深遙
无止境，將它比擬於近處則寧靜端正不見邪僻，將它比擬於天地之
間則完備充實萬理具在。象徵陽的乾，當寧靜的時候是專一含養，
當興動的時候是直遂不撓，所以生出剛健強大的氣魄；象徵陰的
坤，當寧靜的時候是閉藏微伏，當興動的時候是開闢展佈，所以生
出柔順寬廣的氣質。寬廣和強大的象徵可以配合天地形象，變化交
通的象徵可以配合四季規律，陽剛陰柔的意義可以配合日月情態，
平易簡約的美善理念可以配合至高的道德。

【注釋】

　　〔1〕以言乎遠則不禦——不禦，猶言“无止境”，《集解》引
虞翻曰：“禦，止也”。此句說明《易》道廣大，以“遠”擬之則
不可窮盡。《正義》：“禦，止也。言乎《易》之變化，窮極幽深之
遠，則不有禦止也，謂无所止息也。”　　〔2〕以言乎邇則靜而
正——邇，近也。此句說明將《易》道比擬於近處，則其理寧靜端
正、不見邪僻。《正義》：“言《易》之變化，在於邇近之處，則寧
靜而得正，不煩亂邪僻也。”　　〔3〕夫乾，其靜也專，其動也直，
是以大生焉——這是說明象徵“陽”的乾，具有“靜專”、“動直”
而剛大的性質。《集解》引宋衷曰：“乾靜不用事，則清靜專一，
含養萬物矣；動而用事，則直道而行，導出萬物矣。一專一直，動
靜有時，而物无夭瘁，是以大生也。”　　〔4〕夫坤，其靜也翕，
其動也闢，是以廣生焉——翕，音息 xī，閉合。闢，開。這是說明

象徵"陰"的坤，具有"靜翕"、"動闢"而寬柔的性質。《集解》
引宋衷曰："翕，猶'閉'也，坤靜不用事，閉藏微伏，應育萬物
矣；動而用事，則開闢羣蟄，敬導沈滯矣。一翕一闢，動靜不失
時，而物无災害，是以廣生也。" 〔5〕易簡之善配至德——以
上四句說明乾大坤廣、變化交通、陽剛陰柔、平易簡約等意義，可
以與"天地"、"四時"、"日月"、"至德"相配合。文中極讚
《易》理，正與章首"《易》廣矣大矣"的歎美相呼應。《本義》：
"《易》之廣大、變通，與其所言陰陽之說、易簡之德，配之天道
人事則如此。"

【說明】

以上《繫辭上傳》第六章。

此章始於"《易》道廣大"，終於"可配至德"。其內容主在論
析乾、坤所象徵的陰陽性質，適與第一章"乾坤定位"、"易知簡
能"的意義相勾聯。

子曰："《易》其至矣乎！夫《易》，聖人所以崇德而廣業
也。知崇禮卑[1]，崇效天，卑法地。天地設位，而《易》
行乎其中[2]矣。成性存存，道義之門[3]。"

【譯文】

孔子說："《周易》的道理應該是至善至美啊！《周易》，是聖
人用來增崇其道德而廣大其事業的。智慧貴在崇高而禮節貴在謙
卑，崇高是傚效天，謙卑是取法地。天地創設了上下尊卑的位置，
《周易》的道理就在其間變化通行。倘能成就美善德性而反復涵養
保存，就是找到了通向道義的門戶。"

【注釋】

〔1〕知崇禮卑——知，即"智"；禮，禮節。這是說明人的智
慧和禮節，一貴崇高，一貴謙卑。《韓注》："知以崇爲貴，禮以卑
爲用。" 〔2〕天地設位，而《易》行乎其中——這兩句承上文

"知崇禮卑"而發，說明天地既設尊卑之位，《周易》正言陰陽之理，故其變化通行不離"天地"之中。《來氏易注》："天清地濁，知陽禮陰；天地設位，而'知'、'禮'之道即行乎其中矣。"
〔3〕成性存存，道義之門——存存，存而又存，即"不斷涵養保存"之意。這兩句說明用《易》理修身，"成"其"性"而存之又存，就可以通向"道"、"義"。《本義》："成性，本成之性；存存，謂存而又存，不已之義。"

【說明】

以上《繫辭上傳》第七章。

此章引孔子語，說明《易》理與修身的關係。其中"知崇禮卑"，反映了重視智慧與禮節教育的思想；"成性存存"，則是強調後天修養的重要性。《易傳》所引"子曰"的言論，凡三十一條（《繫辭傳》二十五條，《文言》六條），其中《繫辭上傳》第八章一條與《文言》重（見下章注），故實只三十條。這些材料，應當視爲孔子弟子及其後學所記錄的孔子言論，可以與《論語》之文同等看待。

聖人有以見天下之賾[1]，而擬諸其形容，象其物宜[2]，是故謂之象[3]。聖人有以見天下之動，而觀其會通，以行其典禮，繫辭焉以斷其吉凶[4]，是故謂之爻。言天下之至賾，而不可惡也；言天下之至動，而不可亂也[5]。擬之而後言，議之而後動，擬議以成其變化[6]。"鳴鶴在陰，其子和之；我有好爵，吾與爾靡之。"[7]子曰："君子居其室，出其言善，則千里之外應之，況其邇者乎？居其室，出其言不善，則千里之外違之，況其邇者乎？言出乎身，加乎民；行發乎邇，見乎遠：言行，君子之樞機[8]。樞機之發，榮辱之主也。言行，君子之所以動天地也，可不慎乎？""同人，先號咷，而後笑。"[9]子曰："君子之道，或出或處，或默或語。二人同心，其利斷金；同心之言，其臭如蘭。""初六，藉用白茅，无咎。"[10]子曰："苟錯諸地而可矣，藉之用茅，何咎之有？慎之至也。夫茅之爲物薄，而用可重也。慎斯術也以往，其无所失矣。""勞謙，君子有終，吉。"[11]子曰："勞而不伐，有功而不德，厚之至也。語以其功下人者也。德言盛，禮言恭。謙也者，致恭以存其位者也。""亢龍有悔。"[12]子曰："貴而无位，高而无民，賢人在下位而无輔，是以動而有悔也。""不出戶庭，无咎。"[13]子曰："亂之所生也，則言語以爲階[14]。君不密則失臣，臣不密則失身，幾事[15]不密則害成。是以君子慎密而不出也。"子曰："作《易》者其知盜乎？《易》曰'負且乘，致寇至。'[16]負也者，小人之事也；乘也者，君子之器也。小人而乘君子之器，盜思奪之矣；上慢下暴，盜思伐之矣[17]。慢藏誨盜，冶容誨淫。《易》曰'負且乘，致寇至'，盜之招也。"

【譯文】

聖人發現天下幽深難見的道理，就把它譬擬成具體的形象容貌，用來象徵特定事物適宜的意義，所以稱作象。聖人發現天下萬物運動不息，就觀察其中的會合變通，以利於施行典法禮儀，並在卦下撰繫文辭來判斷事物變動的吉凶，所以稱作爻。《周易》言說天下至爲幽深難見的道理，而不可鄙賤輕惡其取象平易；言說天下至爲紛繁複雜的變動，而不可錯亂疏忽其內涵規律。作《易》者先譬擬物象然後言說陰陽道理，先審議物情然後揭示變動規律，通過譬擬和審議就形成此書的變化哲學。譬如《中孚》九二爻辭："鶴在山陰鳴唱，其侶聲聲應和；我有一壺美酒，偕你共飲同樂。"孔子解釋說："君子平居家中，發出美善的言論，遠在千里之外的人也將聞風響應，何況近處的人呢？平居家中，要是發出不善的言論，遠在千里之外的人也將違逆背離，何況近處的人呢？言論出於自身，要施加給百姓；行爲發於近處，遠方的人也能看見：言論和行爲，猶如君子門戶開闔的機要。門戶機要的啓發，是或榮或辱的關鍵。言論和行爲，是君子用來鼓動天地萬物的，豈能不慎重呢？”《同人》九五爻辭：“和同於人，起先痛哭號咷，後來欣喜歡笑。”孔子解釋說：“君子處世接物的道理，有時外出營求有時安居靜處，有時沉默寡言有時暢抒話語。兩人若是同德同心，恰似利刃可以削鐵斷金；心志通同的美語佳言，氣味清馨宛如芳蘭。”《大過》初六爻辭：“初六，用潔白的茅草襯墊承放（奉獻尊者的物品），必无咎害。”孔子解釋說：“假如直接放在地上也是可以的，再用茅草襯墊承放，哪還有什麼咎害呢？這是敬慎之至的行爲。茅草作爲物是微薄的，但可以發揮重大作用。慎守這種恭謹的態度而前往，必將无所過失吧。”《謙》九三爻辭：“勤勞謙虛，君子保持謙德至終，吉祥。”孔子解釋說：“勤勞而不自誇其善，有功而不自以爲恩德，真是敦厚至極啊。這是讚美有功勳而能謙下的人。道德要隆盛，禮節要恭謹。謙虛的含義，正是發揚恭謹美德來保存其地位的意思。”《乾》上九爻辭：“巨龍高飛窮極，終將有所悔恨。”孔子解釋說：“尊貴而沒有實位，崇高而管不到百姓，賢明的人在下位而不輔助他，所以輕舉妄動必將有所悔恨。”《節》初九爻辭：“不跨出戶庭以靜居慎守，必无咎害。”孔子解釋說：“危亂的產生，往往是語言不守機密引起的。君主不守機密就使臣下受損失，臣下不守機密就使自身受損失，辦事的開始不守機密就危害成功。所以君子慎守機密而不洩露言語。”孔子說道：“創作《周易》的人大概知道盜寇的事吧？《周易》的《解》卦六三爻辭說：‘背負重物而身乘大車，必致强寇前來奪取。’背負重物，是小人的事務；身乘大車，是君子的車具。小人卻乘坐君子的車具，盜寇就思謀奪取了；上者任人輕慢而下者驕奢暴虐，盜寇就思謀侵伐了。輕忽於收藏財物就是引人爲盜，妖冶其容貌姿色就是引人淫蕩。《周易》說'背負重物而身乘大車，必致強寇前來奪取'，盜寇就是這樣招引來的啊！"

【注釋】

〔1〕賾——音賾 zé，幽深難見，此處指事物深奧的道理。句中說明"聖人"作《易》之初，發現事理有幽隱深奧者，故取常見的形象來比擬說明。《正義》："賾，謂幽深難見。"　〔2〕象其物宜——象，動詞，猶言"象徵"；宜，適宜恰當。這是說明"聖人"所擬取的象徵形象必切合於特定事物的意義。《正義》："法象其物之所宜。若象陽物，宜於剛也；若象陰物，宜於柔也，是各象其物之所宜。六十四卦皆'擬諸形容，象其物宜'也。"〔3〕是故謂之象——此"象"字，作名詞，即《易》象。〔4〕而觀其會通，以行其典禮，繫辭焉以斷其吉凶——會通，會合變通；典禮，典法禮儀。這兩句說明"聖人"既見"天下之動"，則觀察事物在"動"中的"會通"規律，以利於施行"典禮"，並將此規律寫成判斷吉凶的文辭繫於六十四卦下以資日常借鑑，《周易》的創作由是而成。《正義》："既知萬物以此變動，觀看其物之會合變通，當此會通之時，以施行其典法禮儀也。"《折中》引吳澄曰："會通，謂大中至正之理，非一偏一曲有所拘礙者也。聖人見天下不一之動，而觀其極善之理，以行其事；見理精審，則行事允當也。以處事之法爲辭，繫於各爻之下，使筮而遇此爻者，如此處事則吉，不如此處事則凶也。"　〔5〕言天下之至賾，而不可惡也；言天下之至動，而不可亂也——惡，鄙賤輕惡，指不可輕惡《易》象平易；亂，錯亂乖違，指不可乖違《易》理規律。文中兩"言"字，謂《周易》所言之事；兩"不可"，謂讀《易》、用《易》者不可如此。《折中》引吳澄曰："六十四卦之象，所以章顯天下至幽之義，而名言宜稱，人所易知，則自不至厭惡其賾矣；三百八十四爻之辭，所以該載天下至多之事，而處決精當，人所易

從，則自不至棼亂其動矣。"案，吳氏釋"不可惡"、"不可亂"，謂人不惡其"賾"、不亂其"動"，於義亦通。又案，"賾"字，《釋文》引京房注作"嘖"，《集解》本同，朱熹曰："賾，雜亂也，古無此字，只是'嘖'字，今從臣，亦是'口'之義，與《左傳》'嘖有繁言'之嘖同"；"惡"字，《釋文》曰："荀作'亞'，亞，次也"。尚先生引《史記》、《左傳》、《語林》等資料爲證，指出"嘖與賾通"、"惡亞古同字"，並曰："'言天下之至嘖而不可亞'者，即言天下之物，至爲繁賾雜亂，而難以次第也。"(《尚氏學》)說可通，宜備參考。　〔6〕擬之而後言，議之而後動，擬議以成其變化——擬，比擬，即上文"擬諸其形容"；言，指言說《易》理；議，審議物情，即上文"觀其會通"之義；動，指揭示變動規律。這三句總結上文，說明《周易》的創作原則是先比擬物象然後言其義理，先審議物情然後明其變動；合"比擬"、"審議"兩端，則形成《周易》特殊的變化哲學。《韓注》："擬議以動，則盡變化之道。"《正義》："言則先擬也，動則先議也，則能成盡其變化之道也。"案，上文已論《周易》的創作因"觀物取象"而成，則讀《易》者應當緣"象"以明"意"，故下文分舉七則爻辭及孔子的解說，作爲讀《易》的範例。　〔7〕"鳴鶴在陰，其子和之；我有好爵，吾與爾靡之"——這是《中孚》九二爻辭（見該卦譯注）。下引孔子語，即論"君子"的言行須本於"善"、發自中心誠信，以闡釋爻義。　〔8〕言行，君子之樞機——樞，戶樞，即門戶的轉軸；機，門橜。"樞機"合稱，猶言門戶開闔的"機要"，文中借喻"君子"言行的重要性，故下文謂"樞機之發，榮辱之主"。案，《禮記·曲禮正義》引鄭玄注，釋"機"爲"弩牙"，即古代弩箭上的發動機關，曰："戶樞之發，或明或闇；弩牙之發，或中或否，以喻君子或榮或辱。"於義亦通。但《經義述聞》指出"機"當作"門橜"解，才能與"樞"同類並稱，認爲"'樞機'爲門戶之要，猶'言行'爲君子之要。"今從王氏說。

〔9〕“同人，先號咷而後笑”——這是《同人》九五爻辭（見該卦譯注）。下引孔子語，即以“君子”深明事物有同有異的道理，故能選擇適宜的時機與人“同心”，來闡發爻義。《本義》：“君子之道，初若不同，而後實无間。‘斷金’、‘如蘭’，言物莫能間，而其言有味也。”　〔10〕“初六，藉用白茅，无咎”——這是《大過》初六爻辭（見該卦譯注）。下引孔子語，通過解說“用茅”之象與“敬慎”之義的聯係，來闡明爻旨。　〔11〕“勞謙，君子有終，吉”——這是《謙》九三爻辭（見該卦譯注）。下引孔子語，用“德言盛，禮言恭”闡釋爻義。　〔2〕“亢龍有悔”——這是《乾》上九爻辭（見該卦譯注）。下引孔子語與《乾》卦《文言》重（見該文譯注）。案，此文之所以重見，《正義》以爲是特舉“亢龍”之窮高與前文“勞謙”之卑恭相對照，以“證驕亢不謙也”。但《本義》認爲“當屬《文言》，此蓋重出”。兩說并可參考。　〔13〕“不出戶庭，无咎”——這是《節》初九爻辭（見該卦譯注）。下引孔子語，用“慎密”之義闡發爻旨。〔14〕階——階梯，此處猶言“導引”。　〔15〕幾事——幾，事之初；“幾事”即“辦事之始”，與下文“害成”相承接。《來氏易注》：“幾者，事之始；成者，事之終。”　〔16〕負且乘，致寇至——這是《解》六三爻辭（見該卦譯注）。此處引孔子語，通過辨析“負”、“乘”之義，從“上慢下暴”的角度發揮爻旨。〔17〕上慢下暴，盜思伐之矣——上，居上的尊者，猶“君上”；慢，輕慢，此處指不能選賢任能，故導致“下暴”、“盜思伐”。《折中》引胡瑗曰：“小人居君子之位，不惟盜之所奪，抑亦爲盜之侵伐矣。蓋在上之人，不能選賢任能，遂使小人乘時得勢而至於高位，非小人之然也。”

【說明】

　　以上《繫辭上傳》第八章。

　　此章內容可析爲兩端：前部分指出《周易》的創作原則是擬取

物象以喻事理，審辨物情以明變化；後部分則分舉七則爻辭爲例，
援據孔子言論，來印證《周易》的“象喻”特徵。

　　其中“觀物取象”說，從“形象”與“意義”的聯係這一角
度看，同今天的“藝術思維”理論有一定的契合之處，是研究古代
美學思想可資參考的資料。

大衍之數五十，其用四十有九[1]。分而爲二以象兩[2]，掛
一以象三[3]，揲之以四以象四時[4]，歸奇於扐以象閏，五
歲再閏，故再扐而後掛[5]。天數五，地數五[6]，五位相得
而各有合[7]。天數二十有五，地數三十，凡天地之數五十
有五[8]。此所以成變化而行鬼神也。《乾》之策二百一十
有六，《坤》之策百四十有四[9]，凡三百有六十，當期[10]
之日。二篇之策，萬有一千五百二十[11]，當萬物之數也。
是故四營而成《易》[12]，十有八變而成卦[13]，八卦而小
成[14]。引而伸之[15]，觸類而長之，天下之能事畢矣[16]。
顯道神德行[17]，是故可與酬酢，可與祐神[18]矣。子曰：
“知變化之道者，其知神之所爲[19]乎？”

【譯文】

　　廣爲演繹的占筮之數是用五十根蓍策表示，其中（虛一不用
而）實用四十九根。把四十九策任意分爲左右兩份以象徵天地兩
儀，從中取一策懸掛（在左手小指間）以象徵天地人三才，每束四
策地揲算蓍策以象徵四季，把右份揲算剩餘的蓍策歸附夾勒（在左
手无名指間）以象徵閏月，五年再出現閏月，於是再把左份揲算剩
餘的蓍策夾勒（在左手中指間）而後別起一掛反復揲算。天的數字
象徵有一、三、五、七、九等五個奇數，地的數字象徵有二、四、
六、八、十等五個偶數，五位奇偶數互相搭配而各能諧合。五個天
數相加爲二十五，五個地數相加爲三十，天地的象徵數併加共爲五

十五。這就是《周易》運用數字象徵形成變化哲學而通行於陰陽鬼神之奧理的特點。《乾》卦在蓍數中體現爲二百十六策，《坤》卦爲一百四十四策，《乾》、《坤》共計三百六十策，相當於一年的天數。《周易》上下經六十四卦則爲一萬一千五百二十策，相當於萬物的數目。因此，通過（分二、掛一、揲四、歸奇）這四營過程就筮得《周易》的卦形，其中每十八次變數形成一卦，而每九變出現的八卦之一則爲小成之象。就這樣朝著六十四卦三百八十四爻引申推衍，觸逢相應的事類就發揮延展其象徵意義，天下所需闡明的事理就賅盡无遺了。《周易》能彰顯幽隱之道而神奇地玉成令德美行，所以運用《易》理可以應對人事之求，可以祐祀神祇之靈。孔子說：“通曉變化道理的人，大概知道神妙的自然規律吧？”

【注釋】

〔1〕大衍之數五十，其用四十有九——大，猶“廣”；衍，演繹，《釋文》引鄭玄曰：“衍，演也”；數，蓍數，在占筮中以蓍草之策代表。這兩句以下敍述《周易》以五十根蓍策揲筮成卦的方法。案，“大衍之數”爲五十，“用數”爲四十九，下文又云“天地之數”爲五十五，這三者的關係，舊說紛紜歧異，莫衷一是。如王弼指出“虛一不用”是“不用而用以之通，非數而數以之成”（《韓注》引）。李鼎祚以爲“天地之數五十五”中“將五合之數配五行”，則五十五去其“五”，餘五十即“大衍之數”；“更減一以並五，備設六爻之位，著卦兩兼”，則五十五共減其六，餘四十九爲“用數”（《集解》）。二說並可參考。　　〔2〕象兩——象徵天地兩儀。《正義》：“五十之內去其一，餘有四十九。合同未分，是象太一也；今以四十九分而爲二，以象兩儀也。”　　〔3〕掛一以象三——掛一，即從所分的兩部份中抽取一策掛於左手小指間；三，指天地人“三才”。《集解》引孔穎達曰：“就兩儀之中，分掛其一於最小指間，而配兩儀以象三才。”　　〔4〕揲之以四以象四時——揲，音舌 shé，用手成束地分數蓍策，《釋文》：“揲，數

也"。這是說明演算蓍策是以四策爲一束揲數，象徵"四季"。《正義》："分揲其蓍，皆以四四爲數，以象四時。"　〔5〕歸奇於扐以象閏，五歲再閏，故再扐而後掛——奇，指揲數至最後剩餘的策數；扐，音勒 lè，夾於手指之間。這三句說明，兩部份蓍策分別揲數之後，各有剩餘，將此餘策先後並列"扐"於左手无名指、中指、食指之間，猶如歲歷五年有兩次"閏月"。《本義》："奇，所揲四數之餘也；扐，勒於左手中三指之兩間也；閏，積月之餘日而成月者也。五歲之間，再積日而再成月。故五歲之中，凡有再閏，然後別起積分，如一掛之後，左右各一揲而一扐。故五者之中，凡有再扐，然後別起一掛也。"案，"再扐"之時，已積有左右兩部份揲算的餘策，與先前"掛一"之數合併，就完成了"一變"；然後把揲過的蓍策合攏，再分二、掛一、揲四、扐奇，成"二變"。如是三變得出一爻，十八變形成一卦。　〔6〕天數五，地數五——指一至十的數目中，奇數爲天的象徵數，耦數爲地的象徵數。《集解》引虞翻曰："天數五，謂一、三、五、七、九；地數五，謂二、四、六、八、十。"　〔7〕五位相得而各有合——指五奇五耦相配相得。案，舊說認爲五對奇偶數相合，又象徵五行。《韓注》曰："天地之數各五，五數相配，以合成金、木、水、火、土。"《正義》："若天一與地六相得，合爲水；地二與天七相得，合爲火；天三與地八相得，合爲木；地四與天九相得，合爲金；天五與地十相得，合爲土也。"而"五行"又與方位有關，因此《折中》引龔煥曰："既謂之五行相得，則是指一、六居北，二、七居南，三、八居東，四、九居西，五、十居中而言。"可見，在古人的認識中，數字含有奇耦、陰陽、五行、方位的多種象徵。〔8〕天數二十有五，地數三十，凡天地之數五十有五——指五奇數相加得二十五，五耦數相加得三十，兩者合爲五十五。此處的"天地數"，不同於上文的"大衍數"，但"大衍數"又本於"天地數"，推演變化而成蓍占之用，故下文稱"此所以成變化而行鬼神也"。《尚氏學》:"天地數爲大衍數之本,而大衍數卻不用天地數,變之化之,其妙通於鬼神。"案,《集解》引虞翻曰:"天二十五,地三十,故五十有五。天地數見於此,故大衍數略其奇五,而言五十也。"張惠言曰:"《太玄》曰'五與五相守',地之十還是五,故略之也。"(《周易虞氏義》)從虞氏的說法看,也是認爲"大衍數"來自"天地數",可資參考。 〔9〕《乾》之策二百一十有六,《坤》之策百四十有四——指《乾》卦由"老陽"爻組成,凡"老陽"爻皆從"三變"揲算過的三十六策得來,故六爻共含二百十六策;《坤》卦由"老陰"爻組成,凡"老陰"爻皆從"三變"揲算過的二十四策得來,故六爻共含一百四十四策。《韓注》:"陽爻六,一爻三十六策,六爻二百一十六策";"陰爻六,一爻二十四策,六爻百四十四策"。 〔10〕期——一週年。指《乾》、《坤》之策共三百六十,猶一年的日數。《正義》:"三百六十日,舉其大略,不數五日四分日之一也。" 〔11〕二篇之策,萬有一千五百二十——二篇,指上下經六十四卦。六十四卦陰陽爻各一百九十二爻,陽爻乘以三十六,陰爻乘以二十四,其和即爲此數。 〔12〕四營而成《易》——四營,即上文所言"分二"、"掛一"、"揲四"、"歸奇"這四道揲蓍程序。依此營求,即可筮得《周易》卦形,故稱"四營而成《易》"。《集解》引陸績曰:"分而爲二以象兩,一營也;掛一以象三,二營也;揲之以四以象四時,三營也;歸奇于扐以象閏,四營也。"案,《集解》引荀爽曰:"營者,謂七、八、九、六也。"認爲"四營"當指營求少陽、少陰、老陽、老陰。可備一說。 〔13〕十有八變而成卦——上文敍"四營"爲一變,三變得一爻;一卦六爻,故十八變成卦。 〔14〕八卦而小成——指九變而成三畫,得八卦之一。《集解》引侯果曰:"謂三畫成天、地、雷、風、日、月之象,此八卦未盡萬物情理;故曰'小成'。" 〔15〕引而伸之——猶言朝著六十四卦推廣演繹。《正義》:"謂引長八卦而伸盡之,謂引之爲六十四卦也。”　〔16〕觸類而長之，天下之能事畢矣——這兩句說明占筮配合《易》理相爲用，觸事而發揮其義，天下之事无不能明，故下文有“顯道”諸語。《正義》：“謂觸逢事類而增長之。若觸剛之事類，以次增長於剛；若觸柔之事類，以次增長於柔。”又曰：“天下萬事皆如此例，各以類增長，則天下所能之事，法象皆盡。”案，《本義》謂“引伸”、“觸長”之義，指一卦六爻之動可變爲六十四卦，六十四卦共可變成四千零九十六卦，正如《焦氏易林》之例。可備一說。　〔17〕顯道神德行——顯，彰顯；神，此處用如動詞，猶言“神奇地玉成”。此句承前文意，說明《周易》的神奇功用。《正義》：“《易》理備盡天下之能事，故可顯明无爲之道，而神靈其德行之事。”　〔18〕可與酬酢，可與祐神——與，猶言“以”，《經傳釋詞》：“與，猶‘以’也”；酬酢，謂應對；祐，助也。這兩句以人事應對、祐助神靈，進一步說明《易》之用。〔19〕知神之所爲——此處“神”字，含有“自然規律”之意。《韓注》：“夫變化之道，不可爲而自然。故知變化者，則知神之所爲。”

【說明】

以上《繫辭上傳》第九章。

前章既已指出《周易》的創作原則是“觀物取象”，此章則揭示《周易》的占筮方法是“揲蓍求卦”。前者從《周易》的創制著筆，立足於“象”；此處從《周易》的筮用著筆，立足於“數”。這兩方面，均爲《周易》一書的重要特徵。兩章的論述角度儘管不同，但最後歸宿卻都納入《易》理的軌道上來：前章引孔子言論多至七則，本章末尾強調“顯道神德行”，即可爲證。

文中敍及揲蓍求卦的方法時，運用數理知識，爲研究古代數學史所應當注意的材料。

《易》有聖人之道四焉[1]：以言者尚其辭，以動者尚其變，以制器者尚其象，以卜筮者尚其占。是以君子將有爲也，將有行也，問焉而以言，其受命也如嚮[2]，无有遠近幽深，遂知來物。非天下之至精，其孰能與於此[3]？參伍以變，錯綜其數[4]：通其變，遂成天地之文[5]；極其數，遂定天下之象。非天下之至變，其孰能與於此？《易》无思也，无爲也[6]，寂然不動，感而遂通天下之故[7]。非天下之至神，其孰能與於此？夫《易》，聖人之所以極深而研幾[8]也。唯深也，故能通天下之志；唯幾也，故能成天下之務；唯神也，故不疾而速，不行而至[9]。子曰"《易》有聖人之道四焉"者，此之謂也。

【譯文】

　　《周易》含有聖人常用的道理四方面：用來指導言論的人崇尚其文辭精義，用來指導行動的人崇尚其變化規律，用來指導制作器物的人崇尚其卦爻象徵，用來指導卜問決疑的人崇尚其占筮原理。所以君子將有所作爲，有所行動之時，用《周易》揲蓍占問而據以發言行事，《周易》就能如響應聲地承受占筮者的蓍命，不論遙遠鄰近還是幽昧深微的現象，都能推知將來的物狀事態。若不是通曉天下極爲精深的道理，誰能做到這樣？三番五次地研求變理，錯綜往復地推衍蓍數：會通其變化，就能考識天地的文采；窮究其蓍數，就能判定天下的物象。若不是通曉天下極爲複雜的變化，誰能做到這樣？《周易》的道理不是冥思苦想而來的，是自然无爲所得，它寂然不動，根據陰陽交感相應的原理就能會通天下萬事。若不是通曉天下極爲神妙的規律，誰能做到這樣？《周易》，是聖人用來窮究幽深事理而探研細微徵象的書。只有窮究幽深事理，才能會通天下的心志；只有探研細微徵象，才能成就天下的事務；只有神奇地貫通《易》道，才能不須急疾而萬事速成，不須行動而萬理自至。孔子稱"《周易》含有聖人常用的道理四方面"，說的正是上述這些觀念。

【注釋】

〔1〕《易》有聖人之道四焉——指下文辭、變、象、占四事。《集解》引崔憬曰：“聖人德合天地，智周萬物，故能用此《易》道，大略有四：謂尚辭、尚變、尚象、尚占也。”　〔2〕問焉而以言，其受命也如嚮——受命，指《周易》承受占筮者的蓍命；嚮，即“響”字，《釋文》“嚮，又作‘響’”，“如嚮”猶言如響應聲。《本義》：“言人以蓍問《易》，求其卦爻之辭，而以之發言處事，則《易》受人之命而有以告之，如響之應聲，以決其未來之吉凶也。‘以言’，與‘以言者尚其辭’之‘以言’義同。命，則將筮而告蓍之語，《冠禮》筮曰，‘宰自右贊命’是也。”〔3〕非天下之至精，其孰能與於此——與，猶“及”，即“達到”、“做到”之意。這兩句總結上六句，說明能做到問《易》“如響”、預知來事，非通“天下至精”之理不可。《正義》：“《易》之功深如此，若非天下萬事之內，至極精妙，誰能參與於此，與《易》道同也？”案，孔氏訓“與”爲“參與”，於義亦通。　〔4〕參伍以變，錯綜其數——參，三；伍，五。“參伍”，猶言“三番五次”，與“錯綜”互文。這兩句說明《周易》的“變”和“數”必須反復錯綜地推研。《本義》：“參者，三數之也；伍者，五數之也。既參以變，又伍以變，一先一後，更相考覈，以審其多寡之實也。錯者，交而互之，一左一右之謂也；綜者，總而挈之，一低一昂之事也。此亦皆謂揲蓍求卦之事。”又曰：“‘參伍’，‘錯綜’，皆古語，而‘參伍’尤難曉。按《荀子》云‘窺敵制變，欲伍以參’。韓非曰：‘省同異之言，以知朋黨之分；偶參伍之驗，以責陳言之實。’又曰‘參之以比物，伍之以合參。’《史記》曰‘必參而伍之’，又曰‘參伍不失’。《漢書》曰‘參伍其賈，以類相準’。此足以相發明也。”案，《尚氏學》：“爻數至三，內卦終矣，故曰必變”，“此從三才而言也。若從五行言，至五而盈，故過五必

變"。於義亦通。 〔5〕通其變,遂成天地之文——成,猶言考識。這是說明天地的"文采"也是因事物的會通變化而形成的,故可緣之而考析辨識。《集解》引虞翻曰:"變而通之,觀變陰陽始立卦;乾坤相親,故成天地之文。物相雜故曰文也。"〔6〕《易》无思也,无爲也——這是說明《易》理出乎自然,非"思"、"爲"所致。《正義》:"任運自然,不關心慮,是无思也;任運自動,不須營造,是无爲也。" 〔7〕寂然不動,感而遂通天下之故——感,指陰陽感應;故,猶"事"。這兩句說明《易》理靜中有動,陰陽交感則萬事皆通。《正義》:"既无思无爲,故寂然不動;有感必應,萬事皆通,是感而遂通天下之故也。故,謂事。" 〔8〕極深而研幾——此句說明聖人用《易》精深。《韓注》:"極未形之理則曰深,適動微之會則曰幾。"《正義》:"言《易》道弘大,故聖人用之所以窮極幽深而研覈幾微也。"〔9〕不疾而速,不行而至——指不費氣力而能成事。《正義》:"以无思无爲、寂然不動、感而遂通,故不須急疾而事速成,不須行動而理自至也。"

【說明】

以上《繫辭上傳》第十章。

本章言《周易》爲人所用,主要有尚辭、尚變、尚象、尚占等四事。何楷曰:"此章與第二章觀象玩辭、觀占玩變相應。"(《古周易訂詁》)

天一地二,天三地四,天五地六,天七地八,天九地十[1]。子曰:"夫《易》何爲者也[2]?夫《易》開物成務,冒天下之道[3],如斯而已者也。"是故聖人以通天下之志,以定天下之業,以斷天下之疑。是故蓍之德圓而神,卦之德方以知[4],六爻之義易以貢[5]。聖人以此洗心[6],退藏於

密[7]，吉凶與民同患。神以知來，知以藏往，其孰能與此
哉[8]？古之聰明叡知，神武而不殺者夫[9]！是以明於天之
道，而察於民之故，是興神物以前民用[10]。聖人以此齊
戒[11]，以神明其德夫？是故闔戶謂之坤，闢戶謂之乾[12]，
一闔一闢謂之變，往來不窮謂之通。見乃謂之象，形乃謂
之器[13]，制而用之謂之法，利用出入、民咸用之謂之
神[14]。是故《易》有太極，是生兩儀[15]，兩儀生四象，
四象生八卦[16]，八卦定吉凶[17]，吉凶生大業[18]。是故法
象莫大乎天地；變通莫大乎四時；縣象著明莫大乎日月；
崇高莫大乎富貴；備物致用，立成器以爲天下利，莫大乎
聖人；探賾索隱，鉤深致遠[19]，以定天下之吉凶，成天下
之亹亹者，莫大乎蓍龜[20]。是故天生神物[21]，聖人則之；
天地變化，聖人效之[22]；天垂象，見吉凶，聖人象之[23]；
河出圖，洛出書，聖人則之[24]。《易》有四象[25]，所以示
也；繫辭焉，所以告也；定之以吉凶，所以斷也。

【譯文】

　　天數一地數二，天數三地數四，天數五地數六，天數七地數
八，天數九地數十。孔子說：“《周易》爲什麽取這些天地之數呢？
這是聖人創立筮法用來開啓物智而成就庶務，涵括天下的道理，不
過如此罷了。”所以聖人用《易》理會通天下的心志，確定天下的
事業，解決天下的疑難。因此蓍數的性質圓通而神奇，卦體的性質
方正而明智，六爻的意義通過變化而告諭吉凶。聖人用此洗濯心
靈，退而密藏其功用，吉凶之事與百姓同所憂患。占筮何等神奇而
能推知未來的情狀，占筮者何等明智而能鑒藏往昔的事理，一般人
誰能做到這樣啊！只有古代聰明叡智的大人物，神武而不用刑殺的
君主纔能如此啊！所以這些大人君主能夠明確天的道理，察知百姓
的事狀，於是創興蓍占神物引導百姓使用。聖人用《周易》修齋警

戒，正是爲了神妙地顯明其道德吧？因此據《易》理可知關閉門戶以包藏萬物就叫作坤，打開門戶以吐生萬物就叫作乾，一閉一開的交感互動就叫作變化，往來無窮地變化發展就叫作會通。變化情狀顯現出來就叫作表象，變化結果產生形體就叫作器物，創造器物供人使用叫作傚效，各種器物反復利民、百姓都在使用卻不知其由來這就叫作神奇。所以《周易》創作之先有混沌未分的太極，太極產生陰陽兩儀，兩儀產生太陽太陰少陽少陰四象，四象產生天地雷風水火山澤八卦，八卦的變化推衍可以判定吉凶，判定了吉凶能使萬物豐殖而派生出盛大的事業。所以傚效自然沒有比天和地更崇大的；變化會通沒有比一年四季更博大的；高懸表象顯示光明沒有比太陽月亮更盛大的；崇隆高尚沒有比富庶榮貴更弘大的；備置物件供人使用，創成器具來便利天下，沒有比聖人更偉大的；窺探幽義考索奧理，鉤物深處招物遠方，藉以推定天下萬物的吉凶，助成天下勤勉不懈的功業，沒有比蓍占龜卜更昌大的。所以大自然生出蓍草靈龜這樣的神物，聖人取法它發明卜筮；天地出現四季變化，聖人傚效它創定典章律令；天上垂懸日月星辰等表象，顯示吉凶的徵兆，聖人模擬它製造儀器觀測天體；黃河出現龍圖，洛水出現龜書，聖人擬範它撰述八卦和九疇。《周易》有太陽太陰少陽少陰四象，是用來顯示變動徵兆；在卦下撰繫文辭，是用來陳述變化情狀；文辭中確定吉凶的占語，是用來判斷行事得失。

【注釋】

〔1〕天一地二，天三地四，天五地六，天七地八，天九地十——這幾句指出奇數是天的象徵數，耦數是地的象徵數，即第九章"天數五，地數五"之義。《正義》："此言天地陰陽，自然奇偶之數。"案，此二十字，《漢書·律歷志》引在第九章"天數五"之上，程頤《易說》以爲《繫辭傳》"簡編失次"，當作更移；《本義》據程說，將此連同"天數五，地數五"至"成變化而行鬼神"八句，皆移置第九章"大衍之數"之上，以使文意貫通。其說可資

參考。　　〔2〕夫《易》何爲者也——這是針對前文設問，指爲何取用“天地數”。《集解》引虞翻曰：“問《易》何爲取天地之數也。”　　〔3〕開物成務，冒天下之道——這兩句說明“聖人”探研陰陽數理，創造筮法，用以開“智”成“事”，盡包“天下之道”。《折中》引《朱子語類》曰：“古時民淳俗樸，風氣未開，於天下事全未知識，故聖人立龜與之卜，作《易》與之筮，使人趨吉避害，以成天下之事，故曰‘開物成務’。物，是人物；務，是事務；冒，是罩得天下許多道理在裏。”　　〔4〕蓍之德圓而神，卦之德方以知——蓍，指蓍數；德，猶言“性質”；圓，圓通，含反復變化之意；方，方正；知，即“智”。這是說明蓍數以變化神奇爲“德”，卦體以明智有方爲“德”。《韓注》：“圓者，運而不窮；方者，止而有分。言蓍以圓象神，卦以方象知也。唯變所適，无數不周，故曰圓；卦列爻分，各有其體，故曰方也。”　　〔5〕六爻之義易以貢——易，變易；貢，《韓注》謂“告”，焦循《周易補疏》引《尚書·堯典》“敷奏以言”，《史記》作“徧告以言”，認爲“貢”訓“獻”，“獻”訓“奏”，“奏”即“告”。此句說明六爻通過變易而告人吉凶。　　〔6〕洗心——淨化其心，指以《易》自我修潔。《童溪易傳》曰：“聖人以此蓍卦六爻，洗去夫心之累，則是心也，擴然而大公。”案，“洗”字，《釋文》曰：“京、荀、虞、董、張、蜀才作‘先’，石經同”。《集解》引虞翻注，訓“先心”爲“知來”；《韓注》釋“洗心”爲“洗濯萬物之心”。《經義述聞》指出“作‘先’之義爲長”，“先，猶導也”，“聖人以此先心者，心所欲至而卜筮先知，若爲之前導然”。《尚氏學》認爲：“‘先’、‘洗’古通用，《莊子·德充符》‘不知先生之洗我以善邪’，與此‘洗’義同。”兹從尚先生說。　　〔7〕退藏於密——指《周易》的道理含藏不露，而能潛化萬物，即前文“藏諸用”、“百姓日用而不知”之義。《韓注》：“言其道深微，萬物日用而不能知其原，故曰‘退藏於密’，猶‘藏諸用’也。”　　〔8〕其孰能與此哉——《校勘記》曰：“石經同，岳本、閩、監、毛本‘與’下有‘於’字。案《正義》云‘其孰能與此哉者，言誰能同此也。’是《正義》本無‘於’字。”今從阮說。　　〔9〕古之聰明叡知，神武而不殺者夫——神武，指有“武”道而廣施仁德。這兩句回答前句“其孰能與此哉”的設問。《正義》：“《易》道深遠，以吉凶禍福威服萬物；故古之聰明叡知神武之君，謂伏犧等，用此《易》道能威服天下，而不用刑殺而畏服之也。”　　〔10〕是興神物以前民用——興，起；神物，指著占；前，用如動詞，有“引導”之義，《重定費氏學》引姚永樸曰：“前，猶導也”。此句說明“聖人”興起著占，引導百姓使用，以避凶趨吉。《集解》引陸績曰：“神物，著也。聖人興著以別吉凶，先民而用之，民皆從焉，故曰‘以前民用’也。”　　〔11〕齊戒——齊，即“齋”（音同）。齊戒，猶言“修潔自戒”，與上文“洗心”義同。《韓注》：“洗心曰‘齊’，防患曰‘戒’。”《本義》：“湛然純一之謂‘齊’，肅然警惕之謂‘戒’。”　　〔12〕闔戶謂之坤，闢戶謂之乾——闔，閉；闢，開。這兩句以閉門、開門爲喻，又揭示乾坤陰陽的變化生息道理。《正義》：“此以下又廣明《易》道之大。《易》從乾坤而來，故更明乾坤也。凡物先藏而後出，故先言坤而後言乾。闔戶，謂閉藏萬物，若室之閉闔其戶。”又曰：“闢戶，謂吐生萬物也，若室之開闢其戶。”　　〔13〕見乃謂之象，形乃謂之器——這兩句與前文“在天成象，在地成形”義相近，但此處的“象”廣指變化所顯示的表象，“形”則偏指形成器用。《集解》引荀爽曰：“謂日月星辰，光見在天而成象也；萬物生長，在地成形，可以爲器用者也。”　　〔14〕利用出入，民咸用之謂之神——利用出入，猶言“利於反復使用”，《朱子語類》：“利用出入者，便是人生日常都離他不得”。這兩句與前文“百姓日用而不知”義近，說明《周易》的道理具有“法象制器”的神奇功用。《集解》引陸績曰：“聖人制器以周民用，用之不遺，故曰‘利用出入’也；民皆用之而不知所由來，故謂之‘神’也。” 〔15〕《易》有太極，是生兩儀——太極，即“太一”，指天地陰陽未分時的混沌狀態；兩儀，天地，此處指陰陽二氣。這兩句以下又追溯《周易》的創作原理，在一定程度上反映了古人關於宇宙從无到有的發展過程的樸素認識。《集解》引虞翻曰：“太極，太一；分爲天地，故‘生兩儀’也。”《正義》：“太極，謂天地未分之前，元氣混而爲一，即是‘太初’、‘太一’也。故《老子》云‘道生一’，即此‘太極’是也。又謂混元既分，即有天地，故曰‘太極生兩儀’，即《老子》云‘一生二’也。”案，“極”有“中”義（見《節》九二《象傳》注），故鄭玄釋“太極”曰：“極中之道，淳和未分之氣也。”（王應麟輯《鄭康成易注》）於義亦通。 〔16〕兩儀生四象，四象生八卦——四象，指少陽、老陽、少陰、老陰，在筮數體現爲七、九、八、六，在時令上又象徵春、夏、秋、冬。這兩句說明陰陽兩儀生出老少四象；四象再衍生，則四陽四陰的八卦便形成了。《周易乾鑿度》：“孔子曰：《易》始於太極，太極分而爲二，故生天地；天地有春夏秋冬之節，故生四時；四時各有陰陽剛柔之分，故生八卦。八卦成列，天地之道立，雷風水火山澤之象定矣。”《重訂費氏學》引僧一行《大衍論》曰：“三變皆剛，太陽之象；三變皆柔，太陰之象；一剛二柔，少陽之象；一柔二剛，少陰之象。”案，尚先生綜合舊說，指出：“四象即四時，春少陽，夏老陽，秋少陰，冬老陰也。老陽老陰即九六，少陽少陰即七八。故四象定則八卦自生。”（《尚氏學》）今從之。又案，《本義》承邵康節說，以爲太極至八卦的衍生原理，是一生二、二生四、四生八的過程，指出“兩儀”即陽（——）陰（— —），“四象”即“兩儀”重迭成爲“太陽”（☰）、“太陰”（☷）、“少陽”（☳）、“少陰”（☶），八卦則由“四象”再加一畫而成。並謂：“此數言者，實聖人作《易》自然之次第，有不假絲毫智力而成者。畫卦揲著，其序皆然。”可備一說。 〔17〕八卦定吉凶——指八卦衍成六十四卦，卦爻變動，可判吉凶。《正義》："八卦既立，爻象變而相推，有吉有凶。"　　〔18〕吉凶生大業——指吉凶判定，事物沿規律繁衍發展，遂生盛大之業。《集解》引荀爽曰："一消一息，萬物豐殖，'富有之謂大業'。"　　〔19〕探賾索隱，鉤深致遠——賾，幽深（見第八章注）。這兩句猶言"探索賾隱，鉤致深遠"，指卜筮的功用。《正義》："探，謂窺探求取；賾，謂幽深難見。卜筮則能窺探幽昧之理，故云'探賾'也。索，謂求索；隱，謂隱藏。卜筮能求索隱藏之處，故云'索隱'也。物在深處，能鉤取之；物在遠方，能招致之，卜筮能然，故云'鉤深致遠'也。"　〔20〕成天下之亹亹者，莫大乎蓍龜——亹，音娓 wěi，"亹亹"同"娓娓"，勤勉貌，《爾雅·釋詁》："亹亹，勉也"。這兩句承前三句意，說明卜筮可以決天下人之疑，使之勤勉向前。《本義》："亹亹，猶勉勉也；疑則怠，決故勉。"《朱子語類》："人到疑而不能自明處，便放倒了，不復能向前，動有疑阻。既有卜筮，知是吉是凶，便自勉勉住不得。其所以勉勉者，是卜筮成之也。"　〔21〕神物——指蓍草和靈龜；因可供卜筮用，故稱"神物"。《正義》："謂天生蓍龜，聖人法則之，以爲卜筮也。"　　〔22〕天地變化，聖人效之——這是說明"聖人"效法四季變化，制定刑賞條例。《正義》："行四時生殺，賞以春夏，刑以秋冬，是'聖人效之'。"案，《集解》引陸績曰："天有晝夜四時變化之道，聖人設三百八十四爻以效之矣。"於義亦通。　　〔23〕天垂象，見吉凶，聖人象之——這是指"聖人"效天象製造測天儀器（即《尚書·舜典》所謂"璿機玉衡"，類似後來的"渾天儀"），以觀察天文，掌握日月五星的運行規律。《集解》引荀爽曰："謂在旋機玉衡，以齊七政也。"《正義》："若璿機玉衡以齊七政，是'聖人象之'也。"案，《集解》引宋衷曰："天垂陰陽之象，以見吉凶，謂日月薄蝕，五星亂行；聖人象之，亦著九六爻位得失，示人所以有得失之占也。"可備一說。　　〔24〕河出圖，洛出書，聖人則之——

河，黃河；圖，傳說"龍馬"身上的圖象；洛，洛水；書，傳說
"神龜"背上的紋象。這是說明古代"聖人"效法"河圖"作八
卦，效法"洛書"作九疇。《易學啓蒙》引孔安國曰："河圖者，
伏羲氏王天下，龍馬出河，遂則其文，以畫八卦；洛書者，禹治水
時，神龜負文而列於背，有數至九，禹遂因而第之，以成九類。"
（此本《尚書·顧命》及《洪範》篇《孔傳》文。）案，"河圖"、
"洛書"，當爲古代人關於《周易》卦形及《尚書·洪範》"九疇"
創作過程的傳說。假託於神龜、龍馬，似屬對兩書的崇拜心理所
致，故添上神話色彩。又案，圖、書之義，舊說至歧。今舉三說以
資參考。一、《集解》引鄭玄曰："《春秋緯》云：河以通乾出天苞，
洛以流坤吐地符。河龍圖發，洛龜書成。河圖有九篇，洛書有六
篇。"此說視"河圖"、"洛書"爲書名。二、宋人以一至十數，排
成"一六居下，二七居上，三八居左，四九居右，五十居中"（此
即"五行數"方位）的形式，稱爲"河圖"；又以一至九數，排成
"戴九履一，左三右七，二四爲肩，六八爲足，五居中央"（此即
"九宮數"方位）的形式，稱爲"洛書"。此說視"河圖"、"洛
書"爲圖形。但以"五行數"和"九宮數"當之，未知所據，故
後代學者多以爲不足信。三、尚先生引《禮緯·含文嘉》云："伏
羲德合上下，天應以鳥獸文章，地應以河圖洛書，乃則以作
《易》。"又引《河圖挺輔佐》云："黃帝問於天老，天老曰：河出
龍圖，洛出龜書，所紀帝錄，列聖人之姓號。"據此認爲，"河
圖"、"洛書"并出於伏羲時代，因能則以畫卦（見《尚氏學》）。
此說辟漢人"洛書出禹"之論，指出圖、書并爲作《易》者所法，
於義可通，宜備參考。　　〔25〕四象——義同上文"兩儀生四象"
之"四象"，指陰陽老少，即七八九六，亦可象徵"春夏秋冬"、
"南北東西"。案，此處"四象"之義，《正義》引莊氏曰："六十
四卦之中，有實象，有假像，有義象，有用象，爲四象也。"又引
何氏說，謂指上文"神物"、"變化"、"垂象"、"圖書"四者。孔

氏均以爲不然，指出："辭既爻卦之下辭，則象爲爻卦之象也。則上'兩儀生四象'，七八九六之謂也。故諸儒有爲七八九六，今則從以爲義。"尚先生云："指七八九六者是也。七八九六，即南北東西，即春夏秋冬也。"（《尚氏學》）

【說明】

以上《繫辭上傳》第十一章。

本章主要闡述《周易》的占筮問題。文中先從天地奇耦數引入占筮的功用。接著回溯到乾坤之德，又回溯到太極、兩儀、四象、八卦的衍生原理，最後并論著占和龜卜的精妙，末尾以辭象斷吉凶作結。其中論及"太極"問題時，流露的有關宇宙生成的認識，值得借以考索古代天體自然觀的早期特色。

《易》曰："自天祐之，吉无不利。"[1]子曰："祐者，助也。天之所助者，順也；人之所助者，信也。履信思乎順，又以尚賢也，是以自天祐之，吉无不利也。"子曰："書不盡言，言不盡意[2]。"然則聖人之意其不可見乎？子曰："聖人立象以盡意，設卦以盡情僞[3]，繫辭焉以盡其言，變而通之以盡利[4]，鼓之舞之以盡神[5]。"乾坤，其《易》之縕邪[6]？乾坤成列，而《易》立乎其中矣；乾坤毀，則无以見《易》；《易》不可見，則乾坤或幾乎息矣[7]。是故形而上者謂之道，形而下者謂之器[8]，化而裁之謂之變[9]，推而行之謂之通[10]，舉而錯之天下之民謂之事業[11]。是故夫象，聖人有以見天下之賾，而擬諸其形容，象其物宜，是故謂之象。聖人有以見天下之動，而觀其會通，以行其典禮，繫辭焉以斷其吉凶，是故謂之爻[12]。極天下之賾者存乎卦，鼓天下之動者存乎辭[13]，化而裁之存乎變，推而行之存乎通，神而明之存乎其人，默而成之，不言而信，存乎德行^{〔14〕}。

【譯文】

　　《周易》的《大有》上九爻辭說：“從上天降下祐助，吉祥而无所不利。”孔子解釋道：“祐助，就是幫助的意思。天所幫助的人，是順從正道的；人所幫助的人，是篤守誠信的。能夠踐履誠信而時時考慮順從正道，又能尊尚賢人，所以獲得從上天降下祐助，吉祥而无所不利。”孔子說：“書面文字難以完全表達作者的語言，語言難以盡情表達人的思想。”那麼聖人的思想難道无法體現了嗎？孔子又說：“聖人創立象徵來盡行表達其思想，設制六十四卦來盡行反映萬物的真情和虛僞，在卦下撰繫文辭來盡行表述其語言，又變化會通三百八十四爻來盡行施利於萬物，於是就能鼓動天下來盡行發揮《周易》的神奇道理。”乾坤兩卦，應當是《周易》的精蘊吧？乾坤創成而分列上下，《周易》就確立於其中了；要是乾坤的象徵毀滅，就不可能出現《周易》；《周易》不出現，乾坤化育的道理差不多要止息了。所以居於形體之上的精神因素叫作道，居於形體以下的物質狀態叫作器，兩者互動導致事物交感化育而相互裁節叫作變，順沿變化規律以推廣旁行叫作通，將精密的道理交給天下百姓使用以促進社會發展叫作事業。因此所謂象，是聖人發現天下幽深難見的道理，把它譬擬成具體的形象容貌，用來象徵特定事物適宜的意義，所以稱作象。聖人發現天下萬物運動不息，觀察其中的會合變通，以利於施行典法禮儀，並在卦下撰繫文辭來判斷事物變動的吉凶，所以稱作爻。窮極天下幽理奧旨的是卦爻象徵，鼓舞天下奮動振作的是卦爻辭的精義，促使萬物交相感化而互爲裁節的是事理變動，讓萬物順沿變化而推廣旁行的是時運會通，闡發神奇的道理使之顯明昭著的是睿智的哲人，學《易》者默然潛修而有所成就，不須言辭而能取信於人，則在於美好的道德品行。

【注釋】

　　〔1〕“自天祐之，吉无不利”——這是《大有》上九爻辭（見

該卦譯注）。下引孔子語，先釋“祐”字之義，然後以“信”、“順”、“尚賢”闡發爻旨。案，本節文字似與上下文不相連屬，故《本義》曰：“或恐是錯簡，宜在第八章之末。”可備參考。

〔2〕書不盡言，言不盡意——書，指書面文字，即《正義》所謂“書錄”；意，猶言“思想”。這兩句引孔子言論，說明文字與語言、語言與思想之間的距離，以發起下文。《正義》：“書所以記言，言有煩碎，或楚夏不同，有言无字，雖欲書錄，不可盡竭於其言，故云‘書不盡言’也。”又曰：“意有深邃委曲，非言可寫，是‘言不盡意’也。”案，《正義》將下文“然則，聖人之意其不可見乎”兩句并視爲孔子語，於義亦通。　　〔3〕立象以盡意，設卦以盡情僞——情僞，指真情與虛僞。這兩句說明《周易》的象徵可以表達語言所不能盡述的深意，可以揭示事物的內在情態。《尚氏學》：“意之不能盡者，卦能盡之；言之不能盡者，象能顯之。故‘立象以盡意，設卦以盡情僞’。”　　〔4〕變而通之以盡利——指變通三百八十四爻以施利於萬物。《集解》引陸績曰：“變三百八十四爻使相交通，以盡天下之利。”　　〔5〕鼓之舞之以盡神——鼓之舞之，猶言鼓勵推動。此句說明《周易》的思想足以鼓舞萬物，盡其神妙。《正義》：“此一句總結立象盡意、繫辭盡言之美。聖人立象以盡其意，繫辭則盡其言，可以說化百姓之心；百姓之心自然樂順，若鼓舞然，而天下從之，非盡神其孰能與於此?”

〔6〕乾坤，其《易》之緼邪——緼，同“蘊”，猶言“精蘊”，《韓注》“緼，淵奧也”。此下八句又闡論乾坤意義的重要性。《正義》：“此明《易》之所立，本乎乾坤；若乾坤不存，則《易》道无由興起。故乾坤是《易》道之所緼積之根源也，是與《易》爲川府奧藏。”　　〔7〕乾坤毀，則无以見《易》；《易》不可見，則乾坤或幾乎息矣——幾，接近；息，止息。這四句以循環論證法，說明《周易》的變化之道與乾坤的化育之功相依賴而爲用的關係，進一步說明上文“乾坤爲《易》之緼”的論點。《正義》：“《易》既從

乾坤而來，乾坤若缺毀，則《易》道損壞，故云‘无以見《易》’
也”；“若《易》道毀壞，不可見其變化之理，則乾坤亦壞，或其
近乎止息矣。”　　〔8〕形而上者謂之道，形而下者謂之器——形，
事物的形體；道，指主導形體運動的精神因素，如《周易》的陰陽
變化之理；器，指表現形體的物質狀態，如六十四卦、三百八十四
爻的構成形式。這兩句提出“道”、“器”範疇，說明居“形”之
上的爲抽象的“道”，居“形”以下（含“形”在內）的爲具體
的“器”，目的在於闡述“道”指導“器”、“器”以“道”爲用
的辯證關係，故下文申言“化裁”生“變”、“推行”致“通”。
《正義》：“道在形之上，形在道之下。故自形外已上者謂之道也，
自形內而下者謂之器也。形雖處道、器兩畔之際，形在器不在道
也。既有形質，可爲器用，故云‘形而下者謂之器’也。”
〔9〕化而裁之謂之變——化，化生，猶言“交感化育”；裁，裁節。
此句承上文，說明“道”、“器”的相互作用；如《易》道使剛柔
之“器”交感化育，剛柔在交感化育中又循“道”而裁節，這就
是《周易》的“變”。《集解》引翟玄曰：“化變剛柔而財（引者
案，財，通裁）之，故謂之變也。”　　〔10〕推而行之謂之通——
此句緊接前句，說明沿“變”的規律推廣旁行就是“通”。《韓
注》：“乘變而往者，无不通也。”　　〔11〕舉而錯之天下之民謂
之事業——舉，猶言“拿”；錯，置。這句總結“形而上”以下四
句，說明將《周易》中體現的“道”、“器”、“變”、“通”的原理
交給天下百姓，即可成就“事業”。《集解》引陸績曰：“變通盡
利，觀象制器，舉而措之于天下，民咸用之，以爲事業。”
〔12〕是故謂之爻——從“聖人有以見天下之賾”至此九句，與第
八章重文。尚先生云：“故知《繫辭》乃門人雜記孔子之言，非出
一人之手。”（《尚氏學》）案，此九句重出之因，《集解》引陸績曰：
“此明說立象盡意、設卦盡情僞之意也”，認爲呼應前文。又，《正
義》曰：“下云‘極天下之賾存乎卦，鼓天下之動存乎辭’，爲此

故更引其文也。"認爲引起下文。兩說并可參考。　〔13〕鼓天下之動者存乎辭——鼓天下之動,猶言"鼓動天下"。此句說明卦爻辭既爲揭示吉凶得失,則其義足以鼓動天下,使人奮發振作。《正義》:"鼓,謂發揚天下之動,動有得失,存乎爻卦之辭,謂觀辭以知得失也。"　〔14〕默而成之,不言而信,存乎德行——這是說明學《易》者若能立足於美好的德行,必能默而有成,不言而自可取信於人。《正義》:"若有德行,則得默而成就之,不言而信也;若无德行,則不能然。"《重定費氏學》:"君子學《易》,貴默成其德行。"

【說明】

以上《繫辭上傳》第十二章。

此章可分三部份:先是闡述《周易》"立象盡意,繫辭盡情僞"的特徵,再是提出道、器範疇,最後以學《易》當"存乎德行"作結。

文中"書不盡言,言不盡意"的觀點,從文學修辭理論的角度看,含有一定的辯證因素。至於形上形下的道、器說,在古代哲學史中産生過較大的影響。唯宋以後關於道、器的論爭,其所發揮引申,往往不盡同於《繫辭傳》的本義,故不可絕對等同地看待。

全章收結於"德行",前人指出寓有學《易》應當以修美道德品行爲本的深意。因此胡炳文曰:"得於心爲德,履於身爲行。《易》之存乎人者,蓋有存乎心身,而不徒存乎書言者矣。"(《周易本義通釋》)

【總論】

《繫辭傳》分爲上下篇,《正義》引何氏云:"上篇明'无',故曰'《易》有太極',太極即'无'也。又云'聖人以此洗心,退藏於密',是其'无'也。下篇明'幾',從无入有,故云'知幾其神乎'。"這是一種說法。又引或說:"以上篇論《易》之大理，下篇論《易》之小理"。這是又一種說法。孔穎達已駁"大小理"之說"事必不通"，認爲只是"以簡編重大，是以分之"(《正義》)。朱熹也說："以其通論一經之大體凡例，故无經可附，而自分上下"(《本義》)。孔、朱之說宜可從。

　　上傳十二章，始於"乾坤易簡"，終於學《易》"存乎德行"，每章大略都側重某一角度抒論。從整體看，其内容正如朱熹所云："或言造化以及《易》，或言《易》以及造化。不出此理。"(《朱子語類》)用今天的話說，就是把《易》理同自然界的發展規律結合起來探討，以體現作者的哲學觀點。這是《繫辭傳》上下篇的通例。

繫 辭 下 傳

八卦成列，象在其中矣[1]；因而重之，爻在其中矣；剛柔[2]相推，變在其中矣；繫辭焉而命之，動在其中矣[3]。吉凶悔吝者，生乎動者也；剛柔者，立本者也[4]；變通者，趣時者也[5]。吉凶者，貞勝者也[6]；天地之道，貞觀者也[7]；日月之道，貞明者也[8]；天下之動，貞夫一者也[9]。夫乾，確然示人易矣；夫坤，隤然示人簡矣[10]。爻也者，效此者也；象也者，像此者也[11]。爻象動乎內，吉凶見乎外[12]；功業見乎變[13]，聖人之情見乎辭。天地之大德曰生[14]，聖人之大寶曰位[15]。何以守位？曰仁[16]。何以聚人？曰財。理財正辭，禁民爲非曰義[17]。

【譯文】

　　八卦創成各居位列，萬物的象徵即在其中；依循八卦重成六十四卦，三百八十四爻的喻旨即在其中；剛爻柔爻相互推移，變化的理趣即在其中；逐卦撰繫文辭而告諭事理，物情交動的規律即在其中。吉凶悔吝，產生於變動過程；陽剛陰柔，是確立卦體的根本；變化會通，是尋赴合宜的時機。吉凶的寓義，說明循正就无往不勝；天地的規律，說明秉正必被人觀仰；日月的道理，說明守正就煥發光明；天下的變動，說明萬物都應當專一趨正。乾卦的特徵，是堅確剛健而以平易昭示於人；坤卦的特徵，是隤弱柔順而以簡約呈示於人。爻，就是倣效事物的變動；象，就是模擬事物的情態。
爻象發動於卦內，吉凶展現於象外；積功興業彰顯於應世變動，聖
人的高情遠意昭見於卦爻的文辭。天地的弘大德澤是化生，聖人的
重大珍寶是盛位。靠什麼守護盛位？要靠賢士仁人。用什麼聚集人
才？要用資財。努力營理資財端正言辭，禁止百姓爲非亂法就能切
合正義。

【注釋】

〔1〕八卦成列，象在其中矣——這兩句說明八卦是《周易》用
來象徵萬物的基本卦形。《正義》：“言八卦各成列位，萬物之象在
其八卦之中也。” 〔2〕剛柔——即陽爻、陰爻。《正義》：“剛
柔，即陰陽也。論其氣，即謂之陰陽；語其體，即謂之剛柔也。”
〔3〕繫辭焉而命之，動在其中矣——命，《爾雅・釋詁》“告也”；
動，指適時變動。這兩句說明卦爻辭告明吉凶，可據以適時變動。
《韓注》：“繫辭焉而斷其吉凶，況之六爻，動以適時者也。”
〔4〕剛柔者，立本者也——立本，即確立一卦根本。《正義》：“言
剛柔之象，在立（引者案，在立，阮刻作立在，據《校勘記》改）
其卦之根本者也。” 〔5〕變通者，趣時者也——趣，即趨，“趣
時”指趨向適宜的時機。《正義》：“其剛柔之氣，所以改變會通，
趣向於時也。” 〔6〕吉凶者，貞勝者也——貞，正也。這兩句
說明，《周易》揭示的吉凶情狀，在於申言守正者均可獲勝。即立
身不正，得吉將轉凶；守持正道，逢凶能化吉。《來氏易注》：“貞
者，正也。聖人一部《易經》，皆利於正。”又曰：“勝者，勝負之
勝，言惟正則勝，不論吉凶也。”案，“貞勝”，《釋文》謂姚信本
作“貞稱”，尚先生指出“‘勝’、‘稱’音近古通”，並云：“貞，
常也，言吉凶之道，无不與陰陽相稱也。”（《尚氏學》）於義亦通。
〔7〕天地之道，貞觀者也——觀，瞻仰。“貞觀”即指守正則被人
崇敬瞻仰。《集解》引陸績曰：“言天地正，可以觀瞻爲道也。”
〔8〕日月之道，貞明者也——貞明，即守正則光明。《集解》引陸

續曰："言日月正，以明照爲道矣。"　　〔9〕天下之動，貞夫一者也——一，猶言"專一"；貞夫一，即專一守正。《正義》："言天地日月之外，天下萬事之動，皆正乎純一也。若得於純一，則所動遂其性；若失於純一，則所動乖其理。是天下之動，得正在一也。"〔10〕夫乾，確然示人易矣；夫坤，隤然示人簡矣——確，堅確，剛健之貌；隤，音頹 tuí，柔順之貌。這四句即《上傳》"乾坤易簡"之義，此處承前文"貞一"而發，說明乾一於剛，坤一於柔，故示人以易、簡。《韓注》："確，剛貌也；隤，柔貌也。乾坤皆恒一其德，物由以成，故簡易也。"　　〔11〕爻也者，效此者也；象也者，像此者也——這四句說明，"爻"是傚效物之動，"象"是模象物之形。案，兩"此"字，《本義》以爲："謂上文乾坤所示之理，爻之奇耦，卦之消息，所以效而像之。"於義亦通。又案，"爻"、"象"之義，已見《上傳》，尚先生云"義皆與前複，以非一人所記錄"（《尚氏學》）。　　〔12〕爻象動乎內，吉凶見乎外——內，指卦內；外，指卦外。《正義》："爻之與象，發動於卦之內也"；"其爻象吉凶，見於卦外，在事物之上也。"〔13〕功業見乎變——《韓注》："功業由變以興，故見乎變也。"〔14〕天地之大德曰生——生，指"化生"萬物。《正義》："言天地之盛德，在乎常生，故言'曰生'。若不常生，則德之不大。以其常生萬物，故云'大德'也。"　　〔15〕聖人之大寶曰位——大寶，猶言"重大珍寶"，喻下字"位"。《正義》："言聖人大可寶愛者，在於位耳。位是有用之地，寶是有用之物，若以居盛位能廣用无疆，故稱'大寶'也。"　　〔16〕何以守位曰仁——仁，指"仁人"。此句說明守持"盛位"必須依靠有賢仁品德的人。《集解》引宋衷曰："守位當得士大夫公侯，有其仁賢，兼濟天下。"案，《釋文》出"曰人"條，並云："王肅、卞伯玉、桓玄、明僧紹作'仁'。"尚先生指出"'仁'、'人'古通"（《尚氏學》），則此處當作"人"解，與下句"何以聚人"意正相承。又案，《正

義》釋"仁"爲"仁愛",於義亦可通。 〔17〕理財正辭,禁
民爲非曰義——理財,指治理財物、用之有方;正辭,指端正言
辭、發之以理;義,猶"宜"。此句回應前文,說明必須"理財正
辭,禁民爲非",纔能"聚人"、"守位",合乎"天地之大德",成
就"聖人功業"。《正義》:"言聖人治理其財,用之有節;正定號
令之辭,出之以理;禁約其民爲非僻之事,勿使行惡,是謂之義。
義,宜也,言以此行之而得其宜也。"

【說明】

以上《繫辭下傳》第一章。

《繫辭下傳》的章數,《正義》據周氏、莊氏分爲九章。今從
朱子《本義》分十二章。

本章泛論卦爻變動,吉凶要義,並強調"造化功業"和"貞"
的意旨。從基本內容看,此章作爲《下繫》之首,具有承上啓下的
作用。

古者包犠氏[1]之王天下也,仰則觀象於天,俯則觀法於地,
觀鳥獸之文,與地之宜[2],近取諸身,遠取諸物,於是始
作八卦,以通神明之德,以類萬物之情[3]。作結繩而爲罔
罟,以佃以漁[4],蓋取諸《離》[5]。包犠氏沒,神農氏[6]
作,斲木爲耜,揉木爲耒[7],耒耨之利[8],以教天下,蓋
取諸《益》[9]。日中爲市,致天下之民,聚天下之貨,交
易而退,各得其所,蓋取諸《噬嗑》[10]。神農氏沒,黃帝、
堯、舜[11]氏作,通其變,使民不倦[12];神而化之,使民
宜之[13]。《易》窮則變,變則通,通則久,是以"自天祐
之,吉无不利"[14]。黃帝、堯、舜垂衣裳而天下治[15],蓋
取諸《乾》、《坤》[16]。刳[17]木爲舟,剡[18]木爲楫,舟楫
之利,以濟不通,致遠以利天下,蓋取諸《渙》[19]。服

牛[20]乘馬，引重致遠，以利天下，蓋取諸《隨》[21]。重門擊柝[22]，以待暴客，蓋取諸《豫》[23]。斷木爲杵，掘地爲臼，臼杵之利，萬民以濟[24]，蓋取諸《小過》[25]。弦木爲弧[26]，剡木爲矢，弧矢之利，以威天下，蓋取諸《睽》[27]。上古穴居而野處，後世聖人易之以宮室，上棟下宇[28]，以待風雨，蓋取諸《大壯》[29]。古之葬者，厚衣之以薪，葬之中野，不封不樹[30]，喪期无數[31]，後世聖人易之以棺椁[32]，蓋取諸《大過》[33]。上古結繩而治[34]，後世聖人易之以書契[35]，百官以治，萬民以察，蓋取諸《夬》[36]。

【譯文】

　　古時候伏犧氏治理天下，他仰頭觀察天上的表象，俯身觀察大地的形狀，觀察飛禽走獸身上的紋理，以及適宜存在於地上的種種事物，從近處援取人的自身作象徵，從遠處援取各類物形作象徵，於是創作了八卦，用來貫通神奇光明的德性，用來類擬天下萬物的情態。伏犧氏發明了編結繩子的方法而製成羅網，用來圍獵捕魚，大概是吸取了《離》卦綱目相連而物能附麗的象徵吧。伏犧氏去世，神農氏繼起。他砍削樹木製成耒耜的耟頭，揉彎木幹製成耒耜的曲柄，這種翻土耘田農具的好處，可以用來教導天下耕作，這大概是吸取了《益》卦木體能入而下動的象徵吧。他規定中午爲墟市時間，招致天下的百姓，聚集天下的貨物，交換貿易然後歸去，各人都獲得所需的物品，這大概是吸取了《噬嗑》卦上光明下興動而交往相合的象徵吧。神農氏去世，黃帝、堯、舜先後繼起。他們會通改變前代的器用制度，使百姓進取不懈；在實踐中神奇地變化，使百姓應用適宜。《周易》的道理是窮極就出現變化，變化就能暢通，暢通就可以長久，所以能夠像《大有》上九所說的「從上天降下祐助，吉祥而无所不利」。黃帝、堯、舜改進服制讓人們穿著長垂的衣裳而天下大治，這大概是吸取了《乾》、《坤》兩卦上衣下裳的象徵吧。他們挖空樹木成爲船隻，削製木材成爲槳楫，船隻槳楫的好處，可以用來濟渡難以通行的江河，就能直達遠方而便利天下航運，這大概是吸取了《渙》卦木在水上而流行如風的象徵吧。他們御牛乘馬，拖運重物直達遠方，用來便利天下陸運，這大概是吸取了《隨》卦下能運動而上者欣悅的象徵吧。他們設置多重屋門而夜間敲梆警戒，以防備暴徒強寇，這大概是吸取了《豫》卦設雙門敲小木而爲豫備的象徵吧。他們斫斷木頭作爲搗杵，挖掘地面作成搗臼，搗臼搗杵的好處，讓萬民可以用來春米爲食，這大概是吸取了《小過》卦上動下止的象徵吧？他們彎曲木條並在兩端牽繫弦繩作爲弓弧，削尖樹枝作爲箭矢，弓箭的好處，可以用來威服天下，這大概是吸取了《睽》卦事物乖睽而用威制服的象徵吧。遠古的人居住在洞穴而散處在野外，後代的聖人製造房屋改變了過去的居住方式，上有棟樑下有簷宇，用來防備風雨，這大概是吸取了《大壯》卦上動下健而大爲壯固的象徵吧。古時候喪葬的辦法，只用柴草厚厚地裹纏死者的遺體，埋在荒野之間，不堆墳墓也不植樹木，沒有限定的居喪期數，後代聖人發明棺槨改變了舊時草率的喪葬習俗，這大概是吸取了《大過》卦大事不妨過厚的象徵吧。遠古的人繫結繩子作標記來處理事務，後代聖人發明契刻文字改變了過去的結繩方式，百官可以用它治理政務，萬民可以用它稽察瑣事，這大概是吸取了《夬》卦斷事明決的象徵吧。

【注釋】

〔1〕包犧氏——古書多作伏羲、伏犧。《釋文》：“包，孟、京作‘伏’，犧字又作‘羲’。”或又寫作庖犧、宓羲、伏戲，亦稱犧皇、皇羲。傳說中原始社會早期的人物。一說伏羲即“太皞”。

〔2〕與地之宜——指適宜存在於地上的種種事物。《集解》引《九家易》曰：“謂四方四維，八卦之位；山澤高卑，五土之宜也。”案，《本義》：“王昭素曰：‘與地’之間，諸本多有‘天’字。”

可備一說。 〔3〕以通神明之德，以類萬物之情——類，作動詞，猶言"類擬"。這兩句說明包犧氏作八卦的目的。"神明之德"，即陰陽變化的德性；"萬物之情"，即陰陽形體的情態。《本義》："俯仰遠近，所取不一，然不過以驗陰陽消息兩端而已。'神明之德'，如健順動止之性；'萬物之情'，如雷風山澤之象。"〔4〕作結繩而爲罔罟，以佃以漁——作，猶言"發明"；罔，同"網"；罟，音古 gǔ，也是網的名稱，《釋文》："黃本作'爲网罟'，云'取獸曰网，取魚曰罟'"；佃，即"田"，指田獵，《釋文》："音田，本亦作'田'"；漁，捕魚，《釋文》引馬融曰："取獸曰田，取魚曰漁"。這兩句說明包犧氏發明結繩而製羅網，用以漁獵。案，《經義述聞》引王念孫說，指出"作"爲衍字，並謂："涉前文'作八卦'而衍"。可備一說。 〔5〕蓋取諸《離》——《離》，六十四卦之一，上下卦均"離"，象徵"附麗"（見該卦譯注）。由於"離"有"目"象（見《說卦傳》，下引卦象並同），上下離猶兩目相重，故文中推測包犧氏取此象徵以制羅網。《本義》："兩目相承，而物麗焉。"案，羅網的製作，未必取法於《離》卦；但由於卦象與物象有相符之處，故《繫辭傳》作此猜測。以下所明"蓋取諸"十二卦的卦象，均做此。《周易口義》："'蓋'者，疑之之辭也"，"蓋聖人作事立器，自然符合於此之卦象也，非準擬此卦然後成之，故曰'蓋取諸《離》'。"〔6〕神農氏——傳說中的原始社會人物，一說即"炎帝"。〔7〕斲木爲耜，揉木爲耒——斲，音酌 zhuó，即"斫"，砍削，《說文》"斲，斫也"；耜，音飼 sì，上古農具"耒耜"的下端部分。《釋文》引京房曰："耒下耓也"，《說文》作"枱"，謂"耒耑也"，《段注》："枱，今經典之'耜'"；耒，音壘 lěi，上古農具"耒耜"的曲柄，《釋文》引京房曰："耒上句木也"，又引《說文》曰"耜曲木"（今本《說文》作"手耕曲木也"）。案，"耒耜"是我國古代最原始的翻土工具，靠腳踩將下端"耜"刺入土中，然後用手操縱曲柄"耒"以翻掘土壤。最初，其上下部分均爲木製，故稱"斲木爲耜，揉木爲耒"。　〔8〕耒耨之利——耨，音 nòu，耘田，《釋文》："馬云'鉏也'，孟云'耘除草'"；利，猶言"好處"。案，《漢書·食貨志》引此文，作"耒呂（耜）之利"，《重定費氏學》云："王昭素曰：'耨，諸本或作耜'"，似可從。　〔9〕蓋取諸《益》——《益》，六十四卦之一，下震上巽，象徵"增益"（見該卦譯注）。由於下"震"爲動，上"巽"爲木、爲入，恰如"耒耜"二體均爲木製，操作時上入下動，故文中推測神農氏取此象徵以製耒耜。《本義》："二體皆木，上入下動。天下之益，莫大於此。"　〔10〕蓋取諸《噬嗑》——《噬嗑》，六十四卦之一，下震上離，象徵"咬合"（見該卦譯注）。由於上離爲日、爲明，下震爲動，恰如"日中"而集市興動，且貿易交合與"咬合"之義相通，故文中推測神農氏取此象徵以規定"日中爲市"。《本義》："日中爲市，上明而下動。又借'噬'爲'市'，'嗑'爲'合'也。"案，朱熹認爲"噬嗑"與"市"、"合"音近相借，說似可通。　〔11〕黃帝、堯、舜——黃帝，姬姓，號軒轅氏、有熊氏，舊說中原各族的共同祖先；堯，陶唐氏，名放勳，史稱"唐堯"；舜，姚姓，有虞氏，名重華，史稱"虞舜"。三人均爲傳說中原始社會人物，堯、舜已當父系氏族後期。〔12〕通其變，使民不倦——通其變，指變通前代的器用、制度；不倦，猶言進取不懈。《韓注》："通物之變，故樂其器用，不解倦也。"　〔13〕神而化之，使民宜之——《正義》："言所以通其變者，欲使神理微妙而變化之，使民各得其宜。"　〔14〕"自天祐之，吉无不利"——《大有》上九爻辭（見該爻譯注），此處援以說明黃帝、堯、舜能運用《周易》的"變通"之理，故无所不利。《正義》："《上繫》引此文者，證明人事之信順；此乃明《易》道（引者案，阮刻重一道字，據《校勘記》刪）之變通：俱得天之祐，故各引其文也。"　〔15〕垂衣裳而天下治——指黃帝以後，製衣裳爲服飾而天下大治。《集解》引《九家易》曰：“黃帝以上，羽皮革木以禦寒暑，至乎黃帝，始製衣裳，垂示天下。”《正義》：“以前衣皮，其製短小；今衣絲麻布帛所作衣裳，其制長大，故云‘垂衣裳’也。”　　〔16〕蓋取諸《乾》、《坤》——《乾》、《坤》，六十四卦的居首兩卦，各以乾、坤自重而成，分別象徵“天”、“地”（見兩卦譯注）。由於乾坤爲上下之象，古代服制上衣下裳，故文中推測黃帝、堯、舜取此兩卦的象徵以製造“衣裳”。《集解》引《九家易》曰：“衣，取象乾，居上覆物；裳，取象坤，在下含物也。”案，舊說又以爲“垂衣裳”有“无爲而治”之義，《乾》、《坤》則含變化易簡之理，故《本義》曰：“《乾》、《坤》變化而无爲”，說可通。　　〔17〕刳——音枯 kū，剖開而挖空，《說文》：“判也”，《玉篇》：“空物腸也”。　　〔18〕剡——音眼 yǎn，《正字通》：“剡，削也。”　　〔19〕蓋取諸《渙》——《渙》，六十四卦之一，下坎上巽，象徵“渙散”（見該卦譯注）。由於上巽爲木，下坎爲水，猶如舟行水面，故文中推測黃帝、堯、舜取此象徵以製“舟楫”。《集解》引《九家易》曰：“木在水上，流行若風，舟楫之象也。”案，前句“致遠以利天下”，《本義》疑爲衍文，可備一說。　　〔20〕服牛——駕牛。《詩經·小雅·大東》“睆彼牽牛，不以服箱”，朱熹《集傳》：“服，駕也。”案，《說文》“牛”部“犕”下引《易》曰“犕牛乘馬”，不言“犕”義。尚先生援陳壽祺云：“《玉篇》‘犕，皮秘切，服也，以鞍裝馬也’，《集韻》‘犕，用牛也’，通作‘服’”，據此則“‘服牛’即‘駕牛’也”（《尚氏學》），說可從。　　〔21〕蓋取諸《隨》——《隨》，六十四卦之一，下震上兌，象徵“隨從”（見該卦譯注）。由於下震爲“動”象，上兌爲“悅”象，猶如馬牛在下奔馳，乘駕者居上而欣悅，故文中推測黃帝、堯、舜取此象徵以發明“服牛乘馬”之事。《本義》：“下動上說。”　　〔22〕柝——音拓 tuò，古代巡夜者用來敲擊報更的木梆。《釋文》：“馬云‘兩木相擊以行夜'，《說文》作‘檮’。" 〔23〕蓋取諸《豫》——《豫》，六十四卦之一，下坤上震，象徵"歡樂"（見該卦譯注）。由於上震倒視爲"艮"，其下又有"互艮"，艮爲"門闕"、"多節之木"、"手指"之象（均見《說卦傳》），猶如設"重門"而手持雙木互擊，又"豫"字含"豫備"之義，故文中推測黃帝、堯、舜取此象徵以設立"重門"而"擊柝"防盜。《集解》引《九家易》曰："下有艮象，從外示之震復爲艮：兩艮對合，重門之象也。"又曰："柝（引者案，即柝）者，兩木相擊以行夜也，艮爲手，爲小木。"又，《韓注》："取其豫備"。案，《折中》引俞琰曰："坤爲闔戶，重門之象也；震動而有聲之木，擊柝之象也。"可備一說。〔24〕濟——成，文中指春米爲食。 〔25〕蓋取諸《小過》——《小過》，六十四卦之一，下艮上震，象徵"小有過越"（見該卦譯注）。由於上震爲"動"，下艮爲"止"，上下相配，適如杵臼春米的情狀，故文中推測黃帝、堯、舜取此象徵以製"杵臼"。《本義》："下止上動。" 〔26〕弦木爲弧——弦，用如動詞，"弦木"即彎木上弦；弧，弓。《說文》："弧，木弓也。" 〔27〕蓋取諸《睽》——《睽》，六十四卦之一，下兌上離，象徵"乖背睽違"（見該卦譯注）。由於《睽》卦的象徵意義是事有乖睽然後合之，而弓矢之用也是制服天下之"乖爭"者，故文中推測黃帝、堯、舜取此象徵以造弓矢、威服天下。《韓注》："睽，乖也。物乖則爭興。弧矢之用，所以威乖爭也。" 〔28〕宇——房屋上方四垂的邊緣，即"屋簷"。《說文》："宇，屋邊也。" 〔29〕蓋取諸《大壯》——《大壯》，六十四卦之一，下乾上震，象徵"大爲強盛"（見該卦譯注）。由於下乾爲"健"，上震爲"動"，猶如風雨動於上而宮室壯於下，故文中推測黃帝、堯、舜取此象徵創建宮室"以待風雨"。《溫公易說》："風雨，動物也；風雨動于上，棟宇健于下，《大壯》之象也。" 〔30〕不封不樹——封，堆土爲墳，《禮記·王制》"不封不樹"鄭玄注："封，謂聚土爲墳"；樹，植樹。此句說明上古葬俗既不堆墳墓，也不植樹爲標記。《正義》：
"不積土爲墳，是不封也；不種樹以標其處，是不樹也。"
〔31〕喪期无數——喪期，即居喪之期。此句指上古服喪，沒有限
定的期數，即"喪禮"未經制定。《正義》："哀除則止，无日月限
數也。" 〔32〕棺椁——古代棺木，內一層曰"棺"，外層所套
者曰"椁"。《莊子·天下篇》："古之喪禮，貴賤有儀，上下有等。
天子棺椁七重，諸侯五重，大夫三重，士再重。" 〔33〕蓋取諸
《大過》——《大過》，六十四卦之一，下巽上兌，象徵"大爲過
甚"（見該卦譯注）。由於《大過》卦有"大爲過厚"的象徵意義，
而喪禮的制定是變簡樸爲繁厚，故文中推測黃帝、堯、舜取此象徵
創制以"棺椁"安葬的禮節。《韓注》："取其過厚"。案，《折中》
曰："棺椁者，取木在澤中也。又死者以土爲安，故入而後說之。"
此亦可備一說。 〔34〕結繩而治——指上古未出現文字之初，
用結繩來記物之數量、事之大小等。《正義》："鄭康成注云：'事
大，大結其繩；事小，小結其繩'。義或然也。" 〔35〕書
契——契，刻。"書契"猶言"契刻文字"。《尚氏學》："蓋古用
簡，須以刀刻字，故曰'書契'。" 〔36〕蓋取諸《夬》——
《夬》，六十四卦之一，下乾上兌，象徵"決斷"（見該卦譯注）。
由於《夬》卦有"斷事明決"的象徵意義，而"書契"文字的興
起正爲了明於治事，故文中推測黃帝、堯、舜取此象徵以制"書
契"，使"百官以治、萬民以察"。《韓注》："《夬》，決也。書契
所以決斷萬事也。"

【說明】

以上《繫辭下傳》第二章。

本章先敍"包犧氏"仰觀俯察，創制八卦；接著又舉六十四卦
中的十三卦，推測古人因卦象而制立禮法、器用等事，說明《易》
象的"神奇"作用。

文中所言"制器"典故，雖未必出自"卦象"，但可借以窺探

遠古時代人們的田漁舟車、衣食住行等方面的勞作生活情狀。從
"結繩"到"書契"的進化，更勾勒出一條我國古代文字起源的綫
索。這些，均爲研究上古史提供了重要旁證資料。

是故《易》者，象也。象也者，像也[1]。彖者，材也[2]。
爻也者，效天下之動者也[3]。是故吉凶生而悔吝著也[4]。

【譯文】

　　所以《周易》一書，是展示象徵哲學的典籍。象徵，就是模象
外物以喻意。彖辭，是總說一卦的材德。六爻，是傚效天下萬物的
發生與變動。因此處事有得失就帶來吉凶而行爲有小疵就出現
悔吝。

【注釋】

　　〔1〕《易》者，象也，象也者，像也——這是總結前章，指出
《周易》的象徵特色。《正義》："但前章皆取象以制器，以是之故，
《易》卦者寫萬物之形象。"又，《尚氏學》："凡《易》辭无不從
象生。韓宣子適魯，不曰見《周易》，而曰'見《易象》與《魯春
秋》'，誠以'《易》者，象也'。'象者，像也'，言萬物雖多，
而八卦无不像之也。'像'，俗字，《釋文》：孟、京、虞、董、姚還
作'象'。"案，尚先生引韓宣子見《易象》事，載《左傳》昭公
二年，是古人視《易》爲"象"的顯著例證。　　〔2〕彖者，材
也——彖，卦辭；材，材德。此指卦辭總說一卦之材。《韓注》：
"材，才德也。彖言成卦之材，以統卦義也。"《正義》："謂卦下彖
辭者，論此卦之材德也。"案，"彖"字之義有三，除此處韓、孔
所謂"論一卦之材德"外，其餘二義爲：一、《繫辭上傳》云"彖
者，言乎象者也"，《韓注》："總一卦之義"，《正義》："言說乎一
卦之象"；二、《乾》卦《彖傳》，《正義》引褚氏、莊氏並云："彖
者，斷也，斷定一卦之義。"（《集解》引劉瓛注略同）此三義，
"言說乎一卦之象"、"論一卦之材德"、"斷一卦之義"，雖微有分

別，而大本實相同。《尚氏學》云：“《繫辭》云‘象者材也’，材、財通，《孟子》‘有達財者’。而財與裁通，《泰》傳‘后以財成天地之道’，漢人上書，伏惟裁察，每作‘財察’。然則‘材’即‘斷’也，即裁度也。”尚先生此說甚是。至於作爲經傳之名，“象”或指卦辭，或指《象傳》，此又具兩種不同之義。（參閱《乾》卦《象傳》及《繫辭上傳》第三章譯注，並詳《六庵易話》，載《福建師範大學學報》1982 年第一期。）　〔3〕爻也者，效天下之動者也——動，發動，即發生與變動。《正義》：“謂每卦六爻，皆傚效天下之物而動也。”　〔4〕吉凶生而悔吝著也——著，顯也，猶言“出現”。《正義》：“動有得失，故吉凶生也；動有細小疵病，故悔吝著也。”

【說明】

以上《繫辭下傳》第三章。

本章總結前章“觀象制器”諸例，重申“《易》者，象也；象也者，像也”的觀點。

陽卦多陰，陰卦多陽[1]。其故何也？陽卦奇，陰卦耦[2]。其德行何也？陽一君而二民，君子之道也；陰二君而一民，小人之道也[3]。

【譯文】

陽卦中陰畫多，陰卦中陽畫多。那是什麼緣故呢？因爲陽卦以一陽爲主所以陽少陰多，陰卦以二陽爲主所以陰少陽多。兩者分別譬喻何種德性品行呢？陽卦一個君主兩個百姓猶如君爲衆民擁戴而上下協心，喻示君子之道；陰卦兩個君主一個百姓猶如君長相互傾軋而臣民貳心其主，喻示小人之道。

【注釋】

〔1〕陽卦多陰，陰卦多陽——八卦之中，除乾（☰）爲純陽，坤（☷）爲純陰之外，其餘六卦亦分陰陽：陽卦爲震（☳）、坎

（☶）、艮（☶），均爲一陽二陰，故稱“多陰”；陰卦爲巽（☴）、離（☲）、兌（☱），均爲一陰二陽，故稱“多陽”。《正義》：“陽卦多陰，謂震、坎、艮一陽而二陰也；陰卦多陽，謂巽、離、兌一陰而二陽也。”　〔2〕陽卦奇，陰卦耦——這是回答前句“其故何也”的設問，說明陽卦一陽爲“君主”，故“奇”；陰卦二陽爲“君主”，故“耦”。案，《易》例陽爲主，陰爲從，此處“奇”、“耦”皆指陽，故《折中》引吳曰慎曰：“陽卦固主陽也，而陰卦亦主陽，可見陽有常尊也。”又案，《韓注》謂陽卦一陽爲“奇”，陰卦一陰爲“耦”；《本義》謂陽卦皆五畫爲“奇”，陰卦皆四畫爲“耦”。兩說並可備參攷。　〔3〕陽一君而二民，君子之道也；陰二君而一民，小人之道也——此四句回答前文“其德行何也”的設問。《易》例陽爲君主、陰爲臣民，故陽卦象一君統二民，猶如一君爲二民擁戴而上下協心，故爲“君子之道”；陰卦象二君爭一民，猶如君長相互傾軋而一臣兼事二主，故爲“小人之道”。《漢上易傳》：“陽卦一君而徧體二民，二民共事一君，一也，故爲‘君子之道’；陰卦一民共事二君，二君共爭一民，二也，故爲‘小人之道’。”案，《韓注》釋“二”爲“耦”（指陰），“一”爲“奇”（指陽），則“二君一民”謂“耦爲君奇爲民”，以爲“非其道”，故陰卦爲“小人之道”。可備一說。

【說明】

以上《繫辭下傳》第四章。

本章辨析八卦中陽卦、陰卦的不同特徵。

《易》曰：“憧憧往來，朋從爾思。”[1]子曰：“天下何思何慮[2]？天下同歸而殊塗，一致而百慮，天下何思何慮？日往則月來，月往則日來，日月相推而明生焉。寒往則暑來，暑往則寒來，寒暑相推而歲成焉。往者屈也，來者信也，

屈信相感而利生焉[3]。尺蠖[4]之屈，以求信也；龍蛇之
蟄[5]，以存身也。精義入神，以致用也；利用安身，以崇
德也[6]。過此以往，未之或知也[7]。窮神知化，德之盛
也[8]。”《易》曰：“困于石，據于蒺藜；入于其宮，不見
其妻，凶。”[9]子曰：“非所困而困焉，名必辱；非所據而
據焉，身必危。既辱且危，死期將至，妻其可得見耶？”
《易》曰：“公用射隼于高墉之上，獲之，无不利。”[10]子
曰：“隼者禽也，弓矢者器也，射之者人也。君子藏器於
身，待時而動，何不利之有？動而不括[11]，是以出而有
獲。語成器而動[12]者也。”子曰：“小人不恥不仁，不畏不
義，不見利不勸，不威不懲。小懲而大誡，此小人之福也。
《易》曰‘屨校滅趾，无咎’[13]，此之謂也。”“善不積不
足以成名，惡不積不足以滅身。小人以小善爲无益而弗爲
也，以小惡爲无傷而弗去也，故惡積而不可揜，罪大而不
可解。《易》曰：‘何校滅耳，凶。’[14]”子曰：“危者，安
其位者也；亡者，保其存者也；亂者，有其治者也[15]。是
故君子安而不忘危，存而不忘亡，治而不忘亂。是以身安
而國家可保也。《易》曰：‘其亡其亡，繫于苞桑。’[16]”
子曰：“德薄而位尊，知小而謀大，力小而任重，鮮不
及[17]矣！《易》曰：‘鼎折足，覆公餗，其形渥，凶。’[18]
言不勝其任也。”子曰：“知幾其神乎？君子上交不諂，下
交不瀆，其知幾乎！幾者，動之微，吉之先見者也[19]。君
子見幾而作，不俟終日。《易》曰：‘介于石，不終日，貞
吉。’[20]介如石焉，寧用終日？斷可識矣[21]！君子知微知
彰，知柔知剛，萬夫之望[22]。”子曰：“顏氏之子[23]，其
殆庶幾乎[24]？有不善，未嘗不知；知之，未嘗復行也。

《易》曰：'不遠復，无祇悔，元吉。'[25]""天地絪縕，萬物化醇[26]；男女構精，萬物化生[27]。《易》曰：'三人行，則損一人；一人行，則得其友。'[28]言致一也。"子曰："君子安其身而後動，易其心而後語[29]，定其交而後求：君子脩此三者，故全[30]也。危以動，則民不與[31]也；懼以語，則民不應也；无交而求，則民不與也：莫之與，則傷之者至矣。《易》曰：'莫益之，或擊之。立心勿恒，凶。'[32]"

【譯文】

　　《周易》的《咸》九四爻辭說："心意不定地頻頻往來，友朋終究順從你的思念。"孔子解釋道："天下之事何必思念何須憂慮？天下萬物自然感應就能沿不同的路走向共同的歸宿，使千百種思慮合並爲統一的觀念。天下事又何必思念何須憂慮呢？太陽西往則月亮東來，月亮西往則太陽東來，日月交相推移而光明常生。寒季既往則暑季前來，暑季既往則寒季前來，寒暑交相推移而年歲形成。往就是回縮，來就是伸展，伸縮交相感應而利惠滋萌。尺蠖毛蟲回縮其體，是爲了求得伸展；巨龍長蛇冬眠潛伏，是爲了保存自身。學者精研道義深探奧理，是爲了經世致用；利其施用安處己身，是爲了增崇美德。超越此境奮勵進取，則前景高遠或難預知。若欲窮極神奇的通感妙理，那是美德隆盛者所能達到。"《周易》的《困》六三爻辭說："困在巨石下石堅難入，憑據在蒺藜上棘刺難踐；即使退回自家居室，也見不到配人爲妻的一天，有凶險。"孔子解釋道："困窮於不妥當的處所，其名必受損辱；憑據於不適宜的地方，其身必遭危險。既受損辱又遭危險，滅亡的日期即將來臨，哪能見到其配人爲妻的一天呢？"《周易》的《解》上六爻辭說："王公發箭射擊竊據高城上的惡隼，一舉射獲，无所不利。"孔子解釋道："惡隼是禽鳥，弓矢是武器，發矢射擊惡隼的是人。君子身上預藏成器，等待時機而行動，哪會有什麼不利呢？有所行動而毫无滯礙括結，所以外出必有收獲。這是表明要先配備現成的器用然後再行動。"孔子說道："小人不知羞恥不明仁德，不畏正理不行道義，不看見利益就不願勤勉，不受到威脅就不能戒惕。略受微小懲罰而承獲重大告誡，這是小人的幸運。《周易》的《噬嗑》初九爻辭說：'足著刑具而傷滅腳趾，不致危害。'說的就是這一道理。"（孔子說）"善行不積累不足以成就美名，惡行不積累不足以滅亡其身。小人把小善看成无所獲益的事而不屑於施行，把小惡看成无傷大體的事而不願意除去，所以惡行積累滿盈而无法掩蓋，罪行發展極大而難以解救。因此《周易》的《噬嗑》上九爻辭說：'肩荷刑具而遭受傷滅耳朵的重罰，有凶險。'"孔子說："凡是傾危的，都曾經自逸安居其位；凡是滅亡的，都曾經自恃長保生存；凡是敗亂的，都曾經自詡萬事整治。因此君子安居而不忘傾危，生存而不忘滅亡，整治而不忘敗亂。於是自身可常安而國家可永保。所以《周易》的《否》九五爻辭說：'心中自警：將要滅亡將要滅亡，就能像繫結于叢生的桑樹一樣安然无恙。'"孔子說："才德淺薄而地位尊高，智能窄小而圖謀宏大，力量微弱而身負重任，這樣很少有不涉及災禍的。所以《周易》的《鼎》九四爻辭說：'鼎器難承重荷折斷足，王公的美食全傾覆，鼎身沾濡一派齷齪，有凶險。'正是喻示力不勝任的情狀。"孔子說："能預知幾微事理的可以說達到神妙境界了吧？君子與上者交往不諂媚，與下者交往不瀆慢，堪稱知曉幾微之理吧！幾微的事理，是事物變動的微小徵兆，吉凶的結局於此先有隱約的顯現。君子察見幾微之理就迅速應對，不等候一天終竟。所以《周易》的《豫》六二爻辭說：'耿介如石，不等候一天終竟就悟知歡樂宜適中之理，守持正固可獲吉祥。'既有耿介如石的品德，豈須等候一天終竟才領悟道理呢？當即就能斷然明知啊！君子深曉事物細微的徵兆就能預見昭著的結局，明白柔順的宗旨也知曉剛健的效用，這是千萬人所瞻望景仰的傑出人物啊。"孔子說：“顏淵這位弟子，他的道德大概接近完美了吧？一有不善的苗頭，沒有不自知的；一知不善，就絕不再次重犯。《周易》的《復》初九爻辭說：‘起步不遠就回復正道，必无災患悔恨，至爲吉祥。’”（孔子說）“天地纏綿交密，萬物化育鴻醇；男女交合其精，萬物化育孕生。所以《周易》的《損》六三爻辭說：‘三人同行欲求一陽，必損陽剛一人；一人獨行專心求合，必獲强健友朋。’正是表明陰陽相求必須專心致一。”孔子說：“君子先安定自身然後有所行動，先平和内心然後發表言論，先確定交往然後求人襄助：君子謹修這三方面内涵，所以利人利己兩全其美。自身傾危而急躁盲動，百姓就不予匡助；内心疑懼而言不由衷，百姓就不予響應；无所交往而向人求助，百姓就不願給予：沒有人助益他，於是傷害他的人接踵而至。所以《周易》的《益》上九爻辭說：‘无人增益他，有人攻擊他。居心不常安而貪求无厭，必有凶險。’”

【注釋】

〔1〕“憧憧往來，朋從爾思”——這是《咸》九四爻辭（見該卦譯注）。下文引孔子語，是對爻辭大旨的闡釋發揮。　〔2〕天下何思何慮——這是從爻辭狹義的“往來”交感之旨，引申到廣義的天下萬物自然感應之理，故下兩句言“殊塗同歸”、“一致百慮”。《易經蒙引》：“天下感應之理，本同歸也，但事物則千形萬狀，而其塗各殊異；天下感應之理，本一致也，但所接之事物不一，而所發之慮亦因之有百耳。夫慮雖百而其致則一，塗雖殊而歸則同，是其此感彼應之理，一皆出於自然而然，而不必少容心於其間者。吾之應事接物，一惟順其自然之理而已矣，天下何思何慮？”〔3〕往者屈也，來者信也，屈信相感而利生焉——這三句承上文“日月”、“寒暑”往來相推的意義而發，再明事物自然感應的道理。《橫渠易說》：“屈伸相感而利生，感以誠也；情僞相感而利害生，雜之僞也。”　〔4〕尺蠖——蠖，音獲 huò，昆蟲名。我國北方稱“步曲”，南方稱“造橋蟲”。蟲體細長，行動作伸縮之狀。

《說文》："蠖，尺蠖，屈申蟲也。"郝懿行《爾雅義疏·釋蟲》："其行先屈後申，如人布手知尺之狀，故名'尺蠖'。"〔5〕蟄——音哲 zhé，動物冬眠時潛伏土中或洞穴中不食不動的狀態。　〔6〕精義入神，以致用也；利用安身，以崇德也——精義，猶言"精研道義"；致，猶"獻"。這四句承上文"尺蠖"屈伸、"龍蛇"入蟄的譬喻，推言治學研道亦含出入、動靜的道理。《集解》引干寶曰："能精義理之微，以得未然之事，是以涉于神道而逆禍福也。"《本義》："因言屈信往來之理，而又推以言學亦有自然之機也。精研其義，至於入神，屈之至也，然乃所以爲出而致用之本；利其施用，无適不安，信之極也，然乃所以爲入而崇德之資。內外交相養，互相發也。"　〔7〕過此以往，未之或知也——過此，指超過上述"致用"、"崇德"的境界；往，猶言"發展"。《正義》："言'精義入神以致用，利用安身以崇德'此二者皆入理之極，過此二者以往，則微妙不可知。"　〔8〕窮神知化，德之盛也——這兩句既承前句"未之或知"，又收結上文所引爻辭"憧憧往來"的大義，說明感應之理窮深无方。唯"德"至"盛"則自然領悟。《本義》："至於'窮神入化'，乃德盛仁熟而自致耳。然不知者，往而屈也；自致者，來而信也，是亦感應自然之理而已。"　〔9〕"困于石，據于蒺藜，入于其宮，不見其妻，凶"——蒺，阮刻作"蔾"，據《校勘記》改。這是《困》六三爻辭（見該卦譯注）。下文引孔子語，從"困"、"據"非其處，闡釋本爻"凶"之所由來。《郭氏傳家易說》："當困而困，當據而據，道之正也；非所困，非所據，失道之正，是以名辱身危也。太甲所謂'自作孽，不可逭'者也。"　〔10〕"公用射隼于高墉之上，獲之，无不利"——這是《解》上六爻辭（見該卦譯注）。下文引孔子語，先釋"隼"、"弓矢"、"射"諸語，然後從"射隼"之象引申出"藏器"、"待時"的意義。《正義》："明先藏器於身，待時而動，而有利也。"　〔11〕動而不括——括，閉結阻塞，《韓注》：“括，結也”。此句說明君子能“藏器”以“待時”，則動必暢通无礙。《正義》：“言射隼之人既持弓矢，待隼可射之，動而射之，則不括結而有礙也；猶若君子藏善道於身，待可動之時而興動，亦不滯礙而括結也。”　　〔12〕成器而動——成器，即具備現成的器用。《正義》：“有見成之器而後興動。”　　〔13〕“屨校滅趾，无咎”——屨，阮刻作“履”，據《校勘記》改。這是《噬嗑》初九爻辭（見該卦譯注）。此處引孔子語，先泛說“小人”的特徵，然後以“小懲大誡”爲“小人”之幸闡發爻辭“无咎”之旨。《正義》：“小人之道，不能恒善，若因懲戒而得福也。”〔14〕“何校滅耳，凶”——這是《噬嗑》上九爻辭（見該卦譯注）。從上文“善不積”至此，亦孔子語，闡說“小人”積小惡成大罪，以明爻辭“凶”之義。《正義》：“明惡人爲惡之極以致凶也。”案，本章援孔子語，或先引《易》辭而後釋之，或先明義理而後援引《易》辭作結，體例不同。《正義》曰：“第一、第二節皆先引《易》文於上，其後乃釋之”；“已下皆先豫張卦義於上，然後引《易》於下以結之。體例不同者，蓋夫子隨義而言，不爲例也。”　　〔15〕危者，安其位者也；亡者，保其存者也；亂者，有其治者也——這是說明“危”、“亡”、“亂”者，均來自昔日自恃其“安”、“存”、“治”。《正義》：“所以今有傾危者，由往前安樂於位，自以爲安，不有畏慎，故致今日危也”；“所以今日滅亡者，由往前保有其存，恒以爲存，不有憂懼，故今致滅亡也”；“所以今有禍亂者，由往前自恃有其治理也，謂恒以爲治，不有憂慮，故今致禍亂也”。案，這幾句《集解》引崔憬注曰：“有危之慮則能安其位不失也”，“有亡之慮則能保其存者也”，“有防亂之慮則能有其治者也”。於義亦通。　　〔16〕“其亡其亡，繫于苞桑”——這是《否》九五爻辭（見該卦譯注）。上文引孔子語，從“安不忘危”的角度釋爻義。　　〔17〕鮮不及——指很少有不及禍的。《正義》：“言不能安其身，知小謀大而遇禍。”　　〔18〕“鼎折足，覆公餗，其形渥，凶"——這是《鼎》九四爻辭（見該卦譯注）。此處引孔子語，從"力小任重"的角度釋卦義。　〔19〕幾者，動之微，吉之先見者也——此釋"幾"字之義，《本義》："《漢書》'吉之'之間有'凶'字"（說見《漢書・楚元王傳》穆生語引）。案，《正義》曰："此直云'吉'不云'凶'者，凡豫前知幾，皆向吉而背凶，違凶而就吉，无復有凶，故特云'吉'也。諸本或有'凶'字者，其定本則无也。"其說可通。　〔20〕"介于石，不終日，貞吉"——這是《豫》六二爻辭（見該卦譯注）。此處引孔子語，即從"知幾"的角度闡發爻義。　〔21〕斷可識矣——斷，斷然迅速，指當時即可悟知。《正義》："纔見幾微，即知禍福，何用終竟其日？當時則斷可識矣。"　〔22〕萬夫之望——萬夫，萬人，喻多；望，瞻望景仰。《正義》："知幾之人，既知其始，又知其末，是合於神道，故爲萬夫所瞻望也。"〔23〕顏氏之子——即顏淵，名回，字子淵，孔子的學生。〔24〕其殆庶幾乎——殆，大概；庶幾，接近、差不多之意，此處指道德接近完美。《本義》："庶幾，近意，言近道也。"〔25〕"不遠復，无祇悔，元吉"——這是《復》初九爻辭（該卦譯注）。上文引孔子語，舉孔子高弟顏淵爲例以釋爻義。〔26〕天地絪縕，萬物化醇——絪縕，音因暈 yīnyūn，又作"氤氳"，指天地陰陽二氣交感綿密之狀；醇，猶"厚"，指萬物因天地二氣交密而化育醇厚。《本義》："絪縕，交密之狀；醇，謂厚而凝也，言氣化者也。"　〔27〕男女構精，萬物化生——男女，泛指陰陽兩性，《集解》引干寶曰："男女，猶陰陽也。"構，交合。《來氏易注》："男女，乃萬物之男女，雌雄牝牡，不獨人之男女也。"又曰："夫天地男女，兩也；絪縕構精，以一合一，亦兩也，所以成化醇、化生之功。"　〔28〕"三人行，則損一人；一人行，則得其友"——這是《損》六三爻辭（見該卦譯注）。此處引孔子語，即以陰陽交感專一不二釋此爻義，故下文謂

“致一也”。《集解》引侯果曰：“此明物情相感，當上法絪縕化醇，致一之道，則无患累者也。”　〔29〕易其心而後語——易，猶言“平和”。此句說明平心靜氣才能暢發言論。《重定費氏學》引《朱子語類》：“不學《詩》无以言，先儒以爲心平氣和則能言。”〔30〕全——謂於人於己兩全其益。《重定費氏學》：“人己兩益爲全。”　〔31〕民不與——指百姓不予配合。下文“民不與”之“與”謂“給予”。《周易玩辭》：“‘危以動則民不與’，‘黨與’之‘與’也；‘无交而求則民不與’，‘取與’之‘與’也。”〔32〕“莫益之，或擊之，立心勿恒，凶”——這是《益》上九爻辭（見該卦譯注）。上文引孔子語，以不得民心則无益有害釋此爻義。

【說明】

以上《繫辭下傳》第五章。

本章引用孔子言論，闡發十一爻大義。

從以上三章看，其內容互有關聯。《折中》以爲：“第三章統論象爻也，第四章舉象所以取材之例，第五章舉爻所以效動之例”。本章所釋爻義，均從“象內”引申到“象外”，運用精純的哲理思維，頗爲深刻地揭示了各爻特定的象徵意旨。由此可以看出孔子易學的一個重要特點。

子曰：“乾坤，其《易》之門邪[1]？”乾，陽物也；坤，陰物也。陰陽合德而剛柔有體，以體天地之撰，以通神明之德[2]。其稱名也，雜而不越[3]，於稽其類，其衰世之意邪[4]？夫《易》，彰往而察來，而微顯闡幽[5]。開而當名辨物，正言斷辭則備矣[6]。其稱名也小，其取類也大[7]，其旨遠，其辭文，其言曲而中[8]，其事肆而隱[9]。因貳以濟民行，以明失得之報[10]。

【譯文】

孔子說:"乾坤兩卦,應該是《周易》的門戶吧?"乾,是陽的物象;坤,是陰的物象。陰陽德性相配而剛柔呈顯形體,可以用來體察天地的撰述營爲,用來貫通神奇光明的德範。《周易》卦爻辭所稱述的物名,儘管繁雜卻不踰越卦爻義理;稽考辭中表述憂虞警誡的事類,應當是流露作者處在衰危之世的思想吧?《周易》的鴻旨,在於彰著往昔的事理而察辨將來的事態,顯示初微的徵象而闡明幽深的義趣。作《易》者開釋卦義撰繫文辭使各卦名義適當而物象明辨,其語言周正措辭決斷以至天下萬理俱備。卦爻辭稱述的名物雖小,但所取喻的事類卻十分廣大,其意旨深切悠遠,其修辭文彩斑斕,其語言婉曲中肯,其用典明白流暢而喻理隱奧。運用《周易》陰陽兩端的哲理濟助百姓的行爲,可以指導人們明悟吉凶得失的徵驗。

【注釋】

〔1〕乾坤,其《易》之門邪——這是引孔子言論,說明乾坤兩卦在《周易》哲學體系中的重要作用。《集解》引荀爽曰:"陰陽相易,出于乾坤,故曰'門'。"《正義》:"《易》之變化,從乾坤而起;猶人之興動,從門而出。" 〔2〕以體天地之撰,以通神明之德——撰,《本義》云"猶事也",即"撰述營爲"之意。這兩句承前文"剛柔有體"、"陰陽合德"而發,進一步揭示乾坤作爲剛柔形體的擬象範圍之廣大和作爲陰陽物象的喻理程度之神妙。《古周易訂詁》:"有形可擬,故曰'體'","有理可推,故曰'通'。'體天地之撰',承'剛柔有體'言,兩'體'字相應;'通神明之德',承'陰陽合德'言,兩'德'字相應。"案,《集解》引《九家易》訓"撰"爲"數",曰:"萬物形體皆受天地之數也。謂'九'天數,'六'地數也,剛柔得以爲體矣。"於義亦通。 〔3〕其稱名也,雜而不越——稱名,指卦爻辭所稱之物名;不越,即不踰越卦爻之理。《正義》:"《易》之爻辭多載細小

之物，若‘見豕負塗’之屬，是雜碎也；辭雖雜碎，各依爻卦所宜而言之，是不相踰越也。”案，《集解》引《九家易》曰：“陰陽，雜也；名，謂卦名。陰陽雖錯，而卦象各有次序，不相踰越。”可備一說。　〔4〕於稽其類，其衰世之意邪——於，發語辭，《經傳釋詞》：“於，語助也”；稽，《集解》引虞翻曰：“考也”；類，指卦爻辭中表述的事類。這兩句說明稽考卦爻辭的內容，可知作者生當衰世。《正義》：“考校《易》辭事類，多有悔吝憂虞，故云衰亂之世所陳情意也。”　〔5〕彰往而察來，而微顯闡幽——微顯，即顯微。這兩句說明《周易》的功用是彰往昔、知來事，顯初微、明奧理。《韓注》：“《易》无往不彰，无來不察，而微以之顯，幽以之闡。闡，明也。”案，《本義》曰：“‘而微顯’，恐當作‘微顯而’。”可資參玫。　〔6〕開而當名辨物，正言斷辭則備矣——開，指作《易》者開釋卦爻、撰繫文辭；名、物、言、辭，均指卦爻辭；當、辨、正、斷，句中爲使動用法，意猶“使名當”、“使物辨”、“使言正”、“使辭斷”；備，謂義理完備。這兩句說明作《易》者在“繫辭”之時，通過周密思考以撰寫文辭、開釋卦爻，使六十四卦三百八十四爻名物適當、言辭明正而義理完備。《韓注》：“開釋卦爻，使各當其名也。理類辨明，故曰斷辭也。”〔7〕其稱名也小，其取類也大——指卦爻辭所稱物象之名雖細小，但所取喻的事類卻廣大。《韓注》：“託象以明義，因小以喻大。”〔8〕其旨遠，其辭文，其言曲而中——這是說明卦爻辭的語言特色。《正義》：“近道此事，遠明彼事，是其旨意深遠”；“不直言所論之事，乃以義理明之，是其辭文飾也”；“變化无恒，不可爲體例，其言隨物屈曲，而各中其理也”。　〔9〕其事肆而隱——事，典故；肆，猶“顯露”；隱，指義理隱奧。此句說明卦爻辭的用典特色。《正義》：“其《易》之所載之事，其辭放肆顯露，而所論義理深而幽隱也。”　〔10〕因貳以濟民行，以明失得之報——貳，指乾坤陰陽二理，《集解》引虞翻曰：“二，謂乾與坤也”；報，猶

"應",即"應驗"。這兩句總結前文,說明《周易》所揭示的陰陽變化之理,可以用來助民之行,使明確事物吉凶得失的應驗。案,《來氏易注》謂《周易》之理"兩在莫測,无方无體","宜乎濟斯民日用之所行,以明其吉凶之應也"。所云"兩在",有合"陰陽二理",可資參攷。

【說明】

以上《繫辭下傳》第六章。

本章敍卦爻辭的特點。開首指出乾坤爲《易》之門,然後集中證明卦爻辭辭理遠大,章末以《周易》之理可"濟民行"作結。

文中"稱名"、"取類"、"旨遠"、"辭文"諸語,精切概括了《周易》卦爻辭以象喻意的語言特色,其義與古代文論中的"比興"說頗契合。因此劉勰釋"興"之義時,曾援此爲說:"觀夫'興'之託諭,婉而成章,稱名也小,取類也大。"(《文心雕龍·比興》)可見,此節文字含有一定的文學理論意義。

《易》之興也,其於中古乎[1]?作《易》者,其有憂患乎[2]?是故《履》,德之基也[3];《謙》,德之柄也[4];《復》,德之本也[5];《恒》,德之固也[6];《損》,德之脩也[7];《益》,德之裕也[8];《困》,德之辨也[9];《井》,德之地也[10];《巽》,德之制也[11]。《履》和而至[12],《謙》尊而光[13],《復》小而辨於物[14],《恒》雜而不厭[15],《損》先難而後易[16],《益》長裕而不設[17],《困》窮而通[18],《井》居其所而遷[19],《巽》稱而隱[20]。《履》以和行[21],《謙》以制禮[22],《復》以自知[23],《恒》以一德[24],《損》以遠害[25],《益》以興利[26],《困》以寡怨[27],《井》以辯義[28],《巽》以行權[29]。

【譯文】

《周易》的興起，大概在殷商之末的中古時代吧？創作《周易》的人，大概心懷憂患吧？因此，《履》卦象徵小心履禮，是樹立道德的初基；《謙》卦象徵行爲謙虛，是施行道德的柯柄；《復》卦象徵回復正途，是遵循道德的根本；《恒》卦象徵守正有恒，是增固道德的前提；《損》卦象徵自損不善，是修美道德的途徑；《益》卦象徵施益於人，是充裕道德的方法；《困》卦象徵困窮守操，是檢驗道德的準繩；《井》卦象徵井養不窮，是居守道德的處所；《巽》卦象徵因順申命，是展示道德的矩範。《履》卦教人和順小心而行走至終，《謙》卦教人謙虛獲尊而光大其德，《復》卦教人察微辨善而回歸正道，《恒》卦教人居處雜俗而守德不倦，《損》卦教人自損先難而獲益後易，《益》卦教人長裕美德而益不虛設，《困》卦教人處困守正而求獲亨通，《井》卦教人安處所居而廣遷惠澤，《巽》卦教人順施號令而不自標顯。《履》卦的道理在於和洽小心行走，《謙》卦的道理在於謙謹繩裁禮節，《復》卦的道理在於自我省知得失，《恒》卦的道理在於始終純一守德，《損》卦的道理在於去邪遠離禍害，《益》卦的道理在於益人廣興福利，《困》卦的道理在於處困不自怨尤，《井》卦的道理在於施惠辨明道義，《巽》卦的道理在於順勢兼行權變。

【注釋】

〔1〕《易》之興也，其於中古乎——興，興起；中古，指商末時期，即第十一章所云"殷之末世，周之盛德"。這兩句是《繫辭傳》作者推測《周易》的成書年代。《正義》："《易》之爻卦之象，則在上古伏犧之時，但其時理尚質素，聖道凝寂，直觀其象足以垂教矣。但中古之時，事漸澆浮，非象可以爲教，又須繫以文辭，示以變動吉凶，故爻卦之辭起於中古。"又曰："《周易》起於文王及周公也，此之所論，謂《周易》也。"案，《集解》引虞翻曰："興《易》者，謂庖犧也"，"庖犧爲中古，則庖犧以前爲上

古”。可備一說。　　〔2〕作《易》者，其有憂患乎——這是推測
《周易》作於“中古”衰世，故作者多有憂患，與前章“其衰世之
意邪”正合。《正義·卷首》：“史遷云‘文王囚而演《易》’，即
是‘作《易》者其有憂患乎’。”案，舊說以爲周文王作卦爻辭，
固未必然；但《繫辭傳》推測《周易》興於商末周初，作《易》
者流露憂患思想，實可參攷。　　〔3〕《履》，德之基也——
《履》，六十四卦之一，象徵“小心行走”，含有遵循禮制而行的意
義（見該卦譯注）。人能遵循《履》道，則可防範而不違禮，故爲
“立德之基”。案，此下三陳九卦，說明《周易》爲“修德防患”
之作，以證上文所云“作《易》者有憂患”。《正義》：“六十四卦
悉爲脩德防患之事，但於此九卦最是脩德之甚，故特舉以言焉。”
又曰：“爲德之時，先須履踐其禮，敬事於上，故《履》爲德之初
基也。”　　〔4〕《謙》，德之柄也——《謙》，六十四卦之一，象
徵“謙虛”（見該卦譯注）。人能行謙，猶如把握道德有了“柯
柄”，故謂“德之柄”。《正義》：“若行德不用謙，則德不施用，是
謙爲德之柄，猶斧刃以柯柄爲用也。”　　〔5〕《復》，德之本
也——《復》，六十四卦之一，象徵“回復”，含有“歸復陽剛正
道”的意義（見該卦譯注）。人能歸復善道，則爲進德的根本。陸
九淵曰：“復者，陽復，爲復善之義”，“知物之爲害而能自反，則
知善者乃吾性之固有，循吾固有而進德，則沛然無它適矣。故曰
‘《復》，德之本’也。”（《陸九淵集·語錄上》）　　〔6〕《恒》，德
之固也——《恒》，六十四卦之一，象徵“恒久”，含有“恒久守
正”之義（見該卦譯注）。人以恒心守持正道，則道德能固。《正
義》：“爲德之時，恒能執守，始終不變，則德之堅固。”
〔7〕《損》，德之脩也——《損》，六十四卦之一，象徵“減損”，
有“自損不善”之義（見該卦譯注）。人能自損不善、減抑忿欲，
必可脩美道德。《集解》引荀爽曰：“懲忿窒欲，所以脩德。”
〔8〕《益》，德之裕也——《益》，六十四卦之一，象徵“增益”，

含有"施益於人"之義（見該卦譯注）。人能施益於外，則可充裕己德。《韓注》："能益物者，其德寬大也。"　〔9〕《困》，德之辨也——《困》，六十四卦之一，象徵"困窮"，含有"處困守正"之義（見該卦譯注）。人於困窮之時，適可鑒別其是否固守德操，故云"德之辨"。《集解》引鄭玄曰："辯，別也。遭困之時，君子固窮，小人窮則濫：德於是別也。"《正義》："若遭困之時，守操不移，德乃可分辨也。"案，"辨"字，鄭氏作"辯"，《釋文》所出同，兩字音義並通。　〔10〕《井》，德之地也——《井》，六十四卦之一，象徵"水井"，含有"井養不窮"之義（見該卦譯注）。人能遵循"井養"之道，則爲居守美德之所。《集解》引姚信曰："井養而不窮，德居地也。"　〔11〕《巽》，德之制也——《巽》，六十四卦之一，象徵"順從"，含有"因順申諭命令"之義（見該卦譯注）。人能因順申命，則可展示道德、立其矩範，故曰"德之制"。"制"，此處猶言"制立規範"。《正義》："《巽》，申明號令，以示法制，故可與德爲制度也。"案，以上首陳九卦，立義於"德"。《正義》曰："明九卦各與德相爲用也。"又，《重定費氏學》云："（《履》、《謙》、《復》）三者進德之大端也，《恒》、《損》、《益》三卦申言持身之道，《困》、《井》、《巽》三卦申言涉世之方。"可資參攷。　〔12〕《履》，和而至——至，猶"到達"。《履》卦教人小心行走、和順不違禮，故可踐行而至於終點，猶行事可達到目的。《韓注》："和而能至，故可履也。"〔13〕《謙》，尊而光——《謙》卦教人謙虛，謙以接物，故受人尊崇而其德愈爲光大。《正義》："以能謙卑，故其德益尊而光明也。"〔14〕《復》，小而辨於物——小，指微小的徵兆。《復》卦教人察知善惡，及早回復善道，故旨在辨析事物的細微徵兆，知不正則速改。《正義》："言《復》卦於初細微小之時，即能辨於物之吉凶，不遠速復也。"　〔15〕《恒》，雜而不厭——雜，指正邪相雜。《恒》卦教人守操有恒，故雖處正邪相雜之時，亦能長守正道而不厭倦。《正義》："言《恒》卦雖與物雜碎並居，而常執守其操，不被物之不正也。" 〔16〕《損》，先難而後易——《損》卦教人自損不善而獲益，自損則"先難"，獲益則"後易"。《正義》："先自減損，是先難也；後乃无患，是後易也。" 〔17〕《益》，長裕而不設——裕，見前注；設，虛設，指廣施其益而不虛設。《益》卦教人施益他人，故己德長裕而其益不虛設。《韓注》："有所興爲，以益於物，故曰'長裕'；因物興務，不虛設也。"

〔18〕《困》，窮而通——《困》卦教人處窮守正以致通。《正義》："言《困》卦於困窮之時而能守節，使道通行而不屈也。"

〔19〕《井》，居其所而遷——遷，指遷施其澤、利惠於人。《井》卦教人效"井養"之功，故能居其所而遷施潤澤。《正義》："言《井》卦居得其所，恒住不移，而能遷其潤澤，施惠於外也。"

〔20〕《巽》，稱而隱——稱，揚也，猶言"申命"；隱，藏也，謂不自顯露。《巽》卦教人因順申命，故能稱揚其令而不露其威，即"因勢利導"之義。與下文"巽以行權"相輔見義。《韓注》："稱揚命令而百姓不知其由也。"《正義》："言《巽》稱揚號令，而不自彰伐而幽隱也。"案，以上再陳九卦，進一步申明諸卦的性質。《正義》云："辨九卦德性也。" 〔21〕《履》以和行——以，猶"可"也。《履》卦之用，在於小心和順、循禮而行，即上文"和而至"之義。《集解》引虞翻曰："禮之用，和爲貴。"故"以和行"也。 〔22〕《謙》以制禮——制，猶言"裁制"，指《謙》卦之用，可以控制禮節、謙虛待物，即上文"德之柄"之義。《正義》："性能謙順，可以裁制於禮。" 〔23〕《復》以自知——《復》卦之用在於審知不善以復正道，即上文"小而辨於物"之義。《集解》引虞翻曰："有不善未嘗不知，故曰'自知'也。" 〔24〕《恒》以一德——《恒》卦之用，在於守正不移、恒一其德，即上文"德之固"、"雜而不厭"之義。《正義》："恒能終始不移，是純一其德也。" 〔25〕《損》以遠害——《損》卦之用，在於

自損不善以修身避害，即上文“德之脩”之意。《韓注》：“止於修身，故可以遠害而已。”　　〔26〕《益》以興利——《益》卦之用，在於益人益己、人己兩全其利，即上文“德之裕”、“長裕而不設”之義。《正義》：“既能益物，物亦益己，故‘興利’也。”〔27〕《困》以寡怨——《困》卦之用，在於處窮守德而不怨，即上文“德之辨”之義。《正義》：“遇困守節不移，不怨天不尤人，是无怨於物，故‘寡怨’也。”　　〔28〕《井》以辯義——辯，通“辨”，《校勘記》：“毛本作‘辨’。”《井》卦之用，在於廣施井養、辨明道義，即上文“德之地”之義。《韓注》：“施而无私，義之方也。”陸九淵曰：“君子之義，在於濟物。於井之養人，可以明君子之義。”（《陸九淵集·語錄上》）　　〔29〕《巽》以行權——權，謂權變。《巽》卦之用，在於因勢利導，申命行權，與前文“稱而隱”之義相表裏。《集解》引《九家易》曰：“巽象號令，又爲近利。人君政教，進退擇利，而爲權也。《春秋傳》曰：權者，反於經，然後有善者也。”《韓注》：“權，反經而合道。必合乎巽順，而后可以行權也。”《正義》：“以既能順時合宜，故可以行權也。若不順時制變，不可以行權也。”案，《九家易》引《春秋公羊傳》語以釋權字，至見貼切。《韓注》蓋承其義申發之。元李簡亦曰：“孔子論：‘可與共學，未可與適道；可與適道，未可與立；可與立，未可與權。’蓋權不易至也。巽以行權，則順於理而得中也。人道惟此爲大，故以此終之。”（《學易記》）此說頗可參考。又案，以上三陳九卦，重申前兩陳之義，但主於諸卦的功用。《正義》云：“論九卦各有施用而有利益也。”

【說明】

　　以上《繫辭下傳》第七章。

　　本章論《周易》爲“憂患”之作，故三陳九卦，以窺探作《易》者防憂慮患、重視道德修養的創作思想。

《易》之爲書也，不可遠[1]，爲道也屢遷。變動不居，周流六虛[2]，上下无常，剛柔相易，不可爲典要，唯變所適[3]。其出入以度，外內使知懼[4]。又明於憂患與故[5]，无有師保，如臨父母[6]。初率其辭，而揆其方，既有典常[7]。苟非其人，道不虛行[8]。

【譯文】

《周易》這部書，不可須臾遠離，它所體現的道理在於屢屢變易推遷。它喻示事物的變動常行而不止，周徧流佈於各卦六爻之間，上下往來沒有定準，陽剛陰柔相互更易，不可執求於典常綱要，只有變化纔是隨時趨赴的方向。《易》理啓迪人出入行藏遵法則而守度數，使人處內外隱顯之時皆知惕懼得失。又可以指導人明悟來日的憂患並記取往事鑒誡，雖然沒有師保的監護，卻宛如面臨父母的教誨。遇事初始能遵循《易》辭而爲，揆度行動的方式，就掌握了適時應變而經常可行的規律。倘若沒有前賢的弘揚傳述，《周易》的道理就難以憑空推行。

【注釋】

〔1〕不可遠——遠，遠離。此句指《周易》一書包含人生哲學，宜於平日觀象玩占、明理致用，不可遠離。《集解》引侯果曰："居則觀象，動則玩占，故‘不可遠’也。" 〔2〕變動不居，周流六虛——居，止也；六虛，指六爻。這兩句說明《周易》以變動爲本，其理周流於六爻之間。《集解》引虞翻曰："六虛，六位也。"《正義》："陰陽周徧流動在六位之虛。六位言‘虛’者，位本无體，因爻始見，故稱‘虛’也。" 〔3〕不可爲典要，唯變所適——爲，動詞，猶言"執求"；典要，典常綱要；適，往也。這是說明《易》理趨向變化，不可執其固定不移的"典要"。《集解》引虞翻曰："上下无常，故不可爲典要。"《正義》："六位錯綜，上下所易皆不同，是不可爲典常要會也。" 〔4〕其出入以

度，外內使知懼——"出入"與"外內"互文，出即外，入即內。《韓注》："'出入'猶'行藏'，'外內'猶'隱現'（引者案，兩猶字，阮刻作尤，據《校勘記》改）"；度，法則、度數。這兩句說明《易》理可以啟發人遵守法則或度數，知所惕懼，使"出入"、"外內"皆得其宜。《正義》："行藏各有其度，不可違失於時"；"若不應隱而隱、不應顯而顯，必有凶咎，使知畏懼凶咎而不爲也"。　　〔5〕又明於憂患與故——故，即"事"，猶言往昔的事態，《韓注》："故，事故也"。此句承上文，進一步指出《易》理可以使人明於豫防憂患、察鑑前事。《集解》引虞翻曰："神以知來，故明憂患；知以藏往，故知事故。"　　〔6〕无有師保，如臨父母——師保，古代負責教習貴族子弟的師長，《禮記·文王世子》："入則有保，出者有師，是以教喻而德成也"。這兩句說明能應用《易》理者，雖无"師保"教習，卻如面臨父母親誨，始終戒惕行事、不犯過咎。《折中》引朱震曰："无有師保教訓而嚴憚之，有如父母親臨而愛敬之，見聖人之情也。"《河上易註》："雖无師保之在前，而承《易》訓之丁寧，不啻師保之親切教命也；雖无父母之監臨，而遵《易》教以生成，儼如父母之保抱扶持也。"又曰："二句蓋互文也。"　　〔7〕初率其辭，而揆其方，既有典常——率，猶"循"；辭，卦爻辭；揆，度也；方，謂意義、方式；典常，此處指經常可行的變化規律，與上文"典要"有別。這三句說明循卦爻辭之理處事，則可把握事物的變化規律。《正義》："《易》雖千變萬化，不可爲典要，然循其辭，度其義，原尋其初，要結其終，皆唯變所適，是其常典也。"　　〔8〕苟非其人，道不虛行——苟，假如；其人，指賢明之人；道，《易》道。這兩句總結全章，說明《易》道的推行，非賢明者不可。《集解》引虞翻曰："神而明之，存乎其人。"《正義》："若苟非通聖之人，則不曉達《易》之道理，則《易》之道不虛空得行也。"

【說明】

以上《繫辭下傳》第八章。

本章從處世致用的角度，闡論《周易》的變化之道、卦爻辭的精奧哲理。文義與前章"作《易》者有憂患"相承。文中指出《周易》一書"不可爲典要，唯變所適"，强調"變動"規律是構成此書哲學體系的一個重要特色。

章末"苟非其人，道不虛行"二語，就廣義而言，是提出了學術的發展與治學者素質的關係這一鮮明主題，在認識論上反映了《繫辭傳》作者注重道統和學脈的觀點。

《易》之爲書也，原始要終以爲質[1]也。六爻相雜，唯其時物[2]也。其初難知，其上易知：本末也[3]。初辭擬之，卒成之終[4]。若夫雜物撰德，辯是與非，則非其中爻不備[5]。噫！亦要存亡吉凶，則居可知矣[6]。知者觀其彖辭[7]，則思過半矣。二與四同功而異位，其善不同[8]：二多譽，四多懼，近也[9]。柔之爲道，不利遠者[10]；其要无咎，其用柔中也[11]。三與五同功而異位[12]：三多凶，五多功，貴賤之等也[13]。其柔危，其剛勝邪[14]？

【譯文】

《周易》這部書，以推原初始歸納終結而形成卦體大義。六爻相互錯雜，喻示特定的時宜和物象。初爻的意義較難理解，上爻的意義容易理解：因爲前者是本始而後者是末尾。初爻之辭擬議事物產生的端緒，上爻則喻示事物發展終盡遂形成卦義。至於錯雜物象而撰述物性，辨識物情孰是孰非，如若撇開中間四爻就无法全面理解。是啊！悟徹中四爻旨趣就掌握了事物存亡吉凶的要義，即使平居閒處也能洞曉事理。聰慧的人只要觀覽卦辭，就把全卦大義多半領悟了。二爻和四爻同具陰柔功能而分居上下卦不同之位，其寓意善否也不相同：二爻處下居中多獲美譽，四爻處上居下多含惕懼，因爲四爻靠近君位所致。陰柔的道理，不利於謀求遠大作爲，其要旨在於慎求无咎，其功用在於柔順守中。三爻和五爻同具陽剛功能而分居上下卦不同之位：三爻在下卦之極多有凶危，五爻處尊居中多獲功勳，這是上下貴賤的等差所致。大概陰柔處三五陽位就有危患，陽剛處三五之位就能勝任吧？

【注釋】

〔1〕原始要終以爲質——原，推原；要，《正義》訓爲“要會”，猶言“歸納”；質，體也，《本義》“謂卦體”，猶言卦體大義。此句說明《周易》六十四卦均推始歸終而形成卦義。《韓注》；“質，體也，卦兼終始之義也。”《正義》：“言《易》之爲書，原窮其事之初始，《乾》初九‘潛龍勿用’是‘原始’也；又要會其事之終末，若上九‘亢龍有悔’是‘要終’也。”又曰：“此潛龍、亢龍是一卦之始終也，諸卦亦然。”　〔2〕唯其時物——時，指各爻居處的特定“時宜”；物，指各爻所取喻的陰陽“物象”。此句說明六爻相錯，反映不同的“時態”、“物象”。《集解》引虞翻曰：“陰陽錯居稱‘雜’。時陽則陽，時陰則陰，故‘唯其時物’。乾陽物，坤陰物。”《尚氏學》：“六爻剛柔相雜，然爻各有其時，各有其物。時物當則吉，否則凶也。”　〔3〕其初難知，其上易知：本末也——初，指初爻，即一卦之“本”，說明事物產生初始的意義，微而未顯，故曰“難知”；上，指上爻，即一卦之“末”，說明事物發展終竟的意義，成敗已見，故曰“易知”。《韓注》：“夫事始於微，而後至於著。初者，數之始，擬議其端，故‘難知’也。上者，卦之終，事皆成著，故‘易知’也。”　〔4〕初辭擬之，卒成之終——辭，爻辭；擬，指擬議事物初始之義；卒，了也，謂“完結”。這兩句承前文，綜述“難知”、“易知”的緣故。《正義》：“‘初辭擬之’者，覆釋‘其初難知’也，以初時以辭擬議其始，故‘難知’也；‘卒成之終’者，覆釋‘其上易知’

也，言上是事之卒了，而成就終竟，故‘易知’也。” 〔5〕若夫雜物撰德，辯是與非，則非其中爻不備——若夫，發語辭，猶言“至於”、“至如”；雜物，即剛柔物象錯雜；撰德，指撰述陰陽德性；辯，通“辨”，別也，《校勘記》：“閩、監、毛本‘辯’作‘辨’”；中爻，即卦中二至五爻。這三句說明除了理解初、上兩爻之外，還須辨明中四爻的爻義，才能完備地領會全卦旨趣。《集解》引崔憬曰：“上既具論初、上二爻，次又以明其四爻也。言中四爻雜合所主之事，撰集所陳之德，能辨其是非，備在卦中四爻也。”案，崔氏訓“撰”爲“撰集”，義亦通。又案，《正義》認爲“中爻”指二、五兩爻，以其居上下卦之中；《漢上易傳》云：“中爻，崔憬所謂‘二、三、四、五’，京房所謂‘互體’是也”，則指二至四互一卦，三至五互一卦，即一卦備四卦之用。兩說並可參攷。 〔6〕噫！亦要存亡吉凶，則居可知矣——噫，感歎詞；要，《正義》：“要定”，猶言“大要把定”；居，指平居无爲。這是承前文之意，說明把握中四爻的吉凶規律，則卦義盡知。《集解》引崔憬曰：“噫，歎聲也。言中四爻亦能要定卦中存亡吉凶之事，居然可知矣。” 〔7〕彖辭——指卦辭，《釋文》引馬融曰：“彖辭，卦辭也。”案，《釋文》又引鄭玄曰：“爻辭也”；又云：“師說通謂爻卦之辭也”；又引或說：“即夫子《彖辭》”（謂《彖傳》）。三說均可備參攷。 〔8〕二與四同功而異位，其善不同——二，第二爻；四，第四爻；功，指陰陽功能；位，即上下爻位；善，猶言善否，泛指利害得失。這兩句說明二、四兩爻均屬陰位，但各處內外卦，而其利害得失亦因時位之異各不相同。《韓注》曰：“同陰功也”，此釋同功；又曰：“有內外也”，此釋異位。 〔9〕二多譽，四多懼，近也——近，指第四爻接近五爻“君位”。這是說明二處下守中故“多譽”，四近五君位故“多懼”。《韓注》：“二處中和，故‘多譽’也”；“位逼於君，故‘多懼’也”。〔10〕柔之爲道，不利遠者——指陰爻宜近順承陽，不可有遠大志向。《集解》引崔憬曰：“此言二、四皆陰位，陰之爲道，近比承陽，故‘不利遠’矣。”　〔11〕其要无咎，其用柔中也——兩“其”字，指代前文“柔之爲道”；要，猶言“要旨”；用，功用，“用柔中”，謂陰者當處柔守中，義兼指二四兩爻。這兩句承前兩句，再從二、四陰位的角度，泛論陰柔的性質以順承、謙退爲本，旨在求獲“无咎”，不在大成，即前句“不利遠”之義。又，此四句合二、四爻位泛論陰柔性質，與下文合三、五爻位泛論陽剛性質，正相呼應。案，《正義》疏韓氏義，認爲“不利遠”釋“四多懼”，謂四不利於“遠其親援而欲上逼於君”；又指出“用柔中”釋“二多譽”，謂二所以“无咎”而“多譽”在於“用柔而居中”。尚先生不贊成“近五故懼”之論，認爲“近”指內卦，“遠”指外卦，故“不利遠”謂四居外卦，“近也”、“用柔中”謂二居內卦(《尚氏學》)。此二說並可參攷。　〔12〕三與五同功而異位——三，第三爻；五，第五爻；同功，指同具陽功；異位，指五居上卦爲貴，三居下卦爲賤。　〔13〕三多凶，五多功，貴賤之等也——等，等級差別，指五貴三賤。這三句說明三處“賤”位，又居下卦之極，故“多凶”；五處尊位，又居上卦之中，故“多功”。《正義》：“五爲貴，三爲賤，是‘貴賤之等’也。”又曰：“三居下卦之極，故‘多凶’；五居中處尊，故‘多功’也。”〔14〕其柔危，其剛勝邪——勝，勝任。這是並舉三、五爻位爲說，謂陰柔居此陽位則有危患，陽剛居之則可勝任。《韓注》：“三、五陽位，柔非其位，處之則危；居以剛健，勝其任也。”《集解》引侯果曰：“言‘邪’者，不定之辭也，或有柔居而吉者，居其時也；剛居而凶者，失其應也。”

【說明】

以上《繫辭下傳》第九章。

本章綜述六爻位次特點。文中先攷初上兩爻，然後集中辨析中四爻位置的象徵內涵。全章既論爻位，又強調觀研卦辭可以“思過半"，可視爲一段精煉扼要的"讀《易》簡例"。何楷曰："統論爻畫，而歸重于彖辭，說《易》之法，莫備于此。"(《古周易訂詁》)

《易》之爲書也，廣大悉備：有天道焉，有人道焉，有地道焉。兼三才而兩之，故六[1]。六者非它也，三才之道也。道有變動，故曰爻[2]；爻有等，故曰物[3]；物相雜，故曰文[4]；文不當，故吉凶生焉[5]。

【譯文】

《周易》這部書，道理廣大周備：含有天的道理，人的道理，地的道理。兼合八卦天地人的象徵而每兩卦相重，就出現了六位的卦。六位沒有別的意思，正是象徵天地人的道理。世間道理體現著萬事變動，做效變動的情狀就叫爻；爻各有上下等次，就叫作物；陰物陽物相互錯雜，就叫作文理；文理有的適當有的不適當，於是吉凶就産生了。

【注釋】

〔1〕兼三才而兩之，故六——三才，即上文所稱"天、地、人"；兩之，將三畫的八卦兩兩相重；六，指六畫。這兩句說明三畫的八卦含有"三才"的象徵（初畫象地，中畫象人，上畫象天）；重成六畫的六十四卦之後，各卦也含有"三才"的象徵（初、二象地，三、四象人，五、上象天），故下文云："六者非它也，三才之道也。"《集解》引崔憬曰："言重卦六爻，亦兼天地人道。兩爻爲一才，六爻爲三才，則是'兼三才而兩之，故六'；六者，即三才之道也。"《纂疏》："初、二爲地道，三、四爲人道，五、上爲天道。"案，"才"字，阮刻作"材"，《校勘記》"閩、監、毛本'材'作'才'，石經初刻作'才'"，今據改。下文同。

〔2〕道有變動，故曰爻——指六爻做效事物的變動之道。《集解》引陸績曰："天道有畫夜日月之變，地道有剛柔燥濕之變，人道有行止動靜、吉凶善惡之變。聖人設爻以效三者之變動，故謂之

'爻'也。" 〔3〕爻有等，故曰物——等，上下等次；物，物象。這兩句說明陰陽物象擬議六爻上下貴賤的等次，以象萬物。《正義》："言爻有陰陽貴賤等級，以象萬物之類。" 〔4〕物相雜，故曰文——指陰陽相雜而成文。就具體爻位分析，六爻奇位爲陽、耦位爲陰，故初至上均陰陽位交錯，遂呈文理。《本義》："相雜，謂剛柔之位相間。"《周易玩辭》："物相雜者，初、三、五與二、四、上，陰陽相間也。" 〔5〕文不當，故吉凶生焉——不當，兼當與不當而言。指"物象"所成之文理或當、或不當，當則吉，不當則凶。如陽居奇位、陰居耦位則當，反之則不當，故生吉凶。《本義》："不當，謂爻不當位。"《學易記》："物有九六，雜居剛柔之位，則成文；交錯之際，有當不當，吉凶由是而生焉。" 案，《折中》引吳曰愼曰："以時義之得爲當，時義之失爲不當，不以位論。" 於義亦通。

【說明】

以上《繫辭下傳》第十章。

本章從爻位角度，論述《周易》的象徵廣備"天地人"之道。

文中所云"物相雜，故曰文"，與《國語·鄭語》引史伯"聲一无聽，物一无文"的說法，頗可相通，在美學意義上似乎均隱含著古人以辯證的觀點總結出的審美經驗。

《易》之興也，其當殷之末世，周之盛德邪？當文王與紂之事[1]邪？是故其辭危[2]。危者使平，易者使傾[3]。其道甚大，百物不廢[4]。懼以終始，其要无咎[5]，此之謂《易》之道也。

【譯文】

《周易》的興起，大概是在殷朝末年，周文王德業正隆盛的時候吧？大概在文王臣事殷紂期間吧？因此卦爻辭多含警戒危懼的意義。知所畏懼可以使人平安，掉以輕心必將導致傾覆。其中的道理至爲弘大，萬物賴以防患慮危而不廢。自始至終保持惕懼，其要旨歸於慎求无咎，這就叫作《周易》的道理。

【注釋】

〔1〕當文王與紂之事——文王，姬姓，名昌，商紂時爲西伯，治理周族，國勢强盛，故上文稱"周之盛德"；紂，又稱"受"、"帝辛"，商代最後的君主，故上文稱"殷之末世"。此句並前兩句，推測《周易》成書於殷末周初，與第七章"《易》之興也，其於中古乎? 作《易》者其有憂患乎?"相應。《集解》引虞翻曰："文王三分天下有其二，以服事殷，周德其可謂至德也。"《韓注》："文王以盛德蒙難，而能亨其道，故稱文王之德以明《易》之道也。"　〔2〕其辭危——辭，卦爻辭。指作《易》者處殷末衰世，故所撰卦爻辭多含危懼警戒之義。《正義》："以當紂世，憂畏滅亡，故作《易》辭多述憂危之事，亦以垂法於後使保身。危懼，避其患難也。"案，《正義》引周氏曰："謂當紂時，不敢指斥紂惡，故其辭危微而不正也。"可備一說。　〔3〕危者使平，易者使傾——平，猶"安"；易，《韓注》"慢易也"，即輕易，猶言掉以輕心。這兩句承上文而發，說明"危辭"的警戒作用。《本義》："危懼故得平安，慢易則必傾覆，《易》之道也。"　〔4〕其道甚大，百物不廢——其，指代前文"危辭"之論；廢，《正義》訓爲"休廢"，即上句"傾"之義。這兩句緊承前義，指出"危平"、"易傾"的道理至爲弘大，"百物"可賴以憂危慮患而"不廢"。《來氏易注》："若常以危懼爲心，則凡天下之事，雖百有不齊，然生全于憂患，未有傾覆而廢者矣。"　〔5〕懼以終始，其要无咎——要，猶言"要旨"（見第九章注）。這兩句總結上文對"危辭"的論述，指出始終知懼，慎求无咎，是"易道"的重要體現。《南軒易說》："既懼其始，使人防微杜漸；又懼其終，使人持盈守成。其要之以无咎而補過，乃《易》之道也。"

【說明】

以上《繫辭下傳》第十一章。

本章先推測《周易》作於"文王與紂"之時，然後集中論析"其辭危"的深義。文中提出"危者使平，易者使傾"的觀點，反映了明顯的辯證思想。章末以"懼以終始，其要无咎"作結，既歸納了全章大義，又揭示了《易》理的一項重要特點。胡遠濬曰："《詩》三百，一言以蔽之，曰：'思无邪'；《易》六十四卦，一言以蔽之，曰：'懼以終始，其要无咎。'"(《勞謙室易說·讀易通識》)

夫乾，天下之至健也，德行恒易以知險[1]；夫坤，天下之至順也，德行恒簡以知阻[2]。能說諸心，能研諸侯之慮，定天下之吉凶，成天下之亹亹者[3]。是故變化云爲，吉事有祥，象事知器，占事知來[4]。天地設位，聖人成能，人謀鬼謀，百姓與能[5]。八卦以象告，爻彖以情言[6]，剛柔雜居，而吉凶可見矣[7]。變動以利言，吉凶以情遷[8]。是故愛惡相攻而吉凶生[9]，遠近相取而悔吝生[10]，情偽相感而利害生[11]。凡《易》之情，近而不相得則凶，或害之，悔且吝[12]。將叛者其辭慙，中心疑者其辭枝[13]，吉人之辭寡，躁人之辭多，誣善之人其辭游[14]，失其守者其辭屈[15]。

【譯文】

乾，是天下最爲剛健的象徵，其德性行爲是恒久平易而知曉艱險；坤，是天下最爲柔順的象徵，其德性行爲是恒久簡約而知曉困阻。平易簡約能夠使人心情歡悅，知險知阻能夠使人研磨思慮，於是能夠判定天下萬事吉凶得失，促成天下萬物勤勉奮發。因此遵循事物的變化規律而有所作爲，吉祥的情景便紛紛呈現，乃至觀察卦象就能明白器物的生成，占問近事就能推知將來的應驗。天地設立了剛柔尊卑的位置，聖人依此創成卦爻敷教天下，於是人的謀慮溝通了鬼神的謀慮，連尋常百姓也能掌握占筮的神奇功用。八卦用象徵來喻示哲理，卦爻辭擬效物情來陳述卦義，六爻剛柔交錯居位，吉凶的道理就畢現無遺。爻象變動用利或不利來表達，孰吉孰凶依物情順逆得失而推移，所以事物相愛相求相惡相敵就衍生出吉與凶，遠近親疏取舍无恒就萌生出悔與吝，真情澆偽彼此感斥就引生出利與害。但凡《周易》喻示的事物情態，兩相比近而互不相得就有凶險；抑或遭受外來的傷害，也難免恨憾而悔吝。（萬物情態複雜，茲舉人的言辭心態來印證）將要違叛的人其言辭必然慚愧不安，內心疑惑的人其言辭必然散亂无章，吉善的人其言辭必然少而精，焦躁的人其言辭必然多而繁，誣陷善良的人其言辭必然虛漫浮游，疏失職守的人其言辭必然虧屈不展。

【注釋】

〔1〕德行恒易以知險——此句說明乾德至健，其行既能恒久平易又能知見艱險，義與《繫辭上傳》第一章"乾以易知"相應。

〔2〕德行恒簡以知阻——此句說明坤德至順，其行既能恒久簡約又能知見困阻，義與《繫辭上傳》第一章"坤以簡能"相應。案，以上一節復述"乾坤易簡"之道，而遙應《上繫》；又進一步揭示乾坤"知險阻"而慮憂患的道理，則近承前章。《本義》："至健，則所行无難，故易；至順，則所行不繁，故簡。然其於事皆有以知其難，而不敢易以處之，是以其有憂患"。《周易玩辭》："易與險相反，惟中心易直者，爲能照天下蠟險之情，即所謂通天下之志也；簡與阻相反，惟行事簡靜者，爲能察天下煩壅之機，即所謂成天下之務也。" 〔3〕能說諸心，能研諸侯之慮，定天下之吉凶，成天下之亹亹者——說，即"悅"；"侯之"二字當爲衍文，《溫公易說》："王輔嗣《略例》曰：'能研諸慮'，則'侯之'衍字也"；亹亹，猶言"勉勉"（見《繫辭上傳》第十一章注）。這四句承上

文，說明領會乾坤易簡而知險阻的意義，可以悅心研慮，定吉凶之事，成勉勉之功。《橫渠易說》：“易簡，故能說諸心；險阻，故能研諸慮。”《本義》：“說諸心者，心與理會，乾之事也；研諸慮者，理因慮審，坤之事也。說諸心，故有以定吉凶；研諸慮，故有以成亹亹。”案，朱子謂“說心”主於乾，“研慮”主於坤，於義可通。

〔4〕變化云爲，吉事有祥，象事知器，占事知來——云爲，猶言有爲，俞樾《羣經平議》：“云，亦‘有’也，《爾雅·釋詁》曰‘云，有也’”，“變化云爲，即‘變化有爲’”；祥，作動詞，猶言“呈現”；象事，指觀察所象之事。這四句說明《周易》“變化云爲”的目的，在於行事吉祥、觀象知器、推占將來。《韓注》：“夫變化云爲者，行其吉事則獲佳祥之應，觀其象事則知制器之方，玩其占事則覩方來之驗也。” 〔5〕天地設位，聖人成能，人謀鬼謀，百姓與能——成能，即成功，指創成《周易》而施其功用，下文“與能”則指參與運用《易》理；人謀鬼謀，喻《易》理可以謀於人事，謀於鬼神，即可溝通人神的謀慮。這四句說明“聖人”依天地所設之象創成《周易》，其用神妙，百姓庶人也可以參與其能。《韓注》：“人謀，況議於衆以定失得也；鬼謀，況寄卜筮以考吉凶也。不役思慮而失得自明，不勞探討而吉凶自著，類萬物之情，通幽深之故，故百姓與能，樂推而不厭也。”《本義》：“天地設位，而聖人作《易》以成其功；於是人謀鬼謀，雖百姓之愚，皆得以與其能。”案，《尚書·洪範》：“汝則有大疑，謀及乃心，謀及卿士，謀及庶人，謀及卜筮。”《集解》引朱仰之說，據此謂“人謀”爲“謀及卿士”，“鬼謀”爲“謀及卜筮”，“百姓與能”爲“謀及庶人”。可備一解。 〔6〕八卦以象告，爻彖以情言——象，卦形之象；爻彖，指卦爻辭，《集解》引崔憬曰：“爻謂爻下辭，彖謂卦下辭”；情，即卦爻辭所擬象的事物情態，與下文“吉凶以情遷”、“凡《易》之情”義同。這兩句指出八卦和卦爻辭以不同的形式表述義理，前者是示卦象，後者是擬物情。《韓

注》釋"以象告"曰:"以象告人";又釋"以情言"曰:"辭有險易,而各得其情也"。 〔7〕剛柔雜居,而吉凶可見矣——雜居,指六爻剛柔交錯居位。《集解》引崔憬曰:"六爻剛柔相推而物雜居,得理則吉,失理則凶。" 〔8〕變動以利言,吉凶以情遷——遷,推移。這兩句說明六爻變動得當與否,以利、不利爲言,惟《易》之變在於趨利避害,故此處特曰"利"字;至於吉凶結局,則依卦爻辭所擬喻的物象情態而推移。《韓注》:"變而通之盡利也。"又曰:"吉凶无定,唯人所動,情順乘理以之吉,情逆違道以陷凶,故曰'吉凶以情遷'也。" 〔9〕愛惡相攻而吉凶生——相攻,猶言"相矛盾"。此指物情相愛相惡不同,愛則求合,惡則敵對,兩相矛盾故生吉凶。就陰陽爻的象徵而論,"愛惡"又反映陰爻陽爻之間的離合規律。尚先生云:"陽遇陰,陰遇陽,則相求相愛";"陽遇陽,陰遇陰,則相敵相惡"。又云:"愛則吉,惡則凶,故'愛惡相攻而吉凶生'。"(《尚氏學》) 〔10〕遠近相取而悔吝生——遠,指上下卦爻位遠應;近,指爻位近比;相取,含"取舍不當"之義。此句說明爻位或比或應,若取舍不當則生悔吝,亦喻事物相互關係的情態。《集解》引崔憬曰:"遠,謂應與不應;近,謂比與不比。或取遠應而舍近比,或取近比而舍遠應。由此遠近相取,所以生'悔'、'吝'于繫辭矣。"案,取舍不當,又體現遠應、近比兼取而有失,故尚先生云:"遠近不能兼取。"(《尚氏學》) 〔11〕情偽相感而利害生——情偽,猶言"真偽"。《正義》:"情,謂實情;偽,謂虛偽。"又曰:"若以情實相感則利生,若以虛偽相感則害生也。"案,從陰陽爻象看,陽爲實,陰爲虛,則此句又含陰陽相感之義。尚先生曰:"情者陽,偽者陰。陰陽相感,有利有害,絕不相同。"(《尚氏學》) 〔12〕凡《易》之情,近而不相得則凶;或害之,悔且吝——這是綜述以上"吉凶以情遷"之論,說明《周易》所擬喻的事物情態,若"近不相得"必凶;苟或免凶,亦必遭外物傷害而生悔吝。《本義》:"不相得,謂相惡也，凶害悔吝，皆由此生。」 〔13〕枝——分枝，指言辭散亂不一。《正義》：「其辭分散若間枝也。」 〔14〕游——指言辭虛漫浮游。《正義》： 「游，謂浮游」， 「其辭虛漫」。〔15〕屈——指言辭虧屈不展。《正義》：「其辭屈撓不能申也。」以上總結《周易》所擬喻的物情各不相同，故旁取現實中的人事作爲參證。此六句王申子釋曰：「歉於中者必愧於外，故將叛者其辭慚；疑於中者必泛其說，故中心疑者其辭枝；吉德之人見理直，故其辭寡；躁競之人急於售，故其辭多；誣善類者必深匿其跡而陰寓其忮，故其辭游；失其守者必見義不明而內无所主，故其辭屈。」（《大易緝說》）

【說明】

　　以上《繫辭下傳》第十二章。

　　本章內容具有歸納上下篇的性質。章首遙應《上繫》，重論 "乾坤易簡" 而 "知險阻" 的道理；接著引入對《周易》的變化、占筮、卦象、辭理的復述；最後集中於 "情" 字，深刻剖析《周易》所擬喻的物象因情態各異、矛盾交錯，故產生 "吉凶"、"悔吝"、"利害" 等結果。全章針對《周易》卦和辭的主要特點作了較簡明的概括。

　　章末援舉 "人情" 印證《周易》的 "物情"，從六種人的言辭特徵辨析其心理狀態，頗可視爲《繫辭傳》作者樸素直感的 "心理學" 觀點。當然，作者強調 "辨情" 的宗旨，是爲了揭示《周易》一書可以用於盡情僞、明得失、察事機，故以此收結全文。《學易記》引單渢曰：《易》之書所以盡情僞而明得失"，"情僞之生，必見乎其辭，故聖人又言之於終，使人察而知事之幾也。"

【總論】

　　《繫辭下傳》十二章，始於 "八卦"、"吉凶" 要義的分析，終於 "象理"、"辭情" 特徵的概括。與上篇一樣，下篇諸章各自側重於某一角度抒論，而章與章之間又有一定聯繫。至其內容，均不離闡明《易》道，揭示哲理的主旨。

合上下篇而論，《繫辭傳》的基本價值大略有兩方面：第一，對《周易》的諸多內容作了較爲全面可取的辨析闡發，有助於後人理解八卦、六十四卦及卦爻辭的大義。其中有對《周易》作者、成書年代的推測，有對《周易》觀物取象創作方法的論述；或辨陰陽之理，或釋八卦之象，或疏解乾坤要旨，或展示《易》筮略例。同時穿插解說某些卦爻辭的深義，遠引上古史蹟，近取日常現象，盡行表述了作者的易學觀點。由此可知，《繫辭傳》實可稱爲一篇早期的、頗有系統的《易》義通論。

第二，在闡釋《易》理的同時，作者廣泛表達了自己的哲學思想。其中較爲突出的如關於宇宙萬物生於陰陽二氣的看法，關於事物的發展“窮則變，變則通，通則久”的觀點，以及貫穿整個《繫辭傳》的關於遵循變化規律、促進事物更新進展的積極進取傾向，均在中國哲學史上產生過重大影響，乃至成爲今天研究古代哲學的重要資料。從這一方面看，《繫辭傳》又可稱爲一篇內涵豐富、體現著古人宇宙觀、認識論的哲學專著。

若綜合上述兩端細爲辨識，還應當看到，儘管作者在解《易》過程中闡發了各方面的哲學見解，但其主旨又无不歸趨於《易》理範疇。換言之，從創作宗旨這一角度認識，《繫辭傳》旨在發《易》義之深微，示讀《易》之範例。朱熹曰：“熟讀六十四卦，則覺得《繫辭》之語甚爲精密，是《易》之括例。”（《折中》引《朱子語類》）此說盡賅《繫辭傳》作爲“經”之“翼”的根本功用。

此外，《繫辭傳》在流傳過程中，似亦存在錯簡或被增刪改易的現象。朱熹注《下繫》第六章曰：“多闕文疑字，不可盡通。後皆放此。”（《本義》）即對文義提出存疑的看法。據近年出土的西漢馬王堆帛書《周易》，其《繫辭傳》分上下篇，但與通行本有異，主要見於：帛書上篇包括通行本《繫辭上傳》第一至七章，九至十二章，及《繫辭下傳》第一至三章，第四章大部分，第七章後面數句（"若夫雜物撰德"以下數句），第九章；下篇包括通行本《繫辭》所无的部分約二千一百字，通行本《說卦》的前三節，通行本《繫辭下傳》第五、六章，第七章前面部分（"若夫雜物撰德"以前部分），第八章（參閱于豪亮《帛書周易》，載《文物》一九八四年第三期）。可見，帛書《繫辭傳》的簡次不同於通行本，字數也頗有多出。兩者之間，何本近古，何本精善，尚待學術界進一步考訂、證實。

周易譯注卷九終

周易譯注卷十

說 卦 傳

昔者聖人之作《易》也，幽贊於神明而生蓍[1]，參天兩地而倚數[2]，觀變於陰陽而立卦[3]，發揮於剛柔而生爻[4]，和順於道德而理於義，窮理盡性以至於命[5]。

【譯文】

從前聖人創作《周易》的時候，精虔深摯地贊祝天地神靈而創生出演卦的蓍草，擬範天地奇耦的象徵而設立占筮之數，觀察萬物陰陽的變化而衍繹卦形，發揮剛柔推移的旨趣而化生出動靜之爻，然後和協順成純美的道德而正確營治天下，於是能夠窮究物理人性以至於通曉玄奧的自然天命。

【注釋】

〔1〕幽贊於神明而生蓍——幽，深也；贊，祝也；神明，猶言主宰大自然的造物之神；蓍，蓍草，這裏指用蓍草揲筮演算的方法。《集解》引干寶曰：“生用蓍之法。”案，舊說蓍草爲神物，生於聖人出而王道大行之世。《釋文》引《洪範五行傳》云：“蓍，百年一本，生百莖。”又《龜筴列傳》曰：“聞蓍生滿百莖者，其下必有神龜守之，其上常有青雲覆之。《傳》曰：天下和平，王道得，而蓍莖長丈，其叢生滿百莖。”此蓋可視爲古代的一種傳說。

〔2〕參天兩地而倚數——參，即三，“參天”指采取天“三”之數，即奇數；兩地，指采取地“二”之數，即耦數；倚，《集解》引虞翻曰：“立也”，倚數猶言創立陰陽數字象徵，即代表“陰陽

老少"的"七八九六"之數。此句說明蓍草生出之後，作《易》者又創立陰陽之數以爲占筮。《韓注》："參，奇也；兩，耦也；七九陽數，六八陰數。"《正義》："生數在生蓍之後，立卦之前，明用蓍得數而布以爲卦，故以七八九六當之。七九爲奇，天數也；六八爲耦，地數也。故取奇於天，取耦於地，而立七八九六之數也。何以'參兩'爲目'奇耦'者？蓋古之'奇耦'亦以'三兩'言之，且以兩是耦數之始，'三'是奇數之初故也。不以'一'目'奇'者，張氏云：'以三中含兩，有一以包兩之義，明天有包地之德，陽有包陰之道。'故天舉其多，地舉其少也。"案，"參兩倚數"之義舊說不一，今取孔氏說以資參攷。他如馬融、王肅之說，則據《繫辭上傳》"天數五，地數五"立論，指出"一三五"爲參天，"二四"爲兩地（見《正義》引）。這是把一至五看作"生數"，而生數止於五，以此爲本，加一爲六，加二爲七，加三爲八，加四爲九，而"六七八九"的蓍數由是而成，謂之"成數"。此成數皆因生數而立，故《說卦》稱"倚數"（見《尚氏學》）。此說於義可通，宜並存備攷。又案，有關蓍數問題，可參閱《繫辭上傳》第九章譯注。　〔3〕觀變於陰陽而立卦——此句說明"蓍"和"數"出現之後，作《易》者觀陰陽之變而演立卦形。《正義》："言作《易》聖人本觀察變化之道，象於天地陰陽而立《乾》、《坤》等卦。"又曰："此言六十四卦，非小成之八卦也。"案，孔氏之意，此句指用蓍數演繹六十四卦，故《正義》又曰："《繫辭》言伏羲作《易》之初"，"直言仰觀俯察，此則論其既重之後，端策布爻，故先言生蓍，後言立卦。非是聖人幽贊元在觀變之前。"據此，則是先有卦象，後有蓍數，再以蓍數演筮卦象。這與《左傳》僖公十五年載韓簡云"物生而後有象，象而後有滋，滋而後有數"之說相合，因此《正義》稱："數從象生，故可用數求象"。上述說法似有可取。　〔4〕發揮於剛柔而生爻——此言卦立之後，作《易》者又推展其剛柔爻的變遷。《正義》："既觀象立卦，又就卦發動揮散於剛柔兩畫而生變動之爻。”　　〔5〕和順於道德而理於義，窮理盡性以至於命——理，用作動詞，猶言“治理”；義，宜也；性，性質；命，天命，即“自然命運”，《正義》：“命者，人所稟受，有其定分，從生至終有長短之極”。這兩句極力推讚《周易》的著數卦爻可以成就和順道德、窮理盡性的重大功用。《正義》：“著數既生，爻卦又立，《易》道周備，无理不盡。聖人用之，上以和協順成聖人之道德，下以治理斷割（引者案，阮刻无割字，據《校勘記》補）人倫之正義。又能窮極萬物深妙之理，究盡生靈所稟之性。物理既窮，生性又盡，至於一期，所賦之命莫不窮其短長，定其吉凶。”

【說明】

以上《說卦傳》第一章。

《說卦傳》的章節，舊說不盡同。今依朱子《周易本義》分爲十一章。

“說卦”二字的名義，《正義》曰：“說卦者，陳說八卦之德業變化，及法象所爲也。”其內容主要是辨析八卦的基本象徵意義和取象的範圍。本章先述創作《周易》的聖人對占筮之道的貢獻，揭示生著、立數、演卦、推爻等諸方面著筮程序，並強調《易》用廣大，可以和順道德、窮理盡性，爲下文具體分析八卦的象徵作了鋪墊。

昔者聖人之作《易》也，將以順性命之理。是以立天之道曰陰與陽，立地之道曰柔與剛，立人之道曰仁與義[1]。兼三才而兩之，故《易》六畫而成卦[2]；分陰分陽，迭用柔剛，故《易》六位而成章[3]。

【譯文】

從前聖人創作《周易》的時候，是用它來順合萬物的性質和自然命運的變化規律。所以確立天的道理有陰和陽兩方面，確立地的道理有柔和剛兩方面，確立人的道理有仁和義兩方面。兼合八卦天地人的象徵而每兩卦相重，所以《周易》的卦體賅備六畫而形成一卦。六畫又分陰位陽位，交替運用柔爻剛爻來布居，所以《周易》的卦體六位畢具而蔚成章理。

【注釋】

〔1〕立人之道曰仁與義——仁，喻指在柔，《正義》："愛惠之仁"，即謂慈厚泛愛之德；義，喻指在剛，《正義》"斷割（引者案，割，阮刻作刮，據《校勘記》改）之義"，即正大堅毅之德。此句並前兩句，說明作《易》者創卦立爻，以體現陰陽變化規律，廣包天地人之道，故八卦由三畫組成，象徵天地人"三才"。八卦三才既備，下文遂稱重成二體六爻之卦，亦具三才的義理。《集解》引崔憬曰："此明一卦立爻有三才二體之義。故先明天道既立陰陽，地道又立剛柔，人道亦立仁義，以明之也。何則？在天雖剛，亦有柔德；在地雖柔，亦有剛德。故《書》曰'沈潛剛克，高明柔克'。人稟天地，豈可不兼仁義乎？所以《易》道兼之矣。"案，崔氏引《尚書·洪範》語，以明地柔寓剛，天剛寓柔，頗合文義。

〔2〕《易》六畫而成卦——說明由六畫構成的六十四卦卦形，來自三畫的八卦兩兩相重，兼合了"三才"的象徵，義同《繫辭下傳》第十章所論（見該章譯注）。《正義》："既備三才之道，而皆兩之。作《易》本順此道理，須六畫成卦。"　〔3〕《易》六位而成章——章，章理，由剛柔交錯而成。此句說明六畫的排列位次分陰陽，所居之爻分剛柔；如是交錯，蔚然成章。"成章"之義，與《繫辭下傳》第十章"物相雜故曰文"正同（見該章譯注）。《正義》："六畫所處，有其六位，分二、四爲陰位，三、五爲陽位；迭用六、八之柔爻，七、九之剛爻而來居之，故作《易》者分佈六位而成爻卦之文章。"案，孔氏以二、四爲陰，三、五爲陽，置初、上爻不論，乃承韓康伯注，韓注實稟王弼"初、上无陰陽定位"之義，可備一說。但前人多合初、上言陰陽，如《折中》引邱富國

云："凡卦初、三、五位爲陽，二、四、上位爲陰，自初至上，陰陽各半，故曰'分'。"尚先生亦曰："一、三、五陽，二、四、六陰。柔爻居陰位，剛爻居陽位，則當位，否則失位。以此爲用。"（《尚氏學》）此說可從。

【說明】

以上《說卦傳》第二章。

本章指出六十四卦由八卦重疊而成，其中寓涵天地人"三才"與陰陽"二體"的象徵意義。章首"順性命之理"，正概括了"三才二體"的精妙功用。《折中》引何楷曰："此章言卦畫'順性命之理'，即上章所謂'和順於道德而理於義，窮理盡性以至於命'。"可見，文中內容具有承接前章的作用。

同時，此章既明六十四卦因八卦而重成，則八卦符號爲《周易》的基本卦形，亦即《周易》象徵體系的取象要素，於是下章便轉入對八卦之象與義的全面論述。因此，本章內容又是開啓後文的樞紐。

天地定位，山澤通氣，雷風相薄[1]，水火不相射[2]：八卦相錯[3]。數往者順，知來者逆，是故《易》逆數也[4]。

【譯文】

天地設定上下陰陽的交感位置，山澤此高彼低溝通氣息，雷風乘勢興動密切應合，水火相異不相厭而更互匡助：八卦就是這樣對立和諧地錯落匹配。依卦測事對既往的事理可以順勢推算，對將來的事理卻要逆意測知，所以《周易》的占筮功用側重於逆推來事。

【注釋】

〔1〕薄——猶言接觸、介入。《釋文》："馬、鄭、顧云'入也'"。指雷、風興動雖各異方，卻能互爲介入、交相接會應和。《集解》："謂震巽同聲相應，故相薄。" 〔2〕水火不相射——射，音亦 yì，《釋文》："虞、陸、董、姚、王肅音'亦'，云'厭

也'”，猶言厭棄。此句指水火雖異性卻不相厭棄而相資助，即
“相通”之義。《集解》：“射，厭也；水火相通”，“故不相射”。
案，“水火不相射”五字，帛書《周易》作“水火相射”（于豪亮
《帛書周易》引，見《文物》一九八四年第三期），據此，“不”或
爲衍字，“厭”則當作“滿足”解。未獲旁證，兹錄存備攷。
〔3〕八卦相錯——相錯，指既矛盾又和諧地錯落相配。此句總說前
四句之義。上文“天地”、“山澤”、“雷風”、“水火”，即八卦之
象，皆爲一陰一陽的兩相對立之卦；而“定位”、“通氣”、“相
薄”、“不相射”，又均見統一和諧的情狀，故稱“相錯”。八卦在
對立統一中“相錯”，正是體現自然界萬物的矛盾運動規律。《正
義》：“《易》以乾坤象天地，艮兑象山澤，震巽象雷風，坎離象水
火。若使天地不交，水火異處，則庶類无生成之用，品物无變化之
理。”又曰：“今八卦相錯，則天地人事莫不備矣。故云天地定位而
合德，山澤異體而通氣，雷風各動而相薄，水火不相入而相資。”
案，孔氏釋“不相射”爲“不相入而相資”，於義亦通。又案，宋
人據以上一節畫成《先天八卦圖》以示“伏羲八卦方位”。《本義》
卷首云：“邵子曰：此伏羲八卦之位。乾南坤北，離東坎西，兑居
東南，震居東北，巽居西南，艮居西北。於是八卦相交而成六十四
卦，所謂‘先天之學’也。”尚先生引《太玄·玄告》：“天地相
對，日月相劇，山川相流，輕重相浮”及“南北定位，東西通氣，
萬物錯離于其中”諸語，指出此即“乾南坤北，離東坎西”之義；
又引《周易乾鑿度》：“其位也，天在上，地在下，君南臣北，父
坐子伏”等語，指出此亦與“乾南坤北”義合。並云：“陽錯陰，
陰錯陽，无一卦不相對，无一爻不相交也，此純指先天八卦之方位
形式，故特申之曰‘八卦相錯’。”（《尚氏學》）上說頗可發明此節
之義，宜資參攷。　　〔4〕數往者順，知來者逆，是故《易》逆數
也——數，作動詞，猶言“推算”。這三句說明依據陰陽八卦變化
之道，可順推往事，逆知來事；而《易》之功主於“知來”，故謂

"《易》逆數也"。《韓注》:"八卦相錯,變化理備,於往則順而知之,於來則逆而數之。"又曰:"作《易》以逆覩來事,以前民用。"案,順逆之義,諸家說各異,兹舉四說備覽。一、《集解》引虞翻曰:"謂坤消從午至亥,上下故順也","謂乾息從子至巳,下上故逆也","易謂乾,故逆數"。此本十二辟卦爲說,李道平《纂疏》引鄭玄注《乾鑿度》以疏之。二、邵雍以爲,八卦從三陰三陽卦追數至一陰一陽卦爲"順"(即本章"天地"至"水火"之序),從一陰一陽卦漸推至三陰三陽卦爲"逆"(即下章"雷"至"坤"之序,說見《皇極經世書》)。三、朱熹以爲,《先天圖》中左方四卦(起震歷離兌至乾)數已生者爲"順",右方四卦(自巽歷坎艮至坤)推未生者爲"逆"(《本義》)。四、尚先生以爲,"數往者順"謂四陽卦,"知來者逆"謂四陰卦,陽性強健順行,陰性斂嗇逆行,"逆"猶"迎",陰陽相遇相交、《易》道乃成,故曰"《易》逆數也"(《尚氏學》)。四說各有理致,均可參攷。

【說明】

以上《說卦傳》第三章。

本章以八卦所象徵的八種基本物象:天地、山澤、雷風、水火這四對組合之間矛盾而又和諧的運動狀態,揭示了事物對立統一的變化發展規律。其義與《繫辭上傳》所謂"一陰一陽之謂道"密相切合。項安世曰:"八卦雖八,實則'陰陽'二字而已。"(《周易玩辭》)

雷以動之,風以散之。雨以潤之,日以烜之[1]。艮以止之,兌以說之。乾以君之,坤以藏之[2]。

【譯文】

震雷用來振奮鼓動萬物,巽風用來散佈流通萬物。坎雨用來滋潤養育萬物,離日用來曬曝溫暖萬物。艮山用來抑止制約萬物,兌澤用來怡悅陶冶萬物。乾天用來君臨統治萬物,坤地用來儲藏包容萬物。

【注釋】

〔1〕雨以潤之，日以烜之——雨，即水，坎象；日，即火，離象；烜，音選 xuǎn，曬乾，又作“晅”，《釋文》出“暅”字，並引京房曰：“乾也”，《本義》云：“‘烜’與‘晅’同”。這兩句說明坎、離兩卦的不同功用。　〔2〕乾以君之，坤以藏之——這兩句合前兩句舉卦名艮、兌、乾、坤分述四卦功用，與上文四句舉卦象雷、風、雨、日爲說略異。《正義》曰：“此一節總明八卦養物之功。”又曰：“上四舉象，下四舉卦者，王肅云‘互相備也’。明雷風與震巽同用，乾坤與天地同功也。”《朱子語類》曰：“‘雷以動之’以下四句取象義多，故以象言；‘艮以止之’以下四句取卦義多，故以卦言。”朱說亦通。案，上言八卦功用，皆陰陽兩卦對舉，與第三章同；唯所敍八卦順序，適與前章相反。此中的原因，前人有從不同角度分析者，茲舉《折中》所引四說如次：一、朱震曰：“前說乾坤以至六子，此說六子而歸乾坤。終始循環，不見首尾，《易》之道也。”二、項安世曰：“自‘天地定位’至‘八卦相錯’，言先天之順象也；自‘雷以動之’至‘坤以藏之’，言先天之逆象也。”此承邵雍“先天八卦方位”的順逆之序爲說（參見前章譯注）。三、金賁亨曰：“上章以天地居首，序尊卑也；此章以乾坤居後，總成功也。上以體言，此以功用言也。”四、吳曰慎曰：“前章始乾坤終坎離，此章始震巽終乾坤。首乾者其重在乾，首震者其重在震，二章雖皆明‘先天’卦序，而‘後天’始震之義亦具其中矣。”這四說各自成理，並可參攷。

【說明】

以上《說卦傳》第四章。

本章承前章文義，又將八卦兩兩對舉，揭明其不同功用。

帝出乎震[1]，齊乎巽[2]，相見乎離[3]，致役乎坤[4]，說言

乎兌[5]，戰乎乾[6]，勞乎坎[7]，成言乎艮[8]。萬物出乎
震，震東方也[9]。齊乎巽，巽東南也；齊也者，言萬物之
絜齊也[10]。離也者明也，萬物皆相見，南方之卦也；聖人
南面而聽天下，嚮明而治，蓋取諸此也[11]。坤也者地也，
萬物皆致養焉[12]，故曰致役乎坤。兌正秋也，萬物之所說
也[13]，故曰說言乎兌。戰乎乾，乾西北之卦也，言陰陽相
薄也[14]。坎者水也，正北方之卦也，勞卦也，萬物之所歸
也[15]，故曰勞乎坎。艮東北之卦也，萬物之所成終而所成
始也[16]，故曰成言乎艮。

【譯文】

主宰大自然生機的元氣使萬物出生於（象徵東方和春分的）
震，生長整齊於（象徵東南和立夏的）巽，紛相顯現於（象徵南
方和夏至的）離，致力用事於（象徵西南和立秋的）坤，成熟充
悅於（象徵西方和秋分的）兌，交配結合於（象徵西北和立冬的）
乾，勤劬勞倦於（象徵北方和冬至的）坎，最後功成又重新萌生於
（象徵東北和立春的）艮。萬物出生於震，因爲震卦位居萬物出以
萌生的東方。生長整齊於巽，因爲巽卦位居萬物暢順生長的東南
方；生長整齊，表明萬物的生長狀態整潔一致。離卦喻示光明，萬
物都輝煌燦美而紛相顯現，這是位居南方的卦；聖人坐北朝南以聽
政天下，面向光明而治理政務，大概是吸取了這一卦的象徵吧。坤
卦喻示地，萬物都努力獲養於大地，所以說致力用事於坤。兌卦喻
示正秋時節，萬物成熟懌悅於此時，所以說成熟充悅於兌。交配結
合於乾，乾是位居西北陰方的卦，表明陰陽在此交相接會應和。坎
卦喻示水，是位居正北方的卦，又是表示勤劬勞倦的卦，萬物勞倦
必當歸藏休息，所以說勤劬勞倦於坎。艮是位居東北方終而復始之
卦，萬物於此成就其終而更發其始，所以說萬物最後功成又重新萌
生於艮。

【注釋】

〔1〕帝出乎震——帝，古人心目中的大自然主宰，此處當指主宰大自然生機的元氣。震卦於方位象徵東方，日月由此升起；於時令象徵春分，萬物自此發生，故謂"帝"使萬物出生於"震"。猶言宇宙的生機初萌於此。《正義》引王弼注《益》卦語："帝者，生物之主，興益之宗，出震而齊巽者也"，以釋"帝"字之義。《集解》引崔憬曰："帝者，天之王（引者案，王即旺，下同）氣也。至春分則震王，而萬物出生。"案，《說文》："帝，諦也"，含審諦事機之義；又引古文作"帝"。今攷甲骨文"帝"作"帝"（見郭沫若編《殷契粹編》）、"帝"（見羅振玉編《殷墟書契前編》），其造形正象植物萌發生機、含苞欲放，與許慎所引"古文"略似。據此，"帝"的造字本象當取草木逢春，萌蒂振萼之狀，其義當指事物生機初萌，王國維謂即"蒂"之本字，"象花萼全形"（見《觀堂集林》），說甚可取。依此釋"帝"出乎"震"，則崔憬注義有其合理之處。 〔2〕齊乎巽——齊，整齊，指事物齊生並長的狀態。巽卦於方位、時令象徵東南、立夏，立夏爲萬物順暢生長之季，故謂"齊乎巽"。《集解》引崔憬義："立夏則巽王，而萬物絜齊。" 〔3〕相見乎離——見，顯現、呈現，指事物生長旺盛而紛紛呈現其體。離卦於方位、時令象徵南方、夏至，又象徵"光明"；萬物於夏至之時壯大成體，又逢陽光盛明，各顯其形，故謂"相見乎離"。《集解》引崔憬義："夏至則離王，而萬物皆相見也。" 〔4〕致役乎坤——役，事也，"致役"猶言"致力用事"，指萬物繼續努力成長。坤卦於方位、時令象徵西南、立秋；萬物於立秋接近成熟，正勤奮發展，故謂"致役乎坤"。《集解》引崔憬義："立秋則坤王，而萬物致養也。" 〔5〕說言乎兌——說，即"悅"；言，語助詞（下文"成言"之"言"同）。兌卦於方位、時令象徵西方、秋分，"兌"義又爲"悅"；萬物於秋分成熟，並皆欣悅，故謂"說言乎兌"。《集解》引崔憬義："秋分則兌

王，而萬物所說。" 〔6〕戰乎乾——戰，接也，指陰陽交配結合（見《坤》上六譯注），即下文"陰陽相薄"之義。乾卦於方位、時令象徵西北、立冬；立冬爲暑盡寒來、陰陽交接之時，西北爲陰方，與乾之陽剛相配，而萬物於成熟之後正宜交配結合，故謂"戰乎乾"。《集解》引崔憬義："立冬則乾王，而陰陽相薄。"〔7〕勞乎坎——勞，勞倦。坎卦於方位、時令象徵北方、冬至；萬物於冬至之時，已歷四季，勤劬勞倦，必當歸藏休息，以待來春復萌生機，故謂"勞乎坎"。《集解》引崔憬義："冬立則坎王，而萬物之所歸也。" 〔8〕成言乎艮——成，成功，含有前功已成、後功復萌之義。艮卦於方位、時令象徵東北、立春；立春爲舊歲終、新歲始之際，萬物於此時完成一年的生長使命而又重新萌生，故謂"成言乎艮"。至此，已見主宰大自然生機的元氣周循不已，化生萬物。《集解》引崔憬義；"立春則艮王，而萬物之所成終成始也。以其周王天下，故謂之'帝'。"案，以上八句，馬國翰曰："干寶《周禮注》引云：'此《連山》之《易》也'，羅泌《路史發揮》亦云。"（《玉函山房輯佚書·連山》）遂以此節文字爲《連山》之文。據《周禮·春官·太卜》："掌三《易》之法，一曰《連山》，二曰《歸藏》，三曰《周易》；其經卦皆八，其別皆六十有四。"則《連山》爲與《周易》相類的早期筮書。尚先生以爲，此處既引《連山》文，以言《周易》所用之"後天卦位"（詳下文注〔16〕條），恐人不知，故下節逐字逐句詳釋其義，並指明其方位，以見與上文所言方位絕不同（見《尚氏學》）。 〔9〕震東方也——此釋上文"帝出乎震"。《正義》："以震是東方之卦，斗柄指東爲春，春時萬物出生也。" 〔10〕巽東南也；齊也者，言萬物之絜齊也——絜，即"潔"，"絜齊"猶言"整潔一致"，形容萬物萌生之後順暢生長的清新整齊狀態。此三句釋上文"齊乎巽"。《正義》："以巽是東南之卦，斗柄指東南之時，萬物皆絜齊也。"〔11〕離也者明也，萬物皆相見，南方之卦也；聖人南面而聽天下，

嚮明而治，蓋取諸此也——聽，猶言「聽政」；嚮，面向。這幾句
引「南面而治」之典，證離卦的方位象徵，並釋上文「相見乎離」
之義。《正義》："以離爲象日之卦，故爲明也，日出而萬物皆相見
也；又位在南方，故聖人法南面而聽天下，嚮明而治也。"
〔12〕坤也者地也，萬物皆致養焉——致養，猶言致力養育。此釋
上文「致役乎坤」。《正義》："以坤是象地之卦，地能生養萬物，
是有其勞役，故云'致役乎坤'。鄭云'坤不言方者，所言地之養
物不專一也。'" 〔13〕兌正秋也，萬物之所說也——正秋，即
秋分；說，即「悅」。此釋上文「說言乎兌」。《正義》："以兌是象
澤之卦，'說萬物者莫說乎澤'；又位是西方之卦，斗柄指西是正秋
八月也，正（引者案，正，阮刻作立，據《校勘記》改）秋而萬
物皆說成也。" 〔14〕乾西北之卦也，言陰陽相薄也——相薄，
猶言交相結合應和（見本篇第三章譯注）。此釋上文「戰乎乾」。
《正義》："以乾是西北方之卦，西北是陰地，乾是純陽而居之，是
陰陽相薄之象也。" 〔15〕坎者水也，正北方之卦也，勞卦也，
萬物之所歸也——歸，猶言「藏」，指萬物勞倦而閉藏休息。此釋
上文「勞乎坎」。《正義》："以坎是象水之卦，水行不舍晝夜，所
以爲勞卦；又是正北方之卦，斗柄指北，於時爲冬，冬時萬物閉
藏，納受爲勞，是坎爲勞卦也。"《集解》引崔憬曰："以坎是正北
方之卦，立冬以後，萬物歸藏于坎；又陽氣伏于子，潛藏地中未能
浸長，勞局眾陰之中也。" 〔16〕艮東北之卦也，萬物之所成終
而所成始也——此釋上文「成言乎艮」。《正義》："以艮是東北方
之卦也，東北在寅丑之間，丑爲前歲之末，寅爲後歲之初，則是萬
物之所成終而所成始也。"案，孔氏釋"成終成始"，用"二十四
方位"說（詳李道平《纂疏》所載《諸家說易凡例》），謂艮居東
北"寅丑"之間，於時令即配立春，其義可通。又案，尚先生云
終、始之義當合先、後天方位爲說，謂艮"先天位"居亥爲終，
"後天位"居寅爲歲始（《尚氏學》）。於文旨亦切，當資參攷。又

案，上引孔疏舉八卦的方位時令象徵爲釋，與前文引崔氏注可相印證。又案，《漢上易傳》引鄭玄注，有從不同角度解說上文者，茲錄備參攷：“萬物出於震，雷發聲以生之也。齊於巽，相見於離，風搖動以齊之也，絜猶新也；萬物皆相見，日照之使光大。萬物皆致養焉，地氣含養，使有秀實也。萬物之所說，草木皆老，猶以澤氣說成之。戰，言陰陽相薄，西北陰也，而乾以純陽臨之，猶君臣對合也。坎勞卦也，水性勞而不倦；萬物之所歸也，萬物自春出生于地，冬氣閉藏還皆入地。萬物之所成終所成始，言萬物之陰氣終、陽氣始，皆艮之用事也。”又案，宋人據此章所述方位，畫成《後天八卦圖》，以示“文王八卦方位”（見本書卷首《讀易要例》）。《本義》卷首云：“邵子曰：此卦位乃文王所定，所謂‘後天之學’也。”此圖頗可發明上文之義，宜資參考。

【說明】

以上《說卦傳》第五章。

本章陳述了與第三章不同的另一種“八卦方位”，並就這種方位的排列形式作出扼要的解說。

前人對此章的理解，頗多歧義。朱熹指出文中“所推卦位之說，多有未詳者”（《本義》）。至於宋人所畫“先天八卦”、“後天八卦”的圖式，其是非也未有定評。然而“乾南坤北”與“離南坎北”這兩種方位象徵的由來已久，乃至對古代自然科學、社會科學均產生過顯著的影響。因此，三、五兩章所載八卦方位學說的歷史淵源及產生原理，尚有進一步探討的價值。

神也者，妙萬物而爲言者也[1]。動萬物者莫疾乎雷，橈[2]萬物者莫疾乎風，燥萬物者莫熯[3]乎火，說[4]萬物者莫說乎澤，潤萬物者莫潤乎水，終萬物始萬物者莫盛乎艮[5]。故水火相逮[6]，雷風不相悖，山澤通氣，然後能變化既成萬物也[7]。

【譯文】

　　大自然的神奇造化，說的是它能夠奇妙地化育萬物。鼓動萬物者沒有比雷更迅猛的，吹拂萬物者沒有比風更疾速的，曬曝萬物者沒有比火更炎熱的，欣悅萬物者沒有比澤更和悅的，滋潤萬物者沒有比水更濕潤的，最終成就萬物又重新萌生萬物者沒有比艮卦的象徵更美盛的。所以水火異性而相互濟及，雷風異動而不相違逆，山澤異處而流通氣息，然後自然界就能在變動運化中繁衍生成萬物。

【注釋】

　　〔1〕神也者，妙萬物而爲言者也——神，此處指大自然運化規律的神奇功能；妙萬物，猶言“妙育萬物”。這兩句承前章所言八卦的方位及其運動變化，推宗於大自然化育之神奇。《韓注》：“於此言‘神’者，明八卦運動、變化、推移莫有使之然者。神則无物，妙萬物而爲言也，則雷疾風行、火炎水潤，莫不自然相與爲變化，故萬物既成也。”案，《漢上易傳》引鄭玄注，謂“神”指“乾坤”，認爲兩者“共成萬物，物不可得而分，故合謂之神”。於義亦通。又，《折中》引梁寅曰：神即前章所云“帝”，認爲：“帝者，神之體；神者，帝之用。故主宰萬物者，帝也；所以妙萬物者，帝之神也。”說亦可取。　　〔2〕橈——通“撓”，《釋文》出“撓”字，曲折之義。此處指風吹拂萬物，或使舒發，或使摧折。《集解》引崔憬義：“言風能鼓橈萬物，春則發散草木枝葉，秋則摧殘草木枝條。”　　〔3〕熯——音漢 hàn，同暵，謂燥熱、炎熱。《說文》引作“暵”，云“燥也”。《釋文》曰：“徐本作‘暵’，音漢，云‘熱暵也’。”　　〔4〕說——即“悅”（後一字“說”同）。　　〔5〕終萬物始萬物者莫盛乎艮——此句即前章“艮，東北之卦也，萬物之所成終所成始也”之義（見前章譯注）。《集解》述崔憬義曰：“言大寒立春之際，艮之方位，萬物以之始而爲今歲首，以之終而爲去歲末。”（此與前章注引孔疏所用“二十四方位”

之說同。）案，前數句均言卦象“雷”、“風”、“火”、“澤”、“水”，此句獨舉卦名“艮”者，《正義》曰：“動、橈、燥、潤之功，是雷風水火；至於‘終始萬物’，於‘山’義爲微，故言‘艮’而不言‘山’也。” 〔6〕水火相逮——逮，及也。此句指水火雖異性，但其氣質卻能相資及而爲用。《正義》：“明性雖不相入，而氣相逮及也。” 〔7〕然後能變化既成萬物也——此句總結上文，說明有了雷風水火等物質的不息運動，加上其間既對立又統一的交變化合，便生成自然界萬物。義與章首“妙萬物而爲言”相應。《漢上易傳》：“動、橈、燥、說、潤、終始萬物者，孰若六子？然不能以獨化，故必相逮也，不相悖也，通氣也，然後能變化既成萬物。合則化，化則神。”案，上文只舉八卦中的六個“子卦”爲說，而不言乾坤兩卦者，《正義》云“‘神’既範圍天地”，故“不復別言乾坤，直舉六子以明神之功用”；《集解》述崔憬義曰：“以乾坤而發天地無爲而無不爲，能成雷風等有爲之神妙也”。兩說義相近，並可參攷。又案，上文兩敘“六子”的變動、化合，項安世認爲文義是先指明“後天分治之序”，再揭示“先天相合之位”（《周易玩辭》）。《折中》曰：“此章合義、文卦位而總贊之。蓋變易之序，‘後天’爲著；而交易之理，‘先天’爲明。變易者，化也，動萬物、橈萬物、燥萬物、說萬物、潤萬物、終始萬物者也；交易者，神也，所以變變化化，道並行而不相悖，使物並育而不相害者也。”此說頗可取。

【說明】

以上《說卦傳》第六章。

本章綜論三、四、五章所言“先天”、“後天”八卦方位的功用。

文中強調八卦變化規律的兩方面特徵：一是變動不息，主於事物對立的運動；二是交合不悖，主於事物統一的趨向。全章大旨，正是從八卦象徵的角度，揭出了《周易》辯證思想的卦象基礎。

乾，健也；坤，順也；震，動也；巽，入也；坎，陷也；
離，麗也；艮，止也；兌，說也[1]。

【譯文】

　　乾，表示強健；坤，表示溫順；震，表示奮動；巽，表示遜
入；坎，表示險陷；離，表示附麗；艮，表示靜止；兌，表示
欣悅。

【注釋】

　　[1]兌，說也——以上八句，分敍八卦的象徵意義。《正義》
曰：“乾象天，天體運轉不息，故爲健也”；“坤象地，地順承於
天，故爲順也”；“震象雷，雷奮動萬物，故爲動也”；“巽象風，
風行无所不入，故爲入也”；“坎象水，水處險陷，故爲陷也”；
“離象火，火必著於物，故爲麗也”；“艮象山，山體靜止，故爲止
也”；“兌象澤，澤潤萬物，故爲說也”。案，諸卦取義依據，前人
尚有從不同角度解說者，如虞翻釋“乾健”曰：“精剛自勝，動行
不休”；釋“坤順”曰：“純柔承天時行”；釋“震動”曰“陽出
動行”（均見《集解》引）。李光地亦釋“震動”曰：“陽在下而
陰壓，則必動而出”（《周易觀象》）；邵雍釋“巽入”曰：“一陰
入二陽之下”（《折中》引）；張載釋“坎陷”、“離麗”曰：“陽陷
于陰爲水，附於陰爲火”，又曰“一陷溺而不得出爲坎，一附麗而
不能去爲離”（《折中》引）；虞翻又釋“艮止”曰：“陽在上故
止”（《集解》引）；邵雍釋“兌說”曰：“一陰出於外而說於物”
（《折中》引）。諸說均據陰陽爻立義，亦可通，並宜參攷（餘詳第
十一章譯注）。

【說明】

　　以上《說卦傳》第七章。

　　本章指出八卦立名之義，《正義》謂“說八卦名訓”，《本義》
云“言八卦之性情”。若從“象徵”的角度理解，正是揭明八卦內
含的象徵意義。這些意義，在六十四卦中得以普遍反映，是理解

《周易》象徵哲學的重要前提。

乾爲馬，坤爲牛，震爲龍，巽爲雞，坎爲豕，離爲雉，艮爲狗，兑爲羊[1]。

【譯文】

乾爲馬象，坤爲牛象，震爲龍象，巽爲雞象，坎爲猪象，離爲雉鳥象，艮爲狗象，兑爲羊象。

【注釋】

〔1〕兑爲羊——以上八句，舉八種動物，說明八卦擬喻物象的例子。《正義》曰："乾象天，天行健，故爲馬也"；"坤象地，地任重而順，故爲牛也"；"震動象，龍動物，故爲龍也"；"巽主號令，雞能知時，故爲雞也"（案，雞應時而鳴，鳴聲如風入人耳，似合"入"義，《集解》引《九家易》"雞時至而鳴，與風相應"可參攷）；"坎主水瀆，豕處污濕，故如豕也"（案，豕喜污濕，常陷處泥坑中，似合"陷"義，《集解》引《九家易》"污辱卑下"可參攷）；"離爲文明，雉有文章，故爲雉也"（案，雉雖爲飛鳥，但善走不能久飛，喜棲於丘陵或平原的草叢中，似又合"附麗"意）；"艮爲靜止，狗能善守禁止外人，故爲狗也"；"兑，說也，王廙云'羊者順之畜'，故爲羊也"（孔意取順而悅人，即項安世《周易玩辭》謂"內很而外說者爲羊"是也）。

【說明】

以上《說卦傳》第八章。

本章引用八種動物形象，陳說八卦取象之例，《正義》云："略明'遠取諸物'也。"

《周易》哲學的鮮明特點是"假象喻意"，全書所擬取的物象集中體現於八卦的象徵。《繫辭傳》反復申言"《易》者，象也"，《說卦傳》通篇立足於闡說八卦取象，正是極力解明這種"象喻"體系。

　　《周易》的象，用今天的概念來表述，就是象徵。而象徵概念的內涵，可析爲兩端：一是形象，一是意義。象徵形象是可變的，象徵意義是不變的（如獅子、老虎並可象徵勇敢，獅虎可變，勇敢之義不變）。八卦的象徵，大體上不離這一原則。前章所敍健、順等八義，即是八卦基本不變的象徵意義。惟個別特殊的卦偶亦兼具它義，如離卦兼“文明”義，巽卦兼“遜順”義等即是，別當具體分析，不可執一。由於卦義不變，象可博取，因此八卦既以天、地等八種物質爲基本象徵形象，又可廣取其他事物爲象：本章馬、牛等動物即是一例，以下三章所廣泛列舉的諸物又是各種象例。王弼曰：“觸類可爲其象，合意可爲其徵。義苟在健，何必‘馬’乎？類苟在順，何必‘牛’乎？”（《周易略例·明象》）所論至爲精切。

　　八卦取象紛繁複雜的原因，約可從兩方面推測：一、作《易》者爲闡述哲理的需要，廣引物象、多方譬喻，故《繫辭傳》有仰觀俯察、遠取近取之說。二、用《易》者爲占筮推理的需要，擴展卦象、旁衍其說，故《說卦傳》所列諸象或有未見於六十四卦經文者。當然，由於時代久遠，以及前人不同角度的闡說，導致《易》象失傳、失解者頗有其例。這些都有待於研《易》者認真辨析和深入探討。

乾爲首，坤爲腹，震爲足，巽爲股，坎爲耳，離爲目，艮爲手，兌爲口[1]。

【譯文】

　　乾爲頭象，坤爲腹象，震爲足象，巽爲大腿象，坎爲耳象，離爲目象，艮爲手象，兌爲口象。

【注釋】

　　[1] 兌爲口——以上八句，舉人體八種器官，說明八卦取象之例。《正義》曰：“乾尊而在上，故爲首也”（案，首尊高強健，居

上不屈，合“健”義）；“坤能包藏含容，故爲腹也”（案，腹量寬厚，順容食物，合“順”義）；“足能動用，故爲足也”；“股隨於足，則巽順之謂，故爲股也”（案，“股”，孔氏以“順”爲釋，《折中》引余芑舒說，謂“股下岐而伏”，可備參攷）；“坎北方之卦，主聽，故爲耳也”（案，耳狀內陷，似合“陷”義，《尚氏學》謂“坎窞也，故爲耳，取其形”是也）；“離爲目，南方之卦，主視，故爲目也”（案，目之視須附著於光明，无光則難爲視，似合“麗”義）；“艮既爲止，手亦能止持其物，故爲手也”；“兑西方之卦，主言語，故爲口也”（案，口能以言辭悅人，故合“說”義，《古周易訂詁》：“能悅物者口也”，可從）。

【說明】

以上《說卦傳》第九章。

本章援舉人體八種器官的形態，再明八卦取象之例。《正義》曰：“略明‘近取諸身’也。”

乾，天也，故稱乎父；坤，地也，故稱乎母。震一索而得男[1]，故謂之長男；巽一索而得女，故謂之長女。坎再索而得男，故謂之中男；離再索而得女，故謂之中女。艮三索而得男，故謂之少男；兑三索而得女，故謂之少女。

【譯文】

乾，是天的象徵，所以稱作父；坤，是地的象徵，所以稱作母。震是初次求合所得的男性，所以叫作長男；巽是初次求合所得的女性，所以叫作長女。坎是再次求合所得的男性，所以叫作中男；離是再次求合所得的女性，所以叫作中女。艮是三次求合所得的男性，所以叫作少男；兑是三次求合所得的女性，所以叫作少女。

【注釋】

〔1〕震一索而得男——索，《釋文》引王肅曰：“求也”，文中

猶言"求合",指陰陽相求。案,前四句既明乾坤爲父母,此下諸句則指出其餘六卦並屬父母相互求合所生養的男女六子。其例以乾陽求合坤陰得男性,故一索、再索、三索得震長男、坎中男、艮少男;以坤陰求合乾陽得女性,故一索、再索、三索得巽長女、離中女、兌少女。陰陽六子卦的長幼,又見於主爻所居位序之先後,故震陽居初位 (☳) 謂"長男",坎陽居二位 (☵) 謂"中男",艮陽居三位 (☶) 謂"少男";巽陰居初位 (☴) 謂"長女",離陰居二位 (☲) 謂"中女",兌陰居三位 (☱) 謂"少女"。朱熹曰:"男女指卦中一陰一陽之爻而言。"(《本義》)又曰:"乾求於坤,而得震、坎、艮;坤求於乾,而得巽、離、兌。一、二、三者,以其畫之次序言也。"(《朱子語類》)尚先生亦云:"陽求陰得三男,陰求陽得三女,而以初中上三爻爲次序。"(《尚氏學》)又案,孔穎達謂:"得父氣者爲男,得母氣者爲女",認爲坤初求得乾氣爲震、再求得乾氣爲坎、三求得乾氣爲艮,乾初求得坤氣爲巽、再求得坤氣爲離、三求得坤氣爲兌(《正義》)。其義亦通。

【說明】

以上《說卦傳》第十章。

本章以人類的家庭成員爲喻,指出乾坤八卦含有父母及其所生三男三女之象。其義合於陰陽卦的爻序規律。尚先生云"經之所用,不與盡同"(《尚氏學》),則本章所敍宜屬《易》筮演進過程中所擴展的象例。

乾爲天[1],爲圜[2],爲君,爲父,爲玉,爲金,爲寒,爲冰,爲大赤[3],爲良馬,爲老馬,爲瘠馬,爲駁馬[4],爲木果[5]。

坤爲地[6],爲母[7],爲布[8],爲釜,爲吝嗇,爲均,爲子母牛,爲大輿[9],爲文,爲衆,爲柄,其於地也爲黑[10]。

震爲雷[11]，爲龍[12]，爲玄黃[13]，爲旉，爲大塗，爲長子，爲決躁[14]，爲蒼筤竹，爲萑葦[15]，其於馬也爲善鳴，爲馵足，爲作足，爲的顙[16]，其於稼也爲反生[17]，其究爲健，爲蕃鮮[18]。

巽爲木，爲風[19]，爲長女，爲繩直，爲工，爲白，爲長，爲高[20]，爲進退，爲不果，爲臭[21]，其於人也爲寡髮，爲廣顙，爲多白眼，爲近利市三倍[22]，其究爲躁卦[23]。

坎爲水[24]，爲溝瀆，爲隱伏[25]，爲矯輮，爲弓輪[26]，其於人也爲加憂，爲心病，爲耳痛，爲血卦，爲赤[27]，其於馬也爲美脊，爲亟心，爲下首，爲薄蹄，爲曳[28]，其於輿也爲多眚[29]，爲通，爲月，爲盜[30]，其於木也爲堅多心[31]。

離爲火[32]，爲日，爲電[33]，爲中女[34]，爲甲胄，爲戈兵[35]，其於人也爲大腹，爲乾卦[36]，爲鱉，爲蟹，爲蠃，爲蚌，爲龜[37]，其於木也爲科上槁[38]。

艮爲山[39]，爲徑路，爲小石，爲門闕[40]，爲果蓏[41]，爲閽寺[42]，爲指，爲狗，爲鼠[43]，爲黔喙之屬[44]，其於木也爲堅多節[45]。

兌爲澤[46]，爲少女，爲巫，爲口舌[47]，爲毀折，爲附決[48]，其於地也爲剛鹵[49]，爲妾，爲羊[50]。

【譯文】

乾爲天象，爲圓圜象，爲君主象，爲父象，爲玉象，爲金象，爲寒象，爲冰象，爲大紅顏色象，爲良馬象，爲老馬象，爲瘦馬象，爲駁馬象，爲樹木果實象。

　　坤爲地象，爲母象，爲錢幣流布之象，爲鍋釜象，爲吝嗇象，爲平均象，爲子牛母牛象，爲大車象，爲文彩章理象，爲衆多象，爲柯柄象，對於地來說爲黑色土壤之象。

　　震爲雷象，爲龍象，爲青黃顏色交雜之象，爲花朵象，爲寬闊大路象，爲長子象，爲剛決躁動象，爲青嫩幼竹象，爲萑葦象，對於馬來說爲擅長鳴嘯的馬象，爲後左足長白毛的馬象，爲前兩足善於騰舉的馬象，爲額首斑白的馬象，對於禾稼來說爲頂著種子的甲殼萌生之象，此卦發展至極則化爲剛健之象，爲草木繁育鮮明之象。

　　巽爲樹木象，爲風象，爲長女象，爲筆直的準繩象，爲工巧象，爲白色象，爲長象，爲高象，爲抉擇進退之象，爲遲疑不定之象，爲氣味象，對於人來說爲頭髮稀少象，爲額首寬廣象，爲多以白眼視人之象，爲親近於利而購物必獲三倍利益者之象，此卦發展至極則化爲急躁卦之象。

　　坎爲水象，爲溝窪瀆泊象，爲隱伏象，爲矯輮屈曲象，爲彎弓轉輪象，爲深加憂慮象，爲心神患病象，爲耳中疾痛象，爲鮮血卦之象，爲赤色象，對於馬來說爲脊背美麗的馬象，爲內心焦急的馬象，爲頭部下垂的馬象，爲腳蹄頻頻踢地的馬象，爲拖曳足蹄行走艱難的馬象，對於車輛來說爲多災多難的車象，爲通行象，爲月亮象，爲盜寇象，對於樹木來說爲堅硬而多生小刺之象。

　　離爲火象，爲太陽象，爲閃電象，爲中女象，爲護身甲冑象，爲戈矛兵器象，對於人來說爲婦女大腹懷孕象，爲乾燥卦之象，爲鱉象，爲蟹象，爲螺象，爲蚌象，爲龜象，對於樹木來說爲柯幹中空上部枯槁之象。

　　艮爲山象，爲斜徑小路象，爲小石象，爲崇門高闕象，爲果蓏象，爲閽人寺人象，爲手指象，爲狗象，爲鼠象，爲黑嘴剛猛的禽類象，對於樹木來說爲堅硬而多生節紐之象。

　　兌爲澤象，爲少女象，爲巫師象，爲口舌象，爲毀滅摧折象，爲附從決斷象，對於地來說爲土壤剛硬不生植物之象，爲妾象，爲羊象。

【注釋】

〔1〕乾爲天——《集解》引宋衷曰："乾動不解（引者案，即懈），天亦運轉。"案，乾卦形作"☰"，三陽並升，猶天體積諸陽氣而成，故象"天"。又陽性剛健，天亦健行不懈，故其義爲"健"（參閱本篇第七章譯注）。 〔2〕爲圜——圜，圓圈，此處含周轉之義。《正義》："乾既爲天，天動運轉，故爲圜也。"案，圓圈周轉不息，无始无終，猶"天行健"，正合"健"義。〔3〕爲君，爲父，爲玉，爲金，爲寒，爲冰，爲大赤——大赤，即大紅色。《正義》："爲君，爲父，取其尊道而爲萬物之始也；爲玉，爲金，取其剛之清明也；爲寒，爲冰，取其西北寒冰之地也；爲大赤，取其盛陽之色也。"《尚氏學》："金玉，象其純粹；西北不周風，陰寒之地，故爲寒冰；乾舍於離，南方火，故爲大赤。"案，"君"、"父"，人之尊高剛健者；"玉"、"金"，金石之剛堅強健者；"大赤"，顏色之暖健美盛者（今繪畫術語稱爲"暖色"，用以體現健強壯偉的內容）：此五象均含"健"義。"寒"、"冰"義未詳，疑"冰"堅亦健，而"寒冰"又可檢驗物之強健與否，故《論語》云"歲寒然後知松柏之後凋"。 〔4〕爲良馬，爲老馬，爲瘠馬，爲駁馬——瘠，瘦也，謂骨骼顯突；駁馬，健猛之馬，能食虎豹。《正義》："爲良馬，取其行健之善也；爲老馬，取其行健之久也；爲瘠馬，取其行健之甚，瘠馬骨多也（引者案，《釋文》引王廙曰：健之甚者，爲多骨也）；爲駁馬，言此馬有牙如鋸（引者案，鋸，阮刻作倨，據《校勘記》改，下同），能食虎豹。《爾雅》云：'鋸牙食虎豹'，此之謂也。王廙云：'駁馬能食虎豹'，取其至健也。"《尚氏學》："乾健，故爲馬。凡物皆有初壯究，故由良馬而老而瘠而駁。"案，此四種馬，爲典型的強健者，均合"健"義。 〔5〕爲木果——《集解》引宋衷曰："羣星著天，

似果實著木，故爲木果。"《尚氏學》："木果形皆圜。"案，樹木果實包含剛健之"仁"於心，春來復生，繁衍不止，似合"健"義。《郭氏傳家易說》："木以果爲始，亦猶物以乾爲始。"可資參攷。又案，《釋文》謂《荀爽九家集解》本"乾"後更有四："爲龍，爲首，爲衣，爲言"。"首"象已具第九章（見該章譯注）。"龍"爲雄健之物（震爲龍象則取其"動"義，見本篇第八章譯注）；"衣"飾上體（《尚氏學》"乾上故爲衣"），顯其壯偉：此二象並合"健"義。"言"象義未詳。又案，以上一節廣舉乾卦象例，其義大體皆主於"健"。　　〔6〕坤爲地——坤卦形作"☷"，三陰並降，猶地體凝諸陰氣而成，故象"地"。又陰性柔順，地亦寬柔和順，故其義爲"順"（參閱第七章譯注）。　　〔7〕爲母——《正義》："坤既爲地，地受任生育，故謂之'爲母'也。"案，母性柔慈溫順，正合"順"義。　　〔8〕爲布——布，古代貨幣名。《周易玩辭》："古者泉貨爲布，能隨百物之貴賤而賦之。"《尚氏學》："坤德徧布萬物以致養，故爲布。《外府》注云：布，泉也；凡錢藏者曰'泉'，行者曰'布'，取名於水泉，其流行无不徧。"案，尚先生引鄭玄注《周禮》語，適可見"布"之爲用，廣泛流行，順通无礙，則坤取"布"象，似合"順"義。又案，《正義》謂"取其地廣載也"，與坤爲"順"之義亦可通。　　〔9〕爲釜，爲吝嗇，爲均，爲子母牛，爲大輿——《正義》："爲釜，取其化生成熟也；爲吝嗇，取其地生物不轉移也；爲均，以其地道平均也；爲子母牛，取其多蕃育而順之也；爲大輿，取其能載物也。"《尚氏學》："萬物資地成熟，故爲釜；坤閉，故吝嗇；不擇而生故爲均；坤爲牛，地生生不已，今之童牛，不日又生子而爲母矣，故爲子母牛。"案，"釜"順承物；"吝嗇"，則生物不轉移，自然安順；"均"則物情平順；"牛"爲順畜，母犢相依益順；"大輿"順載物：此五象並含"順"義。　　〔10〕爲文，爲衆，爲柄，其於地也爲黑——《正義》："爲文，取其萬物之色雜也；爲衆，取其地載物非一也；爲柄，取其生物之本也；其於地也爲黑，取其極陰之色也。"《尚氏學》："萬物依之爲本，故爲柄。"案，"文"爲章理順暢之象；"衆"物順從一尊則和，相互違逆則散；"柄"以順人把握爲用：此三象當合"順"義。"黑"象取義未詳，疑土壤黝黑則肥沃，物可順暢生長。又案，《釋文》謂《荀爽九家集解》本"☷"（即坤）後更有八："爲牝（引者案，牝，阮刻爲作，據《校勘記》改），爲迷，爲方，爲囊，爲裳，爲黃，爲帛，爲漿"。尚先生云："坤文，故爲帛；坤爲水，故爲漿。"（《尚氏學》）試尋其義，"牝"性順；"迷"者當尋一主而順從之，則可出迷途（即《坤》卦辭"先迷，後得主"之義，見該卦譯注）；"方"即正，物性方正，必知所當順之理；"囊"以順容物；"裳"居下持順；"黃"爲中色，性順；"帛"之紋路，順理成章；"漿"可以解人饑渴，使人順適：此八象似均合"順"義。又案，以上一節廣舉坤卦象例，其義大體皆主於"順"。　　〔11〕震爲雷——《周易姚氏學》既引《淮南子·天文》："陰陽相薄，感而爲雷，激而爲霆"，又引《說文》："靁，陰陽薄動，靁雨生物者也"，並據以言曰："陽氣欲信，激而成雷。"案，震卦形作"☳"，二陰下降、一陽欲上，兩相激盪猶雷震發，故象"雷"；又一陽抑於二陰之下必動，凡雷作亦動萬物，故其義爲"動"　　（參閱上文第七章譯注）。〔12〕爲龍——取其"動"義（見上文第八章譯注）。案，《集解》引虞翻注，謂上文已言"龍"象，此處當作"駹"。尚先生指出"龍"、"駹"音同通用，非誤字（《尚氏學》），可從。　　〔13〕爲玄黃——玄黃，即青黃相雜之色。《集解》述虞翻義："天玄地黃。震，天地之雜物，故爲玄黃。"案，《坤》上六"龍戰於野，其血玄黃"，譬喻陰陽交接（見該卦譯注）；則此"玄黃"色生於"天"、"地"交感而動，似合"震動"之義。　　〔14〕爲旉，爲大塗，爲長子，爲決躁——旉，音敷 fū，花朵，《釋文》引干寶曰："花之通名"；大塗，猶言"大路"。《正義》："爲旉，取其春時氣至，草木皆吐夢布而生也」；爲大塗，取其萬物之所生也」；爲長子，如上文釋震爲長子也」；爲決躁，取其剛動也。」案，"夢"爲花，花開必欣欣上動；"大塗"則車馬人物通行走動；"決躁"則性好動；"長子"，性近乾"父"稟"健"能動（參看下文"其究爲健"譯注）：此四象並合"動"義。　〔15〕爲蒼筤竹，爲萑葦——筤，音郎 láng，"蒼筤"指竹色青嫩；萑，音環 huán，"萑葦"爲兩種蘆類植物，即"蒹葭"。《集解》引《九家易》曰："蒼筤，青也。震陽在下，根長堅剛；陰爻在中，使外蒼筤也。"又曰："萑葦，蒹葭也。根莖叢生，蔓衍相連，有似雷行。"《尚氏學》："震爲周、爲虛。竹與萑葦皆有節，下陽象之；上二陰象其圓而中空。"案，"竹"、"萑葦"既皆有節，其生長必拔節而動；"蒼筤竹"又爲初生幼竹(《正義》："竹初生之時，色蒼筤，取其春生之美"），則當春之時，動長更疾：故兩象似並含"動"義。〔16〕其於馬也爲善鳴，爲馵足，爲作足，爲的顙——馵，音注 zhù，《說文》："馬後左足白也"；作，起也，《重定費氏學》引蔡淵曰："作足，謂雙舉"；的顙，白顚之馬，《集解》引虞翻義："的，白；顙，顚也"，"《詩》云'有馬白顚'是也"。此四句《正義》釋曰："其於馬也爲善鳴，取其象雷聲之遠聞也；爲馵足，馬後足白爲馵，取其動而見也；爲作足，取其動而行健也；爲的顙，白額爲的顙，亦取動而見也。"案，此處舉四種馬，"善鳴"見其欲動之情，"馵足"、"作足"、"的顙"見其善動之性（與前文取馬象主於"健"者不同），故均合"動"義。　〔17〕其於稼也爲反生——稼，禾稼，即草本植物；反生，指頂著種子的甲壳破土萌生。《集解》引宋衷曰："陰在上，陽在下，故爲反生，謂枲（引者案，音徙 xǐ，即麻）、豆之類戴甲而生。"《釋文》："麻、豆之屬反生，戴荸甲而出也。"案，"戴甲"而生，其幼芽潛萌、奮動乃得出土，正含"動"義。　〔18〕其究爲健，爲蕃鮮——究，極也；蕃，猶"蘩"，指草木蕃育之盛；鮮，鮮明。《正義》："究，極也。極於震動，則爲健也。"又曰："鮮，明也，取其春時草木蕃育而鮮明。"案，這兩句說明事物"動"極化"健"的情狀，故舉草木歷春至夏而壯健旺盛爲說。又案，據"其究爲健"之理，則震"動"以乾"健"爲歸，"動"、"健"之間頗有聯繫。故推測上文"長子"象，似取其性近"健"，遂有能"動"之義（見前譯注）。又案，《釋文》謂《荀爽九家集解》本"震"後更有三："爲玉（引者案，玉，阮刻作王，據《本義》引改），爲鵠，爲鼓"。尚先生曰："玉色白或青，故爲玉"；"鵠、鶴古通，爲聲音故爲鼓"（《尚氏學》）。試尋其義，"鼓"義爲"動"甚明；"鵠"振翼高飛，似亦含"動"義（《本草綱目》釋"鵠"曰："其翔極高而善步"）。"玉"，取義未詳，尚先生云"有謂爲'王'之訛者，證以《易林》象，非也"（《尚氏學》）；黃焯《經典釋文彙校》云唐寫本作"主"字，可備參攷。又案，以上一節廣舉震卦象例，其義大體皆主於"動"。　　〔19〕巽爲木，爲風——《集解》引宋衷曰："陽動陰靜，二陽動于上，一陰安靜于下，有似于木也。"又引陸績曰："風，土氣也。巽，坤之所生，故爲風。亦取靜于本而動于末也。"案，巽卦形作"☴"，二陽上升、一陰下降，中空而風氣流行，故象"風"；又一陰處二陽之下則愈降愈深入，凡風行亦无處不入，故其義爲"入"（見上文第七章譯注）。又案，據前幾章所敍，巽卦的基本喻象爲"風"；此處先言"爲木"，未審其故。但巽取木象，在六十四卦中也是常見的。宋衷謂"二陽動上"象木身、"一陰靜下"象木根，頗契卦形，而木扎根於地，其根深入，又切卦義。　　〔20〕爲長女，爲繩直，爲工，爲白，爲長，爲高——繩直，猶言"準繩"，謂其筆直。《正義》："爲長女，如上釋巽爲長女也；爲繩直，取其號令齊物，如繩之直木也；爲工，亦正取繩直之類；爲白，取其風吹去塵，故潔白也；爲長，取其風行之遠也；爲高，取其風性高遠，又木生而上也。"《尚氏學》："巽柔故爲繩，巽風故直。工，《說文》：'巧飾也，象人有規榘'，徐鍇曰：'爲巧必遵規榘法度，然後爲工'。按巽爲順，能順規榘，遵循法度，故爲工。"案，"長女"接近"母性"，順物能入；"繩直"，謂物筆直則可順入，曲則難入；"工"，若能工巧如風，則見縫必順入，若笨拙則難入；"白"即空暢无礙，通順可入；物"長"、"高"，必能深入，短、矮則淺嘗輒止，如木高根深即是：此六象，似均合"入"義。按此推測，巽"入"當以"順"爲本（見下文"其究爲躁卦"譯注），適與前節謂震"動"必以"健"爲歸（見上文"其究爲健"譯注）相對。　　〔21〕爲進退，爲不果，爲臭——不果，不果決；臭，音嗅 xiù，氣味。《正義》："爲進退，取其風性前卻其物，進退之義也；爲不果，取其風性前卻，不能果敢決斷，亦皆進退之義也；爲臭，王肅作'爲香臭'也，取其風所發也，又取下風之遠聞。"《尚氏學》："風可進可退，故不果"；"臭，氣也，風散則氣至，故爲臭"。案，"進退"、"不果"，猶言迂迴而入，審慎而入，魯莽急躁必難入，舉"風性"爲喻，至爲明確；"臭"，謂氣味雖无形，卻无處不入：此三象亦合"入"義。　　〔22〕其於人也爲寡髮，爲廣顙，爲多白眼，爲近利市三倍——廣顙，即寬額；白眼，傲視之狀；市三倍，猶言賈獲三倍之利，"三"謂"多"。《正義》："其於人也爲寡髮，寡，少也，風落樹之華葉，則在樹者稀疎，如人之少髮亦類於此，故爲寡髮也；爲廣顙，額闊爲'廣顙'，髮寡少之義，故爲廣顙也；爲多白眼，取躁人之眼，其色多白也；爲近利，取其躁人之情多近於利也，'市三倍'取其木生蕃盛，於市則三倍之宜利也。"《尚氏學》："巽隕落，故寡髮，震爲髮，反巽故寡髮；廣顙取上二陽象；多白眼，按離爲目，中爻陰，黑睛，上下陽目中之白，今二陽皆在上，睛伏在下，故多白眼；利市三倍，似取流通，或取入義。"案，賈利三倍，疑指人精於盤算，順沿"市"情，少出多入，其義似亦主於"入"。"寡髮"、"廣顙"、"多白眼"，《折中》謂"皆取潔義，今人之額闊少寒毛而眸子清明者，皆潔者也"，依此說，則"潔"似與"白"之義相通。又"寡髮",《集解》引虞翻注作"宣髮",謂"爲白,故宣髮"。此並可存之以備參攷。 〔23〕其究爲躁卦——《正義》:"究,極也。取其風之勢極於躁急也。"案,"極於躁急",即朱熹所謂:"巽反爲震,震爲決躁"(《朱子語類》),意指巽當以"順"爲"入",躁則難入。又案,《釋文》謂《荀爽九家集解》本"巽"後更有二:"爲楊,爲鸛"。試尋其義,"楊"枝巽順,理合順入;"鸛",鳥名,巽爲鷄,故爲"鸛",均禽鳥也。又案,以上一節廣舉巽卦象例,其義大體皆主於"入"。
〔24〕坎爲水——《説文》:"水,準也,北方之行,象衆水並流,中有微陽之氣也。"《集解》引宋衷曰:"坎陽在中,内光明,有似于水。"案,坎卦形作"☵",一陽包含二陰之中,猶如水以陰爲表以陽爲裏(水含陽性,今視水分子式"H_2O",氫、氧均爲可燃元素,似與坎象有可通之理),故象"水";又一陽陷二陰之中,凡水所居其地必陷,故其義爲"陷" (見上文第七章譯注)。
〔25〕爲溝瀆,爲隱伏——《正義》:"爲溝瀆,取其水行无所不通也;爲隱伏,取其水藏地中也。"《尚氏學》:"以乾闢坤,故爲溝瀆";"爲隱伏,以陽在陰中而取象"。案,"溝瀆"皆幽陷,險情多"隱伏":陽陷陰中,此二象並含"險陷"義。 〔26〕爲矯輮,爲弓輪——矯,通"撟",《釋文》"一本作'撟'";輮,通"揉",《釋文》"宋衷、王廙作'揉'"。《集解》引宋衷曰:"曲者更直爲'矯',直者更曲爲'揉',水流有曲直,故爲'矯揉'。"又引虞翻曰:"可矯揉,故爲弓輪。"案,"矯輮"、"弓輪",皆變異形態;物罹險陷,必當變態:二象似亦含"險陷"義。
〔27〕其於人也爲加憂,爲心病,爲耳痛,爲血卦,爲赤——《正義》:"其於人也爲加憂,取其憂險難也;爲心病,憂其險難,故心病也;爲耳痛,坎爲勞卦也,又北方主聽,聽勞則耳痛也;爲血卦,取其人有血,猶地有水也;爲赤,亦取血之色。"《尚氏學》:"爲憂,爲心病,皆以陽在陰中而取象。"又曰:"乾大赤,坎得乾

之中爻，故亦爲赤。"案，"加憂"、"心病"，謂懼險難；"耳"居首部爲陷，遇險患則"痛"；"血"因傷害而流，凶險至甚；"赤"即血色：此五象似均取人遭險罹陷爲象，正合"坎"爲"險陷"義。　〔28〕其於馬也爲美脊，爲亟心，爲下首，爲薄蹄，爲曳——美脊，《集解》引宋衷云"陽在中央，馬脊之象也"；亟，急也，"亟心"猶言"焦心"；下首，指垂首；薄，迫也，"薄蹄"謂蹄迫地，猶言以蹄踼地；曳，謂水性曳地而行。《正義》："其於馬也爲美脊，取其陽在中也；爲亟心，亟，急也，取其中堅內動也；爲下首，取其水流向下也；爲薄蹄，取其水流迫地而行也；爲曳，取其水磨地而行也。"《尚氏學》："爲美脊、爲亟心，皆以陽在陰中而取象。"又曰："爲憂故下首，下首猶低頭也。"案，"美脊"，徒言脊背尚美，似隱指"脊"部以下皆陷入險坑，四蹄難行；"亟心"、"下首"、"薄蹄"，說明既陷險中，心必焦、首必垂、腳蹄必踼地（見其憂躁）；"曳"，則指奮力拖拉，欲求脫險：此五象擬取馬的不同情狀，似相聯貫，且合"險陷"義。　〔29〕其於輿也爲多眚——眚，災也（見《訟》九二譯注）。《正義》："取其表裏有陰，力弱不能重載，常憂災眚也。"案，"輿"以陷險難行爲"災眚"，此象正合"陷"義，《漢上易傳》"坎陷者輿之病，行則必敗"是也。　〔30〕爲通，爲月，爲盜——《正義》："爲通，取其行有孔穴也；爲月，取其月是水之精也；爲盜，取水行潛竊如盜賊也。"《尚氏學》："爲通，以陽在陰中而取象。"又曰："坎隱伏，故爲盜。"案，物深陷則穿"通"（孔說"有孔穴"）；"月"常虧，虧即缺陷；"盜"於潛隱中施險設陷：此三象似亦含"險陷"義。　〔31〕其於木也爲堅多心——《集解》述虞翻義："陽剛在中，故堅多心，棘棗之屬也。"《尚氏學》："爲堅多心，以陽在陰中而取象。"案，"木堅多心"，阮元《揅經室集》曰："劉熙《釋名》云'心，纖也'。言纖微无物不貫也。"又曰："棗棘之屬初生，未有不先見尖刺者；尖刺，即'心'也。"據此，則"堅

多心"似取"木堅硬多小刺"、物觸則險之義。又案,《釋文》謂
《荀爽九家集解》本"坎"後更有八:"爲宮,爲律,爲可,爲棟,
爲叢棘,爲狐,爲蒺藜,爲桎梏"。尚先生云:"坎爲屋極(引者
案,即棟),故爲宮,爲棟;坎陽在中,健而直,故爲棘,爲蒺藜;
坎陽陷在陰中,不能移動,如法律之固定,如桎梏之在手足,故爲
法律,爲桎梏。"(《尚氏學》)試尋其義,觸"律"必險,"棟"脫
則屋陷,"叢棘"、"蒺藜"多刺含險,"狐"性陰險,"桎梏"刑
具凶險至甚:此六象似均含"險陷"義。"爲宮",似由於爲"輿"
所引申,"輿"可載人,"宮"可居人;"爲可",似由"爲通"引
申,能通自无不可。又案,以上一節廣明坎卦象例,其義大體皆主
於"陷"。　　〔32〕離爲火——《集解》引崔憬曰:"取卦陽在
外,象火之外照也。"案,離卦形作"☲",一陰含於內、二陽顯
於外,猶如火以陽爲表以陰爲裏(火含陰質,視其燃燒必內發陰氣
可知),故象"火";又一陰附麗二陽之中,凡火所炎必附著燃料,
故其義爲"麗"(即"附著",見上文第七章譯注)。　　〔33〕爲
日,爲電——電,閃電。《集解》引鄭玄曰:"取火明也。久明似
日,暫明似雷也。"案,"日"附於天而懸,"電"附于雷而發:兩
象並含"附著"義。　　〔34〕爲中女——《集解》引荀爽曰:
"柔在中也。"案,"中女"似謂附麗於長女、幼女之間。
〔35〕爲甲胄,爲戈兵——《正義》:"爲甲胄,取其剛在外也;爲
戈兵,取其剛在於外,以剛自捍也。"案,"甲胄"須附人體,自
含"附著"義;"戈兵"須人執持,似亦有附麗於人之義。
〔36〕其於人也爲大腹,爲乾卦——乾,音干 gān,謂乾燥。《正
義》:"爲大腹,取其懷陰氣也;爲乾卦,取其日所烜也。"《尚氏
學》:"中虛故爲大腹。"案,"大腹",《集解》引虞翻曰"如妊身
婦",則爲胎嬰附於腹內,宜合"附著"義。"乾",疑取物欲乾燥
必須近附於火、熱之義。　　〔37〕爲鱉,爲蟹,爲蠃,爲蚌,爲
龜——蠃,音螺 luó,通"螺",《釋文》謂京房作"螺"。《集解》

引虞翻曰："此五者皆取外剛內柔也。"案，這五種甲壳水族動物，其主體均依附於硬壳內，宜合"附著"義。　〔38〕其於木也爲科上槁——科，指木中空。《正義》："科，空也。陰在內，爲空；木既空中者，上必枯槁也。"《尚氏學》："離中枯故科上槁。"案，樹木上截枯槁，必依附下截未枯者而存在，正含"附著"義。又案，《釋文》謂《荀爽九家集解》本"離"下更有一："爲牝牛"（"牝牛"阮刻作"此字"，據《校勘記》改）。此象似由於離得坤之中爻，坤爲牛、爲子母牛，故離亦爲牝牛。又案，以上廣舉離卦象例，其義大體皆主於"麗"（即"附著"）；但如爲"目"、爲"火"、爲"日"、爲"電"、爲"乾卦"等，實亦兼有"明"義。〔39〕艮爲山——《正義》："取陰在下爲止，陽在於上爲高，故艮象山也。"案，艮卦形作"☶"，一陽居二陰之上，猶山頂爲陽、其下深蘊陰質，故象"山"；又以一陽居高、止下二陰，凡山皆靜止不動，故義爲"止"（參閱上文第七章譯注）。　〔40〕爲徑路，爲小石，爲門闕——徑路，猶言"山路"。《正義》："爲徑路，取其山路有澗道也；爲小石，取其艮爲山，又爲陽卦之小者也；爲門闕，取其崇高也。"《尚氏學》："震爲大塗，反之則爲徑路；爲山，故爲石；門闕象形。"案，"徑路"狹小斜曲，"小石"墰埒不平，皆能阻止車馬之行；"門闕"掩護其內而止外人：此三象並含"止"義。《春秋說題辭》："《周易》艮爲山、爲小石。石陰中之陽、陽中之陰，陰精輔陽，故山含石。"（《玉函山房輯佚書·春秋緯》）可資參攷。　〔41〕爲果蓏——蓏，音裸 luǒ，瓜類植物的果實。《集解》引宋衷曰："木實謂之果，草實謂之蓏。桃李瓜瓞之屬皆出山谷也。"《纂疏》云："乾爲'木果'，以其純陽也。艮上一陽自乾來故爲'果'；又爲'蓏'者，陽爻似果、陰爻似蓏。"此可參攷。案，"果蓏"之義，似謂草木之實，出於山谷，止於其所。　〔42〕爲閽寺——閽，音昏 hūn，宮門，又指"閽人"，即守宮門者，《周禮·天官》"閽人掌守王宮之中門之禁"；寺，謂

"寺人"，古代執守宮中的近侍小臣，猶後世的宦官，《周禮·天官》"寺人掌王之內人及女宮之戒令"。《集解》引宋衷曰："閽人主門，寺人主巷（引者案，巷，謂宮內道，見《左傳》襄公九年令司官巷伯儆宮疏引王肅語）。艮爲止，此職皆掌禁止者也。"案，"閽寺"義見於"止"甚明。尚先生云"門闕、閽寺皆象形"（《尚氏學》），即符合艮爲"門"象，可從。　〔43〕爲指，爲狗，爲鼠——《正義》："爲指，取其執止物也；爲狗、爲鼠，取其皆止於人家也。"《尚氏學》："指能屈伸制物，與手同義，故爲指"，"艮爲穴，鼠穴居，故爲鼠。"案，"指"以止人，"狗"守門以止外人（見上文第八章譯注），"鼠"孔氏謂居止於人家：此三象並含"止"義。又案，《集解》引虞翻注，謂第八章已有"狗"字，此章"狗"當爲"拘"字之誤；尚先生指出"拘"、"狗"音同通用，"不必遽爲改字"（《尚氏學》）。　〔44〕爲黔喙之屬——黔，黑也；喙，鳥嘴。"黔喙"指猛禽。《尚氏學》："《易林》作'黔啄'，《說文》'喙，口也'，啄鳥食也。"又曰："鳥之剛在喙，艮剛在上，故爲'黔喙'。凡鳥之鷙者，无不黔喙，《易林》以艮爲鷹、鸇、鵰、隼，本此也。"案，猛禽飛降，地面之物皆懼止，故"黔喙"象亦含"止"義。又案，《集解》引馬融曰："黔喙，肉食之獸，謂豹狼之屬。黔，黑也，陽玄在前也。"可備一說。　〔45〕其於木也爲堅多節——《集解》引虞翻曰："陽剛在外，故多節，松柏之屬。"《正義》："取其山之所生，其堅勁，故多節也。"案，"木堅多節"，言木端剛堅可作禁人止物之器。又案，《釋文》謂《荀爽九家集解》本"艮"後更有三："爲鼻，爲虎，爲狐"。尚先生云："鼻者，面之山，故艮爲鼻；乾爲虎，艮得乾上爻，故亦爲虎；狐穴居，故亦爲狐。"（《尚氏學》）試尋其義，"鼻"被指，則遭人禁；"虎"凶，可以止人；"狐"媚，亦能迷人：三象似皆含有"止"義。又案，以上廣舉艮卦象例，其義大體皆主於"止"。　〔46〕兌爲澤——《集解》引宋衷曰："陰在上，令下濕，故爲澤也。"《正義》："取其陰卦之小，地類卑也。"案，兌卦形作"☱"，一陰居二陽之上，猶澤面爲陰、其下深蘊陽質，故象"澤"；又以一陰獲二陽之益而悅然上升，凡澤皆廣施滋潤以悅物，故其義爲"說"（即"悅"，參閱上文第七章譯注）。《重定費氏學》引《正易心法》曰："兌爲形普施於萬物之上，爲發生之利澤。"可備參攷。　〔47〕爲少女，爲巫，爲口舌——巫指巫師，以口舌用事。《正義》："爲少女，如上釋'兌爲少女'也；爲巫，取其口舌之官也；爲口舌，取西方於五事爲言，取口舌爲言語之具也。"案，"少女"以天真无邪悅人，"巫"、"口舌"以言語悅人：三象均含"悅"義。　〔48〕爲毀折，爲附決——附，從也；決，斷也。"附決"猶言順從人裁決（如"果蓏"從人採摘即是）。《正義》："兌西方之卦，又兌主秋也，取秋物成熟，槁稈之屬則毀折也，果蓏之屬則附決也。"《尚氏學》："上缺故爲'毀折'，陰下附於陽故爲'附'，爻絕於上故爲決。"案，秋物成熟之際，槁稈"毀折"則果實欣悅；熟果"附決"則物皆欣悅，凡順人裁決者又必可悅人：故兩象似含"悅"義。　〔49〕其於地也爲剛鹵——鹵，音魯 lǔ，指堅硬不生植物之地，《釋名·釋地》："地不生物曰'鹵'。"《集解》引朱仰之曰："剛鹵之地不生物，故爲剛鹵者也。"《正義》："取水澤所停故鹹鹵也。"案，此象之義，言剛鹵地亟待施澤，潤之則悅。又案，《說文》訓"鹵"爲"西方鹹地"，尚先生不以爲然，並引《釋名》及《左傳》杜預注爲證，指出："剛者，地不柔和；鹵者，磽确，故不生物。"（《尚氏學》）說可從。　〔50〕爲妾，爲羊——《正義》："爲妾，取少女從姊爲娣也；爲羊，如上釋取其羊性順也。"案，"妾"以容悅夫，"羊"以順悅人（見第八章注）：兩象並含"悅"義。又案，"爲羊"，鄭玄作"爲陽"（"羊"、"陽"古通），云："此'陽'讀若'養'，无家女行賃炊爨，今時有之，賤于妾也。"（《漢上易傳》引）即釋"養"爲顧傭炊婦。虞翻作"爲羔"，云："羔，女使"

（《集解》引），即承鄭義。說可參攷。又案，《釋文》謂《荀爽九家集解》本"兌"後更有二："爲常，爲輔頰"。尚先生云："輔頰，取卦形；常，《九家》云'西方神也'。"（《尚氏學》）試尋其義，守"常"者可久悅，"輔頰"亦以言語悅人：似含"悅"義。又案，以上廣舉兌卦象例，其義大體皆主於"悅"。

【說明】

以上《說卦傳》第十一章。

本章廣泛援舉八卦取象的例子，是《說卦傳》的主體。

文中八卦的先後排列，承前章乾坤六子之序。《釋文》曰："本亦有以'三男'居前，'三女'居後。"

全章所舉卦象，計一百一十二例。《釋文》引《荀爽九家集解》本多出三十一例，尚先生指出《易林》及漢魏人注經每見採用，不應視爲"逸象"，當增入今本《說卦》（見《尚氏學》），今分列各卦末條注後，以備參攷。這樣，《說卦傳》舉象共計一百四十三例。

在眾多的例子中，最基本的象例是：乾爲天，坤爲地，震爲雷，巽爲風（爲木），坎爲水，離爲火，艮爲山，兌爲澤。這是六十四卦每卦必用之象，故可視爲八卦的本象。由"本象"擴展的卦象雖至爲繁雜，但其取義大體上皆不離乾健、坤順、震動、巽入、坎陷、離麗、艮止、兌說這八種基本不變的象徵內涵（參見本篇第八章"說明"）。

然而，由於《說卦傳》只舉象例，不作解釋，遂致不少卦象立義的依據晦而不明。朱熹說："其間多不可曉者，求之於經，亦不盡合也。"（《本義》）尚先生曰："誠哉其有不合。蓋《說卦》乃自古相傳之象，至《周易》愈演愈精，故經所用象，不盡與《說卦》同。"（《尚氏學》）今於諸象注釋中，選錄可資參攷的舊解及尚先生說，並於"案"語中略參己意以試尋諸象立義所在，固不敢自謂悉當也。

【總論】

《說卦傳》十一章，先追溯《周易》的創作者用"蓍"衍卦的歷史，再申言八卦的兩種方位，然後集中說明八卦的取象特點，强調八種基本物象及象徵意義，並廣引衆多象例，是今天探討《易》象的産生及推展的重要資料。

《晉書·束晳傳》："《汲冢竹書》有《卦下易經》一篇，似《說卦》而異。"近年出土的馬王堆漢墓帛書《周易》，其《繫辭傳》中雜有今本《說卦傳》前三章（見于豪亮《帛書周易》）。可見，《說卦傳》在流傳過程中也不可避免地存在著鈔錄錯訛、或被增删改易的現象。《釋文》所引或本第十一章卦象序次之異及《九家》本多出的象例，即可爲證。

《說卦傳》值得今天繼續研究的內容，主要有兩方面：一是"先天"、"後天"八卦方位的本來面目及其在歷史上産生的各方面影響；二是早期《易》象設立的背景，推衍的規律及其在解《易》、用《易》中的重要功用。這兩方面的研究，均當立足於對《周易》"以象爲本"特色的科學辨析，以利於揭示此書特異的象徵哲學體系。

《易》以象爲本，故《說卦傳》專言象以揭其綱。漢儒說《易》，莫不重象，九家逸象、虞氏逸象又一再引其緒。王弼掃象之後，象學雖漸衰，然唐之李鼎祚，宋之朱震，元之吳澄，明之來知德，以及清儒之講漢易者，无論其詳略深淺，皆能認識《易》象。近時研究《易》象者，尤以行唐尚節之先生的貢獻，最爲卓越。先生探象的特點，是以精研《周易》經傳爲本，進而深究《左傳》、《國語》、《逸周書》，尤其是《易林》中由來久遠而爲人忘忽的象例，發現了失傳的《易》象，包括六十四卦的內外卦象、互象、對象、正反象、半象、大象等百二十餘例的應用規律。其發明見於所著《焦氏易詁》、《焦氏易林注》、《左傳國語易象釋》、《周易尚氏學》諸書。于省吾稱："先生對《易》象的貢獻是空前的"（《周易尚氏學序》），實非虛美之辭。因此，今天研《易》者如欲深入探討《說卦傳》的象例，或進而廣泛研究先秦兩漢以來的各家易說，以新的科學方法總結出《易》象規律，則尚先生的學說實是不可或缺的津梁。

序　卦　傳

有天地然後萬物生焉。盈天地之間者唯萬物，故受之以
《屯》；屯者盈也，屯者物之始生也[1]。物生必蒙，故受之
以《蒙》；蒙者蒙也，物之穉也。物穉不可不養也，故受
之以《需》；需者飲食之道也。飲食必有訟[2]，故受之以
《訟》。訟必有衆起，故受之以《師》；師者衆也。衆必有
所比[3]，故受之以《比》；比者比也。比必有所畜，故受
之以《小畜》。物畜然後有禮，故受之以《履》。履而泰，
然後安，故受之以《泰》；泰者通也。物不可以終通，故
受之以《否》。物不可以終否，故受之以《同人》[4]。與人
同者，物必歸焉，故受之以《大有》。有大者不可以盈，
故受之以《謙》。有大而能謙必豫，故受之以《豫》。豫必
有隨，故受之以《隨》。以喜隨人者必有事[5]，故受之以
《蠱》；蠱者事也。有事而後可大，故受之以《臨》；臨者
大也[6]。物大然後可觀，故受之以《觀》。可觀而後有所
合，故受之以《噬嗑》；嗑者合也[7]。物不可以苟合而已，
故受之以《賁》[8]；賁者飾也。致飾然後亨則盡矣[9]，故
受之以《剝》；剝者剝也。物不可以終盡，剝窮上反下，
故受之以《復》。復則不妄矣，故受之以《无妄》[10]。有
无妄然后可畜[11]，故受之以《大畜》。物畜然後可養，故

受之以《頤》；頤者養也。不養則不可動，故受之以《大過》[12]。物不可以終過，故受之以《坎》；坎者陷也。陷必有所麗，故受之以《離》；離者麗也。

有天地然後有萬物，有萬物然後有男女，有男女然後有夫婦，有夫婦然後有父子，有父子然後有君臣，有君臣然後有上下，有上下然後禮義有所錯。夫婦之道不可以不久也，故受之以《恒》[13]；恒者久也。物不可以久居其所，故受之以《遯》；遯者退也。物不可以終遯，故受之以《大壯》。物不可以終壯，故受之以《晉》；晉者進也。進必有所傷，故受之以《明夷》；夷者傷也。傷於外者必反於家，故受之以《家人》。家道窮必乖[14]，故受之以《睽》；睽者乖也。乖必有難，故受之以《蹇》；蹇者難也。物不可以終難，故受之以《解》；解者，緩也。緩必有所失，故受之以《損》。損而不已必益，故受之以《益》。益而不已必決，故受之以《夬》[15]；夬者決也。決必有遇[16]，故受之以《姤》；姤者遇也。物相遇而後聚，故受之以《萃》；萃者聚也。聚而上者謂之升[17]，故受之以《升》。升而不已必困，故受之以《困》。困乎上者必反下，故受之以《井》。井道不可不革[18]，故受之以《革》。革物者莫若鼎，故受之以《鼎》。主器者莫若長子，故受之以《震》[19]；震者動也。物不可以終動，止之，故受之以《艮》；艮者止也。物不可以終止，故受之以《漸》；漸者進也。進必有所歸，故受之以《歸妹》。得其所歸者必大，故受之以《豐》；豐者大也。窮大者必失其居，故受之以《旅》。旅而无所容，故受之以《巽》[20]；巽者入也。入而後說之，故受之以《兌》；兌者說也。說而後散之，故受

之以《渙》[21]；渙者離也。物不可以終離，故受之以
《節》。節而信之，故受之以《中孚》[22]。有其信者必行
之，故受之以《小過》[23]。有過物者必濟[24]，故受之以
《既濟》。物不可窮也，故受之以《未濟》終焉[25]。

【譯文】

　　有了天地然後纔開始產生萬物。最先充盈天地間的只有萬物化
生之初的絪縕氣息，所以《周易》設定了象徵天地的《乾》、《坤》
兩卦之後接著是象徵事物初生的《屯》卦；屯表示陰陽初交而化育
之氣充塞滿盈，屯的意思又指事物開始萌生。事物初生必然蒙昧无
知，所以接著是象徵蒙稚的《蒙》卦；蒙表示蒙昧，就是事物幼稚
的意思。事物幼稚不可不加以養育，所以接著是象徵需待的《需》
卦；需含有需待飲食的道理。面臨飲食問題必然有所爭訟，所以接
著是象徵爭訟的《訟》卦。爭訟必然要依靠眾人力量的興起，所以
接著是象徵兵眾的《師》卦；師是兵士眾多的意思。凡物眾多必然
有所比輔，所以接著是象徵親密比輔的《比》卦；比是比輔的意
思。相互比輔必然有所畜聚，所以接著是象徵小有畜聚的《小畜》
卦。事物相畜聚然後要用禮節規範行為，所以接著是象徵循禮小心
行走的《履》卦。循禮小心行走而導致通泰，然後萬事均安，所以
接著是象徵通泰的《泰》卦；泰是安泰亨通的意思。事物不可能終
久通泰，所以接著是象徵否閉的《否》卦。事物不可能終久否閉，
所以接著是象徵和同於人的《同人》卦。與人和同，外物必然紛紛
歸附，所以接著是象徵大獲所有的《大有》卦。大獲所有的人不應
當盈滿自傲，所以接著是象徵謙虛的《謙》卦。所獲既大又能謙虛
的人必然歡樂，所以接著是象徵歡樂的《豫》卦。與人共相歡樂必
然有人隨從，所以接著是象徵隨從的《隨》卦。以喜樂之心隨從於
人的務必有所用事，所以接著是象徵拯弊治亂的《蠱》卦；蠱含有
拯治事務的意思。能夠拯治事務而後功業可以盛大，所以接著是象
徵高臨於眾人的《臨》卦；臨含有功業盛大而居高治下的意思。事

物尊高盛大然後可以受人觀仰，所以接著是象徵觀仰的《觀》卦。能夠受人觀仰而後上下有所融合，所以接著是象徵交合的《噬嗑》卦；嗑是相合的意思。事物不能草率交合，所以接著是象徵文飾的《賁》卦；賁是文飾的意思。過分致力於文飾然後亨通的路途就窮盡了，所以接著是象徵剝落的《剝》卦；剝是剝落窮盡的意思。事物不可能終久窮盡，剝落窮盡於上就導致回復於下，所以接著是象徵回復的《復》卦。能回復正道就不致於胡作妄爲，所以接著是象徵不妄爲的《无妄》卦。能夠不妄爲然後可以畜聚外物，所以接著是象徵大爲畜聚的《大畜》卦。事物大爲畜聚然後可以施用於頤養，所以接著是象徵頤養的《頤》卦；頤是頤養的意思。沒有充足有餘的頤養就不可能振作興動，所以接著是象徵大爲過甚的《大過》卦。事物不能終久過甚，過極必險所以接著是象徵險陷的《坎》卦；坎是險陷的意思。遭遇險陷必然要有所附麗纔能獲援脫險，所以接著是象徵附麗的《離》卦；離是附麗的意思。

有了天地然後纔有萬物，有了萬物然後纔有男性女性，有了男性女性然後纔能配成夫婦，有了夫婦繁衍後代然後纔有父子，有了父子然後人類發展愈多纔出現了君臣，有了君臣然後纔產生上下尊卑的名分，有了上下尊卑的名分然後禮義纔有所措置。象徵交感的《咸》卦喻示的夫婦道理不能不恒久常存，所以《咸》卦之後接著是象徵恒久的《恒》卦；恒是恒久的意思。事物不可能長久安居於一個處所，所以接著是象徵退避的《遯》卦；遯是退避遠去的意思。事物不能終久退避必將重新振興，所以接著是象徵大爲強盛的《大壯》卦。事物不可能終久安守壯盛而无所進取，所以接著是象徵晉長的《晉》卦；晉是晉長登進的意思。往前進取必然有所損傷，所以接著是象徵光明殞傷的《明夷》卦；夷是損傷的意思。在外遭受損傷的人必然要返回家中以求家人慰藉，所以接著是象徵一家人的《家人》卦。家道失節將致窮衰必生種種乖睽的事端，所以接著是象徵乖背睽違的《睽》卦；睽是乖背睽違的意思。事物乖背睽違必然導致蹇難，所以接著是象徵蹇難的《蹇》卦；蹇是蹇難的意思。事物不可能終久蹇難，所以接著是象徵舒解的《解》卦；解是舒展緩解的意思。過於舒緩必然有所損失，所以接著是象徵減損的《損》卦。能夠不斷減損自我施益他人必然也獲人增益，所以接著是象徵增益的《益》卦。增益不止必然滿盈流潰而被斷然決除，所以接著是象徵決斷的《夬》卦；夬是決斷除惡的意思。決斷除惡必然有所喜遇，所以接著是象徵相遇的《姤》卦；姤是相遇的意思。事物相遇而後會聚，所以接著是象徵會聚的《萃》卦；萃是會聚的意思。會聚而能上進就叫作上升，所以接著是象徵上升的《升》卦。上升不止必將困窮，所以接著是象徵困窮的《困》卦。困厄於上的必然要返歸於下以謀安居，所以接著是象徵水井的《井》卦。水井的道理歷久必穢不能不變革整治，所以接著是象徵變革的《革》卦。變革事物沒有比鼎器化生爲熟更顯著的，所以接著是象徵鼎器的《鼎》卦。主持鼎器的人沒有比長子更適合的，所以接著是象徵權威雷動的《震》卦；震是雷震奮動的意思。事物不能終久奮動，應當適當抑止，所以接著是象徵抑止的《艮》卦；艮是抑止的意思。事物不可能終久抑止務必逐漸求進，所以接著是象徵漸進的《漸》卦；漸是漸進的意思。漸進必將有所依歸，所以接著是象徵嫁出少女的《歸妹》卦。事物獲得依歸必致豐昌，所以接著是象徵豐大的《豐》卦；豐是豐大的意思。窮極豐大的人必將喪失安居的處所，所以接著是象徵行旅的《旅》卦。行旅而无處容身務需順從於人纔能進入客寓，所以接著是象徵順從的《巽》卦；巽含有順從則能入的意思。進入適宜的居所而後心中欣悅，所以接著是象徵欣悅的《兌》卦；兌是欣悅的意思。心中欣悅而後能推散其所悅，所以接著是象徵渙散的《渙》卦；渙是渙發離散的意思。事物不能終久无節制地渙發離散，所以接著是象徵節制的《節》卦。有所節制就應當用誠信來守持，所以接著是象徵中心誠信的《中孚》卦。堅守誠信的人必然要過爲果決地履行職責，所以接著是象徵小有過越的《小過》卦。美行善舉有所過越者辦事必能成功，所以接著是象徵事已成的《既濟》卦。事物的發展不可能窮已盡止於成功，所以接著是象徵事未成的《未濟》卦作爲六十四卦的終結。

【注釋】

〔1〕盈天地之間者唯萬物，故受之以《屯》；屯者盈也，屯者物之始生也——受，承繼，《廣雅·釋詁》“受，繼也”；“受之以”，猶言“接著是”。這幾句說明《周易》六十四卦以《乾》、《坤》居首，象徵天地化生萬物；繼之以《屯》卦，象徵事物“初生”的情狀。“盈”，謂天地始交，將生萬物，其陰陽和合之氣絪縕充盈（參見《屯》卦譯注，以下諸卦名義均倣此，不另注）。案，《序卦傳》敍述六十四卦次序相承的意義，依卦名爲說，有時只取某卦名義的一個側面。因此，卦名的完整涵義當以原卦所釋爲准。《周易玩辭》：“屯不訓盈也。當《屯》之時，剛柔始交，天地絪縕，雷雨動盪，見其氣之充塞也，是故謂之盈爾。故謂之‘盈’者，其氣也；謂之‘物之始生’者，其時也；謂之‘難’者，其事也。”　〔2〕飲食必有訟——此句猶言人類一旦出現生活資料的分配問題，便隨著導致爭訟。《韓注》：“夫有生則有資，有資則爭興也。”　〔3〕衆必有所比——《韓注》：“衆起而不比，則爭無由息；必相親比，而後得寧也。”　〔4〕物不可以終否，故受之以《同人》——《韓注》：“否則思通，人人同志，故可出門同人，不謀而合。”　〔5〕以喜隨人者必有事——喜，謂喜悅、樂意。此句指樂於隨人者必當有所用事，發下文“蠱者，事也”之義。《漢上易傳》：“臣事君，子事父，婦事夫，弟子事師，非樂於所事者其肯隨乎？”　〔6〕臨者大也——《周易玩辭》曰：“臨不訓大。臨者以上臨下，以大臨小。凡稱‘臨’者，皆大者之事也，故以‘大’釋之。”　〔7〕可觀而後有所合，故受之以《噬嗑》；嗑者合也——“噬嗑”謂“齧合”，此處偏重取“嗑”義。《韓注》：“可觀則異方合會也。”案，“噬嗑”取“嗑”義，與下

文"明夷"取"夷"義相類，均以卦名意義之一端爲說。
〔8〕物不可以苟合而已，故受之以《賁》——這兩句說明文飾的重要性，反映古人"尚文"的思想。《韓注》："物相合則須飾以脩外也。"《東坡易傳》："君臣、父子、夫婦、朋友之際，所謂'合'也。直情而行謂之'苟'，禮以飾情謂之'賁'。"　〔9〕致飾然後亨則盡矣——此句即《賁》上六"白賁，无咎"之義，體現古人既"尚文"又"重質"的辯證觀念。《韓注》："極飾則實喪也。"《折中》引張杖曰："賁飾則貴於文，文之太過，則又滅其質，而有所不通。故致飾則亨有所盡。"案，以上幾句可以看出《序卦傳》作者的美學觀點。　〔10〕復則不妄矣，故受之以《无妄》——此明去邪復正之義。周敦頤《通書》曰："不善之動，妄也；妄復，則无妄矣；无妄則誠矣，故《无妄》次《復》。"〔11〕有无妄然後可畜——可畜，含有畜聚美德的意義。《折中》引閻彥升曰："无妄然後可畜，所畜者在德。"　〔12〕不養則不可動，故受之以《大過》——養，指充分的頤養。這兩句說明先有充足過厚的頤養以爲基礎，然後興動以應大事，必有大爲過人的非凡之舉。《韓注》："不養則不可動，養過則厚。"《正義》："鄭玄云：'以養賢者，宜過於厚。'王輔嗣注此卦云：'音相過之過。'韓氏云'養過則厚'，與鄭玄、輔嗣義同。"《折中》引姜寶曰："无所養則其體不立，不可舉動以應大事。惟養充而動，動必有大過人者矣。"　〔13〕夫婦之道不可以不久也，故受之以《恒》——這是兼合《咸》、《恒》兩卦而言。《咸》卦明交感，即夫婦之道；《恒》卦謂恒久，則此道永恒不可移易。《集解》引鄭玄曰："言夫婦當有終身之義。夫婦之道，謂《咸》、《恒》也。"案，此段言下經卦序，與前段言上經卦序判然區分。《韓注》引前人關於上經明"天道"、下經明"人事"之論，以爲不切《易》義，指出上下經均是"錯綜天人，以效變化"，未嘗有偏。此說似可取（參閱《咸》卦譯注）。　〔14〕家道窮必乖——此謂家道失節，則至窮

乖。《韓注》：“室家至親，過在失節。”《集解》引崔憬曰：“婦子嘻嘻，過在失節；失節則窮，窮則乖。”《纂疏》：“嘻嘻失節，必至蕩檢踰閑，而家道窮矣。窮則家人乖離。” 〔15〕益而不已必決，故受之以《夬》——決，兼含潰決與決除之義；夬，即決斷清除。這兩句說明增益不已必致盈溢流潰而被決除，即轉“益”爲“損”。《韓注》：“益而不已則盈，故必決也。”《周易集說》：“益而不已則所積滿盈，故必決”，“《益》之後繼以《夬》，高岸爲谷之意也。” 〔16〕決必有遇——指決除邪惡必有喜遇，發下文《姤》卦名義。《韓注》：“以正決邪，必有喜遇也。” 〔17〕聚而上者謂之升——《南軒易說》：“天下之物，散之則小；合而聚之，則積小以成其高大，故聚而上者升也。” 〔18〕井道不可不革——《韓注》：“井久則濁穢，宜革易其故。” 〔19〕主器者莫若長子，故受之以《震》——“鼎”義有二：一爲烹飪熟物之器，一爲象徵權力的法器。前文“革物”取烹飪義，此處“主器”則取法器義。“震”又有“長男”象（見《說卦傳》），故此處專明長子主權，亦取卦義一端之例。《程傳》：“震爲長男，故取主器之義，而繼《鼎》之後；長子，傳國家、繼位號者也，故爲主器之主。《序卦》取其一義之大者。” 〔20〕旅而无所容，故受之以《巽》——巽，含有“順則能入”的意義。《集解》引韓康伯曰：“旅而无所容，以巽則得所入也。” 〔21〕說而後散之，故受之以《渙》——說，即“悅”；散，指推散其悅以及於人，發下句《渙》卦名義。從廣義看，又可引申爲學有所成則悅而推及於人。《韓注》：“說不可偏係，故宜散也。”《南軒易說》：“惟說於道，故推而及人；說而後散，故受之以《渙》。” 〔22〕節而信之，故受之以《中孚》——此言“節”與“信”相互關聯。《韓注》：“孚，信也。既已有節，則宜信以守之。” 〔23〕有其信者必行之，故受之以《小過》——此言履行誠信，不妨小有過越，即行信必果之意。《折中》引項安世曰：“有其信，猶《書》所謂‘有其善’（引者案，見《尚書·說命》），言以此自負而居有之也。自恃其信者，其行必果，而過於中。” 〔24〕有過物者必濟——此發《小過》卦名義，兼言下文《既濟》之旨。《韓注》：“行過乎恭，禮過乎儉，可以矯世厲俗，有所濟也。” 〔25〕物不可窮也，故受之以《未濟》終焉——這是說明事物雖有“既濟”之時，但以發展的眼光看，“既濟”中必含有“未濟”的因素，因此《周易》最後一卦以《未濟》告終。此中寓意，既明事物發展未有窮盡，又勉人不可因成功而固步自封。《韓注》：“有爲而能濟者，以己窮物者也。物窮則乖，功極則亂，其可濟乎？故受之以《未濟》也。”

【總論】

《序卦傳》是分析《周易》六十四卦的編排次序，並揭示諸卦前後相承的意義。

全文分爲兩段：前段敍上經卦次，後段敍下經卦次。此篇創作宗旨及命名之義，孔穎達認爲：“六十四卦分爲上下二篇，其先後之次，其理不見，故孔子就上下二經，各序其相次之義，故謂之《序卦》焉。”（《正義》）

文中以簡約的語言概括諸卦名義，有與卦義切合者，有僅取其一端爲說者，目的均在揭明卦與卦之間的有機聯繫，而不在於闡析各卦的完整意義。韓康伯指出：“《序卦》之所明，非《易》之蘊也。”（《正義》引）蘇軾也說：“《序卦》之論《易》，或直取其名而不本其卦者多矣，若賦詩斷章然，不可以一理求也。”（《東坡易傳》）

《序卦傳》在分析六十四卦序次之理的同時，集中揭示了事物“相因”、“相反”的兩種發展規律。如“節而信之，故受之以《中孚》”，“入而後說之，故受之以《兌》”，即指明事物沿正面的趨勢進展；“損而不已必益”，“益而不已必決”，則指明事物向相反的方面轉化。蔡清曰：“《序卦》之義，有相因者，有相反者。相反者，極而變者也；相因者，其未至於極者也。總不出此二例。"
（《折中》引）文中釋義儘管簡約，但卦次編排的原理，作者的辯證哲學觀點，均得到顯明的反映。可以說，《序卦傳》是一篇頗具哲理深度的六十四卦推衍綱要。

《序卦傳》還披露了一個客觀事實：今本六十四卦的卦序及上下經的區分，是相沿已久的。張載曰："《序卦》相受，聖人作《易》當有次序。"（《橫渠易說》）項安世曰："《易》之稱上下經者，未有攺也。以《序卦》觀之，二篇之分，斷可知矣。"（《周易玩辭》）兩人所論，正是基於上述事實而發。當然，《周易》創定之初，卦次是否如此編排，上下經是否如此區分，尚待將來學術界的進一步攷證。

應當指出，馬王堆帛書《周易》的卦序，與《序卦傳》所列爲兩種不同的體例。帛書六十四卦以上卦爲綱、下卦爲目排列，此種排列方式比較便於檢索，當是後人爲了占筮實用而作的改編（見《馬王堆帛書六十四卦釋文》及張政烺《帛書六十四卦跋》，兩者均載《文物》一九八四年第三期）。然而，經過改編的帛書卦序，各卦之間已不復存在哲理的聯繫，因此，對於攷究《序卦傳》的敍《易》原理，就沒有什麼用處了。

雜　卦　傳

《乾》剛《坤》柔[1]，《比》樂《師》憂[2]。《臨》、《觀》之義，或與或求[3]。《屯》見而不失其居[4]，《蒙》雜而著[5]。《震》起也，《艮》止也，《損》、《益》盛衰之始也[6]。《大畜》時也[7]，《无妄》災也[8]。《萃》聚而《升》不來[9]也，《謙》輕[10]而《豫》怠[11]也。《噬嗑》食也[12]，《賁》无色也[13]，《兑》見而《巽》伏也[14]。《隨》无故也[15]，《蠱》則飭也[16]。《剝》爛也[17]，《復》反也。《晉》畫也，《明夷》誅也[18]，《井》通[19]而《困》相遇[20]也。《咸》速也[21]，《恒》久也。《渙》離也，《節》止也[22]。《解》緩也，《蹇》難也。《睽》外也，《家人》內也[23]，《否》、《泰》反其類也。《大壯》則止[24]，《遯》則退也。《大有》衆也，《同人》親也。《革》去故也，《鼎》取新也[25]。《小過》過也，《中孚》信也。《豐》多故也[26]，親寡《旅》也[27]。《離》上而《坎》下也[28]。《小畜》寡也，《履》不處也[29]。《需》不進也[30]，《訟》不親也。《大過》顚也[31]，《姤》遇也，柔遇剛也[32]。《漸》女歸，待男行也[33]。《頤》養正也[34]，《既濟》定也[35]。《歸妹》女之終也[36]，《未濟》男之窮也[37]。　《夬》決也，剛決柔也，君子道長，小人道憂也[38]。

【譯文】

《乾》卦陽剛《坤》卦陰柔，《比》卦怡樂《師》卦煩憂。《臨》、《觀》兩卦的意義，或施予或營求。《屯》卦生機初現而不失所居，《蒙》卦明暗交雜而童真昭著。《震》卦奮動振起，《艮》卦穩靜靜抑止，《損》、《益》兩卦是盛衰互轉的開始。《大畜》卦適時畜聚，《无妄》卦謹防飛災。《萃》卦會聚共相處而《升》卦上升不返來，《謙》卦輕己尊人而《豫》卦縱樂懈怠。《噬嗑》卦齧合如口進食，《賁》卦美飾不須色彩，《兑》卦欣悅外現而《巽》卦遜從內伏。《隨》卦毫无成見，《蠱》卦用心治亂。《剝》卦爛熟剝落，《復》卦重返正本。《晉》卦如白晝旭日晉長，《明夷》卦如暮夜光明殞傷，《井》卦施養廣通而《困》卦前途被擋。《咸》卦感應神速，《恒》卦恒心永久。《渙》卦離披渙散，《節》卦制止不流。《解》卦鬆懈舒緩，《蹇》卦坎坷艱難。《睽》卦乖違於外，《家人》卦和睦於內，《否》、《泰》兩卦是相反的事類。《大壯》卦強盛適可而止，《遯》卦時窮及早退避。《大有》卦擁有衆多，《同人》卦與人互親。《革》卦革除敝舊，《鼎》卦乘時更新。《小過》卦小有過越，《中孚》卦中心誠信。《豐》卦豐大則多事，親朋寡少是《旅》卦。《離》卦火炎上而《坎》卦水流下。《小畜》卦畜聚甚少，《履》卦循禮前行不處半道。《需》卦審慎需待不敢躁進，《訟》卦爭訟紛起難以相親。《大過》卦顛殞常理，《姤》卦不期而遇，陰柔遇合陽剛。《漸》卦如女子出嫁，待男子禮備而成雙。《頤》卦養身守正，《既濟》卦事成安定。《歸妹》卦女子終獲依歸，《未濟》卦男子窮極奮志。《夬》卦處事決斷，陽剛決除陰柔，於是君子之道盛長，小人之道困憂。

【注釋】

〔1〕《乾》剛《坤》柔——《乾》、《坤》兩卦爲六十四卦剛柔的根本，故《雜卦傳》以此爲始。《郭氏傳家易說》："卦中之剛

柔，皆《乾》之剛、《坤》之柔也。是以獨《乾》、《坤》爲剛柔。” 〔2〕《比》樂《師》憂——《比》爲親密比輔，故樂；《師》爲兵衆興動，故憂（諸卦名義參見原卦譯注，下倣此）。《韓注》：“親比則樂，動衆則憂。” 〔3〕《臨》、《觀》之義，或與或求——《臨》卦“高臨”治衆，須能施予衆人；《觀》卦獲人“觀仰”，必多受人營求。《韓注》：“以我臨物，故曰‘與’；物來觀我，故曰‘求’。”案，《郭氏傳家易說》：“臨與所臨，觀與所觀，二卦皆有與、求之義。或有與无求，或有求无與，皆非《臨》、《觀》之道。”可備參考。 〔4〕《屯》見而不失其居——見，指生機呈現，如卦中一陽動於震下；不失其居，指物萌生之初居其正位則可順利生長，如卦中初、五之陽皆當位。《集解》引虞翻曰：“陽出初震，故‘見’。”《尚氏學》：“二陽皆當位，故‘不失其居’。” 〔5〕《蒙》雜而著——雜，交錯，指童蒙未發而雜處於明暗之際，如卦中二陽皆處陰位；著，猶“明”，指童真昭著正可發蒙，猶二陽處陰位而相雜成文。《東坡易傳》：“蒙正未分，故曰‘雜’；‘童蒙求我’，求人以自明，故曰‘著’。”《尚氏學》：“《蒙》二陽皆失位，故曰‘雜’；物相雜則文生，故曰‘著’。” 〔6〕《損》、《益》盛衰之始也——《韓注》：“極損則益，極益則損。” 〔7〕《大畜》時也——《韓注》：“因時而畜，故能大也。” 〔8〕《无妄》災也——災，指“不妄爲”而飛來災禍，含有謹防飛災之誡。《本義》：“无妄而災自外至。”《重訂費氏學》：“无妄災由天運，乃謂之‘災’。” 〔9〕《升》不來——《韓注》：“來，還也。方在上升，故不還也。” 〔10〕《謙》輕——輕，謂輕己重人，即“謙虛”之義。《韓注》：“謙者不自重大。” 〔11〕《豫》怠——怠，懈怠，指樂豫至極而生怠。《郭氏傳家易說》：“以樂豫，故心怠。”案，《集解》引虞翻注，“怠”作“怡”，謂“《豫》薦樂祖考，故怡。”可備一說。 〔12〕《噬嗑》食也——《噬嗑》卦取口中齧合食物之象，故謂“食”。《集解》

引虞翻義：“頤中有物，故食。”　〔13〕《賁》无色也——《賁》卦謂文飾以樸素自然爲美，故稱“无色”。《郭氏傳家易說》：“《賁》以‘白賁无咎’，故无色；无色則質全，有天下之至賁存焉。”《折中》：“若競於華美，則目迷五色，而非自然之文。”〔14〕《兌》見而《巽》伏也——《兌》卦欣悦，故現於外；《巽》卦遜從，故伏於内。《韓注》：“《兌》貴顯說，《巽》貴卑退。”〔15〕《隨》无故也——故，故舊，此處指成見。《韓注》：“隨時之宜，不繫於故也。”《折中》：“‘无故’，猶《莊子》言‘去故’，人心有舊見，則不能隨人。故堯舜舍己從人者，无故也。”《纂疏》：“故者，一成之意見也。隨時則无一成之意見，故‘无故’也。”　〔16〕《蠱》則飭也——飭，指整治弊亂。《韓注》：“飭，整治也。蠱所以整治其事也。”　〔17〕《剝》爛也——爛，謂爛熟。《韓注》：“物熟則剝落也。”　〔18〕《晉》畫也，《明夷》誅也——《晉》卦日出地上，故謂“晝”；《明夷》卦日落地中，故謂“誅”。《集解》引虞翻義：“誅，傷也。離日在上，故晝也；明入地中，故誅也。”《郭氏傳家易說》：“《晉》與《明夷》，朝暮之象也。”　〔19〕《井》通——《韓注》：“井，物所通用而不吝也。”　〔20〕《困》相遇——遇，謂阻擋。《困》義主困窮，故行必遭擋。《周易玩辭》：“遇，爲相抵而不通之象。”案，《折中》引項安世曰：“自《乾》、《坤》至此三十卦，正與上經之數相當；而下經亦以《咸》、《恒》爲始。以此見卦雖以‘雜’名，而《乾》、《坤》，《咸》、《恒》，上下經之首，則未嘗雜也。”此說可取。　〔21〕《咸》速也——《集解》引虞翻義：“相感者不行而至，故速也。”　〔22〕《渙》離也，《節》止也——離，猶“散”；止，含“制約”之義。《集解》引虞翻義：“《渙》散，故‘離’；《節》制數度，故‘止’。”　〔23〕《睽》外也，《家人》内也——《睽》主於乖違疏遠，故“外”；《家人》主於和睦相親，故“内”。《折中》引徐幾曰：“《睽》者，疏而外也；《家人》者，親而內也。"　〔24〕《大壯》則止——《郭氏傳家易說》："壯不知止，小人之壯也；君子之壯，則有止。"　〔25〕《革》去故也，《鼎》取新也——《集解》敍虞翻義："革更故去；鼎亨飪，故取新也。"　〔26〕《豐》多故——故，猶"事"。指物豐大則必多憂其事。《韓注》："豐大者多憂故也。"　〔27〕親寡《旅》也——《韓注》："親寡，故寄旅也。"案，虞翻謂旅人无所容，故先言"親寡"後言卦名，與它卦之例不同（《集解》引）；江有誥以爲當作"《旅》親寡"，纔與下文叶韻（《江氏音學十書》）：二說並可參攷。　〔28〕《離》上而《坎》下也——指水火異趨。《韓注》："火炎上，水潤下。"　〔29〕《履》不處也——《履》義在於循禮而行，不敢安處，故曰"不處"。《本義》："不處，行進之義。"　〔30〕《需》不進也——《需》卦坎險居前，義在"需待"，故曰："不進"。《集解》引虞翻義："險在前也，故不進。"《韓注》："畏險（引者案，險，阮刻作駭，據《校勘記》改）而止也。"　〔31〕《大過》顛也——顛，猶"殞"。《大過》卦取澤滅木爲象，木滅於澤中，故謂"顛殞"。《集解》述虞翻義："顛，殞也。頂載澤中，故顛也。"　〔32〕《姤》遇也，柔遇剛也——《姤》卦一陰遇五陽，故謂"柔遇剛"。《集解》引虞翻義："坤遇乾也"（即陰遇陽）。　〔33〕《漸》女歸待男行也——《漸》卦辭"女歸吉"，謂女子出嫁待男子禮備而後行，喻"漸進"之義，故曰"待男行"。《韓注》："女從男也。"　〔34〕《頤》養正也——《頤》卦之義，主於養身之道須持正，故曰"養正"。《尚氏學》："《頤》求口食，得養之正。"　〔35〕《既濟》定也——《既濟》事已成，六爻得位，故曰"定"。《集解》引虞翻義："濟成六爻，得位定也。"　〔36〕《歸妹》女之終也——《歸妹》以嫁女爲義，故曰"女之終"。《韓注》："女終於出嫁也。"〔37〕《未濟》男之窮也——《未濟》事未成，卦中六爻失位，而三陽爲主，故謂男子窮極行事，含有努力求濟之義。案，此處獨言

"男之窮",《程傳》謂"三陽皆失位";尚先生指出三陰亦不當位,而不窮者,"以三女皆承陽"(《尚氏學》),當從之。

〔38〕《夬》決也,剛決柔也;君子道長,小人道憂——《夬》卦五陽決除一陰,陽剛勢盛。陽象"君子",陰象"小人",故謂"君子道長,小人道憂"。案,沈善登《需時眇言》曰:"《雜卦傳》以'《乾》剛《坤》柔'始,以《夬》'剛決柔',還復爲《乾》終,是舉全《易》渾成一《乾》。"尚先生云:"此說最得《夬》卦居終之義。"(《尚氏學》)

【總論】

《雜卦傳》取名於"雜"的意旨,韓康伯云:"雜糅衆卦,錯綜其義。"(《韓注》)可見,本篇是打散《序卦傳》所揭明的卦序,把六十四卦分爲三十二組兩兩對舉,以精要的語言說明卦義。

文中對舉的兩卦之間,一般在卦形上非"錯"(旁通)即"綜"(反對),在卦義上多成相反。如《乾》卦純陽(☰),義主"剛健";旁通爲《坤》卦純陰(☷),義主"柔順"。又如《睽》卦下兌上離(☲),義主"乖違於外";反對爲《家人》卦下離上巽(☴),義主"相親於內"。之所以如此對舉見義,一方面由於事物的發展往往在正反相對的因素中體現其規律;另一方面六十四卦的卦體形式均存在反對、旁通的現象,尚先生云:"卦象正則如此,反則如彼也。"(《尚氏學》)

這種"錯綜"規律,是《雜卦傳》作者所著重表現的內容,集中揭示了《周易》在卦形結構上反映的辯證觀點。回視《序卦傳》所述《周易》卦序,凡兩卦相鄰者亦皆屬非錯即綜的相對之卦,足見《雜卦傳》和《序卦傳》對《易》卦"錯綜"特徵的重視,是全然一致的。

但文中自《大過》卦以下八卦,不以相對卦爲說,《易》家有多種不同看法。今引四說以備參攷:

一、虞翻認爲，《大過》卦（䷛）"木滅於澤"爲"死象"，下互《姤》卦（䷫），上互《夬》卦（䷪），故次以《姤》而終《夬》（見《集解》引）。

二、干寶認爲："《雜卦》之末，又改其例，不以兩卦反覆相酬者，以示來聖後王，明道非常道，事非常事也。化而裁之存乎變，是以終之以《夬》，言能決斷其中，唯陽德之主也。"（《集解》引）

三、朱熹指出："自《大過》以下，卦不反對，或疑其錯簡。今以韻叶之，又似非誤。未詳何義。"（《本義》）朱子的看法，是闕疑以待研尋。

四、尚先生認爲："宋儒頗以爲錯簡，然曰'女之終'、'男之窮'，上下對文，似非錯簡。"並謂諸卦"雖不對舉，而義仍反對。"（《尚氏學》）

以上四說均言之有致，當並存備攷。

《雜卦傳》除了以兩卦對舉明義爲特點外，在六十四卦的整體排列上，還可以看出作者用心細密之處：如前部分三十卦始於《乾》、《坤》，後部分三十四卦始於《咸》、《恒》，既合上下經卦數，又各以上下經的居首兩卦爲首；而篇末以《夬》卦居終，義取"剛決柔，君子道長，小人道憂"，深合《周易》推尙"陽剛正道"的宗旨，並與全《易》始於《乾》卦相應。由此可知，《雜卦傳》雖"雜"敘諸卦，其條理卻秩然分明，實當視爲《序卦傳》的姐妹篇。

還應當提及，《雜卦傳》屬於通篇用韻的韻體文。這一特點，與卦爻辭及《象傳》、《彖傳》等均多叶韻又相應合，是研究上古韻的重要參攷資料。

周易譯注卷十終

周易譯注卷末

主要引用書目

【說明】

　　1. 本書目包括"易類書目"和"其他書目"兩部分。

　　2. 易類書目，略依各書作者時代先後編次，末附《易緯》等若干種。

　　3. 其他書目，略依經、史、子、集四部編次。

　　4. 標有"※"號的書目，本書引用時均作簡稱，簡稱之名見目後案語。

　　5. 書目或有異名，今取通行者。如津逮秘書本《蘇氏易傳》，他本多題《東坡易傳》，乃從之。餘皆倣此，不贅注。

一　易　類　書　目

※**周易注**　〔魏〕王弼、〔晉〕韓康伯注，四部叢刊本。案，《周易》上下經及《文言傳》、《彖傳》、《象傳》，王弼注，本書簡稱《王注》；《繫辭傳》、《說卦傳》、《序卦傳》、《雜卦傳》，韓康伯注，本書簡稱《韓注》。

　周易略例　〔魏〕王弼撰，〔唐〕邢璹注，四部叢刊本。

※**周易釋文**　〔唐〕陸德明撰，通志堂經解本。案，此爲陸氏《經典釋文》卷二，又名《周易音義》，本書簡稱《釋文》。《釋文》博采諸家易說，本書引用者如次：《子夏易傳》、薛虞、

孟喜、京房、馬融、荀爽、鄭玄、劉表、虞翻、陸績、董遇、王肅、姚信、王廙、張璠、干寶、蜀才、《荀爽九家集注》、向秀等。

※**周易正義**　〔唐〕孔穎達撰，阮刻十三經注疏本。案，本書簡稱《正義》。

※**周易集解**　〔唐〕李鼎祚撰，津逮秘書本。案，本書簡稱《集解》。《集解》廣采漢儒以迄唐代注《易》之說三十五家，又引有《九家易》（即《經典釋文》所云《荀爽九家集注》一書）。本書引用者如次：子夏、孟喜、京房、馬融、鄭玄、荀爽、劉表、宋衷、王肅、王弼、何晏、虞翻、陸績、姚信、翟玄、韓康伯、向秀、王廙、張璠、干寶、蜀才、劉瓛、沈麟士、崔覲、盧氏、何妥、王凱沖、侯果、朱仰之、孔穎達，崔憬、《九家易》等。

周易舉正　〔唐〕郭京撰，津逮秘書本。

易數鉤隱圖　〔宋〕劉牧撰，通志堂經解本。

周易口義　〔宋〕倪天隱述其師胡瑗之說，臺灣商務印書館景印文淵閣四庫全書本。

溫公易說　〔宋〕司馬光撰，臺灣商務印書館景印文淵閣四庫全書本。

橫渠易說　〔宋〕張載撰，通志堂經解本。

東坡易傳　〔宋〕蘇軾撰，津逮秘書本。

※**周易程氏傳**　〔宋〕程頤撰，臺灣商務印書館景印文淵閣四庫全書本。案，本書簡稱《程傳》。

紫巖易傳　〔宋〕張浚撰，通志堂經解本。

復齋易說　〔宋〕趙彥肅撰，通志堂經解本。

漢上易傳　〔宋〕朱震撰，通志堂經解本。

周易義海撮要　〔宋〕李衡刪定，通志堂經解本。案，宋房審權摘鄭玄迄王安石《易》說凡一百家，共爲一百卷，名《周易義海》，李衡乃刪掇精要，以成此書。

郭氏傳家易說 〔宋〕郭雍撰，臺灣商務印書館景文淵閣四庫全書本。

東谷先生易翼傳 〔宋〕鄭汝諧撰，通志堂經解本。

※**周易本義** 〔宋〕朱熹撰，金陵書局十三經讀本本。案，本書簡稱《本義》。

易學啓蒙 〔宋〕朱熹撰，西京清麓叢書正編本。

南軒易說 〔宋〕張栻撰，臺灣商務印書館景印文淵閣四庫全書本。

古易音訓 〔宋〕呂祖謙撰，金華叢書本。

楊氏易傳 〔宋〕楊簡撰，四明叢書本。

周易玩辭 〔宋〕項安世撰，通志堂經解本。

誠齋易傳 〔宋〕楊萬里撰，清光緒二十一年湖北官書處刊本。

周易卦爻經傳訓解 〔宋〕蔡淵撰，臺灣商務印書館景印文淵閣四庫全書本。

童溪易傳 〔宋〕王宗傳撰，通志堂經解本。

周易總義 〔宋〕易祓撰，臺灣商務印書館景印文淵閣四庫全書本。

西谿易說 〔宋〕李過撰，臺灣商務印書館景印文淵閣四庫全書本。

周易輯聞 〔宋〕趙汝楳撰，通志堂經解本。

水村易鏡 〔宋〕林光世撰，通志堂經解本。

周易集說 〔宋〕俞琰撰，通志堂經解本。

周易本義附錄纂疏 〔元〕胡一桂撰，通志堂經解本。

易纂言 〔元〕吳澄撰，通志堂經解本。

周易本義通釋 〔元〕胡炳文撰，通志堂經解本。

大易緝說 〔元〕王申子撰，通志堂經解本。

學易記 〔元〕李簡撰，通志堂經解本。

周易會通　〔元〕董真卿撰，通志堂經解本。

周易參義　〔元〕梁寅撰，通志堂經解本。

易經蒙引　〔明〕蔡清撰，臺灣商務印書館景印文淵閣四庫全
　　書本。

易經存疑　〔明〕林希元撰，臺灣商務印書館景印文淵閣四庫全
　　書本。

涇野先生周易說脫翼　〔明〕呂柟撰，叢書集成初編本。

※來瞿唐先生易注　〔明〕來知德撰，清寧遠堂刊本。案，本書簡
　　稱《來氏易注》。

易象正　〔明〕黃道周撰，臺灣商務印書館景印文淵閣四庫全
　　書本。

古周易訂詁　〔明〕何楷撰，臺灣商務印書館景印文淵閣四庫全
　　書本。

喬氏易俟　〔清〕喬萊撰，臺灣商務印書館景印文淵閣四庫全
　　書本。

周易內傳　〔清〕王夫之撰，船山遺書本。

易經衷論　〔清〕張英撰，臺灣商務印書館景印文淵閣四庫全
　　書本。

※御纂周易折中　〔清〕李光地等撰，清康熙五十四年內廷刊本。
　　案，本書簡稱《折中》。

周易觀象　〔清〕李光地撰，榕村全書本。

仲氏易　〔清〕毛奇齡撰，西河合集本。

周易淺述　〔清〕陳夢雷撰，臺灣商務印書館景印文淵閣四庫全
　　書本。

易說　〔清〕惠士奇撰，皇清經解本。

周易述　〔清〕惠棟撰，皇清經解本。

易漢學　〔清〕惠棟撰，皇清經解續編本。

易圖明辨　〔清〕胡渭撰，皇清經解續編本。

周易虞氏義 〔清〕張惠言撰，皇清經解本。

周易補疏 〔清〕焦循撰，皇清經解本。

※**周易校勘記** 〔清〕阮元撰，附阮刻十三經注疏本《周易正義》後。案，本書簡稱《校勘記》。

河上易注 〔清〕黎世序撰，清道光元年謙豫齋刊本。

六十四卦經解 〔清〕朱駿聲撰，1958 年北京中華書局出版。

※**周易集解纂疏** 〔清〕李道平撰，湖北叢書本。案，本書簡稱《纂疏》。

周易姚氏學 〔清〕姚配中撰，光緒三年湖北崇文書局刊本。

周易恒解 〔清〕劉沅撰，槐軒全書本。

漢魏二十一家易注 〔清〕孫堂輯，清嘉慶四年平湖孫氏映雪草堂刊本。

玉函山房輯佚書（易類） 〔清〕馬國翰輯，清光緒九年長沙娜嬛館刊本。

讀易筆記 〔清〕方宗誠撰，柏堂全書本。

易說 〔清〕吳汝綸撰，桐城吳先生全書本。

需時眇言 〔清〕沈善登撰，清光緒刊沈毅成易學本。

勞謙室易說 〔清〕胡遠濬撰，民國間石印本。

易漢學考 〔清〕吳翊寅撰，廣雅書局刊本。

※**重定周易費氏學** 馬其昶撰，集虛草堂叢書本（甲集）。案，本書簡稱《重定費氏學》。

杭辛齋易學七種 杭辛齋撰，民國間研幾學社鉛印易藏叢書本。案，此書包括《易數偶得》、《學易筆談初集》、《學易筆談二集》、《易楔》、《讀易雜識》、《愚一齋易說訂》、《改正揲蓍法》等七種。

易學探源經傳解 黃元炳撰，民國間黃氏觀蝶樓鉛印本。

※**周易尚氏學** 尚秉和撰，1980 年北京中華書局出版。案，本書簡稱《尚氏學》。

焦氏易詁　尚秉和撰，民國二十三年（1934）刊本。

焦氏易林注　尚秉和撰，民國間仵道益等校刊本。

檢齋讀易提要　吳承仕撰，原載臺灣出版之《續修四庫全書提要》內，未署名，現收入《檢齋讀書提要》中，1986 年由北京師範大學出版社出版。

雙劍誃易經新證　于省吾撰，民國間石印本。

周易學說　馬振彪撰，稿本。案，此書係作者之未刊手稿本，現藏福建師範大學圖書館。

周易古經今注（重訂本）　高亨撰，1984 年中華書局出版。

周易大傳今注　高亨撰，1979 年齊魯書社出版。

周易雜論　高亨撰，1962 年山東人民出版社出版。

周易探源　李鏡池撰，1978 年中華書局出版。

易學羣書平議　黃壽祺撰，張善文點校，1988 年北京師範大學出版社出版。

周易思想研究　張立文撰，1980 年湖北人民出版社出版。

易學應用之研究（第一輯）　陳立夫主編，1974 年臺灣中華書局出版。

※**馬王堆帛書周易六十四卦釋文**　馬王堆漢墓帛書整理小組整理，刊於《文物》1984 年第 3 期。案，本書簡稱《帛書周易》。

萊布尼茲的周易學　〔日〕五來欣造著，劉百閔譯，載《學藝》14 卷 3 期，1935 年 4 月出版。

答吳緎齋論易書　章太炎撰，載《國學論衡》第 5 卷下，1936 年 6 月出版。

周易卦爻辭中的故事　顧頡剛撰，載《燕京學報》第 6 期，又載《古史辨》第三冊上，1941 年出版。

漢易舉要孟氏易卷　黃壽祺撰，載《福建師院學報》1962 年第 1 期。

周易名義考　黃壽祺撰，載《福建師大學報》1979 年第 2 期。

論易學之門庭 黃壽祺撰，載《福建師大學報》1980 年第 3 期。

論日出爲易 黃振華撰，載《哲學年刊》第 5 輯，1968 年 11 月臺灣商務印書館印行。

論易大傳的著作年代與哲學思想 張岱年撰，載《中國哲學》第 1 輯，1981 年北京三聯書店出版。

帛書六十四卦跋 張政烺撰，載《文物》1984 年第 3 期。

帛書周易 于豪亮撰，載《文物》1984 年第 3 期。

易緯八種 黃氏逸書考本。案，此書包括：《乾坤鑿度》、《周易乾鑿度》、《易緯稽覽圖》、《易緯辨終備》、《易緯通卦驗》、《易緯乾元序制記》、《易緯是類謀》、《易緯坤靈圖》等八種。

焦氏易林 舊題〔漢〕焦贛撰，津逮秘書本。

太玄經 〔漢〕揚雄撰，〔晉〕范望注，四部叢刊本。

周易參同契 〔漢〕魏伯陽撰，廣漢魏叢書本。

二 其 他 書 目

尚書正義 舊題〔漢〕孔安國傳，〔唐〕孔穎達疏，阮刻十三經注疏本。

毛詩正義 〔漢〕毛亨傳，鄭玄箋，〔唐〕孔穎達疏，阮刻十三經注疏本。

韓詩外傳 〔漢〕韓嬰撰，漢魏叢書本。

周禮注疏 〔漢〕鄭玄注，〔唐〕賈公彥疏，阮刻十三經注疏本。

儀禮注疏 〔漢〕鄭玄注，〔唐〕賈公彥疏，阮刻十三經注疏本。

禮記正義 〔漢〕鄭玄注，〔唐〕孔穎達疏，阮刻十三經注疏本。

大戴禮記 〔漢〕戴德撰，〔北周〕盧辯注，漢魏叢書本。

春秋左傳正義 〔周〕左丘明撰，〔晉〕杜預注，〔唐〕孔穎達疏，阮刻十三經注疏本。

春秋公羊傳注疏　〔周〕公羊高傳，〔漢〕何休注，〔唐〕徐彥疏，
阮刻十三經注疏本。

春秋穀梁傳注疏　〔周〕穀梁赤傳，〔晉〕范寧注，〔唐〕楊士勛
疏，阮刻十三經注疏本。

論語正義　〔魏〕何晏等注，〔宋〕邢昺疏，阮刻十三經注疏本。

孟子正義　〔漢〕趙岐注，舊題〔宋〕孫奭疏，阮刻十三經注
疏本。

爾雅注疏　〔晉〕郭璞注，〔宋〕邢昺疏，阮刻十三經注疏本。

爾雅義疏　〔清〕郝懿行撰，1983 年上海古籍出版社景印同治四
年郝氏遺書本。

五經蠡測　〔明〕蔣悌生撰，通志堂經解本。

羣經平議　〔清〕俞樾撰，春在堂全書本。

經義述聞　〔清〕王引之撰，皇清經解本。案，此書引有王念
孫說。

經傳釋詞　〔清〕王引之撰，1956 年北京中華書局出版。

經學通論　〔清〕皮錫瑞撰，1954 年北京中華書局出版。

經學歷史　〔清〕皮錫瑞撰，1959 年北京中華書局出版。

新學僞經考　康有爲撰，1959 年北京中華書局出版。

經典釋文序錄疏證　吳承仕撰，1984 年北京中華書局出版。

※**說文解字**　〔漢〕許慎撰，1963 年北京中華書局景印同治十二年
陳昌治刻本。案，本書簡稱《說文》。

釋名　〔漢〕劉熙撰，漢魏叢書本。

廣雅　〔魏〕張揖撰，漢魏叢書本。

玉篇　〔梁〕顧野王撰，〔唐〕孫強增加，〔宋〕陳彭年等重修，
1983 年北京中國書店景印張氏澤存堂刊本。

廣韻　〔宋〕陳彭年等重修，1982 年北京中國書店景印張氏澤存

堂刊本。

六書本義 〔明〕趙撝謙撰，臺灣商務印書館景印文淵閣四庫全書本。

※**說文解字注** 〔清〕段玉裁撰，1981 年上海古籍出版社景印經韻樓刻本。案，本書簡稱《段注》。

說文通訓定聲 〔清〕朱駿聲撰，1983 年武漢市古籍書店景印臨嘯閣本。

殷墟書契前編 羅振玉編，1913 年上虞羅氏景印本。

殷墟書契後編 羅振玉編，1916 年上虞羅氏景印本。

三代吉金文存 羅振玉編，民國間上虞羅氏百爵齋景印本。

殷墟粹編 郭沫若編，1965 年科學出版社出版《考古學專刊甲種十二號》。

古文字類編 高明編，1980 年北京中華書局出版。

古書虛字集釋 裴學海撰，1984 年北京中華書局出版。

國語 〔吳〕韋昭注，四部叢刊本。

戰國策 〔宋〕鮑彪校注，〔元〕吳師道重校，四部叢刊本。

史記 〔漢〕司馬遷撰，〔南朝宋〕裴駰集解，〔唐〕司馬貞索隱、張守節正義，1959 年北京中華書局出版。

漢書 〔漢〕班固撰，〔唐〕顏師古注，1962 年北京中華書局出版。

漢紀 〔漢〕荀悅撰，臺灣商務印書館景印文淵閣四庫全書本。

後漢書 〔宋〕范曄撰，〔唐〕李賢等注，1964 年北京中華書局出版。

三國志 〔晉〕陳壽撰，〔南朝宋〕裴松之注，1959 年北京中華書局出版。

晉書 〔唐〕房玄齡等撰，1974 年北京中華書局出版。

宋書 〔梁〕沈約撰，1974 年北京中華書局出版。

隋書　〔唐〕魏徵等撰，1973 年北京中華書局出版。

貞觀政要　〔唐〕吳兢撰，臺灣商務印書館景印文淵閣四庫全書本。

文史通義　〔清〕章學誠撰，1961 年北京中華書局出版。

中國古代社會研究　郭沫若撰，1954 年人民出版社出版。

崇文總目　〔宋〕王堯臣等撰，臺灣商務印書館景印文淵閣四庫全書本。

郡齋讀書志　〔宋〕晁公武撰，臺灣商務印書館景印文淵閣四庫全書本。

經義考　〔清〕朱彝尊撰，光緒二十二年杭州浙江書局刻本。

四庫全書總目　〔清〕永瑢等撰，1965 年北京中華書局景印浙江杭州刻本。

續修四庫全書提要　王雲五主編，1971 年臺灣商務印書館印行。

老子　舊題〔周〕李耳撰，〔漢〕河上公注，四部叢刊本。

列子　舊題〔周〕列禦寇撰，四部叢刊本。

莊子　舊題〔周〕莊周撰，〔晉〕郭象注，〔唐〕陸德明音義，四部叢刊本。

孔子家語　〔魏〕王肅注，四部叢刊本。

荀子　〔周〕荀況撰，〔唐〕楊倞注，四部叢刊本。

管子　舊題〔周〕管仲撰，〔唐〕房玄齡注，四部叢刊本。

新書　〔漢〕賈誼撰，漢魏叢書本。

新序　〔漢〕劉向撰，漢魏叢書本。

說苑　〔漢〕劉向撰，漢魏叢書本。

潛夫論　〔漢〕王符撰，漢魏叢書本。

淮南鴻烈解　〔漢〕劉安撰，增訂漢魏叢書本。

白虎通德論　〔漢〕班固撰，漢魏叢書本。

術數記遺 舊題〔漢〕徐岳撰，〔北周〕甄鸞注，津逮秘書本。

顏氏家訓 〔隋〕顏之推撰，漢魏叢書本。

通書 〔宋〕周敦頤撰，四部備要本。

皇極經世書 〔宋〕邵雍撰，臺灣商務印書館景印文淵閣四庫全
　　書本。

二程集 〔宋〕程顥、程頤撰，1981 年北京中華書局出版。

朱子語類 〔宋〕黎靖德編，臺灣商務印書館景印文淵閣四庫全
　　書本。

困學紀聞 〔宋〕王應麟撰，四部叢刊本。

本草綱目 〔明〕李時珍撰，臺灣商務印書館景印文淵閣四庫全
　　書本。

日知錄 〔清〕顧炎武撰，皇清經解本。

讀書雜志 〔清〕王念孫撰，皇清經解本。

藝文類聚 〔唐〕歐陽詢撰，1982 年上海古籍出版社出版。

初學記 〔唐〕徐堅等撰，1980 年北京中華書局出版。

太平御覽 〔宋〕李昉等撰，1960 年北京中華書局重印上海涵芬
　　樓景宋本。

玉海 〔宋〕王應麟撰，清光緒九年浙江書局刊本。

楚辭 〔漢〕王逸章句，〔宋〕洪興祖補注，四部叢刊本。

曹子建集 〔魏〕曹植撰，四部叢刊本。

阮嗣宗集 〔魏〕阮籍撰，漢魏六朝名家集初刻本。

樂府詩集 〔宋〕郭茂倩編，四部叢刊本。

文選 〔南朝梁〕蕭統編，〔唐〕李善注，1977 年北京中華書局景
　　印胡克家刻本。

古詩源 〔清〕沈德潛輯，1963 年北京中華書局出版。

文心雕龍 〔梁〕劉勰撰，四部叢刊本。

李太白全集　〔唐〕李白撰，1977 年北京中華書局出版。

韓昌黎集　〔唐〕韓愈撰，民國間上海蟫隱廬景印宋世綵堂刊本。

柳河東集　〔唐〕柳宗元撰，1974 年上海人民出版社出版。

文正集　〔宋〕范仲淹撰，四部叢刊本。

文忠集　〔宋〕歐陽修撰，四部叢刊本。

嘉祐集　〔宋〕蘇洵撰，四部叢刊本。

朱子大全集　〔宋〕朱熹撰，西京清麓叢書正編本。

象山集　〔宋〕陸九淵撰，四部叢刊本。

文山集　〔宋〕文天祥撰，四部叢刊本。

文則　〔宋〕陳騤撰，唐宋叢書本。

焚書　〔明〕李贄撰，1961 年北京中華書局出版。

揅經室集　〔清〕阮元撰，四部叢刊本。

龔自珍全集　〔清〕龔自珍撰，1959 年中華書局出版。

觀堂集林　王國維撰，1959 年北京中華書局出版。

管錐編　錢鍾書撰，1979 年北京中華書局出版。

周易譯注卷末終